·项目管理核心资源库

项目管理

管理过程

（第8版）

[美] 埃里克·拉森（Erik Larson）
克利福德·格雷（Clifford Gray） 著 杨爱华 译

PROJECT MANAGEMENT

The Managerial Process, 8th Edition

電子工業出版社
Publishing House of Electronics Industry
北京·BEIJING

Erik Larson, Clifford Gray
PROJECT MANAGEMENT: THE MANAGERIAL PROCESS, 8TH EDITION
ISBN-13: 9781260238860

版权贸易合同登记号　图字：01-2022-1509

图书在版编目（CIP）数据

项目管理：管理过程：第 8 版/（美）埃里克・拉森（Erik Larson），（美）克利福德・格雷（Clifford Gray）著；杨爱华译. —北京：电子工业出版社，2023.9
（项目管理核心资源库）
书名原文：Project Management: The Managerial Process, 8th Edition
ISBN 978-7-121-45965-8

Ⅰ. ①项…　Ⅱ. ①埃…　②克…　③杨…　Ⅲ. ①项目管理　Ⅳ. ①F224.5

中国国家版本馆 CIP 数据核字（2023）第 151271 号

责任编辑：卢小雷　　文字编辑：刘淑敏
印　　刷：三河市鑫金马印装有限公司
装　　订：三河市鑫金马印装有限公司
出版发行：电子工业出版社
　　　　　北京市海淀区万寿路 173 信箱　邮编　100036
开　　本：787×1 092　1/16　印张：35.5　字数：886 千字
版　　次：2023 年 9 月第 1 版（原著第 8 版）
印　　次：2023 年 9 月第 1 次印刷
定　　价：158.00 元

凡所购买电子工业出版社图书有缺损问题，请向购买书店调换。若书店售缺，请与本社发行部联系，联系及邮购电话：（010）88254888，88258888。

质量投诉请发邮件至 zlts@phei.com.cn，盗版侵权举报请发邮件至 dbqq@phei.com.cn。

本书咨询联系方式：（010）88254199，sjb@phei.com.cn。

译者序

埃里克·拉森和克利福德·格雷合作的《项目管理：管理过程》（第 8 版），是一本百读不厌的好书。

本书的结构别具一格，凝聚了作者 60 多年的项目管理教学和咨询心得。每一章开篇列出了章的学习目标，且在该章内容的展开过程中，用旁注的方式，提醒读者；接着用过程体系和整体框架思想统领全书，每一章都有一个“本章内容在全书逻辑结构中的位置图”。为了不使教材过于枯燥，全书图文并茂。有反刍知识的复习题，有巩固知识的练习题，有用于团队或小组学习时巩固原则和方法的生活快照讨论题和案例（也可作为课堂或课后练习）。为了介绍一个重要知识点或一种重要方法，插入了“生活快照”，用照片和对照片的文字解读，展开对知识点的理解或方法的灵活运用。有图有表，有特别提示的研究亮点。让读者在快乐中学习，在反复切换的呈现方式中，感受着作者让项目管理知识和方法浸入读者心海的良苦。

作者反复突出社会-技术的项目管理图景。开篇就指出，过去的项目管理教科书几乎完全集中在教授如何使用管理项目的工具和过程，而不是教授如何去管理项目中的人！项目不是工具完成的，是人使用工具去完成的，让人掌握工具和过程是成功管理项目的关键。而且工具和方法的有效性是由组织的主流文化和人参与的人际动力学来塑造和决定的。因此，作者提供了一种集中在技术和社会两个维度上的项目管理过程论，讨论这两个维度是如何相互作用来决定项目命运的。作者展示的社会–技术两个维度的图景，正如中国道教的说法：一生二，二生三，三生万物。阴阳相合，生生不息。

从生命周期的展开中，我们知道有一个定义项目、规划项目、执行规划、结束项目的过程。本书中，我们又学习到一个组织具体可操作的正式项目管理过程：有效地倡议项目，科学地规划项目，确保项目资源和预算到位，领导项目团队成功地完成项目。但是，所倡议的项目中哪些是更重要的呢（如何划分项目优先级）？什么因素会导致项目失败或成功？项目经理如何协调复杂的人际关系网（这个网中供应商、分包商、项目团队成员、影响项目成功的高级管理人员、职能经理和客户等角色是怎样影响着项目成败的）？可以建立什么样的项目管理系统来获得一些控制措施？如何在客户不确定他们想要什么时去管理项目？项目经理如何与来自国外不同文化背景的人一起工作？诸如此类的问题都是人的问题。项目的过程是人划分的，过程的门径是由人来把关的，管理项目，重在管理项目中的人！这二位项目管理的大师总在不断地提醒我们：项目管理是科学，但更是艺术！

本书不仅仅是一本很好的教材，它的读者适应面很广。正如作者所说：“在岗的项目经理会发现，当他们在处理项目过程中出现的典型问题时，本书可以提供有价值的指导和参考；管理人员也会发现，本书可以帮助他们更好地理解实现组织使命时项目的作用；咨询分析专家将会发现，本书有助于他们解释项目实施所需的数据，也有助于指导他们应用手上的项目管理软件和购买与运行新软件。”由于本书结构良好，覆盖了 PMI 项目管理知识体系的核心内容，也可以满足那些希望准备 PMP 或 CAPM 认证考试的读者需要；组织中各个层次分派到项目工作上的人员将会从书中找到很有用的内容，不仅可为他们提供一个使用项目管理过程的基本原理，而且因为他们将从中获得的洞察力，可帮助他们如何提高对项目成功的贡献。

一本教材修改到了第 8 版，足够说明它的经典和古老了，但也是它时新的表现。教材要不断跟随时代的步伐。正如本书一样，它把书中的所有材料都根据项目管理知识体系的最新版本进行了审核和修订，也融入了敏捷项目管理等时新内容，并用一章的内容介绍了一套更完整的敏捷项目管理方法体系。

作者严谨的治学态度让人敬佩。他们都是 60 多年教龄的老先生，书稿还请了几十位同行专家审稿，并虚心请教年轻同行，协助完善最新的案例和生活快照。

两位作者都是 Scrum 专家，但书中并不局限 IT 行业（全书的生活快照、研究亮点和案例都是通俗易懂的一般社会活动），而是认为项目管理为人们提供了一套强大的工具，以提高人们计划、实施和管理活动以实现特定目标的能力。但他们也特别强调了项目管理软件的作用，专门用文字来阐述了如何应用项目管理软件，指导我们怎样开展计算机上软件应用的练习。

两位作者都是美国俄勒冈州立大学（OSU）商学院项目管理专业的教师，这所大学位于俄勒冈州的第三大城市科瓦利斯（Corvallis），和我 25 年前做访问学者呆过一年多的俄勒冈大学（UO）所在地尤金（Eugene）相邻，我也顺道三次访问过俄勒冈州立大学。两座小城都非常美丽，人口不多（经常能在一天内看到四季的景色，雪山、草地、鲜花和艳阳共存），宜居宜学。我入住尤金的第一个早晨，在一只松鼠的敲窗声中醒来，让我惊骇美国校园里人与动物的和谐。心中祷念，何时我们的家园也会如此。今天，得以静静地品味我们生活周边的环境，时常与当年在俄勒冈访学时的朋友（现还在尤金或加拿大）分享美图。行走在家旁边的百望山里，一只松鼠跃上我肩头。行走在旁边的玉东公园，二只松鼠摇头摆尾地从身边走过。傍晚时分，一只刺猬从窗前走过。仅仅二十年，我们的绿水青山回来了，蓝天碧野回来了。这美好的一切都是从一个个项目开始的！

伟大的时代有无数的项目在等待着擅长项目管理的人。

杨爱华

yangah@buaa.edu.cn

北京海淀百望山下

前言

我们写前言的动机仍然是提供一个现实的、社会技术的项目管理图景。在过去，项目管理的教科书几乎完全集中在用于管理项目的工具和过程，而不是人的维度。这让我们很困惑，因为是人，而不是工具完成了项目！我们坚信，掌握工具和过程是成功的项目管理的关键，我们也相信这些工具和方法的有效性是由组织的主流文化和人参与的人际动力学（Interpersonal Dynamics）来塑造和决定的。因此，我们试图提供一个整体的观点，集中在技术和社会两个维度及它们如何相互作用来决定项目的命运。

致读者

本书是为广大读者而写的。它涵盖了项目管理者在管理项目时要使用的各种概念和技能，这些概念和技能可帮助项目管理者有效地提出项目、规划项目、确保项目资源和预算，并领导项目团队成功地完成项目。书中的内容对学生和未来的项目经理来说是有用的，可以帮助他们理解为什么组织要开发正式的项目管理过程，以获得竞争优势；读者也会发现书中讨论的概念和技术足够详细，在新项目条件下，也可以立即应用；在岗的项目经理会发现，当他们在处理项目过程中出现的典型问题时，本书可以提供有价值的指导和参考；管理人员也会发现，本书可以帮助他们更好地理解实现组织使命时项目的作用；咨询分析专家会发现，本书有助于他们解释项目实施所需的数据，也有助于指导他们应用手上的项目管理软件和购买与运行新软件。

项目管理协会的成员会发现本书结构良好，可以满足准备项目管理专业人士（Project Management Professional，PMP）或项目管理专业助理（Certified Associate in Project Management，CAPM）认证考试的人的需要。书中内容覆盖了 PMI《项目管理知识体系指南》(PMBOK 指南）的最关键主题。组织中各个层级的被分配到项目工作中的人员将会从书中找到很有用的内容，不仅可为他们提供使用项目管理过程的基本原理，而且还能帮他们从中获得新的洞察，以帮助他们提高对项目成功的贡献。

我们的重点不仅仅是管理过程是如何运作的，而且更重要的是，它为什么会起作用。这些概念、原则和技术是通用的。也就是说，书中内容不是专门按行业类型或项目范围来编写的。相反，本书是为那些需要在各种组织环境中管理各类项目的人编写的。在一些小项目中，可以省略一些技术步骤，但概念框架适用于项目对生存至关重要的所有组织。书中的方法可用于纯项目式组织，如建筑、科研机构及工程咨询公司。同时，这些方法也将使执行许多小项目的组织受益，因为它们交付产品或服务的工作天天都在持续着。

主要内容

在本版和其他版本中，我们继续尝试阻挡范围蔓延的态势，只关注在现实世界中使用的基本工具和概念。我们的修订工作一直以审稿人、从业者、教师和学生的反馈为指引。在本版中，有些变化是微小的、渐进的，旨在澄清概念和减少混淆。其他变化很显著，它们代表了这一领域的新发展或教授项目管理原则的更好方法。以下是第 8 版的主要变化：

- 所有材料都根据《PMBOK 指南》（第 6 版）进行了审核和修订。
- 大多数“生活快照”的讨论题都放在每章的结尾。
- 对许多“生活快照”进行了扩展，以更全面地涵盖所涉及的示例。
- 在第 1 章介绍了敏捷项目管理，并在后续章节中适当地对其进行了讨论，在第 15 章提供了一套更完整的方法体系。
- 为第 5 章专门新编了一套练习。
- 每章增加了一些新的练习和案例。
- 在“生活快照”栏目提供了一些新的项目管理示例。

总体来说，本书解决了 60 多年来我们教授项目管理工作时遇到的主要问题，也解决了 60 多年来在国内外环境下为在岗项目经理进行咨询服务时遇到的难题。这些问题包括：项目应该如何划分优先级？什么因素导致了项目的失败或使项目取得成功？项目经理如何协调复杂的人际关系网？在这个人际关系网中，包含了供应商、分包商、项目团队成员、影响项目成功的高级管理人员、职能经理和客户，他们是怎样影响项目成败的？可以建立什么样的项目管理系统来获得一些控制措施？当客户不确定想要什么时，应该如何管理项目？项目经理如何与来自不同文化背景的人一起工作？

项目经理必须有效地处理这些问题。所有难点和问题表明了彼此相连的社会技术的项目管理视角。本书的内容正是置于这样一个总体框架内，以整体的方式来整合这些主题。案例和“生活快照”包括了来自一线管理者的经验。项目经理的未来是令人兴奋的，但辉煌的职业生涯要建立在成功管理项目的基础上。

导读

确立学习目标

学习目标既列在每章的开头，也作为重点贯穿整个章节，如下所示。

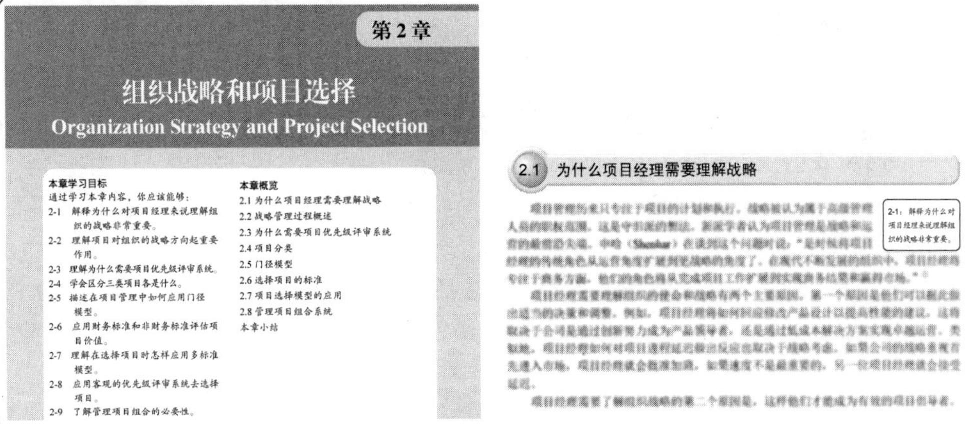
第2章

组织战略和项目选择

Organization Strategy and Project Selection

本章学习目标

通过学习本章内容，你应该能够：

2-1 解释为什么对项目经理来说理解组织的战略非常重要。

2-2 理解项目对组织的战略方向起重要作用。

2-3 理解为什么需要项目优先级评审系统。

2-4 学会区分三类项目各是什么。

2-5 描述在项目管理中如何应用门径模型。

2-6 应用财务标准和非财务标准评估项目价值。

2-7 理解在选择项目时怎样应用多标准模型。

2-8 应用客观的优先级评审系统去选择项目。

2-9 了解管理项目组合的必要性。

本章概览

2.1 为什么项目经理需要理解战略

2.2 战略管理过程概述

2.3 为什么需要项目优先级评审系统

2.4 项目分类

2.5 门径模型

2.6 选择项目的标准

2.7 项目选择模型的应用

2.8 管理项目组合系统

本章小结

2.1 为什么项目经理需要理解战略

2-1：解释为什么对项目经理来说理解组织的战略非常重要。

每章结尾的内容

每章结尾有两种内容——文字的和计算的，包括复习题和练习。

生活快照

生活快照已得到更新，包含了一些新的项目管理实例。基于生活快照的新讨论题已添加到每章结尾的材料中。

例如：生活快照 3.4。

新增的和更新的案例

在第 8 版中我们对所有的案例都进行了审查和更新。在每章结尾，有 1～5 个案例，它们展示了各章内容的关键观点，可帮助学生理解项目管理如何在现实世界中发挥作用。

你将发现本书的内容是非常实用的、专业的。所讨论的概念相对简单和直观。当学习每章时，我们建议你不仅要理解项目是如何被管理的，还要理解为何要做这些项目。在我知道、我能做、我能适应新的环境这三个层次中，随着你能力的不断提升，我们鼓励你把本教材当手册来使用。

项目管理领域的重要性正在增长，且是以指数级的速度增长。几乎不可想象未来的管理职业不包括项目管理。管理人员的简历将主要是他们参与项目和对项目做出贡献的内容。

祝你在学习本书的过程中及在未来的项目工作中好运连连。

第 8 版每章做出的修订：

第 1 章，现代项目管理。新增“生活快照”：项目管理在行动：2019；伦敦呼叫：西雅图海鹰队（Seakawks）对奥克兰突袭者队（Raiders）。新增加了一节：敏捷项目管理。

第 2 章，组织战略和项目选择。对章节的内容进行了精炼和简化；新增加了一节用于描述选择项目的门径模型。

第 3 章，组织：结构与文化。新增加了项目管理办公室一节，也新增加了一个“生活快照”：2018 年度 PMO 大奖项目。

第 4 章，定义项目。与《PMBOK 指南》（第 6 版）一致，范围检核表包含了产品范围描述、商业论证和验收标准；对范围蔓延的讨论稍作扩充；新增加了一个案例：5000 米跑彩色庆典活动。

第 5 章，估算项目时间和成本。修正了“生活快照”估算的精确度；新增加了“生活快照”——避免“白象”的诅咒；新增了 6 个练习。

第 6 章，制订项目进度计划。对章名进行了调整，可更好地反映本章内容；新增加了一个案例：美国加州凡吐拉市（Ventura）棒球场建设项目：A 部分。

第 7 章，管控项目风险。新增加了一个“生活快照”——伦敦希斯罗机场 5 号航站楼；与《PMBOK 指南》（第 6 版）一致，“风险升级”中增加了风险和机会应对，用“应急储备金”替换了“预算储备”。

第 8 章，安排资源和费用。增加了 2 个新的练习。新增加了案例：鲁昂洞穴救援。

第 9 章，压缩项目工期。对“生活快照”9.1 做了更新；新增加了案例：凡吐拉市棒球场建设项目：B 部分。

第 10 章，做有效的项目经理。用有效的沟通者取代了熟练的政治家，成为做一个有效的项目经理相关的 8 个特征之一；对“研究亮点”10.1 进行了更新和扩展。

第 11 章，管理项目团队。增加了新的复习题和练习。

第 12 章，外包：管理组织间的关系。对“生活快照”12.4 进行了更新；新增加了一些练习。

第 13 章，进度和绩效的测评。扩展了挣值管理需求的讨论。新增加了案例：凡吐拉体育场状态报告。

第 14 章，项目收尾。新增加了案例：《英雄光环 II》。

第 15 章，敏捷项目管理。这章修改后的内容包含了关于极限编程、看板管理和混合项目管理模型的讨论；新增加了“生活快照”：英雄联盟冠军团队。新增加了案例：格雷厄姆 • 纳什。

第 16 章，国际项目。对“生活快照”《现代启示录》的拍摄和《怀疑之河》都做了扩充。

目录

第1章

现代项目管理

Modern Project Management

本章学习目标

通过学习本章内容，你应该能够：

1-1 理解为什么项目管理在当今世界是至关重要的。

1-2 区分项目与日常操作。

1-3 识别项目生命周期的不同阶段。

1-4 描述敏捷项目管理与传统项目管理的区别。

1-5 了解管理项目时如何平衡项目技术和社会文化间的关系。

本章概览

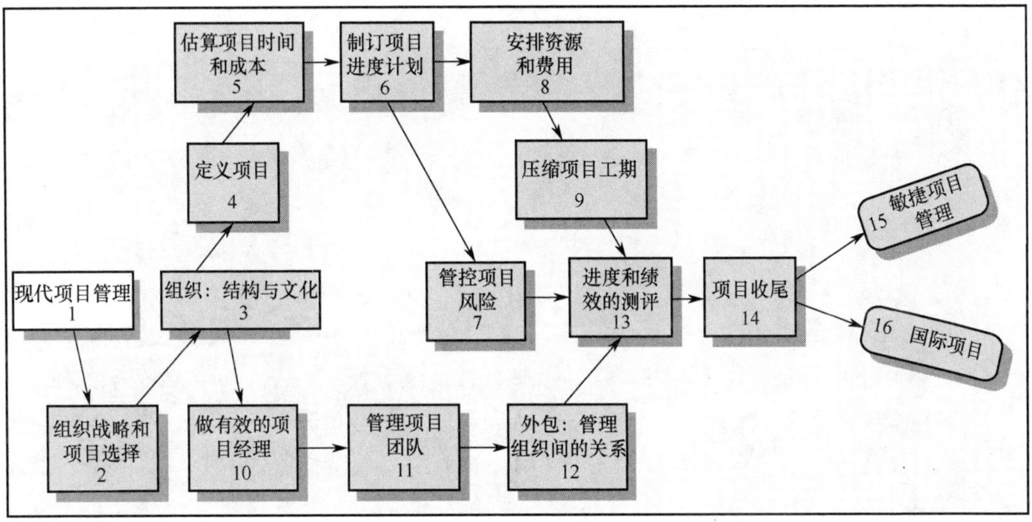

人类所有最伟大的成就——从建造金字塔到发现小儿麻痹症的治疗方法，再到将人送上月球——都是从一个项目开始的！

1-1：理解为什么项目管理在当今世界是至关重要的。

这是一个应该读点项目管理书籍的新时代！商界领袖和专家已经认识到项目管理对经济可持续增长至关重要。通过不断创新、开发新产品和服务、提高生产率和改进工作质量（这些都是项目管理活动），可以获得新的工作岗位和竞争优势。我们正处在项目管理的世界。项目管理为人们提供了一套强大的工具，以提高人们计划、实施和管理活动以实现特定目标的能力。但是项目管理不仅仅是一套工具，它还是一种以结果为导向的管理方式，注重在不同角色之间建立合作关系。令人兴奋的机会正等待着擅长项目管理的人。

长期以来，项目管理方法一直是建筑行业、美国国防部的军工行业、好莱坞电影业及大型咨询公司咨询业务的经营方式。现在项目管理已经扩展到所有的行业。如今，从港口扩建到医院内部结构的重新调整，再到信息系统升级，一切都要依赖项目团队。各种项目团队正在创造下一代节能汽车，开发可持续能源，探索外层空间的最深处。项目管理的影响在高科技行业最为深刻，新兴的民间英雄是年轻的专业人士，他们正用洪荒之力为高科技的硬件和软件创造着源源不断的新产品。

项目管理并不局限于私营部门。项目管理也是做善事和解决社会问题的工具。向遭受自然灾害的地区提供紧急援助，制定减少城市犯罪和毒品滥用的战略，或者组织社区努力翻新公共游乐场，这些工作都将从现代项目管理技术的应用中受益。

也许对项目管理需求迫切的最佳指标可以从项目管理协会（Project Management Institute，PMI）会员的迅速增长中看到。PMI 是项目管理从业人员的专业组织，会员从 2002 年的 9.3 万人增至 2019 年的 56.5 万多人。有关项目管理专业认证的信息，请参见生活快照 1.1。

生活快照 1.1：项目管理协会

PMI 成立于 1969 年，是一个面向项目管理者的国际性协会。今天，PMI 拥有来自 180 多个国家和超过 56.5 万名的会员。PMI 专业人员来自各个主要行业，包括航空航天、汽车、商业管理、建筑、工程、金融服务、信息技术、制药、医疗保健和电信。

PMI 提供项目管理专业人士（Project Management Professional，PMP）资格认证，要求这些专业人士具有足够的项目经验，同意遵循 PMI 的专业行为准则，并要通过基于项目管理知识体系（Project Management Body of Knowledge，PMBOK，现在已经是第 7 版了）的全面考试，证明他们精通项目管理各个领域。近年来，获得 PMP 资格的人数急剧增长。1996 年，只有不到 3 000 人获得项目管理专业人士认证。到 2019 年，有 91 万多人通过了项目管理专业人士认证。

正如 CPA（Certified Public Accountant）考试是会计师的标准一样，通过 PMP 考试也可能成为项目经理的资格标准。一些公司要求所有的项目经理都要通过 PMP

认证。此外，许多工作职位都被要求有 PMP 证书。现在，求职者已经发现，具有 PMP 证书在求职市场上是一种优势。

PMI 增加了项目管理专业助理（Certified Associate in Project Management，CAPM）认证。CAPM 是为项目团队成员和初级项目经理，以及合格的本科生和研究生设计的，他们想要一个证书，以证明他们掌握了项目管理知识体系。CAPM 不需要与 PMP 相关的广泛的项目管理经验。事实上，学生通常通过学习项目管理课程来获得参加 CAPM 考试的资格。

本书为通过上述考试提供了坚实的基础。然而，我们认为还是有必要学习一本好的 PMP/CAPM 考试“备考书”来应对考试。

拿起一份报纸或商业期刊，几乎不可能找不到与项目有关的内容。这并不奇怪！仅在美国，每年就有大约 2.5 万亿美元（约占美国国民生产总值的 25%）用于项目。其他国家在项目上的投入也越来越多。世界上有成千上万的人认为项目管理是他们职业中的主要任务。

大多数擅长管理项目的人从来没有项目经理的头衔。他们包括会计、律师、行政人员、科学家、承包商、教练、公共卫生官员、教师和社区工作者，他们的成功取决于能够领导和管理项目工作。对于一些人来说，工作的本质就是项目驱动。项目可以是律师的案子，可以是会计师的审计任务，可以是艺术家的展览活动，也可以是承包商的装修工程。对其他人来说，项目可能是工作中很小但很重要的一部分。例如，一位一天教四节课的高中教师负责指导一组学生参加全国辩论比赛；负责监督日常运营的商店经理正在负责制订员工招聘计划；一名销售客户主管被赋予了团队领导的额外任务，负责向一座新城市推出每日优惠活动；一位管理诊所的公共卫生官员还负责管理“无家可归青年联络站”的事务。

对于这些人来说，项目管理不是一个头衔，而是一项重要的工作要求。很难想象哪种专业或职业道路不会从善于管理项目中受益。项目管理不仅对大多数职业至关重要，而且这种技能也可以在大多数企业和职业中转换。项目管理的基本原理是通用的。同一种项目管理方法，既可用于开发新产品，也可用于创建新服务、组织活动、更新老业务等。在一个每个人都可能经历 3～4 次职业转变的世界里，管理项目是一种值得开发的才能。

项目管理的重要性也可以在课堂上看到。20 年前，名牌大学才开设 1～2 门项目管理课程，主要是为工程师开设的。今天，大多数大学都提供多门项目管理课程，核心工程师小组由主修市场营销、管理信息系统（Management Information Systems，MIS）和金融的商科学生及其他学科（如海洋学、健康科学、计算机科学和人文科学）的学生组成。这些学生发现，当找工作的时候，项目管理为他们提供了明显的优势。越来越多的雇主在寻找具有项目管理技能的毕业生。为了给应届大学毕业生提供项目示例，可参见生活快照 1.2。开发这些技能的逻辑起点是理解项目和项目经理的独特性。

生活快照 1.2：给大学毕业生的 12 个项目例子

1. 商务信息管理专业的毕业生：加入一个负责安装新的数据安全系统的项目

团队。

2. 体育教育专业的毕业生：结合瑜伽和有氧运动的原则，为老年人设计和开发新的健身计划。

3. 市场营销专业的毕业生：执行一个新的家用空气净化器的销售计划。

4. 工业工程专业的毕业生：管理一个团队，为关键产品从设计到客户交付的每个方面编写一份价值链报告。

5. 化学专业的毕业生：为一个企业的药品生产设施制定质量控制程序。

6. 管理专业的毕业生：实施新的店面布局设计。

7. 医学预科神经学专业的毕业生：加入一个将思维导图与内嵌假肢连接起来的项目组，使盲人能够接近正常地活动。

8. 体育传播专业的毕业生：成为蒙大拿州立大学的体育工作部的职员来推广女子篮球。

照片来源：John Fedele/Blend Images LLC

9. 系统工程师专业的毕业生：成为与药物功效相关的医学论文和研究数据挖掘项目的项目组成员。

10. 会计专业的毕业生：为大客户做审计工作。

11. 公共卫生专业的毕业生：研究和设计医用大麻教育计划。

12. 英语专业的毕业生：为一个新的电子产品编写一份基于网络的用户手册。

1.1 什么是项目

1-2：区分项目与日常操作。

以下标题有什么共同之处？

- 数百万人观看世界杯决赛。
- 全市 Wi-Fi 系统启用。
- 医院应对新的医疗改革。
- 苹果新 iPhone 上市。
- 市政府接受联邦政府的刺激资金来扩大轻轨系统。

所有这些活动都是项目。

项目管理协会对项目的定义如下：项目是为创造独特的产品、服务或结果而进行的临时性工作。像大多数组织工作一样，项目的主要目标是满足客户的需求。除这种基本的相似性之外，项目的特征还有助于将其与组织的其他工作区分开来。项目的主要特点如下：

（1）一个确定的目标。

（2）一个有开始也有结束的既定的生命周期。

（3）通常需要几个部门和一些专业人员的参与。

（4）通常来说，所做的事情以前从未做过。

（5）有具体的时间、成本和绩效要求。

第一，项目有一个确定的目标，无论是在 1 月 1 日之前建造一幢 12 层的公寓大楼，还是尽快发布一个特定软件包的 2.0 版本。在日常的组织生活中，这种单一的目的往往是缺乏的，在这种日常生活中，工人们每天都在进行重复的操作。

第二，因为有一个确定的目标，项目就有一个明确的终点，这与传统工作的持续职责和责任相反。个人往往会从一个项目到另一个项目，与不同群体的人一起工作，而不是待在一份工作中。例如，IT 工程师在帮助安装安全系统之后，可能被指派去为不同的客户开发数据库。

第三，不同于许多根据专业职能细分的组织工作，项目通常需要各种专家的共同努力。项目参与者，无论是工程师、财务分析师、市场营销专家还是质量控制专家，都要在一个项目经理的指导下工作，完成一个项目，而不是在不同的办公室，在不同的经理领导下工作。

第四，项目是非常规性的，具有一些独特的元素。这不是一个非此即彼的问题，而是一个程度问题。显然，要完成一些以前从未做过的事情，如制造一辆电动汽车或两辆机械探测车登陆火星，需要解决以前未解决的问题，并使用突破性的技术。另一方面，即使基本建设项目，包括建立一套惯例和程序，也要求有一定程度的定制，这就使它们也有了独特性。要了解常规活动中的不寻常变化，可参见生活快照 1.3。

第五，项目必定有特定的时间、成本和绩效的要求。项目是根据完成绩效情况、成本支出和花费的时间来评估的。与大多数一般性工作相比，这三重约束要求有更高程度的责任。这三重约束也突出了项目管理的一个主要功能，即在时间、成本和绩效之间进行权衡，同时最终满足客户。

生活快照 1.3：伦敦呼叫：西雅图海鹰队（Seahawks）对奥克兰突袭者队（Raiders）

2018 年 10 月 7 日，美国国家橄榄球联盟（National Football League，NFL）西雅图海鹰队打出了本赛季最好的一场比赛，却以 31∶33 的比分落后于不败的洛杉矶公羊队。接下来的日程安排是与奥克兰突击者队的客场比赛。然而，海鹰队并没有向南飞约 670 英里①到达加州奥克兰，而是飞了近 5 000 英里到达 8 个时区之外的英国伦敦，去传播 NFL 的福音。

在赛季期间派遣一支 NFL 球队到海外并不是一件容易的事情。提前计划是至关重要的。球员们需要办护照。必须找到住宿的地方和安排交通。设备人员提前几个月送去物资。海鹰队总共运送了 21 000 磅②装备和物资，包括 1 150 卷运动胶带、2 吨医疗用品、350 个电源适配器和 500 双鞋！

海鹰队面临的两个最大挑战是时差和心烦意乱。许多球员和工作人员从未出过国。伦敦将是一段奇怪而激动人心的旅程。考虑到这一点，主教练皮特 · 卡罗尔

① 1 英里 ≐ 1.609 千米
② 1 磅 ≐ 0.454 千克

（Pete Carroll）决定在10月10日星期三提前飞往伦敦。这将允许球员更好地调整自己的睡眠模式，同时提供一些自由时间来探索伦敦。

星期三，10月10日

海鹰队登上了一架包租的飞机，头等舱里有45个为资深球员准备的座位。卡罗尔教练和他的员工坐在商务舱的第一排。新手和训练队的队员坐在他们后面。不管坐什么舱位，每个人的机上菜单都是一样的：牛排、卡金鸡、香草烤鲑鱼。

在通常情况下，在飞往东方的航班上，球队健康和球员绩效主管萨姆·拉姆斯登（Sam Ramsden）会告诉球员保持清醒，这样他们到达时就会感到疲惫。但在伦敦之旅中，拉姆斯登改变了计划：他告诉球员们在飞机上尽可能多睡觉，这样当周四下午抵达伦敦时，他们就有足够的精力熬夜到晚上9点或10点，然后就可以好好休息一晚上。"我们尽量保护他们的昼夜节律。"拉姆斯登说。昼夜节律（也称为生物钟）是一种自然的内部系统，旨在调节24小时内的困倦和清醒感觉。

拉姆斯登的工作人员给每位球员提供了特殊的睡眠套件，包括眼罩。一些球员服用褪黑素（Melatonin）或安必恩（Ambien），而其他人则使用耳机播放风和流水的声音来诱导睡眠。

星期四，10月11日

海鹰队于周四下午1点30分左右（西雅图时间上午5点30分）降落。巴士把他们带到伦敦北部的一个高尔夫球场度假村。

晚上，球员们在这个顶级的高尔夫球场发泄了一下。在这里，他们被分成四人一组，试图将高尔夫球打入洞中得分。每次当他们完全偏离目标时，嘲笑声就会响起来。

星期五，11月12日

经过几小时的会议和练习，球员们可以自由地逛逛伦敦了。他们分散在伦敦的各个角落。在宵禁前的晚上11点回到度假村时，一些球员抱怨英国啤酒太新鲜了。

奥克兰突击者队于下午1点抵达伦敦，距离比赛开始还有53小时。

星期六，11月13日

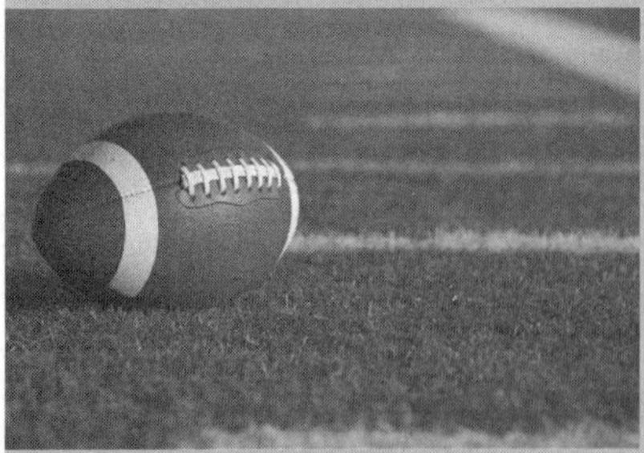

照片来源：David Lee/Shutterstock

卡罗尔教练喜欢在客场比赛的前一天带他的球员去体育场，这样他们就能提前看到比赛场地的条件。下午1点30分，海鹰队驱车前往温布利，在那里，他们看到了装满了海鹰队装备的更衣室和英格兰最著名的球场。球场看起来很光滑，所以设备经理为球员准备了更长的旋入式夹板。海鹰队回到了他们的度假胜地，进行了正常的赛前一晚的常规准备。

比赛日，11月14日

在比赛过程中，电视解说员多次评论说，突击者队看起来行动迟缓，而海鹰队则表现得敏锐而专注。海鹰队主宰了比赛，以27：3获胜。

1.1.1　什么不是项目

项目不应该与日常工作相混淆。项目不是例行的、重复的工作！普通的日常工作通常需要反复做相同或类似的工作，而一个项目只做一次。当项目完成时，一个新的产品或服务就会存在。考察表 1.1 中的内容，比较例行性、重复性工作和项目。认识到两者的这种差异是很重要的，因为资源经常会被消耗在日常运营中，这可能对需要创造新产品的长期组织战略没有帮助。

表 1.1　例行性、重复性工作与项目的比较

例行性、重复性工作	项　目
做课堂笔记	写学期论文
每天将销售收入入账	为专业会计会议建立一个会议推广网站
响应供应链的需求	开发供应链信息系统
在钢琴上练习音阶	写一首新的钢琴曲
苹果 iPod 的常规生产	设计一个大约 2 英寸×4 英寸的 iPod，与 PC 连接，可以存储 10 000 首歌曲
在制成品上粘贴标签	为通用电气和沃尔玛公司开发条码技术

1.1.2　项目集与项目

在实践中，项目和项目集这两个术语会引起混淆。它们经常被用作同义词。一个项目集是一组在一段时间内完成一个共同目标的相关项目。项目集中的每个项目都有一个项目经理。二者的主要区别在于规模和时间跨度。

项目集管理是以协调的方式管理一组进行中的、相互依赖的、相互关联的项目以实现战略目标的过程。例如，一个制药企业可能有一个治疗癌症的项目集。这个治疗癌症的项目集包括并协调在一个较长的时间范围内继续癌症治疗的所有项目（Gray, 2011）。在一个癌症治疗团队的监督下协调所有癌症治疗项目所带来的好处是单独管理它们所无法获得的。这个癌症治疗团队还监督包括在他们的特殊“防癌”项目组合中的所有癌症治疗项目的选择和优先级排序。尽管每个项目保留了自己的目标和范围，但项目经理和团队也被更高的项目集目标所激励，而项目集目标又与广泛的战略组织目标密切相关。

1.1.3　项目生命周期

1-3：识别项目生命周期的不同阶段。

说明项目工作独特性质的另一种方法是以项目生命周期为依据。生命周期认识到项目只有有限的生命跨度，并且在项目生命周期内，工作难点和关注重点有可预测的变更。在项目管理文献中有许多不同的生命周期模型。许多都是特定行业或项目类型所特有的。例如，一个新的软件开发项目可能包括五个阶段：定义、设计、编码、集成/测试和维护。图 1.1 描述了一个通用的项目生命周期。

项目生命周期通常依次经过四个阶段：定义、规划、实施和收尾。起点从项目被批准开始的那一刻就开始了。项目工作量投入开始缓慢上升，逐渐到达一个峰值，然后奔着向客户交付项目成果过程中又逐渐下降。

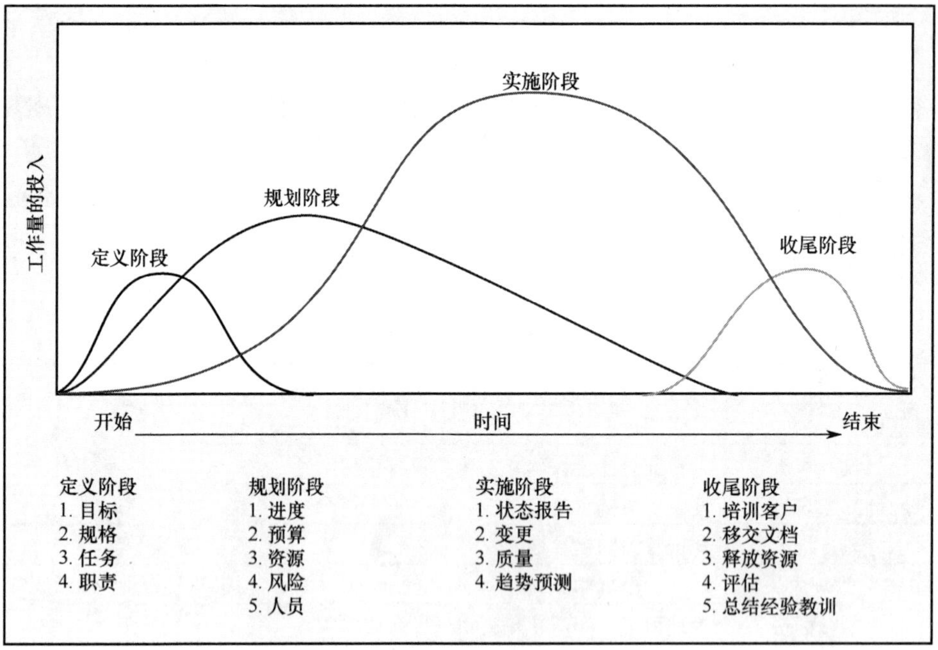

图 1.1 项目生命周期

（1）定义阶段。界定项目规格；确定项目目标；组建项目团队；分配主要职责。

（2）规划阶段。工作量的投入逐渐增加，并且制订了计划来确定项目需要什么，何时要做进度计划，谁将受益，应该保持什么样的质量水平，以及预算是多少。

（3）实施阶段。项目工作的主要部分，包括体力和脑力两方面的工作发生在这个阶段。实体产品（例如一座桥、一份研究报告、一个软件程序）被生产出来。时间、成本和规格措施在此阶段发挥控制作用。项目是否按时、按预算进行，并符合规格要求？这些测量指标的每一个的趋势预测反映了什么？需要哪些修订或变更？

（4）收尾阶段。收尾包括三项活动：向客户交付项目产品，重新部署项目资源，以及进行项目后评估。项目交付可能包括培训客户和移交文档。重新部署项目资源通常包括将项目设备和材料分配给其他项目，并为团队成员指派新的任务。项目后评估不仅包括绩效评估，还包括总结经验教训。

在实践中，一些项目团队使用项目生命周期阶段来描述项目生命周期中主要任务的时间安排。例如，设计团队的主要工作是在定义阶段做好资源计划，而质量团队希望他们的主要工作体现在项目生命周期的后期阶段。因为大多数组织都有一个同时进行的项目组合，每个项目都处于每个项目生命周期的不同阶段，所以在组织层级和项目层级的仔细计划和管理势在必行。

1.1.4 项目经理

乍一看，项目经理和其他经理的职能是一样的。也就是说，他们也从事计划、进度安排、激励和控制的职能工作。然而，他们的独特之处在于，他们管理临时的、非重复性的活动，以完成一个固定生命周期的项目。与接管现存运营活动的职能经理不同，项目经理创建了一个以前不存在的项目团队和组织。他们必须决定应该做什么和如何做事情，而不是简单地管理已经设置好的过程。他们必须迎接项目生命周期每个阶段的挑战，甚至在项目完成时监督工作团队的解散。

项目经理必须与各种各样的角色一起工作来完成项目。他们通常是与客户直接联系的，必须处理好客户期望是否可行和是否合理的紧张关系。项目经理为项目团队提供指导、协调和整合，项目团队通常由听令其所在职能部门的兼职参与者组成。他们必须与外部核心参与方（供应商、服务商和分包商）合作，而这些人并不一定与他们一样拥戴项目。

项目经理最终要对绩效负责（通常职权太少）。他们必须确保在项目的时间、成本和绩效需求之间做出适当的权衡。与此同时，与职能性的同行不同，项目经理通常只拥有用基本的技术知识来做出这样决定的权力。由此，他们必须协调项目的完成，在正确的时间引导正确的人来解决正确的问题并做出正确的决定。

虽然项目管理不适合胆小的人，但从事项目工作可能是一次非常有益的经历。项目中的生活丰富多彩，每天都不一样。由于大多数项目都是针对解决一些有形的问题或追求一些有用的机会，项目经理发现他们的工作对个人来说是有意义的和令人满意的。他们喜欢创造新事物的行动和革新活动。项目经理和团队成员可以为他们的成就感到极大的自豪，无论是一座新的桥梁、一个新的产品，还是一种必需的服务。项目经理通常是他们组织中的明星，而且报酬丰厚。

好的项目经理总是很受欢迎。每个行业都在寻找能按时完成正确任务的高效人才。参见生活快照 1.4。他利用自己管理项目的能力在玻璃产品行业建立了成功的职业生涯。显然，项目管理是一个具有挑战性和令人兴奋的职业。本书旨在提供必要的知识、视角和工具，使学生接受挑战。

生活快照 1.4：罗恩·帕克（Ron Parker）

1986 年在俄勒冈州立大学获得工商管理学士学位；

1986—1990 年，在食品生产公司工作；

1990—1994 年，在木制品制造公司工作；

1994 年至今，在玻璃品制造公司工作。

在俄勒冈州立大学获得学位后，我被一家《财富》100 强的食品公司招聘为一线生产主管。在那个职位上，我有机会管理一个项目，涉及在整个工厂推出一个新的统计软件包：称重与控制相结合的程序。成功完成那个项目对我在公司的职业生涯起到了促进作用，在不到三年的时间里我从主管晋升为产品经理。

在食品行业工作了四年之后，我接受了一家木制品制造公司的工作邀请。最初我在这家公司的职位是人力资源经理。我的人力资源职责包括管理几个项目，以提高安全保障和降低员工流失率。这些项目的成功完成使我晋升为工厂经理。在工厂经理的职位上，我的任务是建立和管理一个新的木门制造厂。在成功地将工厂全面投产后，我再次升职，成为公司负责持续改进的经理。这个“文化变革”项目包括在 13 个不同的制造厂及公司内部所有的间接部门和支持部门实施全面质量管理。在我们成功地将这种新文化植入公司后不久，老板去世了，导致我不得不去寻找其他工作。

我利用以前的经验和成功说服一家苦苦挣扎的玻璃制造公司的老板雇用我。作为总经理，我的任务是让公司起死回生。这是我迄今为止最大的项目。要想让一家公司扭亏为盈，需要大量的小型改进项目，从设施和设备的改进，到产品线的增减，再到销售和营销策略，以及介于二者之间的所有事情。在四年的时间里，我们成功地扭转了公司的颓势，使老板能够卖掉公司，舒适地退休。

成功地扭转了这家玻璃公司的局面，引起了一个比我们大得多的竞争对手的注意，并最终聘用了我。这个新职位的任务包括在另一个州建造一家价值 3 000 万美元的高科技玻璃制造厂。在短短三年时间里，我们就把这个杂乱无章的荒野变成了世界上同类品种产量最高的工厂。在以世界级的标准建设和运营这家工厂 8 年后，我遇到了一个新的、令人兴奋的机会——帮助在加拿大扩建一家强化玻璃制造公司。我花了四年时间，成功地将这家加拿大公司从一家中型玻璃制造公司转变为北美最大、最成功的玻璃制造公司之一。

在厌倦了“大白北方”之后，我找到了一个机会来处理我职业生涯中最大、最具影响力的项目。我目前在一家风险投资的高科技初创公司担任运营副总裁。在这个职位上，我监督世界上第一个全规模、大容量电致变色玻璃制造厂的建设和启动。这个新项目包括从头开始建立一家公司，并将一项令人兴奋的新技术从实验室推向全面商业化。这一角色的成功，尽管还远未确定，最终将通过引入一种产品——极大地提高能源效率和世界各地建筑的居住者舒适度，给玻璃行业带来革命性的变化。

回顾我的职业生涯，很明显，我的成功很大程度上是承担并成功地完成了不断扩大且越来越有影响力的项目。

照片人物：Ron Parker

有一种说法总是与我产生共鸣：“如果你唯一的工具是一把锤子，那么你所有的问题看起来都像钉子。”好的工具很难找到，而且携带起来又重。我喜欢我的工具袋里装满了通才专家的工具，比如沟通技巧、领导能力、常识、判断、推理、逻辑和强烈的紧迫感。我经常想，如果我真的学习了项目管理，并且在我的包里有更多的工具箱，我还能完成多少。有了一袋强大的通才工具，你就可以解决任何业务中的任何问题。显然在所有的这些技能中，你越擅长项目管理，你在任何商业环境中成功的机会就越大。然而，拥有工具只是等式的一部分。要想成功，你还必须在别人都在逃避的时候，勇于面对问题/机会。

1.1.5 成为项目团队中的一员

大多数人第一次接触项目管理是在作为团队成员完成特定项目的时候。有时这项工作是全职的，但在大多数情况下，人们在一个或多个项目上兼职。他们必须学会如何平衡日常的任务和额外的项目责任。他们可能加入一个有着长期合作历史的团队，在这种情况下，角色和规范是牢固建立的。他们的团队可能由来自不同部门和组织的陌生人组成。因此，他们忍受着群体进化为团队的成长痛苦。他们需要成为一股积极的力量，帮助团队凝聚成一个有效的项目团队。

不仅存在人员问题，而且项目成员还需要使用项目管理工具和概念。他们制定或得到一份项目章程或范围说明书，其中定义了项目的目标和参数。他们与他人合作制订项目进度计划和预算，以指导项目的执行。他们需要了解项目的优先级，这样他们才能做出独立的决策。他们必须知道如何监控和报告项目进展。虽然本书的大部分内容是从项目经理的角度来写的，但是工具、概念和方法对每位参与项目工作的人来说都是至关重要的。项目成员需要知道如何避免范围蔓延的危险，如何管理关键路径，如何参与及时的风险管理，如何谈判，以及如何利用虚拟工具进行沟通。

1.2 敏捷项目管理

1-4：描述敏捷项目管理与传统项目管理的区别。

传统项目管理着重于事先的全面计划。计划需要可预测性。为了使计划有效，管理者必须很好地了解要完成什么及如何完成。例如，在建造一座桥梁时，工程师可以利用已被证实的技术和设计原理来规划和建造桥梁。并非所有项目都有这种可预测性。图 1.2 说明了这个问题。

项目的不确定性取决于项目范围的已知和稳定程度，以及所使用的技术的已知和证实程度。许多项目，如桥梁项目、生产扩建、事件处理、营销活动等，都有完善的范围并使用经过验证的技术，这为有效的计划提供了可预测性。然而，当项目范围和/或技术不完全清楚时，事情就变得难以预测，计划驱动的方法就会受到影响。软件开发项目就是这样，据估计，1995 年美国公司和机构为中止的软件项目花费了 810 亿美元（斯坦迪什集团，1995）。

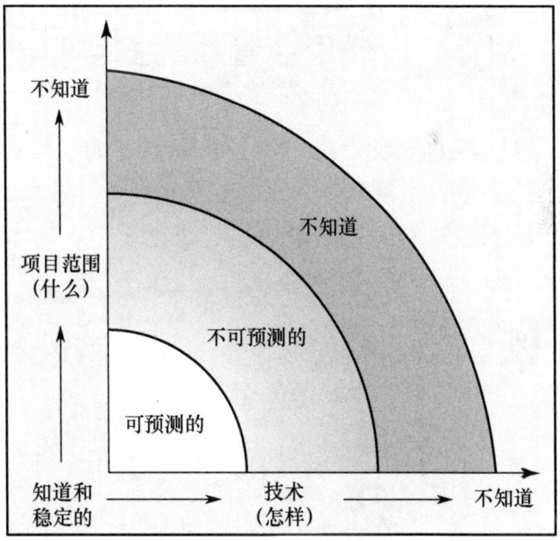

图 1.2　项目的不确定性

现在进入了敏捷项目管理（Agile Project Management，APM）时代。敏捷方法是从使用传统项目管理过程开发软件的挫败中出现的。软件项目因其不稳定的范围而臭名昭著，最终用户需求没有预先定义。敏捷项目管理现在被用于跨行业管理具有高不确定性的项目。遇到高不确定性工作的人包括软件系统工程师、产品设计师、探索者、医生、律师和许多解决问题的工程师。[①]

从根本上说，敏捷项目管理采用增量的、迭代的过程，有时被称为“滚动式开发”的方法来完成项目（见图 1.3）。项目的范围在不断变动，而不是尝试预先计划所有事情。也就是说，最终的项目设计或项目结果并不是非常具体的，而是通过一系列增量迭代不断开发的。迭代通常持续一到四周。每次迭代的目标是取得切实的进展，如定义关键需求、解决技术问题或创建要向客户演示的所需特性。在每个迭代的末尾，会检查进度，进行调整，然后开始一个不同的迭代周期。每个新的迭代都包含了前一个迭代的工作，直到项目完成

① 值得注意是，PMBOK中还包括增量和迭代两种额外的方法，但这超出了本书的范围。

并且客户满意为止。

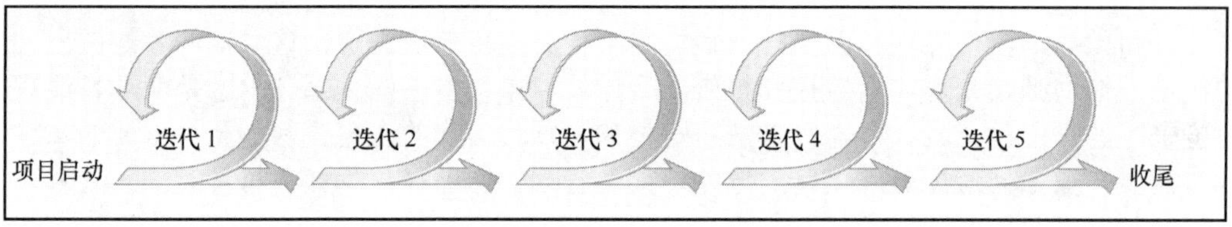

图 1.3 滚动式开发

敏捷项目管理注重项目团队和客户代表之间的积极协作，将项目分解成小的功能部分，且适应变化的需求。

这不是一个简单的非此即彼的问题。敏捷方法通常在定义阶段预先使用，以建立规范和需求，然后使用传统方法来计划、执行和结束项目。敏捷方法也可能用于解决项目中的某些技术问题，而项目的大部分工作是用传统方式管理的。

敏捷项目的内部动态与传统的项目管理方法有很大的不同。敏捷在 4～8 人的小团队中工作得最好。项目经理不是指导和整合其他人的工作，而是充当促进者和教练。团队自我管理，决定谁应该做什么及如何做。

敏捷项目管理将在第 15 章进行深入讨论，也会经常在全书相关的地方提及。

1.3 当代项目管理的主要驱动因素

项目管理不再是一种特殊需要的管理方式，它正迅速成为人们进行商务活动的标准方法。参见生活快照 1.5。典型企业正把越来越多的工作重点投入项目中来。在未来，项目对组织战略方向的贡献也将越来越重要。本节将简要讨论造成这种情况的几个原因。

生活快照 1.5：项目管理在行动：2019

企业和非营利组织的繁荣和生存取决于他们管理项目的能力，这些项目提供的产品和服务满足市场需求。以下是一些对他们未来很重要的小项目示例。

Intuitive 外科设备公司：Monarch 计划

Monarch 平台是一个由人工智能驱动的机器人，它有两只手臂，上面连接着一根长长的蓝色管子，医生可以通过这根管子控制摄像头和其他手术工具进入身体深处。Intuitive 公司希望有一天机器人不仅可以进行诊断，还可以治疗肺癌。

华特迪士尼/马弗尔工作室：马弗尔队长

《马弗尔队长》是一部基于马弗尔漫画人物卡罗尔·丹弗斯/马弗尔队长的超级英雄电影。奥斯卡奖得主布里·拉尔森（Brie Larson）在影片中饰演主角。这是马弗尔的第一部女性领衔的超级英雄电影，很多人认为这是对华盛顿大受欢迎的《神奇女侠》电影的回应。

C.U.R.E 计划：货运

货运项目向发展中国家资源不足的医院、诊所和社区卫生中心提供半拖车大小的货运集装箱，载运药物捐赠。每个 40 英尺的集装箱平均运送价值 400 万美元的医疗用品和设备。

西科斯基公司–波音合作项目：挑战者军用直升机项目

波音公司和西科斯基公司已经合作开发了下一代军用直升机的原型机（简称“挑战者 SB-1”）。挑战者 SB-1 比其他型号的机型飞行速度更快、飞行时间更长、更安静。与美国国防部的一份价值 10 多亿美元的合同正处在紧要关头。

奥迪：E-tron 越野车项目

E-tron 是奥迪首次进军全电动汽车市场的一种车型。这是一种装备齐全的豪华 SUV，最大行程可达 220 英里。起价为 7.48 万美元，旨在与特斯拉（Tesla）的电动 SUV 和捷豹（Jaguar）的 I-Pace 竞争，并确立奥迪在不断增长的全电动车市场的重要地位。

多米尼加共和国：热带森林恢复项目

在热带的许多地方，森林砍伐导致蕨类植物占据了大部分地区。多米尼加的森林恢复项目包括手动移除蕨类植物，种植当地的树和灌木。

1.3.1　压缩产品生命周期

项目管理需求背后最重要的驱动力之一是产品生命周期的缩短。例如，在今天的高科技产业中，产品生命周期平均为 6 个月到 3 年。在 30 年前，10～15 年的产品生命周期还很常见。短生命周期的新产品的上市时间变得越来越重要。在高科技产品开发领域，一个常见的经验法则是，项目产品上市延迟 6 个月可能导致产品收入份额损失 33%。因此，速度成为一种竞争优势。越来越多的组织依赖跨职能的项目团队尽快地将新产品和新服务推向市场。

1.3.2　知识爆炸

新知识的增长增加了项目的复杂性，因为项目包含了知识的最新进展。例如，30 年前修建一条公路就是一个简单的过程。今天就不一样了。每个领域的复杂性都在增加，包括材料、规格、代码、美学、设备和所需的专家等众多方面。同样，在今天这个数字化和电子的时代，很难找到一种不包含任何芯片的新产品。人工智能（Artificial Intelligence，AI）可能很快也会出现同样的情况。产品复杂性增加了集成不同技术的需求。项目管理已经成为处理上述难题的关键学科。

1.3.3　三重底线（地球、人、利润）

全球变暖的威胁已经把可持续的商业行为推到了最重要的位置。企业不能再简单地专注利润最大化，而损害环境和社会。通过有效的项目管理，实现减少碳排放、利用可再生资源。这种朝向可持续性发展运动的影响可以从完成项目所使用的目标和技术的变化中看到。例如，获得一个高等级的能源与环境设计领导协会（Leadership in Energy and Environmental Design，LEED）认证奖项通常是建筑项目的目标。①

① LEED认证由能源与环境设计领导协会开发，是全球最受欢迎的绿色建筑认证项目之一。

1.3.4 增加客户的关注

日益激烈的竞争使顾客满意度的价值得到了提高。客户不再简单地满足于一般的产品和服务，他们想要定制的产品和服务，以满足自己的特定需求。这就要求提供者和接受者之间建立更紧密的工作关系。客户经理和销售代表更像项目经理，他们与公司一起工作，以满足客户的独特需求和要求。

客户关注度的提高也促使了定制产品和服务的发展。例如，25 年前，购买一套高尔夫球杆是一个相对简单的过程：根据价格和感觉挑选一套。今天有专为高个和矮个选手准备的高尔夫球杆，有专为削球运动员准备的球杆，有专为勾球运动员准备的球杆，还有最新冶金发明保证增加距离的高科技球杆，等等。项目管理对于开发定制产品和服务，以及与客户保持良好的关系都是至关重要的。

1.3.5 小项目代表了大问题

为了保持竞争力或仅仅跟上所需的变化速度，已经营造出一种这样的组织氛围——同时实施数百个项目。这种组织氛围产生了一个多项目环境和大量新问题。对高级管理人员来说，在项目组合中共享资源和对资源的使用进行优先排序是一个重大挑战。许多公司对小项目的低效管理所涉及的问题一无所知。小项目通常与大项目具有相同或更多的风险。小项目被认为对底线的影响很小，因为它们不需要大量的稀缺资源和/或资金。由于许多小项目同时进行，而且对低效率影响的感知也不敏感，因此平常就忽视了对低效率的测量。遗憾的是，许多小项目的损失很快就会积累成一大笔钱。在产品和服务机构的小型项目中，每年都有许多客户和数百万美元的损失。小项目可以代表会计系统中没有计算的隐藏成本。

同时进行许多小项目的组织面临着许多项目管理问题。一个关键问题是如何创建一个支持多项目管理的组织环境。其需要一个过程来确定优先级，并开发支持组织使命的小项目组合。

总之，在当今的商业世界中，各种各样的环境力量相互作用，促进了所有行业和部门对良好项目管理的需求增加。

1.4 今日项目管理：社会–技术方法

> 1-5：了解管理项目时如何平衡项目技术和社会文化间的关系。

管理项目是一个多维度的过程（见图 1.4）。第一个维度是管理过程的技术方面，它由过程的正式的、训练有素的、纯逻辑的部分组成。技术维度包括制订项目计划、安排项目资源和进度及控制项目进展。编写清晰的项目范围陈述，可将项目和客户联系起来，且便于计划和控制。可交付成果和工作分解结构的创建有助于计划和监控项目的进展。工作分解结构充当连接组织中所有层级、主要可交付成果和所有工作（直到工作包中的任务）的数据库。项目变更的影响被记录并可追溯。因此，项目某一部分的任何变更都可通过系统的集成联系追溯到源头。这种集成信息方法可以为所有项目经理和客户提供适合他们层级和需求的决策信息。一个成功的项目经理将在管理项目的技术方面受到良好的训练。

第二个维度是项目管理的社会文化方面。与项目计划的有序世界相反，这个维度涉及项目执行中的更混乱、经常是对立和矛盾的世界。它的核心是在一个更大的组织环境中创建一个临时的社会系统，将一组不同的专业人员的才能结合起来，以完成项目。项目经理必须塑造一种项目文化，这种文化可激发团队合作和高层次的个人动机，并提高能力以快速识别和解决威胁项目工作的问题。事情很少按照计划进行，项目经理必须能够引导项目回到正轨，或者在必要时调整方向。

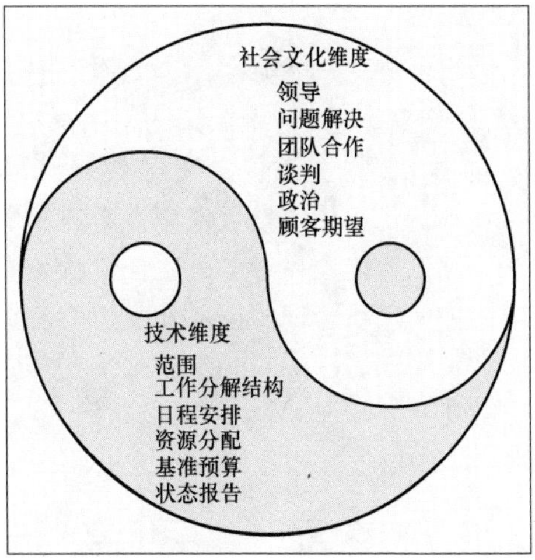

图 1.4　项目管理中的社会-技术方法

社会文化维度还涉及管理项目与外部环境之间的接口。项目经理必须提炼和满足客户的期望，维持最高管理层的政治支持，并与相关的职能部门进行谈判，监控分包商，等等。总体来说，管理者必须在一组不同标准、承诺和观点的盟友之间建立一个合作的社会网络。

有人认为，技术维度代表了项目管理的“科学”，而社会文化维度代表了项目管理的“艺术”。要想成功，管理者必须精通这两方面。遗憾的是，一些项目经理专注于项目管理的计划和技术方面。通常，他们第一次真正接触项目管理是通过项目管理软件，然后开始迷恋网络图、甘特图和绩效偏差分析。他们试图从远处管理项目。相反，也有其他的管理者，他们凭“直觉”来管理项目，严重依赖个人魅力和组织的政策来完成项目。优秀的项目经理会与他人合作，平衡地把他们的注意力放在项目管理的技术和社会文化两个方面。

本章小结

在当今世界，项目管理是一项关键的技能。项目被定义为满足客户需求而设计的受时间、资源和性能规范限制的非常规的一次性工作。项目管理的一个显著特征是它既有开始也有结束，通常包括四个阶段：定义、规划、实施和收尾。成功的管理项目需要技术和社交技能。项目经理必须为项目做好计划和预算，并综合其他人的力量一起完成项目。

关键术语

Agile Project Management（Agile PM），敏捷项目管理
Program 项目集
Project 项目
Project Life Cycle 项目生命周期
Project Management Professional（PMP）项目管理专业人士

复习题

1. 定义一个项目。在组织的日常运作中，哪五个特征有助于将项目与其他职能工作区分开来？

2. 哪些关键的环境因素改变了项目的管理方式？这些力量对项目管理有什么影响？

3. 描述传统项目生命周期的四个阶段。你认为哪个阶段是最难完成的？

4. 敏捷项目管理最适合什么类型的项目？为什么？

5. 项目管理的技术维度和社会文化维度是同一枚硬币的两面，请解释一下。

生活快照讨论题

1.1 项目管理协会

1. 如果你是一名有兴趣以项目管理为职业的学生，你认为成为一名 CAPM 有多重要？
2. 你认为 PMP 认证有多少价值？

1.3 伦敦呼叫：西雅图海鹰队（Seahawks）对奥克兰突袭者队（Raiders）

1. 为什么给球员和工作人员一晚的机会去探索伦敦是重要的？
2. 你从这个快照中学到了多少经验教训？

1.4 罗恩•帕克（Ron Parker）

1. 你是否同意罗恩•帕克的说法：“要想成功，你必须在别人都在逃避问题/机会的时候却愿意去抓住问题/机会？”

练习题

1. 查看当地报纸的头版，试着找出文章中包含的所有项目。你能找到多少？

2. 单独列出你认为在过去 50 年里人类最伟大的成就。现在将你的列表分享给班上的其他 3～5 个学生，并提出一个扩展的列表。从项目定义的角度回顾这些伟大的成就。关于项目管理的重要性，你的回顾能给出什么建议？

3. 单独用前面的术语去识别分配的项目。社会文化和技术因素是项目的成功因素还是导致项目困难的因素？

4. 访问项目管理协会的门户网站。

a. 查看 PMI 的基本信息和会员信息。

b. 查看是否有本地 PMI 分支机构的相关内容。如果没有，离你最近的 PMI 分支机构在哪里？

c. 使用 PMI 门户网站的搜索功能，查找项目管理知识体系的信息。项目管理知识体系的主要知识领域是什么？

d. 浏览 PMI 提供的其他链接。关于项目管理的本质和未来，这些链接告诉了你什么？

案例 1.1：生命中的一天——2019

特洛伊（Troi）是一个大型信息系统项目的项目经理，在她的同事和项目团队到达之前，早早地到办公室开始工作。然而，当她走进办公室时，她遇到了尼尔（Neil），她的项目经理同事之一，他也想早点开始一天的工作。尼尔刚刚完成了一个海外项目。他们会花 10 分钟的时间来聊聊新闻。特洛伊走到她的办公桌前，打开笔记本电脑。前一天，她一直待在客户的办公室，直到晚上 7:30，而从前一天下午 4:30 开始，她就再也没有查看过客户的电子邮件或语音信箱。在她团队的 Slack 沟通渠道（Slack 是一个沟通程序，用于管理项目的信息流）中，她有 2 封语音邮件、16 封电子邮件和 10 个帖子。在回复需要立即处理的信息之前，她会花 15 分钟查看自己的日程安排和当天的"任务"清单。

特洛伊花了接下来的 25 分钟审阅项目报告，并为每周的站立会议做准备。她的经理刚到办公室，打断了她。他们花了 20 分钟讨论这个项目。他分享了一个听说的潜在收购谣言。她告诉他，她没有听到任何消息，但如果有消息，她会告诉他。

上午 9 点的项目状态会议晚了 15 分钟才开始，因为有两个团队成员必须为客户先完成一项工作。几个人去自助餐厅喝咖啡和吃甜甜圈，其他人则在讨论昨晚的棒球比赛。团队成员到齐后，剩下的 45 分钟的进度回顾会议将揭示必须处理和采取行动的项目问题。

会议结束后，特洛伊沿着走廊去见维多利亚（Victoria），另一个 IS 项目的经理。她们花了 30 分钟回顾项目资源分配，因为她们共享人员。维多利亚的项目进度落后，需要帮助。特洛伊提出腾出一些团队时间来帮助她的项目回到正轨。

特洛伊回到办公室，打了几个电话，回了几封电子邮件，然后下楼去拜访她的项目团队成员。她的目的是跟进在状态报告会议上出现的一个问题。然而，她只是简单地说："嗨，伙计们，最近怎么样？"引发了一连串不满的回应。在耐心地听了 20 多分钟后，她意识到，在其他事情中，客户的几位经理开始要求原始项目范围陈述中没有的功能。她告诉她的人会马上处理这件事。

回到办公室后，她试着给客户公司的同事约翰打电话，但被告知他要过一小时才会回来。这时，艾迪（Eddie）过来问："一起吃午饭怎么样?"埃迪在财务办公室工作，接下来的半小时里，他们在公司自助餐厅闲聊内部政策。她得知系统项目主管约拿 • 约翰逊（Jonah Johnson）可能加入另一家公司，她感到很惊讶。约拿一直是她强大的盟友。

她回到办公室，又回复了几封电子邮件，跟进了 Slack 的进度，最终与约翰取得了联系。他们花了 30 分钟研究这个问题。谈话结束时，约翰答应做一些调查，并尽快给她答复。

特洛伊走到公司的中庭，坐在小溪旁冥想了 30 分钟。

然后，特洛伊乘电梯到三楼，与负责她们项目的采购代理交谈。接下来的 30 分钟，他们讨论如何将必要的设备提前送到项目现场。她终于批准了快递。

当她回到办公桌时，她的手表提醒她，她计划在下午 2:30 参加一个电话会议。由于技术问题，每个人上网需要 15 分钟。在这段时间里，特洛伊在处理一些电子邮件。在接下来的一小时里，她交换了技术需求的信息，这些信息与系统项目中使用的软件包的新版本相关。

特洛伊决定活动一下，沿着走廊散步，在那里她与不同的同事进行了简短的交谈。她特意拐道去感谢钱德拉（Chandra）在状态报告会上的深思熟虑的分析。她回来后发现约翰给她留了言，让她尽快给他回电话。她联系了约翰，约翰告诉她，据他手下的人说，她公司的营销代表已经对她的系统将提供的具体功能做出了某些承诺。他不知道这次交流是怎么中断的，但他的人对这种情况非常不安。特洛伊感谢约翰提供的信息，并立即去了营销小组所在的地方。

她要求见高级市场经理玛丽（Mary）。她在等待时处理了手机上的Slack的更新信息，10分钟后，她被邀请进入办公室。经过一场激烈的讨论，40分钟后，她离开了，玛丽同意和她的人谈谈承诺和没有承诺的事情。

她下楼去找她的手下，告诉他们正在发生的最新情况。他们花了30分钟的时间来审查客户的请求可能对项目进度产生的影响。她还与他们分享了她和维多利亚同意的进度变更。跟她的团队再见后，她就上楼到她上司的办公室，花20分钟向他汇报当天的重要事件。她回到办公室，花30分钟查看电子邮件、团队的Slack沟通渠道和项目文档。她登录到项目的MS Project进度计划中，然后用接下来的30分钟进行了假定推测。她检查了明天的日程安排，写了一些个人提醒，然后开始30分钟的回家路程。

1. 你觉得特洛伊一天的工作效率如何？
2. 这个案例告诉你作为一个项目经理是什么样的？

案例1.2：霍基人（Hokies）[①]午餐小组

A部分

法塔玛（Fatma）坐在扬兴（Yank Sing）中餐馆吃午饭。她来早了，就花时间处理了一下电子邮件。很快，贾斯帕（Jasper）和维多利亚（Viktoria）也到了餐厅，与她共进午餐，这两位是弗吉尼亚州布莱克斯堡弗吉尼亚理工大学（Virginia Tech）2014届毕业生。

贾斯帕是一家初创公司的软件工程师，这家公司希望扩大共享经济的边界。维多利亚是一名电气工程师，在旧金山一家德国医疗保健公司工作。他们是在弗吉尼亚理工大学举办的硅谷校友招待会上认识的。在西海岸，他们每个人都感到有点“水土不服”，所以他们决定每个月一起吃顿午饭。这顿午餐演变成了一个专业的支持小组。他们工作的主要任务是管理项目，他们发现吃饭时彼此分享问题和寻求建议很受益。

法塔玛曾在一家非常成功的互联网公司工作，这家公司的创始人认为，公司的每个人每年都应该花三天时间参与社区服务项目。该公司与建筑行业的几家公司合作，为低收入家庭翻新废旧建筑。下一个项目是将一间空仓库改造成8套两居室公寓。法塔玛是负责进度计划和管理工作分配的核心团队成员。

维多利亚和贾斯帕一起走进餐厅。维多利亚是第一个搬到湾区的人。她目前正在研究新一代神经刺激器（PAX 2）。神经刺激器是医生植入病人体内的一种电子设备，它与

① Hokies是弗吉尼亚理工大学田径运动队的名字。

病人脊柱的疼痛源相连接。在过去，患者每 10 年就要进行一次更换刺激器电池的手术。新一代神经刺激器的设计是利用新的电池技术，并使用可充电电池。在概念上，这种电池系统将消除更换手术的需要，并允许植入的电池在外部充电。维多利亚的团队刚刚完成了第二个原型机，并进入了关键的测试阶段。在没有进行实时测试的情况下，试图预测这种新型可充电电池的寿命是很棘手的。她急于查看测试结果。

贾斯帕在旧金山做了一份九个月的合同工作后，正在一家新成立的公司工作。他发誓对这个项目保密，而法塔玛和维多利亚只知道这个项目与共享经济有关。他与一个小型开发团队合作，团队成员包括来自印度班加罗尔（Bangalore）和瑞典马尔默（Malmo）的同事。

在点了餐并闲聊了一会儿之后。"当这个星期结束时，我会很高兴，"法塔玛说，"我们一直在努力定义项目的范围。乍一看，我们的项目似乎相对简单，在一个旧仓库里建造 8 套两居室公寓。但仍有许多未解之谜。我们想要什么样的社区空间？能源系统应该有多高的效率？需要什么样的家具？每个人都想把工作做好，但什么时候低收入家庭的住房会变成中等收入家庭的住房呢？"

维多利亚说："范围界定是我们公司做得很好的事情之一。在项目授权之前，要制定详细的范围说明，明确定义项目目标、优先级、预算、需求、限制和排除。所有关键利益相关者都签署了协议。事先确定优先次序是非常重要的。我知道在 PAX 2 项目中，范围是最重要的。我知道，无论花多长时间，我都必须把工作做正确。"

法塔玛回答说："这正是我的项目经理为周五的会议所准备的。我想作为一名项目经理，你必须做的一件事就是结束讨论。他将做出艰难的决定，最终确定项目范围，这样我们就可以开始计划了。"

贾斯帕插话道："你们真幸运。在大多数情况下，你的范围保持不变。在我的工作中，范围是不断变化的。你向创始人展示他们想要的功能，他们说，好吧，如果你能做到，你能做到吗？你知道它会发生，但你真的无法为它做计划。"

贾斯帕继续说道："我们知道我们的首要任务是时间。有许多资本玩家试图进入我们所致力于的'利益空间'。如果我们想继续获得 VC①，就必须证明我们是领先的。"

贾斯帕说，尽管压力很大，他的项目还是很有趣。他特别喜欢与瑞典和印度的同行阿克塞尔（Axel）和拉贾（Raja）合作。在他们的项目中，他们像一个全球标签团队一样工作。贾斯帕会写代码，然后把他的工作交给拉贾，拉贾接着干，然后交给阿克塞尔，阿克塞尔最终再交回贾斯帕。考虑到时区，他们至少可以有人 24 小时在写代码。

贾斯帕说，一开始和一个他只在屏幕上见过的人一起工作很难。信任是个问题。每个人都想证明自己。最后，全队开始了一场友谊赛。程序员们交换了有趣的漫画和 YouTube 视频。他给法塔玛和维多利亚看了一段 YouTube 视频，大家都笑了。

他们计划下次在东南第八街新开的秘鲁餐馆见面。

B 部分

下一顿午餐的秘鲁香菜/酸橙汁腌鱼很受欢迎。维多利亚一开始就报告："我有一个

① VC，即New venture capital funding，新风投基金。

好消息和一个坏消息。坏消息是我们的第一个原型测试失败得很惨。好消息是我有一个聪明的项目经理。她知道这种情况会发生，所以她让我们研究两种可替代的电池技术来降低风险。替代技术通过了所有的测试。我们不是落后了进度计划几个月，而是只落后了几天。”

这引发了一场关于风险管理的讨论。法塔玛报告：已经就翻修项目的风险管理举行了为期两天的会议。第一天，他们在头脑风暴中讨论可能出错的地方，第二天就想出了应对风险的策略。一个很大的帮助是在上一个项目之后生成的风险报告。该报告详细列出了上次改造项目中出现的所有问题，并提出了建议。法塔玛说：“我不敢相信在安全问题上投入了这么多时间和精力，但正如我的项目经理所说，‘一次严重事故就能让一个项目停工数周，甚至数月’。”

贾斯帕报告说，在他的项目中，他们在风险管理上花的时间很少。他的项目是由构建测试的心态驱动的。“每个人都认为每天的测试可以消除问题，但当需要集成不同的特性时，真正的缺陷才会出现。”贾斯帕说。

贾斯帕接着说，工作进展得不顺利。他们已经错过了第二个直接的里程碑，每个人都感到了展示成果的压力。“三天前的晚上，我甚至睡在我的小隔间旁边。”贾斯帕坦白道。法塔玛问：“你连续工作多少小时?”“我不知道，至少70小时，也许80小时。”贾斯帕回答。他接着说：“这是一个高风险的项目，如果成功了，会有很大的好处。我正在做一些最好的程序，我们得看看会发生什么。”

贾斯帕给他们看了一幅正在他的团队中传阅的漫画。标题写着：“你想什么时候完成？昨天。”

法塔玛转向她的朋友们说：“我需要一些建议。如你所知，我负责安排工作。我的一些同事一直在积极地游说我给他们安排特别的任务。每个人都想和布鲁诺（Bruno）或瑞恩（Ryan）一起工作。突然间，我成了每个人的朋友，有些人还会不辞辛苦地帮我。事情变得越来越尴尬，我不知道该怎么办。”

“交换条件，”贾斯帕回答，“商界就是这么运作的。你帮我，我也帮你。在合理的范围内，我对某人利用她的职位来获取帮助和建立关系没有意见。”

维多利亚说：“我不同意。你不想让人觉得你的影响力是可以用钱收买的。你需要考虑什么对公司最好。你得问问自己布鲁诺和瑞恩想让你做什么。如果你不知道，就问他们。”

经过多次讨论后，法塔玛离开了餐厅，倾向于维多利亚的建议，但她不确定应该制定什么样的指导方针。

C 部分

两个月后，霍基人的午餐小组才再次相聚。贾斯帕因为工作原因取消了上次的会面，于是维多利亚和法塔玛就一起看了电影。

贾斯帕是最后一个到达的人，从他脸上的表情可以明显看出事情进展得不顺利。他坐了下来，避免目光接触，然后脱口而出：“我失业了。”“你这是什么意思？”法塔玛和维多利亚哭着问。贾斯帕解释说，经过几个月的努力，他们一直无法演示一个功能性产品。

贾斯帕接着说：“尽管我们尽了最大努力，但还是无法交付。创始人无法获得一分钱的第二轮风险投资，所以他们决定减少损失，终止这个项目。我在编程生涯中度过了最好的六个月，却一无所获。”

法塔玛和维多利亚试图安慰她们的朋友。法塔玛问贾斯帕其他人对这个消息的反应如何。贾斯帕说，瑞典程序员阿克塞尔对这个消息非常难过。他继续说：“我想，由于工作时间长，他在家里烧了很多桥（编程中的优化，指他做了很多程序优化工作——译者注），现在他什么都没有了。他开始为我们从未犯过的错误而责备我们。”印度合作伙伴拉贾则是另一个故事。“拉贾似乎耸了耸肩。”贾斯帕补充说，“他说，‘我知道我是一个很好的程序员。班加罗尔有很多机会。’”

法塔玛打破了沉默，她对贾斯帕说：“把你的简历发给我。我的公司一直在寻找顶尖的程序员，这是一家真正伟大的公司。你能相信吗？两个创始人——布鲁诺和瑞恩，正在和大家一起改造仓库？事实上，人们为布鲁诺对薄板岩石的擅长程度感到惊讶。我现在工作的很大一部分是安排他们的时间，这样他们就可以和尽可能多的不同的人一起工作。他们真的想利用这个项目来了解自己的员工。这并不容易。我不得不兼顾他们的日程、他们的能力和工作机会。”

维多利亚插话道：“你在用微软的项目管理软件做这个？”“不完全是，”法塔玛回答，“一开始我尝试在微软项目管理软件中安排他们的工作，但这太麻烦和耗时了。现在我只使用项目主日程表和他们每个人的日程表来安排他们的工作。这似乎是最好的办法。”

维多利亚补充说：“是的，微软项目管理软件是一个伟大的程序，但你可能迷失在让它做所有事情的过程中。有时候你只需要一张 Excel 表格和一些常识。”

考虑到贾斯帕的遭遇，维多利亚感到很尴尬。她刚刚完成了成功的 PAX 2 项目。她还准备去越南度假，这是她的项目奖金支付的。“我讨厌结束一个项目，”维多利亚说，“它太无趣了。文档、文档、文档！我一直在责备自己没有及时记录事情的发生。我大部分时间都在电脑里搜寻文件。我等不及要去越南了。”

维多利亚接着说：“我唯一喜欢做的就是项目回顾。”

贾斯帕问：“什么是项目回顾？”维多利亚回答说：“就是项目团队聚在一起，回顾什么做得好，什么做得不好，并确定我们可以应用到未来项目中的经验教训。例如，我们学到的一件事是，我们需要在设计过程中尽早地让制造人员参与。我们专注于设计尽可能最好的产品，而不考虑成本。后来我们发现，有办法既降低生产成本，又不影响质量。”

法塔玛补充说：“我们在项目结束时也这样做，但我们称之为审计。”

法塔玛问维多利亚：“你知道你的下一个任务是什么吗？”“不知道，”她回答，“我可能回到我的部门做一些测试。我不担心。我做得很好。我相信有人会希望我参与他们的项目。”

贾斯帕插话道：“我真希望有人想让我参与他们的下一个项目。”法塔玛和维多利亚立即采取行动，试图让她们的朋友振作起来。

过了一会儿，他们走出餐厅，互相拥抱。法塔玛提醒贾斯帕把他最新的简历给她。

1. 对于每个部分（A, B, C），每个项目处于项目生命周期的哪个阶段？解释一下。
2. 从这个案例中，你学到的做好项目的两个重要内容是什么？为什么它们很重要？

第2章

组织战略和项目选择

Organization Strategy and Project Selection

本章学习目标

通过学习本章内容，你应该能够：

2-1 解释为什么对项目经理来说理解组织的战略非常重要。

2-2 理解项目对组织的战略方向起重要作用。

2-3 理解为什么需要项目优先级评审系统。

2-4 学会区分三类项目各是什么。

2-5 描述在项目管理中如何应用门径模型。

2-6 应用财务标准和非财务标准评估项目价值。

2-7 理解在选择项目时怎样应用多标准模型。

2-8 应用客观的优先级评审系统去选择项目。

2-9 了解管理项目组合的必要性。

本章概览

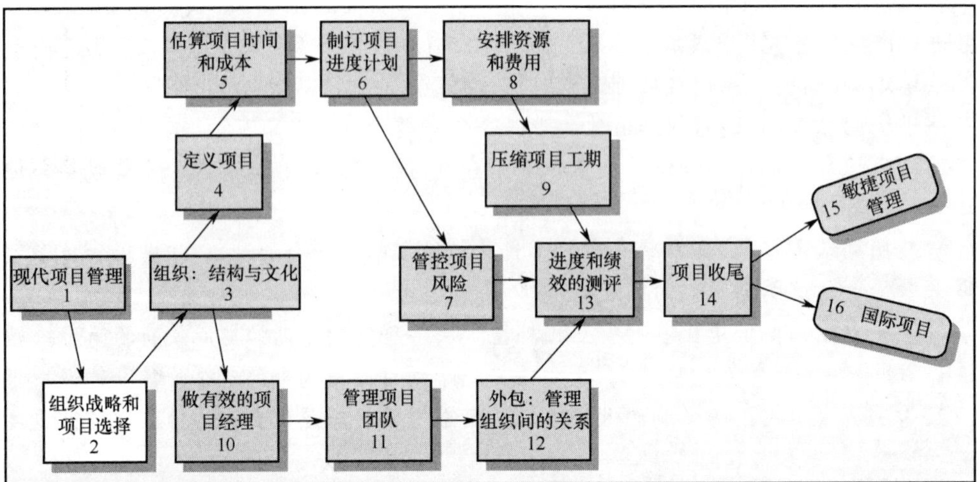

没有战略的愿景仍然是一种幻想。——李·博尔曼（lee Bolman），密苏里大学堪萨斯市校区的领导学教授

战略从根本上决定了组织将如何竞争。组织利用项目将战略转化为组织成功所需的新产品、服务和过程。例如，英特尔的主要战略之一就是差异化。英特尔依靠项目为汽车、手机和航空控制等电脑以外的产品制造专用芯片。另一个策略是缩短项目周期时间。宝洁、NEC、通用电气和美国电话电报公司已经将它们的项目周期缩短了20%～50%。丰田和其他汽车制造商现在能够在两到三年内设计和开发新汽车，而不是以前的5～7年。项目和项目管理在支持战略目标的实现上起着关键作用。因此，对于项目经理来说，战略性思考和行动是至关重要的。

使项目与组织的战略目标保持一致是商业成功的关键。由于技术的快速变化、全球竞争和金融的不确定性，今天的经济气候是前所未有的。这些条件使得战略与项目的一致性对于组织成功更加重要。

组织越大、越多样化，就越难在战略和项目之间建立和维护强有力的联系。组织如何确保这种联系？其答案就是需要项目与战略计划的整合。整合的前提是：假定已经存在一个战略计划，也存在一个根据项目对战略计划的贡献所进行的项目优先级排序的过程。所以，建立一个审查所有备选项目的公开和透明的遴选过程是确保战略计划与项目整合成功的关键因素。

本章概述了战略计划的重要性和制订战略计划的过程，指出了当战略和项目不挂钩时所遇到的典型问题。然后讨论了项目选择与对项目进行优先级排序的战略计划建立强有力联系的一般方法，这是确保项目与战略整合的通用方法。预期的结果是明确组织的重点，最好地利用稀缺的组织资源（人员、设备、资本），以及改进项目和部门之间的沟通。

2.1 为什么项目经理需要理解战略

> 2-1：解释为什么对项目经理来说理解组织的战略非常重要。

项目管理历来只专注于项目的计划和执行。战略被认为属于高级管理人员的职权范围。这是守旧派的想法。新派学者认为项目管理是战略和运营的最前沿尖端。申哈（Shenhar）在谈到这个问题时说：“是时候将项目经理的传统角色从运营角度扩展到更战略的角度了。在现代不断发展的组织中，项目经理将专注于商务方面，他们的角色将从完成项目工作扩展到实现商务结果和赢得市场。”①

项目经理需要理解组织的使命和战略有两个主要原因。第一个原因是他们可以据此做出适当的决策和调整。例如，项目经理将如何回应修改产品设计以提高性能的建议，这将取决于公司是通过创新努力成为产品领导者，还是通过低成本解决方案实现卓越运营。类似地，项目经理如何对项目进程延迟做出反应也取决于战略考虑。如果公司的战略重视首先进入市场，项目经理就会批准加班，如果速度不是最重要的，另一位项目经理就会接受延迟。

项目经理需要了解组织战略的第二个原因是，这样他们才能成为有效的项目倡导者。

① 参见Shenhar，A.，and Dov Dvie，重塑项目管理，波士顿，哈佛商学院出版，2007，第5页。

项目经理必须能够向高级管理人员展示他们的项目如何有助于公司的使命，以获得高层的持续支持。项目经理需要能够向项目利益相关者解释为什么某个项目目标和优先级是至关重要的，以确保在有争议的权衡决策中获得他们的支持。最后，项目经理需要解释为什么项目对激励项目团队和授权项目团队是重要的（Brown，Hyer，& Ettenson，2013）。

由于这些原因，项目经理会发现对战略管理和项目选择过程有深刻的理解是有价值的，这个战略管理过程我们将在下面讨论。

2.2 战略管理过程概述

2-2：理解项目对组织的战略方向起重要作用。

战略管理是一个过程，在这个过程中，评估“我们是什么”，决定和实施“我们打算成为什么及我们将如何到达那里”。战略描述了组织在现存的和可感知的未来环境中，打算如何与可用的资源进行竞争。战略管理的两个主要维度是应对外部环境的变化和配置企业的稀缺资源以提高其竞争地位。不断观察外部环境的变化是在动态竞争环境中生存的第一维度。第二个维度是内部对旨在提高公司竞争地位的新行动方案的反应。响应的性质取决于业务的类型、环境的波动性、竞争的激烈程度和组织文化。

战略管理提供了组织未来方向的主题和焦点，它支持组织各个层级的行动一致性。因为所有的工作和资源都要致力于共同的目标和战略，所以，它鼓励整合。参见生活快照 2.1。战略管理是一个持续的、迭代的过程，旨在制订整合且协调的长期行动计划。它使组织能够长期满足顾客的期望和需求。随着长期立场的确定，目标就确定了，实现目标的战略就制定了，然后通过实施项目将其转化为行动。

生活快照 2.1：IBM 的华生“危险边缘”（Jeopardy）项目是否代表战略的改变？

IBM 在人工智能方面的投资获得了回报。2010 年 2 月，数百万人盯着电视机观看 IBM 的华生（Watson，一种智能机器人）在“危险边缘”智力竞赛节目中超过了两位前冠军选手。在节目中，华生在精确度、自信和速度方面都达到了人类专家的水平。

华生是否代表了 IBM 的新战略方向？不一定。华生项目仅仅是十多年前从计算机硬件转向服务战略的一种体现。

华生项目描述

近年来，人工智能取得了显著进展。华生超越了 20 世纪 90 年代末 IBM 的超级国际象棋计算机。国际象棋是有限的、合乎逻辑的，而且很容易简化为数学。华生的工作定义不清，涉及语言的抽象和语言的环境性质。由于华生的系统可以理解自然语言，它可以扩展人机交互的方式。

IBM 的华生项目由一个约 20 人的核心团队花了三年时间研发。8 个大学团队参与了特定的挑战领域，为这些研究人员提供支援。

华生依赖超过 2 亿页的结构化和非结构化数据，以及一个每秒能运行数万亿次操作的程序。有了这些信息备份，它就可以通过将问题分解成若干小片来解决“危险边缘”的问题。问题被解析后，操作程序就会搜索相关数据。使用数百条决策规则，操作程序就能生成可能的答案。这些答案被分配了一个信心分值，以决定华生是否应该冒险提供该答案，以及赌多少。

接下来是什么？

现在炒作已经结束，IBM 正在追求自己的服务战略，并将从华生项目中获得的知识应用到实际的商务应用程序中。华生的人工智能设计很灵活，在金融、医药、执法和国防等行业提供了宽广的应用机会。挖掘华生服务器的功能，进一步扩展到手持移动应用程序中，也具有巨大的潜力。

IBM 已经专注于提供医疗保健解决方案，并已开始设计此类程序。

开发一个“医生顾问”程序可能遵循与华生类似的设计平台。例如，它将能够做到：

- 挖掘当前的医疗文档数据，建立知识库。
- 整合患者个人信息。
- 使用系统的复杂分析来选择相关数据。
- 使用决策规则为医生提供可选诊断方案。
- 依据每个可选诊断方案的置信度，对其进行排序。

照片来源：SeanGallup/Getty Images

创造一个医生的顾问解决方案不会取代医生。尽管该系统具有巨大的潜力，但它是人为的，依赖于数据库、数据分析和决策规则来建立选择方案。根据程序给医生的咨询意见，由一名训练有素的医生依据增加的体检信息和患者的过往病史对病人进行最后诊断。

华生项目为 IBM 提供了一种灵活的业务，以延续其 10 年之久的战略，将 IBM 从计算机硬件制造转向服务产品。

战略可以决定一个组织的生存。大多数组织为应该追求的路线制定的战略都是成功的。然而，在许多组织中，问题出在执行战略，也就是如何使战略落地。往往不能使战略制定和战略执行整合一致。

战略管理的各个组成部分是紧密联系在一起的，并且都是为了组织未来的成功。战略管理需要使命、宗旨、目标、战略和执行之间的紧密联系。使命提出了组织的总体宗旨。宗旨赋予了使命中的全球性目标。目标为宗旨提供了具体的指标。目标（Objectives）体现了为达到目标而制定的战略。最后，战略需要有执行战略的行动和任务。在大多数情况下，要采取行动的典型代表就是项目。图 2.1 就是战略管理过程和所需的主要活动的示意图。

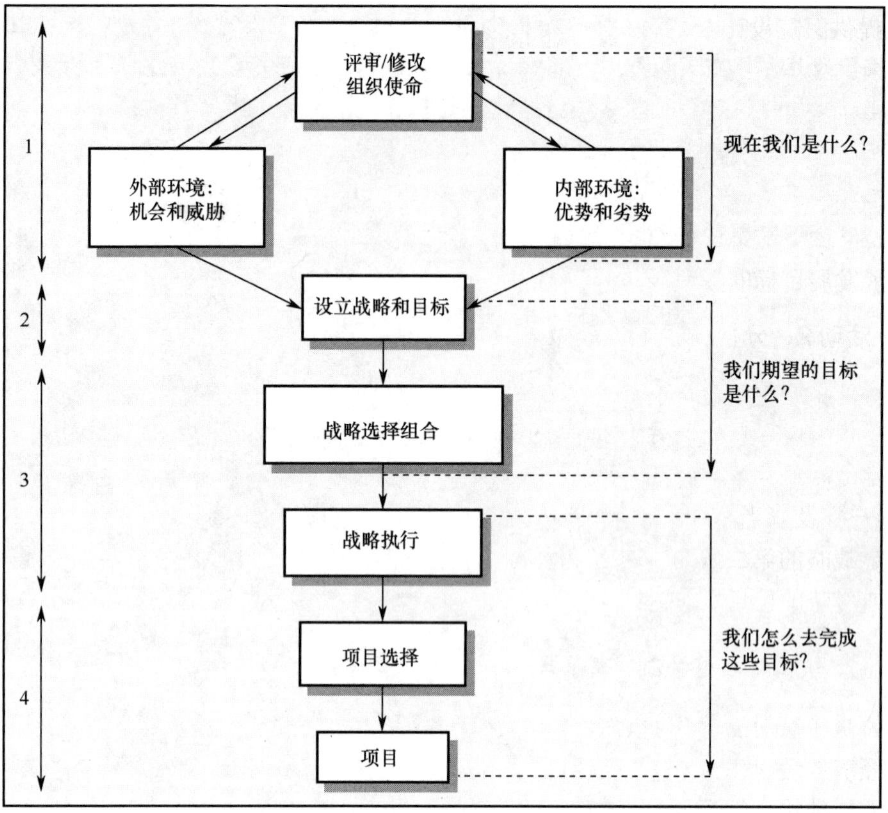

图 2.1　战略管理过程和所需的主要活动

战略管理过程的四个活动

这里概述了战略管理过程的典型活动顺序。接下来是对每个活动的描述。

1. 活动 1：评审和定义组织使命

这个使命确定了“我们想成为什么”，或者创建组织的理由。使命陈述确定了依据组织的产品或服务而形成的组织范围。一份书面的使命陈述为组织管理者和员工共享的决策提供了重要依据。组织中的每个人都应该敏锐地意识到组织的使命。例如，在一家大型咨询公司，未能按要求背诵使命陈述的合伙人被要求去购买午餐。使命陈述向所有利益相关者传达并确定了组织目的。使命陈述可以用来评估组织的绩效。

在使命陈述中发现的传统组成部分是主要产品和服务、目标客户和市场，以及市场的地理分布。此外，陈述经常包括组织哲学、关键技术、公众形象和对社会的贡献。在使命陈述中包含这些因素直接关系到商务成功。

使命陈述很少改变。然而，当业务的性质发生变化或转移时，可能需要修改使命和战略陈述。

更具体的使命陈述往往会带来更好的结果，因为越具体越聚焦。使命陈述减少了利益相关者发出错误指示的机会。例如，比较下列使命陈述的措辞：

- 提供医院设计服务。
- 提供数据挖掘和分析服务。
- 提供信息技术服务。
- 为我们的客户提供高价值的产品。

显然，前两个陈述比其他几个陈述留下更少的误读机会。对于使命陈述的一种经验法则测试是，如果这个陈述可以是任何人的使命陈述，它就不会提供预期的指导和重点。使命设定了发展目标的界限。

2．活动 2：分析和制定战略

制定战略回答了需要做什么才能达到目标的问题。战略制定包括确定和评估支持组织目标的替代方案，并选择最佳的替代方案。

制定战略的第一步是对企业过去和现在的地位进行现实的评估。这一步通常包括分析“谁是客户”及“当客户看到他们时，知道客户的需求是什么”。

制定战略的第二步是对内部和外部环境进行评估。企业内部的优势和劣势是什么？内部优势或劣势的例证表现在核心竞争力上，如技术、产品质量、管理人才、低负债和经销商网络。管理者可以改变内部的优势和劣势。机会和威胁通常代表了变动的外部力量，如技术、产业结构和竞争。有竞争力的对标赶超工具有时被用来评估当前和未来的方向。机遇和威胁是相互对立的两面。也就是说，威胁可以被视为机遇，反之亦然。外部威胁的例子包括经济放缓、生命周期成熟、汇率和政府监管。典型的机会是不断增长的需求、新兴市场和人口结构。管理人员或个别公司影响这些外部环境因素的机会有限。然而，值得注意的例外是一些新技术，比如苹果公司利用 iPod 开创了一个销售音乐的市场。关键是要尝试预测行业的基本变化，并保持积极主动的模式，而不是被动的。这种对外部和内部环境的评估被称为 SWOT（Strengths, Weaknesses, Opportunities, and Threats）分析。

通过分析，确定了关键问题和战略选择。对战略的批判性分析包括提出问题：这个战略是否利用了我们的核心竞争力？这个战略是否利用了我们的竞争优势？这个战略是否最大限度地满足顾客的需求？该战略是否符合我们可接受的风险范围？这些战略备选方案被精简成为支持基本使命的关键少数几个。

战略的制定通过逐级分解给下级分支机构、部门或个人的目标或项目而结束。制定战略可能占管理层工作量的 20%左右，而决定如何实施战略可能占 80%的工作量。

3．活动 3：建立实现战略的目标

目标将组织战略转化为特定的、具体的、可衡量的术语。组织目标是为组织的各个层级设置各类指标。目标指明了管理者确信组织应该向哪个方向发展。目标详细地回答了公司的发展方向及何时达到目标。组织的典型目标包括市场、产品、创新、生产率、质量、财务、盈利能力、员工和消费者。在任何情况下，目标都应该尽可能具有可操作性。也就是说，目标应该包括一个时间框架，是可测量的，是一个可识别的状态，并且是现实的。多兰（Doran，1981）创建了表 2.1 所示的目标范围样式，这在设定目标时非常有用。

表 2.1　目标范围样式

S	Specific	设定的目标是具体的
M	Measurable	设定的目标进程是可衡量
A	Assignable	为了完成这个设定的目标，目标任务是可向个人进行分配的
R	Realistic	这个目标用现有可用资源是能够真正实现的
T	Time	这个目标是可到达的，即是有工期时间的

组织目标以下的每一层级都应更详细地支持更高层级的目标，这通常被称为目标级联。例如，制造皮箱的企业如果制定了通过研发战略实现销售额增长 40%的目标，就会把这个目标传达到营销、生产、研发部门。研发部门接受了公司的战略作为他们的目标，他们的战略就变成了设计和开发一种新的“带隐藏、可伸缩轮子的拉式行李箱”。此时，目标就变成了一个要实施的项目：在 6 个月时间内，用 20 万美元的预算，开发出面向市场的可伸缩轮子的行李箱。总之，组织目标驱动项目。

4．活动 4：通过项目来实施战略

实施回答了在现有资源条件下如何实现战略的问题。战略实施的概念框架缺乏在战略制定中建立的结构和规范要求。实施需要行动和任务的完成，后者通常指关键使命项目。因此，战略实施必须包括值得注意的几个关键领域。

第一，任务完成需要资源。资源通常代表资金、人员、管理人才、技术技能和设备。项目的执行经常被视为“附录”，而不是战略管理过程的一个组成部分。然而，多个目标对组织资源会提出相互冲突的要求。第二，实施需要一个正式和非正式的组织来补充和支持战略和项目。权力、责任和绩效都取决于组织结构和文化。第三，计划和控制系统必须到位，以确保有效执行战略所需的某些项目活动。第四，激励项目贡献者将是实现项目成功的主要因素。第五，近年来受到更多关注的领域是项目组合管理和项目优先级划分。虽然战略实施过程不像战略制定那么清晰，但所有的管理者都意识到，没有实施，就不可能成功。虽然战略管理过程的四个主要步骤多年来没有发生重大变化，但在战略制定过程中的时间范围在过去 20 年中发生了根本性的变化。全球竞争和快速创新需要高度适应短期的变更调整，同时在长期战略上保持一致。

2.3　为什么需要项目优先级评审系统

> 2-3：理解为什么需要项目优先级评审系统。

如果没有与战略相联系的强有力的优先级系统，项目的执行就会产生问题。本节将讨论三个最明显的问题。优先级驱动的项目组合系统能够长期用来减少甚至消除这些问题的影响。

2.3.1　问题 1：项目实施的偏差

在许多组织中，最高管理层制定战略，并将战略实施留给职能经理。在许多约束条件下，职能管理人员制定了更详细的战略和目标。这些目标和战略是由组织分层结构中的各级职能小组在不同的层次上独立制定的，由此导致了多方面的问题。

以下是一些组织因战略脱节和不明确的优先级而苦苦挣扎的症状。

- 职能经理间经常发生冲突，造成信任缺失。
- 经常召开会议，以确定或重新协商项目优先级。
- 人们经常根据当前的优先级从一个项目转到另一个项目。员工对哪些项目是重要的感到困惑。
- 人们在做多个项目，感觉效率低下。
- 资源不足。

由于战略和行动之间不存在明确的联系，组织环境就会变得功能失调、混乱和粗俗，从而导致组织战略的无效实施和项目的无效执行。实施差距是指高层和中层管理者对组织战略缺乏理解和共识。

作者看到了一个重复了好几次的场景。高层管理人员为下一个规划阶段挑选他们最喜欢的 20 个项目，没有优先级。每个职能部门（市场营销、财务、运营、工程、信息技术和人力资源）从 20 个项目的列表中选择项目。遗憾的是，独立部门在不同项目中的优先级是不同的。在 IT 部门排名第一的项目在财务部门排名第十。项目的实施代表着利益冲突，对组织资源的相互争夺与日俱增。

如果存在这种情况，如何才能有效地实施战略？问题很严重。一项研究发现，只有大约 25%的《财富》500 强企业高管相信，他们制定和执行的战略之间有很强的联系、连贯性和/或一致性。在德勤咨询公司的一项研究中，麦金太尔（MacIntyre）报告称："在全球近 150 名高管中，只有 23%的人认为他们的项目组合与核心业务一致。"

2.3.2 问题 2：组织政治

政治存在于每个组织中，而且对哪些项目能获得资金和高优先级有重大影响。当选择项目的标准和过程定义不明确，且与公司的使命不一致时，尤其如此。项目选择可能不是基于事实和合理的推理，而是基于支持项目的人的说服力和权力。

"圣牛"（Sacred Cow）一词通常用来指一个有权势的高级官员正在倡导的项目。举个例子，一位营销顾问透露，他曾经被一家大公司的营销总监雇用，为公司有意开发的新产品进行独立的外部市场分析。他的广泛研究表明，这种新产品的融资需求不足。营销总监选择隐藏了这份报告，并让顾问承诺永远不会与任何人分享这一信息。总监解释说，这个新产品是新任首席执行官的"宠儿"，他把它看作留给公司的遗产。这位总监接着描述了这位新任首席执行官对这个项目的非理性痴迷，以及他如何称它为他的"新生婴儿"。就像一位拼命保护自己孩子的家长一样，营销总监相信，如果这样的关键信息被人知道，他就会失去工作。

项目发起人对产品创新项目的选择和成功实施起着重要的作用。项目发起人通常是为完成特定项目签名并提供政策支持的高级管理人员。他们有助于项目获得批准，并在关键的开发阶段保护项目。不应轻视项目发起人的重要性。例如，PMI 在全球调查了 1000 多位各种行业的项目从业者和领导者，发现这些组织至少 80%的项目（或项目集）有积极发起人，成功率达到 75%，高出调查得到的平均水平 64%的 11 个百分点。很多很有前途的项目因为缺乏强有力的发起而失败。

公司政治的重要性可以从 20 世纪 70 年代中期施乐公司（Xerox）失败的 ALTO 计算机项目中看出。这个项目在技术上取得了巨大的成功，它开发了第一个可操作的鼠标、第一个激光打印机、第一个用户友好的软件和第一个局域网。所有这些发展都比最接近的竞争对手领先 5 年。在接下来的 5 年里，由于施乐的内讧和缺乏强有力的项目发起人，这个主导新兴个人电脑市场的机会被浪费了。（苹果公司的麦金塔电脑就是受到了这些开发的启发。）

政治不仅可以在项目选择上发挥作用，还可以在项目背后的愿望上发挥作用。个人可以通过管理非凡和关键的项目来增强他们在组织中的权力。权力和地位自然属于成功的创新者和冒险者，而不是稳定的生产者。许多雄心勃勃的经理追求引人注目的项目，以此作为在公司快速晋升的手段。

许多人会说，政治和项目管理不应该混为一谈。更积极的反应是项目和政治总是混合在一起，有效的项目经理认识到任何重要的项目都有政治影响。同样，最高管理层需要开发一个系统来识别和选择项目，以减少内部政治的影响，并促进为公司选择最好的项目。

2.3.3 问题 3：多任务资源冲突和应对

大多数项目在多项目环境中运行。这种环境产生了项目相互依赖和共享资源的问题。例如，如果一家建筑公司中标一个新项目，对其劳动力资源有什么影响？根据完工日期，现有劳动力是否足够应对新项目的需求？目前的项目会被延误吗？分包会有帮助吗？哪些项目有优先权？项目经理之间的竞争是有争议的。所有的项目经理都希望为他们的项目找到最优秀的人员。随着项目数量的增加，跨项目资源共享和资源安排的问题呈指数级增长。在多项目环境中，风险更高，资源安排的好坏带来的利益或惩罚甚至比大多数单个项目更明显（Mortensen & Gardner，2017）。

资源共享也会导致多任务处理。多任务处理包括开始和停止一个任务的工作，然后去做另一个项目，然后又回到原来的任务上工作。同时做几项任务的人效率要低得多，特别是在概念上或物理上的关闭和启动非常重要的情况下。多任务处理也导致进度延误和成本增加问题增多。优先权的改变使多任务处理问题更加恶化。同样，多任务处理在组织中也更为明显，因为组织中有太多的项目要占用他们所支配的资源。

项目组合中的小型和大型项目的数量几乎总是超过可用的资源。这种能力超载不可避免地导致混乱和对稀缺的组织资源的低效使用。执行差距、强权政治和多任务处理的存在，使得什么项目能首先分配资源成了一个新问题。因为很难理解一个模棱两可的系统，员工的士气和信心受到影响。因为没有一个与战略计划明确联系的优先级系统，一个多项目的组织环境必定会面临不少重要问题。如表 2.2 所示，它列出了项目组合管理的几个关键好处，这个表可以很容易地根据具体情况扩展使用。

表 2.2　项目组合管理的几个关键好处

- 在项目选择过程中建立规章制度
- 将项目选择与战略指标联系起来
- 根据一套共同的标准，而不是政治或情感，对项目建议书进行优先级排序
- 为符合战略方向的项目分配资源
- 平衡所有项目的风险
- 可找到取消不支持组织战略的项目的理由
- 改善沟通，支持项目目标的达成

2.4 项目分类

许多组织发现他们的项目组合中有三种基本类型的项目：合规性（必须做的）项目、运营性项目和战略性项目（见图 2.2）。合规性项目通常是为了满足在一个地区运营所需的监管条件而需要的项目。因此，它们被称为“必须做的”项目。应急项目是必须做的项目，例如建造被海啸摧毁的汽车零部件工厂或恢复崩溃的网络。如果不执行合规和应急项目，通常会受到处罚。

2-4：学会区分三类项目各是什么。

运营性项目是支持当前运营所需的项目。这些项目旨在提高交付系统的效率，降低产品成本，并提高性能。其中一些项目，考虑到它们有限的范围和成本，仅需管理者直接批准即可，而更大、更昂贵的项目需要广泛的审查。选择安装一台新设备是后者的一个例子，而修改生产工艺是前者的一个例子。全面质量管理（Total Quality Management，TQM）项目属于运营性项目。

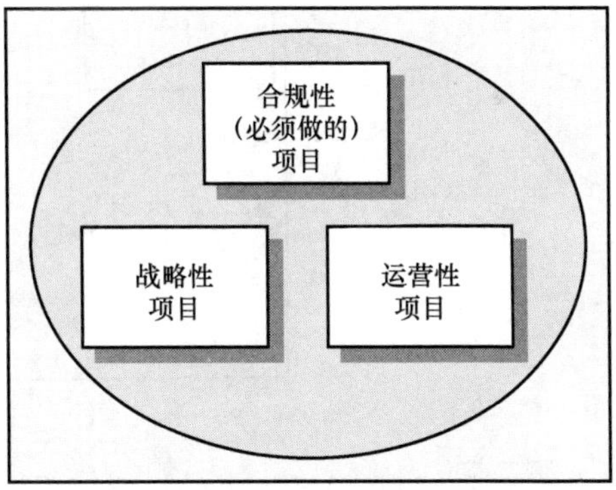

图 2.2　项目的基本类型

战略性项目是那些直接支持组织的长期使命的项目。它们通常是为了增加收入或市场份额。战略性项目的例子包括新产品项目、新技术项目及研究和开发项目。

通常这三种分类被进一步分解为产品型项目、组织各部门的项目和职能型项目，各自需要不同的项目选择标准。例如，财务或法律部的相同标准不适用信息技术部。这通常需要在战略性、运营性和合规性项目的三种基本分类中采用不同的项目选择标准。

2.5 门径模型

在我们深入研究复杂的项目选择之前，我们需要正确地看待这个过程。选择过程是

2-5：描述在项目管理中如何应用门径模型。

贯穿项目生命周期的管理系统的第一部分。这个系统设置了一系列的门，一个项目必须通过所有这些门才能完成。[①]设置门的目的是确保组织将时间和资源投入有价值的项目中，为实现组织的使命和战略做出贡献。每个门都与一个项目阶段相关联，并代表一个决策点。一扇门可以导致三种可能的结果：往前走（继续）、枪毙（取消），或重新考虑（修改和重新提交）。图 2.3 体现了门径模型。

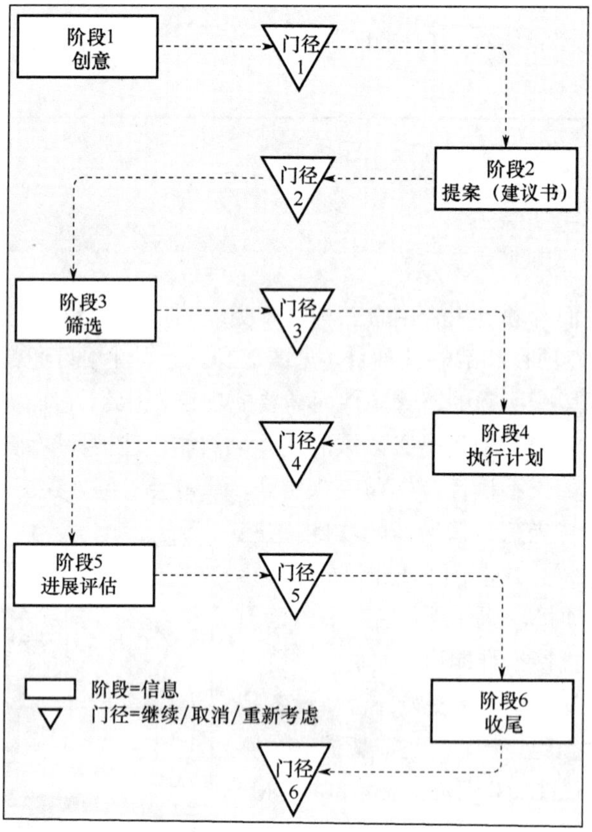

图 2.3　门径模型

第一道门径是看不见的。它发生在一个对项目有想法的人的头脑中，他必须决定是否值得投入时间和精力来提交正式的提案。这个决定可能是一种本能反应，也可能涉及非正式的研究。这样的研究可能包括从同事那里征求意见或在网上做研究。如果组织有一个透明的项目选择过程，其中的目标和需要批准的要求是众所周知的，那么这是有帮助的。

如果这个人相信他的想法是有价值的，那么提交的项目建议书将符合公司的选择准则。你将看到，项目建议书包括项目目标、商务论证、成本估算、投资回报、风险和资源需求等项。除建议书是否有意义这一基本问题之外，管理层还会评估项目成果将如何有助于公司的使命和战略。例如，项目的战略目标是什么？第二个关键问题是这个项目与其他项目的契合度如何？它会影响其他更重要的项目吗？这里的最后一个问题是，这个项目是否值得继续做更详细的规划？

① 最初的门径模型是由 R. G. Cooper 在《产品领导力：创造和推出卓越的新产品》一书中首创的。

如果初步提案获得批准，那么项目经理和工作人员将被指派制订一个更全面的实施计划，对初步提案进行修订和扩充。现在的计划要包括关于进度、成本、资源需求、风险管理等的详细信息。不仅在战略重要性方面对提案进行再次评估，而且对实施计划也进行仔细审查。这个计划有意义吗？这些数字汇总了吗？值得冒这个险吗？大家对这个计划有多大信心？如果是肯定的，就为启动项目开绿灯。

一旦项目开始进行，可能有一次或多次进度审查。进度审查的主要目的是评估工作绩效，并确定应做出哪些调整。在某些情况下，由于绩效不佳或缺乏相关性，会做出取消或“终止”项目的决定。

最后一扇门就是终点线。这里已经完成了必要的客户验收，管理层确认项目需求已经满足。这一阶段包括项目审计，以评估项目的成功，并确定获得的关键经验教训。

应该注意的是，这是基本的门径模型。对许多公司来说，项目在获得最终批准之前，将经历一系列内部升级审查。对于高风险、高成本和/或需要稀缺资源的项目尤其如此。同样，进度门径的数量也会根据项目的工期长短和重要性而变化。例如，美国国防部一个为期三年的项目将每六个月审查一次进展情况。

本章的其余部分着重于门径 2 和门径 3，在那里，我们会看到项目获得了通过的绿灯。评估项目进程的绩效数据是第 13 章的主题，而最终的门径将在第 14 章中讨论。

2.6 选择项目的标准

选择标准通常划分为财务标准和非财务标准。接下来将对每一种标准做简短描述，然后讨论它们在实践中的使用。

> 2-6：应用财务标准和非财务标准评估项目价值。

2.6.1 财务标准

对于大多数管理者来说，财务标准是评估项目的首选方法。当对未来现金流的估算有高度的自信时，这些模型是合适的。本节将演示两个模型和示例：投资回收期模型和净现值（Net Present Value，NPV）模型。

项目 A 的初始投资为 70 万美元，未来 5 年预计现金流入量为 22.5 万美元。项目 B 的初始投资为 40 万美元，预计 5 年内现金流入量为 11 万美元。

（1）投资回收期模型衡量的是收回项目投资所需的时间。回收期越短项目越可取。回收期模型是最简单和最广泛使用的模型。回收期模型强调现金流，这是商业中的一个关键因素。一些经理使用回收期模型来消除异常风险的项目（那些有很长的回收期的项目）。回收期的主要限制是它忽略了货币的时间价值，投资期间（不超过）的现金流入是预期假设的，并且没有考虑盈利能力。回收期公式为：

投资回收期（年）=预计项目总成本/年平均收益

表 2.3A 比较了项目 A 和项目 B 的回收期。项目 A 的回收期是 3.1 年，项目 B 的回收期是 3.6 年。使用回收期法，这两个项目都是可以接受的，因为它们都在 5 年内收回了初始投资，投资收益率分别为 32.1%和 27.5%。对于那些关注流动性和有足够资源来管理其债务的公司来说，投资回收期提供了特别有用的信息。

表2.3A 用投资回收期法比较两个项目的示例

	A	B	C	D	E	F	G	H	I	J	K	L	M
1				展示的例证图2.3A									
2													
3			用投资回收期法比较两个项目的示例										
4													
5				项目A		项目B			计算方法				
6													
7													
8		总投资/美元		700 000		400 000			项目A：回收期=D8/D9				
9		年收益/美元		225 000		110 000			项目B：回收期=F8/F9				
10													
11		回收期*		3.1年		3.6年							
12													
13		收益率**		32.10%		27.50%			项目A：收益率=D9/D8				
14									项目B：收益率=F9/F8				
15	结论：项目A，接受，小于期望的5年回收期，大于期望的15%收益率												
16													
17	项目B，接受，小于期望的5年回收期，大于期望的15%收益率												
18													
19	注意：*此项目评估时没有考虑资金的时间价格；												
20	**收益率和回收期互为倒数												
21													
22													

（2）净现值模型使用管理层的最低期望收益率（例如，15%的贴现率）来计算所有净现金流入的现值。如果结果是正的（项目满足最低期望收益率），则有资格进一步考虑。如果结果是否定的，项目将被拒绝。因此，需要更高的正净现值。净现值使用这个公式来计算：

$$项目\ NPV = I_0 + \sum_{t=1}^{n} \frac{F_t}{(1+k)^t}$$

式中　I_0——初始投资（由于是流出，所以数字为负）；

F_t——第 t 期的现金净流入；

k——要求的收益率；

n——年数。

表 2.3B 是使用 Microsoft Excel 软件的 NPV 模型。NPV 模型接受项目 A，该项目的 NPV 为正的 54 235 美元。B 项目被拒绝，因为 NPV 为负 31 263 美元。将净现值结果与回收期结果进行比较。NPV 模型更加现实，因为它考虑了货币的时间价值、现金流和盈利能力。

在 NPV 模型中，贴现率［投资收益率（Return On Investment，ROI）；预期收益率］对于不同的项目可能有所不同。例如，战略项目的预期 ROI 经常高于运营项目。同样，风险较高的项目和安全的项目的投资收益率也不同。设置预期的投资收益率的标准应该是明确的，并始终如一地应用。

遗憾的是，纯财务模型未能包括许多无法衡量财务收益的项目，或无法衡量其他因素对接受或拒绝决定至关重要的项目。福蒂（Foti，2003）的一项研究表明，主要用财务模型来优先考虑项目的公司产生了不平衡的项目组合和非战略导向的项目。

2.6.2　非财务标准

财务回收期虽然重要，但并不总能反映战略的重要性。在过去，企业因过于多元化而过度扩张。现在流行的观点是，企业长期的生存取决于核心竞争力的发展和保持。公司必须自律，对其核心使命范围之外的潜在盈利项目说不。这就需要考虑除直接财务回收期之外的其他标准。例如，一个公司可能支持那些由于其他战略原因没有高利润率的项目，包括：

- 以获得更大的市场份额。
- 使竞争对手难以进入市场。
- 开发一种产品使用辅助工具，通过它的引入将增加更有利可图的产品销售。
- 开发用于下一代产品的核心技术，减少对不可靠供应商的依赖。
- 防止政府干预和管制。

不那么具体的标准也可能适用。组织可以支持恢复企业形象或提高品牌认知度的项目。许多组织致力于社企合作和支持社区发展的项目。

2.6.3　两种多标准选择模型

由于没有单一的标准可以反映战略意义，项目组合管理需要多标准筛选模型。接下来介绍两种模型：清单模型和多加权评分模型。

表2.3B 用净现值法比较两个项目的示例

单位：美元

J3 fx

	A	B	C	D	E	F	G	H	I	J	K	L	M
1													
2				展示的例证图2.3B									
3													
4				用净现值法比较两个项目的示例									
5	项目A		0年	1年	2年	3年	4年	5年	总和		计算方法		
6	期望收益率	15%											
7	流出		−700 000						−700 000				
8	流入			225 000	225 000	225 000	225 000	225 000	1 125 000				
9	净流入			225 000	225 000	225 000	225 000	225 000	4 25 000	项目A：=C7+NPV(B6,D9:H9)			
10	净现值	54 235							54 235				
11													
12													
13	项目B												
14	期望收益率	15%											
15	流出		−400 000						−400 000				
16	流入			110 000	110 000	110 000	110 000	110 000	550 000				
17	净流入	15%		110 000	110 000	110 000	110 000	110 000	150 000	项目B：=C15+NPV(B14,D17:H17)			
18	净现值	−31 263							−31 263				
19													
20													
21													
22	项目A、B的净现值可根据上面给出的NPV计算公式，将表中数据代入公式算得												
23	根据NPV比较，接受项目A，因为NPV为正，拒绝项目B，因为NPV为负												

1. 清单模型

在选择项目时最常用的方法是清单。这种方法基本上使用问题清单来审查潜在的项目，并确定接受或拒绝。在实践中发现的典型问题如表 2.4 所示。

2-7：理解在选择项目时怎样应用多标准模型。

表 2.4　在实践中发现的典型问题

主　题	问　题
战略/一致性	这个项目与什么具体的组织战略相一致？
驱动因素	这个项目解决了什么商业问题？
发起	谁是项目发起人？
风险	不做这个项目的影响是什么？
	这个项目的风险有多大？
利益、价值、投资收益率	项目对组织的价值是什么？
	项目什么时候会有结果？
目标	项目的目标是什么？
组织文化	我们的组织文化适合这类项目吗？
资源	这个项目是否有内部资源可用？
进度	这个项目要花多长时间？
财务/项目组合	项目的预估成本是多少？
项目组合	这个项目如何与当前的项目相互组合？

清单模型的一个理由是，它们允许在许多不同类型的项目中进行选择时具有很大的灵活性，并且很容易跨不同的部门和区域使用。尽管许多项目是使用清单方法的一些变体来选择的，但是这种方法有严重的缺点。它的主要缺点是它不能回答一个潜在的项目对组织的相对重要性或价值，并且不能允许与其他潜在的项目进行比较。每个潜在的项目都有不同的肯定和否定答案。你如何比较？即使有可能比较，根据项目的重要性对其进行排名和优先级排序也是困难的。这种做法也为权力博弈、政治和其他形式的操纵提供了潜在机会。为了克服这些严重的缺点，专家建议使用多重加权评分模型来选择项目，下面将对其进行介绍。

2. 多重加权评分模型

加权评分模型通常使用几个加权选择标准来评估项目提案。加权评分模型通常包括定性和定量标准。每个选择标准都分配了一个权重。根据所评估项目的重要性，为项目的每个标准分配分值。权重和分数相乘得到项目的总加权分数。使用这些多重筛选标准，可以使用加权评分对项目进行比较。权重分数高的项目被认为更好。

选择标准需要反映组织的关键成功因素。例如，3M 设定的目标是 25%的公司销售将来自 4 年以下的产品，而原来的目标是 20%。他们的项目优先选择系统强烈地反映了这个新的目标。另外，如果不能选择正确的因素，筛选过程就会在短时间内失去作用。参见生活快照 2.2。

生活快照 2.2：IT 危机

2007 年 5 月，边疆航空控股公司（Frontier Airlines Holdings）聘请格里·柯迪（Gerry Coady）担任首席信息官。将近一年后，这家航空公司根据破产法第 11 章申请破产。在一次采访中，柯迪描述了他在 2008—2009 年破产和衰退危机期间是如何管理 IT 项目的。

从根本上说，柯迪面临着项目太多、资源太少的局面。柯迪使用了一种专注于减少项目组合中数量的策略。他组建了一个由高级管理人员组成的指导委员会，审查了数百个项目。最终的结果是项目组合中剩下的项目减少到少于 30 个。

- **如何处理超过 100 个项目的积压？**

“没有足够的资源来完成所有事情。”积压会随着时间的推移而累积。圣牛项目被包含在选择系统中。已经离开航空公司的人提出的项目仍然存在于项目组合中。非增值项目以某种方式进入了项目组合。很快项目队伍就变长了。由于 IT 部门的每个人同时处理太多的项目，项目完成缓慢，生产率低下。

- **哪些项目要保留？**

为了减少项目的数量，指导委员会使用了反映航空公司优先级的加权方案，即安全飞行、创造收入、降低成本和提高客户服务。这个权重评分计划很容易就剔除了多余的项目。柯迪指出：“当你到达 21 世纪 20 年代的时候，分化的边际变得越来越窄。”在剩下的项目中，项目发起人必须有充分的理由说明他们的项目为什么重要。减少强调高价值项目的数量。

- **柯迪对危机管理有什么忠告？**

在危机时期，更容易采取大胆的步骤进行改革。但是你需要有一个清晰的视野，你应该在可用的资源上专注于什么。柯迪建议：“这回到了对项目最初的商业论证是什么，以及它消耗了什么资源（包括人员和其他），它真的是个好创意。”

图 2.4 表示使用实践中发现的一些因素的项目评分矩阵。选定的筛选标准显示在矩阵的顶部（例如，留在核心竞争力内……投资收益率在 18%以上）。管理人员根据其对组织目标和战略计划的相对重要性对每个标准（0～3 的值）进行加权。然后将项目建议书提交给项目优先级排序小组或项目办公室。

标准/权重	核心竞争力	战略契合度	紧迫性	销售收入的25%来自新产品	将缺陷降低到1%以下	提高了客户的忠诚度	投资收益率在18%以上	加权后的总分
	2.0	3.0	2.0	2.5	1.0	1.0	3.0	
项目 1	1	8	2	6	0	6	5	66
项目 2	3	3	2	0	0	5	1	27
项目 3	9	5	2	0	2	2	5	56
项目 4	3	0	10	0	0	6	0	32
项目 5	1	10	5	10	0	8	9	102
项目 6	6	5	0	2	0	2	7	55
⋮								
项目 *N*	5	5	7	0	10	10	8	83

图 2.4　项目评分矩阵

然后，每个项目建议书都根据其对选定标准的相对贡献和附加值进行评估。为每个项目的每个标准分配 0 到最高 10 的分值。这个值表示项目对特定标准的适合程度。例如，项目 1 似乎很适合该组织的战略，因为它的分值是 8。相反，项目 1 不支持减少缺陷（它的分值是 0）。最后，该模型使用 1～3 的权重值，根据重要性对每个标准应用管理权重。例如，ROI 和战略契合度的权重为 3，而紧迫性和核心竞争力的权重为 2。将权重应用到每个标准上，优先级排序小组得到每个项目的加权总数。

从上面的矩阵图中可以看到，项目 5 的加权总分最大，是 102[（2×1）+（3×10）+（2×5）+（2.5×10）+（1×0）+（1×8）+（3×9）=102]，而项目 2 的加权总分最低，是 27。如果可用资源设置了一个低于 50 分的临界值，那么优先级评审团队就将取消项目 2 和项目 4，并最先考虑项目 5，其次考虑项目 *N*，依次类推。在极少数情况下，当资源受到严重约束时，如果多个项目建议书在权重排序上相似时，谨慎的做法是选择对资源要求较少的项目。与此类似的加权多标准模型正迅速成为确定项目优先级的重要选择工具。

在讨论到这个点时，明智的做法是停下来，从长远的角度考虑问题。虽然像本节所述的选择模型可能产生项目选择决策的数值解决方案，但是模型不应该做出最终的决策：最终决策是由使用模型的人来做的。任何模型，无论多么复杂，都无法捕捉到它所代表的全部现实。模型是指导评价过程的工具，以便决策者考虑有关问题并就哪些项目应该得到支持达成一致意见。决策是一个比计算结果更主观的过程。

2.7 项目选择模型的应用

2.7.1 项目分类

2-8：应用客观的优先级评审系统去选择项目。

对于上一节中讨论的不同类型的项目（战略性项目和运营性项目），没有必要使用完全相同的标准。然而，经验表明，大多数组织在所有类型的项目中使用类似的标准，可能有一到两个特定于项目类型的标准，例如，战略突破与运营突破。

不管不同类型的项目之间的标准有何不同，最重要的选择标准是项目是否适合组织战略。因此，这个标准应该在所有类型的项目中是一致的，并且具有相对于其他标准的高优先级。所有优先级模型的一致性可以避免部门对组织资源的次优化使用。项目建议书应按类型分类，以便使用适当的标准来评估它们。

项目选择模型

在过去，财务标准几乎被用来排除其他标准。然而，在过去的 20 年里，我们目睹了在项目选择中包含多种标准的巨大转变。简而言之，仅凭盈利能力不足以衡量贡献，但是它仍然是一个重要的标准，特别是对于提高收入和市场份额的项目，如突破性的研发项目。

今天，高级管理人员感兴趣的是确定潜在的项目组合，将产生最佳的人力和资本资源的使用，以实现长期投资收益的最大化。研究新技术、公众形象、道德立场、环境保护、核心竞争力和战略匹配等因素可能是选择项目的重要标准。加权评分标准似乎是满足这一需求的最佳选择。

加权评分模型使项目与战略目标更紧密地结合在一起。如果评分模型已经发布并且对组织中的每个人都可用，那么项目的选择就会附加一些规则和可信度。减少浪费资源的项目数量，政治项目和圣牛项目被曝光。使用选择标准作为确证，项目目标更容易确定和沟通。最后，使用加权评分方法可以帮助项目经理了解他们的项目是如何被选择的，他们的项目如何对组织目标做出贡献，以及如何与其他项目相比。项目选择是指导组织未来成功的最重要决策之一。

项目选择的标准是项目组合力量开始显现的地方。新项目与组织的战略目标保持一致。有了选择项目的明确方法，就可以征集项目建议书。

2.7.2 项目建议书的来源和征集

正如你所猜测的，项目应该来自那些相信项目将为组织增加价值的人。然而，许多组织限制来自组织内特定级别或群体的项目建议。这可能失去机会。好的创意并不局限于特定类型或类别的组织利益相关者。

图 2.5A 提供了自动车辆跟踪［自动车辆定位（Automatic Vehicle Location，AVL）］公共交通项目建议书格式示例。图 2.5B 展示了一个 500 英亩风力发电场的初步风险分析。许多组织使用风险分析模板来快速了解项目的固有风险。风险因素取决于项目的组织和类型。这些信息在平衡项目组合和识别执行项目时的主要风险方面是有用的。项目风险分析是第 7 章的主题。

项目建议书

日期：2×××年1月22日　建议书编号：11　发起人：J.Moran

项目类别：
战略性项目______ 运营性项目 √ 合规性项目 ______

项目解决了什么商务问题：
通过公共汽车、有轨电车和快速铁路服务站与网站，提高乘客满意度，提高司机和旅客的安全。超链接到AVL.tri-met.org

这个项目与我们组织的战略目标一致性如何：
通过更好的乘客旅行计划和行程安排，增加客流量

这个项目的主要可交付成果有哪些?
GPS交通追踪系统、互联网接入、屏幕安装计划

如果不做这个项目会有什么影响?
不能满足客流量的目标

这个项目的三个主要风险是什么：
成本超支；黑客系统；快速铁路、公共汽车和有轨电车系统的整合联通

我们怎样测量这个项目是否成功：
增加客流量、
乘客满意度、
满足预算和进度要求

这个项目仅需要内部资源：是 ☒ 否 ☐
资源是否可用：是 ☒ 否 ☐

项目的估算成本：1 000万美元

项目预估工期：22周

审批意见：同意 ☒ 不同意 ☐

签名：××××　日期：2×××年2月7日

图 2.5A　自动车辆跟踪公共交通项目建议书格式示例

风险评估简表

一、目的：识别出需要管理层注意的主要项目风险

这个项目的四个主要风险是什么？
1.政府激励措施减少
2.土地使用禁令
3.能源价格下降
4.新的进口税

二、在下面的表格中，根据“概率”和“影响”将上面的风险按高、中或低排序

风险强度等级

风　险	概　率	影　响
政府激励措施减少	高	高
土地使用禁令	中	高
能源价格下降	中	中
新的进口税	低	高

三、检查其他项目风险因素

复杂性	低	☐	平均	☒	高	☐
风资源状况	好	☒	一般	☐	差	☐
技术	低	☐	平均	☒	高	☐

评审专家签名：雷切尔　　　　日期：2×××年2月18日

图 2.5B　占地 500 英亩的风力发电场的初步风险分析

在某些情况下，当组织中没有编写项目建议书的知识时，组织会征求项目创意。通常，组织将向具有充分实施项目经验的承包商和供应商发出一份征求建议书（Request for Proposal，RFP）。例如，一家医院发布了一份 RFP，要求投标设计和建造使用最新技术的新手术室。几家建筑公司向这家医院投标。医院对该项目的投标书进行了内部评估，并与其他潜在的项目进行了对比。当项目被批准后，其他标准就被用来选择最合格的投标人。

2.7.3　项目建议书的排名和项目选择

从如此多的建议书中挑选出最有价值的建议书需要一个结构化的过程。图 2.6 显示了从提交正式项目建议书开始的筛选过程流程。一个高级优先级排序团队根据可行性、对战略目标的潜在贡献，以及是否适合当前项目组合来评估每个建议书。根据选择标准和当前的项目组合，优先级排序团队决定是拒绝还是接受该项目。

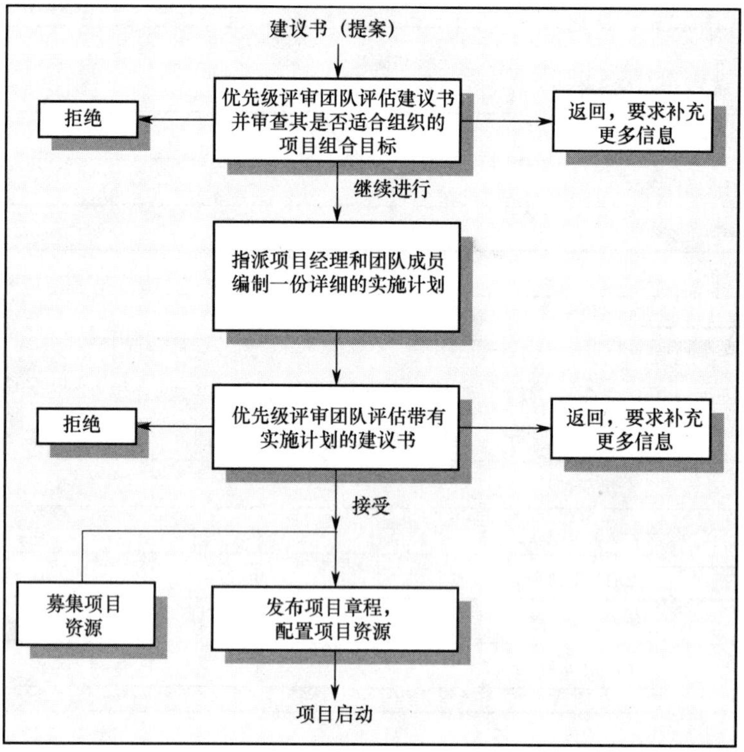

图 2.6　筛选过程流程

如果项目获得批准，将指派项目经理和工作人员制订详细的实施计划。一旦计划制订完成，项目建议书和实施计划将被第二次审查。资深的项目经理被分配到优先级排序团队。他们利用自己的经验找出计划中的潜在缺陷。在更详细计划的条件下，会再次评估项目的战略价值。

在初步提案中估计的数据和根据更完整的研究或规划做出的最终估算数据之间的差异将被审查。如果找到显著负差异（例如，最初的总成本估计是 1 000 万美元，但最终的估算是 1 200 万美元，或最终产品将不再包括关键特性），该提案可能等到更高级管理层决定该项目是否应该得到批准。如果没有负差异，项目将被批准并优先分配资源。管理层签发一份章程，授权项目经理组建项目团队并确保启动项目工作所需的资源。

图 2.7 是一个评估表单的部分示例，该表单被一家大公司用来确定优先级并选择新项目。这种形式区分了必须目标和想要目标。如果一个项目没有达到指定的“必须”目标，它将不被考虑，并从待选名单中删除。组织（或部门）的目标已经按照它们的相对重要性进行了排名和加权。例如，与其他想要的目标相比，“改善外部客户服务”的相对权重为 83。想要的目标与战略计划中建立的目标直接相关。

界定影响范围和程度代表了对筛选系统的进一步改进。它们是用来衡量需要满足一个特定目标的具体项目的预期影响。通过定义标准来创建并锁定一个数字方案。为了说明这是如何运作的，让我们来看看 500 万美元的新销售目标。如果该项目对销售额没有影响或少于 10 万美元，则为“0”；如果预测销售额超过 10 万美元但少于 50 万美元，则为“1”；

如果预测销售额大于 50 万美元，则为“2”。这些影响评估与每个目标的相对重要性相结合，以确定项目对战略目标的预测的总体贡献。例如，项目 26 创造了一个解决现场问题的机会，对销售没有影响，但将对客户服务产生重大影响。在这三个目标上，项目 26 将获得 265 分[99+0+（2×83）]。每个项目的各自加权得分都被计算出来，用于对项目进行优先级排序。

			项目序号			
必须满足的目标		如果影响，必须满足	26	27	28	29
所有活动都符合现行的法律、安全和环境标准		是的，满足目标； 不满足目标要求； 不接受——没有影响	不接受			
所有新产品将有一个完整的市场分析		是的，满足目标； 不满足目标要求； 不接受——没有影响	是			
想要的目标	相对重要性 1～100	单个项目影响定义	权重分	权重分	权重分	权重分
对现场出现的问题提供即时响应	99	0=没有引起重视 1=机会合适 2=紧急问题	99			
到20××年创造500万美元的销售收入	88	0<100 000美元 1=100 000~500 000美元 2>500 000美元	0			
改善外部客户服务	83	0=轻微影响 1=重大影响 2=巨大影响	166			
↓						
总的权重得分						
优先级排名						

图 2.7　评估表单的部分示例

进行排序的高级管理人员的职责应该是对项目进行优先级排序。它需要的不仅仅是祝福。管理层需要对他们认为对组织最重要的目标和战略进行具体的排名和权衡。如果排名的目标后来被证明是糟糕的选择，这种公开的承诺宣言可能是有风险的，但为组织设定方向是最高管理层的工作。好消息是，如果管理层真想试图将组织引领着走向强大的未来，一个良好的项目优先级系统可支持他们的工作，并发展一种每个人都为组织目标做贡献的文化。

2.8 管理项目组合系统

2-9：了解管理项目组合的必要性。

管理项目组合将选择系统提高了一步，因为特定项目的优点是在现有项目的条件下进行评估的。同时，它还包括监控和调整选择标准，以反映组织的战略重点。这需要不断的努力。优先级系统可以由小型组织中的一小群关键员工管理。或者在较大的组织中，优先级系统可以由项目办公室或由高级经理组成的治理团队来管理。

2.8.1 高级管理层的输入

项目组合系统的管理需要来自高级管理层的两个主要输入。第一，高级管理层必须提供指导，建立与当前组织战略紧密一致的选择标准。第二，高级管理层必须每年决定他们希望如何在不同类型的项目中平衡可用的组织资源（人员和资本）。在进行项目选择之前，最高管理层必须做出一个平衡的初步决定（例如，20%的合规性项目，50%的战略性项目，30%的运营性项目），尽管在项目提交评审时，平衡可能发生变化。有了这些输入，优先级排序团队或项目办公室可以执行许多职责，包括支持项目发起人和代表整个组织的利益。

2.8.2 项目治理团队的职责

项目治理团队或项目办公室负责发布每个项目的优先级，并确保过程是开放的，不受政治权力的影响。例如，大多数使用项目治理团队或项目办公室的组织使用电子公告板来发布当前的项目组合、每个项目的当前状态和当前问题。这种开放的沟通不鼓励权力游戏。随着时间的推移，项目治理团队会评估组合中各项目的进展。如果整个过程管理得好，就会对组织的成功产生深远的影响。关于项目名称背后的基本原理，请参见生活快照 2.3。

生活快照 2.3：项目代号命名

“长江”、“冰山行动”和“蓝色专项”有什么共同点？它们都是项目的代号。使用项目代号有以下几个原因：

- **在组织内独一无二地识别项目。**

  苹果公司过去用美洲虎、老虎、黑豹和豹等大型猫科动物的名字来命名 MAC、OS、X 的主要版本，但现在用国家公园（优胜美地国家公园）来命名它们。

- **在面对竞争对手时，有助于维护项目的保密性。**

  “牛车”是冷战时期美国国防部为秘密开发超音速战斗机时使用的武器代号。

- **作为公共关系工具，为项目目标争取支持。**

  “正义事业行动”是美国政府给 1989 年入侵巴拿马行动起的名字，那次行动驱逐了腐败的领导人曼纽埃尔·诺列加。

- **激励和提升绩效。**

任天堂在其开创性的 Wii 视频游戏主机上采用了革命性的技术。

通常，在小项目中，名字传达着一种好玩的幽默感。例如，一组相关的软件项目都以蓝精灵角色命名（精灵爸爸、灵灵和梦梦等）。其他时候，项目名称反映了内部“笑话”。例如，一个软件项目名为 ALINA，它是“至少它不是访问”（At Least It Is Not Access）的缩写。

图片说明：McGraw-Hill Education/Jill Braaten，photographer

必须不断观测外部环境以确定组织的重点和/或选择标准是否需要更改。定期的优先级审查和调整需要与不断变化的环境保持同步，并保持组织的重点在统一的愿景里。如果项目按照必须做的、运营的和战略的进行分类，那么该类中的每个项目都应该按照相同的标准进行评估。建立和使用项目优先级系统是至关重要的。保持整个系统的公开和光明正大对于保持系统的完整性也很重要，可防止新的、年轻的高管在系统中把各种项目的优先级转来转去。

2.8.3　对项目风险和类型进行组合平衡

优先级团队的主要职责是根据类型、风险和资源需求来平衡项目。这需要一个全面的组织视角。因此，在大多数标准中排名较高的推荐项目可能不会被选中，因为组织组合已经包含了太多具有相同特征（如项目风险水平、关键资源的使用、高成本、无收益产生和长持续时间）的项目。平衡项目组合与选择项目同样重要。组织需要根据每个新项目在项目组合中添加的内容来评估它们。短期需求必须与长期潜力相平衡。资源使用需要在所有项目中进行优化，而不仅仅是最重要的项目。

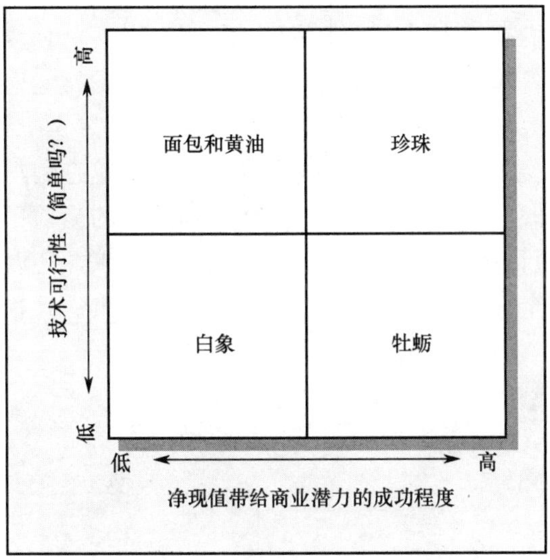

图 2.8　项目组合矩阵

与项目相关的风险有两种。第一种是与整个项目组合相关的风险，它应该反映组织的风险概况。第二种是特定的项目风险，它会阻碍项目的执行。在本章中，我们只考虑平衡项目组合中固有的组织风险，例如市场风险、执行能力、上市时间和技术进步。具体项目的风险将在第 7 章中详细介绍。

大卫 • 马西森和吉姆 • 马西森（David and Jim Matheson）对研发组织进行了研究，开发了一种分类方案，可用于评估项目组合（见图 2.8）。他们根据难度和商业价值对项目进行了区分，并提出了四种基本类型的项目：

面包和黄油类项目相对容易完成，并能产生适度的商业价值。它们通常涉及对当前产品和服务的逐步改进。比如软件升级项目和降低制造成本项目。

珍珠类项目是低风险、高商业回报的开发项目。它们使用了成熟的技术，代表了革命性的商业进步。比如下一代集成电路芯片研发项目和定位油气的地下成像项目。

牡蛎类项目是高风险、高价值的项目。这些项目涉及具有巨大商业潜力的技术突破。比如胚胎 DNA 处理项目和新型金属合金研发项目。

白象类项目指的是那些一度显示出希望，但已不再可行的项目。比如针对饱和市场的产品研发和具有毒性副作用的高耗能开发项目。

马西森夫妇报告说，组织机构经常有太多白象类项目，而珍珠类项目和牡蛎类项目太少。为了保持战略优势，他们建议组织利用珍珠类项目，消除或重新定位白象类项目，平衡用于面包和黄油类项目与牡蛎类项目的资源，以实现与整体战略的一致。虽然他们的研究中心是研发组织，但他们的研究成果似乎适用于所有类型的项目组织。

本章小结

多个相互竞争的项目、有限的技术资源、分散的虚拟团队、紧迫的上市时间和有限的资本，作为项目组合管理出现的力量，为管理多项目和将商务战略与项目选择联系起来奠定了基础。这个系统最重要的元素是创建一个优先级排名系统，利用多重加权标准，反映公司的使命和战略。与组织的所有利益相关者沟通优先级标准是至关重要的，这样标准就可以成为新项目创意的灵感来源。

每一个被选中的重要项目都应该被评审排名并公布结果。高级管理人员必须在确定优先级和支持优先级评审系统方面发挥积极作用。绕过优先级评审系统会破坏它的有效性。项目审查委员会需要包括经验丰富的经理，他们有能力提出"尖锐"的问题，并区分何为事实和何为虚构。重大项目的资源（人员、设备和资本）必须明确分配，不能与日常运营发生冲突或成为超负荷的任务。

项目治理团队需要审查重要的项目，不仅要考虑它们的战略价值，还要考虑它们与当前正在实现的项目组合的匹配程度。如果打乱了风险、资源和战略计划之间的当前平衡，排名较高的项目可能被推迟甚至拒绝。项目选择不仅要基于具体项目的优点，还要基于它对当前项目组合的贡献。这需要一种全面的方法来将项目与组织战略和资源相匹配。

关键术语

Net Present Value（NPV）净现值
Organization Politics，组织政治
Payback 回报
Phase Gate Model 门径模型

Priority System 优先级评审系统
Priority Team 优先级评审团队
Project Portfolio 项目组合
Project Sponsor 项目发起人
Strategic Management 战略管理

复习题

1．描述战略管理过程的主要组成部分。

2．解释项目在战略管理过程中所扮演的角色。

3．项目是如何与战略计划相联系的？

4．项目组合通常用合规性项目、战略性项目和运营性项目来表示。这种分类对项目筛选有什么影响？

5．为什么本章描述的优先级评审系统要求是公开且正式颁布的？这个过程是否鼓励自下而上的项目启动？这会阻止某些项目吗？为什么？

6．为什么组织不应该仅仅依靠收益率来筛选项目？

7．讨论清单模型和加权评分模型筛选项目的利弊。

生活快照讨论题

2.1 IBM 的华生“危险边缘”（Jeopardy）项目是否代表战略的改变？

1．为什么 IBM 想要从计算机硬件转向服务产品？

2．人工智能将对项目管理领域产生什么影响？

2.2 IT 危机

1．前沿航空公司通过使用加权评分模型评估项目价值获得了什么好处？

2.3 项目代号命名

1．你能想到生活快照中没有提到的项目代号名称吗？它的作用是什么？

练习题

1．你在经营一家位于夏威夷考艾岛（Kauai）南海滩的度假酒店，正在将你的度假胜地的重点从传统的阳光娱乐目的地转向生态旅游（生态旅游注重环境意识和教育）。你将如何从合规性、战略性和运营性的角度对下列项目进行分类？

a．将泳池加热系统由电能的改换为太阳能的。

b．建一条 4 英里长的自然徒步路线。

c．翻新马厩。

d．与夏威夷航空公司开展新的促销活动。

e．将邻近的 12 英亩土地变成野生动物保护区。

f．更新所有 10 年或 10 年以上的公寓浴室。

g．更换酒店宣传册，体现生态旅游形象。

h．根据新的要求，测试和修改灾难应对计划。

对这些项目进行分类容易吗？是什么让一些项目比其他项目更困难？你认为现在掌握的知识对酒店的项目管理有什么帮助？

2．一家年轻的、刚起步的公司有两份新的软件项目建议书。α 项目的开发成本为 15 万美元，期望每年净现金流为 4 万美元。β 项目的开发成本为 20 万美元，期望每年净现金流为 5 万美元。公司非常关心它们的现金流。使用回收期方法评审，从现金流的角度来看，哪个项目更好？为什么？（本案例的答案可在附录 A 中找到）

3．一个为期五年的项目预计未来五年的净现金流为 15 000 美元、25 000 美元、30 000 美元、20 000 美元和 15 000 美元。实施这个项目将花费 5 万美元。如果要求的投资收益是 20%，用贴现后的现金流计算方法来确定 NPV。

4．你为 3T 公司工作，该公司预计至少能获得 18%的投资收益率。你必须在两个相似的项目中做出选择。下面的图表中显示了每个项目的现金流信息。仅仅根据这些财务信息，你会资助这两个项目中的哪一个？为什么？

ω 项目				α 项目			
年	流入/美元	流出/美元	净流入/美元	年	流入/美元	流出/美元	净流入/美元
0	0	225 000	−225 000	0	0	300 000	−300 000
1	0	190 000	−190 000	1	50 000	100 000	−50 000
2	150 000	0	150 000	2	150 000	0	150 000
3	220 000	30 000	190 000	3	250 000	50 000	200 000
4	215 000	0	215 000	4	250 000	0	250 000
5	205 000	30 000	175 000	5	200 000	50 000	150 000
6	197 000	0	197 000	6	180 000	0	180 000
7	100 000	30 000	70 000	7	120 000	30 000	90 000
总计	1 087 000	505 000	582 000	总计	1 200 000	530 000	670 000

5．你是 SIMSOX 项目筛选团队的负责人。你的团队正在考察 3 个不同的项目。基于过去的历史信息，SIMSOX 期望至少 20%的投资收益率。（这些练习的答案可以在附录 A 中找到。）

尘暴项目

年	投资/美元	收益/美元
0	500 000	0
1	0	50 000
2	0	250 000
3	0	350 000

鱼鹰项目

年	投资/美元	收益/美元
0	250 000	0
1	0	75 000
2	0	75 000
3	0	75 000
4	0	50 000

航海者项目

年	投资/美元	收益/美元
0	75 000	0
1	0	15 000
2	0	25 000
3	0	50 000
4	0	50 000
5	0	150 000

6．你是断箭唱片公司（Broken Arrow Records）项目筛选小组的负责人。你的团队正在考虑 3 个不同的唱片录制项目。根据过去的历史信息，断箭公司预计至少有 20%的收益率。根据以下给出的每个项目的信息，断箭公司应该最先考虑哪个项目？断箭公司是否应该资助其他项目？如果是，基于投资收益率的优先顺序应该是什么？

唱片《时间逐渐消退》录制项目

年	投资/美元	收益/美元
0	600 000	0
1	0	600 000
2	0	75 000
3	0	20 000
4	0	15 000
5	0	10 000

唱片《在海滩上》录制项目

年	投资/美元	收益/美元
0	400 000	0
1	0	400 000
2	0	100 000
3	0	25 000
4	0	20 000
5	0	10 000

唱片《今晚的夜色》录制项目

年	投资/美元	收益/美元
0	200 000	0
1	0	200 000
2	0	125 000
3	0	75 000
4	0	20 000
5	0	10 000

7．定制自行车公司（The Custom Bike Company）已经建立了一个评估潜在项目的加权评分矩阵。以下是正在考察的五个项目的评审信息。

a．使用以下图中的评分矩阵，你认为哪个项目得分最高？哪个最低？

b．如果“强势发起人”权重从 2.0 改为 5.0，项目筛选是否会发生变化？在这个新的权重下，3 个权重最高的项目得分是多少？

c．为什么权重反映关键战略因素是重要的？

标准/权重	强势发起人	支持商务战略	紧迫性	销售收入的10%来自新产品	竞争力	填补市场差距	加权后的总分
	2.0	5.0	4.0	3.0	1.0	3.0	
项目 1	9	5	2	0	2	5	
项目 2	3	7	2	0	5	1	
项目 3	6	8	2	3	6	8	
项目 4	1	0	5	10	6	9	
项目 5	3	10	10	1	8	0	

项目筛选矩阵图

案例 2.1：海克特游戏公司

海克特游戏公司（Hector Gaming Company，HGC）是一家专门从事幼儿教育游戏的教育游戏公司。HGC 刚刚完成了第四年的运营。今年是 HGC 的丰收年。该公司通过一家投资银行不公开发行了股票，获得了大量的增长资金。在过去的一年里，投资收益率超过 25%，而且还没有负债！过去两年的增长率约为每年 80%。年幼孩子的父母和祖父母几乎一直在购买 HGC 的产品，只要公司产品一上市就会销售一空。这家 56 人的公司的每一位成员都充满热情，并期待着帮助公司成长为世界上最大、最好的教育游戏公司。该公司的创始人莎莉•彼得斯（Sally Peters）被《青年企业家》（*Young Entrepreneurs*）杂志誉为“值得关注的年轻企业家”。她已经能够发展一种组织文化，在这种文化中，所有的利益相关者都致力于创新、持续改进和组织学习。

去年，HGC 的 10 位高层管理人员与麦金利咨询公司（McKinley Consulting）合作制订了该组织的战略计划。今年，同样这 10 位高管在阿鲁巴（Aruba）进行了一次静修，用麦金利咨询公司提出的相同流程来制订明年的战略计划。对于公司的中期和长期发展方向，大多数高管都达成了共识。但对于如何实现这一目标，各方几乎没有达成共识。现任 HGC 总裁彼得斯认为她可能正在对公司失去控制。冲突的频率似乎在增加。一些人总是被要求为任何新设立的项目让路。当项目之间发生资源冲突时，每个项目经理都认为他的项目是最重要的。越来越多的项目没有按时完成，而且正在超出预算。在昨天的管理层会议上透露，公司的一些顶级人才正在致力于一款面向大学生的国际商业游戏。这个项目不适合组织的使命或市场定位。有时，似乎每个人都在按自己的意愿行事。在给定组织可用资源的情况下，我们需要更多的关注来确保每个人都同意如何实施战略。

昨天的会议把彼得斯吓坏了。这些新出现的问题来得不是时候。下周公司要实施新的战略举措，HGC 将扩大组织规模，增加每年新产品的数量，并加大营销力度。下个月将有 15 名新成员加入 HGC。彼得斯担心是否有适当的政策，以确保最有效地利用新人。另一个潜在的问题也隐约出现了。其他游戏公司已经注意到 HGC 在他们的定位市场所取得的成功。有一家公司试图从 HGC 那里聘请一名关键的产品开发员工。彼得斯希望 HGC 准备迎接任何潜在的竞争，并阻止任何新的对手进入他们的市场。彼得斯知道 HGC 是由项目驱动的，然而，对于如何很好地管理这样一个组织，她并不是很有信心，尤其是在这种快速增长和潜在竞争即将成为现实的情况下。新出现问题的严重性要求迅速讨论和解决问题。

彼特斯雇用你做顾问。她建议你的咨询合同用下面的格式。如果其他格式能提高咨询业务的有效性，你可以自由使用。

我们的主要问题是什么？

确定问题的一些症状。

这个问题的主要原因是什么？

提供解决问题的详细行动计划。计划要具体，且提供的案例要与 HGC 相关。

案例 2.2：电影优先级评选

本案例的目的是为你积累使用项目优先级系统评审项目的经验，该评审系统根据提议的项目对组织目标和战略计划的贡献进行高低排名。

C2.2.1　公司简介

这家公司是一家大型娱乐集团的电影分公司，总部位于加利福尼亚州的阿纳海姆（Anaheim）。除了故事片制作部门，该集团的业务还包括主题公园、家庭录像、电视频道、互动游戏和戏剧排演。在过去的 10 年里，公司一直在稳步增长。去年总收入增长了 12%，达到 212 亿美元。该公司正在谈判将其主题公园帝国扩展到中国大陆和波兰。电影分公司的收入为 2.74 亿美元，比上一年增长了 7%。由于今年发行的五部主要电影中有三部反响不佳，利润率下降了 3%～16%。

C2.2.2 公司使命

公司的使命如下：

从创意、战略和财务角度来看，公司的首要目标是通过继续成为全球首屈一指的娱乐公司，为股东创造价值。

电影部门支持这一使命，每年制作4～6部可大规模发行的高质量的家庭娱乐电影。近年来，该公司的首席执行官一直主张，该公司应在倡导环境保护意识方面发挥领导作用。

C2.2.3 公司“必须”的目标

每个项目都必须满足由执行管理层确定的必需的目标。重要的是，所选的电影项目不能违背这种高度战略优先级的目标。有三个必需的目标：

1. 所有项目都符合现行的法律、安全和环境标准。
2. 所有电影项目应获得PG或更低的咨询评级。
3. 所有项目都不应对上级公司当前或计划的运营产生不利影响。

C2.2.4 公司“想要”的目标

想要的目标是根据相对重要性来分配权重的。最高管理层负责制定目标，并对它们进行排序和权衡，以确保项目支持公司的战略和使命。以下这些就是公司想要的目标：

1. 获得年度奥斯卡最佳动画长片或最佳影片的提名并获奖。
2. 产生衍生商品的收入（动作人偶、玩偶、互动游戏、音乐CD）。
3. 提高公众的环境保护意识。
4. 产生超过18%的利润。
5. 推动动画电影的发展，维护公司的声誉。
6. 为公司拥有的主题公园的新游乐设施的开发奠定基础。

C2.2.5 要完成的作业

你是负责对电影建议书进行评估和筛选的优先级评审团队的成员。请使用提供的评估表对每份建议书进行评估和排名。准备好报告你的优先级顺序并证明你的决定是正确的。

假设所有的项目都通过了14%投资收益率的估算门槛值。除了简短的电影概要，建议书还包括以下影院和视频销售的财务预测：80%的投资收益率机会、50%的投资收益率机会和20%的投资收益率机会。

例如，对于建议书1，有80%的机会获得至少8%的投资收益率，50%的机会获得18%的投资收益率，20%的机会获得24%的投资收益率。

C2.2.6 电影拍摄建议书

项目1：影片《尼泊尔故事》

这部影片是根据受欢迎的儿童读物《尼泊尔故事》（*Tales from Nepal*）拍摄的动画传记片，

讲述了主人公在西藏的童年生活。主人公的一生是通过一条野外的蛇“国大”（Guoda）和其他当地动物的眼睛讲述的，这些动物与主人公成为朋友，帮助他理解佛教的原理。

概　　率	80%	50%	20%
投资收益率	8%	18%	24%

项目 2：影片《海蒂》

这部影片是经典儿童故事片的翻拍，配乐由获奖作曲家 Syskle 和 Obert 编写。这部大成本电影突出了顶级明星和瑞士阿尔卑斯山的壮丽景色。

概　　率	80%	50%	20%
投资收益率	2%	20%	30%

项目 3：影片《回声之年》

这部影片是一部低成本的纪录片，庆祝摇滚历史上最具影响力的乐队之一的职业生涯。这部电影由新潮导演埃利奥特・茨纳兹（Elliot Cznerzy）执导，结合演唱会画面和幕后采访，讲述了摇滚乐队“回声”（Echos）25 年的历史。除了美妙的音乐，这部电影还聚焦于一位创始成员死于海洛因过量，并揭示音乐行业的性、谎言和毒品的黑暗面。

概　　率	80%	50%	20%
投资收益率	12%	14%	18%

项目 4：影片《逃离 Rio Japuni》

这部影片是以亚马逊雨林为背景的动画故事片。故事围绕着一只名叫巴勃罗（Pablo）的年轻美洲虎展开，它试图说服那些交战的丛林动物，请它们团结起来，逃离当地雨林砍伐造成的破坏。

概　　率	80%	50%	20%
投资收益率	15%	20%	24%

项目 5：影片《娜迪娅》

这部影片是关于娜迪娅・科马内奇（Nadia Comaneci）的故事，这位著名的罗马尼亚体操运动员在 1976 年夏季奥运会上获得了 3 枚金牌。这部低成本电影记录了她在罗马尼亚的童年生活，以及她是如何被罗马尼亚当局选中加入精英国家体育计划的。这部电影突出了娜迪娅是如何在严酷的、严格的训练计划下保持她的独立精神和对体操的热爱的。

概　　率	80%	50%	20%
投资收益率	8%	15%	20%

项目 6：影片《虎鲸 Keiko 的故事》

这部影片讲的是著名的虎鲸 Keiko 的故事，通过一个虚构的后代精子（Seiko）的讲述来展开故事。在遥远的未来，精子正在给他的孩子们讲述他们著名的祖父。这部耗资巨大的电影将使用最先进的计算机图像，将鲸鱼的真实镜头整合到一个逼真的动画环境中。这个故事揭示了 Keiko 对人类处置虎鲸的反应。

概　　率	80%	50%	20%
投资收益率	6%	18%	25%

项目 7：影片《大岛》

这个项目是一个真实的故事，一群在学习生物课的初中生发现一家化肥厂正在向附近的河流倾倒有毒的废物。这部预算不高的电影讲述了学生们如何组织一场草根运动来对抗当地的官僚机构，并最终迫使化肥厂去恢复当地的生态系统。

概　　率	80%	50%	20%
投资收益率	9%	15%	20%

项目优先级评估表

项目序号									
必须满足的目标		如果影响，必须满足	1	2	3	4	5	6	7
符合所有安全和环境标准		Y =是 N =不是 N/A =不接受							
获得 PG 的评级或更低的评级		Y =是 N =不是 N/A =不接受							
想要的目标	相对重要性 1~100	单个项目影响定义	权重分	权重分	权重分	权重分	权重分	权重分	权重分
赢得今年的最佳影片奖	70	0=没潜力 1=低潜力 2=高潜力							
赢得最佳动画电影奖	60	0=没潜力 1=低潜力 2=高潜力							
产生衍生商品	10	0=没潜力 1=低潜力 2=高潜力							
提高环保意识	55	0=没潜力 1=低潜力 2=高潜力							
产生利润超过 18%	70	0<18% 1=18%～22% 2>22%							
推动动画电影的发展	40	0=没影响 1=有点影响 2=大影响							

续表

项目序号									
为新娱乐设施提供基础	10	0=没潜力 1=低潜力 2=高潜力							
总的权重得分									
优先级排名									

案例 2.3：融资项目选择

这个“案例练习”的目的是向你提供应用项目选择过程的经验，该过程根据提议的项目对组织的使命和战略的贡献进行排序。

C2.3.1　融资项目

假设你是项目管理课程班级的一员。每个学生将加入一个由 5～7 名学生组成的团队，负责创建、规划和执行一个指定慈善机构的善款募集项目。基金募集项目有两个目标：①为有价值的事业募集资金；②为所有团队成员提供一个实践项目管理技能和技术的机会。

除完成项目之外，完成这项任务还需要提交一些可交付成果。这些可交付成果包括：

a. 项目建议书

b. 实施计划

c. 风险管理计划

d. 状态报告

e. 项目绩效报告

f. 项目回顾/审计

获批准的项目将可借用 250 美元的种子基金，在项目完成后需偿还这笔借用基金。

C2.3.2　“必须”的目标

每个项目必须达到导师所确定的“必须”目标。有四个必须满足的目标：

1. 所有项目必须是安全的、合法的，并遵守大学政策。
2. 所有项目必须能够赚取至少 500 美元。
3. 所有项目必须能够在九周内完成。
4. 所有项目都必须为项目团队的每个成员提供体验和学习项目管理的机会。

在为最后一个目标考虑的各种因素中要包含：对团队的每个成员都是有意义的工作，需要协调的程度，团队将必须与外部利益相关者一起工作及项目的复杂性。

C2.3.3 “想要”的目标

除必须满足的目标之外，还有导师想要达到的“想要”的目标。

1. 为慈善事业赚取 500 美元以上。
2. 提高公众对慈善事业的认识。
3. 为学生提供有价值的经历。
4. 在当地电视新闻中做专题报道。
5. 做起来要有趣。

C2.3.4 赋值评估

你是班级优先级评估小组的成员，负责评估和批准资金募集项目。使用提供的项目建议书评估表，正式评估每个项目建议书，并进行排名。准备好报告你的排名并证明你的决定。你应该假设这些项目将在你的大学或学院进行。

C2.3.5 融资建议书

项目 1：篮球的希望

这个项目是一个三对三的篮球锦标赛，为唐氏综合征协会募集资金。比赛将由三个部分组成：男女混合队、男队和女队。每支参赛队将收取 40 美元的参赛费，其他资金将从纪念 T 恤（每件 10 美元）的销售中获得。获胜的队伍将获得由当地企业和餐馆捐赠的礼品。活动将在大学的娱乐中心举行。

项目 2：微笑的歌唱

该项目是在一个大众喜爱的校园夜总会举办一场有明星评委参与的卡拉 OK 比赛。善款将通过 5 美元的入场费和当地企业捐赠的抽奖奖品来募集。募集的善款将捐赠给国际组织“微笑列车”，该组织为唇裂孩子进行手术，每人手术费用为 250 美元。该活动将展示天生唇裂儿童的照片，每募集到 50 美元，就会添加一块拼图，直到原来的图片上覆盖上一张微笑的脸。

项目 3：致敬英雄电子游戏

该项目是要举办一场致敬英雄的电子游戏比赛，将在周末利用学院的大屏幕电子教室举行。每队 4 名玩家将在一场决胜负的淘汰赛中对战，大奖是由当地一家视频游戏商店捐赠的第 4 代索尼 PS 游戏机。报名费为每队 24 美元，而个人选手只需 5 美元就可接替一位失败者的比赛。所有善款将捐给全国军人家属协会。

项目 4：为生命而博彩

组织一场抽奖比赛。抽奖彩票将以每张 3 美元的价格出售，中奖的彩票价值 300 美元。6 名团队成员每人负责销售 50 张彩票。所有博彩利润都做善款捐给美国癌症协会。

项目 5：为挨饿者举办扑克大赛

在校园餐厅组织一场德州扑克锦标赛。参加比赛的入场券为 20 美元，但包含 15 美元的购物券。比赛奖品包括 300 美元、150 美元和 50 美元的大百货商店礼券。礼券的 50%将由入场费支付，剩下的 50%将由商店捐赠。所有参赛选手都有资格赢得两张捐赠的男子和女子篮球比赛的门票。募集的善款将捐给当地的收容所。

项目 6：构建你的募捐箱

这个项目的目的是提高人们对无家可归者困境的认识。学生们将每人捐赠 10 美元，参与在大学的广场上建造一个纸板城并住上一晚。建筑材料将由当地的回收中心和五金商店提供。团队将在午夜为所有参与者提供热汤。活动收益将作为善款捐给当地的无家可归者收容所。

项目优先级评估表

必须满足的目标		如果影响，必须满足	1	2	3	4	5	6	7
安全、合法、遵守学校政策		Y＝是 N＝不是							
至少挣 500 美元		Y＝是 N＝不是							
9 周内能完成		Y＝是 N＝不是							
学习项目管理的机会		Y＝是 N＝不是							
想要的目标	相对重要性 1～100	单个项目影响定义	权重分	权重分	权重分	权重分	权重分	权重分	权重分
收入潜力	90	0：500～750 美元 1：750～1 500 美元 2：>1 500 美元 3：>2 000 美元							
好玩	30	0=没潜力 1=低潜力 2=高潜力							
提高慈善意识	30	0=没潜力 1=低潜力 2=高潜力							
丰富个人简历	40	0=没潜力 1=低潜力 2=高潜力							
在当地电视新闻中做专题报道	40	0=没潜力 1=低潜力 2=高潜力							
总的权重得分									
优先级排名									

第 3 章

组织：结构与文化
Organization：Structure and Culture

本章学习目标

通过学习本章内容，你应该能够：

3-1 识别不同的项目管理结构，了解它们的优点和缺点。

3-2 区分三种不同类型的矩阵，了解它们的优点和缺点。

3-3 描述项目管理办公室如何支持和改进项目执行。

3-4 了解在选择适当的项目管理组织结构时应该考虑的组织和项目因素。

3-5 领会在管理项目时，组织文化发挥的重要作用。

3-6 解读组织文化。

3-7 了解项目管理结构与组织文化之间的相互作用。

本章概览

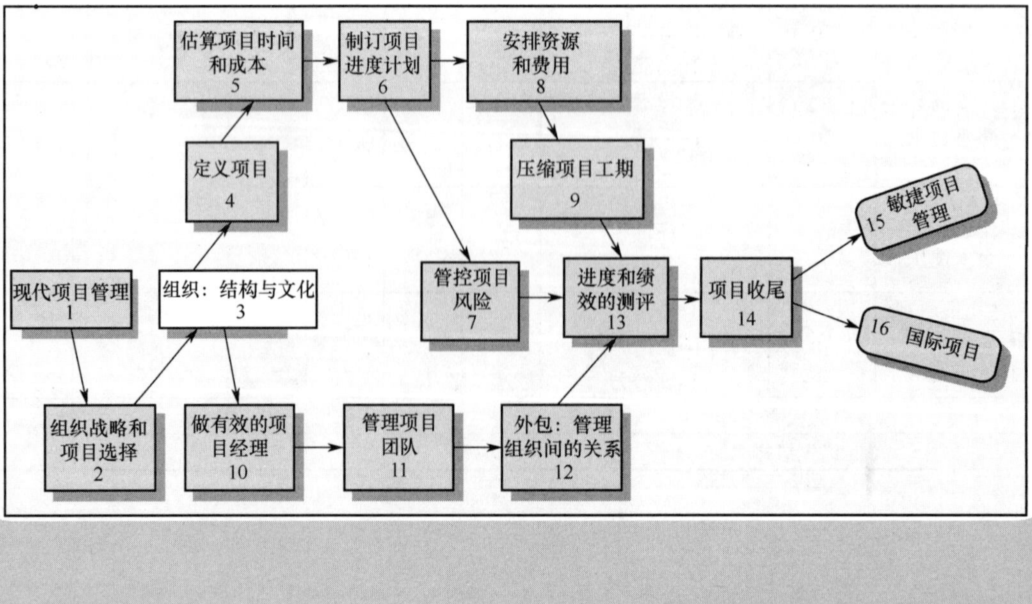

矩阵式管理是有效的，但有时确实是困难的。所有矩阵经理都必须保持健康，并贴上压力标签。——项目经理

一旦管理层批准了一个项目，那么问题就变成了项目将如何实施。本章介绍了公司用于实施项目的三种不同的项目管理结构：职能式组织、专用项目团队式组织和矩阵式组织。虽然这三种形式的项目组织结构不是详尽无遗的，但它们及其变体形式代表了对项目进行组织结构安排的主要方法。本章讨论了每种结构的优缺点，以及一些可能导致企业选择一种形式而不是其他形式的关键因素。

公司是选择在传统的职能组织中完成项目，还是通过某种形式的矩阵安排，这只是故事的一部分。任何在多个组织工作过的人都会意识到，在某些公司中，即使有着相似的结构，项目的管理方式也常常存在相当大的差异。在 AT&T 的矩阵组织系统中工作与在惠普的矩阵环境中工作是不同的。许多研究人员将这些差异归因于 AT&T 和惠普的组织文化。对组织文化的一个简单解释是，它反映了一个组织的"个性"。正如每个人都有独特的个性一样，每个组织也有独特的文化。在本章的末尾，我们将更详细地研究什么是组织文化，以及母公司的文化对组织项目和管理项目的影响。项目管理结构和组织文化都构成了项目实施的企业环境的主要因素。[①]对于项目经理和参与者来说，了解"项目的情景"是很重要的，这样他们就可以避开障碍，利用各种途径的优势去完成他们的项目。

3.1　项目管理结构

> 3-1：识别不同的项目管理结构，了解它们的优点和缺点。

项目管理系统为在上级组织内启动和实施项目活动提供了一个框架。一个好的组织管理系统能够适当平衡母公司和项目组织双方的需求，清晰定义项目和母公司间在权力和资源分配间的接口，处理好项目最终成果整合到主流业务中的界面。记住这一点，我们将开始讨论项目管理结构。

3.1.1　职能式组织中的项目组织结构

组织项目的一种方法是简单地在组织现有的职能层次结构中管理它们。一旦管理层决定实施一个项目，项目的不同任务就将被委派给各自的职能单位，每个单位负责完成它承担的项目的部分（见图 3.1）。通过正常的管理渠道进行协调。例如，一家机械制造公司决定通过提供一系列专门为左撇子设计的工具来差异化公司的产品线。最高管理层决定实施项目，并将项目的不同任务分配到适当的职能部门。工程设计部负责修改说明书，以符合左撇子用户的需要。生产部负责根据这些新的设计规范去设计生产新工具的方法。市场营销部负责测算需求和价格，以及确定分销渠道。整个项目将在正常的层级中进行管理，项目将成为最高管理层日常工作议程中的一部分。

---

① 除了文化和结构，环境因素还包括地理分布、资源可用性、IT能力等。

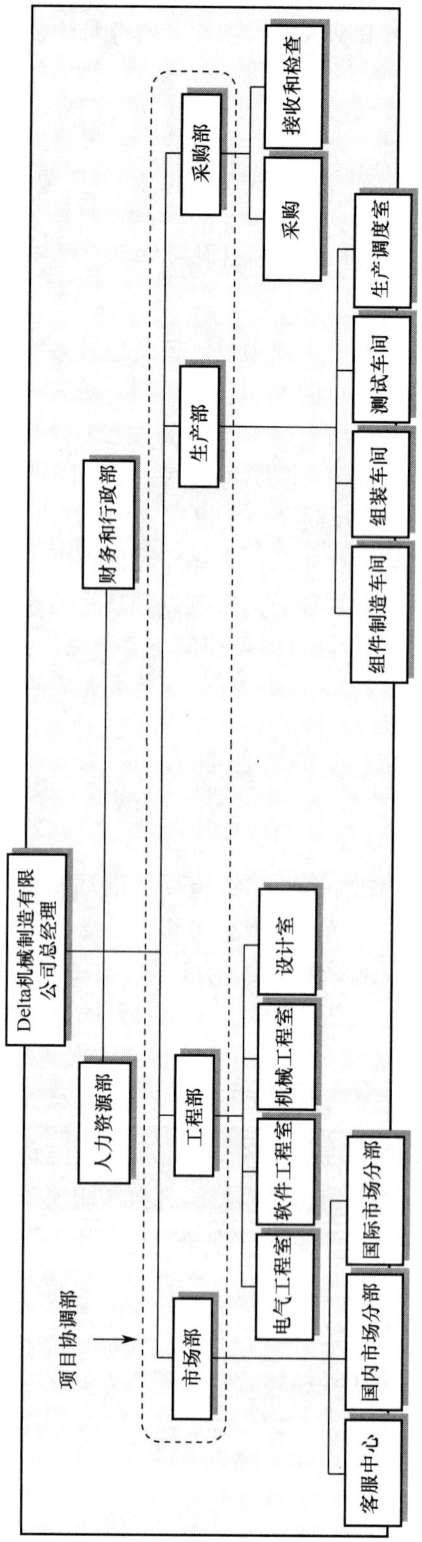
Delta机械制造有限公司总经理
人力资源部
财务和行政部
项目协调部
市场部
工程部
生产部
采购部
客服中心
国内市场分部
国际市场分部
电气工程室
软件工程室
机械工程室
设计室
组件制造车间
组装车间
测试车间
生产调度室
采购
接收和检查

图 3.1 职能式组织结构

当给定项目的性质，一个职能部门在完成项目中扮演主导角色，或者对项目的成功有主要兴趣时，职能型组织也经常被使用。在这种情况下，该部门的高级经理被赋予协调项目的责任。例如，将设备和人员转移到一个新办公室的项目将由公司设施管理部的高级经理来管理。同样，一个涉及改善管理信息系统的项目将由信息系统部管理。在这两种情况下，项目的大部分工作将在指定的部门内完成，并通过正常渠道与其他部门进行协调。

使用现有的职能型组织来管理和完成项目既有优点，也有缺点（Larson，2004）。主要优点如下：

（1）没有变化。项目在母公司的基本职能结构内完成。在母公司的设计和运作上没有根本性的改变。

（2）灵活性。在使用公司人员方面有最大的灵活性。在不同职能单位的相关专家可以暂时分配到项目工作中，完成任务后返回他们的正常工作岗位。由于每个职能部门都有广泛的技术人员基础，人们可以相对容易地在不同的项目之间切换。

（3）深入的专业知识。如果项目的范围很窄，并且将主要责任分配给了合适的职能单位，那么深入的专业知识就可用于项目最关键的方面。

（4）项目善后容易。维持了职能部门内的正常职业发展路径。虽然专家可以对项目做出重大贡献，但他们的职能部门是他们职业生涯的家，是他们职业成长和进步的基地。

正如在现有的职能型组织中组织项目有优点一样，它也有缺点。当项目的范围很广，一个职能部门无法在项目的技术和管理方面发挥主导作用时，这些缺点特别明显：

（1）缺乏聚焦。每个职能部门都有核心的日常工作要做。有时，为满足部门的主要义务而把项目责任搁置一边。当项目对不同单位有不同的优先次序时，这种困难就更加严重了。例如，市场部可能认为这个项目很紧急，但运营部的人认为它只是次要的。想象一下，如果营销人员不得不等待运营人员完成他们的部分项目，然后才继续进行下去，那会有多么紧张。

（2）整合困难。跨职能部门的整合可能很糟糕。职能专家往往只关心他们承担的项目部分，而不关心对整个项目来说什么是最好的。

（3）缓慢。通过这种职能型的安排，通常需要更长的时间才能完成项目。这在一定程度上归因于反应时间过长：项目信息和决策必须通过正常的管理渠道传递。此外，由于职能小组之间缺乏横向的、直接的沟通，专家们在事后才意识到其他人行动的影响，从而导致返工。

（4）缺乏所有权。被分配到项目中的人，积极性可能很低。该项目可能被视为与他们的职业发展或进步没有直接联系的额外负担。此外，由于他们只承担项目的一部分任务，所以专业人员并不认同项目。

在项目组织结构族谱的另一端是创建一个专门的项目团队。这些团队作为独立于母公司某个职能部门的单元来运行。通常，一个全职的项目经理被指派去召集一个核心的专家小组，这些专家全职工作在这个项目上。项目经理从母公司内部和外部招募必要的人员。随后的团队在物理上与母公司分离，并获得授权去完成项目（见图 3.2）。

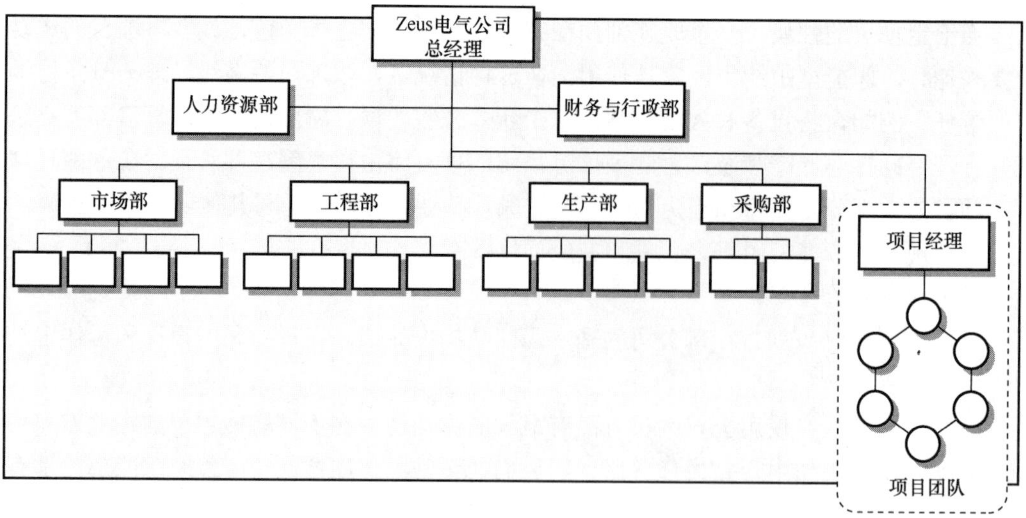

图 3.2　有专门的项目团队的组织结构

3.1.2　有专设项目团队的项目组织结构

母公司和项目团队之间的界面是多样化的。在某些情况下，母公司通过财务控制保持对项目的严密掌控。在其他情况下，公司给予项目经理最大的自由，让他按照自己认为合适的方式完成项目。洛克希德·马丁公司（Lockheed Martin）已经使用这种方法来开发下一代喷气式飞机。参见生活快照 3.1。

生活快照 3.1：洛克希德·马丁公司的臭鼬工厂

在项目管理的民间传说中，臭鼬工厂（Skunk Works）是指一个小型的、专门负责突破性项目的团队。半个多世纪前，洛克希德航空航天公司的克拉伦斯·L.“凯利”·约翰逊（Clarence L. “Kelly” Johnson）创造了第一个臭鼬工厂。凯利的项目有两个目标：①研发一种新型喷气式战斗机，名为“流星”（Shooting Star）；②尽可能快地研制成功。为了不受常规研发过程中繁文缛节和官僚作风的拖累，凯利和一小群特立独行的工程师组成了一个专门的研制团队，他们把自己的团队叫臭鼬工厂。这个名字是由团队成员欧文·卡尔弗（Irvin Culver）创造的，它的名字来源于大众喜爱的漫画《小艾布纳》（Lil’Abner）中森林深处的月光啤酒厂。这种自制威士忌被委婉地称为基卡普人快乐汁（kickapoo joy juice）。

这个项目获得了巨大的成功。在短短 43 天内，凯利·约翰逊团队的 23 名工程师和支持团队一起组装了第一架时速超过 500 英里的美国战斗机。洛克希德和其他公司一样，发现经营大型制造业务所需的管理系统不利于创新。相反，他们选择使用敏捷的专门团队，充当资金充足的初创企业。

洛克希德·马丁公司继续利用臭鼬工厂开发一系列高速喷气机，包括F117夜鹰隐形战斗机，以及喷气无人机原型机。洛克希德·马丁公司有一个官方的臭鼬工厂。它的精神是：

臭鼬工厂是少数优秀人才的聚集地，他们运用最简单、最直接的方法开发和生产新产品，以极低的成本，提前解决问题。

对于以项目为主要业务形式的公司，如建筑公司或咨询公司，整个组织都是为了支持项目团队而设计的。该组织不由一两个特殊的项目组成，而是由从事特定项目的准独立团队组合形成的。传统职能部门的主要职责是协助和支持这些项目团队。例如，市场营销部的目标是寻找能带来更多项目的新业务，而人力资源部负责管理各种各样的人事问题，以及招聘和培训新员工。这种类型的组织在文献中被称为项目型组织，如图3.3所示。需要重点注意的是，并不是所有的项目都是专门的项目团队，工作人员可以同时兼顾做几个项目。

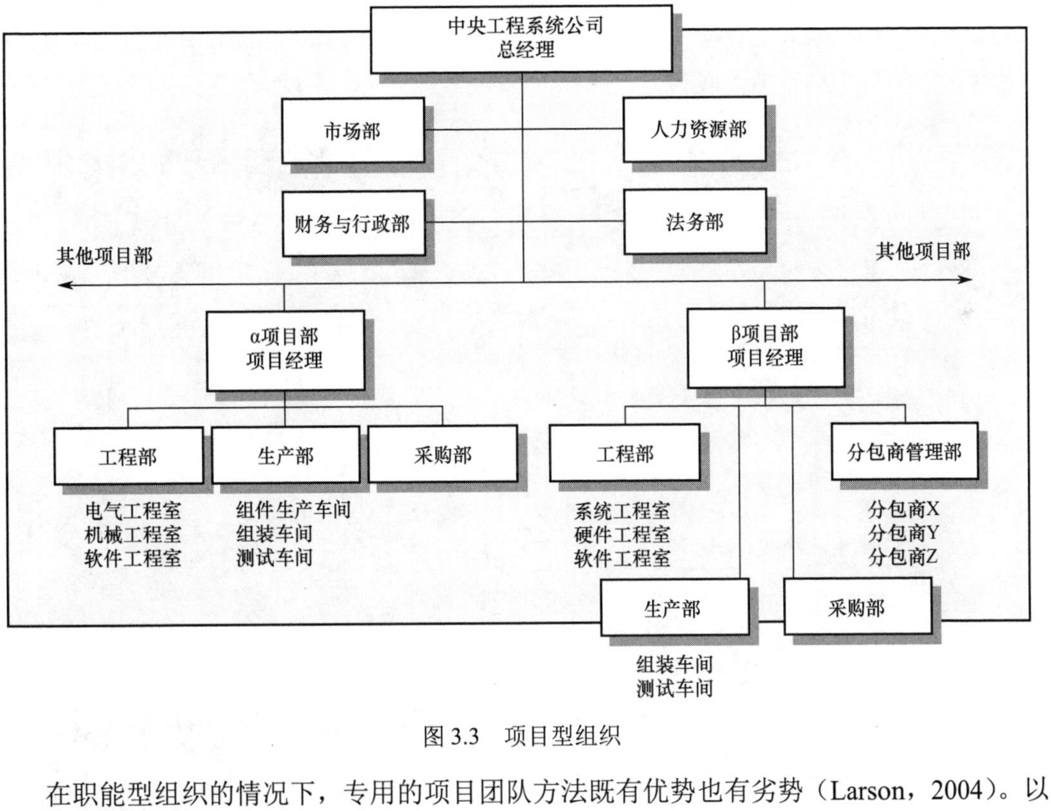

图3.3 项目型组织

在职能型组织的情况下，专用的项目团队方法既有优势也有劣势（Larson，2004）。以下是公认的优势：

（1）简单。除将资源以专家的形式分配给项目外，职能型组织保持与项目团队独立运作的完整性。

（2）快。当参与者全身心投入项目中而不被其他义务和职责分心时，项目往往会更快地完成。此外，在这种安排下，响应时间往往会更快，因为大多数决策是在团队内部做出的，不会因向上层提交而导致项目延误。

（3）凝聚力。高水平的动机和凝聚力经常在项目团队中出现。参与者对项目和团队有共同的目标和个人责任。

（4）跨职能的整合。来自不同领域的专家紧密合作，在适当的指导下，致力于优化项目，而不是各自的专业领域。

在许多情况下，当你仅仅从完成项目的最佳角度来看时，专门的项目团队方法是完成项目的最佳方法。但当从母公司的需求角度来看时，它的劣势也更加明显：

（1）昂贵。不仅创建了一个新的管理职位（项目经理），而且所有资源还要全时占有，这可能导致项目之间的工作重复和规模经济的损失。

（2）内部冲突。有时候，专门的项目团队在他们的权利下成为一个实体，并且在团队和组织的其他成员之间出现冲突（参见生活快照 3.2）。这种分歧不仅会破坏项目最终结果与主流业务的整合，而且还会在项目完成后使项目团队成员难以重新融入其原职能单位。

（3）有限的技术专长。创建独立的项目团队会抑制最大限度地利用技术专长解决问题。技术专门知识在一定程度上仅限于被分配到项目中的专家的才能和经验。虽然没有阻止专家与职能部门的其他人进行咨询，但"我们-他们"综合征及此类帮助没有得到组织正式批准的事实，阻碍了这种情况的发生。

生活快照 3.2：Mac 的诞生

创建专门项目团队的优势之一是，来自不同职能部门的项目参与者可以发展成一个高凝聚力的工作团队，致力于完成项目。虽然这样的团队在追求项目完成的过程中往往会产生出巨大的力量，但这种承诺中存在一个负面的维度，在文献中经常被称为"项目同化"（Projectitis）。

"我们-他们"的态度可能出现在项目团队成员和组织的其他成员之间。项目团队变得傲慢起来，并发展出一种与上级组织对抗的"比你神圣"的态度。没有被分配到项目中的人会嫉妒项目团队受到的关注和威望，特别是当他们认为是他们的辛勤工作在为项目融资时。给项目团队授予诸如"银弹"和"老虎团队"等奇异头衔的趋势，以及给他们特殊津贴，往往会加剧项目团队和组织其他成员之间的差距。

照片来源：Jill Braaten/McGraw-Hill Education

苹果公司非常成功的麦金塔（Macintosh）开发团队似乎就是这种情况。史蒂夫·乔布斯（Steve Jobs）当时是苹果公司的董事长，也是麦金塔团队的项目经理，他给他的团队提供了各种福利，包括办公桌前的按摩、装满鲜橙汁的冰箱、一架博森多佛（Bosendorfer）大钢琴及头等舱机票。苹果的其他员工都没有坐过头等舱。乔布斯认为他的团队是苹果的精英，并倾向于称其他"没有得到这种待遇"的人为"笨蛋"。苹果 II 部的工程师们对他们的同事得到的特殊待遇感到愤怒，而苹果 II 部是苹果销售的主要来源。

一天晚上，在当地的一家酒吧 Ely McFly’s，坐在一张桌子旁的苹果 II 部工程师和坐在另一张桌子旁的麦金塔团队的工程师之间的紧张关系爆发了。长期从事行业咨询的艾伦·戈德堡（Aaron Goldberg）站在酒吧的高脚凳上看着这场争吵升级。“麦金塔的人都在尖叫‘我们才是未来’。苹果 II 部的人也尖叫着‘我们就是钱’。然后，一场极客式的争吵持续着，笔套和钢笔到处乱飞。我在等笔记本掉下来，这样他们就会停下来捡起文件。”

尽管从远处看很滑稽，但苹果 II 部和麦金塔团队之间的不和严重影响了苹果公司在 20 世纪 80 年代的绩效。取代史蒂夫·乔布斯成为苹果公司董事长的约翰·斯卡利（John Sculley）注意到，苹果公司已经演变成了两个“交战的公司”，他把苹果 II 部和麦金塔大楼之间的街道称为“非军事区”。

（4）项目结束后资源转移困难。将全职人员分配到一个项目中会造成项目完成后该如何安置他们的困境。如果没有其他项目工作，那么返回到最初的职能部门可能很困难，因为他们长期缺席，需要他们能够跟上职能部门的最新发展。

3.1.3　矩阵式组织中的项目组织结构

在过去 40 年里出现的最大的管理创新之一就是矩阵式组织。矩阵管理是一种混合的组织形式，在这种组织形式中，横向的项目管理结构“叠加”在正常的职能纵向层次结构上。在矩阵系统中，通常有两条命令链，一条沿着职能线，另一条沿着项目线。与将项目的各部内容分配给不同的单位或创建一个自治的团队不同，项目参与者同时向职能经理和项目经理报告。

公司以各种方式应用这种矩阵安排。有些组织建立临时矩阵系统来处理具体的项目，而“矩阵”在其他组织中可能是永久固定的。让我们先看看它的一般应用，然后再进行更详细的讨论。如图 3.4 所示，目前有三个项目正在进行中：A、B 和 C。三个项目的经理（项目经理 A、B、C）都向一个项目总监报告，该总监负责监督所有项目。每个项目都有一个行政助理，尽管 C 项目的行政助理只是兼职的。

> 3-2：区分三种不同类型的矩阵，了解它们的优点和缺点。

项目 A 包括设计和扩建现有的生产线，以适应新的合金产品的生产。为了实现这一目标，项目 A 分配了 3.5 名制造人员和 6 名工程人员。根据项目不同阶段的需要，这些人被分配到项目中，兼职或全职。项目 B 涉及新产品的开发，需要大量的工程、制造和营销代表。项目 C 包括预测现有客户群的需求变化。虽然这三个项目及其他项目正在完成，但各职能部门继续执行其基本的核心活动。

矩阵结构的设计是通过让个人在多个项目中工作，同时还能够执行正常的职能职责来优化利用资源的。同时，矩阵方法试图通过创建和合法化项目经理的权威来实现更大的集成。理论上，矩阵方法提供了职能/技术专长和项目需求之间的双重优势，这是项目管理中专门团队或职能方法所缺少的。这种优势最容易从职能经理和项目经理对关键项目决策的相对投入中看出（见表 3.1）。

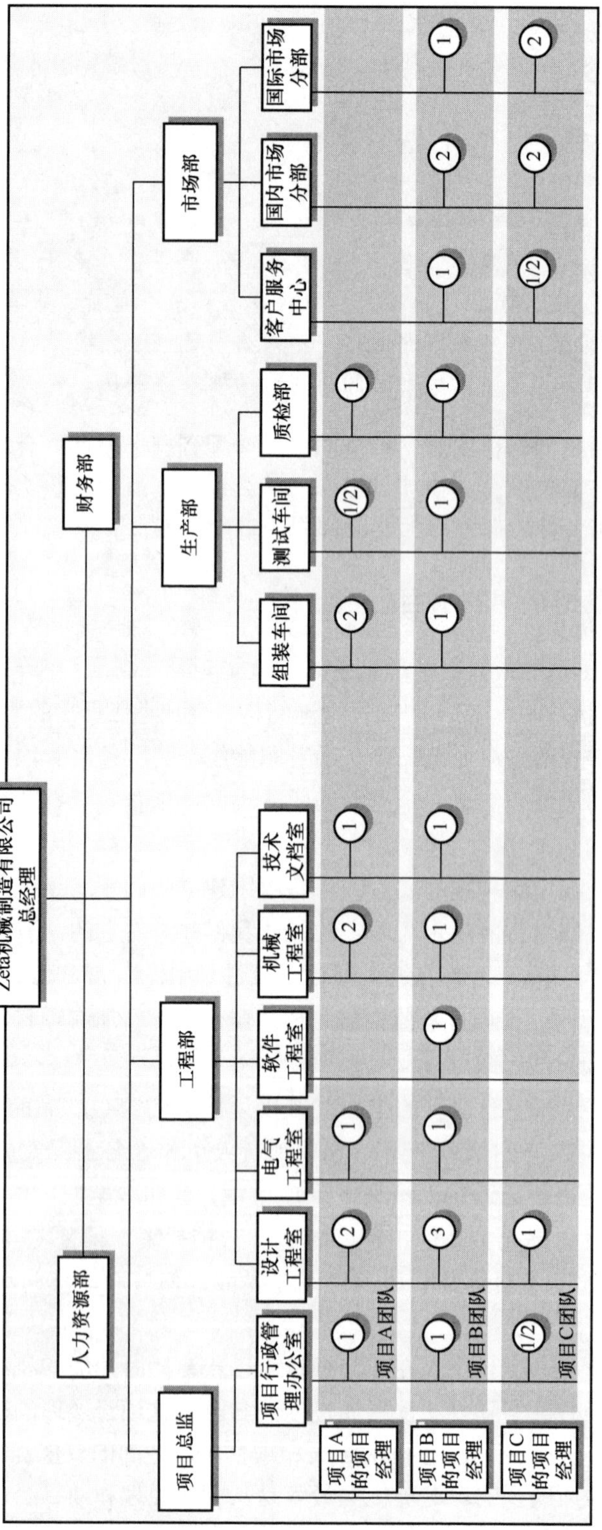
Zeta机械制造有限公司
总经理
人力资源部
财务部
项目总监
工程部
生产部
市场部
项目行政管理办公室
设计工程室
电气工程室
软件工程室
机械工程室
技术文档室
组装车间
测试车间
质检部
客户服务中心
国内市场分部
国际市场分部
项目A的项目经理
项目B的项目经理
项目C的项目经理
项目A团队
项目B团队
项目C团队

图 3.4 矩阵式组织结构

表 3.1　矩阵式组织中项目经理和职能经理的职责划分

项目经理	协商的问题	职能经理
需要做什么？	谁来做这项工作？	怎么做呢？
这项任务应该什么时候完成？	任务将在哪里完成？	
做这项工作有多少钱可用？	为什么要完成这项任务？	项目的参与将如何影响正常的职能活动？
整个项目做得怎么样？	任务圆满完成了吗？	职能输入整合得如何？

3.1.4　不同的矩阵组织形式

在现实中，根据项目经理和职能经理的相对权威，确实有不同种类的矩阵系统（Bowen et al.，1994；Larson & Gobeli，1987）。以下是三种矩阵的简略勾画：

弱矩阵。这种矩阵形式除有一个正式指定的项目经理负责协调项目活动外，非常类似于职能式项目管理方法。职能经理负责管理他们所承担的那部分项目工作。项目经理基本上是一个员工助理，他的任务是绘制进度计划表和检查表、收集工作状态信息及促进项目完成。项目经理只有促进和监督项目的间接权力。职能经理掌握大部分主动权，决定谁做什么及何时完成工作。

平衡矩阵。这是经典的矩阵，在这个矩阵中，项目经理负责定义需要完成什么，而职能经理则关注如何完成。更具体地说，项目经理建立完成项目的总体计划，集成不同专业部门的贡献，设置进度计划，并监控项目进程。职能经理负责分配人员，并根据项目经理设定的标准和进度计划执行他们承担的那部分项目工作。“做什么和如何做”的合并要求双方密切合作，共同批准技术决策和运维决策。

强矩阵。这种形式的矩阵试图在矩阵环境中创建项目团队的“感觉”。项目经理控制项目的大部分方面，包括范围的权衡和职能人员的分配。项目经理控制专家在什么时候做什么，并对重大项目决策有最终决定权。职能经理拥有管理下属的头衔，并在下属需要时提供专业指导。在某些情况下，职能经理的部门可能作为项目的“分包商”，在这种情况下，职能部门对专业工作有更多的控制权。例如，一款新笔记本电脑的开发可能需要一个由不同学科的专家组成的团队，在一个项目矩阵安排下，为基础设计和性能要求的确定一起工作。一旦确定了规格，某些组件（如电源）的最终设计和生产就可以分配给各自的职能部门去完成。

矩阵管理，无论是一般的还是具体的形式，都有独特的优势和劣势（Larson & Gobeli，1987）。我们归纳了矩阵组织的优点和缺点。这些优点和缺点，只是简单地强调了不同矩阵形式的具体情况。

（1）非常高效。资源可以跨多个项目共享，也可以在职能部门内共享。个人可以根据需要将他们的精力分配到多个项目中。这减少了在项目同化结构中的资源重置。

（2）密切关注项目。有一个正式指定的项目经理负责协调和集成不同单位的贡献，可以保证更突出项目重点。这有助于维持在职能式组织中经常缺失的问题解决的整体方法。

（3）项目结束后资源更容易转移。因为项目组织覆盖在职能部门之上，专家们与他们的职能部门保持联系，所以一旦项目完成，他们就有一个可回家的地方。

（4）灵活。矩阵安排提供了公司内部资源和专业技能的灵活利用。一方面，职能单位提供由项目经理管理的个人。另一方面，这些人的贡献由职能经理监控。

矩阵结构的优势是相当大的。遗憾的是，潜在的劣势也是如此。这在很大程度上是由于矩阵结构更加复杂，这种多重领导的结构代表着与传统的等级权威系统的根本背离。

此外，一个人不可能在一夜之间构建一个矩阵结构。专家认为，一个矩阵系统需要 3～5 年的时间才能完全成熟，所以下面的许多问题都是矩阵结构成长的烦恼。

（1）功能失调的冲突。职能经理和项目经理之间的关系紧张，后者为项目带来了关键的专业知识和观点。这种紧张关系被视为在复杂的技术问题和独特的项目要求之间取得适当平衡的必要机制。虽然目的是高尚的，但效果有时类似于打开"潘多拉魔盒"。正当的冲突可能蔓延到更私人的层面，这是由冲突的处置议程和责任造成的。有价值的讨论可能沦为激烈的争论，在相关经理中引发敌意。

（2）内斗。设备、资源和人员要在项目活动和职能活动之间共享，任何情况都会导致对稀缺资源的冲突和竞争。项目经理之间可能发生内讧，他们主要关心的是什么对他们的项目是最好的。

（3）压力。矩阵管理违背了命令统一的管理原则。项目参与者至少有两个老板：他们的职能主管和一个或更多的项目经理。在矩阵环境中工作压力会非常大。想象一下，在同一环境下，你被三个不同的经理要求同时去做三件相互冲突的事情，是什么感觉？

（4）缓慢。从理论上讲，项目经理的存在可以加速项目的完成。然而，在实践中，决策制定可能陷入困境，因为必须在多个职能部门之间达成一致。平衡矩阵尤其如此。

当考察矩阵方法的三种变体形式时，我们可以看到，并不一定所有三种矩阵形式的优势和劣势都会真实出现。强矩阵也可能增强项目集成，减少内部权力斗争，并最终改善对项目活动和成本的控制。不利的一面是，因为职能部门对其贡献的控制较少，技术质量可能受到影响。最后，当团队成员形成强烈的团队认同感时，"项目同化"就会显现出来。

由于职能经理将人员分配到不同的项目中，所以弱矩阵很可能提高技术质量，并为管理跨项目的冲突提供一种更好的管理系统。问题是职能控制经常是以糟糕的项目集成为代价的。平衡矩阵可以在技术和项目需求之间实现更好的平衡，但它是一个非常微妙的管理系统，而且更有可能屈服于与矩阵方法相关的许多问题。

3.2 项目管理办公室

> 3-3：描述项目管理办公室如何支持和改进项目执行。

项目管理办公室（Project Management Office，PMO）[①]是一个组织或部门中监督和支持项目执行的中央单位。PMO 的出现是对许多公司在按时、在预算范围内、按照计划完成项目方面的糟糕业绩记录的回应。各

① 项目管理办公室也被称为项目办公室、项目集办公室、项目支持办公室等等。

组织开始投入人员支持和改进项目的实施。通常，PMO 在帮助矩阵系统成为更有效的项目交付平台方面发挥了关键作用。2011 年对 1100 多名项目专业人士进行的一项调查显示，3/5 的受访者所在的组织都有 PMO（PMI，2011）。大多数受访者认为他们的 PMO 对他们的组织有积极影响。

PMO 有许多不同的形式。在项目很少的小型组织中，PMO 可能只由一名专业人员组成，负责支持项目工作。在大型跨国公司中，PMO 可能涉及成百上千的专业人员，他们在组织的不同层次和不同部门工作。自从 2013 以来，PMI 每年都会颁布 PMO 年度大奖。参见生活快照 3.3。

生活快照 3.3：2018 年度 PMO 大奖项目

从移动网络到家庭互联网再到付费电视，澳大利亚最大的电信公司澳洲电信在项目上投入了大量资金。2012 年，澳洲电信请人进行了一项评估，评估该公司管理大型战略性项目的情况。结果并不好：大约 30%的投资项目集和项目都没有达到目标。

作为回应，澳洲电信建立了资本规划与交付项目管理办公室，作为公司财务和战略职能内的专用机构。PMO 的首要目标是贯彻围绕战略资本规划的规章制度，并提高公司资本投资管理的整体有效性。项目管理办公室现在有 24 名全职员工，监管全球 1 265 个项目的组合投资，年值超过 37.7 亿澳元。

项目管理办公室的团队已经在应用一个企业范围的组合管理系统，以跟踪和改进所有投资资本的 ROI。在每个重大项目的开始，PMO 与负责的经理一起制定关键绩效指标（Key Performance Indicators，KPI），概述项目将如何为澳洲电信的战略使命做贡献。这些 KPI 按月实施，以监视项目的绩效，并在开始出现下滑时提出警示。PMO 有权关闭绩效不佳的项目，它还为发起人和管理者提供必要的培训，以支持成功的项目管理。这些努力得到了回报。2017 年，超过 75%的项目在进度、预算和质量方面都超过了基准。PMO 还帮助澳洲电信在 3 年内节省了超过 2.2 亿澳元，这要归功于严格的“继续/停下”的门径过程。

项目管理办公室的一名工作人员罗布·勒德（Rob Loader）表示：“我们已经能够确保，回报最高的最佳项目得到了优先考虑，并由合适的人执行。”“这让我们能够在竞争非常激烈的环境中，率先将具体举措推向市场。”

Casey 和 Peck（2001）提出了一种描述不同类型 PMO 的有趣方法，他们将某些 PMO 划分为：①气象站式；②控制塔式；③资源池式。我们增加了第四种，反映最近发展的指挥和控制中心。每种模型在组织中执行非常不同的功能。

- 气象站式。气象站式 PMO 的主要功能是跟踪和监测项目绩效。它通常是为了满足高层管理人员对公司正在进行的项目组合的需求而创建的。员工提供独立的项目绩效预测。具体项目回答的问题包括：我们的项目进展如何？哪些工作正按计划进行？哪些工作偏离了计划？我们在成本方面做得怎么样？哪些项目超出或低于预算？项目面临的主要问题是什么？是否有应急计划？组织可以做些什么来帮助项目？

- 控制塔式。控制塔式 PMO 的主要功能是改进项目的执行。它认为项目管理是一种需要保护和引领的专业。项目管理办公室的工作人员确定最佳实践和标准，以实现卓越的项目管理。他们作为顾问和培训师为项目经理和他们的团队提供支持。
- 资源池式。资源池式 PMO 的目标是为组织提供由训练有素的项目经理和专业人员组成的管理人才。它就像一个不断提升公司项目专业人员技能的企业大学。除培训之外，这种项目管理办公室还提升了项目管理在组织中的地位。
- 指挥和控制中心。与其他类型的 PMO 执行的支持功能不同，这种类型的 PMO 对项目有直接的权力。它在项目的整个生命周期中扮演关键决策者的角色，确保项目与企业的商务目标保持一致，并符合可接受的实践经验。这些 PMO 提出建议，批准重大变更，甚至终止项目。

今天，大多数 PMO 承担了不止一种这样的角色。例如，项目管理办公室可以跟踪项目，提供培训，并将经验教训制度化。近年来，PMO 在帮助组织将敏捷方法应用到项目中发挥了关键作用（Patel，2018）。

PMO 将继续发展和推广。重要的是要记住，项目管理办公室的主要角色是促进和激活项目，而不是执行项目。最高管理层不应该允许项目管理办公室篡夺完成项目的技术方面（进度、计划、预算等）的权利。这些都是项目经理的职责。

3.3 什么是正确的项目管理组织结构

> 3-4：了解在选择适当的项目管理组织结构时应考虑的组织和项目因素。

有经验证据表明，项目成功与项目经理对其项目的自主权和授权的大小直接相关（Gray et al.，1990；Larson & Gobeli，1987，1988）。然而，大多数研究都是基于管理特定项目什么是最合适的。记住在本章开始时所陈述的内容是很重要的：最好的系统能够平衡项目和上级组织的各自需求。那么一个组织究竟应该使用什么样的项目结构呢？这是一个复杂的问题，没有确切的答案。组织和项目两个层面各自都需要考虑一些问题。

3.3.1 组织层面要考虑的问题

在组织层面，需要问的第一个问题是，项目管理对公司的成功有多重要？也就是说，核心工作中涉及项目的比例是多少？如果超过 75%的工作涉及项目，那么组织应该考虑使用一个完全的项目式组织结构。如果一个组织同时拥有标准产品和项目，那么矩阵安排似乎是合适的。如果一个组织只有很少的项目，那么一个不那么正式的项目安排可以满足所有项目活动的需要。可以根据需要创建专门的团队，组织也可以将项目工作外包。

第二个关键问题涉及资源的可用性。请记住，在建立合法的项目领导时，矩阵组织是由跨多个项目和职能领域共享资源的必要性发展而来的。对于无法负担将关键人员限制在单个项目上的组织来说，矩阵系统似乎是合适的。另一种选择是创建一个专门的团队，但当内部资源不可用时将项目工作外包。

在前两个问题的背景下，组织需要评估当前的实践，以及需要哪些变更来更有效地管理项目。一个强大的项目矩阵不是一蹴而就的。向更强调项目的组织方式转变有许多需要解决的政策影响，要解决这个问题，需要时间和强有力的领导。例如，我们观察到许多公司从职能型组织向矩阵型组织的过渡都是从弱职能式矩阵开始的。其部分原因是职能和部门经理反对将权力移交给项目经理。随着时间的推移，这些矩阵结构最终演变成了项目式矩阵。

3.3.2 项目层面要考虑的问题

在项目层面，问题是项目需要多少自主权才能成功完成。Hobbs 和 Ménard（1993）确定了影响项目管理结构选择的七个因素：

- 项目的大小。
- 战略重要性。
- 新颖性和创新的需要。
- 需要整合（涉及的部门数量）。
- 环境复杂性（外部接口数量）。
- 预算和时间约束。
- 资源需求的稳定性。

这七个因素的评级越高（如项目规模越大、战略越重要、需要整合的部门越多等。——译者注），项目经理和项目团队成功所需的自主权和权威就越多。这就需要转换为使用专门的项目团队或项目矩阵结构。因为这些结构用于战略上至关重要的大型项目，而且对公司来说是新的类型，因此需要很多创新。这些结构也适用于需要许多部门投入的复杂的多学科项目，以及需要经常与客户联系来评估客户期望的项目。专门的项目团队也应该用于工作性质要求人们从开始到结束稳定工作的紧急项目。

许多大量参与项目管理的公司已经创建了一种灵活的管理系统，根据项目需求组织项目。例如，查帕拉尔钢铁厂（Chaparral Steel）是一家从废金属中生产钢筋和钢梁的小型钢铁厂，它将项目分为三类：高级开发项目、平台项目和增量项目。高级开发项目是涉及创造突破性产品或过程的高风险项目。平台项目是中等风险的项目，涉及创造新产品和新流程的系统升级。增量项目是低风险、短期的项目，涉及对现有产品和过程的微小调整。在任何时候，查帕拉尔钢铁厂可能有 40～50 个项目正在进行中，其中只有 1～2 个是高级项目，3～5 个是平台项目，其余的都是小型的增量项目。增量项目几乎都是在一个弱矩阵中完成的，项目经理协调各职能小组的工作。强矩阵用于完成平台项目，而专门的项目团队通常被创建来完成高级开发项目。越来越多的公司使用这种“混合和匹配”的方法来管理项目。

3.4 组织文化

3-5：领会在管理项目时，组织文化发挥的重要作用。

在本章中，将项目管理结构和组织文化的讨论结合起来的决定可以追溯到我们（作者）与两名在一家中型信息技术公司工作的项目经理的对话。

经理们正在开发一个新的操作平台，这对他们公司未来的成功至关重要。当他们试图描述这个项目是如何组织的时候，一位经理开始在一张餐巾纸上画出一个复杂的结构，包括52个不同的团队，每个团队有一个项目负责人和一个技术负责人！当我们进一步探究这个体系是如何运作的时候，经理突然打住并宣布：“让这个体系运作的关键是我们公司的文化。这种方法在我以前工作过的Y公司是行不通的。但因为我们这里的文化，我们能够成功。”

这个评论以及我们对其他公司的观察和研究都表明，在项目管理结构、组织文化和项目成功之间有很强的联系。我们已经观察到在传统职能组织中，组织可成功地管理项目，因为文化鼓励跨职能的整合。相反，我们也已经看到了矩阵结构的崩溃，因为组织的文化不支持项目经理和职能经理之间的权力划分。我们还观察到一些公司依赖独立的项目团队，因为主导文化不支持成功所必需的创新和速度。

3.4.1 什么是组织文化

3-6：解读组织文化。

组织文化指的是一个共享的规范、信仰、价值观和假设的系统，它将人们紧紧地联系在一起，从而创造共享的意义（Deal & Kennedy，1982）。这个系统是由风俗和习惯体现的，而这些风俗和习惯体现了组织的价值观和信仰。例如，平等主义可以通过高科技公司的非正式着装表现出来。相反，在百货商店强制穿工作服会强化等级制度。

文化反映了组织的个性，就像个人的个性一样，可以让我们预测组织成员的态度和行为。文化也是一个组织区别于其他组织的决定性因素之一，即使在同一行业。

总体来说，研究表明，有10个主要维度可抓住一个组织文化的本质：

（1）成员的认同。员工对整个组织的认同程度，而不是对他们的工作类型或专业领域的认同程度。

（2）强调团队的程度。工作活动围绕团队而不是个人的组织程度。

（3）管理聚焦能力。管理决策考虑组织内部结果对人员的影响程度。

（4）部门间整合能力。鼓励组织内各单位以协调或相互依赖的方式运作的程度。

（5）控制能力。用规则、政策和直接监管来监督和控制员工行为的程度。

（6）风险承受度。鼓励员工积极进取、创新和敢冒风险的程度。

（7）奖励标准。根据员工的绩效而不是资历、偏好或其他非绩效因素来分配奖励的程度，如晋升和加薪。

（8）冲突容忍度。鼓励员工公开表达冲突和批评的程度。

（9）手段与结果取向。管理人员关注结果的程度，而不是用于实现这些结果的技术和过程。

（10）开放系统的聚焦能力。组织监视和响应外部环境变化的程度。

如图 3.5 所示，每个维度都存在于一个连续体上。根据这 10 个维度来评估组织提供的文化综合图景。这幅图景成了成员对组织、对办事方式和对成员的行为方式共同理解的感情基础。

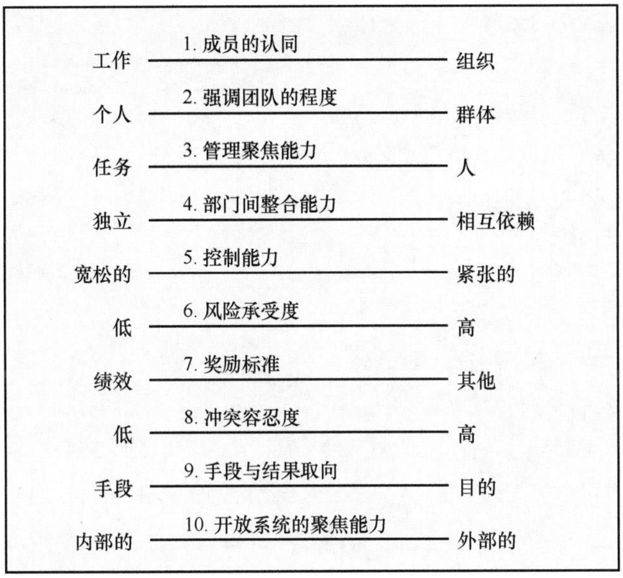

图 3.5　定义组织文化的关键维度

文化在组织中具有几个重要的功能。

第一个重要功能是组织文化为其成员提供了一种认同感。一个组织的共享观念和价值观陈述得越清楚，人们就越能认同他们的组织，并感到自己是组织的重要组成部分。身份产生了对组织的承诺，并使成员有理由把精力和忠诚奉献给组织。

第二个重要功能是组织文化有助于使组织的管理系统合法化。文化有助于澄清权威关系，它提供了为什么有些人处于权威地位及为什么他们的权威应该受到尊重的理由。

第三个也是最重要的功能是组织文化澄清并加强了行为标准。文化有助于定义什么是允许的行为，什么是不适当的行为。这些标准涵盖了从着装规范、工作时间长短到挑战上级判断和与其他部门合作的广泛行为。归根结底，文化有助于在一个组织内建立社会秩序。想象一下，如果成员们没有相似的信仰、价值观和假设，那会是什么样子：混乱！组织文化所传达的习俗、规范和理想提供了行为的稳定性和可预测性，这是一个有效组织的根基。参见生活快照 3.4 可以获得这方面的示例。

生活快照 3.4：谷歌风格

当你走进位于加州山景城（Mountain View）的 24 小时工作制的谷歌总部大楼时，你会觉得自己正走在一个新时代的大学校园里，而不是一家数十亿美元企业的办公室。现身在相互连通的色彩斑斓的低层建筑中，工作在高档装饰的玻璃幕墙办公室里，享受着一天三次的免费美食，还有免费使用的户外游泳池、室内体育馆和大型儿童娱乐设施及从旧金山和其他住宅区域到企业的班车服务，所有这些，都是在湾区工作的人们羡慕的。这些福利和其他福利反映了谷歌保持员工快乐和以非常规方式思考的文化。

照片来源：Jade/Blend Images

企业文化的重要性没有比人力资源主管兼任首席文化官斯泰西·萨维德斯·沙利文（Stacy Savides Sullivan）感受更深了。她的任务是在谷歌迅速发展成为一家大型国际公司的同时，努力保持初创企业的创新文化。沙利文认为，谷歌文化的特征是“团队导向的、大力提倡协作的、鼓励人们非传统思考的、与他们以前曾经工作的地方完全不同的，带着职业操守工作，为公司美好的前景和为了世界美好的未来而工作。这也是与我们企业让信息互通世界的整体使命紧密相连的。”谷歌不遗余力地筛选新员工，以确保他们不仅有出色的技术能力，而且符合谷歌的文化。沙利文继续将谷歌风格的员工定义为“灵活、适应力强，不注重头衔和等级，却会把事情做好的人”。

谷歌的文化充满了美国企业界所没有的风俗和传统。例如，项目团队一如既往地每天在工作 1 小时后举行 7 分钟的“站立”会议。为什么是 1 小时后 7 分钟？

因为谷歌的联合创始人谢尔盖·布林（Sergey Brin）曾经估计，穿过谷歌的工作园区需要 7 分钟。每个人都站着，既可确保没有人感到太舒服，也可在快速更新期间没有浪费时间。正如一位经理所指出的：“站立会议的整体概念就是讨论每个人都在做什么，所以如果有人在做你正在做的事情，你可以发现并与之合作，而不是重复。”

另一个习俗是“内部测试”，即项目团队将未来产品的功能原型发布给谷歌员工进行测试。谷歌在内部测试新产品和向开发人员提供反馈方面有很强的规范。项目团队从成千上万的谷歌风格的内部员工那里收到反馈，内部焦点小组可以记录错误，或者简单地对设计或功能进行评论。谷歌风格的同事们不会对他们的反馈有所保留，他们会很快指出他们不喜欢的东西。这通常会促使产品的显著改进。

尽管我们对组织文化的讨论似乎表明一种文化支配着整个组织，但实际上很少出现这种情况。强大和深厚是用来表示文化的形容词，在这种文化中，该组织的核心价值观和习俗在整个组织中广泛共享。相反，在单薄或柔弱的文化中，核心价值观和习俗就不是广泛共享或普遍实行的。

即使在一种强大的组织文化中，也可能存在亚文化，亚文化通常与特定的部门或专业领域相一致。正如我们在前面讨论项目管理结构时所指出的，在特定的领域或专业部门（如市场营销、财务或运营）中规范、价值和习俗并不罕见。在市场部工作的人可能与在财务部工作的人有着不同的规范和价值观。

反文化有时出现在组织内部，体现了一套不同的价值观、信仰和习俗，通常与高层管理者所拥护的文化直接矛盾。这些亚文化和反文化的普及程度影响着组织文化的力量，以及文化影响成员行为和反应的程度。

3.4.2　识别文化特征

解读一个组织的文化是一个高度解释性的、主观的过程，需要对当前和过去的历史进行评估。研究文化的人不能简单地依赖人们对文化的报道，必须检查人们工作的物理环境，以及人们如何对发生的不同事件做出反应。图 3.6 包含用于组织文化诊断的工作清单。虽然清单不是详尽的，但它经常提供有关组织规范、习俗和价值的线索。

某电力公司

I. 物理特征（建筑、办公室布局、装饰、服装等）：公司总部是一座20层的现代化建筑，总裁在顶层办公。顶层的办公室比底层的大。进楼要求正式的商务着装（白衬衫、领带、标示身份的套装……）。办公室越高，权力似乎就越大。

II. 公共文件（年度报告、内部通讯、愿景陈述等）：

电力公司的核心是我们的愿景：公司员工和合作伙伴一直努力，以优秀的业绩成为全球最受尊敬的能源公司。

完整性：我们对他人和自己诚实。我们在所有商业交易中都符合最高的道德标准。我们说到做到。

III. 行为（节奏、语言、会议、讨论的问题、决策风格、沟通模式、仪式等）：

分层决策，节奏轻快但有序，会议准时开始和准时结束，下属和上级谈话时措辞非常谨慎，人们很少工作到下午6点以后，总裁每年带着表现最好的单位坐船巡游……

IV. 习俗（故事、轶事、女英雄、男英雄、恶魔等）：

年轻的项目经理在越级向老板要求额外的资金后被解雇了。斯蒂芬妮 · C因对一个技术错误承担全部责任而被认为是英雄。杰克 · S在为电力公司工作15年后，加入了主要竞争对手，因此被贴上了叛徒的标签。

图 3.6　组织文化诊断的工作清单

（1）研究一个组织的物理特征。外部架构是什么样的？它传达了什么形象？它是独特的吗？办公大厦和办公室对所有员工来说质量是一样的吗？还是现代建筑和豪华办公室只留给某个特定部门的高级主管或经理们使用？关于服装的习俗是什么？组织使用什么符号来表示组织内的权威和地位？这些物理特征可以揭示谁在组织中拥有真正的权力，组织内部分化的程度，以及组织在其商务活动中的正式程度。

（2）阅读有关组织的资料。阅读年度报告、使命陈述、新闻稿和内部通讯。它们描述了什么？这些文档材料所拥护的原则是什么？报告是否强调了在组织中工作的人以及他们所做的工作或公司的财务绩效？每个强调的重点都反映了不同的文化。第一个强调的重点是表现出对公司员工的关心。第二个强调的重点可能意味着对结果和业绩目标的担忧。

（3）观察人们在组织中是如何互动的。他们的步调是怎样的，是缓慢而有条理的，还是紧急而自发的？在组织中有哪些仪式？它们表达了什么价值观？会议通常可以产生深刻的信息。参加会议的都是些什么人？谁来说话？他们和谁说话？对话有多坦诚？人们是代表组织还是代表个别部门发言？会议的重点是什么？在各种问题上花费了多少时间？反复和详细讨论的问题是关于组织文化价值的线索。

（4）解释组织周围的故事和民间传说。在不同的人讲的故事中寻找相似之处。在重复出现的故事中突出显示的主题通常反映了对一个组织的文化什么是重要的。例如，施乐（Xerox）生产计算机绘图仪的子公司维萨特克（Versatec）重复的很多故事，都涉及他们惹人注目的联合创始人雷恩·扎普罗普洛斯（Renn Zaphiropoulos）。根据公司的民间传说，公司成立后，雷恩做的第一件事就是把最高管理团队安排在家里。然后，他们用整个周末的时间手工制作了一张漂亮的柚木会议桌，未来所有的决定都将围绕着它做出。这张桌子象征着团队合作和保持高标准性能的重要性，这是维萨特克公司文化的两个基本品质。

人们还应该试着确定哪些人是公司民间传说中的英雄或恶棍。关于文化的理念，他们暗示了什么？回到维萨特克的故事，当该公司最终被施乐收购时，许多员工担心维萨特克非正式的、努力玩与拼命工作的文化会被施乐的官僚主义所淹没。雷恩的理由是，如果员工的表现超出了施乐的预期，他们就不会受到影响，从而将员工的绩效提升到更高水平。在雷恩退休很久之后，自治权仍是维萨特克公司文化的一个固定部分。

密切关注晋升和奖励的根据也很重要。人们认为在公司里取得进步的关键是什么？是什么导致了跌倒？最后两个问题可以让你深入了解公司所推崇的品质和行为，以及可能破坏职业发展的文化禁忌和行为地雷。例如，一位项目经理透露，他的一位前同事公开质疑一份市场报告的有效性，不久就被送进了项目管理的“炼狱”。从那时起，项目经理就格外小心，每当她对市场营销部的数据有疑问时，都会私下咨询他们。通过实践，观察者可以评估一个组织的主导文化有多强大，以及亚文化和反文化的重要性。此外，学习者可以识别和确定一个组织的文化在之前的 10 个文化维度中所处的位置，从本质上开始为一个公司建立一个文化轮廓。基于这个概要，可以得出结论：哪些特定的习俗和规范要遵守，哪些行为和行动违反了企业的规范。

3.5 组织文化对项目组织的影响

> 3-7：了解项目管理结构与组织文化之间的相互作用。

项目经理必须能够在多种多样的组织文化中工作。首先，在内部项目中，他们必须与母公司的文化及各部门的亚文化（如市场营销、财务）相互作用。在外部项目中，他们还必须与项目的客户或客户组织进行互动。最后，他们经常不得不和与项目相关的许多其他组织进行不同程度的互动。这些组织包括供应商和销售商、分包商、咨询公司、政府及监管机构，在许多情况下还有社会团体。许多这样的组织可能有非常不同的文化。项目经理必须能够了解和阐述他们工作所处的文化，以制定可能被理解和接受的战略、计划和反馈。尽管如此，本章的重点还是在组织文化和项目管理结构之间的关系上，有必要将这些影响的进一步讨论推迟到第10～12章，这几章会集中讨论项目领导、项目团队建设和项目外包。

前面我们说过，我们相信在项目管理结构、组织文化和成功的项目管理之间有很强的关系。为了进一步研究这些关系，让我们回到可以用来描述组织文化特征的那些维度。当检查这些维度时，我们可以假设组织文化的某些方面将支持成功的项目管理，而其他方面将阻止或干扰有效的管理。图 3.7 试图识别哪些文化特征创造了一种环境，有利于完成多数涉及不同学科人员的复杂项目。

请注意，在许多情况下，理想的文化不是这两个极端中的任何一个。例如，一种丰富的项目文化很可能是这样一种文化，即管理层可以把关注点放在平衡对任务和人员的需求上。最佳的文化应该平衡对输出（目的）和实现这些结果（手段）的过程的关注。在其他情况下，理想的文化是在一个维度的一端。例如，因为大多数项目都需要跨专业的协作，所以希望组织的文化强调在团队中工作并认同组织，而不仅仅是专业领域。同样重要的是，文化要支持一定程度的冒险和对建设性冲突的容忍。

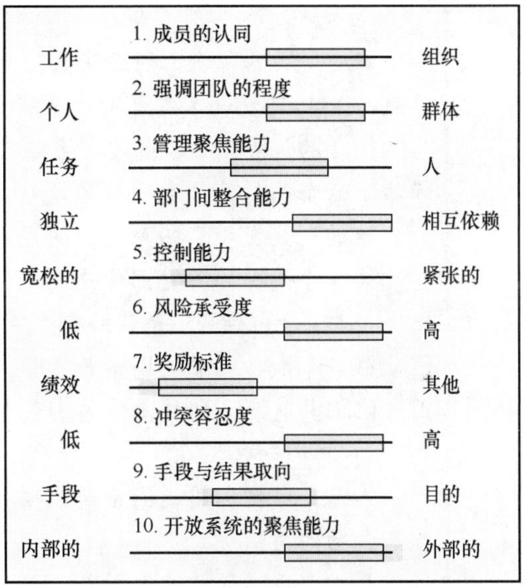

图 3.7　组织支持项目管理的文化维度

似乎符合这一理想模式的是 3M 公司。3M 公司因在大型企业框架内营造一种创业文化而受到好评。它的文化精髓体现在 3M 公司员工历史上经常吟诵的习语中：“鼓励实验性涂鸦。”“雇佣优秀的人，放手让他们做事。”“如果你把人围起来，你就会得到羊。给人们他们需要的空间。”实验的自由和自主反映在“15%规则”中，它鼓励技术人员在他们自主选择的项目上花费多达 15%的时间。这种肥沃的文化使 3M 公司的产品已扩展到 6 万多种和 35 个独立的业务部门（Collins & Porras，1994）。

我们选择了一个比喻来描述组织文化和项目管理之间的关系，这个比喻就像一趟河船之旅。文化是河，项目是船。在一个文化有利于项目管理的组织中，组织和完成项目就像划顺水船：需要付出的努力要少得多。在许多情况下，水流力量如此之大，不用划船只要掌握方向即可。在友好的项目环境中运作的项目就是这样，在这种环境中，团队合作和跨职能合作都是合规的，对卓越有深刻的承诺，健康的冲突是公开的，并迅速和有效地进行处理。

相反，试图在令人极不愉快的文化中完成一个项目就像逆水行舟：需要更多的时间、精力和注意力才能到达目的地。这种情况可能出现在不鼓励团队合作、对冲突容忍度低、晋升很少依赖个人表现而更多地依赖培养与上级的良好关系的文化中。在这种情况下，项目经理和她的员工不仅要克服项目的自然障碍，还要克服组织文化中固有的普遍消极力量。

这个比喻的含义很重要。当完成项目遇到强大又消极的文化潮流时，更大的项目权限和更多时间是必要的。相反，在文化潮流产生对项目成功至关重要的行为和合作时，则需要很小的正式权限和较少的专用资源来完成项目。

关键问题是上级组织和项目团队之间的相互依赖程度。在现行的组织文化支持项目完成所需行为的情况下，一个较弱的、更灵活的项目管理结构可能是有效的。例如，查帕拉尔钢铁厂能够使用职能矩阵成功完成增量项目的一个主要原因是，它的文化包含了很强的合作规范（Bowen et al.，1994）。参见研究亮点 3.1，可获得文化如何支持成功项目管理的另一个示例。

研究亮点 3.1：成功的秘密

在《成功的秘密：研发实验室正式和非正式结构的双螺旋》一书中，波莉·里佐瓦（Polly Rizova）披露了对一家《财富》500 强公司研发实验室内部工作进行了为期一年的调查结果。通过对主要参与者的访谈和对社交网络数据的分析，里佐瓦评估了六个高科技开发项目的效率。

她的研究发现了四个关键的成功因素。

第一个成功的关键因素是高度依赖开放和不受限制的沟通模式，加上低密度的正式报告。换句话说，无论头衔、经验或学历如何，团队成员之间都可以自由互动。

第二个成功的关键因素是项目中有一些人，他们在整个实验室中都受到尊重，因为他们具有非凡的技术能力和经验。让那些因其组织专长和经验而受到尊重的人参与到项目中来。

第三个成功的关键因素是在项目团队中同时拥有“技术之星”和“组织之星”，这是成功的关键。

第四个成功的关键因素是公司法人管理层对项目强有力和持续的支持。更重要的是，她的分析揭示了四种因素的互动本质，即没有任何一种因素可能单独产生成功的结果，它们必须以一种相互加强的方式组合在一起。在这里，实验室的文化被视为关键的催化剂。

里佐瓦描述了一个矩阵系统，在这个系统中，人们同时从事多个项目，而且使用不同的方法。个体在不同的项目中占据不同的位置，扮演不同的角色。例如，一个高级工程师平常是一个项目的经理，而在他的下属领导的另一个项目中却是研究员。本质上，是一个人必须“领导”他自己的老板。乍一看，这种正式的结构应该会造成破坏性的紧张。然而，里佐瓦认为，实验室的组织文化是保持工作顺利进行的黏合剂。

她描述了一种文化，在这种文化中，合作、尊重和文明的社会规范得到了维护和复制。它是一种以信任和强大的动力为特征的文化，营造出优秀的个人、组织学习和杰出的成就。在研究者的评论中捕捉到了这种文化：

这是这里最好的事之一。你的意见会被听取。上级考虑我们的建议。你会发现这里的大多数项目都是团队合作的成果。

我最喜欢的是积极的思考和“尽力而为”的态度。性格冲突可能是毁灭性的。在这里，每个人都帮助你，支持你。团队这个词里没有“我”。

非常友好的环境……认识了新朋友，从他们身上学到了很多。他们不介意分享他们的专业知识。

当主导的组织文化抑制合作和创新时，建议将项目团队与主导文化隔离开来。在这里，有必要创建一个自给自足的项目团队。如果由于资源的限制，一个专门的项目团队是不可能的，那么至少应该使用一个项目矩阵结构，便于项目经理对项目有主导控制权。在这两种情况下，管理策略都是创建一种独特的团队亚文化，在这种亚文化中，一套新的规范、习俗和价值观将有助于项目的完成。

在极端的情况下，这种项目文化甚至可以代表一种反文化，因为许多规范和价值观是占主导地位的母文化的对立面。这就是 IBM 在 1980 年决定快速开发他们的个人电脑时的情况（Smith & Reinertsen，1995）。他们知道这个项目可能因为公司里过于丰富的计算机知识和官僚作风而陷入困境。IBM 还意识到，如果他们想要快速进入市场，就必须与供应商密切合作，并使用许多非 IBM 的部件。这不是 IBM 当时的方式，所以 IBM 在佛罗里达州博卡拉顿（Boca Raton）的一个仓库里建立了 PC 项目团队，远离公司总部，也不用组织内的其他公司的开发设施。

本章小结

本章考察了影响项目实施和完成的母公司的两个主要特征。第一个主要特征是组织的正式结构，以及它选择如何组织和管理项目。尽管单个项目经理可能对公司选择如何管理项目没有多少发言权，但他必须能够认识到可用的选项及不同方法的内在优势和劣势。

描述和评估了三种基本项目管理结构的优缺点。只有在特殊的情况下，才能在正常的职能分层结构中管理项目。当只考虑什么对项目最有利时，创建一个独立的项目团队显然是最有利的。然而，最有效的项目管理系统恰当地平衡了项目需求与母公司的需求。矩阵结构产生于母公司需要在多个项目和运营中共享人员和资源，同时创建了合法的项目重点。矩阵方法是一种混合的组织形式，它结合了职能结构形式和项目团队形式的元素，试图兼备两者的优势。

本章讨论的母公司的第二个主要特征是组织文化的概念。组织文化是组织成员所共有的信念和期望的模式。文化包括行为规范、风俗习惯、共同的价值观，以及在组织内相处和进步的“游戏规则”。对于项目经理来说，“文化敏感”是很重要的，这样他们就可以开发适当的策略和应对方法，并避免违反将危及他们在组织中有效性的关键规范。

项目管理结构与组织文化的相互作用是一个复杂的过程。我们认为，在某些组织中，文化促进项目的实施。在这种环境下，所使用的项目管理结构在项目成功中起的决定性作用较小。相反，对组织文化强调内部竞争和差异化的其他组织来说，情况可能正好相反。普遍的规范、习俗和态度阻碍了有效的项目管理，而项目管理结构在项目的成功实施中起着更决定性的作用。至少，在不利的文化条件下，项目经理需要对项目团队有重大的权威。在更极端的情况下，公司应该重新部署专门的项目团队来完成关键的项目。在这两种情况下，管理策略应该是将项目工作与主导文化隔离开来，以便在项目参与者中出现更积极的亚文化。

组织的项目管理结构和组织的文化是项目启动环境的主要元素。接下来的章节将研究项目经理和专业人员如何在这种环境下成功完成项目。

关键术语

Dedicated Project Team 专门的项目团队
Organizational Culture 组织文化
Projectized Organization 项目型组织
Project Management Office（PMO）项目管理办公室
Strong Matrix 强矩阵
Balanced Matrix 平衡矩阵
Weak Matrix 弱矩阵

复习题

1．职能型、矩阵型和专门团队方法管理项目的相对优势和劣势是什么？

2．弱矩阵和强矩阵的区别是什么？

3．在什么情况下建议使用强矩阵而不是专门的项目团队？

4．项目管理办公室如何支持有效的项目管理？

5．为什么在决定用什么项目管理结构来完成一个项目之前，评估一个组织的文化是重要的？

6．除文化之外，还应该使用哪些组织因素来决定应该使用哪种项目管理结构？

7．你认为对成功完成一个项目来说，哪个更重要：正式的项目管理结构还是母公司的文化？

生活快照讨论题

3.1 洛克希德·马丁公司的臭鼬工厂

1．你是否同意真正的创新只能来自一小群专门的专业人士？

3.2 Mac 的诞生

1．项目同化是你为真正的创新项目付出的代价吗？

2．你认为洛克希德的臭鼬工厂和苹果的 Mac 团队有什么相似之处和不同之处？

3.3 2018 年度 PMO 大奖项目

1. 在本章描述的四种 PMO 中，澳洲电信的 PMO 是哪一种？

3.4 谷歌风格

1. 你认为谷歌员工获得的津贴对维持谷歌的文化有多重要？

2. “撒狗粮”的习俗对谷歌的文化有什么贡献？

练习题

1. 上大学类似于在矩阵环境中工作，因为大多数学生要上不止一门课，必须把他们的时间分配到多个课程班级。这种情况给你带来了什么问题？它是如何影响你的绩效的？如何更好地管理这个上课系统，让你的生活变得更轻松、更有成效？

2. 你为 LL 公司工作，这家公司生产用于猎枪的高端光学瞄准器。LL 公司在过去的 20 年里一直是市场的领导者，并决定将其技术应用于高质量的双筒望远镜的开发，实现多元化。你建议他们在这个项目中使用什么样的项目管理结构？你希望获取什么信息来做这个建议，为什么？

3. 你在芭芭塔（Barbata）电子公司工作。你们的研发人员相信他们已经发明了一种便宜的技术，可以将现有 MP3 播放器的容量提高一倍，并且使用一种优于 MP3 的音频格式。该项目的代码为 KYSO（Knock Your Socks Off）。你会建议他们对 KYSO 项目使用什么样的项目管理结构？你希望获取什么信息来做这个建议，为什么？

4. 本章讨论了价值观和信念在组织文化形成中的作用。组织文化是互联网上的一个大话题。许多公司使用网页来描述他们的使命、愿景、公司价值观和信念。还有许多咨询公司宣传他们如何帮助企业改变其文化。本练习的目的是让你获得有关两个不同公司的组织文化的信息。你可以通过非常简单的搜索关键词“组织文化”或“企业愿景”和“价值观”来完成这项任务。通过搜索，你可以找到许多公司的信息来回答以下问题。你可能想要选择你将来想要工作的公司。

a. 公司信奉的价值观和信念是什么？

b. 使用图 3.6 中的工作清单来评估 Web 页面。关于这个组织的文化，这个网页揭示了什么？这种文化是否有利于有效的项目管理？

5. 使用图 3.5 中列出的文化维度来评估你们学校的文化。以学生代替员工，以教师代替管理者。例如，团队成员认同指的是学生对学校整体的认同程度，而不是他们的专业或选修。无论是个人还是小团体，在这 10 个维度上给你们学校的文化打分。

a. 哪些维度容易评估，哪些不容易？

b. 你们学校的文化有多强？

c. 文化对你们的学校有什么作用？

d. 你认为你们学校的文化最适合使你的学习最大化吗？为什么或为什么不？

e. 考虑到学校的结构和文化，什么样的项目在你们学校容易实施，什么样的项目很难实施？解释你的答案。

6. 你在斯普林菲尔德国际公司的市场部做分析师，公司使用弱矩阵来开发新的服务。管理层创造了一种极具竞争性的组织文化，这种文化强调实现结果高于一切。你被指派帮助的一位项目经理一直在向你施压，要你把他的项目放在第一位。他还希望你在他的项目中扩展你的工作范围，超出你们市场经理认为必要或适当的范围。该项目经理被认为是斯普林菲尔德国际公司内部的一颗冉冉升起的新星。到目前为止，你一直在抵抗项目经理的压力，并遵从市场经理的指示。然而，你最近与项目经理的交流结束时，他说："我对你提供的帮助不满意，当我成为营销副总裁时，我会记住这一点。"你会如何回应？为什么？

案例 3.1：莫斯（Moss）和麦克亚当斯（McAdams）会计师事务所

布鲁斯·帕尔默（Bruce Palmer）在莫斯和麦克亚当斯事务所（M&M）工作了六年，刚刚被提升为客户经理。他的第一个任务是领导对约翰逊维尔（Johnsonville）卡车公司的审计。他对被分配到他团队的五名会计师非常满意，尤其是齐克·奥尔兹（Zeke Olds）。奥尔兹是一名退伍军人，他回到学校攻读会计和计算机科学双学位。他对金融信息系统的最新发展了如指掌，并以能提出创新的问题解决方案而闻名。

M&M 是一家成熟的地区性会计师事务所，在明尼苏达州和威斯康星州设有 6 个办事处，拥有 160 名员工。帕尔默工作的主要办公室在威斯康星州的格林湾（Green Bay）。事实上，创始成员之一的赛斯·莫斯（Seth Moss）曾在 20 世纪 50 年代末在家乡的国家橄榄球联盟的 Packers 队做过短暂的球员。M&M 的主要服务是企业审计和税务准备。在过去的两年里，合伙人决定更积极地进入咨询业务。M&M 预计，在未来五年中，咨询业务将占到其增长的 40%。M&M 在矩阵结构内运作。随着新客户的招募，一位经理被分配给这个客户。根据工作的规模和范围，一位经理可以被分配给几个客户。在报税项目中尤其如此，一位经理被分配给 8～12 个客户的情况并不少见。同样，高级会计师和工作人员也被分配给多个客户团队。露贝·桑兹（Ruby Sands）是格林湾办公室的经理，负责分配人员给不同的客户。她尽力把员工分配给同一个经理领导下的多个项目中去。但这并不总是可能的，有时会计师不得不在不同经理领导的项目上工作。

和大多数会计师事务所一样，M&M 有一个分级晋升系统。新注册会计师以初级会计师或职员会计师的身份进入。两年内，他们的业绩会被评估，他们要么被要求离职，要么被提升为高级会计师。在他们工作的第五年或第六年的某个时候，公司会做出提拔他们为客户经理的决定。最后，在公司工作 10～12 年后，经理被考虑晋升为合伙人。这是一个竞争非常激烈的职位。在过去的 5 年里，只有 20%的 M&M 客户经理被提升为合伙人。然而，一旦成为合伙人，他们几乎可以终身得到这个职位，并在薪水、福利和声望方面得到显著提高。M&M 以结果驱动型组织而闻名。合伙人升职是基于在最后期限前完成任务、留住客户和创造收入。升职团队的决定是基于客户经理与他的同事相比的相对绩效。

约翰逊维尔审计一星期后，帕尔默接到桑兹的电话，要他去她的办公室。在那里，他被介绍给了肯·克罗斯比（Ken Crosby）。克罗斯比不久前刚加入 M&M，此前他在一家“五大”会计师事务所工作了九年。克罗斯比受聘管理特别咨询项目。桑兹说，克罗斯比刚刚与斯普林菲尔德金属公司（Springfield Metals）敲定了一个大型咨询项目。这对该公司来说是一个重大的惊喜：M&M 与两家“五大”会计师事务所竞争这个项目。桑兹继续解释说，他正在与克罗斯比合作，组建他的团队。克罗斯比坚持让齐克 · 奥尔兹加入他的团队。桑兹告诉他这是不可能的，因为奥尔兹已经被派去做约翰逊维尔的审计了。克罗斯比坚持认为，奥尔兹的专业知识对斯普林菲尔德项目至关重要。桑兹决定妥协，让奥尔兹在两个项目上分配时间。

这时，克罗斯比转向帕尔默，说道：“我相信事情很简单。为什么我们不同意奥尔兹上午为我工作下午为你工作？我相信我们能解决出现的任何问题。毕竟，我们都为同一家公司工作。”

C3.1.1　六周后

每当帕尔默想起克罗斯比的话时，他就会尖叫起来：“毕竟，我们都为同一家公司工作。”麻烦的第一个迹象出现在新安排的第一个星期，克劳斯比打来电话，请求奥尔兹整个星期四都工作在他的项目上。他们正在进行一次广泛的客户访问，奥尔兹对评估至关重要。在帕尔默勉强同意后，克罗斯比说他欠他一个人情。接下来的一周，当帕尔默打电话给克罗斯比，要求他还他人情时，克罗斯比断然拒绝了，并说可以再找时间，但不是这周。帕尔默一周后又打了一次电话，得到了同样的回应。

起初，奥尔兹在下午 1 点准时出现在帕尔默的办公室进行审计工作。很快，迟到 30～60 分钟成了一种习惯。总是有好的理由。他在斯普林菲尔德开会，不能就这么走了，或者有一项紧急任务比计划的时间要长。有一次，克罗斯比带着他的整个团队去新开的泰国餐厅吃午饭，奥尔兹因为餐厅服务慢，迟到了一个多小时。一开始，奥尔兹通常通过下班后工作来弥补时间，但帕尔默可以从他无意中听到的谈话中看出，这正给他家里制造紧张气氛。

最让帕尔默烦恼的可能是奥尔兹在本该为帕尔默工作的下午收到的来自克罗斯比和他的团队成员的电子邮件和电话。有几次帕尔默发誓说奥尔兹在他（帕尔默）的办公室里做克罗斯比的项目。

帕尔默与克罗斯比会面，讨论了这个问题，并表达了他的不满。克罗斯比表现得很惊讶，甚至有点受伤。他承诺事情会有所改变，但这种模式仍在继续。

帕尔默对克罗斯比变得疑神疑鬼。他知道克罗斯比周末会和奥尔兹一起打高尔夫球，所以可以想象克罗斯比会在约翰逊维尔项目上说坏话，并指出审计工作是多么无聊。令人遗憾的是，他说的话也许有些道理。约翰逊维尔项目陷入了困境，团队的进度落后于计划。其中一个原因是奥尔兹的表现。他的工作没有达到平时的标准。帕尔默向奥尔兹提出了这个问题，奥尔兹变得很有戒心。奥尔兹后来道歉并吐露说，他发现很难把自己的思维从咨询转到审计，然后再转回咨询。他答应一定努力做好，此后，他的绩效有了一点改善。

最后一根稻草来了，奥尔兹要求周五早点下班，以便带他的妻子和孩子去看密尔沃基酿酒人队（Brewers）的棒球比赛。原来斯普林菲尔德金属公司把公司的球票给了克罗斯比，克罗斯比决定给他的团队安排包厢座位，就在酿酒人队的休息区后面。帕尔默很不愿意这样做，但他不得不拒绝这个请求。当他无意中听到奥尔兹在电话里向儿子解释为什么他们不能去看比赛时，他感到很内疚。

帕尔默最终决定请求与桑兹紧急会面，以解决问题。他鼓起勇气打了个电话，却被告知桑兹要到下周才会回到办公室。当他放下话筒时，他想事情可能会好转。

C3.1.2 又两周后

桑兹突然出现在帕尔默的办公室说他们需要谈谈奥尔兹的事。帕尔默很高兴，他想现在可以告诉她发生了什么事。但还没等他开口，桑兹就告诉他奥尔兹昨天来找过她。她告诉帕尔默，奥尔兹承认他在克罗斯比和帕尔默的项目上都遇到了困难。他很难在下午集中精力做审计工作，因为他一直在思考上午出现的一些咨询问题。他加班加点，试图在两个项目的最后期限前完成，这给家里带来了问题。底线是他压力太大了，无法处理这种情况。他要求让他全职参与克罗斯比的项目。桑兹接着说奥尔兹并没有责怪帕尔默，事实上，他说了很多关于帕尔默的好话。他只是更喜欢咨询工作，觉得更具挑战性。桑兹最后说："我告诉他我理解，我会和你谈谈情况，看看能做些什么。坦白说，我觉得我们应该让他退出你的项目全职参与克罗斯比的项目。你觉得呢？"

1. 如果案例结束时你是帕尔默，你会怎么回应？
2. 如果有什么区别的话，帕尔默要做什么才能避免失去奥尔兹呢？
3. 从这个案例中可以看出矩阵式组织的优点和缺点是什么？
4. M&M 的管理层应该做些什么才能更有效地管理这种情况呢？

案例 3.2：昊瑞森咨询公司

帕蒂·史密斯（Patti Smith）走进昊瑞森咨询公司（Horizon Consulting）的办公室前，抬头看了看卡罗莱纳湛蓝的天空。今天是周五，这意味着她需要准备每周的状态报告会议。昊瑞森咨询公司（以下简称昊瑞森）是一家定制软件开发公司，为 iPhone™、Android™、Windows Mobile®和 BlackBerry®平台提供完全集成的移动应用程序服务。昊瑞森的创始人是前营销高管詹姆斯·思拉舍（James Thrasher），他很快就发现了通过智能手机进行数字营销的潜力。昊瑞森最初在体育营销方面取得了成功，但很快就扩展到了其他行业。他们成功的关键是智能手机应用开发成本的下降，由此扩大了客户基础。成本的下降主要是由于学习曲线和在现有平台上建立定制解决方案的能力。

帕蒂·史密斯是一位大器晚成的人，在餐馆工作了 9 年后回到了大学。她和她的前夫曾试图在科罗拉多州的戈尔登经营一家素食餐厅，但没有成功。离婚后，她回到科罗拉多大学，主修管理信息系统（Management Information Systems，MIS），辅修市场营销。虽然她更喜欢市场营销的课程而不是管理信息系统的课程，但她觉得她获得的信息技术知识会给她在就业市场上带来优势。事实证明，这是真的，昊瑞森在她毕业后不久就聘请她担任客户经理。

帕蒂·史密斯被聘请来接替史蒂芬·斯蒂尔斯（Stephen Stills），后者在昊瑞森管理餐厅类客户方面的业务。据一位客户经理说，史蒂芬因为太过自负和囤积资源而被“解雇”了。帕蒂的客户从高档餐厅到简陋的“夫妻店”无所不包。她帮助开发了智能手机应用程序，让用户可以预订、浏览菜单、接收每日特色菜提醒、提供客户反馈、订购自取外卖，在某些情况下还可以订购专递外卖。作为客户经理，她与客户一起评估他们的需求，制订计划，并创建定制的智能手机应用程序。

昊瑞森似乎很适合帕蒂。她受过足够的技术培训，能够与软件工程师一起工作，并帮助指导他们制作适合客户的产品。与此同时，她可以与餐厅老板建立联系，并分享与他们在网页设计和数字营销方面的合作。

昊瑞森分为三个部门：销售部、软件开发部和图形用户界面设计部，客户经理担任项目经理。客户经理通常来自销售部门，他们的工作要兼顾项目和向潜在新客户推销产品两个方面。昊瑞森组建了一个由软件工程师和设计师组成的核心团队，必要时还会雇用合同制程序员。

开发智能手机应用程序的第一步包括客户经理与客户会面，以定义应用程序的需求和愿景。然后，客户经理与图形用户界面（Graphic User Interface，GUI）设计人员合作，初步设计出应用程序的功能和外观。一旦最初的概念和需求被批准，客户经理就将分配来两对软件工程师。第一对（应用程序工程师）负责应用程序的智能手机端，而第二对则负责客户端。昊瑞森更喜欢让软件工程师一起工作，这样他们就可以检查彼此的工作。这两名工程师通常全职工作直到应用程序完成，而其他工程师则根据需要负责多个项目。同样，当需要 GUI 设计人员的专业知识时，他们也会在产品开发周期的某些关键阶段参与项目。

GUI 主管管理本部门设计师的日程安排，而软件部主管管理软件工程师的任务安排。在每个项目结束时，客户经理提交他们团队的绩效评估。销售总监基于客户满意度、销售绩效和项目绩效负责对客户经理进行绩效评估。

昊瑞森认可迭代开发，每两到三周，客户经理就会向客户演示最新版本的应用程序。这导致了有用的反馈，并在许多情况下重新定义项目的范围。一旦客户意识到软件可以做什么，他们经常想要添加更多的功能到应用程序中。根据应用程序的复杂性和项目开始后引入的变化，昊瑞森通常需要两到四个月的时间向客户交付最终产品。

帕蒂目前正在做三个项目。第一个项目是“上海炒锅”项目，这是北卡罗来纳州夏洛特市中心一家繁忙的中国夫妻餐厅。上海炒锅的所有者希望昊瑞森开发一款智能手机应用程序，方便顾客提前订餐和付款，然后可以在不坐电梯的窗口取餐。第二个项目是在北卡罗来纳州的坎纳波利斯（Kannapolis）开展的“印度味道”餐厅项目。他们希望昊瑞森开发一款手机应用程序，让附近生物技术公司的员工可以在午餐和晚餐时间点外卖递送。第三个项目是为一家名为“绝对地道”的素食餐厅做的，这家餐厅想向订户发送电子邮件提醒，详细描述他们每天的新鲜特色菜。

詹姆斯·思拉舍是谷歌的仰慕者，他鼓励在工作中营造一种有趣而专注的环境。员工可以装饰自己的工作空间，带宠物上班，需要休息时可以打乒乓球或游泳。昊瑞森给员工的薪水很高，但最大的回报是每年的圣诞奖金。这笔奖金基于公司的整体利润，而利润是根据薪酬等级和业绩评估按比例分配的。员工在年底加薪 10%～15%并不罕见。

C3.2.1 状态报告会议

按照帕蒂的习惯，她很早就来到了状态报告会议室。大卫·布里格斯（David Briggs）正在描述约翰·洛什（John Lorsch）在昨晚的垒球比赛中接球获胜的过程。昊瑞森赞助了一支男女同校的城市垒球队，大多数客户经理都是这支球队的队员。帕蒂被哄着参加比赛，以确保赛场上有必要数量的“女性”。起初她对这个想法犹豫不决，垒球并不是她真正喜欢的运动，但后来她也喜欢上了。这不仅很有趣，而且给了她一个认识其他经理的机会。

詹姆斯·思拉舍走进了房间，大家都坐下来谈正事。像往常一样，他一开始就问大家是否有重要消息要通报。杰克逊·布朗（Jackson Browne）慢慢地举起手说：“恐怕我是这样认为的。我刚刚收到来自苹果移动操作系统部门的通知，他们拒绝了我们的 TAT 应用程序。”TAT 是一款手机应用程序，由杰克逊领导，允许用户预订并实时查看一家著名体育俱乐部有什么泳道可用。这消息引起了一阵集体的叹息。在苹果的应用程序可以运行之前，它必须提交给苹果并得到批准。通常这都不是问题，但最近苹果因为各种各样的原因拒绝了昊瑞森的应用程序。杰克逊继续分发了一份在苹果批准这款应用程序之前必须做出的修改清单。这群人研究了这份清单，在某些情况下还嘲笑了苹果的新要求。

最终詹姆斯·思拉舍询问杰克逊需要多长时间进行必要的修改并重新提交应用程序审批。杰克逊认为最多可能需要两到三个星期。思拉舍问参与这个项目的工程师是谁。帕蒂的心提了起来。开发 TAT 应用程序的一名工程师正在上海炒锅项目中工作。她知道接下来会发生什么。思拉舍宣布：“好了，各位，这些工程师是完成他们已经开始的工作的最佳人选，这才说得通，所以他们都将被重新分配回 TAT 项目。那些受影响的人将在这次会议后聚在一起，研究如何替换他们。”然后会议继续按照计划进行，所有的客户经理汇报他们的项目状态，并与小组分享相关问题。

C3.2.2 会后纪要

当大家鱼贯而出时，帕蒂环顾四周，想看看还有谁和她在同一条船上。除了杰克逊·布朗，还有其他三位客户经理。鉴于昊瑞森的工作性质，资源分配是一个反复出现的问题。公司制定了一项政策，根据项目优先次序做出决定。每个项目都根据公司的优先级被指定为绿色、蓝色或紫色。优先地位取决于项目对公司使命的贡献程度。“上海炒锅”项目规模有限，属于紫色项目，排名垫底。可用的软件工程师名单显示在大屏幕上。帕蒂只熟悉其中几个名字。

利·泰勒（Leigh Taylor）是唯一拥有绿色项目的人，他立即从名单中选择了贾森·惠勒（Jason Wheeler）。她以前用过他，对他的工作很有信心。汤姆·沃森（Tom Watson）和萨曼莎·斯图尔特（Samantha Stewart）都有蓝色项目，都需要更换一名移动应用工程师。他们都立即跳到潘·马修（Prem Mathew）的名字上，声称他是他们项目的最佳人选。经过一番友好的磋商，汤姆说：“好吧，萨曼莎，他归你了。我记得你在阿尔戈斯项目上帮过我。此外，我的项目才刚刚开始。我带陈申（Shin Chen）去。”每个人都看着帕蒂。她开始说：“你知道，我只熟悉其中几个名字，我想我选迈克·邱（Mike Thu）。”杰克逊插话道：“嘿，各位，发生这样的事我真的很抱歉，我相信迈克是个很好的程序员，但我建议你们和阿克赛尔·耶特夫（Axel Gerthoff）一起工作。我以前用过他，他学得很快，和他一起工作很愉快。”这让帕蒂松了一口气，她很快就接受了他的建议。他们离开后向思拉舍提交了一份报告，详细介绍了各自所做的决定及其对项目的影响。

1. 会后工作的成功程度如何？
2. 什么因素促成了这次会议的成功或导致了它的失败？
3. 昊瑞森咨询公司采用什么样的项目管理结构？这是正确的结构吗？解释一下。

第 4 章

定义项目

Defining the Project

本章学习目标

通过学习本章内容，你应该能够：

4-1　确定项目范围说明书的关键要素，理解为什么完整的范围说明书对项目成功至关重要。

4-2　描述范围蔓延的原因和管理方法。

4-3　理解在成本、时间和绩效方面建立项目优先级的重要性。

4-4　演示工作分解结构（Work Breakdown Structure，WBS）对项目管理的重要性，以及它如何作为计划和控制的数据库。

4-5　演示组织分解结构（Organization Breakdown Structure，OBS）如何建立对组织单元的问责制。

4-6　描述过程分解结构（Process Breakdown Structure，PBS）及何时使用它。

4-7　为小项目创建责任矩阵。

4-8　为项目制订沟通计划。

本章概览

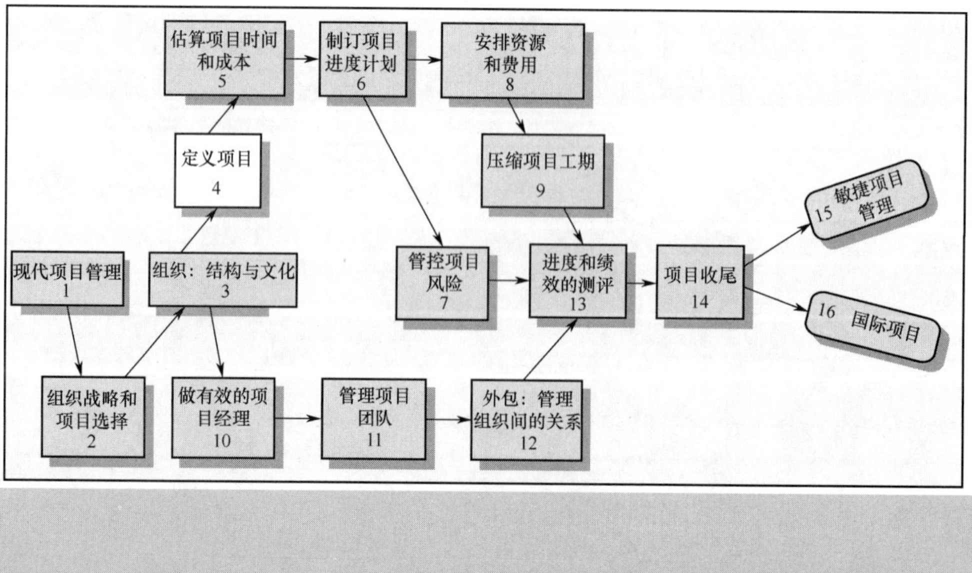

选择一个梦，
用你的梦想建立目标，
制订好计划，
考虑好资源，
提高技能和能力，
巧妙地安排时间，
开始！组织起来向前进！
"……这是一个大家伙！"维尼说。

——罗杰 · E.艾伦和斯蒂芬 · D.艾伦（Roger E. Allen and Stephen D. Allen），*Winnie-the-Pooh on Success*

负责单个小项目的项目经理可以在没有太多正式规划和信息的情况下计划和安排项目任务。然而，当项目经理必须管理几个小项目或一个大型的、复杂的项目时，很快就会到达一个门槛，在这个门槛下，项目经理再也不能处理细节了。

本章描述了一种严格训练的、结构化的方法，用于选择性地收集信息，以在项目生命周期的所有阶段中使用，以满足所有利益相关者（如客户、项目经理等）的需求，并根据组织的战略计划去测量项目的绩效。建议的方法是一个选择性的项目大纲，称为工作分解结构。在开发大纲的早期阶段，确保所有的任务都已经明确，并且项目参与者也明白要去完成哪些任务。一旦确定了大纲和细节，就可以开发一个综合信息系统来安排工作和分配预算。这个基准信息可在项目展开后用于控制。

此外，本章还介绍了工作分解结构的一种变种，称为过程分解结构，以及用于较小、不太复杂项目的责任矩阵。本章通过工作分解结构定义项目的工作开始，以创建用于帮助协调项目活动并跟踪进展的沟通计划的过程而结束。

本章描述的五个通用步骤提供了一种结构化的方法，用于收集开发工作分解结构所必需的项目信息。这些步骤和下一章中要介绍的项目网络规划都是同时发生的，通常需要几个迭代来制订可用于管理项目的进度计划和预算。俗话说得对，"我们只能控制我们计划好的事情"。因此，我们先迈开第一步，定义项目。

4.1　步骤 1：定义项目范围

> 4-1：确定项目范围说明书的关键要素，理解为什么完整的范围说明书对项目成功至关重要。

定义项目范围为制订详细的项目计划奠定了基础。项目范围是对项目最终结果或使命的定义：为客户/消费者提供的产品或服务。主要的目的是为最终用户尽可能清晰地定义可交付成果和聚焦项目计划。

研究清楚地表明，定义不明确的范围或使命是项目成功最常遇到的障碍。在一项涉及美国和加拿大 1400 多名项目经理的研究中，Gobeli 和 Larson（1990）发现，大约 50%的规划问题与范围和目标定义不清有关。这项研究和其他研究表明，项目成功与明确的范围定义之间存在很强的相关性（Ashley 等，1987；Pinto & slevin，1988；Standish Group，2009）。范围文档在整个项目的生命周期中指导客户和项目参与者关注项目目的。

范围应该在项目经理、客户和其他重要利益相关者的指导下制定。项目经理负责确保与业主在项目目标、项目每个阶段的可交付成果、技术需求等方面达成一致。例如，对新产品开发项目，早期阶段的可交付成果可能是规格要求；第二阶段，生产三个原型；第三阶段，要有足够数量的产品推向市场；最后，进行市场推广和培训。

项目范围定义是一个文档，由项目所有者和项目参与者发布并使用它来做项目计划和衡量项目是否成功。范围描述了当项目完成时你希望向客户交付的内容。项目范围应该以具体的、有形的和可度量的术语定义要达到的结果。

使用项目范围检核表

显然，项目范围是连接项目计划所有要素的基石。为确保范围定义完整，你可能考虑使用以下检核表：

项目范围检核表

1．项目目标
2．产品范围描述
3．项目合理性或合规性说明
4．可交付成果清单
5．里程碑
6．技术要求
7．限制和免责条款
8．验收标准

（1）项目目标。定义项目范围的第一步是定义满足客户需求的总体目标。例如，经过广泛的市场调查，一家计算机软件公司决定开发一种程序，可以将英语自动翻译成俄语。项目应在三年内完成，费用不超过 150 万美元。另一个例子是在 13 个月内设计和建造一个便携式危险废物热处理系统，成本不超过 1 300 万美元。项目目标回答了“什么”、“何时”、“多少”及“何处”等问题。

（2）产品范围描述。这一步是对产品、服务或项目成果特征的详细描述。描述在整个项目中逐步细化。产品范围回答了“最终想要的结果是什么”。例如，如果产品是一部手机，那么它的产品范围将是屏幕大小、电池、处理器、相机类型、内存等。

（3）项目合理性或合规性说明。重要的是，项目团队成员和利益相关者要知道管理层为什么批准这个项目。这个项目要解决的问题或机会是什么？这有时被称为项目的商业论证，因为它通常包括成本/收益分析和战略意义。例如，在一个新发布的项目中，理由可能是 30%的预期收益率和在市场上声誉的提高。

（4）可交付成果清单。下一步是定义主要的可交付成果：项目生命周期中预期的、可衡量的产出。例如，项目早期设计阶段的可交付成果可能是一系列规范。在第二阶段，可交付成果可能是软件编码和技术手册。第三个阶段可能是原型。最后阶段可能是最终测试和批准的软件产品。注意：可交付成果和需求通常可以互换使用。

（5）里程碑。里程碑是项目中在某个时间点发生的重要事件。里程碑计划只显示工作的主要部分，它首先表示了对项目的时间、成本和资源的粗略估算。里程碑计划使用可交付成果作为平台来确定主要工作部分和结束日期，例如，到同年的 7 月 1 日测试完成。里程碑应该是项目中真实的、重要的控制点。里程碑应该便于所有项目参与者识别。

（6）技术要求。通常情况下，产品或服务会有技术要求，以确保其满足适当的性能。技术要求通常阐明可交付成果或定义的性能规格。例如，个人计算机的技术要求可能是能够接受 120 伏交流电或 240 伏直流电，而无须任何适配器或用户开关。另一个众所周知的例子是紧急系统能具备识别呼叫者的电话号码和电话位置的能力。信息系统项目的例子包括数据库系统的速度和能力，以及与其他系统的连接。要理解关键需求的重要性，请参阅生活快照 4.1。

生活快照 4.1：大贝塔 ERC II 高尔夫球棒与美国高尔夫协会恢复系数的要求

1991 年卡拉威高尔夫设备公司（Callaway Golf Equipment）推出了他们的新高尔夫球棒“大贝塔”（Big Bertha），彻底改变了高尔夫设备行业。“大贝塔”（得名于第一次世界大战时德国的远程大炮）比传统的木制球杆大得多，而且没有插鞘（杆头的凹槽，球杆插入的地方），这样重量就能更好地分布于整个高尔夫球棒。这种创新的设计给高尔夫球棒一个更大的最佳击球点，允许球员击球偏离中心，而不会在距离或准确性上遭受太多损失。

2000 年卡拉威公司推出了大贝塔 ERC II 钛锻造的高尔夫球棒。“设计 ERC II 是一种梦幻般的体验，”负责研发的高级执行副总裁兼新产品主管理查德 · C.赫尔姆斯泰特（Richard C. Helmstetter）说，“我们没有限制，所以我们能够跳出框框来实现我们的目标，使能量尽可能高效地从高尔夫球棒传导到球上。这可以让高尔夫球手在不加大挥杆力度的情况下，产生更高的球速，从而击出更远的距离。我们结合了先进的新电脑设计技术，并与世界各地的高尔夫球手进行了实际研究。因此，我们创造了一些超越以往任何高尔夫球棒设计的设计元素。从测试过该高尔夫球棒的球员那里得到的反馈表明，我们的努力极大地提高了所有高尔夫球手可以期望从这些高尔夫球棒那里得到的表现。”

然而，有一个大问题。新款大贝塔高尔夫球棒不符合美国高尔夫协会（United States Golf Association，USGA）制定的恢复系数（Coefficient Of Restitution，COR）的要求。因此，北美地区的高尔夫球手如果想要按照 USGA 的高尔夫规则打球，就不能使用它。

照片来源：thoermer/123RF

USGA 认为这项运动的完整性正受到技术进步的威胁。球员们将球击得更远、更直，世界各地的高尔夫球场都要重新设计，使其更长、更困难。这是昂贵的。

因此，在 1998 年，USGA 为所有新的高尔夫设备设定了性能标准。USGA 为防止制造企业开发更强大的球杆，将新高尔夫装备的 COR 限制在 0.83 以内。COR 的计算方法是，从一个像大炮一样的机器中以每小时 109 英里的速度向高尔夫球棒发射高尔夫球。球返回到大炮式发射机的速度不能超过其初始速度的 83%（90.47 英里/小时）。USGA 将返回速度与发射速度之比称为恢复系数。研究表明，COR 增加 0.01 会导致额外 2 码的运力。大贝塔 ERC II 的 COR 为 0.86。

经过多次努力，使 USGA 改变了其技术要求，卡拉威公司的工程师也回到绘图板上，并在 2002 年推出了 Great Big Bertha II，符合了 USGA 的 0.83 恢复系数的要求。他们也继续生产 ERC II。

（7）限制和免责条款。应该定义范围的限制。如果不这样做，就会导致错误的期望，并在错误的问题上花费资源和时间。以下是一些限制的例子：只允许在晚上 8 点到早上 5 点之间进行现场工作；系统维护和维修将在最终检查后一个月内完成；在合同规定的培训之外，客户还需要支付额外培训的费用。免责条款通过说明了不包括的内容，进一步定义了项目的边界。例如，数据将由客户而非承包商收集；会建一座房子，但不会增加景观美化或安全设备；将安装软件，但不提供培训。

（8）验收标准。验收标准是在可交付成果被接受之前必须满足的一组条件。以下是一些例子：所有任务和里程碑都已完成，新的服务流程以低于 1%的不良率开始运转，需要第三方认证，以及需要客户现场检查等。

范围说明书有两个方面。有一份简短的、一到两页的范围关键要素的摘要，然后是每个要素的扩展文档（例如，详细的里程碑计划或风险分析报告）。请参阅生活快照 4.2，以获得摘要页的示例。

生活快照 4.2：范围说明书

项目目标

5 个月内在俄勒冈州格林德尔（Greendale）42A 号地块建造一幢高质量的定制房子，造价不超过 70 万美元。

产品范围描述

一幢 2 200 平方英尺，包含两间半浴室、三间卧室，装修好的房子。

可交付成果清单

- 已完工的车库，采用绝缘胶木。
- 厨房电器包括炉灶、烤箱、微波炉和洗碗机。
- 配有带程控恒温器的高效煤气炉。
- 铝屋顶。

里程碑

（1）建设许可证批准　3 月 5 日。
（2）地基浇筑完成　3 月 14 日。
（3）主体建设完成：立屋架、室内装修、管道、电气和机械都检查通过　5 月 25 日。
（4）最后检查完成　6 月 7 日。

技术要求

（1）房屋必须符合当地建筑规范。

（2）所有门窗必须通过能源评级的 NFRC 40 级。

（3）外墙绝缘必须满足“R”系数 21。

（4）天花板绝缘必须满足“R”系数 38。

（5）地板绝缘必须满足“R”系数 25。

（6）车库将容纳两辆大型汽车和一辆 20 英尺的温尼贝戈房车。

（7）结构必须通过抗震的坚固性规范。

限制和免责条款

（1）房屋将根据客户提供的原始蓝图的规格和设计进行建造。

（2）业主负责园林绿化。

（3）厨房电器不包括冰箱。

（4）空调不包括在内，但预留接线包括在内。

（5）承包商保留将服务外包的权利。

（6）承包商负责分包工作。

（7）现场工作时间为周一至周五，上午 8 点至下午 6 点。

客户审查

林达和戴夫·史密斯

步骤 1 中的项目范围检核表是通用的。不同的行业和公司将开发独特的检核表和模板，以满足他们的需求和特定类型的项目。一些从事承包工作的公司将范围说明书称为“工作说明书”（Statements Of Works，SOW）。其他组织使用项目章程这个术语。然而，项目章程一词在项目管理领域却有了特殊的含义。项目章程是授权项目经理发起和领导项目的文件。这份文件由上层管理部门签发，并向项目经理提供了在项目活动中使用组织资源的书面授权。通常，章程将包括一个简短的范围描述，以及诸如风险限制、商业论证、开支限制，甚至团队组成等内容。

> 4-2：描述范围蔓延的原因和管理方法。

许多项目都受到范围蔓延的困扰，这时项目范围有随时间而扩展的趋势，通常是由于变更需求、改变规格说明和优先级造成的。范围蔓延可以对项目产生积极或消极的影响，但在大多数情况下，范围蔓延意味着增加成本和可能的项目工期延迟。需求、规格和优先级的变化经常导致成本超支和进度延误。这样的例子不胜枚举：丹佛机场的行李处理系统、波士顿的新高速公路系统（“大挖掘”）、索契冬奥会等。在软件开发项目中，范围蔓延表现在膨胀的产品中，其中添加的功能破坏了易用性。范围蔓延的五个最常见的原因是：

- 需求分析不到位。顾客往往不知道他们真正想要什么。“当我看到它的时候我就知道了”综合征导致需求表达模棱两可和浪费精力。
- 没有尽早让用户参与。项目团队常常认为他们预先知道终端用户的需求，但后来发现他们错了。
- 低估了项目复杂性。复杂性和相关的不确定性自然会导致范围的变化，因为还有许多未知有待发现。
- 缺乏变更控制。需要一个强健的变更控制过程来确保只在项目范围内发生适度的变更。
- 镀金。镀金是指给项目增加超出项目范围的额外价值。这在软件项目中很常见，因为开发人员添加了他们认为最终用户会喜欢的特性。

在许多情况下，这些原因反映了传统项目管理方法不适合高不确定性的项目（请记住图 1.2）。与其尝试预先制订计划，不如应用敏捷项目管理来发现需要做什么。在敏捷项目中，范围是假定的，而不是规定的。范围蔓延可以被管理并反映进度。

如果项目范围需要变更，关键是要有健全的变更控制过程，记录变更并保留所有项目变更的日志。变更控制是第 7 章的主题之一。实战中的项目经理经常表示，处理变更的需求是他们最具挑战性的问题之一。

4.2 步骤 2：确定项目优先级

> 4-3：理解在成本、时间和绩效方面建立项目优先级的重要性。

项目的质量和最终成功传统上被定义为在成本（预算）、时间（进度）和项目的绩效（范围）方面满足和/或超过客户和/或上层管理人员的期望（见图 4.1）。这些标准之间的相互关系是不同的。例如，有时为了快速或低成本地完成项目，有必要牺牲项目的绩效和范围。通常项目工期越长，成本就越高。然而，成本和进度之间的正相关可能并不总是正确的。其他时候，项目成本可以通过使用更便宜、效率更低的劳动力或设备来降低，从而延长项目的工期。同样，我们将在第 9 章中看到，项目经理经常被迫通过增加额外的劳动力加快或“赶工”某些关键活动，从而导致项目原始成本的升高。

项目经理的主要工作之一是管理时间、成本和绩效之间的权衡。要做到这一点，项目经理必须定义并理解项目优先级的性质。他们需要与项目客户和上层管理人员进行坦率的讨论，以确定每个标准的相对重要性。例如，当客户不断添加需求时会发生什么？或者，如果在项目的中途必须在成本和加快进度之间做出权衡，哪个标准具有优先权？

为此目的，一个有用的技术是完成项目的优先级矩阵，以确定哪些标准是限制性的，哪些是要增强的，哪些是可接受的：

限制。原始参数是固定的。项目必须满足完成日期、规格和项目范围，或预算。

增强。考虑到项目的范围，哪个标准应该优化？在时间和成本的情况下，这通常意味着利用机会减少成本或缩短进度。相反，关于绩效，提高意味着为项目增加价值。

接受。哪个标准不满足原始参数是可以容忍的？当必须进行权衡时，是否允许进度出现偏差，是否允许减少项目的范围和绩效，或者超出预算？

图 4.2 展示了一个新的无线路由器开发的优先级矩阵。因为上市时间对销售很重要，项目经理被要求利用每一个机会来缩短完成时间。这样做的话，超出预算是可以接受的，

尽管不可取。同时，路由器原有的性能指标和可靠性标准也不能被破坏。

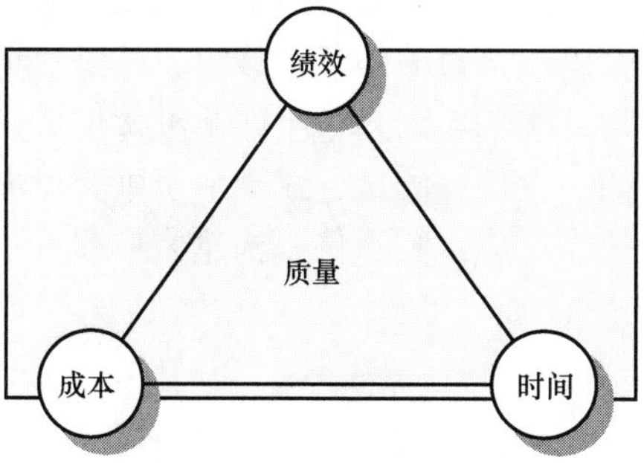

图 4.1　项目管理四要素交换图

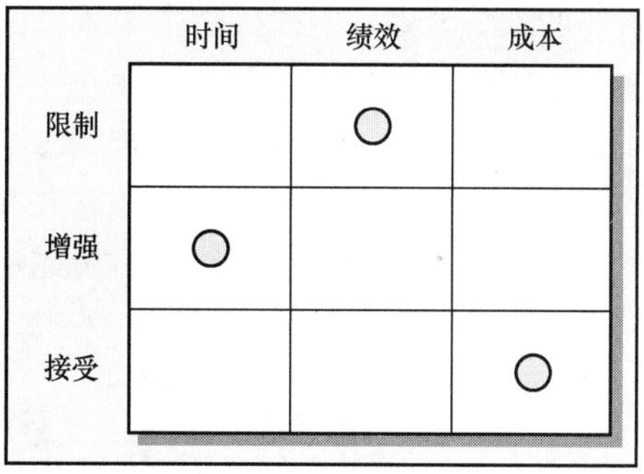

图 4.2　项目优先级矩阵

优先级因项目而异。例如，对于许多软件项目来说，上市时间是至关重要的。像微软这样的公司为了首先进入市场，可能将最初的范围需求推迟到后来的版本。另外，对于特殊事件项目（会议、游行、比赛），一旦日期被宣布，时间就会受到限制，如果预算紧张，项目经理将在项目范围上做出妥协，以按时完成项目。

有些人可能争辩说，这三个标准总是受限制的，好的项目经理应该寻求优化每一个标准。如果项目进展顺利，没有遇到重大问题或挫折，他们的论点可能是有效的。然而，这种情况是罕见的，项目经理经常被迫做出艰难的决定，有利于其中一个标准，同时损害其他两个标准。此练习的目的是定义并同意项目的优先级和约束条件，以便在“紧要关头”可以做出正确的决定。管理人员究竟是依据限制、增强或接受中的哪个标准，很可能存在自然的限制。可以接受项目比计划推迟一个月，但不能超过计划预算太多或不能超支 20 000 美元，同样，提前一个月完成项目也可接受，但在此之后，成本节约应该是主要目标。一些项目经理将这些限制记录为创建优先级矩阵的一部分。

总之，在项目开始之前为项目制定优先级矩阵是一项有用的实践。它提供了一个讨论区，与客户和最高管理层明确建立优先次序，以创造共同的期望，并避免误解。优先级信息对计划过程至关重要，在计划过程中可以对范围、进度和预算分配进行调整。最后，这个矩阵在项目中途处理必须解决的问题时是有用的。

有一点必须指出，在项目展开的过程中，优先级可能改变。客户可能突然需要提前一个月完成项目，或者有来自高管强调节约成本的新指示。项目经理需要保持警惕，以便预测和确认优先级的变化，并做出适当的调整。

4.3　步骤 3：创建工作分解结构

4.3.1　WBS 中的主要分组

4-4：演示工作分解结构对项目管理的重要性，以及它如何作为计划和控制的数据库。

一旦确定了范围和可交付成果清单，项目的工作就可以依次细分为越来越小的工作要素。这种分层过程的结果称为工作分解结构。WBS 的使用有助于确保项目经理识别所有的产品和工作要素，使项目与当前组织相结合，并建立控制的基础。基本上，WBS 是一个包含不同层次细节的项目大纲。

图 4.3 显示了在开发分层 WBS 时通常使用的主要分组。WBS 图的绘制从作为最终可交付物的项目开始。首先确定主要项目工作的可交付成果/系统；然后定义完成更大的可交付成果所需的子可交付成果。这个过程不断重复，直到可交付的细节足够小，可以管理，一个人可以负责。这个子可交付成果被进一步分解为工作包。因为最小的子可交付成果通常包括几个工作包，工作包可按工作类型分组，例如，设计和测试。在一个子可交付成果内的这些分组称为成本账户。这种分组有助于通过工作、成本和责任来构建监控项目进度的系统。

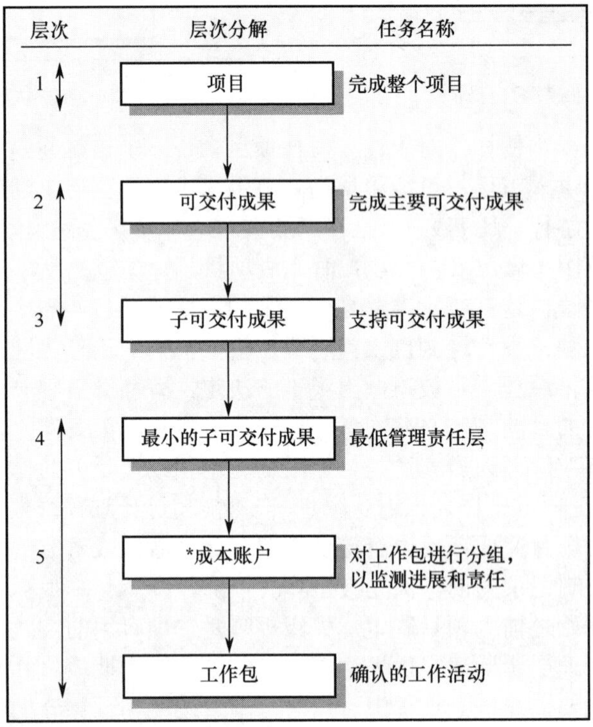

图 4.3　WBS 的层次分解

*成本账号：这种分解按可交付内容中的工作类型对工作包进行分组，并允许将责任分配给组织单元。这个额外的步骤有助于建立监控项目进展的系统（具体内容将在第 13 章中详细讨论）。

4.3.2　WBS 如何帮助项目经理

WBS 在一个层次结构框架中定义了项目的所有要素，并建立了它们与项目最终成果的关系。可以把项目看作一个大的工作包，它被依次分解成更小的工作包，整个项目是所有更小工作包的总和。这种层次结构有助于在项目生命周期内对组织中所有层级的成本、时间和技术性能进行评估。WBS 还向管理层提供适合各个层次的信息。例如，高层管理人员主要处理主要的可交付成果，而一线主管处理较小的次级可交付成果和工作包。

WBS 中的每一分解项都需要进行时间和成本估算。有了这些信息，就可以对项目进行计划、进度安排和预算。WBS 还可以作为跟踪成本和工作绩效的框架。

随着 WBS 的开发，组织单位和个人被分配了执行工作包的责任。这就将工作任务和组织结合起来了。在实践中，这个过程有时被称为组织分解结构，这个内容将在本章后面进一步讨论。

WBS 的使用提供了将较小工作包的预算和实际成本“汇总”成较大工作要素的机会，这样就可以通过组织单位和工作成就来衡量绩效。

WBS 还可以用来定义沟通渠道，帮助理解和协调项目的许多部分。该结构显示了承担工作和负责的组织单位，并指明了书面沟通应该传递给谁。由于这种结构将工作和责任结合在一起，因此问题可以很快得到解决和协调。

4.3.3　开发 WBS 的示例

图 4.4 展示了一个用来开发新平板电脑原型机的简化的 WBS。在图的顶端（第 1 层）是项目的最终成果——E-Slim 平板电脑 x-13 原型机。第 1 层以下的子可交付成果（第 2～5 层）表示对工作的进一步分解。结构的层级还可以代表不同管理层级的信息。例如，层级 1 的信息代表整个项目目标，对高层管理人员有用。层级 2、3 和 4 适用于中层管理人员，层级 5 适用于一线管理人员。

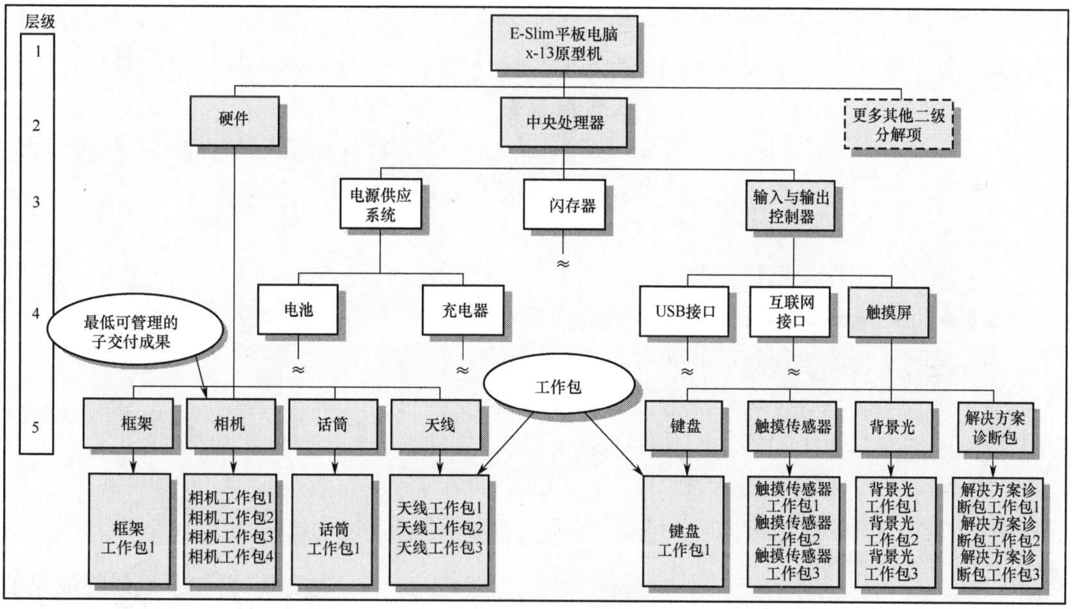

图 4.4　工作分解结构示例

在图 4.4 中，层级 2 表示有两个主要的可交付产品：硬件和中央处理器（Central Processing Unit，CPU）。（可能还有其他主要的可交付成果，比如软件，但是为了便于说明，我们将重点限制在两个主要的可交付成果上。）在第 3 层级，CPU 进一步分解成 3 个可交付成果：电源供应系统、闪存器和输入与输出控制器。输入与输出控制器在第 4 层级上又分解为 USB 接口、互联网接口和触摸屏三个子可交付成果。USB 接口和互联网接口的许多子可交付成果尚未分解。触摸屏已经被分解到了第5层级，即工作包层级。

注意，第2层级的硬件，跳过层级3和层级4，因为最后子可交付成果可以下推到最低可控的第5层级。跳过层级3和层级4，表示基本不用协调，熟练的团队成员已经熟悉这个工作需要完成的第5层级的子可交付成果。例如，硬件在第5层级有4个子可交付成果：框架、相机、话筒和天线。每个可交付成果包括由指定的组织单元完成的工作包。注意到相机的子可交付成果包括四个工作包：相机工作包1、2、3和4。背景光是触摸屏的一个子可交付成果，包括三个工作包：背景光工作包1、2和3。

WBS的最低层级称为工作包。工作包是短时间的任务，它有一个确定的起点和终点，消耗资源，并可表示成本。每个工作包都是一个控制点。工作包经理负责确保工作包在预算范围内并根据技术规范要求按时完成。实践经验建议一个工作包不应超过10个工作日或一个报告期。如果一个工作包的持续时间超过10天，那么应该在持续时间内建立检查或监测点（比如，每3～5天检查一次），这样就可以在太多的时间过去之前掌握进展和问题。WBS的每个工作包应该尽可能地独立于项目的其他工作包。没有一个工作包是在WBS的多个可交付成果中描述的。

从开始到完成，在最后的工作分解子可交付成果和工作包之间有一个重要的区别。典型的工作分解子可交付成果包括来自可能两个或三个部门的一个以上工作包的结果。因此，子可交付成果没有自己的持续时间，也不消耗资源或直接花费金钱。[当然，在某种意义上，特定工作分解要素的持续时间可以从确定哪个工作包必须首先（最早）开始和哪个工作包将是最后完成推导出来；从开始到完成的差值成为完成子可交付成果的持续时间。] 较高的要素用于识别项目中不同阶段的可交付成果，并在项目生命周期的执行阶段生成状态报告。因此，工作包是用于项目计划、进度安排和控制的基础单元。

总之，每个工作包都在WBS中：

（1）定义了工作（做什么）。

（2）确定了完成一个工作包的时间（多长时间）。

（3）确定了完成工作包的时间阶段预算（成本）。

（4）确定了完成一个工作包所需的资源（多少）。

（5）确定了负责工作单元的具体人员（谁）。

（6）确定了用于测量进度的监控点（效果如何）。

从头创建WBS可能是一项艰巨的任务。项目经理应该利用以前项目中的相关例子来开始这个过程。

WBS是团队努力的产物。如果项目很小，整个项目团队可能参与到将项目分解成各个组成部分的工作中。对于大型、复杂的项目，负责主要可交付成果的人员很可能通过开会来建立可交付成果的前两个层级。反过来，进一步的细节将被委派给负责具体工作的人。项目支持人员将收集并集成这些信息到正式的WBS中。最终的版本将由项目团队的内部逐级审查。还要咨询主要的利益相关者（尤其是客户），以确认对WBS最终版本达成一致，并在适当时进行修改。

第一次进行WBS开发的项目团队经常忘记结构应该是以最终成果产出为导向的。第一次尝试通常会产生一个遵循组织结构的 WBS——设计、营销、生产、财务。如果 WBS 遵循组织结构，那么关注的重点将是组织职能和过程，而不是项目输出或可交付成果。此外，以过程为重点的 WBS 将成为一种按职能记录成本的会计工具，而不是一种“输出”管理工具。应该尽一切努力开发一个以产出为导向的 WBS，以便集中精力于具体的可交付成果。参见生活快照 4.3。

生活快照 4.3：创建 WBS

图 4.4 代表了经典的 WBS，在该 WBS 中，项目被分解为最低可管理的交付成果和后续的工作包。许多情况不需要这种程度的细分。这回避了应该把工作分解到什么程度的问题。这个问题没有固定的答案。然而，以下是项目经理给出的一些建议：

一直往下分解，直到你能够为你的目的做足够准确的估算。如果你正在做一个大致的估算，看看这个项目是否值得认真考虑，你可能不需要把它分解成主要的可交付成果。另外，如果你正在为项目定价以提交竞争性标书，那么你很可能需要向下分解到工作包层级。

WBS 应该与你的工作安排相一致。例如，如果任务是以天为单位分配的，那么任务就应该尽可能地被限制在一天或几天的时间内完成。

相反，如果小时是工作安排的最小单位，那么工作可以被分解为以一个小时为增量单位。

最终活动应该有明确定义的开始/结束事件。避免像“调查”或“市场分析”这样开放式的任务。要把它分解到下一个层级，在这个层级中，可交付成果/结果的定义更加清晰。不用市场分析结束，可用诸如“确定市场份额”、“列出用户需求”或“编写问题陈述”这样的分解项。

如果责任和控制是重要的，那么就要把工作分解到单个人可清楚地对工作负责的程度。例如，不要停留在产品设计上，把它往下分解一个层级，确定具体的设计工作（例如，电气图纸设计或电源设计），由不同的个人负责完成。

底线是 WBS 应该提供成功管理特定项目所需的详细层级。

4.4　步骤 4：与组织结构相匹配的 WBS 层次结构设计

> 4-5：演示组织分解结构如何建立对组织单元的问责制。

WBS 用于连接负责执行工作的组织单位。在实践中，这个过程的结果是组织分解结构。OBS 描述了公司如何组织项目工作和履行工作责任。OBS 的目的是提供一个框架来汇总组织单元的工作绩效，识别负责工作包的组织单元，并将组织单元与成本控制账户绑定。回想一下，成本账户将相似的工作包分组（通常在一个部门的权限之下）。OBS 以分层模式在越来越小的单元中定义组织的子可交付成果。通常可以使用传统的组织结构。即使项目完全由一个团队执行，也有必要分解团队结构，以分配预算、时间和技术性能的责任。

就像在 WBS 中一样，OBS 将成本账户内工作包的责任分配给最低的组织单元。这是使用 WBS 和 OBS 的一个主要优点。它们可以被集成如图 4.5 所示的样子。工作包和组织单元的交叉点创建了集成工作和责任的项目控制点（成本账户）。例如，在第 5 层级，触摸传感器有三个工作包，被分配给设计部、质检部和产品部。WBS 和 OBS 的交叉点代表了完成位于其上方的紧靠子可交付成果所需的所有工作包，以及左边负责完成交叉点工作包的组织单元。请注意，设计部门负责涉及硬件和触摸屏两个可交付成果的五个不同的工作包。

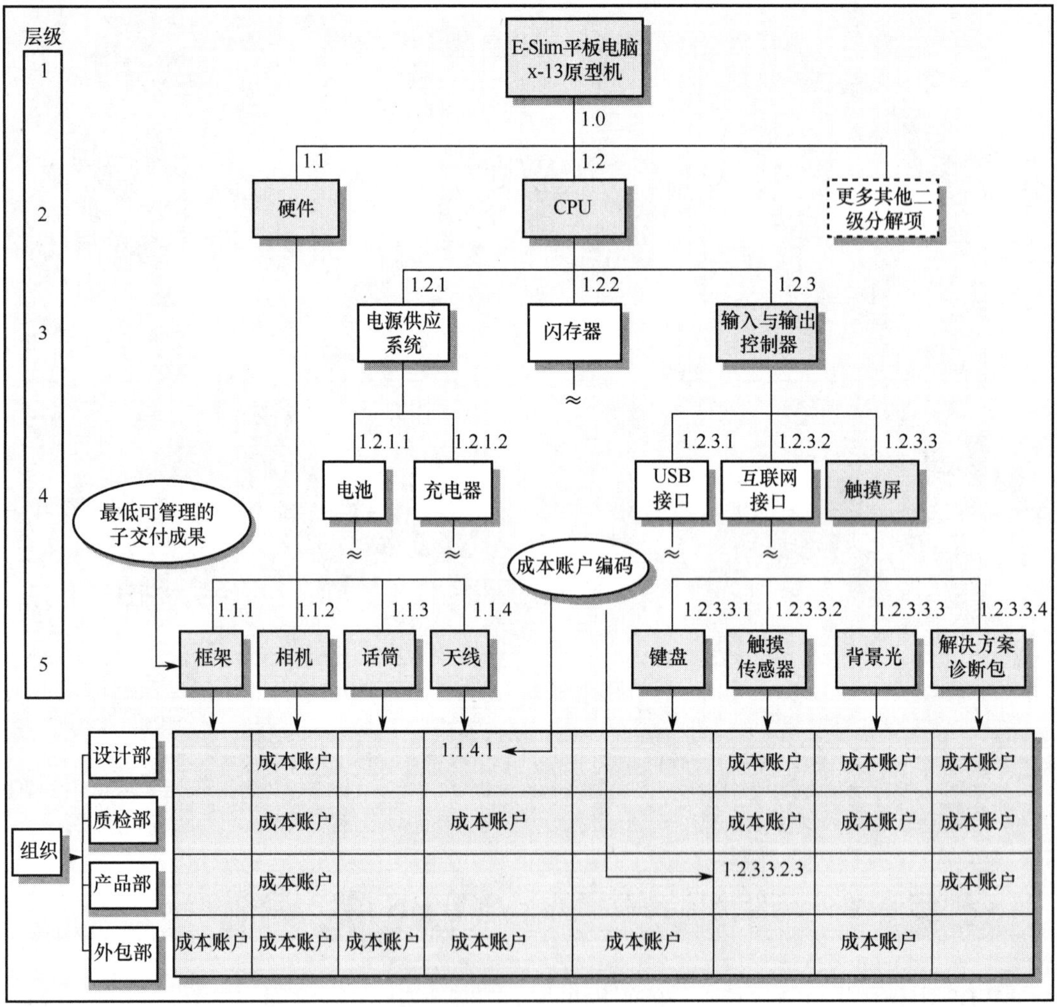

图 4.5　WBS 和 OBS 集成图

之后我们将使用交叉点作为项目管理控制的成本账户。例如，相机要素要求完成的主要职责包括设计、质检、生产等。控制可以从两个方向检查：结果和责任。在项目的执行阶段，进展情况可以根据可交付成果（客户的利益）纵向跟踪，并根据组织责任（所有者的利益）横向跟踪。

4.5 步骤 5：符合组织信息管理系统的 WBS 编码设计

获得分解结构的最大用处取决于编码系统。这些代码用于定义 WBS 中的层级和要素、组织单元、工作包及预算和成本信息。这些代码允许在结构的任何层级上合并报告。在实践中最常用的方案是数字缩进。E-Slim 平板电脑 x-13 原型机项目的部分 WBS 编码示例如图 4.6 所示。

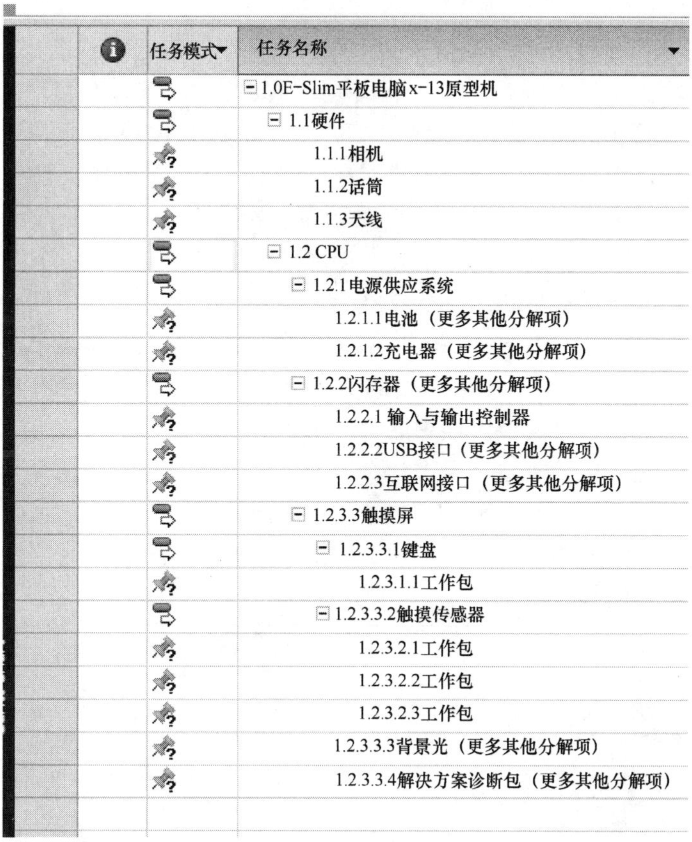
任务模式
任务名称
1.0E-Slim平板电脑x-13原型机
1.1硬件
1.1.1相机
1.1.2话筒
1.1.3天线
1.2 CPU
1.2.1电源供应系统
1.2.1.1电池（更多其他分解项）
1.2.1.2充电器（更多其他分解项）
1.2.2闪存器（更多其他分解项）
1.2.2.1 输入与输出控制器
1.2.2.2USB接口（更多其他分解项）
1.2.2.3互联网接口（更多其他分解项）
1.2.3.3触摸屏
1.2.3.3.1键盘
1.2.3.1.1工作包
1.2.3.3.2触摸传感器
1.2.3.2.1工作包
1.2.3.2.2工作包
1.2.3.2.3工作包
1.2.3.3.3背景光（更多其他分解项）
1.2.3.3.4解决方案诊断包（更多其他分解项）

图 4.6　部分 WBS 编码示例

注意，项目标识码是 1.0。每个连续的缩进表示一个较低的要素或工作包。最终，数字方案向下延伸到工作包层级，结构中的所有任务和要素都有一个标识码。“成本账户”是交叉点，因为所有的预算、工作分配、时间、成本和技术性能都在这一点上。

这个编码系统可以扩展到大型项目。可以为特殊报告添加额外的方案。例如，在代码之后添加一个“23”可以表示一个场所的位置、一个海拔高度或者一个特殊的账户，比如劳动力。有些字母可以用特殊的标识符，如“M”表示材料，“E”表示工程师。

不局限于只有 10 个细分（0～9），你可以扩展每个细分到较大的数字。比如，1～99 或 1～9999。如果项目很小，可以使用整数。下面的例子来自一个大型、复杂的项目：

3R−237A−P2−33.6

其中3R标识设施，237A代表海拔和面积，P2代表2英寸宽的管道，33.6代表工作包编号。在实践中，大多数组织创造性地将字母和数字组合在一起，以最小化WBS编码的长度。

在较大的项目中，WBS进一步得到了WBS字典的支持，它提供了WBS中每个要素的详细信息。字典通常包括工作包层级（代码）、名称和功能描述。在某些情况下，描述被规格所支持。详细描述的可用性有一个额外的好处，即抑制范围蔓延。

4.6 过程分解结构

> 4-6：描述过程分解结构及何时使用它。

WBS最适合设计和建造具有实际成果的项目，如制造海上采矿设施或新汽车原型。项目可以被分解，或分解成主要的可交付成果、子可交付成果、进一步的子可交付成果，以及最终的工作包。将WBS应用于不那么有形的、面向过程的项目则更加困难，在这些项目中，最终结果是一系列步骤或阶段的产物。在这里，最大的区别是项目随着时间的推移而发展，每个阶段都会影响下一个阶段。信息系统项目通常属于这一类。例如，创建一个外联网网站或一个内部软件数据库系统。过程性项目由性能需求驱动，而不是由计划/蓝图驱动。对此类项目，一些从业者选择使用过程分解结构（Process Breakdown Structure，PBS）而不是经典的WBS。

图4.7提供了一个用于软件开发项目的PBS示例。项目不是围绕可交付成果组织的，而是围绕阶段组织的。五个主要阶段中的每一个都可以分解为更具体的活动，直到足够的细节层级，以便沟通完成该阶段需要做什么。可以将人员分配到特定的活动中，并创建一个补充的OBS，就像对WBS所做的那样。可交付成果不是被忽略的，而是被定义为进入下一阶段所需的输出。软件行业经常将PBS称为“瀑布方法”，因为项目进程在每个阶段都是像瀑布向下流动的①。

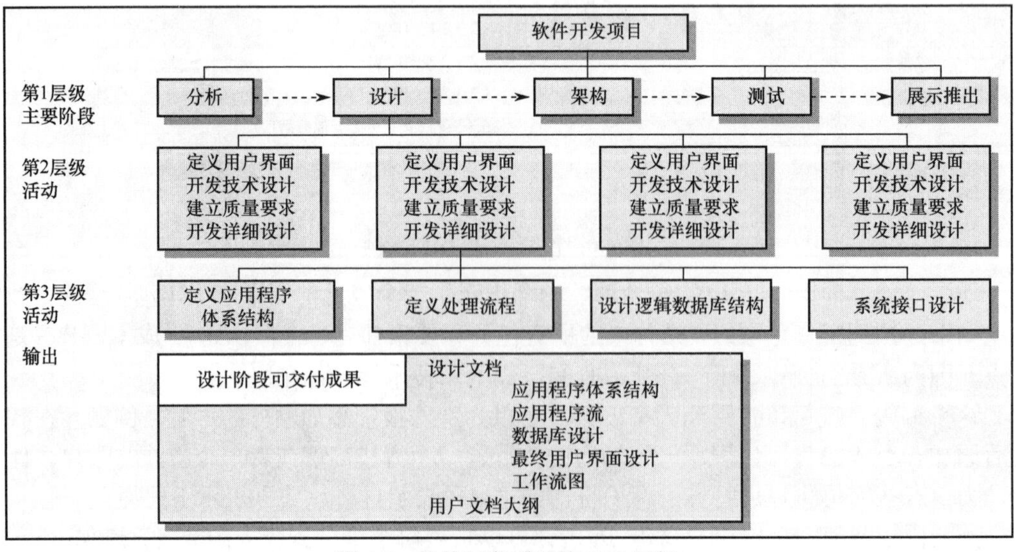

图4.7　软件开发项目的PBS示例

① 软件开发瀑布方法的局限性导致了敏捷项目管理方法的出现，这是第15章的主题。

包含阶段退出需求的检核表是用来管理项目进度的。这些检核表提供了支持阶段演练和检查的方法。检查表因项目和活动的不同而不同，但通常包括以下细节：

- 需要的可交付成果达到了退出一个阶段并开始一个新阶段。
- 质量检查点确保可交付成果是完整和准确的。
- 所有负责的利益相关者签字，表明该阶段已成功完成，项目应进入下一阶段。

只要确定了退出需求，并且每个阶段的可交付成果都得到了很好的定义，PBS 就为涉及大量开发工作的项目提供了一个适合的替代标准 WBS 的方案。

4.7 责任矩阵

4-7：为小项目创建责任矩阵。

在许多情况下，项目的规模和范围并不能保证有一个详尽的 WBS 或 OBS。小型项目的项目经理和任务小组负责人广泛使用的一个工具是责任矩阵（Responsibility Matrix，RM）。RM（有时也称为线性责任图）归纳了项目中需要完成的任务及谁负责什么。在最简单的形式中，RM 由一个图表组成，其中列出了所有项目活动及负责每个活动的参与者。例如，图 4.8 展示了一个市场调查研究项目的 RM。在这个矩阵中，R 用于识别委员会成员，他负责协调分配到任务中的其他团队成员的工作并确保任务完成。S 用于识别五人团队中支持和/或协助相关负责人的成员。像这样的简单 RM 不仅对组织和分配小型项目的职责很有用，而且对大型、更复杂项目的子项目也很有用。

	项目团队成员				
任务	理查德	丹	戴夫	琳达	伊丽莎白
确定目标客户	R	S		S	
开发试调查问卷	R	S	S		
测试问卷		R		S	
完善问卷	R	S	S	S	
打印问卷					R
准备邮寄标签					R
邮寄调查问卷					R
接收和监控回收的问卷				R	S
输入问卷反馈的数据			R		
分析结果		R	S	S	
准备报告草稿	S	R	S	S	
准备最终报告	R		S		

R=负责
S=支持/协助

图 4.8 市场调研项目的责任矩阵

更复杂的 RM 不仅确定了个人的职责，而且阐明了需要协调的单位和个人之间的关键接口。例如，图 4.9 是一个更大、更复杂项目的 RM，这个项目要开发一种新的自动化设备。请注意，在每个单元中使用一个数字编码方案来定义特定任务的参与性质。这种 RM 扩展了 WBS/ OBS，为描述责任、权力和沟通渠道提供了清晰而简洁的方法。

责任矩阵为项目中的所有参与者提供了一种查看他们的责任并就他们的任务达成一致的方法。它还有助于澄清每个参与者在执行两方或多方重叠参与的活动时所行使的权力的大小或类型。通过使用 RM，并在其框架内定义权力、责任和沟通，明确了不同组织单位与项目工作内容之间的关系。

	组织							
可交付成果	设计部	开发部	文档室	组装车间	测试车间	采购部	质量保证部	制造厂
架构设计	1	2			2		3	3
硬件规格	2	1				2	3	
内核的规范	1	3						3
实用程序规范	2	1			3			
硬件设计	1			3		3		3
磁盘驱动程序	3	1	2					
内存管理	1	3			3			
操作系统文件	2	2	1					3
原型	5		4	1	3	3	3	4
综合验收测试	5	2	2		1		5	5

1 负责
2 支持
3 咨询
4 通知
5 批准

图 4.9　传送带项目的责任矩阵

4.8 项目沟通计划

一旦清楚地确定了项目的可交付成果和工作，创建一个内部沟通计划是至关重要的。关于沟通不善是导致项目失败的主要因素的例子比比皆是。拥有一个清晰的沟通计划可以在很大程度上缓解项目问题，并可以确保客户、团队成员和其他利益相关者有足够信息来完成他们的工作。

4-8：为项目制订沟通计划。

沟通计划通常由项目经理和/或项目团队在项目规划的早期阶段制订。沟通是协调和跟踪项目进度、问题和行动事项的关键组成部分。该计划将信息流发送到不同的利益相关者，并成为整个项目计划的一个组成部分。项目沟通计划的目的是表达什么、谁、如何及何时将信息传递给项目利益相关者，以便跟踪进度计划、问题状态和行动措施。

项目沟通计划解决以下核心问题：

- 需要收集什么信息，何时收集？
- 谁将收到这些信息？
- 将使用什么方法收集和存储信息？
- 谁有权访问某些类型的信息，如果有限制的话，限制是什么？
- 何时进行信息交流？
- 怎样发送信息？

制订一个沟通计划，回答以上问题通常需要以下基本步骤：

（1）利益相关者分析。确定目标群体。典型的目标群体可能是客户、发起人、项目团队、项目办公室，或者任何需要项目信息来做决定和/或对项目进展做出贡献的人。图 4.10 展示了一种在实践中发现的用于初步识别和分析主要项目利益相关者沟通需求的通用工具。项目利益相关者的利益和权力怎样影响沟通和沟通的内容？其中一些利益相关者可能有能力阻碍或增强你的项目。通过识别利益相关者并在“权力/利益”图谱上确定他们的优

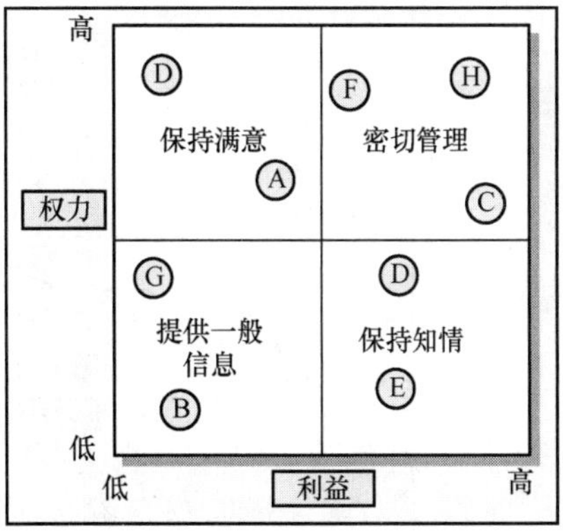

图 4.10　利益相关者沟通图

先级，你可以计划所需沟通的类型和频率。（关于利益相关者的更多内容将在第 10 章中讨论。）例如，在一个典型的项目中，你要密切管理正在工作的专业人员，同时你还要通过定期更新信息来满足高层管理人员和项目发起人的要求。也应该保持与对权力感兴趣的工会和运营经理的更多沟通，而你只需向法务部、公共关系部和其他部门提供一般信息。

（2）信息需求。哪些信息与对项目进展做出贡献的利益相关者有关？这个问题最简单的答案可以通过询问不同的人来获得，问问他们需要什么信息及他们什么时候需要它。例如，高层管理人员需要知道项目是如何进展的，是否遇到了关键问题，以及项目目标实现的程度。这些信息是必需的，以便他们能够做出战略决策并管理项目组合。项目团队成员需要查看进度计划、任务列表、规范等，以便他们知道下一步需要做什么。外部小组需要知道他们所提供的组件的进度安排和性能需求是否变化。在沟通计划中经常发现的信息需求有：

- 项目状态报告。
- 可交付成果的问题。
- 范围变化情况。
- 团队状态分析会。
- 门径决策。
- 接受的请求变更。
- 措施内容。
- 里程碑报告。

（3）信息来源。当确定了信息需求后，下一步就是确定信息源。也就是说，信息现在哪里？如何收集？例如，与里程碑报告、团队会议和项目状态会议相关的信息可以在各个小组的记录和报告中找到。

（4）传播模式。在当今世界，传统的状态报告会议传播信息的方式正被电子邮件、电话会议、网络平台和各种数据库共享程序所替代。特别是，许多公司正在使用 Web 创建一个“虚拟的项目办公室”来存储项目信息。项目管理软件直接向网站提供信息，以便不同的人能够立即获得相关项目信息。在某些情况下，适当的信息会自动路由到关键利益相关者。对于许多项目变更和行动措施来说，备份纸质副本给特定的利益相关者仍然是至关重要的。

（5）责任和时机。确定谁将发送信息。例如，一种常见的做法是让会议秘书将会议记录或特定信息转发给适当的利益相关者。在某些情况下，责任在项目经理或项目办公室，其需要建立适合这些信息分发的时间和频率。

建立沟通计划的好处是，可以主动控制信息流，而不是被动回应信息沟通的请求。这就减少了混乱和不必要的干扰，并且可以为项目经理提供更大的自主权。为什么？通过定期汇报事情的进展和正在发生的事情，可以让高级管理层更放心地让团队在不受干扰的情况下完成项目。如图 4.11 所示页岩油研究项目沟通计划示例。

什么信息	目标受众	何时?	沟通方法	提供者
里程碑报告	高层管理人员和项目经理	半月	电子邮件和备份	项目办公室
项目状态报告和议程	员工和客户	每周	电子邮件和备份	项目经理
团队状态报告	项目经理和项目办公室	每周	电子邮件	团队记录员
问题报告	员工和客户	每周	电子邮件	团队记录员
问题升级报告	员工和客户	需要的时候	会议和备份	项目经理
外包绩效	员工和客户	半月	会议	项目经理
接受的变更请求	项目办公室、高管、客户、员工和项目经理	任何时候	电子邮件和备份	设计部
监督门径决定	高层管理人员和项目经理	按要求	电子邮件会议报告	监督小组或项目办公室

图 4.11　页岩油研究项目沟通计划示例

为沟通重要的项目信息而预先制订计划的重要性再怎么强调也不为过。许多困扰项目的问题都可以追溯到没有足够的时间来制订一个良好的内部沟通计划。

本章小结

项目范围定义、优先级和工作分解结构是管理项目每个方面的关键。范围定义为项目的最终事项提供了重要聚焦点。建立项目优先级允许管理者做出适当的权衡决定。WBS 结构有助于确定项目的所有任务，并提供项目的两种视图——一种是可交付成果，另一种是组织职责。WBS 避免了项目由组织职能驱动或财务系统驱动。这种 WBS 迫使我们关注人员、硬件和预算的实际需求。WBS 的使用为项目控制提供了一个强大的框架，可以识别与计划的偏差，确认职责，并找出改进绩效的领域。没有规范的、结构化的方法，就不可能有完善的项目计划或控制系统。WBS、OBS 和成本账户代码提供了这种规范。WBS 作为开发项目网络图的数据库，确定工作时间、人员、设备和成本。

PBS 通常用于无法定义可交付成果的基于过程的项目。在小型项目中，责任矩阵可用来明确个人的职责。

清晰地定义项目是计划的第一步，也是最重要的一步。缺乏清晰定义的项目计划始终是项目失败的主要原因。使用 WBS、PBS 还是责任矩阵主要取决于项目的大小和性质。无论使用何种方法，项目定义都应该充分考虑到在项目实施过程中如何良好地控制项目。为协调和跟踪项目进展制订一个清晰的沟通计划将有助于你保持重要利益相关者对项目的及时了解，并避免一些潜在的问题。

关键术语

Acceptance Criteria 接收标准

Cost Account 成本账户

Gold Plating 镀金

Milestone 里程碑

Organization Breakdown Structure（OBS）组织分解结构
Priority Matrix 优先级矩阵
Process Breakdown Structure（PBS）过程分解结构
Product Scope Description 产品范围描述
Project Charter 项目章程
Responsibility Matrix 责任矩阵
Scope Creep 范围蔓延
Scope Statement 范围说明书
WBS DictionaryWBS 字典
Work Breakdown Structure（WBS）工作分解结构
Work Package 工作包

复习题

1. 一个典型的范围说明书有哪八个要素？
2. 项目目标回答了什么问题？一个好的项目目标的例子是什么？
3. 如果一个项目的优先级包括时间限制、范围接受和成本增加，这意味着什么？
4. 工作包中包含哪些类型的信息？
5. 什么时候应该创建一个责任矩阵而不是一个全面的 WBS？
6. 沟通计划如何有利于项目管理？

生活快照讨论题

4.1 大贝塔 ERC II 高尔夫球棒与美国高尔夫协会恢复系数的要求

1. 赫尔姆斯泰特的公司愿景与 USGA 的规则有何冲突？
2. 怎样才能避免这个错误呢？

4.3 创建 WBS

为什么最后的活动不是开放式的很重要？

练习题

1. 你负责为当地一家慈善机构组织一场舞蹈音乐会晚宴。你已经预订了一个能容纳 30 对夫妇的大厅，还请了一个爵士乐组合。

a. 制定一份包含所有要素示例的项目范围说明书。假设舞蹈音乐会将在四周内举办，提供你对里程碑日期的最佳估算。

b. 这个项目的优先级可能是什么？

2. 在小组中，确定适合以下每一个优先级场景的真实生活的项目实例：

a. 时间限制，范围增强，成本接受。

b. 时间接受，范围限制，成本接受。

c. 时间限制，范围接受，成本增强。

3．为你制造自行车的项目制定一个 WBS。尝试识别所有的主要零部件并提供三个层次的细节。

4．你是一个四口之家（13 岁和 15 岁的孩子）的父亲或母亲，计划周末露营旅行。在开始旅行之前，为需要完成的工作制定一个责任矩阵。

5．为当地的舞台剧编制一个 WBS。确保识别了所有可交付成果和负责的组织单位（人员）。你将如何编码你的系统？在你的成本账户中给出一个工作包的例子。制定相应的组织分解结构，确定谁负责什么。

6．举一个你熟悉或感兴趣的项目例子，确定可交付成果和负责的组织单位（人员）。你将如何编码你的系统？在你的成本账户中给出一个工作包的例子。

7．为机场安全项目制订沟通计划。该项目需要安装硬件和软件系统：①扫描乘客的眼睛；②采集乘客的指纹；③将信息传输到中央处理器进行评估。

8．使用互联网搜索引擎（如谷歌），输入“项目沟通计划”，查找三四个以“.gov”作为来源的结果。它们有何相似或不同之处？关于内部沟通计划的重要性，你的结论是什么？

9．你的室友即将提交一份由西部长青州立大学（WESU）娱乐委员会主办的春季音乐会的范围说明书。WESU 是一所寄宿制大学，有超过 22 000 名学生。这将是六年来首次由 WESU 赞助的春季音乐会。娱乐委员会给这个项目的预算是 40 000 美元。音乐会将在 6 月 5 日举办。由于你的室友知道你在上项目管理的课程，她要求你评审她的范围说明书，并提出改进建议。她认为这场音乐会是一次积累履历的经历，想要尽可能地体现自己的专业水平。以下是她范围说明书的草稿。你会提出什么建议，为什么？

WESU 春季音乐会

项目目标

组织并举办一场 6 小时的音乐会。

产品范围描述

老少皆宜的户外摇滚音乐会。

项目合理性

为 WESU 社区提供娱乐活动，并提高 WESU 作为目标大学的声誉。

可交付成果清单

- 音乐会安全保障。
- 联系当地报纸和广播电台。
- 单独的啤酒花园。
- 6 小时的音乐娱乐节目。
- 设计一件纪念音乐会的 T 恤。
- 本地赞助商。
- 食品场所安排。
- 音乐会保险。
- 安全的环境。

里程碑

1. 确保所有许可和批准。
2. 签约大牌艺术家。
3. 联系次要的艺术家。
4. 确保供应商的合同。
5. 广告宣传活动。
6. 安排节目单。
7. 音乐会召开。
8. 现场清理。

技术要求

1. 专业音响舞台及系统。
2. 至少五场表演。
3. 卫生间设施。
4. 停车场。
5. 遵守 WESU 和城市的要求和条例。

限制和免责条款

- 可容纳 8 000 名学生。
- 表演者负责安排进出 WESU 的行程。
- 表演者必须提供自己的责任保险。
- 演出当天为表演者和安保人员提供午餐和晚餐。
- 供应商将 25%的销售额捐赠给音乐会。
- 音乐会必须在上午 12:15 结束。

客户评审：WESU

案例 4.1：5 000 米跑彩色庆典活动

布兰登（Brandon）正在和他的女朋友西拉（Sierra）喝啤酒，这时他谈起了欧米伽西塔派(Omega Theta Pi)5 000 米跑步这个项目。布兰登当选了他们大学生兄弟会的 5 000 米慈善跑的主席。当时，布兰登认为这份荣誉在他的简历上看起来不错，也不会太难做到。这次是欧米伽西塔派组织的第一次跑步活动。以前，Delta Tau Chi 一直组织春跑活动。然而，Delta Tau Chi 在一场被高度曝光的欺辱丑闻后解散了。

欧米伽西塔派的布兰登和他的兄弟们认为，组织一次 5 000 米跑步会比他们为当地社区提供的常规春季清洁服务更有趣，更有利可图。在讨论实施方案的早期，每个人都认为与女生联谊会合作是一种优势。她们不仅会帮助管理活动，而且会提供有用的联络方式来招募赞助商和参与者。布兰登向在 Delta Nu 的姐妹们提出了筹集资金的想法，她们同意共同管理这项活动。奥利维亚·波默洛（Olivia Pomerleau）是志愿者，被 Delta Nu 任命为联合主席。

布兰登告诉西拉，昨天晚上任务团队召开了第一次会议，每个参与的社团各派了五名成员参加会议。奥利维亚和布兰登试图在会前见面，但因日程安排冲突而失败。会议开始时，与会者介绍了自己，并讲述了他们在慈善跑步活动方面的经验。只有一个人没有参加过以前的赛事，但除自愿充当十字路口的标志外，也没有人参与过赛事的管理工作。

奥利维亚接着说，她认为他们应该决定的第一件事是5 000米赛跑的主题。布兰登对此并没有想太多，但每个人都同意比赛必须有一个主题。人们开始根据他们所知道的其他活动提出主题建议和想法。当大家正在为选择什么主题为难的时候，奥利维亚说："你们知道三月的最后一个星期五是满月吗？在印度，胡里节（Holi），一种颜色的庆祝活动，发生在三月的最后一个满月。也许你看过这些照片，但这是人们疯狂地向彼此投掷染料和彩色水球的地方。我查了一下，胡里节象征着正义战胜邪恶，春天的到来和冬天的结束。这一天，是个约会、玩耍、欢笑、原谅和遗忘的日子。我觉得如果我们把5 000米跑当作胡里节就好了。在比赛的不同通过路段，我们会让人们在参赛者身上涂上染料。比赛将以一场巨大的水球大战结束。我们甚至可以看看常绿餐馆（Evergreen，当地的印度餐馆）能否承办这次活动！"

布兰登和其他男孩面面相觑，而女孩们立即表示支持。奥利维亚播放了一段在YouTube上的视频，那是去年加拿大一所大学举办的类似活动，该活动有700多名参与者，筹集了超过1.4万美元的善款。

一旦主题确定了，讨论就变成了各种想法和建议的畅所欲言。一位会员说，她可能认识一位艺术家，可以为该活动制作非常漂亮的T恤。其他人想知道从哪里得到染料，它是否安全。另一位同学则谈到了网站的重要性，以及创建一个注册数字账户的重要性。另一些人开始争论，跑步是应该在校园里进行，还是应该在小小的大学城的街道上进行。一个接一个的学生因为其他的事情请假离开。最后只剩下几个成员，布兰登和奥利维亚结束了会议。

布兰登喝了一口印度淡啤，西拉从背包里拿出一本书。"听起来你需要做的是为你的项目创建一个我的项目管理课程教授所说的WBS。"她指着项目管理教科书中显示WBS的一页说。

1. 为5 000米跑颜色庆典项目列出主要的可交付成果，并使用它们来开发项目工作分解结构的草案，其中包括至少三个层次的细节。

2. 开发WBS将如何缓解第一次会议期间发生的一些问题，并帮助布兰登组织和计划项目？

案例4.2：住宅装修改造工程

卢卡斯·纳尔逊（Lucas Nelson）和他的妻子安妮（Anne），以及他们的三个女儿已经在这所房子里住了五年多了，现在他们决定做一些适度的装修改造。他们都同意需要升级改造的一个地方是浴缸。他们现在的房子有一个标准的淋浴和浴缸组合的浴室。卢卡斯身高6英尺4英寸，几乎挤不进去。事实上，自从他们搬进来，他仅仅泡过一次澡。他和安妮都怀念住在东部时泡在老式深浴缸里的幸福时光。

幸运的是，建造这所房子的前房东在地下室一间大健身房的角落里预留了可安装浴缸的热水管。他们联系了一位值得信赖的装修承包商。承包商向他们保证，安装一个新浴缸相对容易，成本不会超过 1 500 美元。他们决定继续进行这项工程。

首先，纳尔逊一家去当地的管道零售商处挑选了一个浴缸。他们很快意识到，再花几百美元就能买到一个带喷水装置的大浴缸（按摩浴缸）。一个按摩浴缸似乎是一种奢侈品，但随着年龄的增长，值得多花一点钱。

最初的计划是使用浴缸附带的简单塑料框架安装浴缸，并在浴缸周围安装一圈塑料挡水板。安妮一看到房间里的浴盆、镜框和挡水板，就犹豫了。她不喜欢健身室里雪松贴膜板的样子。经过一番激烈的辩论，安妮最终胜出，纳尔逊夫妇同意支付额外费用，为浴缸建一个纯雪松木框架，并使用迷人的瓷砖挡水，而不是塑料挡水板。卢卡斯解释说，当他们试图卖掉房子的时候，这些改装会为他们带来回报。

下一个麻烦出现在解决地板问题的时候。健身房铺着地毯，从浴缸里出来时会把地毯弄湿。最初的想法是在浴缸附近的干燥和更衣区安装相对便宜的复合地板。然而，纳尔逊夫妇无法就使用的图案达成一致。安妮的一个朋友说，在这么好的房间里铺这么便宜的复合地板太丢脸了。她觉得他们应该考虑用瓷砖。承包商同意了，说他认识一个瓷砖安装工，他愿意给他们一个好价钱。

卢卡斯不情愿地同意了复合材料的选择不适合健身房的风格和质量。不像关于复合地板的争论，安妮和卢卡斯立刻喜欢上了与浴缸周围使用的瓷砖相匹配的瓷砖图案。为了不延误装修工程，他们同意支付铺设瓷砖的费用。

当浴缸安装好，浴缸框架接近完成时，安妮意识到必须对照明做点什么。她最喜欢做的事情之一就是泡在浴缸里看书。现有的灯光无法提供足够的照明。卢卡斯知道这是“没有商量余地的”，于是他们雇了一名电工在浴缸上方安装额外的照明设备。

在安装照明设备和铺设瓷砖的过程中，另一个问题出现了。最初的计划是只铺健身房的地砖，其余的地方用剩余的地毯去铺盖。纳尔逊夫妇对瓷砖的外观和与整个房间的搭配非常满意。然而，它与隔壁浴室的复合地板发生了冲突。卢卡斯同意安妮的观点，认为它确实让隔壁的浴室看起来又便宜又难看。但他还是觉得浴室太小了，不值得再花太多的钱。

一周后工作完成了。卢卡斯和安妮对一切的结果都很满意。这比他们计划的要贵得多，但他们打算一直在此住到女儿们大学毕业，所以他们觉得这是一项很好的长期投资。

安妮第一个使用了浴缸，接着是他们的三个女儿。每个人都喜欢按摩浴缸。晚上 10 点，卢卡斯开始第一次放洗澡水。一开始，水冒着热气，但等他进去的时候，水已经是温的了。卢卡斯抱怨道：“花了那么多钱，我还是不能享受洗澡。”

在纳尔逊夫妇找出解决热水问题的办法之前，他们决定在几个星期内尽量少用浴室。他们请了一位信誉良好的供暖承包商来评估情况。承包商报告说，这个热水箱不够一个五口之家使用。这一点以前从未被发现过，因为在过去很少洗澡。承包商说，将现有的热水箱更换为满足他们需求的更大的热水箱将花费 2 200 美元。供暖承包商还说，如果他们想做得更正确的话，应该用一个更节能的炉子取代现有的炉子。新火炉不仅能给房子供暖，还能间接地给水箱供热。这样的一个炉子将花费 7 500 美元，但随着效率的提高和天然气账单的节省，这个炉子将在 10 年内收回成本。此外，纳尔逊一家可能因为更节能的炉子而获得税收减免。

三周后，新火炉安装好后，卢卡斯坐进新浴缸里。他看了看房间里已经发生的所有变化，自言自语道："想想看，我只想泡个舒服的热水澡。"

1. 在这种情况下，是什么因素和力量导致了范围蔓延？
2. 这是一个好的还是坏的范围蔓延的例子？解释一下。
3. 纳尔逊夫妇怎么能更好地管理范围蔓延呢？

第5章

估算项目时间和成本

Estimating Project Times and Costs

本章学习目标

通过学习本章内容，你应该能够：

5-1 了解项目时间和成本估算是项目计划和控制的基础。

5-2 描述估算时间、成本和资源的指导原则。

5-3 描述自上而下估算法和自下而上估算法的方法特征、用途和优缺点。

5-4 区分与项目相关的不同成本类型。

5-5 为将来的项目提出一个开发估算数据库的方案。

5-6 理解估算大型项目的挑战，并描述做出更明智决策的步骤。

5-7 定义项目管理中的“白象”现象，并提供例证。

5A-1 使用学习曲线来改进任务持续时间和成本的估算

本章概览

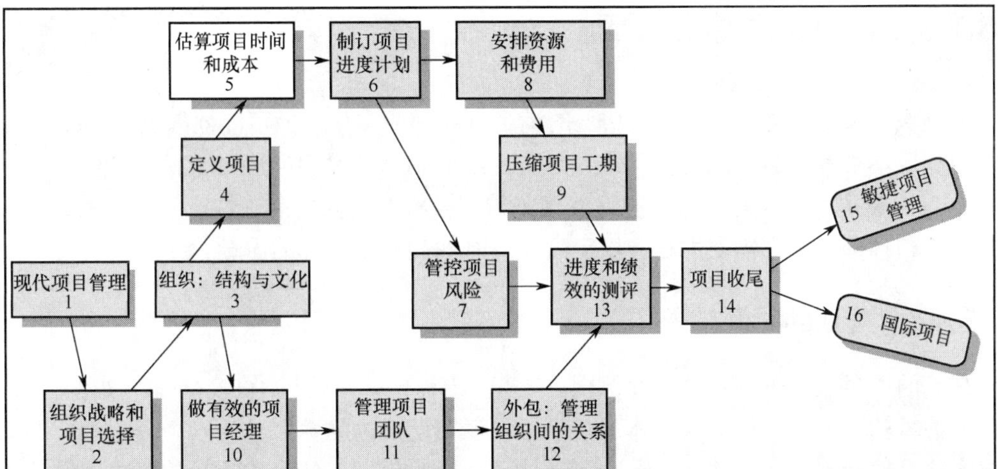

计划不太重要，但计划又是必不可少的。
——英国前首相，温斯顿·丘吉尔

估算是预测或估计完成项目可交付成果的时间和成本的过程。估算过程通常分为自上而下和自下而上两大类。自上而下估算通常由高级管理人员完成。管理层通常会从类比、群体共识或数学关系中得出估算结果。自下而上估算通常是由实际执行工作的人员进行。他们的估算是基于工作分解结构中建立的要素来进行的。表 5.1 总结了进行估算的一些关键原因。

5-1：了解项目时间和成本估算是项目计划和控制的基础。

表 5.1　进行估算的一些关键原因

- 为了支持好的决策，需要估算
- 为了安排工作需要估算
- 为了确定项目工期和成本需要估算
- 为了确定项目价值需要估算
- 为了规划现金流需要估算
- 为了确定项目的进展情况需要估算

所有项目相关者都喜欢精确的成本和时间估算，但他们也了解所有项目中固有的不确定性。不精确的估算会导致错误的期望和客户的不满。准确率是通过更大的努力来提高的，但这值得花费时间和成本吗？估算也要花钱！项目估算变成了一种权衡，在提高精确性的好处与确保提高精确性的成本之间进行平衡。

成本、时间和预算的估算是控制的生命线，它们在项目的整个生命周期中作为实际值和计划值比较的标准。项目状态报告依赖可靠的估算，它是作为测量偏差和采取纠正措施的主要依据。在理想情况下，项目经理，以及大多数情况下的客户，更愿意拥有项目中每个工作包的详细进度和成本估算的数据库。遗憾的是，这种详细的数据收集并不总是可能的或实际的，因此要使用其他方法来编制项目估算。

5.1 影响估算质量的因素

该领域的典型陈述是希望“有 95%的满足时间和成本估算的可能性”。过去的经验是制定时间和成本估算的良好起点。但是，过去的经验估算总是必须经过其他因素的改进才能达到 95%的概率水平。与项目的独特性相关的因素将对估算的准确性产生很大的影响。项目、人员和外部因素都需要考虑，以提高项目时间和成本估算的质量。

5.1.1 规划的时间范围

估算的质量取决于规划的时间范围。对当前事件的估算接近 100%准确，但对更遥远的事件的估算就降低了。例如，你本周末组织的派对的成本估算应该比六个月后举行的派对的成本估算要准确得多。现在想象一下，估计一个为期四年的运输项目的总成本的估算是多么困难。当你从概念阶段前进到定义单个工作包的位置时，时间和成本估算的准确性应该会提高。

5.1.2　项目复杂性

实施新技术的时间总是以一种日益增长的非线性方式扩展。有时，新技术的范围规范编写得不好会导致时间和成本估算的错误。

5.1.3　人的因素

人的因素可以影响时间和成本估算的质量。例如，估算的准确性取决于估算人员的技能。他们对正在估算的任务熟悉程度如何？

5.1.4　项目结构和项目组织

选择哪种项目结构来管理项目也将影响时间和成本估算。用专门的项目团队的主要优势之一是可以从集中注意力和本地化项目决策中获得速度。但这种速度带来了额外的成本，即全职工作人员受到束缚。相反，在矩阵环境中运行的项目可通过更有效地跨项目共享人员来降低成本，但可能需要更长的时间来完成项目，因为注意力被分散了，需要更多的协调时间。

5.1.5　夸大估算

在某些情况下，人们倾向于夸大估算。例如，如果有人问你开车到机场需要多长时间，你可能给出平均 30 分钟的时间（假设在 30 分钟内到达那里的概率是 50%）。如果你被问到最快多少时间能到机场，你可能把开车时间减少到 20 分钟。最后，如果你被问，如果你一定要去机场见总统，你需要开车多长时间，你很可能把估计时间增加到，比如说，50 分钟，以确保不会迟到。

在工作中，当我们被要求估算时间和成本时，我们中的大多数人都倾向于添加一些虚报数值来减少时间延误和成本超支的风险。如果项目各个层次的每个人都添加了一些虚报数值来降低风险，那么项目工期和成本就会被严重夸大。这种现象导致一些经理或业主要求在项目时间和/或成本估算上削减 10%～15%。当然，下一次玩这种游戏时，估算成本和/或时间的人就会将估算值增加 20%或更多。显然，这类游戏破坏了实际估算的机会，而实际估算才是竞争所必需的。

5.1.6　组织文化

组织文化可显著影响项目估算。在一些组织中，夸大估算是可以容忍的，甚至私下里是被鼓励的。其他组织则重视估算的准确性，强烈反对估算中的小动作。各组织对估算的重视程度各不相同。一些组织普遍认为，详细的估算花费了太多的时间，不值得付出努力，或者不可能预测未来。其他组织相信准确的估算是有效项目管理的基础。组织文化塑造了项目管理的各个方面，估算不能避免这种影响。

5.1.7　其他因素

最后，非项目因素会影响时间和成本估算。例如，设备停机时间可能改变时间估计。国家法定假日、假期和法定限额会影响项目估算。项目优先级会影响资源分配，影响时间和成本。项目估算是一个复杂的过程。在进行估算时考虑这些变量，可以提高时间和成本估算的质量。对时间和成本的估算使经理能够制定一个按时间分阶段的预算，这对于项目控制来说是非常必要的。在讨论时间和成本的宏观和微观估算方法之前，回顾一下估算指导原则将提醒我们一些可以改进估算的重要“游戏规则”。

5.2　估算时间、成本和资源的指导原则

5-2：描述估算时间、成本和资源的指导原则。

管理人员认识到，如果想要项目计划、进度安排和控制是有效的，那么时间、成本和资源估算必须是准确的。有大量证据表明，粗劣的估算是导致项目失败的主要原因。因此，应该尽一切努力确保初始估算尽可能准确，因为不进行估算的实施方案在很大程度上取决于运气，对严肃的项目经理来说是不合适的。即使一位以前从未管理过项目的经理，也要遵循 7 条指导原则来制定有用的工作包估算。

（1）责任。在工作包层级，应该由最熟悉该任务的人员来进行估算。利用他们的专业知识！除技术性很强的任务外，那些负责在预算内按期完成工作的人通常是第一线主管或技术人员，他们熟悉所涉及的工作类型又有经验。这些人脑海中不会有一些预设的、强加的交付工期。他们会根据经验和最佳判断给出估算结果。用这些负责人的第二个好处是，当他们执行工作包任务时，希望自己见证自己的估算成为现实。如果没有咨询相关人员，就很难追究他们未能在估算时间内完成任务的责任。最后，利用负责的团队成员的专业知识有助于尽早建立沟通渠道。

（2）用多人来估算。众所周知，当使用几个具有相关估算经验和/或知识的人（有时被称为“众包”）时，成本或时间估算通常更有可能是合理的和现实的。没错，人们会根据自己的经历产生不同的偏见。但是在他们的估算中讨论个体差异会导致共识，并趋向于消除极端的估算误差。

（3）正常状态。在确定任务的时间、成本和资源估算时，它们是基于某些假设的。估算应该基于标准状态、有效方法和正常的资源水平。标准状态有时很难辨别，但是在这个项目中，对于标准状态意味着什么，在组织中有必要达成共识。如果正常工作日是一天 8 小时，则时间估算应以一天 8 小时为基础。同样，如果正常工作日是两班制，那么时间估算就应该以一天两班制为基础。任何时间的估算都应反映资源正常可用的有效方法。时间估算应该代表资源（人员或设备）的正常水平。例如，如果有三名程序员可以编写代码，或者有两名筑路员可以施工，那么时间和成本估计应该基于这些正常的资源水平，除非预计项目将改变目前被视为“正常”的东西。此外，在此阶段不应考虑在并行或同时进行的活动上可能发生的资源需求冲突。在后面的章节中讨论资源安排时，将检查

增加资源的需要。

（4）时间单位。具体使用的时间单位应该在项目网络图绘制阶段的早期选择确定。所有任务时间估算都需要统一的时间单位。时间估算必须考虑正常时间是否由日历日、工作日、工作周、人员日、单班、小时、分钟等表示。在实践中，工作日的使用是表达任务持续时间的主要选择。然而，在心脏移植手术这样的项目中，分钟可能更适合作为一个时间单位。其中一个以分钟为时间单位的项目是将病人从一家老医院转移到城镇另一端的一家新医院。由于有几次危及生命的移动，我们用几分钟来确保病人的安全，以便在需要时可以使用适当的紧急生命支持系统。重点是，网络分析需要一个标准的时间单位。当计算机程序允许一个以上的选择时，应该用一些符号来表示与标准时间单位的任何偏差。如果标准时间单位为每周工作五天，估算活动持续时间以日历日为单位，则必须转换为正常工作周。

（5）独立。估算人员应该将每个任务独立于可能被 WBS 集成的其他任务。一线管理人员通常会做到独立地考虑任务，这是很好的。高层管理人员倾向于将许多任务合并为一个时间估算，然后做个推理，将单个任务的时间估算加到总数中。如果任务在一个链中，并由同一小组或部门来执行，最好不要立即要求得到在这个链序中的所有时间估算，以避免规划人员或主管倾向于看整个路径，试图调整链序中单个任务的时间来满足任意强加的进度计划，或去满足一些对整个项目路径或部分的总时间的粗糙“猜测”。这种趋势并不反映个体活动的不确定性，通常导致乐观的任务时间估算。总之，每个任务时间估算应该独立于其他活动。

（6）突发事件。工作包估算不应包括应急备用金。估算应该假定正常的或平均的条件，即使每个工作包不能按计划完成。出于这个原因，最高管理层需要创建一个额外的基金，用于应急，可以用来应对不可预见的事件。

（7）风险评估要添加到估算中来，以避免给利益相关者带来意外。显然，有些任务比其他任务会产生更多的时间和成本风险。例如，一项新技术通常比一项已证实的工艺会带来更多的时间和成本风险。简单地识别风险等级可以让利益相关者考虑替代方法并改变过程决策。通过对任务时间的乐观、最可能和悲观进行简单的分解可以提供关于时间和成本的有价值的信息。关于项目风险的进一步讨论见第 7 章。

在适用的情况下，这些指导原则将有助于避免在实践中经常发现的许多错误。

5.3 自上而下估算与自下而上估算

> 5-3：描述自上而下估算法和自下而上估算法的方法特征、用途和优缺点。

由于估算工作需要花费金钱，用于估算的时间和细节是重要的决策。然而，在考虑估算时，作为项目经理，你可能听到这样的陈述：

- 粗略的数量级就足够了。
- 把时间花在详细的估算上是浪费钱。
- 时间就是一切。我们的生存取决于先到达那里！时间和成本的精确性不是问题。
- 这个项目是内部的。我们不需要担心成本。
- 这个项目很小，我们不必为估算操心。想做就做。

然而，使用自上而下估算或自下而上估算要有充分的理由。表 5.2 描述了何种条件下使用何种方法更好。

表 5.2 使用自上而下估算或自下而上估算进行时间和成本估算的条件

条　件	自上而下估算	自下而上估算
战略决策	×	
成本和时间很重要		×
高不确定性	×	
内部的小项目	×	
固定价格合同		×
客户想要更多细节		×
范围不确定	×	

自上而下估算通常来自使用经验和/或信息来确定项目工期和总成本的人。然而，这些估算有时是由高层管理人员做出的，他们对完成项目所需的分项活动知之甚少。例如，一个大城市的市长在演讲中提到，一座新的法律大楼将耗资 2 300 万美元，将在两年半后投入使用。虽然市长很可能要求别人给出过估算，但这个估算可能来自与当地承包商的午餐会议，承包商在餐巾纸上写下了估算（猜测）。这是一个极端的例子，但在相对意义上，这种情况经常在实践中出现。另一个例子，请参见生活快照 5.1。问题实际上是，这些估算是否代表了低成本、高效的方法？很少。事实上，来自高层的估算可以影响负责“用什么来做出估算”的人。

生活快照 5.1：波特兰空中有轨电车

波特兰有轨电车是俄勒冈州波特兰市的一条空中有轨电车。有轨电车在城市的南部海滨和俄勒冈健康与科学大学（Oregon Health & Science University ，OHSU）的主要校园之间运送乘客，OHSU 位于悬崖上俯瞰海滨。乘坐电车需要 4 分钟，高度超过 500 英尺。该有轨电车是由 OHSU、波特兰市和南部海滨业主共同资助的。

OHSU 是该项目的推动力量。OHSU 认为，需要有轨电车，这样它就可以将校区扩展到南部海滨，那里计划修建几项主要设施。有轨电车还将减少交通拥堵，使 OHSU 员工更容易通勤上班。OHSU 是俄勒冈州经济的主要参与者，估计每年的经济影响超过 40 亿美元和超过 3.5 万个就业岗位。

OHSU 的有轨电车将是美国仅有的两种城市有轨电车之一，支持者认为有轨电车将像西雅图的太空针塔一样成为城市的标志。

OHSU 的政治影响力帮助波特兰市议会在 2003 年批准了该项目。最初的成本估算是 1 500 万美元，市政府直接负责 200 万美元。2004 年的一项公众评估显示，新的成本估算为 1 850 万美元。2005 年的第二次审查把成本调整到 4 000 万美元，施工延迟了 6 个月。

2006 年，城市领导层的变动导致对有轨电车项目的独立审计。审计结果显示，

OSHU 的管理人员早在 2003 年就知道有轨电车的成本将超过 1 550 万美元，但对市政府官员隐瞒了这一信息。

公众立即做出了反应。城市专员兰迪·伦纳德（Randy Leonard）指责 OHSU 领导进行“无耻的欺骗……这一切都是以纳税人为代价的”。波特兰市威胁要退出这个项目。OHSU 强烈抗议，威胁说，如果有轨电车被取消，将提起诉讼。谈判随之而来。

2006 年 4 月，市议会以 3∶2 的投票结果通过了修订后的资金计划和预算。该计划要求所有相关各方做出让步，最终预算为 5 700 万美元，市政府直接拨款 850 万美元，或出资占总预算的近 15%。最终的预算得到了满足，有轨电车于 2007 年 1 月 27 日向公众开放。

预算问题并不是电车项目面临的唯一问题。许多住在有轨电车附近的居民担心有轨电车会侵犯隐私，导致房产贬值。居民们曾得到承诺，架空的电线将被埋起来，但作为一项节约成本的措施，该计划被取消了。住在轨道下面的一个愤怒的房主在他家后院的篱笆上放了一个牌子，上面写着：“利益补偿，还我安宁！有轨电车。”从街上看不见那个标志，只能从空中看。诉讼随之而来。

照片来源：Rigucci/Shutterstock

市政府最终与每个住在电车轨道下的居民进行了谈判，并为他们的房屋提供了公平的市场价值补偿。

如果可能并且实际，你要将估算过程推到工作包层级，以建立低成本、高效的方法。这个过程可以在详细定义项目之后进行。明智的做法是，项目估算应该来自对所需估算最了解的人。用几个具有相关任务经验的人可以改进时间和成本估算。工作包层级的自下而上估算方法可以通过将工作包和相关的成本账户汇总到主要可交付成果中，作为对 WBS 中的成本要素进行检查的工具。类似地，也可以检查资源需求。稍后，来自工作包的时间、资源和成本估算可以合并到用于控制的时间阶段网络图、资源计划和预算中。

自下而上估算方法还为客户提供了一个机会，将低成本、高效的方法与任何强加的限制进行比较。例如，如果项目完成期限被规定为两年，而自下而上估算分析告诉你该项目将需要两年半的时间，那么客户现在可以考虑低成本方法与将项目压缩到两年之间的权衡，或者在极少数情况下取消项目。对于不同的资源水平或技术性能的提高，也可做类似的比较权衡。这里假设任何偏离低成本、高效方法的举动都会增加成本，例如加班。定义项目的首选方法是进行粗略的自上而下估算，开发 WBS 和 OBS，再进行自下而上估算，制订进度计划和预算，再调整自上而下估算和自下而上估算之间的偏差。这些步骤应该在与内部或外部客户进行最终谈判之前完成。

总之，对于项目经理来说，理想的方法是允许有足够的时间进行自上向下估算和自下而上估算，以便能够向客户提供一个基于可靠估算的完整计划。通过这种方式，所有利益相关者的错误期望被最小化，谈判也减少了。

5.4 估算项目时间和成本方法的应用

5.4.1 自上而下估算法在项目时间和成本估算中的应用

在战略层面，使用自上而下估算方法来评估项目建议书。有时，在项目的初始阶段，获得准确的时间和成本估算所需的许多信息是不可获得的，例如，设计还没有最终确定。在这些情况下，使用自上而下估算，直到 WBS 中的任务被清楚地定义。

1．专家多数判定法

这种方法简单地使用高级和/或中级管理人员的经验来估算整个项目工期和项目总成本。它通常包括一个会议，专家们在会上讨论、争论，并最终就他们的最佳猜测做出决定。寻求更严格要求的公司将使用德尔菲法进行这些宏观估算。参见生活快照 5.2。

生活快照 5.2：德尔菲法

德尔菲法最初是由兰德公司为技术预测而开发的，它是一个关于某些事件发生可能性的群体决策过程。德尔菲法利用了一组对所讨论的项目问题很熟悉的专家。这个概念是，消息灵通的个人，凭借他们的洞察力和经验，比理论方法或统计方法更有能力估算项目成本和时间。专家对评估问卷的回答是匿名的，并向他们提供一份意见汇总。

然后鼓励专家重新考虑，并酌情根据其他专家的答复改变他们以前的估算。经过两到三轮之后，人们达成共识，群体将通过这个共识过程趋同于“最佳”答案。回答的中点是根据中位数得分进行统计分类的。在随后的每一轮问卷调查中，专家们的回答范围可能减少，而中位数的移动方向则会被认为是“正确”的估算。

电影公司高管使用德尔菲法决定是否投资翻拍经典电影，比如影片《冈伽・丁》（*Gunga Din*，它是 1939 年拍的冒险电影，讲述了三个英国军官在印度拉贾斯坦邦的故事，由于男孩冈伽・丁的帮助，使他们在一次叛乱中幸存下来）。他很担心，因为编剧和导演都坚持要在印度拉贾斯坦邦拍摄。他招募了五名曾参与海外电影项目的专家，其中两名最近在印度工作过。他为每个人提供了详细的摘要提案，描述了需求及 75 天的拍摄计划。他要求他们回答一份关于某些可交付成果（如住宿、布景）成本及总运营成本（不包括主要演员合同成本）的估算问卷。他对在印度工作过的人和其他人之间的估算差距感到惊讶。几轮问卷之后，在交换意见和想法的过程中，他对总成本可能是多少及所涉及的风险有了相当好的了解。当他把这些信息与市场调查结合起来时，他得出结论：这个项目不值得投资。

德尔菲法的一个明显优势是，专家们永远不需要聚集在一起。这个过程也不需要所有专题讨论小组成员的完全同意，因为多数意见由中位数代表。由于这些回答是匿名的，所以在回答中避免了自我的陷阱、霸道的个性及随大流或光环效应。

重要的是要认识到，这些第一次自上而下估算只是一个粗略的份额，通常发生在项目的“概念”阶段。自上而下估算在完整计划的初始开发中是有帮助的。然而，由于很少收集到详细信息，这样的估算有时是大错特错的。在这个层级上，单个工作有多少项还没有被确认。或者在一些情况下，自上而下估算是不现实的，因为最高管理层“想要上这个项目”。然而，最初的自上而下估算有助于确定项目是否需要更正式的规划，包括是否需要更详细的估算。要注意，由高级管理人员做出的宏观估算不要强行下达给低级管理人员，否则，后者可能感到被迫接受估算，即使他们认为资源不足。

2. 比率法

自上而下的方法（有时称为参数化）通常使用比率法或替代法来估算项目时间或成本。自上而下比率法经常用于项目的概念或“需要”阶段，以获得项目的初始工期和成本估算。例如，承包商经常使用平方英尺的数量来估计建造房屋的成本和时间，也就是说，一栋 2 700 平方英尺的房子，如果每平方英尺要花 160 美元，那么总估算成本等于 43.2 万美元（2 700 平方英尺×160 美元/平方英尺）。同样，知道总面积及每平方英尺的造价，经验告诉我们大约需要 100 天才能完成。另外，两个自上而下成本估算的常见例子是根据功率大小估算的新发电厂成本，以及根据功能和复杂性估算的软件产品成本。

3. 分配法

该方法是比率法的扩展。当项目在特性和成本方面与过去的项目密切相关时，使用分配法。有了良好的历史数据，可以不费多大力气就能快速地做出估算，而且精度合理。这种方法在相对标准的项目中非常常见，但有一些小的变化或定制。

任何从银行借钱建房子的人都经历过这个过程。根据估算的房屋总成本，银行和联邦住房管理局授权根据完成房屋的特定部分后向承包商支付费用。例如，基础工程可能占总贷款的 3%，框架占总贷款的 25%，管道和供暖设施占总贷款的 15%，等等。当这些分项工程完成后逐步付款。一些公司使用了类似的过程，依据过去项目的平均成本百分比将成本分配到 WBS 中的每个可交付成果中。图 5.1 给出了一个与实际情况类似的示例。假设使用自上而下估算方法估计项目总成本为 50 万美元，费用按总成本的百分比分配。例如，分配给“文档”交付物的成本占总成本的 5%，即 25 000 美元。子交付成果“文档 1 和文档 2”分别分配总额的 2%和 3%，分别为 10 000 美元和 15 000 美元。

4. 软件和系统开发项目的功能点估算法

在软件行业中，软件开发项目经常使用称为功能点的加权宏观变量或主要参数进行估算，例如输入数量、输出数量、查询数量、数据文件数量和接口数量。这些加权变量根据复杂性因素进行调整和添加。调整后的总数为估算项目的劳动力工时和成本奠定了基础（通常使用从过去项目的数据派生的回归公式）。后一种方法根据行业软件项目的类型，假设有足够的历史数据，例如 MIS。在美国软件行业，一个人一个月代表 5 个功能点，即一个人工作一个月平均可以生成（包括所有类型的软件项目）大约 5 个功能点。当然，每个组织都需要为其特定的工作类型开发自己的平均值。这些历史数据为估算项目工期奠定了基础。IBM、美国银行、西尔斯 • 罗巴克公司、惠普、美国电话电报公司、福特汽车、通用电气、杜邦和其他许多公司都对自上而下方法做了变通使用。功能点计数方法的简化示例如表 5.3 和表 5.4 所示。

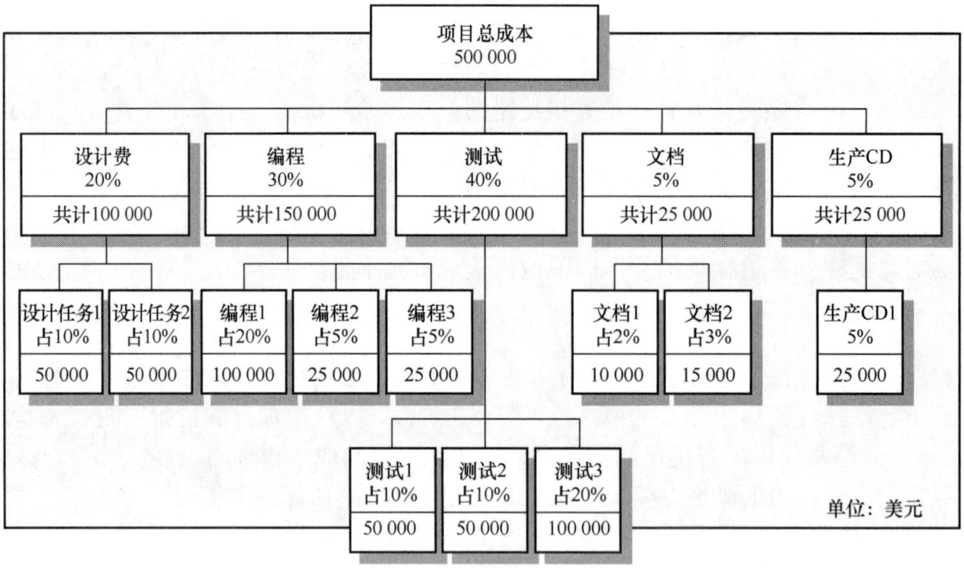

图 5.1 分配法示例：利用工作分解结构形成的项目成本分配图

表 5.3 简化的预期项目或可交付成果的基本功能点计算过程

要素	复杂性权重			
	低	平均	高	总计
输入数量	_____ × 2 +	_____ × 3 +	_____ × 4	= _____
输出数量	_____ × 3 +	_____ × 6 +	_____ × 9	= _____
查询数量	_____ × 2 +	_____ × 4 +	_____ × 6	= _____
文档数量	_____ × 5 +	_____ × 8 +	_____ × 12	= _____
接口数量	_____ × 5 +	_____ × 10 +	_____ × 15	= _____

表 5.4 示例：功能点计数法

软件项目 13：病人入院和计费系统					
15	输入		将复杂性评级为低		（2）
5	输出		将复杂性评级为平均		（6）
10	查询		将复杂性评级为平均		（4）
30	文档		将复杂性评级为高		（12）
20	接口		将复杂性评级为平均		（10）
复杂性因子的应用					
要素	**计数**	**低**	**平均**	**高**	**总计**
输入	15	× 2			= 30
输出	5		× 6		= 30
查询	10		× 4		= 40
文档	30			× 12	= 360
接口	20		× 10		= 200
总计					660

根据历史数据，该组织开发了表 5.3 所示的复杂性加权方案。功能点是由要素种类的

数量乘以加权复杂度得到的。

表 5.4 显示了为特定任务或交付物收集的数据——患者入院和计费系统：输入、输出、查询、文档和接口的数量及预期的复杂性评级。最后，应用要素计数，获得功能点计数总值为 660。考虑到这个计数和 1 人 1 月在历史上等于 5 个功能点的事实，该工作将需要 132 人月（660/5=132）。假设你有 10 个程序员可以完成这个任务，持续时间大约是 13 个月。成本很容易得到，只需将每月的劳动成本乘以 132 人月。例如，如果每名程序员每月的费用是 8 000 美元，那么估计成本将是 105.6 万美元（132×8 000）。尽管功能点度量是有用的，但是它们的准确性依赖足够的历史数据、数据的流通及项目/可交付成果与过去平均值的相关性。

5．学习曲线

有些项目要求相同的任务、任务组或产品重复几次。管理者凭直觉知道，执行任务的时间会随着重复而改善。这种现象在劳动密集型的工作中尤其如此。在这些情况下，改进现象的模式可以用来预测完成任务所需时间的减少。从所有行业的经验证据来看，这种改进的模式已经在学习曲线（也称为改进曲线、经验曲线和行业进步曲线）中被量化，其关系如下：

每当产量增加一倍，单位劳动时间就以恒定的速度减少。

在实践中，改进率可能从 60%（代表非常大的改进）到 100%（代表根本没有改进）。一般来说，随着工作难度的降低，预期的改进效率也会降低，所使用的改进率也会增大。需要考虑的一个重要因素是工作中劳动力的比例与机器节奏的工作比例。显然，只有在劳动力含量高的操作中，改进的百分比才会降低。本章附录 5A 提供了一个详细的例子，说明如何使用改进现象来估算重复任务的时间与成本。

自上而下估算方法的主要缺点是不考虑特定任务的时间和成本。将许多任务分组到一个共同的篮子中，会导致遗漏的错误和使用强加的时间与成本。

微观的自下而上估算方法通常比宏观的方法更精确。

5.4.2　自下而上估算法在项目时间和成本估算中的应用

1．模板估算法

如果项目与过去的项目类似，那么模板估算法可以用作新项目的起点。模板是根据以前类似项目的成本创建的。但要注意新项目中的差异，并调整过去的时间和成本以反映这些差异。例如，一家船舶修理干船坞公司有一套标准修理项目模板（大修、电气、机械的模板），用来作为估算任何新项目的成本和工期的起点。要注意新项目与适当的标准化项目的差异（时间、成本和资源）并对模板进行修改。这种方法使公司能够在很短的时间内制订一个潜在的进度计划，预估成本，并制定预算。在数据库中开发这样的模板可以迅速减少估算错误。

2．用于特定任务的参数化程序

正如每平方英尺成本等参数化技术可以作为自上而下估算的来源，同样的技术也可以应用于特定的任务。例如，作为 MS Office 转换项目的一部分，需要转换 36 个不同的计算机工作站。基于过去的转换项目，项目经理确定平均一个人每天可以转换 3 个工作站。因此，改造这 36 个工作站的工作将需要 3 名技术人员 4 天时间。同样，为了估算房屋改造所需的墙纸成本，承包商计算出购买每平方码墙纸成本 5 美元，每平方码贴墙纸人工费 2 美元，总费用为 7 美元。通过测量所有墙的长度和高度，她能够计算出总面积的平方码数，并将其乘以 7 美元。

3. 范围估算法

什么时候使用范围估算法？当工作包与完成相关的工作包时间或成本具有极大的不确定性时，范围估算法最有效。如果工作包是常规的并且带有很少的不确定性，那么使用一个最熟悉工作包的人进行估算通常是最好的方法。他很可能知道如何估算工作包的最佳持续时间和成本。然而，当工作包与完成相关的工作包时间或成本具有极大的不确定性时，一个审慎的策略是使用三点估算法——低、平均和高（从使用概率分布的 PERT 方法借用来）。从低到高给出了一个平均估值将下降的范围。确定活动的低估算和高估算受到诸如复杂性、技术、新颖度和熟悉度等因素的影响。

如何得到估值？由于范围估算法对于具有极大不确定性的工作包是最有效的，所以让群体来确定低、平均和高成本或长、平均和短持续时间，会得到最好的结果。群体估算往往通过对估算和潜在风险进行更多的评估判断来提炼出低高和长短的两极数值。群体中其他人的判断有助于缓和与时间或成本估算相关的极端感知风险。让其他人参与到活动估算中来，既可以获得大家认可，又可以提高估算的可信度。

图 5.2 给出了一个简化的估算模板，使用了由跨职能群体或项目利益相关者群体开发的工作包的三点估算法。群体估算显示了每个工作包的低、平均和高的数值。“风险等级”列是群体对实际时间将非常接近估算的置信度的独立评估。在某种意义上，这个数字代表了群体对可能影响平均时间估算的许多因素（例如，复杂性，技术）的评估。在我们的示例中，群体认为工作包 104、108、110、111 和 114 的平均时间很有可能与预期不同。同样，群体认为工作包 102、105 和 112 的风险实际发生可能性没有像预期的那样高。

	A	B	C	D	E	F	G	H
1	项目编号：　18				项目经理：Dawn O'connor			
2	项目描述：新有机葡萄酒上市				日期：2×××年2月17日			
3			有机葡萄酒上市项目					
4			范围估算					
5								
6	WBS	描述	低	平均	高	范围	风险	
7	编号		估算	估算	估算		等级	
8			天	天	天	天		
9								
10	102	申请许可证	1	1	3	2	低	
11	103	设计包装	4	7	12	8	中	
12	104	识别潜在客户	14	21	35	21	高	
13	105	设计瓶子Logo	5	7	10	5	低	
14	106	签推销亭合同	8	10	15	7	中	
15	107	搭建推销亭	4	4	8	4	中	
16	108	设计宣传册	6	7	12	6	高	
17	109	登杂志广告	10	12	15	5	中	
18	110	试产	10	14	20	10	高	
19	111	量产	5	5	10	5	高	
20	112	信用卡刷卡连接	1	2	3	2	低	
21	113	视频连接	2	2	4	2	中	
22	114	事件彩排	2	2	5	3	高	

图 5.2　简化的估算模板

如何使用这种估算方法？群体范围估算法使项目经理和业主有机会评估与项目时间（和/或成本）相关的信心。例如，一个负责建造高层公寓大楼的承包商可以告诉业主，该项目将花费 350 万～410 万美元，需要 6～9 个月才能完成。这种方法有助于减少项目进展中的意外。范围估算法还为评估风险、管理资源和确定项目应急资金奠定了基础。（关于应急资金的讨论见第 7 章。）范围估算法在软件项目和新产品开发项目中很流行，因为这些项目的前期需求是模糊的，并且不为人所知。群体范围估算法常与阶段估算法一起使用，下面讨论阶段估算法。

5.4.3　一种混合估算法：阶段估算法的应用

这种方法首先对项目进行自上而下估算，然后在实现时细化对项目各阶段的估算。由于设计或最终产品的不确定性，有些项目本质上无法严格定义。这些项目通常出现在航空航天项目、IT 项目、新技术项目和建筑项目中，这些项目的设计不完整。在这些项目中，经常使用阶段或生命周期估算法。阶段估算法是在项目存在不确定性的情况下使用的，此时要去估算整个项目的时间和成本是不切实际的。阶段估算法在项目的生命周期中使用两个估算系统。对当前阶段进行详细估算和对项目的其余阶段进行宏观估算。图 5.3 描述了项目的各个阶段和整个生命周期的估算进程。

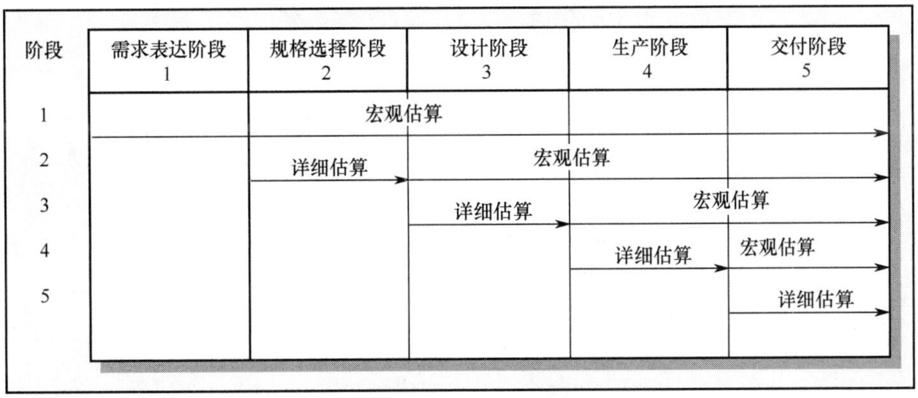

图 5.3　阶段估算法与项目生命周期

例如，当确定了项目需求时，对项目成本和工期进行宏观估算，以便进行分析和决策。进入下一阶段后，要对项目规格进行详细的估算，并对项目的其余部分进行宏观估算。随着项目的进展和规格的确定，将对设计进行详细的估算，并对项目剩余部分进行宏观估算。显然，随着项目在其生命周期中展开和有了更多的资料，估算的可靠性应该会提高。参见生活快照 5.3。

生活快照 5.3：估算的精确度

工作包的要素越小，总体估算可能就越准确。这种改进的程度因项目类型而异。下表反映了这一观察结果。例如，在概念阶段确定时间和成本估算的 IT 项目可能比期望的“实际值”在成本和持续时间上高出 200%，也可能低于估算 30%。相反，在明确定义工作包之后，对建筑项目、道路修筑项目进行估算，实际成本误差较小，常常比估算高 15%，或比估算低 5%。尽管这些估算因项目而异，但它们可以作为项目利益相关者选择如何获得项目时间和成本估算的大致数字。

各种项目类型的时间和成本估算在不同阶段的精确度		
	工程建筑类项目	IT 类项目
概念阶段	+60%～−30%	+200%～−30%
定义可交付成果阶段	+30%～−15%	+100%～−15%
定义工作包阶段	+15%～− 5%	+50%～− 5%

对于那些工作在最终产品未知且不确定性很大的项目上的人来说，阶段估算法是首选，例如，可重复使用的火箭或家用机器人的开发。对成本和进度的承诺只在项目的下一阶段是必要的，但要避免不切实际的基于不良信息的未来进度和成本的承诺。这种渐进的宏观/微观方法为使用进度计划和成本估算来管理下一阶段的进度提供了更强的基础。

遗憾的是，你的客户（内部的或外部的）需要在决定实施项目的那一刻对进度和成本进行准确的估算。此外，为项目付费的客户经常将阶段估算法视作一张空白支票，因为在项目生命周期的大部分时间里，成本和进度都是不确定的。因为阶段估算法的理由是合理和合法的，所以大多数客户还是不得不接受它的合法性。客户的主要优势是在每个新阶段都有机会更改特性、重新评估项目，甚至取消项目。总之，阶段估算法在项目的最终性质（形状、大小、特征）具有巨大不确定性的项目中非常有用。

如图 5.4 所示，以了解自上而下估算法和自下而上估算法之间的差异。

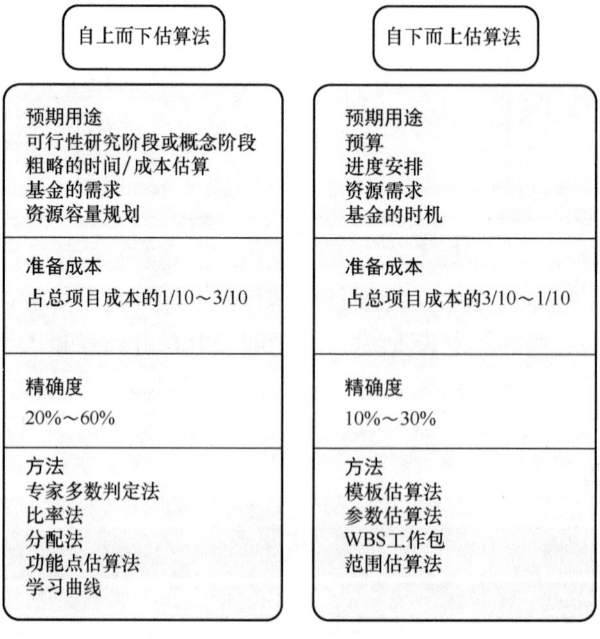

图 5.4　自上而下估算法和自下而上估算法

获得准确的估算是一种挑战。有担当的组织会接受这种有意义的估算挑战，并会为提升组织应对这种挑战的能力而大力投资。准确的估算减少了不确定性，并为有效管理项目提供了科学依据。

5.5 细节层次

不同层级的管理需要不同的细节层次。高层管理人员的兴趣通常集中在整个项目和标志着主要成就的重大里程碑事件上，例如，“在北海建造石油平台”或“完成原型”。中层管理人员可能关注项目的一个部分或一个里程碑上。一线管理者的兴趣可能局限于一项任务或工作包。WBS 的优点之一是能够聚合网络图信息，以便每个层级的管理人员都可以拥有做出决策所需的信息。

获得 WBS 的细节层次以匹配有效实施的管理需求是至关重要的，但是很难找到微妙的平衡。参见生活快照 5.4。WBS 中的细节层次随项目的复杂性、控制的需要、项目规模、成本和工期及其他因素而变化。如果结构反映了过多的细节，就会有将工作分解成部门分配的倾向。这种倾向可能演变为成功的障碍，因为重点将放在部门的成果上而不是可交付的结果上。过多的细节也意味着更多无益的文书工作。注意，如果 WBS 层次增加 1 级，成本账户的数量可能呈几何级数增加。另一方面，如果详细程度不够，组织单元可能发现结构无法满足其需求。幸运的是，WBS 具有内在的灵活性。参与的组织单位可以扩大他们的结构，以满足他们的特殊需要。例如，工程部门可能希望进一步将他们的工作分解成电气、土木和机械等更小的工作包。同样，市场营销部可能希望把他们的新产品促销活动分解为电视、广播、杂志和报纸等四种。

生活快照 5.4：细节层次：经验法则（拇指规则）

实战的项目经理提倡将细节层次保持在最低水平。但这一建议也有局限性。新项目经理最常见的错误之一是忘记了任务时间估算将用于控制进度绩效和成本绩效。实战的项目经理经常使用的经验法则是，任务持续时间不应该超过 5 个工作日，或者最多 10 个工作日，如果工作日是项目使用的时间单位的话。这样的规则可能产生一个更详细的网络图，但随着项目的进展，增加一些细节更有助于控制进度和成本。

假设任务是“制造计算机控制的传送带原型”，估计时间为 40 个工作日，预算为 30 万美元。为了便于控制，最好将任务分成七八个小任务。如果一个较小的任务由于问题或糟糕的时间估计而落后，就有可能迅速采取纠正措施，避免推迟后续任务和项目工期。如果使用 40 个工作日的单一任务，可能直到第 40 天才会采取纠正措施，因为许多人倾向于“等待和观望”，或避免承认自己落后或传递坏消息，其结果可能意味着超过计划 5 天以上。

5～10 天的经验法则适用于成本和绩效目标。如果使用前一段中建议的经验法则导致网络任务过多，可以使用另一种方法，但它是有条件的。活动时间可能超过 5～10 天的规则，只有在对任务的各个部分建立控制监测检查点的情况下，才能以完成的特定百分比确定明确的进度衡量标准。

这些信息对于衡量进度和成本绩效的控制过程是无价的，例如，合同工作的付款是根据“完成百分比”支付的。定义具有明确限定的开始点、结束点和中间点的任务，可以增加早期发现问题、采取纠正措施和按时完成项目的机会。

5.6 成本类型

假设定义了工作包，可以进行详细的成本估算。那么一个项目中常见的成本类型有：

5-4：区分与项目相关的不同成本类型。

（1）直接成本：

a．人工费。

b．材料费。

c．设备费。

d．其他。

（2）直接的项目管理成本。

（3）日常管理费。

项目总成本估算以这种方式分解，以精炼控制过程和改进决策。

5.6.1 直接成本

这些费用显然是一个具体的工作包所应该支付的。直接成本可能受到项目经理、项目团队和执行工作包的个人的影响。这些成本代表真实的现金流出，必须在项目进行时支付。因此，直接成本通常与间接成本分开。较低层次的项目费用汇总时通常只包括直接成本。

5.6.2 直接的项目管理成本

直接的管理费率更精确地指出项目中使用了组织的哪些资源。直接的项目管理成本可以与项目可交付成果或工作包捆绑在一起。例如项目经理的工资和项目团队的临时办公场所租用费。虽然管理成本不是直接的现金支出，但它是真实的，如果公司要维持生存，就必须长期支付。这些比率通常是所使用资源（如直接人工、材料、设备）的美元价值的比率。例如，直接人工负担率为 20%，就会在直接人工成本估算中增加 20%的直接管理成本。如果材料的直接费率是 50%，那么将在材料成本估算中额外收取 50%的费用。选择性的直接管理费率比对整个项目使用综合管理费率提供了更准确的项目（工作或工作包）成本。

5.6.3 日常管理费

这些费用代表了与特定项目没有直接联系的组织成本，但它们又是项目工期里所花费的。包括所有产品和项目的组织成本的例子，如广告成本、会计成本和项目层级以上的高层管理人员的成本。日常管理费的分配因组织而异。然而，日常管理费通常按直接成本总额的百分比分配，或按劳动力、材料或设备等特定直接成本总额的百分比分配。

给定单个工作包的直接成本和间接成本的总和，可以为任何可交付成果或为整个项目计算成本。如果你是一个承包商，你可以为自己的利润在成本上增加一个百分比。拟议的合同投标的费用分解如图 5.5 所示。

直接成本	80 000美元
直接管理费	20 000美元
总直接成本	100 000美元
日常管理费	20 000美元
总成本	120 000美元
利润	24 000美元
总标的	144 000美元

图 5.5　合同投标的费用分解

对成本和预算的理解会因用户而异。项目经理在制定项目预算和与他人说明这些差异时，必须非常清楚这些差异。图 5.6 描述了这些不同的理解。

项目经理可以在资源使用前几个月提交成本估算。这些信息对组织的财务主管预测未来的现金流出是有用的。项目经理感兴趣的是预算成本预计何时批准，以及预算成本实际收取（挣得）的时间。这两个成本数字的时间分别用来衡量项目进度和成本偏差。

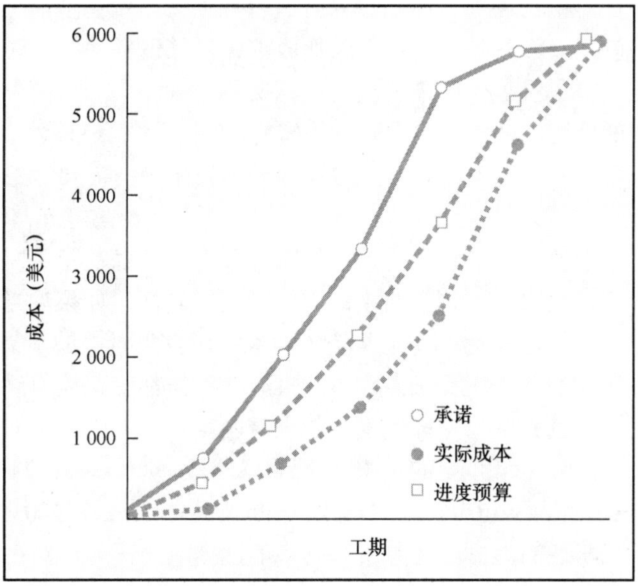

图 5.6　三种成本观

5.7 精确估算法

正如第 4 章所描述的，详细的工作包估算通过可交付成果进行汇总和“累积”，以估算项目的总直接成本。同样，将估算的工期输入项目网络图，以建立项目进度计划并确定项目的总工期。经验告诉我们，对于许多项目来说，总体估算并没有实现，一些项目的实际成本和进度大大超过了最初基于工作包的估算。为了弥补实际成本和进度超出估算的问题，一些项目经理调整总成本的倍数（例如，总估算成本×1.20）。

将原始估算调整 20%甚至 100%的做法回避了这样一个问题：为什么在详细估算投入了这么多时间和精力后，数字还会相差太远。原因有很多，其中大部分可以追溯到估算过程和预测未来的固有的不确定性。以下是其中的一些原因。

- 互动成本隐藏在估算中。根据指导方针，每个任务的估算都应该独立完成。然而，任务很少能在真空中完成。执行一个任务依赖它之前的任务，任务之间的转换需要时间和注意力。例如，原型开发人员需要在设计完成后与设计工程师进行互动，无论是简单地澄清问题，还是对原始设计进行调整。同样，协调活动所需的时间通常不会反映在独立估算中。协调反映在会议和简报以及解决任务之间脱节所需的时间上。随着项目中涉及的人员和不同学科的增加，用于管理互动的时间和成本呈指数级增长。
- 不适用正常条件。估算应该是基于正常情况的。虽然这是一个很好的起点，但在现实生活中却很少适用，尤其是在资源可用性方面。资源短缺，无论是人员、设备还是材料的短缺，都会扩大原先的估算。例如，在正常情况下，4 台推土机通常在 5 天内清理一定面积的场地，但如果只有 3 台推土机，就会把清理时间延长到 7 天。类似地，外包某些任务的决定可能增加成本并延长任务的持续时间，因为需要增加时间让外部人员了解项目细节和适应组织文化。
- 项目中出现的问题。设计缺陷是事后暴露的，极端天气条件发生，事故发生，等等。尽管在估算特定任务时不应该计划这些风险的发生，但需要考虑此类事件的可能性和影响。
- 项目范围和计划变更。当管理者在项目中越深入，他就越能明白完成项目需要做什么。这就可能导致项目计划和成本的重大变更。同样，如果项目是一个商业项目，经常必须在中途进行变更，以响应客户和/或应对竞争对手的新需求。不稳定的项目范围是成本超支的一个主要来源。虽然每一项工作都应该提前确定项目范围，但在我们快速变化的世界中，这样做变得越来越困难。
- 人们过于乐观了。有可靠的研究表明，人们倾向于高估自己完成事情的速度（Buehler，Griffin，& Ross，1994；Lovallo & Kahneman，2003）。
- 人们会进行战略性的虚假陈述。越来越多的证据表明，为了获得批准，一些项目发起人低估了项目的成本，高估了项目的收益。对于大型公共工程项目来说尤其如此，这些项目有一个臭名昭著的习惯，就是经常超出预算（记住生活快照 5.1）。

现实情况是，对于许多项目来说，并不是都可获得做出准确估算所需的所有信息，而且准确预测未来也是不可能的。与获得项目批准相关的人为因素和政治动态进一步加剧了这一挑战。问题在于，没有可靠的估算，项目计划的可信度就会受到侵蚀。最后期限变得毫无意义，预算摇摆不定，问责制形同虚设。

这些挑战将影响最终的时间和成本估算。即使最好的估算工作，在建立基准进度计划和预算之前，也有必要根据相关信息修改估算。

有效的组织在风险、资源和具体情况得到更明确的定义后，会调整对具体任务的估算。他们认识到，从基于 WBS 的详细估算中生成的汇总估算只是起点。当他们深入研究项目规划过程时，他们会在特定活动的时间和成本上做出适当的修订。他们在项目预算和进度安排中把资源的最终分配也作为一个因素来考虑。例如，当意识到只有 3 台而不是 4 台推土机可以清理一个场地时，他们就会调整该活动的时间和成本。他们调整估算，以考虑减轻项目潜在风险的具体行动。例如，为了减少设计代码错误的可能性，他们在进度计划和预算中增加了独立测试人员的成本。最后，组织调整估算以考虑应对异常情况。例如，如果勘探的土壤样本显示出有过量的地下水，那么他们就会调整地基成本和施工时间。

总会有一些错误、遗漏和调整，需要在估算中进行额外的变更。幸运的是，每个项目都有一个适当的变更管理系统来适应这些情况和容纳项目基准的任何影响。变更管理和应急资金将在第 7 章中讨论。

5.8 创建估算数据库

5-5：为将来的项目提出一个开发估算数据库的方案。

改善估算的最佳方法是收集和归档关于过去项目估算值和实际情况的数据。保存历史数据（估算的和实际的），为改善项目时间和成本估算提供了一个知识库。在领先的项目管理组织中，创建一个估算数据库是一种“最佳实践”。

一些组织，如波音和 IBM，拥有由专业估算师组成的大型估算部门，他们开发了大量的时间和成本数据库。其他公司则通过项目办公室收集这些数据。这种数据库估算方法允许项目估算师从数据库中选择一个包含特定工作包的任务项。然后估算师对材料、劳动力和设备进行必要的调整。当然，在数据库中找不到的任何项都可以添加到项目中（如果需要的话），最终还可以添加到数据库中。同样，数据库估算的质量取决于估算师的经验，但随着时间的推移，数据质量应该会提高。这样的结构化数据库可以为估算师的反馈服务，并作为每个项目成本和时间的基准。此外，对不同项目的估算值和实际值进行比较，可以提示估算中固有的风险程度。图 5.7 是一个与实际数据库相似的数据库结构。

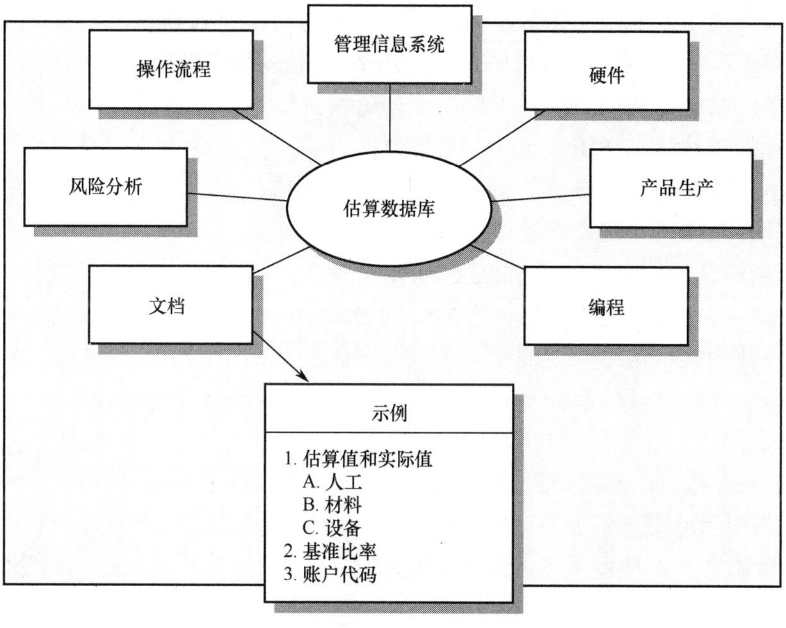

图 5.7　估算数据库模板

5.9 巨型项目：一个特例

5-6：理解估算大型项目的挑战，并描述做出更明智决策的步骤。

巨型项目是大型的、复杂的项目，通常需要花费 10 亿美元或更多，需要很多年才能完成，涉及多个私人和公共利益相关者。它们往往是交通类项目，且影响数百万人（Flyvbjerg，2014），例如高铁、机场、医疗改革、奥运会、新飞机的研制等。除范围大和复杂性高之外，这些项目还有什么共同点？它们都倾向于超出预算，并落后于计划。例如，1995 年开放的新丹佛机场的成本超出预算 200%，竣工时间比原计划晚了两年。英吉利海峡隧道全长 31 英里，连接法国和英国，预算超支 80%。这只是许多公共工程和其他巨型项目成本远远超出计划的两个例子。在对政府基础设施项目的研究中，傅以斌（Flyvbjerg）发现桥梁/隧道、道路和铁路的成本比基准估算分别低估了 34%、20%和 45%（Flyvbjerg，Bruzelius，& Rothengatter，2003）！

大型项目往往会带来双重打击。它们不仅花费了比预期多得多的成本，而且未能实现它们本该提供的利润。丹佛机场在第一年的运营中只实现了 55%的预测客货流量。英吉利海峡隧道的流量收入是预期的一半，内部收益率为−14.5%！傅以斌的研究再次揭示了大多数基础设施项目的利用率不高的模式（Flyvbjerg 等，2003），包括印度加尔各答地铁的预测利用率只有 5% ！

那么，为什么会出现高估收益和低估成本的一贯模式呢？许多人认为，纯粹的复杂性和较长的时间跨度使得人们不能准确估算成本和收益。虽然这是事实，但傅以斌和他同事的研究表明，还有其他因素在起作用。他们得出的结论是，在大多数情况下，项目发起人使用欺骗手段来推动项目，不是为了公共利益，而是为了个人利益，无论是政治上的还是经济上的。欺骗可能是故意的，也可能是过度热情、乐观和无知的产物（Flyvbjerg 等，2003）。在某些情况下，发起人认为，如果人们事先知道真正的成本和所涉及的挑战是什么，就不会有什么伟大的作品诞生（Hirschman，1967）。

在一些巨型项目上，有三重打击。它们不仅超出预算和价值不足，而且维护它们的成本超过了所获得的收益。这类项目被称为“白象”。

“白象”指的是一件有价值但负担沉重的财产，它的主人无法轻易处理掉，其成本（尤其是维护成本）与它的用处不成比例。这个词来源于一个故事，暹罗（现在的泰国）的国王经常把白象作为礼物送给失宠的朝臣。乍一看，能从国王那里得到这样一只受人尊敬的动物是一种莫大的荣耀。然而，真正的目的是通过强迫接受者承担照顾动物的费用来毁掉接受者。

5-7：定义项目管理中的“白象”现象并提供例证。

“白象”的例子比比皆是。当被问及利用率时，市政官员会说是一年一两次。2015 年国际足联丑闻让人们关注到举办世界杯的隐性成本。南非为 2010 年世界杯新建了 6 座世界级体育场。这些场馆在世界杯后产生的收入都没有超过它们的维护成本（Molloy & Chetty，2015）。

无用的“白象”不仅限于建筑物和体育场。法国航空公司不得不封存世界上最快的商业航空公司协和式飞机，因为维护成本和噪声限制达不到每周三次飞行的时间表。在我们的个人生活中，购买无用的东西并不少见，比如未得到充分利用的度假屋或游艇。

傅以斌等人认为，成本超支不是做大事的代价，我们有能力在巨型项目上做出更明智的决定。第一步是假设部分发起人存在乐观偏见，甚至欺骗。项目建议书应由对项目没有既得利益的公正观察员进行彻底审查。有些（如果不是全部的话）财务风险应该由项目发起人和那些从项目中获得经济利益的人来承担。应该使用可持续的商业实践，并将维护成本整合到项目的预测成本/效益分析中。参见生活快照 5.5，看看英国组织者在 2012 年奥运会上是如何避免“白象”诅咒的。

生活快照 5.5：避免“白象”的诅咒

曾经，举办奥运会被认为是至高无上的荣誉，是国家自豪感的巨大源泉。七个城市竞争举办 1992 年冬季奥运会，但只有北京和哈萨克斯坦的阿拉木图提交了 2022 年冬奥会的申办申请。最受欢迎的奥斯陆（挪威）由于缺乏公众支持而撤回了申请。同样，波士顿在公众的强烈抗议下撤回了申办 2024 年夏季奥运会的申请。

为什么抗议？因为过高的成本超支及要消耗极大的维护成本。奥运会在历史上一直是昂贵的累赘。

一些人将希腊的经济崩溃归咎于 2004 年夏季奥运会（Flyvbjerg，2014）带来的过高债务。“那时候感觉很好，因为我们是世界的中心，我们可以炫耀我们的国家。”希腊体操联合会的体操运动员克里斯托斯·利巴诺夫斯（Christos Libanovnos）说，“但这花了多少钱？这么多钱，数十亿欧元。现在我们破产了，一天比一天糟。很难不去看其中的联系。很难不去想也许不值得。”（Sanborn，J.）

也许奥运“白象”最臭名昭著的例子是 1976 年蒙特利尔奥林匹克体育场。由于其独特的甜甜圈设计，该体育场最初被称为大甜圈（Big O），很快在加拿大被称为大包袱（Big Owe）。更糟糕的是，在奥运会开幕时，体育场还没有完全完工。自从 2004 年成功举办的蒙特利尔世博会搬到华盛顿特区后，这座体育场就没有主租客了。

2012 年伦敦奥运会的组织者承诺要减少奥运会的财政后遗症。特别是，他们很清楚奥运会后那些不再需要的建筑的隐性维护成本。与欠发达国家相比，他们的一个优势是基础设施和许多场馆已经到位，只要为奥运会做点必要的升级即可。他们为不太流行的运动建造了临时竞技场。例如，在奥运会之后，水球竞技场被拆除，材料被回收。能容纳 12 000 个座位的篮球场被设计成便携式的，以便在未来的奥运会上使用。可伸缩性是另一个需要考虑的关键因素。例如，在奥运会期间，有超过 1.7 万人在新建的游泳中心观看游泳比赛。奥运会后，水上运动中心被缩减为容纳 2 500 人的，现在向公众开放。

为了表彰其成就，2012 年伦敦奥运会获得了第六届国际体育赛事的环境和可持续类金牌。2012 年伦敦奥运会的可持续发展主管 David Stubbs 说："我们向世界做出了巨大的承诺，要举办一届现代最可持续的奥运会。""七年的时间里，我们接待了 900 万名游客，获得了 2 484 块奖牌，这就是我们所取得的成就。"

特别是，傅以斌提倡基于过去完成的类似项目成果的外部视图。它被称为参考类预测（Reference Class Forecasting，RCF），包括三个主要步骤：

1. 选择与潜在项目类似的项目参考类，例如货船或桥梁。

2. 收集并汇总结果数据作为一种信息参照。按照原始项目估算的百分比创建成本超出的参照（从低到高）。

3. 使用参照的数据来达成一个现实的预测。将项目的原始成本估算与参考类项目进行比较。以一个 3 英里长的铁路隧道项目为例。隧道发起人估计，这将耗资 1 亿美元。对该地区类似隧道工程的分析表明，它们平均超出预算 34%。如果支持者不能给出一个合理的解释"为什么这个项目会有所不同"决策者应该假设隧道将花费至少 1.34 亿美元。

RCF 引人注目的好处有如下这些：

- 外部经验数据可以减轻人为偏见。
- 政治、战略和推动力量难以忽视外部 RCF 信息。
- RCF 可为大型项目提供资金的现实检验。
- RCF 有助于高管规避不合理的乐观情绪。
- RCF 可改善问责制。
- RCF 为项目应急资金奠定了基础。

随着政府和组织要求使用 RCF 来调整项目发起人的估算，并提升成本/收益的准确性，RCF 的使用正在增加。

本章小结

优质的时间和成本估算是项目控制的基础。过去的经验是这些估算的最佳起点。估算的质量还受到其他因素的影响，如人员、技术和停工。卓越的公司记录过去的经验，并创建一个估算数据库，提供关于特定工作包成本的快速和准确的信息。

使用自上而下估算对于初始决策和战略决策是很好的。然而，在大多数情况下，自下而上估算方法是首选的，而且更可靠，因为它估算每个工作包，而不是整个项目、部分项目或项目的可交付成果。估算每个工作包的时间和成本有助于项目进度计划和时间阶段预算的制订，进度计划和预算是在项目实施时控制项目所必需的。使用估算指导原则将有助于消除许多常见错误，而那些不熟悉为项目控制去估算时间和成本的人易犯这些常见错误。

估算时间和成本细节的层次应该遵循“仅仅是必要和充分的”。管理者必须记住区分承诺支出、实际成本和计划成本。众所周知，明确定义项目目标、范围和规格方面的前期工作极大地提高了时间和成本估算的准确性。

文化在估算中起着重要作用。如果重点是找到哪里出了问题，而不是谁该受到责备，那么人们应该更坦率地分享他们的经验和见解。然而，如果你在一个惩罚性的企业文化中工作，只关心结果，你可能对你分享的东西更加谨慎，甚至出于自我保护而夸大估算。

最后，地铁系统或足球运动馆建设等巨型项目往往成本被低估，收益被高估。它们也可能演变成维护成本超过收益的累赘。必须采取措施消除偏见，并将巨型项目的估算与过去已完成的类似项目进行比较。

关键术语

Apportionment 分摊
Bottom-up Estimates 自下而上估算
Delphi Method 德尔菲法
Direct Costs 直接成本
Function Point 功能点
Learning Curve 学习曲线
Overhead Costs 管理费用
Phase Estimating 阶段估算法
Range Estimating 范围估算法
Ratio Method 比率法
Reference Class Forecasting（RCF）参考类预测
Template Method 模板方法
Time and Cost Databases 时间和成本数据库
Top-down Estimates 自上而下估算
White Elephant 白象

复习题

1．为什么精确的估算对有效的项目管理至关重要？

2．组织文化如何影响估算的质量？

3．自下而上估算和自上而下估算方法有什么区别？在什么情况下，你会选择其中一个而不是另一个？

4．成本的主要类型是什么？哪些成本是项目经理可以控制的？

5．为什么很难估算巨型项目（如机场、体育馆）的成本和收益？

6．定义项目管理中的“白象”，提供一个真实的示例。

生活快照讨论题

5.1 波特兰空中有轨电车

1. 你能想到一个当地的公共项目有像波特兰有轨电车项目那样严重的成本超支吗？
2. 你是否同意“如果人们事先知道真正的成本和挑战是什么，就不会有任何伟大的成就”的说法？

5.2 德尔菲法

哪种估算最适合这种方法？

5.3 估算的精确度

为什么 IT 项目的估算范围比建筑项目的大这么多？

5.5 避免“白象”的诅咒

1. 你能举出一些“白象”的例子吗？
2. 你认为奥运会组织者还可以做些什么来让这项赛事更具可持续性？

练习题

1. 使用以下数据计算项目团队成员的直接劳动力成本：

每小时工资率：50 美元/小时

所需时间：120 小时

间接费用分摊率：40%

2. 使用以下数据计算项目团队成员的直接和总直接劳动力成本：

每小时工资率：50 美元/小时

所需时间：100 小时

间接费用分摊率：30%

3. 为了买房子，明斯特夫妇（Munsters）一直在存钱。他们认为，考虑到目前的利率，他们买得起一套 40 万美元的房子。在市场上找房子之前，他们决定探索建造新房子的可能性。明斯特夫妇估计，他们可以花 7 万～7.5 万美元买到一块合适的地。他们想建一幢面积至少 2 400 平方英尺的房子。他们知道这种质量房子的市场造价是每平方英尺 160 美元。有了这些信息，明斯特夫妇应该选择建造一座新房子吗？

4. 普林斯基（Publinsky）和她的丈夫赞德（Xander）正在规划他们的梦想之家。房子坐落在一座小山的高处，可以看到怀特山的美丽景色。设计图显示房子的面积为 2 900 平方英尺。类似的地块和房屋的平均造价是每平方英尺 150 美元。幸运的是，赞德是一名退休的管工，他觉得自己安装管道可以省钱。普林斯基觉得她可以负责室内装饰。他们都觉得可以在两个儿子的帮助下完成外部的油漆。

以下是一家当地银行提供的平均成本信息，该银行向当地承包商提供贷款，并在核实具体任务完成后向承包商支付进度款。

- 25%的贷款在挖掘和构架工作完成后发放。
- 8%的贷款在屋顶和壁炉完成后发放。

- 3%的贷款在布线完成后发放。
- 6%的贷款在水管工程完成后发放。
- 5%的贷款在整理工作完成后发放。
- 17%的贷款在窗户、隔热层、人行道、灰泥工作和车库完成后发放。
- 9%的贷款在炉子安装工作完成后发放。
- 4%的贷款在管道设备安装好后发放。
- 5%的贷款在外部油漆完成后发放。
- 4%的贷款在灯具安装（完成了灯架等硬件安装）好后发放。
- 6%的贷款在地毯铺设完成后发放。
- 4%的贷款在室内装修完成后发放。
- 4%的贷款在地板铺设完成发放。

a．如果普林斯基家的房子全部由承包商完成，估算成本是多少？

b．估计一下，如果普林斯基夫妇利用他们的才能自己完成部分工作，这座房子的成本会是多少？

5．图 5.8 是按百分比分配成本的项目 WBS。如果项目总成本估算为 80 万美元，那么以下交付成果的估算成本是多少？

a．设计阶段

b．编程

c．内部测试

这种估算方法的固有弱点是什么？

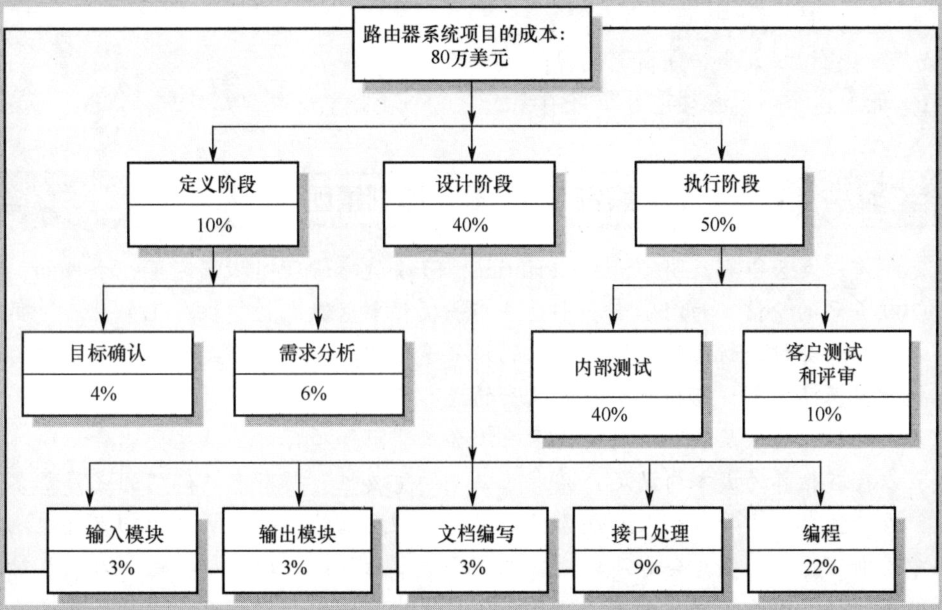

图 5.8　按百分比分配成本的项目 WBS

6. 假设你是潮汐 2 软件项目的项目经理，要求你计算该项目的预期成本。贵公司的数据库显示，开发人员每个人每月可以处理 8 个功能点，贵公司每个开发人员每月的成本是 5000 美元。你和你的 5 名团队开发人员提出了以下要求：

要　素	功能点	复杂性
输入	10	低
输出	4	低
查询	4	高
文档	28	中
接口	18	高

使用表 5.2 所示的“复杂性加权”方案和所提供的信息，计算潮汐 2 项目的总功能点数量、估算成本和估算工期。

7. ω2 项目。使用表 5.2 所示的“复杂性加权”方案和以下功能点复杂性权重表，估算总功能点数。假设历史数据表明，5 个功能点相当于一个月一个人，并且已经分配了 6 个人在这个项目中工作。

复杂性权重表		
输入的数值	15	评价复杂性低
输出的数值	20	评价复杂性平均
查询的数值	10	评价复杂性平均
文档的数值	30	评价复杂性平均
接口的数值	50	评价复杂性高

a. 估算的项目工期是多少？

b. 如果有 20 人参与项目，估算的项目工期是多少？

c. 如果这个项目必须在 6 个月内完成，这个项目需要多少人？

案例 5.1：夏普印刷集团

三年前，夏普印刷集团（Sharp Printing，SP）战略管理团队制定了一个目标，要以低于 200 美元的价格，为消费者和小企业市场提供彩色激光打印机。几个月后，高级管理层在场外开会讨论新产品。这次会议的结果是一组与主要的可交付成果相匹配的通用技术规范、产品发布日期和基于以前经验的成本估算。

不久之后，为中层管理人员安排了一次会议，解释项目目标、主要职责、项目开始日期，以及在估算的成本内满足产品发布日期的重要性。所有有关部门的成员都参加了会议，群情振奋。尽管每个人都认为风险很高，但承诺给公司和员工的回报却在他们的脑海中清晰可见。一些与会者质疑项目工期和成本估算的合理性。一些研发人员对以不到 200 美元的价格生产高质量产品所需要的技术感到担忧。但考虑到当时的激动情绪，每个人都认为这个项目值得做，而且是可行的。彩色激光打印机项目由此成了公司最高优先级的项目。

劳伦（Lauren）被选为项目经理。她拥有 15 年的打印机设计和制造经验，包括成功管理多个与商业市场打印机相关的项目。由于她是对项目成本和时间估算表示怀疑的人之一，她觉得自己首先要考虑的是，为可交付成果获取良好的自下而上的时间和成本估算。她很快与重要的利益相关者召开了会议，去创建识别工作包和负责实现工作包的组织单元的 WBS。劳伦强调，如果可能的话，她想从那些会做这项工作或最具有知识的人那里获得时间和成本估算。鼓励从多个来源进行估算。估算将在两周内完成。

汇编后的估算被置入 WBS/OBS 中后，觉得相应的成本估算似乎是错误的。因为成本估算比自上而下的高级管理层的估算高出 1 250 000 美元；这代表大约有 20%的超支！此外，基于项目网络计算的自下而上的时间估算也比高级管理层的时间估算长 4 个月。劳伦又召开了另一次与重要利益相关者的会议，以检查估算结果，并对替代方案进行头脑风暴。在这次会议上，每个人都同意自下而上的成本和时间估算似乎是准确的。以下是来自头脑风暴会议的一些措施建议。

- 变更范围。
- 外包技术设计。
- 使用优先级矩阵（见第 4 章），让最高管理层来明确他们的优先级。
- 与另一个组织合作或建立研究伙伴关系，共同分担成本，分享新开发的技术和生产方法。
- 取消项目。
- 委托进行一次激光打印机盈亏平衡研究。

虽然大家一致认为可以将时间压缩到上市日期，但要付出额外的成本，而具体节省的措施却很少。

劳伦与营销经理康纳（Connor）、生产经理金（Kim）和设计经理盖奇（Gage）会面，他们提出了一些削减成本的想法，但对目前的成本超支来说微不足道。盖奇说："我可不想把这个消息告诉高级管理层，说他们的成本估算比实际低了 125 万美元！祝你好运，劳伦。"

1. 此时，如果你是项目经理，你会怎么做？
2. 在制定估算时，最高管理层是否采取了正确的行动？
3. 对于这样的一个事关组织使命的项目，应该使用什么样的估算技术？

案例 5.2：毕业后的冒险之旅

乔希（Josh）和迈克（Mike）是在明尼苏达州圣保罗的玛卡莱斯特学院（Macalester College）上大一时认识的室友。尽管他们开始时不太和谐，但后来还是成为了最好的朋友。为了庆祝六月的毕业，他们正计划一起进行为期两周的冒险之旅。乔希从来没去过欧洲，他想去法国或西班牙。迈克曾在丹麦的奥胡斯（Aarhus）度过了一个学期，并在北欧广泛旅行。虽然迈克从未去过法国或西班牙，但他想去一些更有异国情调的地方，像南非或越南。在过去的一个星期里，他们一直在争论应该去哪里。乔希认为，飞往南非或越南的费用太高，而迈克反驳说，一旦他们到了那里，在越南或南非旅行会便宜得多。他们同意每人不能超过 3 500 美元的预算，并且只能去两周。

一天晚上，当他们和朋友喝着啤酒争论时，萨拉（Sara）说："你们为什么不利用你们在项目管理课上学到的知识来决定该做什么呢？"乔希和迈克互相看了看，一致认为这很有道理。

1. 假设你是迈克或乔希，你将如何使用项目管理方法来做决定？
2. 先只看成本，你会做什么决定？
3. 除成本外，在做决定之前还需要考虑哪些因素？

附录 5A：学习目标

学习附录后你应该能够：

5A-1 使用学习曲线来改进任务持续时间和成本的估算。

5A.1.1 估算的学习曲线

5A-1：使用学习曲线来改进任务持续时间和成本的估算。

对执行工作包或任务所需时间的预测估算是项目进度计划的基本必要条件。在某些情况下，管理者仅仅使用判断和过去的经验来估算工作包的时间，或者使用类似任务的历史记录。

大多数管理者和员工直觉地知道，完成一项或一组任务所需的时间是可通过重复来改善的。工人可以在第二次完成同样任务时比第一次做得更好/更快，而且无须任何技术变革，后续每次都能更好/更快地成功完成。这种改进模式对项目经理和项目进度调度员来说非常重要。

这种来自重复的改进通常会减少完成任务所需的劳动时间，从而降低项目成本。从所有行业的经验证据来看，这种改进模式已经在学习曲线（也称为改进曲线、经验曲线和行业进步曲线）中被量化，其关系如下：

每当产量增加一倍，生产单位产品所需的劳动时间就以恒定的速度减少。

例如，假设一位制造商有一份 16 台原型机研制的新合同，第一台研制总共需要 800 个工时。过去的经验表明，在相似类型产品生产中，每台经验曲线的改善率为 80%。这种工时改善关系如下所示：

单位		工作时数
1		800
2	800 × 0.80 =	640
4	640 × 0.80 =	512
8	512 × 0.80 =	410
16	410 × 0.80 =	328

通过使用表 5A.1 的单位值，可以确定类似的单位工时。纵观横向线上第 16 台产品和纵向线 80%，我们发现其比率是 0.409 6。通过将这个比率乘以第一台的生产工时，我们得到了第 16 台的工时值：

0.409 6×800=328（工时），或 327.68（工时）

也就是说，假设学习曲线改善率为 80%，第 16 台产品将需要约 328 工时。

表 5A.1　学习曲线单位值

单位数	改善率							
	60%	65%	70%	75%	80%	85%	90%	95%
1	1.000 0	1.000 0	1.000 0	1.000 0	1.000 0	1.000 0	1.000 0	1.000 0
2	0.600 0	0.650 0	0.700 0	0.750 0	0.800 0	0.850 0	0.900 0	0.950 0
3	0.445 0	0.505 2	0.568 2	0.633 8	0.702 1	0.772 9	0.846 2	0.921 9
4	0.360 0	0.422 5	0.490 0	0.562 5	0.640 0	0.722 5	0.810 0	0.902 5
5	0.305 4	0.367 8	0.436 8	0.512 7	0.595 6	0.685 7	0.783 0	0.887 7
6	0.267 0	0.328 4	0.397 7	0.475 4	0.561 7	0.657 0	0.761 6	0.875 8
7	0.238 3	0.298 4	0.367 4	0.445 9	0.534 5	0.6337	0.743 9	0.865 9
8	0.216 0	0.274 6	0.343 0	0.421 9	0.512 0	0.614 1	0.729 0	0.857 4
9	0.198 0	0.255 2	0.322 8	0.401 7	0.493 0	0.597 4	0.716 1	0.849 9
10	0.183 2	0.239 1	0.305 8	0.384 6	0.476 5	0.582 8	0.704 7	0.843 3
12	0.160 2	0.213 5	0.278 4	0.356 5	0.449 3	0.558 4	0.685 4	0.832 0
14	0.143 0	0.194 0	0.257 2	0.334 4	0.427 6	0.538 6	0.669 6	0.822 6
16	0.129 6	0.178 5	0.240 1	0.316 4	**0.409 6**	0.522 0	0.656 1	0.814 5
18	0.118 8	0.165 9	0.226 0	0.301 3	0.394 4	0.507 8	0.644 5	0.807 4
20	0.109 9	0.155 4	0.214 1	0.288 4	0.381 2	0.494	0.634 2	0.801 2
30	0.081 5	0.120 8	0.173 7	0.243 7	0.334 6	0.450 5	0.596 3	0.777 5
40	0.066 0	0.101 0	0.149 8	0.216 3	0.305 0	0.421 1	0.570 8	0.761 1
50	0.056 0	0.087 9	0.133 6	0.197 2	0.283 8	0.399 6	0.551 8	0.748 6
60	0.048 9	0.078 5	0.121 6	0.182 8	0.267 6	0.382 9	0.536 7	0.738 6
70	0.043 7	0.071 3	0.112 3	0.171 5	0.254 7	0.369 3	0.524 3	0.730 2
80	0.039 6	0.065 7	0.104 9	0.162 2	0.244 0	0.357 9	0.513 7	0.723 1
90	0.036 3	0.061 0	0.098 7	0.154 5	**0.234 9**	0.348 2	0.504 6	0.716 8
100	0.033 6	0.057 2	0.093 5	0.147 9	0.227 1	0.339 7	0.496 6	0.711 2
1000	0.006 2	0.013 7	0.028 6	0.056 9	0.108 2	0.198 0	0.349 9	0.599 8

注：表中间部分省略（下同）。

显然，项目经理可能需要更多的单个单位值来估算一些工作包的时间。表 5A.2 中的累积值提供了计算所有单位累计总工时的因素。在前面的示例中，对于前 16 个单元，所需的总工时是：800×8.920=7 136（小时）

表 5A.2　学习曲线累积值

单位数	改善率							
	60%	65%	70%	75%	80%	85%	90%	95%
1	1.000	1.000	1.000	1.000	1.000	1.000	1.000	1.000
2	1.600	1.650	1.700	1.750	1.800	1.850	1.900	1.950
3	2.045	2.155	2.268	2.384	2.502	2.623	2.746	2.872
4	2.405	2.578	2.758	2.946	3.142	3.345	3.556	3.774

续表

单位数	改善率							
	60%	65%	70%	75%	80%	85%	90%	95%
5	2.710	2.946	3.195	3.459	3.738	4.031	4.339	4.662
6	2.977	3.274	3.593	3.934	4.299	4.688	5.101	5.538
7	3.216	3.572	3.960	4.380	4.834	5.322	5.845	6.404
8	3.432	3.847	4.303	4.802	5.346	5.936	6.574	7.261
9	3.630	4.102	4.626	5.204	5.839	6.533	7.290	8.111
10	3.813	4.341	4.931	5.589	6.315	7.116	7.994	8.955
12	4.144	4.780	5.501	6.315	7.227	8.244	9.374	10.62
14	4.438	5.177	6.026	6.994	8.092	9.331	10.72	12.27
16	4.704	5.541	6.514	7.635	**8.920**	10.38	12.04	13.91
18	4.946	5.879	6.972	8.245	9.716	11.41	13.33	15.52
20	5.171	6.195	7.407	8.828	10.48	12.40	14.64	17.13
30	6.097	7.540	9.305	11.45	14.02	17.09	20.73	25.00
40	6.821	8.631	10.90	13.72	17.19	21.43	26.54	32.68
50	7.422	9.565	12.31	15.78	20.12	25.51	32.14	40.22
60	7.941	10.39	13.57	17.67	22.87	29.41	37.57	47.65
70	8.401	11.13	14.74	19.43	25.47	33.17	42.87	54.99
80	8.814	11.82	15.82	21.09	27.96	36.80	48.05	62.25
90	9.191	12.45	16.83	22.67	**30.35**	40.32	53.14	69.45
100	9.539	13.03	17.79	24.18	32.65	43.75	58.14	76.59
1000	20.15	34.01	57.40	96.07	158.7	257.9	412.2	647.4

将累计总工时（7 136）除以单位，就得到单位平均工时：

7 136 工时/16 台= 446 平均工时/每台

请注意，第 16 台产品的工时是 328，与所有 16 台产品的平均工时 446 有何不同？知道平均人工成本和加工成本，项目经理就可以估算出原型机的总成本。

5A.1.2 后续合同的示例

假设项目经理获得了 74 台的后续订单，他应该如何估算工时和成本？从反映学习曲线累积值的表 5A.2 中，我们可以发现在 80%的比率和 90 个总单位的交叉点为 30.35 的比率。

800×30.35=24 280 累积工时/每 90 台产品
减去之前的 16 台的 7 136 工时
后续订单总工时=24 280−7 136=17 144（工时）
17 144/74=232（平均工时/平均每台）

第 90 台产品的工时由表 5A.1 得到：0.234 9×800 = 187.9（工时）。（对于给定值之间的比率，仅仅是估算值。）

5A.2 练习

挪威卫星开发公司（Norwegian Satellite Development Company，NSDC）的世界卫星电话交换项目的成本估算

NSDC 有一份合同，为阿拉斯加电信公司生产八颗卫星来支持一个全球电话系统，允许个人在地球上任何位置使用一个单一的便携式电话进行呼入和呼出。这样 NSDC 就将要开发和生产 8 个单元。NSDC 估算的研发成本是 1 200 万挪威克朗。材料成本预计为 600 万挪威克朗。他们估算，第一颗卫星的设计和生产将需要 10 万工时，预计将有 80%的改善曲线。熟练人工成本为每小时 300 挪威克朗。整个项目的期望利润是总成本的 25%。

A．第八颗卫星需要多少工时？

B．八颗卫星的整个项目需要多少工时？

C．你对整个项目的报价是多少？为什么？

D．在项目进行到一半时，你的设计和生产人员意识到 75%的改进曲线更合适。这对项目有什么影响？

E．项目接近尾声时，德国电信股份有限公司要求估算四颗卫星的成本，与你们已经生产的卫星相同。你给他们的报价是多少？请证明你方的报价。

第6章

制订项目进度计划

Developing a Project Schedule

本章学习目标

通过学习本章内容，你应该能够：

6-1 了解WBS与项目网络图的相互关系。

6-2 使用活动节点法（Activity-On-Node，AON）绘制项目网络图。

6-3 计算活动的最早时间、最晚时间和时差。

6-4 识别并理解管理关键路径的重要性。

6-5 区分自由时差和总时差。

6-6 演示在压缩项目工期或限制活动开始（或结束）时对搭接的理解和应用。

本章概览

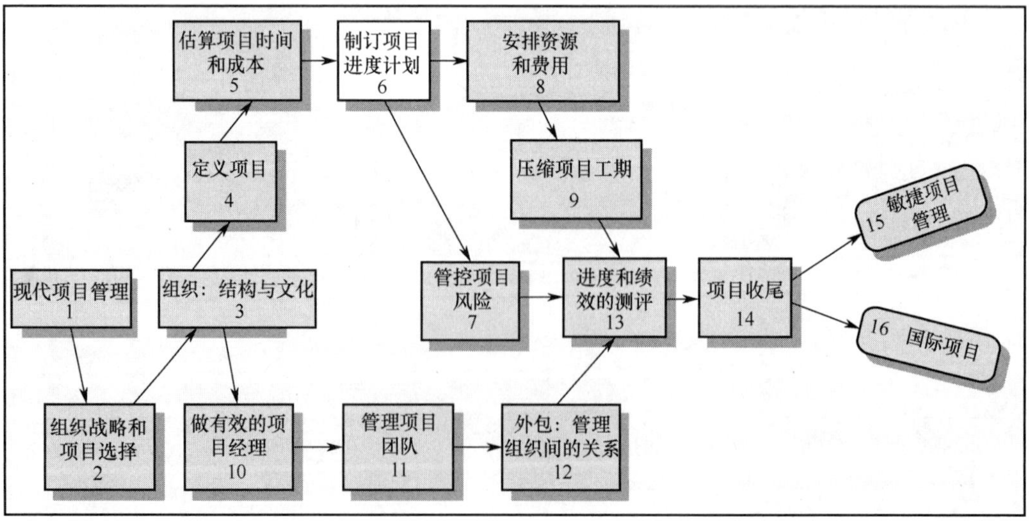

我有六个诚实的仆人（我所知道的都是他们教的）。他们的名字是“什么”、“为什么”、“何时”、“如何”、“在哪里”和“谁”。

——鲁德亚德·吉卜林（Rudyard Kipling）

6.1 绘制项目网络图

项目网络图是用于计划、安排和监控项目进度的工具。网络图是从为 WBS 收集的信息发展而来的，是项目工作计划的图形流程图。网络图描述了必须完成的项目活动、逻辑顺序、要完成的各项活动间的相互依赖性，以及在大多数情况下，网络图最长路径（关键路径）上活动的开始和完成时间。网络图是项目信息系统的框架，项目经理将使用该系统来做出有关项目时间、成本和绩效的决策。

请一些人或几个小组编制项目网络图需要花费一些时间，因此，它们需要花钱！网络图真的值得花钱编制吗？答案是肯定的，除非项目被认为是不费吹灰之力的或者持续时间很短[①]。网络图很容易被其他人理解，因为它以图形的方式显示了整个项目的工作流程和顺序。一旦网络图被编制出来，当项目进展中发生意外事件时，就很容易对其进行修改。例如，如果一项活动的材料被延误了，其影响可以通过计算机快速评估，整个项目只需几分钟就可以修订好。这些修订可以快速地传达给所有项目参与者（例如，通过电子邮件或项目网站）。

项目网络图提供了其他宝贵的信息和见解，为劳动力和设备的安排提供了依据。它加强了沟通，使所有的管理人员和团队在满足项目的时间、成本和绩效目标方面融合在一起。它提供了对项目持续时间的估算，而不是随机选择项目完成日期或某人的偏好日期。网络图给出了活动开始和完成的时间，以及它们可以推迟的时间。它为项目现金流预算提供了依据。它指出哪些活动是“关键的”，因此，如果项目要按计划完成，就不应拖延这些活动。它突出了如果项目需要压缩时间以满足最后期限，需要考虑哪些活动。

还有其他一些原因可以解释项目网络图的重要价值。基本上，项目网络图通过尽早制订计划并允许纠正反馈来减少意外。从实践者那里经常听到的一种说法是，项目网络图代表了 3/4 的规划过程。也许这是一种夸张，但它表明了网络图对一线项目经理的重要性。

6.2 从工作包到网络图

> 6-1：了解 WBS 与项目网络图的相互关系。

项目网络图是由 WBS 发展而来的。项目网络图是一个可视化的流程图，显示了为完成项目必须完成的所有活动的顺序、相互关系和依赖关系。活动是项目中消耗时间的要素，例如，工作或等待。来自 WBS 的工作包用于构建项目网络中的活动。一个活动可以包括一个或多个工作包。活动按顺序排列，以保证项目的有序完成。网络图是用节点（方框）和箭头（线）构建的。

在实践中，把工作包和网络图整合起来的管理过程经常出错。这种错误的主要原因是：

① 这个过程可以通过使用一个简单的责任矩阵来澄清和改进——见第 4 章。

①用不同的组（人）来定义工作包和活动；②WBS 分解混乱，并且不是面向可交付成果或不是面向输出的。WBS 与项目网络的整合对于有效的项目管理至关重要。项目经理必须确保连续性，让定义 WBS 和工作包的同一组人来规划网络活动。

网络图通过识别活动的依赖性、顺序和时间来提供项目进度计划，而 WBS 并不是为这些工作而设计的。开发项目网络计划的主要输入是工作包。请记住，工作包的定义独立于其他工作包，具有明确的起始点和结束点，需要特定的资源，包括技术规格说明，并且工作包有成本估算。然而，这些因素的依赖性、顺序和时间并不包括在工作包中。一项网络活动可以包括一个或多个工作包。

图 6.1 显示了 WBS 示例的一部分，以及如何使用这些信息来开发项目网络图。图 6.1 中最低层级的可交付成果是“电路板”。成本账户（设计、生产、测试、软件）表示项目工作、组织单位责任和工作包的各时段的预算。每个成本账户代表一个或多个工作包。例如，设计成本账户有两个工作包（设计 1-1 和设计 1-2），分别是规格要求和文档。软件和生产账户也有两个工作包。开发网络图需要对所有具有可测量工作的工作包中的任务进行排序。

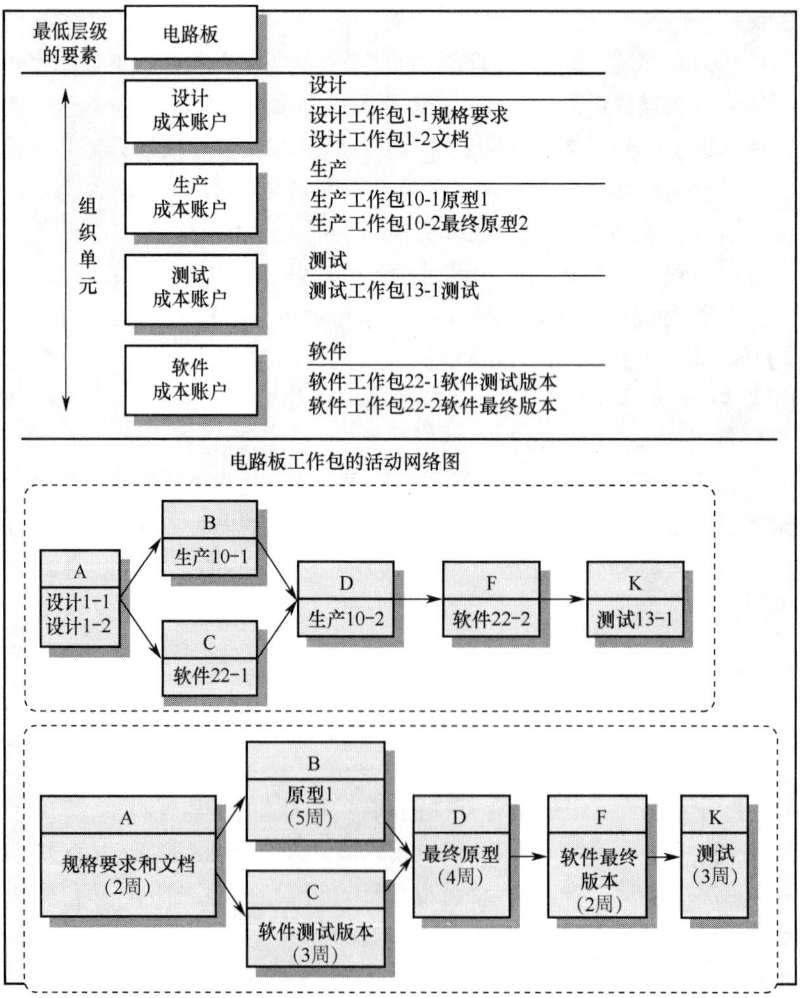

图 6.1　WBS/工作包到网络图

图 6.1 追溯了如何使用工作包来开发项目网络图。你可以通过编码方案跟踪工作包的使用。例如，活动 A 使用工作包设计 1-1 和设计 1-2（规格要求和文档），而活动 C 使用工作包软件 22-1。这种选择工作包来描述活动的方法被用于开发项目网络图，项目网络图按项目活动的顺序和时间排列，必须小心地包括所有工作包。管理者从工作包的任务时间中得出活动时间估算。例如，活动 B（原型 1）需要 5 周时间才能完成；活动 K（测试）需要 3 周时间完成。在计算了活动的最早时间和最晚时间之后，管理者可以安排资源和时间阶段预算（带有日期）。

6.3 构建项目网络图

6.3.1 网络图的基本术语

6-2：使用活动节点法绘制项目网络图。

每个领域都有自己的“行话”，让同事们可以轻松地相互交流所使用的技术。项目经理也不例外。以下是在绘制项目网络图时要使用的一些术语。

活动。对于项目经理来说，活动是项目中需要时间的要素。它可能需要也可能不需要资源。在通常情况下，一个活动会在人们工作或等待的时候消耗时间。后者的例子是等待合同签署的时间，等待材料到达的时间，等待药物被政府批准的时间和等待预算批准的时间。活动通常代表一个工作包中的一个或多个任务。活动的描述应该使用动词/名词的格式，例如，制定产品规格。

并行活动。如果管理者愿意，这些活动可以同时进行。但是，管理者可以选择并行的活动不同时发生。

发散活动。这个活动有多个活动紧跟着它（多个依赖关系箭头从它流出）。

汇聚活动。这个活动前面有多个先行活动（多个依赖关系箭头流向它）。

路径。这是一系列相互关联、相互依赖的活动。

关键路径。该术语指的是通过网络图时间最长的路径；如果这条路径上的一个活动被延迟，项目工期也会被延迟同样的时间。

6.3.2 绘制项目网络图应遵循的基本规则

以下 8 条是绘制项目网络图的通用规则：

（1）网络图通常从左向右展开。

（2）一个活动只有当所有先行活动都完成后才能开始。

（3）网络图上的箭线指明了先行活动和活动流向。箭线可以彼此交叉。

（4）每个活动都应该有一个唯一的识别码。

（5）活动识别码必须大于它之前的任何活动标识码。

（6）不允许循环（换句话说，不能通过一组活动进行循环）。

（7）条件语句是不允许的（这种类型的语句不应该出现：如果条件为“真”，做某事；如果条件为“假”，那就什么都不做）。

（8）经验表明，当有多个活动同时开始时，可以使用一个共同的开始节点来表示网络图上一个明确的项目开始。类似地，可以使用单个项目结束节点来表示明确的结束。

阅读生活快照 6.1，了解上述规则是怎样被应用到创建项目网络图中的。

生活快照 6.1：黄色便利贴绘图法（绘制项目网络图）

在实践中，小型项目网络图（25～100 项活动）经常使用黄色的便利贴。

该项目的要求如下：

（1）项目团队成员和一位项目主持人。

（2）每个活动用一张黄色便利贴（3 英寸×4 英寸或更大）代表，便利贴上印有活动的描述。

（3）可以用的白板（也可以用一块 4 英尺宽的厚纸代替白板）。

所有黄色便利贴都放置在所有团队成员容易看到的地方。团队首先识别那些没有先行工作的活动便利贴。然后将每个活动便利贴都贴在白板上。绘制开始节点，并将依赖关系箭头连接到每个活动。

给定初始网络的开始活动，将检查每个活动是否有直接的后续活动。将这些活动都贴到白板上，并绘制依赖箭头。这个过程将持续进行，直到所有的黄色便利贴都被依赖箭头连接。（注意：过程可以反向进行，从没有后续活动的活动开始，并将它们连接到项目结束节点。为每个活动选择前一个活动，将其贴到白板上，并标记依赖项箭头。）

照片来源：FangXiaNuo/Getty Images

当这个过程完成时，依赖关系被记录在项目软件中，软件根据关键路径及最早时间、最晚时间和时差绘制出一个项目网络图。这种方法使团队成员及早认识到项目活动之间的相互依赖关系。但更重要的是，该方法通过向团队成员提供他们以后必须执行的重要决策的输入来增强他们的能力。

6.4 活动节点法的基础知识

历史上，有两种方法被用于绘制项目网络图：活动节点法和活动箭线法（Activity-On-Arrow，AOA）。随着时间的推移，高级计算机的绘图能力提高了活动节点法的清晰度和视觉效果。今天，活动节点法已经成为几乎所有项目网络计划的主导。由于这个原因，我们将讨论限于活动节点法。图 6.2 显示了构建块在 AON 网络构建中的几个典型用途。活动由节点（框）表示。节点可以有多种形式，但近年来以矩形（框）表示的节点占主导地位。活动之间的依赖关系用 AON 网络上的矩形（框）之间的箭头表示。箭头表示活动是如何关联的，以及必须完成的顺序。箭头的长度和斜率是任意设置的，便于绘制网络。当你学习网络构建和分析的基础知识时，方框中的字母在这里用来标识活动。在实践中，活动有标识号和描述。

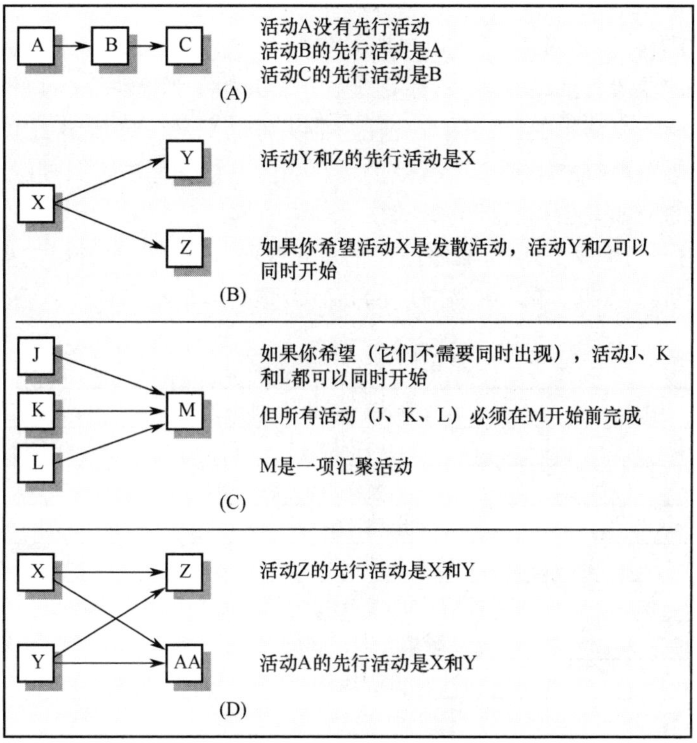

图 6.2　活动节点法的基础知识

对于项目网络图中所包括的活动，必须建立三种基本关系。通过回答每个活动的以下三个问题，可以找到这些关系。

（1）哪些活动必须在此活动之前立即完成？这些活动称为紧前活动。

（2）哪些活动必须紧跟在这个活动之后？这些活动称为紧后活动。

（3）当这个活动发生时，哪些活动会发生？这就是所谓的并行关系。

有时，管理者只能使用问题 1 和问题 3 来建立关系。这些信息允许网络分析师来构建项目活动的顺序和逻辑依赖关系的图示流程图。

图 6.2A 类似于一列要做的事情，需先完成列表顶端的任务，然后再转移到第二个任务，以此类推。这个图告诉项目经理，活动 A 必须在活动 B 开始之前完成，活动 B 必须在活动 C 开始之前完成。

图 6.2B 告诉项目经理，直到活动 X 完成，活动 Y 和 Z 才能开始。这个图还表明如果项目经理愿意的话，活动 Y 和 Z 可以并行或同时发生，然而，这并不是必要条件。例如，浇筑混凝土车道（活动 Y）可以与正在完成的景观种植（活动 Z）同时进行，但清理场地（活动 X）必须在活动 Y 和 Z 开始之前完成。活动 Y 和 Z 被认为是并行活动。并行路径允许同时工作，这可能缩短执行一系列活动的时间。活动 X 有时被称为发散活动，因为从节点发出多个箭头。箭头的数量表示有多少活动紧跟着活动 X。

图6.2C向项目经理展示了活动J、K和L如果需要的话可以同时进行，活动M在活动J、K和L全部完成之前不能开始。活动J、K和L是并行活动。活动M被称为汇聚活动，因为在M开始之前必须完成多个活动。活动M也可以被称为里程碑：一项重要的成就。

在图6.2 D中，活动X和Y是可以同时发生的并行活动，活动Z和AA也是并行活动。但是活动Z和AA要等到活动X和Y都完成后才能开始。考虑到AON的这些基本原理，我们可以练习绘制一个简单的网络图。记住，箭头可以交叉（见图6.2D），可以弯曲，也可以调整长度或倾斜。整洁不是一个有效的、有用的网络图标准，只要准确地包含了所有项目活动、它们的依赖关系和它们的时间估算即可。

表6.1给出了一个简化的项目网络图的信息。该项目是开发一种新的自动化仓库系统，用于拣选冷冻食品的包装订单，并将对应的商品转移到一个集结地，以便运送到商店。

表6.1　网络图基本信息

自动化仓库：订单拣选系统		
活动名称	活动内容描述	紧前活动
A	定义需求	无
B	组建团队	A
C	硬件设计	A
D	软件编程	B
E	组装和测试硬件	C
F	申请专利	C
G	测试软件	D
H	整合系统	E，F，G

图6.3显示了根据表6.1的信息构建AON项目网络图的第一步。我们看到活动A（定义需求）之前没有任何活动，因此，它是要绘制的第一个节点。接下来，我们注意到活动B（组建团队）和C（硬件设计）之前都有活动A。我们画两个箭头，并将它们连接到活动B和C。这个部分向项目经理表明，活动A必须在活动B和C开始之前完成。在完成活动A之后，如果需要，活动B和C可以同时进行。图6.4显示了包含所有活动序列和依赖关系的完整网络图。

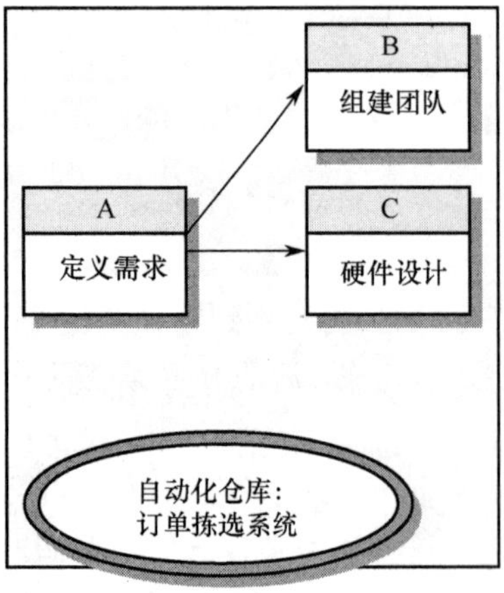

图6.3　自动化仓库的部分网络图

图6.4中的信息对于那些管理项目的人是非常有价值的。然而，估算每个活动的持续时间将进一步增加网络图的价值。一个现实的项目计划和进度安排要求对项目活动进行可靠的时间估算。给网络图增加的时间使我们可以估算这个项目需要多长时间。什么时候活动可以或者必须开始，什么时候资源必须可用，哪些活动可以延迟，项目估算什么时候完成，这些都是由分配的时间决定的。估算活动时间需要对材料、设备和人员等方面的资源需求进行早期评估。从本质上讲，带有活动时间估算的项目网络图将项目的计划、进度安排和控制联系了起来。

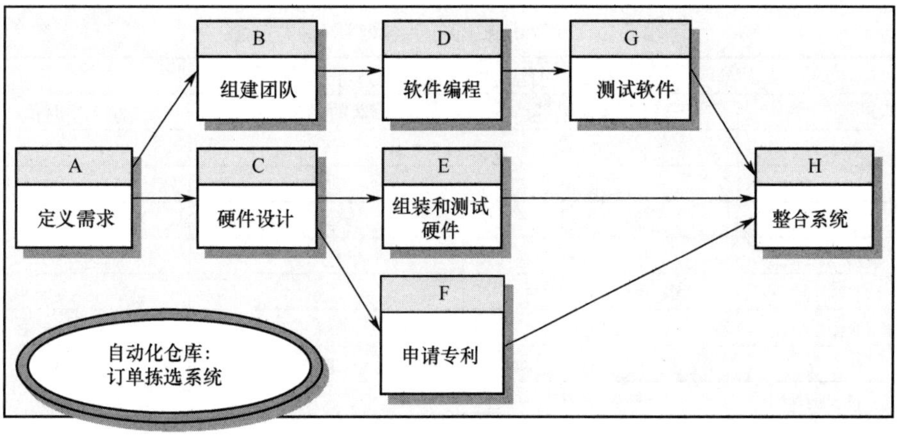

图 6.4　自动化仓库的完整网络图

6.5 网络图的计算步骤

> 6-3：计算活动的最早时间、最晚时间和时差。

绘制项目网络图，将活动置于正确的顺序中，以便计算活动的开始和完成时间。活动时间估算来自工作包中的任务时间，并被添加到网络中（见图 6.1）。做一些简单的计算，使项目经理能够完成顺推和逆推的过程。完成顺推和逆推过程将可以回答以下问题。

顺推法——最早时间：

（1）活动最早可以开始的时间（最早开始：Early Start，ES）？

（2）活动最早可以完成的时间（最早完成：Early Finish，EF）？

（3）项目最早可以完成的时间（预期时间：Expected Time，TE）？

逆推法——最晚时间：

（1）活动最晚可以开始的时间（最晚开始：Late Start，LS）？

（2）活动最晚可以完成的时间（最晚完成：Late Finish，LF）？

（3）哪些活动代表关键路径（Critical Path，CP）？这是网络图中最长的路径，当它被延误时，会导致项目延误。

（4）活动会延误多长时间（时差或浮动时间：SLack or float，SL）？

括号中的术语是在大多数文献、计算机程序和项目经理的日常工作中使用的首字母缩略词。接下来介绍顺推法和逆推法的推算过程。

6.5.1 顺推法——最早时间

顺推法从第一个项目活动开始，并通过网络跟踪每条路径（顺序活动链）到最后一个项目活动。在沿着路径进行跟踪时，要添加每个活动的时间。最长的路径表示计划的项目完成时间，被称为关键路径。表 6.2 列出了我们用于绘制网络图的自动化仓库项目示例的工作日活动时间。

表 6.2 有活动持续时间的网络图基本信息

自动化仓库：订单拣选系统			
活动名称	活动内容描述	紧前活动	活动持续时间（天）
A	定义需求	无	10
B	组建团队	A	5
C	硬件设计	A	25
D	软件编程	B	20
E	组装和测试硬件	C	50
F	申请专利	C	15
G	测试软件	D	35
H	整合系统	E，F，G	15

图 6.5 显示了在节点中标注活动时间估算的网络（参见图例中的“活动持续时间”，简称“DUR”）。例如，活动 A（定义需求）的活动持续时间为 10 个工作日，而活动 E（组装和测试硬件）的持续时间为 50 天。顺推法从项目最早开始时间开始，通常是把这个时间记为零时刻。（注意：日历时间可以在项目规划阶段的后期计算。）

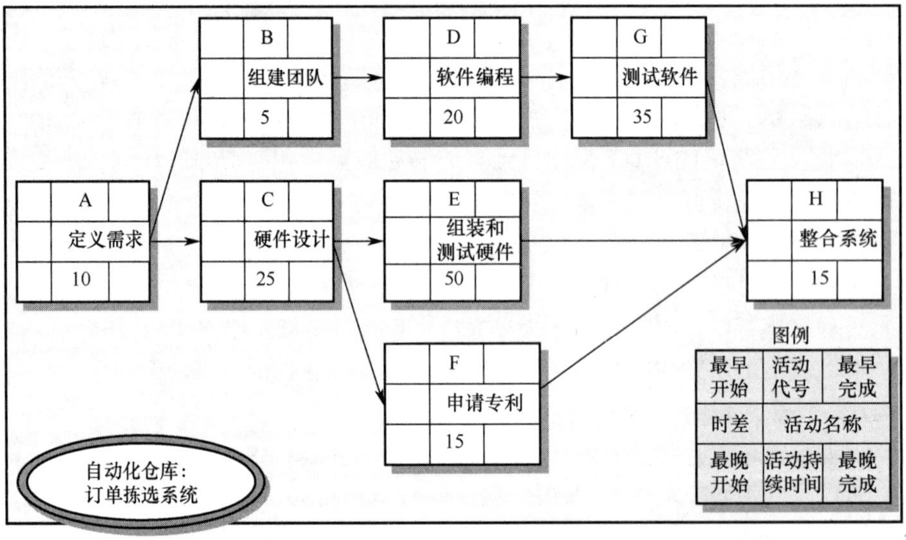

图 6.5 活动节点法的网络图

在自动化仓库示例中，第一个活动（活动 A）的最早开始时间为零。这个时间点位于图 6.6 中 A 节点的活动的左上角。活动 A 的最早完成时间为 10 天（EF = ES + DUR，或 0 + 10 = 10）。接下来，我们看到活动 A 是活动 B（组建团队）和 C（硬件设计）的紧前活动。因此活动 B 和 C 的最早开始时间是在活动 A 完成的那一刻，这个时间就是 10 天。你现在可以在图 6.6 中看到活动 B 和 C 有一个最早开始时间 10 天。根据 EF = ES + DUR 公式，活动 B 和 C 的最早完成时间分别为 15 天和 35 天。按照每个网络路径相同的移动过程，所选活动的最早开始时和最早完成时间如下所示：

活动 D：ES = 15，EF = 15 + 20 = 35

活动 F：ES = 35，EF = 35 + 15 = 50

活动 E：ES = 35，EF = 35 + 50 = 85

活动 G：ES = 35，EF = 35 + 35 = 70

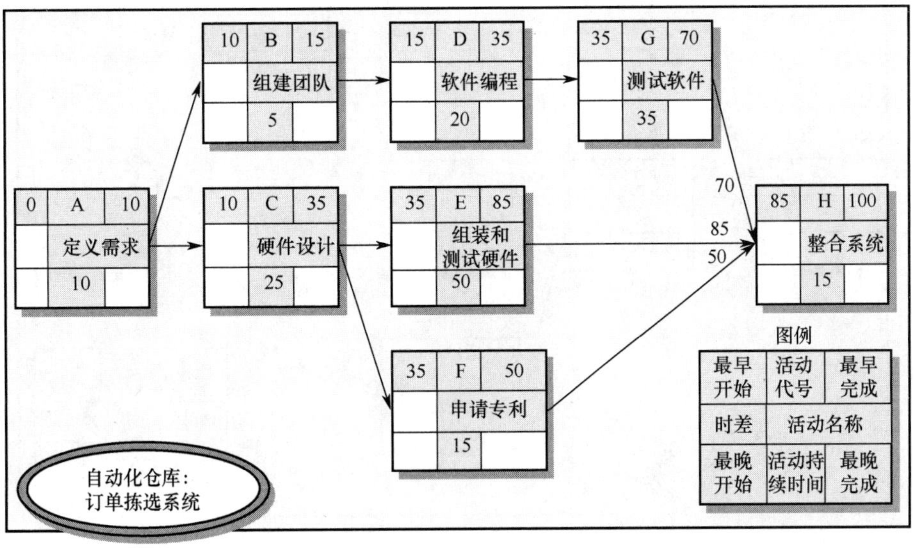

图 6.6　活动节点法的顺推法计算的网络图

活动 H（整合系统）是一个汇聚活动，因为它前面有多个活动。汇聚活动的最早开始时间取决于所有汇聚到它的活动的最早完成时间。在这个项目中，活动 H 的紧前活动有 E、F 和 G。哪个活动控制了活动 H 的 ES ？答案是活动 E。在图 6.6 中，活动 H 的三个紧前活动的 EF 分别是 85 天、50 天和 70 天。由于 85 天是最大的 EF 时间，所以活动 E 控制了活动 H 的 ES，即 85 天。如果活动 E 被延误，活动 H 也会被延迟。活动 H 的最早完成时间是 100 天，或项目的工期为 100 天（EF = ES + DUR，或 85 + 15 = 100）。

顺推法要求在计算最早活动时间时只记住三件事：

（1）沿着网络中的每条路径添加活动时间(最早开始时间 + 持续时间= 最早完成时间)。

（2）把最早完成时间带到下一个活动，在那里它变成了最早开始时间。

（3）如果下一个后续活动是一个汇聚活动，可以选择其所有紧前活动的最大的最早完成时间。

从顺推法中引出的三个问题已经得到了回答，也就是说，已经计算了最早开始时间、最早完成时间和项目预期持续时间。下一个要学习的是逆推法。

6.5.2　逆推法——最晚时间

逆推法从网络图上的最后一个项目活动开始，在每条路径上回溯，减去活动持续时间以找到每个活动的最晚开始时间和最晚完成时间。在使用逆推法计算之前，必须选择最后一个项目活动的最晚完成时间。在早期规划阶段，这个时间通常与最后一个项目活动的最早完成时间相等（如果有多个要完成的活动，以 EF 最大的活动为准）。在某些情况下，存在一个强制性的项目工期截止日期，这个日期就可当作最晚完成时间。让我们假设出于计划目的，我们可以接受 EF 项目持续时间等于 100 个工作日。活动 H 的 LF 变为 100 天（EF= LF）（见图 6.7）。

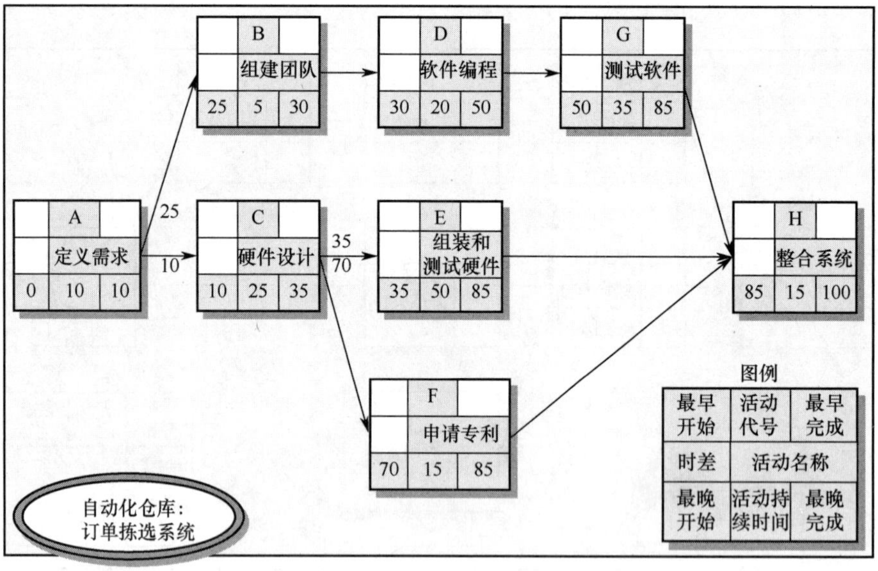

图 6.7　活动节点法的逆推法计算的网络图

逆推法与顺推法相似，你需要记住三件事：

（1）减去从项目结束活动开始的每条路径上的活动时间（LF−DUR = LS）。

（2）把一个活动的 LS 移到它的紧前活动中，就是此紧前活动的 LF。

（3）如果下一个先行活动是发散活动，在这种情况下，选择所有直接紧后活动中最小的 LS 来建立其 LF。

让我们将这些规则应用到自动化仓库示例中。从活动 H（整合系统）和 100 个工作日的 LF 开始，活动 H 的 LS 是 85 天（LF−DUR = LS，或 100−15 = 85）。活动 H 的 LS 变为活动 E、F 和 G 的 LF。在网络上逆向推算，E、F 和 G 的最晚开始时间如下（LS = LF−DUR）：

活动 E：LS = 85−50 = 35

活动 G：85−35 = 50

活动 F：LS = 85−15 = 70

此时我们看到活动 C 是一个发散的活动关系，它是活动 E 和 F 的紧前活动。活动 C 的最晚完成时间是由活动 E 和 F 的 LS 控制的。活动 E 和 F 的最小 LS（分别是 35 天和 70 天）是活动 E 的 35 天。因此活动 C 的 LF 就是 35 天。活动 C 的 LS 变成了 10 天。一直逆推到第一个项目活动，我们注意到它也是一个连接到活动 B 和 C 的发散活动。活动 A 的 LF 由活动 C 控制，其最小的 LS 为 10 天。知道了活动 A 的 LF 为 10 天，那么它的 LS 为零（LS= 10−10 = 0）。逆推法已经完成，并且最新的活动时间都是已知的。图 6.8 显示了一个包含所有最早、最晚和时差的完整的网络图。时差对于管理你的项目很重要。

6.5.3　计算活动时差

1. 总时差

当计算了顺推法和逆推法之后，就可以通过计算“时差”或“浮动时间”来确定哪些

> 6-4：识别并理解管理关键路径的重要性。

活动可以被延迟。总时差（Total slack）告诉我们一项活动可以被推迟而不会影响项目的工期。另一种说法是，总时差是指一项活动在不影响项目结束日期或规定的完成日期的情况下超过其最早完成日期的时间。对某一活动而言，总时差或浮动时间是 LS 和 ES（LS−ES = SL）或 LF 和 EF（LF−EF = SL）之间的差值。例如，在图 6.8 中，活动 D 的总时差是 15 天，活动 F 的总时差是 35 天，活动 E 的总时差是零。如果在一条路径中使用了一个活动的总时差，则活动链中所有后续活动的 ES 将被延迟，它们的时差将会减少。总时差的使用必须与活动链中后续活动的所有参与者协调。在计算每个活动的时差之后，就很容易识别出关键路径。

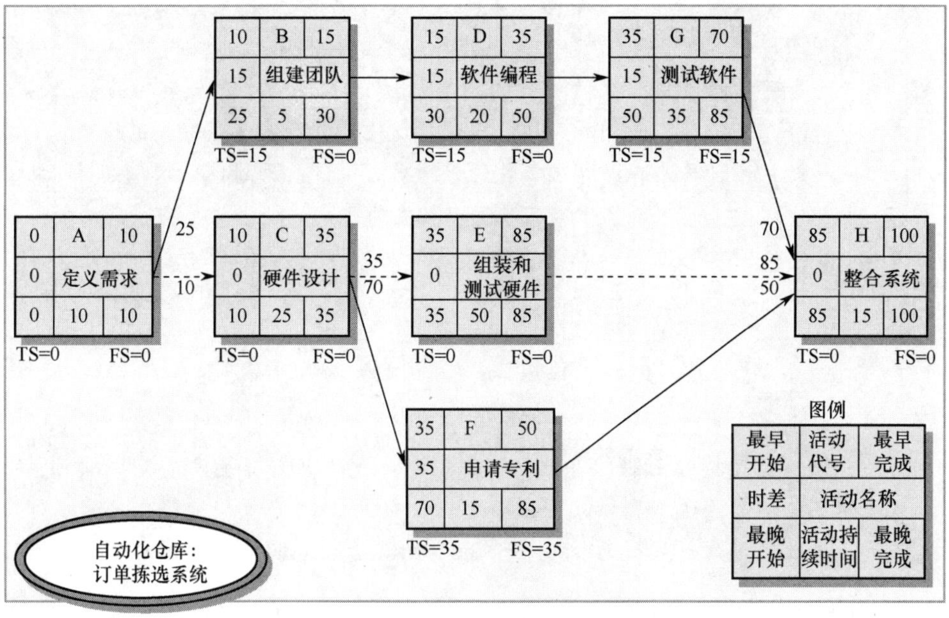

图 6.8　带有时差的顺推法和逆推法完整网络图

因为最终项目活动的 LF = EF（它必定在关键路径上），所以关键路径可以被识别为那些也有 LF = EF 或时差为 0（LF−EF = 0 或 LS−ES = 0）的活动。关键路径通常是具有最小时差的网络路径。这种别扭的文字安排是必要的，因为当项目完成活动的 LF 与顺推法中发现的 EF 不同时，就会出现问题。例如，强加的持续时间日期。如果是这种情况，关键路径上的时差不会为零，它将是项目 EF 和最后一个项目活动的强加的 LF 之间的差值。例如，如果项目的 EF 是 100 天，但是强加的 LF 或目标日期设置为 95 天，那么关键路径上的所有活动的时差为负 5 天。当然，这将导致第一个项目活动推迟 5 天开始：如果项目现在就开始，这是一个倒排时间以预留机动的好技巧。在实践中，当关键路径被延迟时，就会出现负时差。在图 6.8 中，关键路径用虚线箭头标记，是活动 A、C、E 和 H 构成的路径。这些活动的任何延迟都会使整个项目延迟相同的天数。由于实际的项目可能有许多关键的活动，并且有许多紧前的依赖关系，因此在那些负责关键活动的人之间进行协调是至关重要的。关键活动通常占项目活动的 10%左右。因此，项目经理密切关注关键路径活动，以确保它们不会被延迟。请参见生活快照 6.2。

生活快照 6.2：关键路径

关键路径法（Critical Path Method，CPM）一直被认为是项目管理的“圣杯”。以下是资深项目经理在被问及关键路径在项目管理中的重要性时的评论：

- 只要有可能，我都会让最优秀的员工参与关键活动，或者参与那些最有可能成为关键的活动。
- 在进行风险评估时，我特别注意识别那些可能直接或间接影响关键路径的风险，如果把一个非关键活动拖得太迟，它就会变成关键活动。当我有钱可以用来降低风险时，我通常会把钱花在关键的任务上。
- 我没有时间监督一个大项目的所有活动，但我会注意与承担关键工作的人保持联系。当我有时间的时候，我会拜访他们，亲自了解事情的进展。令人惊讶的是，通过与正在做这项工作的普通员工交谈，通过阅读人们的面部表情，我能发现更多的东西，比我从一份以数字为导向的状态报告中获得的多得多。
- 当我接到其他经理的电话，要求“借用”人员或设备时，如果涉及非关键活动的资源，我会慷慨得多。例如，如果另一个项目经理需要一位电气工程师，而他被分配的任务正好有 5 天的时差，我愿意把这个工程师借给另一个项目经理 2～3 天。
- 关键路径之所以重要，最明显的原因是这些活动会影响项目的完成时间。如果我突然接到上级的电话——他们需要我比计划提前两周完成项目，我只能在关键路径上安排加班并添加额外的资源，才能更快地完成项目。同样，如果项目进度开始落后，我要专注于关键活动才能使项目回到进度计划上。

我们使用术语灵敏度来反映项目启动后原始关键路径改变的可能性。灵敏度是关键或近关键路径数量的函数。只有一条关键路径和有大量时差的非关键活动的网络计划是不灵敏的。相反，一个灵敏的网络计划应该是一个有多个关键路径和/或非关键活动的时差很少的网络计划。在这些情况下，一旦项目开始工作，原始的关键路径就更有可能改变。自动化仓库的进度计划有多灵敏？不是很灵敏，因为只有一条关键路径，另外两条非关键路径有 15 天和 35 天的时差，这意味着相当大的灵活性。项目经理评估网络计划的灵敏度，以确定他们应该投入多少注意力来管理关键路径。

2. 自由时差

> 6-5：区分自由时差和总时差。

自由时差（Free Slack，FS）是唯一的。它是一个活动在不延迟任何紧后（后续）活动的情况下可以延迟的时间量，或者说自由时差是指活动超出其最早完成日期而不影响任何后续活动的最早开始日期的时间量。自由时差永远不会是负的。只有许多发生在活动链末端的活动，又是汇聚活动时，才能有自由时差，如图 6.8 所示。

在图 6.8 中，活动 G 有 15 天的自由时差，而活动 B 和 D 没有。在这种情况下，活动 G 是上面一条路径的最后一个活动，并与活动 H 汇聚。因此，将活动 G 延迟 15 天也不会耽误任何后续活动，也不需要与其他活动的管理者进行协调。相反，如果活动 B 或活动 D 被延迟，则需要通知后续活动的经理，时差已经被使用，以便他们调整工作的开始时间。例如，如果活动 B 延迟 5 天，活动 B 的经理应该通知后续活动（D 和 G）的负责人，他们的时差已经减少到只有 10 天，而且他们的最早开始时间将推迟 5 天。在这个例子中，活动 D 直到第 20 天才能开始，这将活动 D 的时差减少到 10 天（LS−ES = SL 或 30−20 = 10）。活动 G 的自由时差也减少到 10 天。

自由时差通常发生在活动链中的最后一个活动上。在某些情况下，“链条”只有一个环节。图 6.8 中的活动 F 就是一个例子。它有 35 天的自由时差。注意，它不需要与其他活动协调，除非延迟超过 35 天的自由时差。（注意：当超过所有自由时差时，你将推迟项目完成时间，并必须与其他受到影响的人进行协调。）

自由时差和总时差的区别乍一看似乎微不足道，但在现实中是非常重要的。当负责一个没有自由时差的后期活动时，你将影响后续活动的日程安排。你应该将你会延迟的信息通知活动链中剩余活动的经理们。再次注意，总时差是在整个路径上共享的。如果你负责的活动在开始时就有自由时差，你不需要通知任何人，只要你的工作没有占用所有的时差！

6.6　顺推法和逆推法的应用

回到图 6.8 中的自动化仓库项目网络图，对于项目经理来说，活动 F（申请专利）有 35 天时差对项目经理意味着什么？在这种特殊情况下，这意味着活动 F 可以推迟 35 天。从更广泛的意义上说，项目经理很快就会认识到自由时差的重要性，因为它允许灵活地安排稀缺的项目资源（人员和设备），这些资源已经用于多个并行活动或另一个项目。

了解 ES、LS、EF 和 LF 对于项目的规划阶段、进度计划阶段和控制阶段是非常宝贵的。ES 和 LF 告诉项目经理活动应该完成的时间间隔。例如，活动 G（测试软件）必须在 35～85 天的时间间隔内完成，意味着活动 G 可以在第 35 天开始，也可以在第 85 天结束。相反，活动 C（硬件设计）必须在第 10 天开始，否则项目将被推迟。

当关键路径已知时，就可以严格管理关键路径上活动的资源，这样就不会出现导致延误的错误。此外，如果由于某种原因，项目必须加快以满足更早的日期，可以选择哪些活动或活动组合，以最低的成本达到缩短项目工期的目的。类似地，如果关键路径被延迟，必须通过缩短关键路径上的某个或多个活动的时间来弥补负时差，那么就有可能确定关键路径上缩短工期时最低成本的活动。如果存在只有极小时差的其他路径，可能在缩短项目工期时，也有必要缩短这些路径上的活动时间。

6.7　活动的细节层次

项目的时段工作和预算对构建项目网络的活动做了详细的界定。通常，一个活动代表一个工作包中的一个或多个任务。每个活动中包含多少任务决定了细节的层次。在某些情况下，最终可能有太多的信息需要管理，这可能导致间接成本的增加。小型项目的经理已经能够通过消除绘制网络图的一些初步步骤来最小化细节层次。大公司也意识到信息超载的成本，并正在努力降低网络图的细节层次。

6.8 绘制网络图时要注意的问题

6.8.1 网络图的逻辑错误

项目网络技术有一定的逻辑规则必须遵循。一个规则是不允许出现条件语句，例如“如果测试成功，则构建原型，如果失败，则重新设计”。网络不是决策树，这是一个我们认为会实现的项目计划。如果允许条件语句，顺推法和逆推法就没有什么意义了。虽然在现实中，一个计划很少会像我们期望的那样实现每个细节，但它是一个合理的初始假设。你将看到，一旦制订了网络计划，就很容易进行修订以适应变更。

另一个妨碍项目网络图和计算过程的规则是循环。循环是规划者返回到较早活动的尝试。请记住，活动之后要考虑的活动，其标识号应始终比前面的高。该规则有助于避免活动之间不合理的优先关系。一个活动应该只发生一次，如果再次发生，活动应该有一个新的名称和标识号，并且应该在网络上以正确的顺序放置。图 6.9 显示了一个不合逻辑的循环。如果允许这个循环存在，这条路径就会不断重复。许多计算机程序可以处理这类逻辑错误。

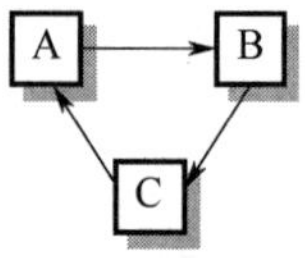

图 6.9　不合逻辑的循环

6.8.2 活动编号要注意的问题

每个活动都需要一个唯一的标识码：一个字母或一个数字。在实践中存在着非常巧妙的编号方案。大多数方案按升序对活动进行编号，即每个后续活动都有一个较大的编号，以便项目活动的走向朝着项目完成的方向进行。习惯上在数字（1，5，10，15，…）之间留间隔。间隔是可设定的，这样你就可以在以后添加丢失的或新的活动。因为几乎不可能画一个完美的项目网络图，网络编号通常是在网络完成后才做的。

在实践中，你会发现计算机程序接受数字编号和字母编号，也可接受活动名称的组合编号。组合命名通常用于确定成本、工作技能、部门和地点。作为一般规则，活动编号系统应该是递增的，并且尽可能简单。这样做的目的是让项目参与者尽可能容易地通过网络图跟踪工作并找到特定的活动。

6.8.3 用计算机绘制网络图要注意的问题

本章讨论的所有工具和技术都可以与现有的计算机软件一起使用。图 6.10 和图 6.11 显示了两个示例。图 6.10 是自动化仓库拣选系统项目的通用的活动节点法计算机输出的示例。注意，这些计算机输出使用数字来识别活动。关键路径由节点（活动）2、4、6 和 9 标识。活动描述显示在活动节点的顶部行，活动开始时间和标识在节点的第二行，完成时间和持续时间在节点的第三行。该项目于 1 月 1 日开始，计划于 5 月 20 日完成。注意，这个计算机网络图示例包括了非工作日的假期和周末。

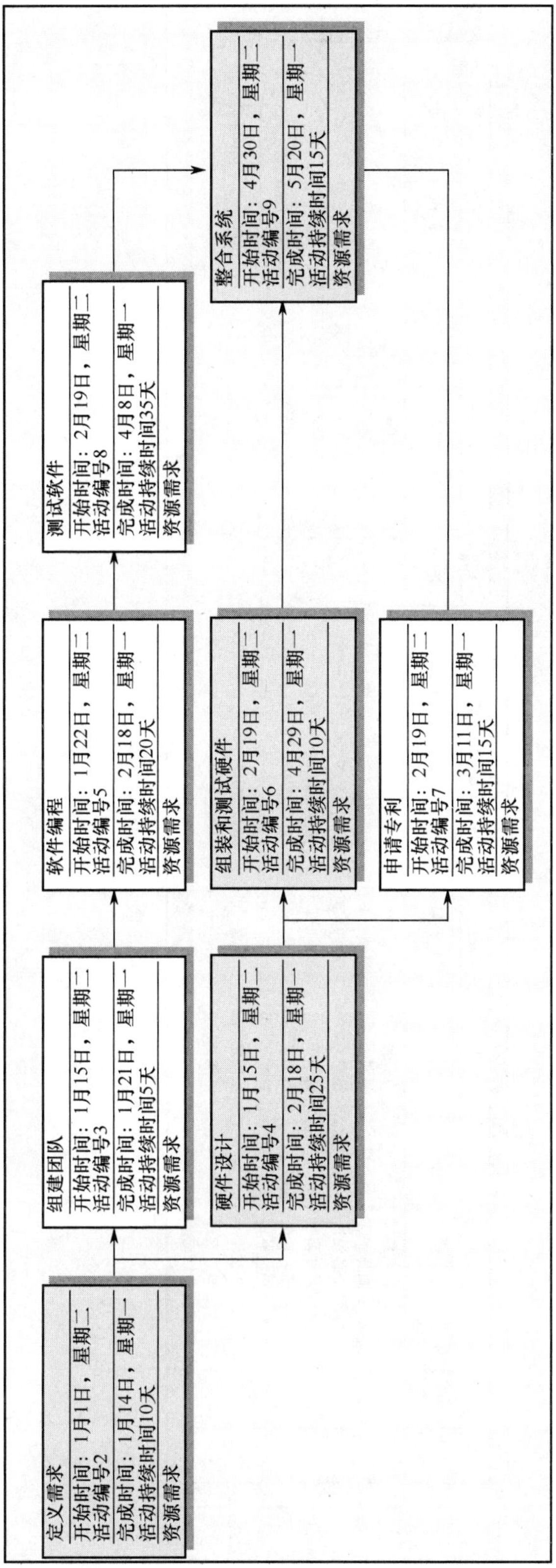

图 6.10　自动化仓库拣选系统网络图

自动化仓库拣选系统进度计划表								
活动编号	活动持续时间	活动名称	开始时间	完成时间	最晚开始	最晚完成	自由时差	总时差
2	10	定义需求	星期二1/1	星期一 1/14	星期二1/1	星期二1/15	0天	0天
3	5	组建团队	星期二1/15	星期一 1/21	星期二2/5	星期一 2/11	0天	15天
4	25	硬件设计	星期二1/15	星期一 2/18	星期二1/15	星期一 2/18	0天	0天
5	20	软件编程	星期二1/22	星期一 2/18	星期二2/12	星期一 3/11	0天	15天
6	50	组装和测试硬件	星期二2/19	星期一 4/29	星期二2/19	星期一 4/29	0天	0天
7	15	申请专利	星期二2/19	星期一 3/11	星期二4/9	星期一 4/29	35天	35天
8	35	测试软件	星期二2/19	星期一 4/8	星期二3/12	星期一 4/29	15天	15天
9	15	整合系统	星期二4/30	星期一 5/20	星期二4/30	星期一 5/20	0天	0天

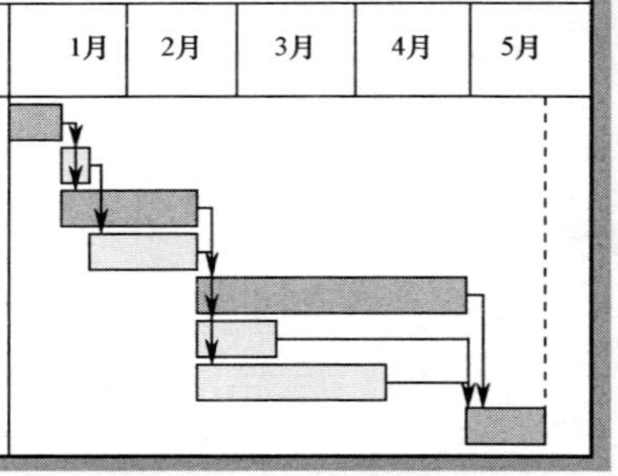

图 6.11　自动化仓库拣选系统甘特图

图 6.11 展示了最早开始的甘特图[①]。甘特图之所以流行，是因为它在时间范围内提供了易于理解、清晰的图形，在计划、资源安排和状态报告中广泛使用。该格式是一种项目进度计划的二维表示，活动横向展开，时间是横轴。在这个计算机输出中，阴影条表示活动持续时间。从横条上延伸出来的线表示时差。例如，“测试软件”（编号 8）的持续时间为 35 天（条形阴影部分），时差为 15 天（用扩展线表示）。甘特图还显示，软件测试提前于 2 月 19 日开始，并将于 4 月 8 日完成，但由于有 15 天的时差，它可以最晚于 4 月 29 日完成。当在时间轴上使用日历日期时，甘特图提供了项目进度的清晰概览，经常会出现在项目办公室的墙上。遗憾的是，当项目有许多依赖关系时，依赖关系线很快就会变得非常庞大，简单明了的甘特图就没法解决了。

对于那些理解并熟悉本文中讨论的工具和技术的人来说，项目管理软件可以提供巨大的帮助。然而，没有什么比使用软件的人对软件的输出知之甚少或一无所知更危险的了。输入错误是很常见的，需要一些熟悉概念、工具和信息系统的人来识别错误，从而避免错误的操作。

6.8.4　标注日历日期的问题

最终，你将希望为项目活动分配日历日期。如果没有使用计算机程序，则手工分配日期。列出一个工作日日历（不包括非工作日），并对它们进行编号。然后将日历工作日与项目网络图上的工作日联系起来。在确定开始日期、时间单位、非工作日和其他信息后，大多数计算机程序将自动分配日历日期。

6.8.5　多项活动同时开始和多项目网络图

一些计算机程序需要一个以节点（通常是一个圆或矩形）形式出现的共同的开始和完成事件。即使这不是一个需求，这也是一个好主意，因为它避免了“悬空”路径。“悬空”路径给人的印象是项目没有一个明确的开始或结束。如果项目有多个可以在项目启动时开始的活动，则每条路径都是“悬空”路径。如果一个项目网络以不止一个活动结束，情况也是如此。这些不相连的路径也被称为悬空活动。通过将悬空活动绑定到一个共同的项目开始或完成节点上，可以避免“悬空”路径。

当把组织中的几个项目捆绑在一起时，使用一个共同的开始和结束节点有助于确定所有项目的总规划周期。使用来自共同开始节点的假想等待或虚拟等待活动，允许每个项目有不同的开始日期。

6.9　网络计划技术在现实中的扩展应用

在前几节中显示的活动之间的逻辑关系都是完成–开始的关系，因为它假定所有的紧前活动必定是在下一个活动开始之前都已经完成的。为了更接近项目的实际情况，我们对网络计划技术做了一些有用的扩展。搭接方法的应用就是网络计划技术的实操者发现的第一个非常有用的扩展方法。

> 6-6：演示在压缩项目工期或限制活动开始（或结束）时对搭接方法的理解和应用。

① 甘特图是 100 多年前由亨利 • 甘特发明的，也叫条形图。

6.9.1 搭接方法的应用

假设所有的紧前活动都必须百分之百地完成，这对于实践中的某些情况来说过于僵化了。当一项活动与另一项活动重叠且持续时间较长时，这种僵化情况就易出现。在标准的完成–开始关系中，当一个活动有一个较长的持续时间且将推迟紧后活动的开始时间时，活动可以分成若干段，网络图的绘制可使用搭接式递进的方法，以便后续活动可以尽早开始，而不用拖延工作。这种更大活动的分段方法在网络图上呈现出搭接式外观，因此得名搭接方法。在许多文章中使用的经典例子是铺设管道，因为它很容易形象化。必须先挖沟，铺设管道，再把沟填平。如果管道有一英里长，就没有必要在开始铺设管道之前挖一英里长的沟渠，也没有必要在开始重新填平管道沟之前铺设一英里长的管道。图 6.12 显示了这些重叠的活动如何绘制在使用标准的完成–开始方法的 AON 网络图中。

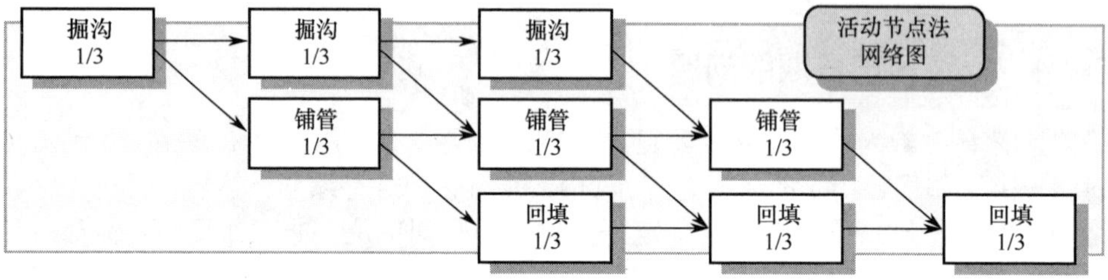

图 6.12 完成–开始关系的应用实例

6.9.2 使用搭接方法来优化进度计划和压缩项目工期

通过使用搭接方法，给网络图的绘制提供了更大的灵活性。搭接时间是相关活动开始或结束时必须延迟的最小时间。在项目网络图中使用搭接主要有两个原因：①当长持续时间的活动使后续活动的开始或完成发生延迟时，网络设计者通常会将后续活动分解为较小的活动，以避免使后续活动产生很长的延误。使用搭接可以避免这种延误并减少网络图的细节。②搭接可以用来约束活动的开始和完成。最常用的关系扩展是开始到开始、完成到完成及这两者的组合。本节将讨论这些关系模式。

1. 完成到开始的关系

完成到开始的关系代表了典型的、通用的网络图风格（在本章的前面部分已经使用）。然而，在某些情况下，即使前一个活动已经完成，序列中的下一个活动也必须延迟。例如，要等到浇注的混凝土固化两个时间单位后才能开始拆除混凝土模板。图 6.13 显示了 AON 网络图的时距搭接关系。在订购材料时经常使用从完成到开始的时距。例如，下订单可能需要 1 天，但接收货物需要 19 天。使用完成到开始，允许活动持续时间只有 1 天，但要滞后 19 天交货。这种方法确保活动成本只与下订单挂钩，而不是按 20 天的工作向活动收取费用。这种完成到开始的关系对于描述运输、法律和邮件的滞后也很有用。

应该仔细检查从完成到开始的滞后时间量的使用，以确保其有效性。保守的项目经理和那些负责完成活动的人已经知道将使用滞后量作为一种建立“润滑”因素的手段，以减少后面可能出现的风险。要遵循的一个简单规则是，使用“完成到开始”的滞后量必须得到负责项目大部分工作的人的同意和批准。滞后量的合规性通常不难辨别。合规使用所显示的附加关系可以通过更贴近项目的实际情况而大大改善网络图。

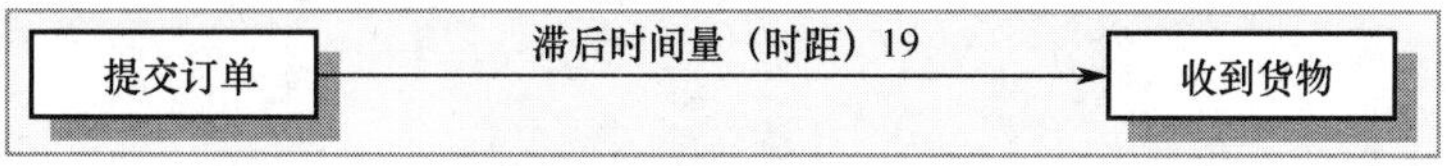

图 6.13　完成到开始的关系图

2. 开始到开始的关系

正如我们前面所做的，对活动进行拆分的另一种选择是使用开始到开始的关系。典型的开始到开始的关系如图 6.14 所示。图 6.14A 显示了零时距的开始到开始的关系，在这种关系中，如在电影片场，你会希望拍摄和录音同时开始。图 6.14B 显示了带有 5 个时间单位的开始到开始的关系。需要注意的是，这种关系可以有时距也可以没有时距。如果分配了时间，它通常显示在 AON 网络图的依赖关系的箭头上。

在图 6.14B 中，编码开始五个时间单位后才能开始测试。这种关系通常描述这样一种情况：你可以执行一个活动的一部分，并在完成第一个活动之前开始下一个活动。这种关系可用于管道铺设工程。图 6.15 显示了一个 AON 项目网络图。通过使用时距搭接关系，开始到开始关系减少了网络图的细节，也减少了项目延迟。

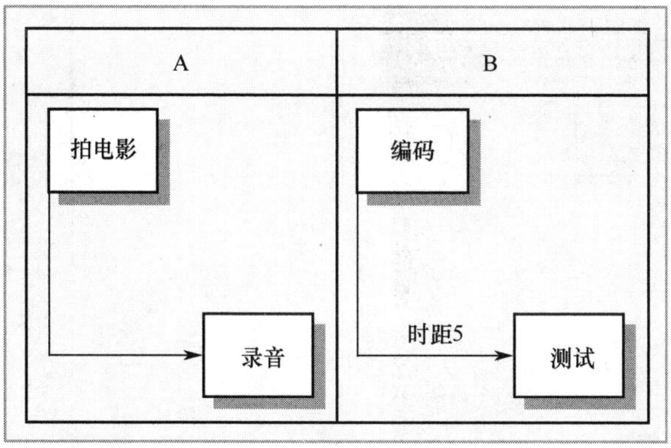

图 6.14　开始到开始的关系图

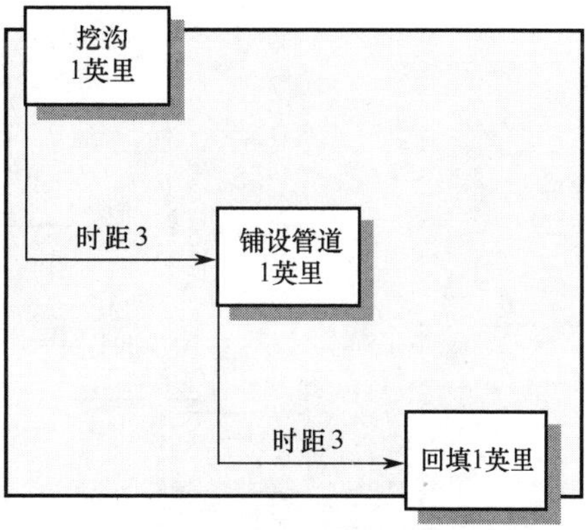

图 6.15　利用搭接方法来压缩项目工期

仔细研究“完成到开始”的关键活动，可能找到一些压缩机会，可以通过使用“开始到开始”的并行关系来进行调整。例如，对于“房子设计完成后，再打地基”的活动关系，可以用开始到开始替代完成到开始的关系，也就说房子设计工作开始五天（时距）后打地基就开始。假定地基设计是整个设计活动的第一部分且已经完成。这种带有时距的开始到开始关系允许并行处理顺序活动，以压缩关键路径的持续时间。同样的概念也经常在项目中出现，人们使用并行工程来加速项目的执行。并行工程（生活快照 6.3 进一步强调了并行工程），基本上把活动分成更小的部分，这样工作可以并行完成，项目可以加快（Turtle，1994）。开始到开始的关系可以描述并行工程的条件，减少网络图的细节。当然，同样的结果也可以通过将活动分解为可以并行执行的小工作包来实现，但后一种方法明显增加了网络和跟踪细节。

生活快照 6.3：并行工程（快速跟进）

在过去，当一个新产品开发项目由一个公司发起时，它将从研发部开始其按顺序流程推进的一系列旅程。概念和创意在研发部被制定出来，并被传递给工程部。工程部有时会重新制作整个产品，再将结果传递给制造部。在制造部产品可能再次被重新加工，以确保产品可以用现有的机器和操作流程进行制造。一旦在生产过程中发现缺陷和改进机会，就开始进行质量改进。这种顺序推进的产品开发方法需要大量的时间，而且与原始规格相比，最终产品完全不一致的情况并不少见。

考虑到对上市速度的要求，公司已经放弃了产品开发的顺序方法，而采用了一种更全面的方法，称为并行工程。简而言之，并行工程需要在整个设计和开发过程中所有相关专业领域的部门都积极参与。一旦有意义的工作可以进入下一阶段，传统的“完成到开始”的连锁关系序列就会被一系列“开始到开始”的时距搭接关系所取代。图 6.16 总结了这种方法在上市时间上取得的巨大收益。

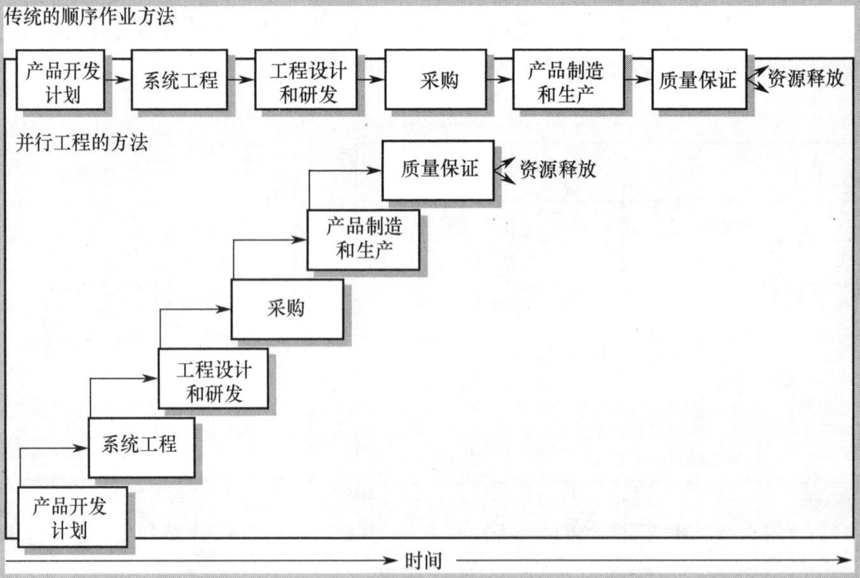

图 6.16　新产品开发流程图

在项目管理领域，这种方法也被称为快速跟进。通用汽车（General Motors）利用这种方法设计了美国第一款混合动力汽车——雪佛兰伏特（Chevy Volt）。从一开始，来自市场、工程、设计、制造、质量保证和其他相关部门的专家就参与了项目的每个阶段。这个项目不仅达到了所有目标，而且提前完成了。

3. 完成到完成的关系

这种关系如图 6.17 所示。一个活动的完成取决于另一个活动的完成。例如，测试只能在原型完成四天后才可完成。注意，这不是一个完成到开始的关系，因为子组件的测试可以在原型完成之前开始，但是在原型完成之后需要四天的“系统”测试。

4．开始到完成的关系

这种关系表示一个活动的完成取决于另一个活动的开始。例如，系统文档编写在测试开始 3 天后才能结束（见图 6.18）。完成系统文档编写的所有相关信息都是在测试的前 3 天生成的。

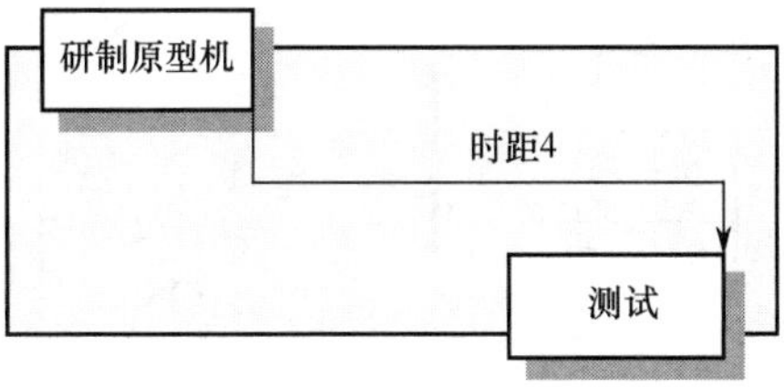

图 6.17　完成到完成的搭接关系图

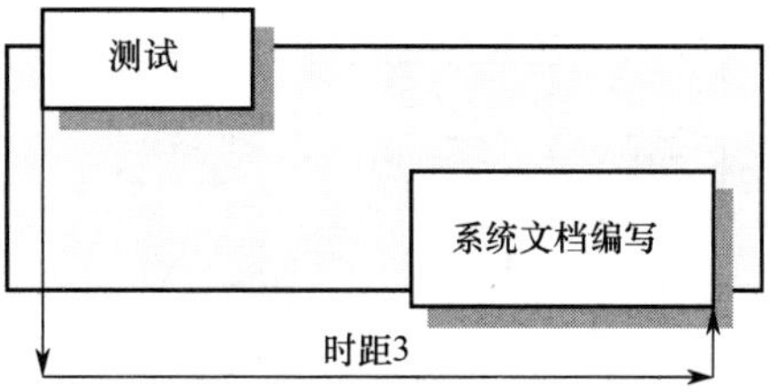

图 6.18　开始到完成的关系图

5．时距搭接关系图

一个活动可以附加多个时距搭接关系。这些关系通常是与两个活动相关联的开始到开始和完成到完成的组合。例如，在开始编码 2 个时间单位后才能开始调试。编码必须在调试完成四天前完成（见图 6.19）。

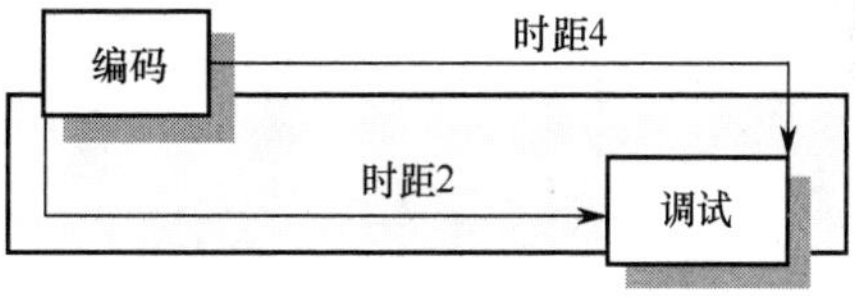

图 6.19　时距搭接关系图

6.9.3　应用时距搭接关系的实例：顺推法和逆推法

顺推法和逆推法与本章前面解释的完成到开始关系相同（没有时距）。修改的技巧在于需要检查每一个新的关系，看看它是否改变了另一个活动的开始或完成时间。图 6.20 显示了顺推法和逆推法的结果示例。订购硬件取决于系统设计（开始到开始）。系统设计（活动 A）开始三天后，订购硬件（活动 B）可以开始。订单下达四天后硬件才可到达，安装硬件（活动 C）才可以开始。安装软件（活动 D）两天后，系统测试（活动 E）才可以开始。安装软件（活动 D）完成一天后系统测试（活动 E）才可以完成。系统设计（活动 A）一旦完成，系统文档编写（活动 F）就可以开始，但直到系统测试（活动 E）两天后才可以完成。这个最后的关系是一个完成到完成的时距搭接例子。注意一项活动如何有一个关键的完成和/或开始。活动 E 和 F 有关键的完成（零时差），但它们的活动从开始看是有 3 天和 11 天时差的。只有活动 E 和 F 的完成才是关键。相反，活动 A 开始时没有任何时差，但完成时有五天时差。因此，假如项目团队意识到他们可以灵活地只将一部分系统测试（活动 E）工作安排到安装软件（活动 D）时才进行，在这个时候，他们知道可以在安装后的一天内完成测试。

关键路径遵循活动开始和完成的约束，这些约束是由于使用了可用的附加关系和强加的时距而产生的。你可以通过网络图上的虚线来识别图 6.20 中的关键路径。

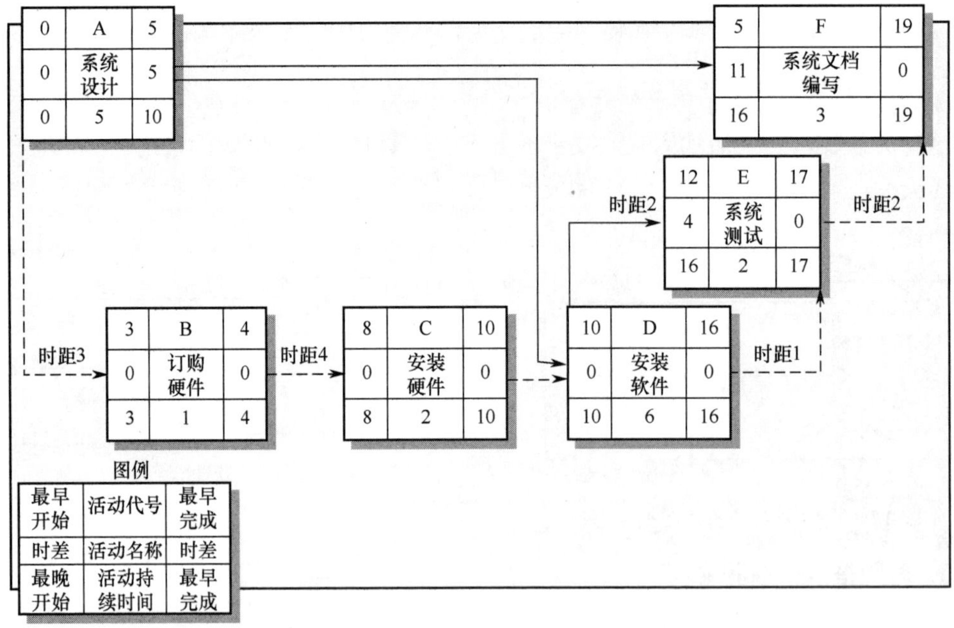

图 6.20　利用搭接关系的网络图

如果存在时距搭接关系，则必须检查每个活动，以确定是否限制了开始或完成。例如，在顺推法中，活动 E（系统测试）的 EF（17）由活动 D（安装软件）的完成和一个时间单位的滞后量（16 +1 滞后量= 17）控制。最后，在逆推法中，活动 A（系统设计）的 LS 由活动 B（订购硬件）控制，与活动 A 的时距搭接关系为零（3−3 = 0）。

6.9.4　一个实例：吊床活动安排的网络图

另一种扩展技巧用在了吊床活动中。这种类型的活动得名于它跨越了项目的一个部分。在绘制网络计划图后，确定吊床活动时间。吊床活动经常用于确定项目固定资源的使用或某一阶段的费用。吊床活动的典型例子是检查服务、咨询服务和施工管理服务。

吊床活动的持续时间取决于其他活动之间的时间跨度。例如，一个贸易展览出版物项目的一部分需要一台特殊的彩色复印机。吊床活动可以用来表示对该资源的需求，并确定超过项目这部分的成本。这个吊床活动从使用彩色复印机部分的第一个活动开始连接到使用它的最后一个活动结束。吊床活动的持续时间就是最后一个活动的 EF 和第一个活动的 ES 之间的差值。持续时间是在顺推之后计算的，因此对其他活动时间没有影响。图 6.21 提供了网络图中使用吊床活动的示例。吊床活动的持续时间来自活动 B 的最早开始时间和活动 F 的最早完成时间，即 13 和 5 之差或 8 个时间单位。如果活动链序列中的 ES 或 EF 发生变化，吊床活动的持续时间也会发生变化。吊床活动在分配和控制间接项目成本方面非常有用。①

吊床活动的另一个主要用途是聚合项目的各个部分。这类似于开发一个子网络图，但是先后逻辑关系仍然被保留。这种方法有时被用于为高级管理层提供一个“宏观网络”。使用吊床活动对活动进行分组，可以方便地为项目的特定部分确定正确的细节层级。

① 为了在 MS Project 2012 中将 G 指定为吊床活动，你需要将活动 B 的开始日期和活动 F 的完成日期复制到活动 G。

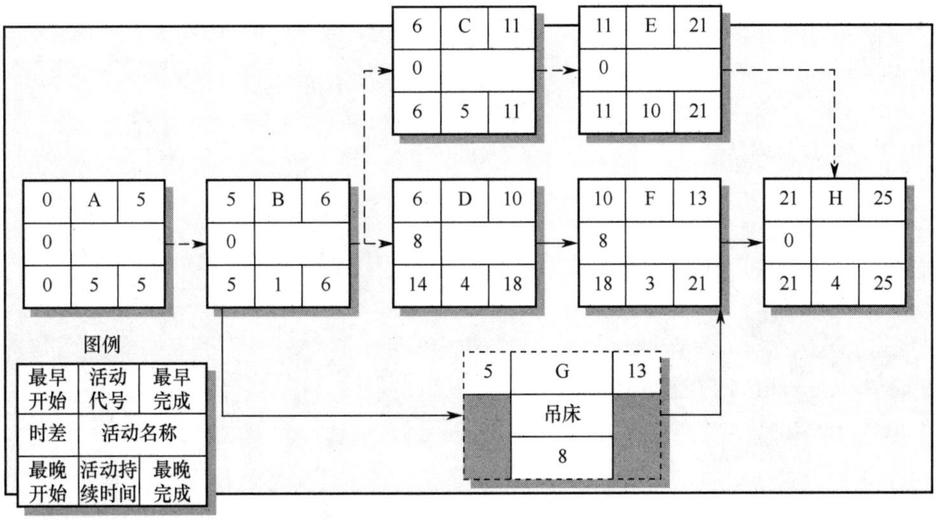

图 6.21　吊床活动安排的网络图

本章小结

许多项目经理认为项目网络图是他们最有价值的实战和计划文档。项目网络图可对项目的工作、资源和预算进行有序安排和时段划分。工作包任务用于开发网络活动。每个项目经理都享受着使用 AON 带来的好处。AON 方法用节点（框）表示活动，用箭线表示依赖关系。顺推法和逆推法为活动及时差设定了最早时间和最晚时间。关键路径是网络图中的所有路径中最长的活动路径。假设一切都按照计划进行，在关键路径上的任何活动的延迟都将延迟项目的完成。在时间敏感的项目中，项目经理密切监视关键路径，经常将最优秀的人员分配到处于关键路径的活动中。

本章对原始的 AON 方法进行了一些扩展和修改。时距（滞后量）允许项目规划人员更精确地复制实践中发现的条件。使用滞后量会导致一项活动的开始或完成变得至关重要。一些计算机软件简单地把整个活动都作为关键，而不是将活动开始或活动完成定义为关键。在估算时间时，应该谨慎地确保滞后量不被用作可能出现错误的缓冲量。最后，吊床活动有助于跟踪项目某一特定部分的资源成本。吊床活动也可为了简化和清晰而对活动分组，从而减少项目网络的规模。所有讨论的对原始 AON 方法的改进都有助于更好地计划和控制项目。

关键术语

Activity 活动
Activity-On-Arrow（AOA）活动箭线法
Activity-On-Node（AON）活动节点法
Burst Activity 发散活动
Concurrent Engineering 并行工程
Merge Activity 汇聚活动

Parallel Activities 并行活动
Path 路径
Sensitivity 灵敏度
Total Slack 总时差
Critical Path 关键路径
Early Time 最早时间
Free Slack（FS）自由时差
Gantt Chart 甘特图
Hammock Activity 吊床活动
Lag Relationship 时距搭接关系
Late Time 最晚时间

复习题

1. WBS 与项目网络图有何不同？
2. WBS 和项目网络图是如何连接的？
3. 为什么要费心创建 WBS 呢？为什么不直接使用项目网络图而忘记 WBS 呢？
4. 为什么时差对项目经理来说很重要？
5. 自由时差和总时差的区别是什么？
6. 为什么在开发项目网络图时要使用时距？
7. 什么是吊床活动？什么时候使用？

生活快照讨论题

6.2 关键路径
  1. 为什么在开始一个项目之前确定关键路径是重要的？
  2. 在什么样的项目中，关键路径是不相关的？

6.3 并行工程（快速跟进）
  1. 并行工程（快速跟进）的缺点是什么？
  2. 什么类型的项目应该避免使用并行工程？

练习题

A. 绘制项目网络图

这是婚礼的部分工作分解结构。使用生活快照 6.1 中描述的方法为这个项目绘制一个网络图。

注：网络中不包含总结任务（1.3 是一个总结任务；1.2 不是一项总结任务）。不要考虑由谁来完成绘制网络图的任务。例如，不要在“花店”后面安排“聘请乐队”，因为这两项任务都是由同一个人负责的。只关注任务之间的技术依赖关系。

提示：从最后一个活动（婚宴）开始，一直推回到项目开始。通过问以下问题确定任务的逻辑顺序：为了做这件事，在此之前哪个紧靠着的任务必须完成？一旦完成，通过问这个问题来检查顺推的时间：这个任务是下一个任务开始之前唯一紧靠着需要做的事情吗？

B．工作分解结构

1．婚礼项目
- 1.1 确定婚礼日期
- 1.2 领取结婚证书
- 1.3 庆典活动
  - 1.3.1 租教堂
  - 1.3.2 订购鲜花
  - 1.3.3 创建/打印庆典流程
  - 1.3.4 聘请摄影师
  - 1.3.5 婚礼庆典
- 1.4 宾客
  - 1.4.1 制定宾客名单
  - 1.4.2 制订邀请函
  - 1.4.3 邮寄邀请函和发送电子邀请函
  - 1.4.4 跟踪邀请回复信息
- 1.5 接待
  - 1.5.1 预订接待大厅
  - 1.5.2 食品和饮料
    - 1.5.2.1 选择承办酒席的人
    - 1.5.2.2 选择菜谱
    - 1.5.2.3 确定最终的菜谱
  - 1.5.3 聘请音响师
  - 1.5.4 布置接待大厅
  - 1.5.5 婚宴

C．绘制 AON 网络图

1．根据下面的信息绘制项目网络图。什么活动是发散活动？什么活动是汇聚活动？

活动编号	活动名称	紧前活动
A	选址	None
B	地基开挖	A
C	安装电线	B
D	安装排水	B
E	浇筑地基	C，D

2．根据下面的信息绘制项目网络图（这个练习的答案可以在附录 A 中寻找）。什么活动是发散活动？什么活动是汇聚活动？

活动编号	活动名称	紧前活动
A	确定主题	None
B	研究主题	A
C	论文写作	B
D	图表加工	C
E	格式设计	C
F	完善参考文献	C
G	复查校样	D，E，F
H	提交论文	G

3．根据下面的信息绘制项目网络图。什么活动是发散活动？什么活动是汇聚活动？

活动编号	活动名称	紧前活动
A	合同签署	None
B	调查设计	A
C	目标市场识别	A
D	数据收集	B，C
E	编写调查报告	B
F	结果分析	D
G	人口统计资料	C
H	提交和发布报告	E，F，G

4．根据下面的信息绘制项目网络图。什么活动是发散活动？什么活动是汇聚活动？

活动编号	活动名称	紧前活动
A	订单评审	None
B	订购标准零件	A
C	生产标准零件	A
D	设计专有零件	A
E	软件开发	A
F	制造专有零件	C，D
G	组装	B，F
H	测试	E，G

D．AON 网络图的时间计算

1．根据以下信息，绘制一个 AON 项目网络图。使用顺推法和逆推法，计算活动时差，并识别关键路径。这个项目的工期是多少天？

活动编号	活动名称	紧前活动	持续时间
A	选址	无	2
B	地基开挖	A	4
C	安装电线	B	3
D	安装排水	B	5
E	浇筑地基	C，D	3

2．这是航空控制公司定制订单项目的项目信息。请给这个项目绘制一个项目网络图。计算各活动的早、晚（最早开始、最晚开始、最早完成、最晚完成）时间和时差，并识别关键路径。

活动编号	活动名称	紧前活动	活动持续时间
A	订单评审	None	2
B	订购标准零件	A	3
C	生产标准零件	A	10
D	设计专有零件	A	13
E	软件开发	A	18
F	制造专有零件	C，D	15
G	组装	B，F	10
H	测试	E，G	5

3．你签了一份为辛普森一家建造车库的合同。如果在 17 个工作日内完成该项目，你将获得 500 美元的奖金。合同中还包含一项惩罚条款，即在 17 个工作日后每超过一天，将罚款 100 美元。

根据以下信息画一个项目网络图。完成顺推法和逆推法计算，计算活动时差，并识别关键路径。你希望在这个项目上得到奖金还是罚款？

活动编号	活动名称	紧前活动	活动持续时间
A	选址和地基准备	无	2
B	浇筑地基	A	3
C	搭建屋架	B	4
D	准备屋顶	C	4
E	准备窗户	C	1
F	准备大门	C	1
G	准备电气	C	3
H	整体组装	D，E，F，G	2
I	安装门锁	F，G	1
J	油漆工作	H，I	2
K	现场清扫	J	1

4．你正在为希尔斯伯勒啤酒花（Hillsboro Hops）小联盟棒球队创建客户数据库。根据下表中的信息，绘制一个项目网络图。完成顺推法和逆推法计算，计算活动时差，并识别关键路径。这个项目要花多长时间？网络进度计划灵敏度如何？计算所有非关键活动的自由时差和总时差。

活动编号	活动名称	紧前活动	活动持续时间
A	系统设计	无	2
B	子系统 A 设计	A	1
C	子系统 B 设计	A	1
D	子系统 C 设计	A	1

续表

活动编号	活动名称	紧前活动	活动持续时间
E	子系统 A 编程	B	2
F	子系统 B 编程	C	2
G	子系统 C 编程	D	2
H	子系统 A 测试	E	1
I	子系统 B 测试	F	1
J	子系统 C 测试	G	1
K	各子系统模块整合	H，I，J	3
L	全系统测试	K	1

5．一家出版物软件公司的项目经理 K. Nelson 希望你准备一个项目网络图，计算各活动的最早时间、最晚时间和时差，确定计划的项目工期，并识别关键路径。他的助理为彩色打印机驱动软件项目收集了以下信息：

活动编号	活动名称	紧前活动	活动持续时间
A	外部规范	无	8
B	审查设计特性	A	2
C	记录新特性	A	3
D	选择编程语言	A	60
E	编程和测试	B	40
F	编辑和发布结果	C	2
G	评审操作手册	D	2
H	α 测试	E，F	20
I	印刷操作手册	G	10
J	β 测试	H，I	10
K	产品复制和包装	J	12
L	资源释放和销售	K	3

6．美国东南部的一个大城市正在为一个“停车换乘站”项目申请联邦资金。申请工作要求编制一份项目设计阶段的网络计划。总工程师索菲·金（Sophie Kim）想让你编制一份项目网络计划，以满足这一要求。她收集了活动时间估算及其依赖关系，如下所示。请上交你的项目网络图，包括活动的最早开始日期、最晚开始日期和时差，并标记关键路径。（本练习答案在附录 A 中。）

活动编号	活动名称	紧前活动	活动持续时间
A	勘测	无	5
B	土壤报告	A	20
C	交通设计	A	30
D	布局设计	A	5
E	设计审批	B，C，D	80
F	照明系统	E	15
G	排水系统	E	30
H	景观系统	E	25
I	路标系统	E	15
J	装订标书	F，G，H，I	10

7. 你正在为理海峡谷铁猪小联盟（Lehigh Valley IronPigs minor league）棒球队创建客户数据库。根据以下给出的信息，画一个项目网络图。完成顺推法和逆推法的计算，计算活动的时差，并识别关键路径。这个项目要花多长时间？网络进度计划有多敏感？计算所有非关键活动的自由时差和总时差。

活动编号	活动名称	紧前活动	活动持续时间
A	系统设计	无	2
B	子系统 A 设计	A	1
C	子系统 B 设计	A	2
D	子系统 C 设计	A	1
E	子系统 A 编程	B	2
F	子系统 B 编程	C	10
G	子系统 C 编程	D	3
H	子系统 A 测试	E	1
I	子系统 B 测试	F	1
J	子系统 C 测试	G	1
K	各子系统模块整合	H，I，J	3
L	全系统测试	K	1

8. 你要完成一篇小组学期论文。根据下面的项目网络图，完成顺推法和逆推法的计算，计算活动的时差，并确定关键路径。使用此信息为项目创建甘特图，确保显示了非关键活动的时差。（本练习答案在附录 A 中。）

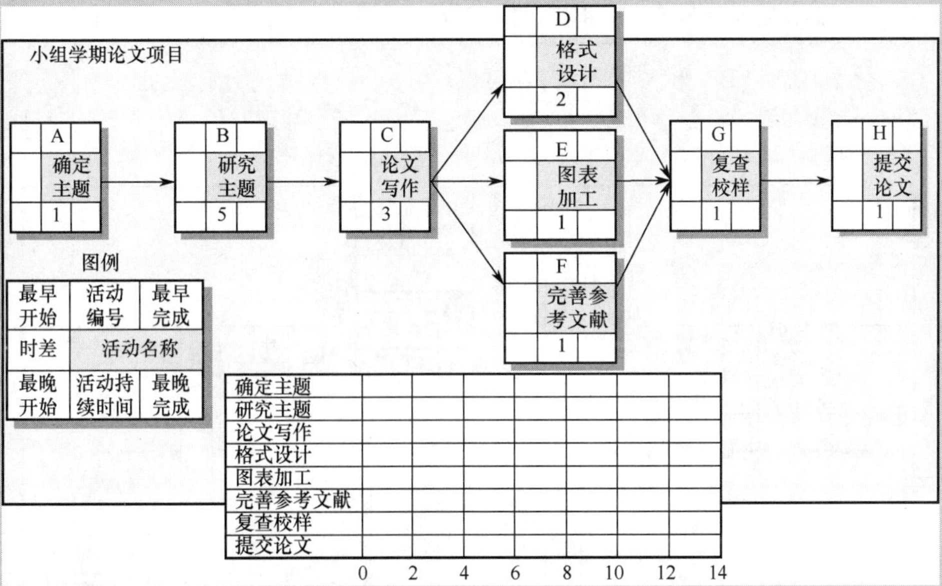

9. 你在曼谷管理一个产品升级项目。根据下面的项目网络图，完成顺推法和逆推法计算，计算活动的时差，并确定关键路径。使用此信息为项目创建甘特图，确保显示了非关键活动的时差。

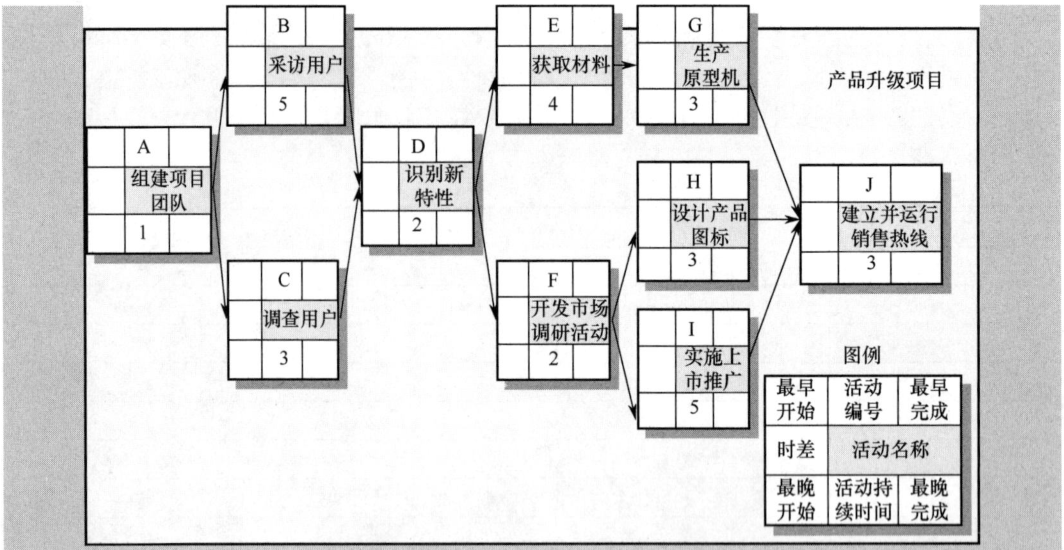

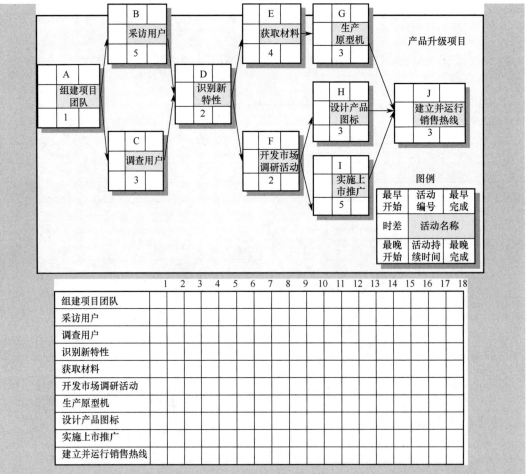

	1	2	3	4	5	6	7	8	9	10	11	12	13	14	15	16	17	18
组建项目团队																		
采访用户																		
调查用户																		
识别新特性																		
获取材料																		
开发市场调研活动																		
生产原型机																		
设计产品图标																		
实施上市推广																		
建立并运行销售热线																		

10．你正在为 NBA 俄克拉荷马雷霆队创建一个数据库。给定的项目网络图如下，请用顺推法和逆推法，计算各活动的时差，确定关键路径，并用此信息为项目创建甘特图。

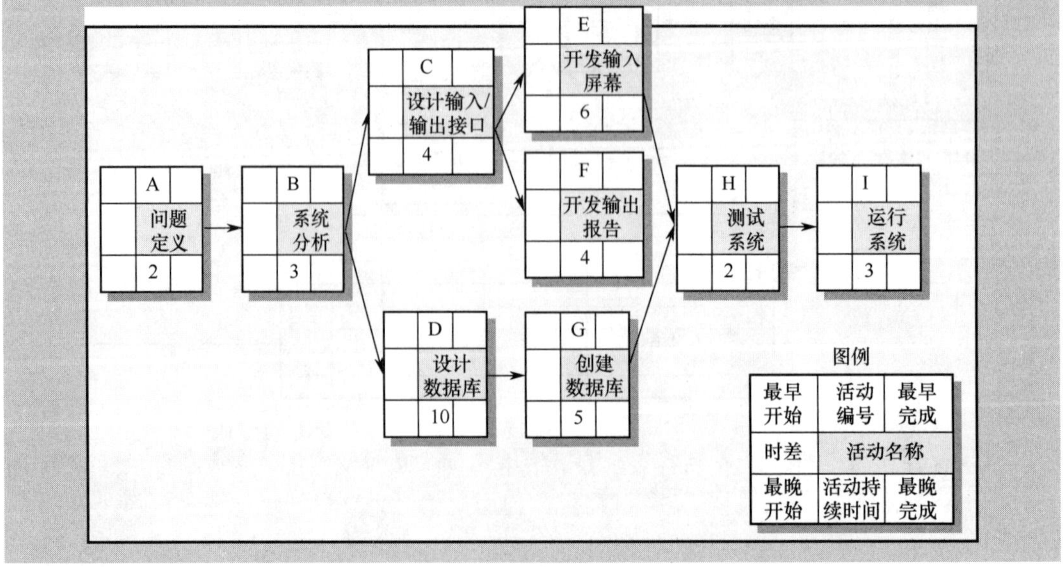

	0	1	2	3	4	5	6	7	8	9	10	11	12	13	14	15	16	17	18	19	20	21	22	23	24	25
问题定义																										
系统分析																										
设计输入/输出接口																										
设计数据库																										
开发输入屏幕																										
开发输出报告																										
创建数据库																										
测试系统																										
运行系统																										

E．上机训练

1．一家电子产品公司的规划部已着手开发和生产一种新的 MP3 播放器。根据以下信息，使用 Microsoft Project 开发一个项目网络图。假定每周五天工作制，项目于 2017 年 1 月 4 日开始。

活动编号	活动名称	紧前活动	活动持续时间（周）
1	人员招聘	无	2
2	制订市场计划	1	3
3	选择分销渠道	1	8
4	处理专利问题	1	12
5	产品试产	1	4
6	测试市场	5	4
7	广告促销	2	4
8	准备生产	4，6	16

项目团队要求你为该项目绘制一个网络图，并确定该项目能否在 45 周内完成。

2．用 Microsoft Project 为惠斯勒滑雪度假村项目的第一阶段建立网络图并确定关键路径。项目工作为一周五天（周一到周五）。

F．惠斯勒滑雪度假村项目

得益于 2010 年冬季奥运会带来的热度，前往加拿大卑斯康辛州惠斯勒滑雪的游客数量一直在以令人兴奋的速度增长，惠斯勒滑雪协会一直在考虑建造另一个滑雪旅馆和滑雪综合设施。工作人员刚刚完成的一项经济可行性研究结果表明，惠斯勒山脚下建造冬季度假村可能是一个非常有利可图的项目。该地区可自驾，乘公共汽车、火车和飞机前往。董事会已经投票决定建造这项可研报告建议的价值 1 000 万美元的综合设施。遗憾的是，由于夏季时间较短，园区将不得不分阶段建设。第一阶段（第一年）将建成一座日间旅舍、升降椅、索道、发电机室（为供电）和设计容纳 400 辆汽车与 30 辆公共汽车的停车场。第二和第三阶段将建设一座酒店、一个溜冰场、一个游泳池、若干商店、两个额外的升降椅和其他景点。委员会决定第一阶段应不迟于 4 月 1 日开始，并于 10 月 1 日完成，及时迎接下一个滑雪季。你已被指派为项目经理，你的工作是协调材料的订购和施工活动，以确保项目在规定的日期完成。

在研究了材料的可能来源后，你将面临以下时间估算。在提交订单后，升降椅和索道的材料将分别需要 30 天和 12 天才能到达。日间旅舍、发电机房和地基的木材需要 9 天才能到达。日间旅舍的电气和管道材料需要 12 天才能到达。发电机要 12 天才能到达。在各种设施开始实际施工之前，必须修建一条通往现场的道路，这需要 6 天时间。一旦道路修好，日间旅舍、发电机房、升降椅和索道的施工场地清理可以同时开始。预估每个场地的清理时间分别为 6 天、3 天、36 天和 6 天。主滑雪坡的清理可以在升降椅区域清理完毕后开始，这将需要 84 天。

日间旅舍的地基需要 12 天才能完成。主要框架的建设将需要 18 天。框架安装完成后，电气布线和管道安装可以同时开始。这些分别需要 24 天和 30 天。最后，日间旅舍的最后施工可以开始了，这需要 36 天。

一旦场地清理干净、木材交付和地基完成（6 天），即可开始安装升降椅塔（67 天）。此外，当升降机场地被清理干净后，就可以开始修建通往高层塔楼的永久道路，这需要 24 天。当安装塔时，也可同时安装驱动升降椅的电机；电机可在 24 天内安装。一旦塔和电机都安装好，将需要 3 天来铺设电缆和额外的 12 天来安装椅子。

一旦场地清理干净，地基建好并浇筑好，就可以开始安装索道塔。打地基、浇筑混凝土、混凝土固化需要 4 天，安装索道塔需要 20 天。在塔架架设过程中，可开始安装驱动索道的电动机。这个活动需要 24 天。塔架和电机安装完毕后，索道可在 1 天内铺设完成。在索道完成后，可清理停车场。这项任务将需要 18 天。

发电机房的地基可以和日间旅舍的地基同时开始施工，这需要 6 天时间。一旦地基施工完成，发电机房的主框架就可以开始搭建了，此工作需要 12 天。室内装修完成后，18 天内即可安装柴油发电机。发电机房的其他辅助建设工作现在可以开始，将需要 12 天以上。

布置作业：

1．在网络图上确定关键路径。

2．这个项目能在 10 月 1 日前完成吗？

G．光盘预安装工程

光盘预安装项目团队已经开始在数周内收集了绘制项目网络图所需的信息：各活动的紧前活动和活动持续时间。信息汇总会议的结果如下所示。

活动编号	活动名称	活动持续时间（周）	紧前活动
1	定义范围	6	无
2	定义客户问题	3	1
3	定义数据记录和关系	5	1
4	大规模存储需求	5	2，3
5	顾问需求分析	10	2，3
6	准备安装网络	3	4，5
7	估算成本及预算	2	4，5
8	设计部分“积分”系统	1	4，5
9	编写建议书	5	4，5
10	编制供应商表	3	4，5

续表

活动编号	活动名称	活动持续时间（周）	紧前活动
11	准备管理控制系统	5	6，7
12	准备比较报告	5	9，10
13	比较系统“基本原理”	3	8，12
14	比较总安装	2	8，12
15	比较支持成本	3	8，12
16	比较客户满意度	10	8，12
17	确定基本原理点	1	13
18	确定安装成本	1	14
19	确定支持成本	1	15
20	确定客户满意度分值	1	16
21	选择最好的系统	1	11，17，18，19，20
22	订购系统	1	21

项目团队要求你为该项目绘制一个网络图，并确定该项目能否在 45 周内完成。

H．时距搭接计算练习题

1．依据下面给出的信息，计算每个活动的最早时间、最晚时间和时差，并确定关键路径。

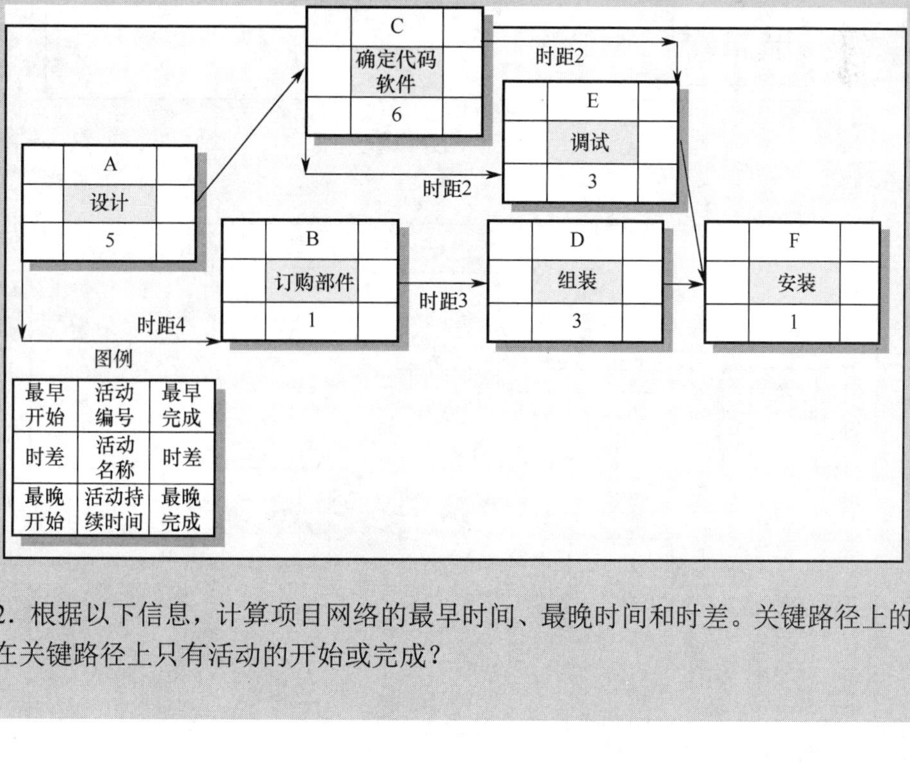

2．根据以下信息，计算项目网络的最早时间、最晚时间和时差。关键路径上的哪些活动在关键路径上只有活动的开始或完成？

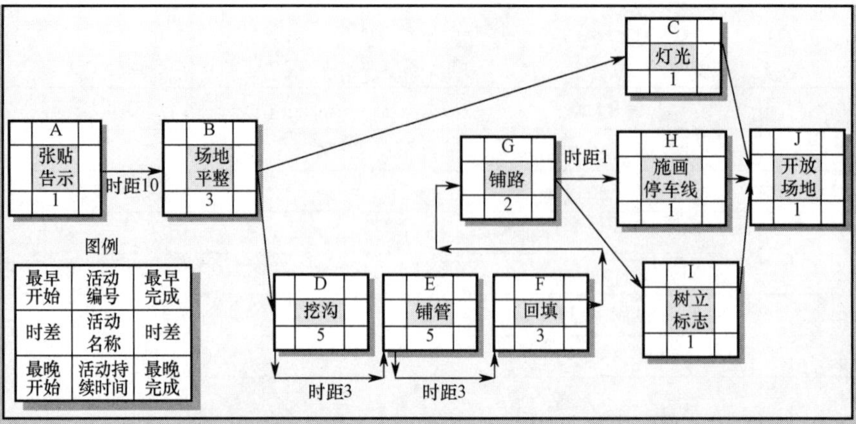

3．根据下列时距搭接练习中的信息，计算项目网络的最早时间、最晚时间和时差。关键路径上的哪些活动在关键路径上只有活动的开始或完成？（本练习答案在附录A中。）

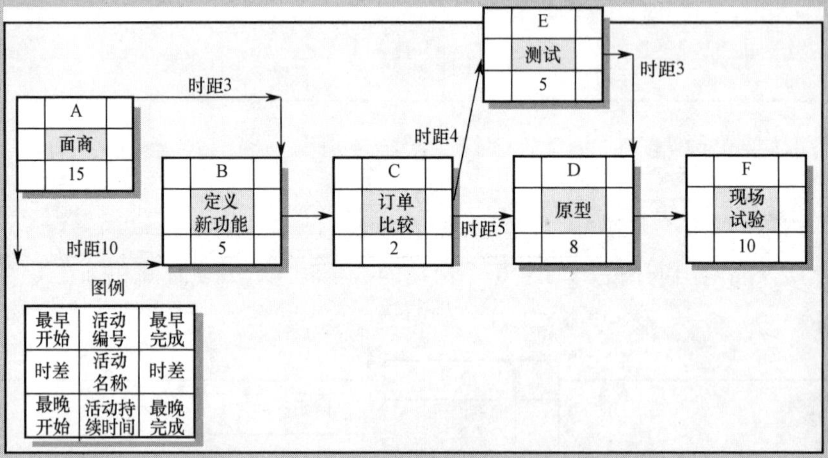

4．根据给定的以下网络图，计算每个活动的最早时间、最晚时间和时差，清晰地识别关键路径。

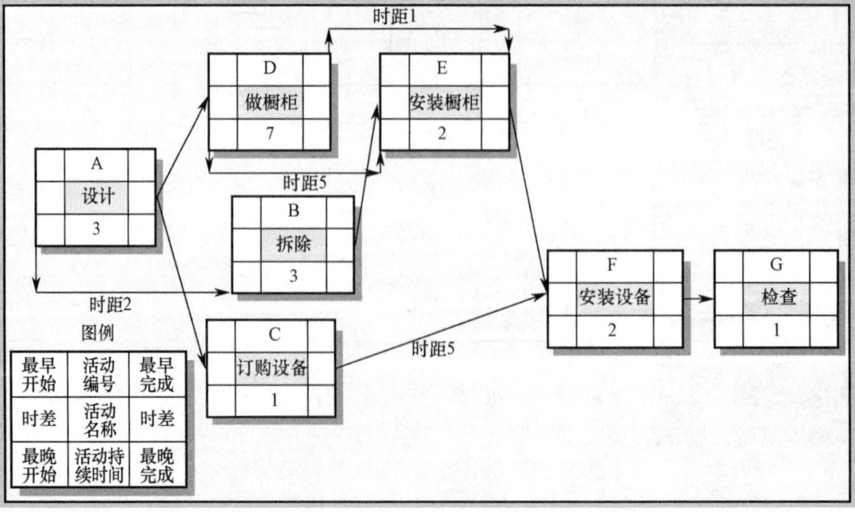

1. 旋风除尘器项目

旋风除尘器项目团队已经开始收集必要的信息，根据每个活动的紧前活动关系和活动持续时间（天），绘制一个项目网络图。信息分析会议的结果如下表所示。

活动编号	活动名称	活动持续时间	紧前活动
1	旋风除尘器项目		
2	设计	10	无
3	采购原型零件	10	2
4	制造零件	8	2
5	组装原型	4	3，4
6	实验室测试	7	5
7	现场测试	10	6
8	调整设计	6	7
9	订购通用组件	10	8
10	订购专用组件	15	8
11	组装测试生产单元	10	9，10
12	测试单元	5	11
13	文档管理	3	12

a 部分：根据表格中的信息绘制网络图。这个项目需要多长时间？关键路径是哪条？

b 部分：进一步回顾后，团队意识到他们错过了三个从完成到开始的时距。采购原型零件只需要 2 天的工作时间，但零件交付需要 8 天。同样，订购通用组件需要 2 天工作和 8 天交付，订购专用组件需要 2 天工作和 13 天交付。输入三个从完成到开始的时距，重新设计旋风除尘器进度计划。这些时距对原进度计划有什么影响？完成这个项目所需的工作总量是多少？

c 部分：管理层仍然对进度不满意，希望项目尽快完成。遗憾的是，他们不愿意批准额外的资源。一个团队成员指出，这个网络图只包含“完成到开始”的关系，如果创建“开始到开始”的时距搭接可减少项目的持续时间。经过深思熟虑，该团队得出结论，以下关系可以转化为开始到开始的时距搭接关系：

- 采购原型零件可在设计开始 6 天后开始。
- 制造零件可在设计开始 9 天后开始。
- 实验室测试可以在组装原型开始 1 天后开始。
- 现场试验可在实验室测试开始 5 天后开始。
- 调整设计可以在现场测试开始 7 天后开始。
- 订购通用组件和订购专用组件可以在调整设计 5 天后开始。
- 测试单元可以在“组装测试生产单元”开始 9 天后开始。
- 文档管理可以在“测试单元”开始 3 天后开始。

输入所有九个开始到开始的时距搭接，重新编制旋风除尘器项目的进度计划。这些时距搭接对原计划有什么影响（a 部分）？这个项目需要多长时间？关键路径是否有变化？网络图的灵敏度是否有变化？为什么管理层会喜欢这种解决方案？

案例 6.1：先进能源技术公司数据中心迁移项目[①]：A 部分

布莱恩·史密斯（Brian Smith）是先进能源技术公司（AET）的网络管理员，他负责将大型数据中心迁移到新的办公地点。由于 AET 处在竞争激烈的石油行业，因此需要仔细规划。AET 是为石油批发商和汽油经销商提供会计和商业管理软件包的五家全国性软件公司之一。几年前，AET 进入了“应用服务提供商”的世界。它们的大型数据中心为客户提供远程访问 AET 完整的应用软件系统套件。传统上，AET 的主要竞争优势之一是该公司标志性的 IT 可靠性。由于这个项目的复杂性，布莱恩将不得不使用项目执行的并行方法。虽然这将增加项目成本，但要想不降低可靠性，并行方法是必要的。

目前，AET 的数据中心位于俄勒冈州科瓦利斯市（Corvallis）中心一栋翻新过的旧银行大楼的二楼。该公司将搬到科瓦利斯国际机场最近开发的工业园区的一个新的单层建筑里。2 月 1 日，布莱恩正式接到运营副总裁丹·惠特莫尔（Dan Whitmore）分配的任务，指导方针如下：

- 从开始到完成，预计整个项目需要 3～4 个月才能完成。
- 至关重要的是，AET 的 235 个客户没有停机时间。

惠特莫尔建议布莱恩在 2 月 15 日回到执行委员会，就项目的范围做一个汇报，包括成本、“粗略”的进度计划，以及建议的项目团队成员名单。布莱恩与 AET 的一些经理和各职能部门的主管进行了一些初步讨论，然后在 2 月 4 日安排了一个全天的范围确定会议，由运营、系统、设施和应用等部门的一些经理和技术代表参加。范围识别小组确定了以下内容：

- 3～4 个月是可行的项目时间表，粗略的成本估算为 8 万～9 万美元（这包括新场地的基础设施升级的费用）。
- 对“无停机时间”要求至关重要的是，需要完全依赖 AET 的远程灾难恢复“热”站点来实现全部功能。
- 布莱恩将担任转场项目团队的项目经理，该团队由设施部、运营/系统部、运营/电信部、系统和应用部及客户服务部的各一名成员组成。

布莱恩向执行委员会提交的报告获得了积极的认可，报告经过一些修改后作为正式建议书获得批准，他正式被任命为该项目的负责人。布莱恩招募了他的团队，并安排了第一次团队会议（3 月 1 日），作为他的项目规划过程的启动任务。

一旦召开了启动会议，布莱恩就可以雇用承包商来装修新的数据中心。在这段时间里，布莱恩将弄清楚如何设计网络。布莱恩估计，筛选和雇用承包商将花费大约一个星期，网络设计将花费大约两个星期。这个新中心需要一个新的通风系统。对通风系统制造商的要求包括恒定 67 华氏度的环境温度，以保持所有数据服务器以最佳速度运行；通风系统的生产周期为三周。布莱恩还需要订购新的机柜来存放服务器、交换机和其他网

① 本案例由俄勒岗州立大学商学院项目管理讲师 James Moran 提供。

络设备。这些机柜有两周的交货时间。

数据中心主管要求布莱恩更换所有旧的弱电系统和数据电缆。布莱恩也需要订购这些。因为布莱恩和供应商关系很好，供应商保证弱电设备和数据电缆只需要一周的交货时间。一旦新的通风系统和机柜到达，布莱恩就可以开始安装它们了。安装通风系统需要一个星期，机柜安装需要三个星期。一旦雇用了承包商，新的数据中心的翻新装修就可以开始了。承包商告诉布莱恩，装修施工需要 20 天。一旦施工开始，在布赖恩安装通风系统和机柜后，城市检查员才能批准活动地板的铺设。

城市检查员需要两天时间来对基础设施进行审查。在城市检查通过和新的弱电设备和电缆到达后，布莱恩可以进行弱电安装和电缆铺设。布莱恩估计弱电设备的安装需要 5 天，所有数据电缆的铺设需要 1 周。在布莱恩能够指定一个实际日期，让网络离线并切换到远程热站点之前，他必须得到每个职能部门的批准（“切换批准”）。与每个职能部门的协商会议将需要一个星期。在此期间，他可以启动弱电系统检查，以确保每个机柜有足够的电压。这只需要一天的时间。

完成弱电系统检查后，他可能需要一周的时间来安装测试服务器。测试服务器将测试所有主要的网络功能，并在网络离线之前充当保护措施。必须将电池充满，安装通风设备，测试服务器的运行，这样，管理人员才能确保新的基础设施是安全的，这将需要两天时间。然后他们将完成主要系统检查，这将花费一天时间。他们还将确定搬迁的正式日期。布莱恩很高兴到目前为止一切都进展顺利，他相信搬家也会顺利进行。现在官方日期已经确定，网络将关闭一天。布赖恩必须把所有的网络组件搬到新的数据中心。布莱恩会在周末（两天）当用户流量处于低谷时进行迁移。

练习题：

1. 为 AET 的系统迁移生成一个优先级矩阵。
2. 为布莱恩的项目制定一份 WBS，包括持续时间（天）和紧前活动关系。
3. 使用项目规划工具，生成该项目的网络图。

注意：根据以下指导方针制订你的计划：每天工作 8 小时，每周工作 5 天，除非布莱恩将网络图中一组活动移到周末，没有假期，并且 2010 年 3 月 1 日是项目开始日期。订购通风系统、新的机柜和电源/电缆只需要实际工作一天。剩下的几天是供应商填写订单并将订单发送给布莱恩所需的时间。所以这里使用从完成到开始的搭接。假设在开始翻修数据中心 5 天后，活动地板准备好，可以进行检查（开始–开始的搭接）。

案例 6.2：美国加州凡吐拉市（Ventura）棒球场建设项目：A 部分

G&E 公司正在准备竞标建造一个有 47 000 个座位的新棒球场。施工必须于 2019 年 6 月 10 日开始，并在 2022 赛季开始前及时完成。合同中还明文规定，超过 4 月 3 日，逾期每天支付 50 万美元的罚款。

该公司总裁珀西瓦尔·杨（Percival Young）对获得合同表示乐观，并透露该公司将在该项目上获得高达500万美元的净收入。他还说，如果他们成功了，未来项目的前景将是光明的，因为将传统棒球场与现代豪华包厢相结合的建筑有望复兴。

练习题

根据表6.3提供的信息，为棒球场建设项目制订一个网络进度计划，并回答以下问题：

1. 这个项目能在截止日期4月3日前完成吗？它需要多长时间？
2. 项目的关键路径是什么？
3. 根据进度计划，你是否建议G&E参加竞标？为什么？并针对棒球场建设项目的进度计划提供一页纸的甘特图。

表6.3 美国加州凡吐拉市棒球场建设项目

活动编号	活动名称	活动持续时间（天）	紧前活动
1	棒球场建设项目		
2	棒球场场地平整	60	无
3	拆除相邻场地上的已有建筑	30	2
4	施工场地准备	30	2
5	桩基施工	120	2
6	低层混凝土椭圆形结构施工	120	5
7	主广场混凝土浇筑施工	120	4，6
8	球场内安装施工	90	4，6
9	上层椭圆形钢架施工	120	4，6
10	球场座椅安装施工	140	7，9
11	建造豪华包厢	90	7，9
12	安装大屏幕	30	7，9
13	体育场基础设施建设施工	120	7，9
14	搭建钢穹顶	75	10
15	灯光设施安装	30	14
16	搭建屋顶支架	90	6
17	建屋顶	180	16
18	安装屋顶轨道	90	16
19	安装屋顶	90	17，18
20	检查	20	8，11，13，15，19

附：凡吐拉市棒球场建设项目的技术细节

棒球场是一个带有可伸缩屋顶的室外建筑。这个项目从清理场地开始，这项工作要花60天。一旦场地清理干净，就可以开始结构施工，同时拆除邻近的建筑。这种拆除是必要的，为施工阶段储存材料和设备创造空间。拆除邻近建筑物需要30天，搭建施工场地用房需要 30 天。建造体育场的工作首先要打 160 根支撑桩，这需要 120 天。接下来是浇筑低层混凝土椭圆形结构（120 天）。浇筑施工完成且施工现场用房搭建完毕，再进行主广场的浇筑（120 天）、球场的安装（90 天）、上层椭圆形钢架施工（120 天）。一旦主广场和上层椭圆形钢架完成，可以开始建造豪华包厢（90 天），同时开始安装座椅（140 天），安装大屏幕（30 天），安装体育场基础设施（120 天），包括浴室、储物柜、餐厅等。一旦座椅安装好，就可以搭建钢穹顶（75 天），然后进行灯光安装（30 天）。可伸缩屋顶是该项目最大的技术挑战。

建造屋顶轨道支架（90 天）可以在下层混凝土椭圆形结构建成后开始。此时，屋顶的尺寸可以最终确定，屋顶的施工可以在一个单独的施工现场开始（180 天）。屋顶支架完成后，即可安装屋顶轨道（90 天）。一旦轨道和屋顶完成，屋顶就可以安装并投入使用（90 天）。一旦所有活动完成，还需要 20 天的时间来检查体育场。

考虑到本案例的目的，假设如下：

1. 涉及以下节日：每年的 1 月 1 日元旦，马丁 · 路德金纪念日（1 月的第三个星期一），阵亡将士纪念日（5 月的最后一个星期一），7 月 4 日独立日，劳动节（9 月的第一个星期一），感恩节（11 月的第四个星期四），12 月 25 日和 26 日的圣诞节。

2. 如果节日是周六，周五将额外放假一天，如果节日是周日，周一将放假一天。

3. 施工队从星期一工作到星期五。

第 7 章

管控项目风险

Managing Risk

本章学习目标

通过学习本章内容，你应该能够：

7-1 描述风险管理过程。

7-2 了解如何识别项目风险。

7-3 评估不同项目风险的重要性。

7-4 描述管理风险的五种应对方法。

7-5 了解应急计划在风险管理过程中的作用。

7-6 理解机会管理并描述在项目中应对机会的五种方法。

7-7 了解如何使用应急基金和时间缓冲来管理项目风险。

7-8 认识项目风险管理必定是一项持续的活动。

7-9 描述变更控制过程。

7A-1 对基本的 PERT 模拟规划进行计算练习。

本章概览

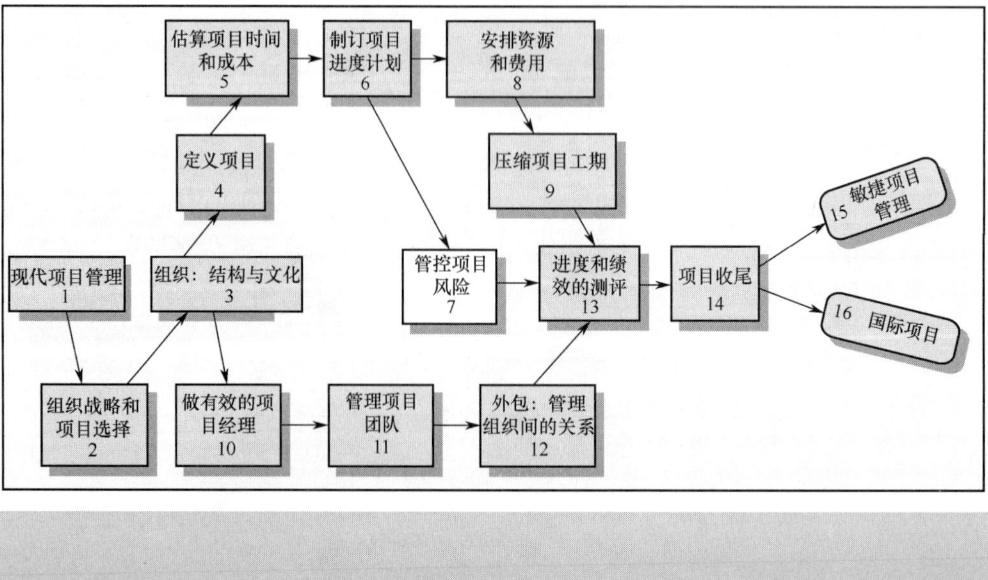

有时候你得冒点险，因为那里有你想要的果实。

——威尔·罗杰斯（Will Rogers）

每个项目经理都知道项目中存在风险，交付延迟，事故发生，人员生病，等等。再多的计划也无法消除风险，或无法控制偶然事件。在项目管理的语境中，风险是指一种不确定的事件或条件，如果它发生，对项目目标有积极或消极的影响。风险事件是有原因的，如果这种原因出现，也就会产生后果。例如，原因可能是流感病毒，伴随的后果事件是团队成员患上流感，原因也可能是需求范围的变化，伴随的后果事件是必须重新设计产品。如果这些不确定事件中的任何一个发生，都将影响项目的成本、进度和质量。

一些潜在的风险事件可以在项目开始前被识别出来，如设备故障或技术要求的改变。风险可以是预期的结果，如进度延迟或成本超支。但有些风险可能是超乎想象的，比如 2008 年的金融危机。

虽然风险可以有积极的结果，如意外的材料价格下降，但本章的重点是风险的消极结果会带来什么影响和风险管理过程。

风险管理试图识别和管理项目实施时可能发生的潜在和不可预见的麻烦。风险管理识别尽可能多的风险事件（什么可能出错），最小化它们的影响（在项目开始之前可以对风险事件做些什么），管理对已出现的风险事件的响应（应急计划），并提供应急资金来处置实际出现的风险事件。

关于风险管理幽默而令人尴尬的糟糕实例，可参阅生活快照 7.1。

生活快照 7.1：巨型冰棒出了问题

在纽约市竖立世界上最大冰棒的尝试虽以灾难电影中的场景结束，但也使事件更引人注目。

这个 25 英尺高、17.5 吨重的冷冻果汁融化的速度比预期的要快，猕猴桃草莓味的液体淹没了曼哈顿市中心的联合广场。

骑自行车的人在黏糊糊的水流中精疲力竭，行人滑倒，交通因路面湿滑而中断。消防队员封锁了几条街道，用水管冲洗掉黏稠的、甜甜的黏液。

软饮料制造商斯纳普（Snapple）公司一直试图通过创造世界上最大的冰棒来推广一系列新的冷冻食品，但在起重机将这个冷冻“巨人”完全竖立起来之前，该公司中止了这个噱头广告项目。

照片出处：Brian Smith/Zuma 出版公司

当局表示，他们担心这个两层半楼高的冰棒会倒塌。

组织者不确定它为什么会融化得这么快。斯纳普公司的女发言人劳伦·雷德克里夫说：“我们做过计划，知道它会融化，我们只是没想到它会融化得这么快。”她说，本公司将会向市政府支付清理费用。

7.1 风险管理过程

7-1：描述风险管理过程。

图 7.1 给出了风险管理挑战的模型。在项目的早期阶段，风险事件发生的概率（例如，在时间估算、成本估算或设计技术方面的错误）是最大的。这是不确定性最高的时候，许多问题仍然没有答案。随着项目朝着完成目标展开，风险也随着关键问题（技术能力能发挥作用吗？时间基准是否可行？）的答案逐渐明确而下降。然而，风险事件的成本影响会随着项目生命周期的展开而增加。例如，与在项目规划阶段发现缺陷相比，在原型制作完成后出现设计缺陷的风险事件对成本或时间的影响更大。1999 年 NASA 火星气候探测器（Mars Climate Orbiter）事件就是项目早期风险控制失当导致成本增加的示例。

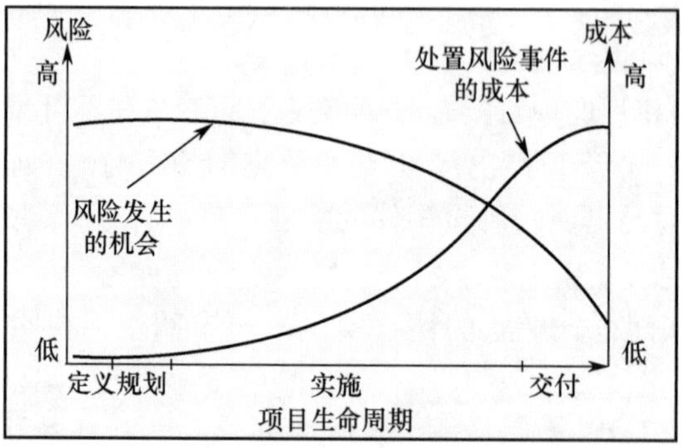

图 7.1　风险事件分布图

调查显示，洛克希德 • 马丁公司在关键导航软件的设计上搞砸了。当地面上的飞行计算机根据每秒多少磅的推力进行计算时，航天器上的计算机软件使用的是被称为牛顿的公制单位。没有检查两种数值是否兼容。“我们的检查和平衡过程没有捕捉到像这样本应捕捉到的错误”，美国宇航局空间科学局副局长埃德 • 维勒（Ed Weiler）说，“这是底线。”（Orlando Sentinel，1999）如果这个错误早点被发现，修正就会相对简单和便宜。然而，这个错误从未被发现。在火星之旅已经行进 9 个月后，这个耗资 1.25 亿美元的探测器以过低的高度接近火星，并在火星的大气层中烧毁。

在 1999 年的火星探险失败之后，美国宇航局建立了一种更强大的风险管理系统，保障了一系列成功的火星探险任务，包括 2012 年 8 月“好奇者号”（Curiosity）的引人注目的着陆。

风险管理是一种主动的（而不是被动的）方法。它是一个预防过程，旨在确保减少突发事件，并尽量减少与不良事件相关的负面后果。风险管理还为项目经理在时间、成本和/或技术优势可能的情况下采取行动做好准备。项目风险的成功管理使项目经理能够更好地掌控未来，并能显著提高按时、在预算范围内达到项目目标的机会，以及提高达到所需的技术（功能）绩效的机会。

项目风险的来源是数之不尽的。有外部因素，如通货膨胀、市场接受度、汇率和政府监管。在实践中，这些风险事件通常被称为“威胁”，以将它们与那些不在项目经理或团队职责范围内的事件区分开来（稍后我们将看到，此类风险事件的预算被放在“管理储备”的应急预算中）。由于这些外部风险通常是在项目进行之前就考虑到的，所以它们被排除在项目风险的讨论之外。然而，外部风险极其重要，也必须加以解决。

风险管理过程的主要组成部分如图 7.2 所示。在本章剩下的部分中将对每个步骤进行更详细的讨论。

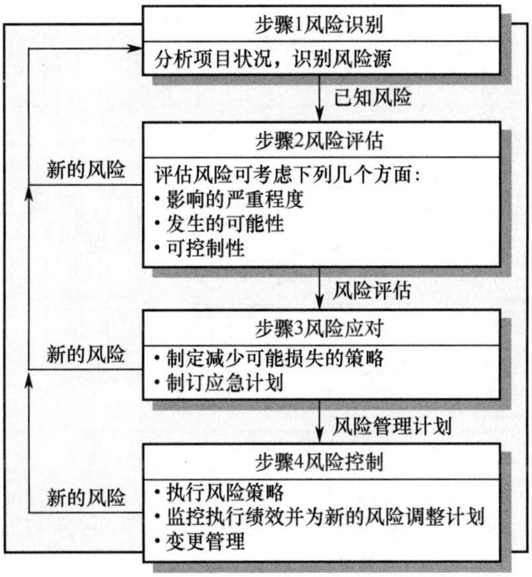

图 7.2　风险管理过程

7.2　步骤 1：风险识别

> 7-2：了解如何识别项目风险。

风险管理过程首先尝试生成会影响项目的所有可能风险的列表。在规划阶段，项目经理通常会召集一个由核心团队成员和其他适宜的利益相关者组成的风险管理团队。研究表明，群体对风险的判断比个人更准确（Snizek & Henry，1989）。团队使用头脑风暴和其他问题识别技术来识别潜在的问题。鼓励参与者保持开放的心态，识别出尽可能多的很可能发生的风险。不止一个项目因为一件开始被成员认为是不可能发生的风险事件而突然中断。在稍后的评估阶段，参与者将有机会分析和过滤不合理的风险。

在风险识别过程的早期，一个常见的错误是关注目标，而不是可能产生后果的事件。例如，团队成员可能将不能满足进度计划视为主要风险，但他们真正需要关注的是可能导致这种情况发生的事件（例如，糟糕的估算、不利的天气、发货延误）。只有关注实际事件，才能找到潜在的解决方案。

组织将风险分解结构（Risk Breakdown Structures，RBS）与工作分解结构结合使用，以帮助管理团队识别并最终分析风险。图 7.3 提供了一个 RBS 的通用示例。一开始的重点应该是影响整个项目的风险，而不是项目或网络中的某个特定部分。例如，对资金情况的讨论可能导致团队确定项目启动后项目预算被削减的可能性，这是一个影响整个项目的重大风险事件。同样，当讨论市场情况时，团队可能将竞争对手对新产品发布的响应视为一个特定部分的风险事件。

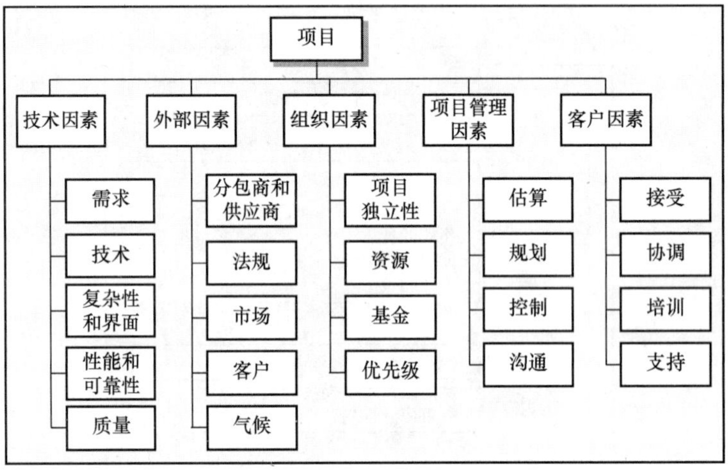

图 7.3　风险分解结构

在宏观风险被识别之后，可以检查特定领域。识别特定风险的有效工具是风险分解结构。使用 RBS 可以减少错过风险事件的机会。在大型项目中，围绕特定的可交付成果，组织多个风险管理团队，向项目经理提交他们的风险管理报告。参见生活快照 7.2，可以了解到一个受益于更健全的 RBS 的项目示例。

生活快照 7.2：伦敦希思罗机场 5 号航站楼

在伦敦希思罗机场 5 号航站楼的剪彩仪式上，女王向特定观众宣布："我非常高兴能够开放 5 号航站楼：通往英国、美国，通往更广阔世界的 21 世纪门户。"

英国航空公司（British Airway，BA）花费了 50 多亿美元，希望 5 号航站楼能够消除人们通常所说的"希思罗机场纠纷"。在过去的十年里，希思罗机场因行李延误、排长队和行李丢失而恶名远扬，以至于高端旅客宁可支付额外的费用也避免在那里降落，例如，选择在阿姆斯特丹和法兰克福等超现代化的枢纽机场降落。

5 号航站楼是由一位世界著名的建筑师设计的，以伦敦的全景为特色，宽敞、开阔的空间及成排的奢侈品商店，包括蒂凡尼（Tiffany's）和一家戈登·拉姆齐（Gordon Ramsey）餐厅。它的设计目标是每年接待 3 000 万名旅客，拥有一流的候机室。它包括一套先进的行李分拣和传送设备，设计目标是每小时处理 1.2 万件行李，消除了"希思罗机场纠纷"。

3 月 28 日，航站楼正式启用的日子，事情开始变得很不吉利。第一次警告是在凌晨 4 点，当时很多工作人员和乘客开始迟到，因为他们找不到停车位。航站楼外的路标不清楚，人们说他们一进去就得到了错误的信息。员工到达工作岗位后，许多人由于培训不足而无法登录电脑系统。结果，行李托运开始陷入困境，行李开始堆积起来。行李系统又出现了技术故障。一个地下传送系统被堵住了。到中午，英航不得不取消了 20 个航班。下午 5 点，英航暂停了所有行李的托运手续。这意味着在机场的乘客只有仅带随身行李的可以登机，或选择另一个航班，或可退票退款。在当天起飞的所有飞机中，1/3 的飞机没有行李！

这仅是第一天。随后，整个一周的航班都被取消了，英国航空公司请来了数百名志愿者来处理堆积如山的行李。最后，超过 28 000 个行李箱被运到米兰，它们终于从伦敦的混乱中解放出来。

5 号航站楼的启用令人尴尬，数百个航班被取消，数千个行李丢失。这让英航损失了 3 200 多万美元，两名高管也因此丢了工作。英航后来承认，在 5 号航站楼的惨败后，乘客纷纷离开，乘客数量下降了 7%。

我们应该吸取什么教训？有很多。首先，在复杂的项目中，有一种倾向是关注技术挑战，而忽略项目中人的方面。记住，项目是社会-技术系统！一个更强大的 RBS 可能已经表明，在终端投入使用之前，需要更多的培训和演练。人们还必须质疑从第一天起就满负荷全面运行是否明智。一天内从零航班运营到 380 个航班是一项艰巨的任务。更谨慎的做法可能是在第一周限制航班数量试运行，解决运行中发现的问题并确保成功。

风险概述是另一个有用的工具。风险概述是解决同类项目中常见的不确定性方面的问题列表。这些问题是从以前的类似项目中发现和提炼出来的。图 7.4 提供了风险概述的部分示例。

技术需求 需求是稳定的吗？	质量 设计是否考虑了质量问题？
设计 设计是基于非现实的还是乐观的假设？	管理 大家都知道有事找谁吗？
测试 测试设备是否在需要时可用？	工作环境 人们是否能够跨越职能界限进行合作？
开发 开发过程是否被一套兼容的过程、方法和工具所支持？	员工 员工是经验不足还是数量不足？
进度计划 进度是否取决于其他项目的完成？	客户 客户是否理解完成项目需要做什么？
预算 成本估算的可靠性如何？	承包商 承包商的任务定义是否含糊不清？

图 7.4　产品开发项目的部分风险概述

良好的风险登记册，如风险分解结构，是针对所讨论的项目类型量身定制的。例如，开发一个信息系统和制造一辆新车是不同的，它们是组织特定的。风险概述可以识别公司的独特优势和劣势。最后，风险概述同时处理技术风险和管理风险。例如，图 7.4 所示的风险概述询问了有关设计的问题（设计是基于非现实的还是乐观的假设？），这些问题可能导致研究团队把它当作一种风险，担心该技术在极端条件下无法工作。同样，关于工作环境的问题（人们是否能够跨越职能界限进行合作？）也可能导致研究团队认为市场营销部和研发部间存在潜在沟通中断的风险。

风险概述通常由项目办公室的人员生成和维护。它们在项目后审计期间被更新和完善（见第 14 章）。

这些风险概述，如果保持更新，可以成为风险管理过程中的一种强大资源。公司过去项目的集体经验体现在他们的问题中。

当没有正式的风险概述时，历史记录可作为补充。项目团队可以调查过去类似项目中发生了什么，以识别潜在的风险。例如，项目经理可以检查所选供应商在准时供货中的表现，以评估发货延迟的威胁。IT 项目经理可以参考详细描述其他公司在切换软件系统方面的“最佳实践”。查询不应仅限于记录数据。精明的项目经理通过向经验丰富的项目经理寻求建议来借鉴他人的智慧。

风险识别过程不应仅限于核心团队，应该征求客户、发起人、分包商、供应商和其他利益相关者的意见。紧密的利益相关者可以正式面谈或包括在风险管理团队中。这些参与者不仅提供了有价值的视角，而且通过使他们参与到风险管理过程中，让他们为项目的成功贡献更多的力量。[①]

风险识别成功的关键之一是态度。虽然“可以做”的态度在实施过程中是必不可少的，但项目经理必须鼓励大家在风险识别时进行批判性思考。目标是在潜在问题发生之前发现它们。

风险分解结构和风险概述都是有用的工具，可以确保不留任何漏洞。与此同时，如果做得好，识别出的风险数量可能是令人难以接受的，甚至有点令人沮丧。最初的乐观可以被“我们陷入了什么？”的抱怨所取代。项目经理设定正确的基调并完成风险管理过程是很重要的，这样成员才能重新获得对自己和项目的信心。

7.3 步骤 2：风险评估

> 7-3：评估不同项目风险的重要性。

步骤 1 生成了潜在的风险列表。然而，并非所有这些风险都值得关注。一些是微不足道的，可以忽略，而另一些则对项目的健康和利益构成严重威胁。管理人员必须开发出筛选风险列表的方法，消除不重要或冗余的风险，并根据重要性和需要注意的程度将有价值的风险进行分级。

情景分析是分析风险的最简单和最常用的技术。团队成员评估每个风险事件的重要性：

- 事件发生的概率。
- 事件发生后的影响程度。

简单地说，风险需要根据事件发生的可能性和其发生的影响或后果来评估。项目经理在工地被雷击，会对项目产生重大的负面影响，但发生这种情况的可能性很低，不值得考虑。相反，人们确实会更换工作，因此，像关键项目人员流失这样的事不仅会产生不利影

① 德尔菲方法（见生活快照 5.2）是一种鼓励项目相关者积极参与的流行技术。

响，而且在某些组织中也很有可能发生。如果是这样，那么明智的做法是，该组织应积极主动，通过制订留住专家的激励计划和/或进行交叉培训，以减少人员流动的影响，从而减少这种风险。

风险分析过程的质量和可信度要求定义了不同级别的风险概率和影响。这些定义各不相同，应该根据项目的具体性质和需要进行调整。例如，对于一个项目来说，从“非常不可能”到“几乎肯定”的相对简单的尺度可能就足够了，而另一个项目来说，可能要使用更精确的数值概率（例如，0.1，0.3，0.5，…）。

影响规模可能有一些问题，因为负面风险对项目目标的影响不同。例如，零配件故障可能只会导致项目进度的轻微延迟，但会导致项目成本的大幅增加。如果控制成本的优先级很高，那么影响将是严重的。另一方面，如果时间比成本更重要，那么影响就会很小。

因为最终需要根据项目的优先次序来评估影响，所以使用了不同种类的影响规模评估方式。有些量表可能简单地使用等级顺序描述符，如“低”、“中等”、“高”和“非常高”，而另一些量表则使用数字权重（如 1～10）。一些人可能关注总体项目，而另一些人关注具体的项目目标。风险管理团队需要预先确定 1 和 3 的区别，或者“中等”影响和“严重”影响的区别。图 7.5 提供了一个示例，说明在给定项目目标的成本、时间、范围和质量的情况下，如何定义影响规模。

相对或数字刻度					
项目目标	1 很低	2 低	3 中	4 高	5 很高
成本	微不足道的成本增加	成本增加 < 10%	成本增加 10% ~ 20%	成本增加 20% ~ 40%	成本增加 >40%
时间	微不足道的时间增加	时间增加 < 5%	时间增加 5% ~ 10%	时间增加 10% ~20%	时间增加 >20%
范围	范围几乎无明显影响	范围影响较小	范围影响较大	范围影响大到发起人无法接受	项目最终产品无法实现
质量	质量下降几乎不明显	仅有非常少的难以满足的性能受到影响	质量降低需要发起人批准	质量下降到发起人无法接受	项目最终产品无法实现

图 7.5　定义风险对主要项目目标影响规模的条件（仅以负面影响为例）

情景分析的文档可以在公司使用的各种风险评估表中看到。图 7.6 是涉及操作系统（Operating Systems，OS）升级的信息系统项目所使用的风险评估表的部分示例。

风险事件	概率	影响	检测难度	何时
界面问题	4	4	4	转换
系统冻结	2	5	5	启动
用户反应	4	3	3	安装后
硬件故障	1	5	5	安装

图 7.6　风险评估表的式样

注意，除评估风险事件的严重性和概率外，团队还要评估事件可能发生的时间及其检测难度。检测难度是指检测到事件即将发生并及时采取缓解措施的容易程度，也就是说，会有多少警告信息。在 OS 升级的例子中，检测难度的范围从 5（没有警告）到 1（有大量时间做出反应）。

组织经常发现将不同风险的严重程度归类到某种形式的风险评估矩阵中是很有用的。矩阵通常是围绕风险事件的影响和概率构建的。例如，图 7.7 所示的风险矩阵由一个 5×5 的要素阵列组成，每个要素代表一组不同的影响值和概率值。

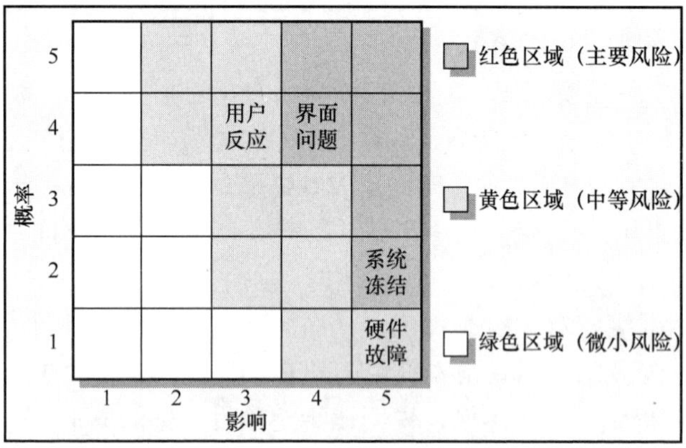

图 7.7　风险严重程度矩阵

矩阵分为红色、黄色和绿色区域，分别代表主要风险、中等风险和微小风险。红色区域集中在矩阵的右上角（高影响/大概率），而绿色区域集中在左下角（低影响/小概率）。中等风险的黄色区域处于矩阵的中间。由于影响通常被认为比概率更重要（10%的损失 100 万美元的机会通常被认为比 90%的损失 1 000 美元的机会更严重），红色区域（主要风险）延伸到高影响栏的更深处。

再次以 OS 升级项目为例，界面问题和系统冻结将被置于红色区域（主要风险），用户反应和硬件故障将被置于黄色区域（中等风险）。

风险严重程度矩阵为确定要处理的风险优先级奠定了基础。红色区域的风险优先，其次是黄色区域的风险。绿色区域的风险通常被认为是无关紧要的，除非它们的状态发生变化，否则可以忽略它们。

失效模式和影响分析（Failure Mode and Effects Analysis，FMEA）扩展了风险严重程度矩阵，在方程中加入了易于检测的因素：

影响×概率×检测=风险值

这三个维度中的每一个都是根据一个 5 分制来评分的。例如，检测被定义为项目团队识别风险事件即将发生的能力。如果连一只黑猩猩都能察觉到即将到来的风险，就得 1 分。最高的检测分数为 5，仅针对很晚才被发现的事件（例如，系统冻结）。对于影响的严重程度和事件发生的概率，将采用类似的锚定尺度。然后，风险的权重是基于它们的总体得分。例如，在“1”区域产生影响的风险概率非常低，且容易被发现，可能得到 1（1×1×1=1）。相反，大概率发生且不可能被检测到的高影响风险得分为 125（5×5×5=125）。这种广泛的数值评分范围允许根据总体显著性对风险进行分级。

没有一个评估方案是绝对万无一失的。例如，FMEA 方法的缺点是，一个评级为影响=1、概率=5、检测=5 的风险事件将获得与评级为影响=5、概率=5、检测=1 的事件相同的加权评分！这就强调了不把风险评估仅仅当作数学练习的重要性。对关键风险事件进行深思熟虑的讨论是无可替代的。

概率分析

有许多统计技术可以帮助项目经理评估项目风险。决策树已经被用来评估使用期望值的备选行动方案。净现值（Net Present Value，NPV）的统计变化已被用于评估项目中的现金流风险。过去项目的现金流与 S 曲线（项目生命周期的累计成本曲线）之间的相关性被用来评估现金流风险。

计划评审技术（Program Evaluation and Review Technique，PERT）和 PERT 模拟可用于评审活动和项目风险。PERT 和相关技术通过观察总体成本和进度风险给出了更宏观的视角。这里的重点不是单个事件，而是项目按时并在预算范围内完成的概率。这些方法在评估项目的总体风险及应急资金、应急资源和应急时间等方面的需求时很有用。PERT 模拟的使用正在增加，因为它使用与 PERT 所需的相同数据，而且运行模拟的软件很容易获得。

基本上 PERT 模拟假设了每个活动持续时间的统计分布（在乐观和悲观之间），然后使用随机数字生成器来模拟网络（可能有 1000 多个模拟）。结果是一个活动在许多不同的可能活动持续时间下成为临界活动的相对概率，称为临界指数。PERT 模拟还提供了潜在关键路径的列表和它们各自发生的概率。有了这些可用的信息可以使识别和评估进度风险更加容易。（详见附录 7A，以获得更详细的描述和讨论。）

7.4 步骤 3：风险应对

当风险事件被识别并得到评估后，必须决定对特定事件采取何种应对措施。对风险的应对措施可以分为减轻、规避、转移、升级或保留。

> 7-4：描述管理风险的五种应对方法。

7.4.1 减轻风险

减轻风险通常是我们的第一选择。主要有两种减轻风险的策略：①降低事件发生的概率；②减少不良事件对项目的影响。大多数风险管理团队首先关注降低风险事件的概率，因为如果成功的话，这可能消除考虑潜在代价高昂的第二种风险应对策略的需要。

测试和原型经常被用来防止问题在项目后期出现。在信息系统开发项目中可以找到一个测试的例子。项目团队负责在他们的母公司安装一个新的操作系统。在实施这个项目之前，团队在一个较小的、单独的网络中测试了这个新系统。通过这样做，他们发现了各种各样的问题，并能够在实施之前提出解决方案。团队在安装过程中仍然遇到了问题，但问题的数量大大减少了和严重程度也大大降低了。

通常，识别风险事件的根本原因是有用的。例如，担心供应商不能按时提供定制的组件可能是由于与供应商的关系不好，设计方面的沟通不畅，以及缺乏动力。基于这一分析结果，项目经理可能决定与他的合作供应商共进午餐以消除误会，邀请供应商参加设计会议，并补充合同内容，增加对准时交付的激励条款。

其他降低风险发生概率的例子包括在夏季安排户外工作，进行事前安全培训，以及选择高质量的材料和设备。

当担心工期时间和成本被低估时，管理人员将增加估算以降低不确定性。通常使用新旧项目之间的比率来调整时间或成本。这个比率通常是一个常数。例如，如果在过去的项目中每一行计算机代码花费 10 分钟，那么建议的项目时间估算将使用 1.10 的系数（这代表 10%的增长），因为新项目比以前的项目更困难。

另一种减轻策略是在风险发生时减少其影响。例如，一个桥梁建设项目说明了如何减少风险事件的损失。一个沿海港口的新桥梁项目使用了一家由澳大利亚公司开发的创新的连续混凝土浇筑工艺，以节省大量的资金和时间。主要的风险是，桥梁每个主要部分的连续浇筑过程不能被中断。任何中断都会要求整段已经浇筑的混凝土（数百立方）被拆除并重新浇筑。对可能风险的评估主要集中在商砼公司的混凝土供应上。卡车可能晚点，商砼公司的机械可能出故障。这样的风险将导致巨大的返工成本和延迟。通过在大桥项目 20 英里范围内的不同高速公路附近建设两个移动式搅拌站，以防商砼公司供应中断，从而降低风险。这两个移动式搅拌站为整个桥段运送原材料，每次需要连续浇筑时，都有备用卡车随时待命。类似的风险降低场景在系统和软件开发项目中也很常见，在其中一个模块失败的情况下会使用并行的创新过程。

生活快照 7.3 详细介绍了受控拆除的步骤，以减少西雅图国王圆顶内爆时的损害。

生活快照 7.3：从穹顶到尘埃

2000 年 3 月 26 日，世界上最大的混凝土圆顶建筑在持续不到 20 秒的剧烈内爆中变成了一堆瓦砾。马克·洛泽奥（Mark Loizeaux）受雇于位于马里兰州的受控拆除公司，负责拆除有 24 年历史的西雅图国王巨蛋（Kingdome，1 个大型体育馆）。他说："我们不炸东西。我们使用炸药作为引擎，但重力是将其摧毁的催化剂。"

在洛泽奥的公司进行的 7 000 次拆除中，摧毁国王巨蛋是最复杂的一次。将国王巨蛋内爆需要近三个月的准备工作，总成本为 900 万美元。国王巨蛋被认为是世界上最坚固的建筑之一，它包含了超过 25 000 吨的混凝土，它的 40 个拱形肋骨架都包含了 7 根 2¼英寸长的加强钢筋。

橙色的引爆线——基本上是一串炸药，以每秒 24 000 英尺的闪电速度爆炸，将国王巨蛋的六个馅饼状分区连接到附近的控制中心。

在每个区域，控制爆破的工人钻了近 1 000 个洞，并在洞里塞满了热狗大小的高爆速明胶炸药。在每个国王巨蛋肋骨架的 1/3 处安置了大型炸药，小型的炸药放满了肋骨架。当引爆按钮被按下时，炸药在每个区域引发连锁爆炸，将体育馆夷为平地。

虽然实际的内爆是一项技术壮举，但风险管理是项目成功的关键部分。为了尽量减少对周围建筑物的破坏，炸药被包裹在一层铁链围栏中，围栏上覆盖着厚厚的聚丙烯制作的隔泥纺织物，以遏制飞溅的混凝土。附近的建筑根据其结构和与国王巨蛋的距离，也受到不同方式的保护。措施包括在门窗接缝处用密封的空气处理装置贴上，用胶合板覆盖地板和窗户，并在外面包裹强力聚乙烯薄膜。

为了帮助吸收爆炸的冲击波，从内部拆除的空调设备与其他材料堆叠在一起，在工作区域的周边创建一个屏障。

数百名警察和安保人员被派去封锁了距离国王巨蛋约 1 000 英尺的区域，那里有过度热情的观众。交通在更大范围内被管制。为居住在禁区内的人和宠物提供了住宿。

照片来源：© Tim Matsui/Getty Images

爆炸发生后，八辆水车、八辆清扫车和 100 多名工人立即被派往现场，控制灰尘，开始清理工作。

顺便说一下，1/3 的混凝土被碾碎，用于新建的户外足球场（花费 4.3 亿美元）的地基。其余的混凝土被运走，用于整个西雅图地区的路基和地基。

7.4.2 规避风险

规避风险是变更项目计划以消除风险事件或风险事件发生的条件。虽然不可能消除所有的风险事件，但在启动项目之前，有些特定的风险是可以避免的。例如，采用成熟的技术而不是实验中的技术可以消除技术故障。同样，你可以通过尽快使用 ASAP.NET 和 PHP 这两种软件来开发 Web 应用程序，从而消除选择错误软件的风险。选择将音乐会移到室内将消除恶劣天气的威胁。

7.4.3 转移风险

将风险转移给另一方是很常见的，但这种转移不会改变风险。将风险转移给另一方总是导致为这种风险豁免支付额外的费用。固定价格合同是将风险从业主转移到承包商的经典例子。承包商明白，他的公司将为任何可能发生的风险事件买单，因此，在合同投标价格中增加了一个货币补偿的风险因素。在决定转移风险之前，业主应确定哪一方最能控制可能导致风险发生的活动。另外，承包商是否有能力承担风险？明确识别和记录承担风险的责任是必要的。

另一种更明显的转移风险的方式是购买保险。然而，在大多数情况下，这是不切实际的，因为向不熟悉项目的保险经纪人定义项目风险事件和条件是困难的，而且通常是昂贵的。当然，像天灾这样的低概率和后果严重的风险事件更容易定义和参保。履约债券、保证和担保是用于转移风险的其他金融工具。

对于大型国际建设项目，如石化工厂和炼油厂建设项目，东道国坚持执行建设—拥有—运营—转移（Build-Own-Operate-Transfer，BOOT）条款的合同。在这里，主要的项目组织不仅要建造设施，而且要接管所有权，直到其产能得到证明，并在最终将所有权转移给客户之前完成所有调试工作。在这种情况下，东道国转移了所有权的财务风险，直到项目完成和产能得到证明。

7.4.4 升级风险

当项目遇到超出项目范围或项目经理权限的威胁时，应升级风险。在这种情况下，应对措施应该是将威胁通知组织内的适当人员。例如，在开发一款高科技产品时，一名工程师通过非正式渠道发现，竞争对手正在开发一种替代能源。虽然这不会影响当前的项目，但它可能对未来的产品有重大影响。项目经理将此信息转发给产品经理和研发主管。在另一个例子中，与团队成员的非正式讨论反映了公司员工普遍对薪酬和福利不满。应将这个威胁升级到人力资源部。项目团队不会进一步监控升级的风险。

7.4.5 保留风险

保留风险说的是当风险事件发生时有意识地决定接受它。有些风险实在太大了，以至于转移或减少这类风险事件（如地震）是不可行的。项目业主承担这类风险，因为此类事件发生的可能性很小。在其他情况下，预算储备中识别的风险如果成为现实，则可以简单地加以吸纳。如果识别的风险成为现实的话，风险结果是通过制订应急计划来保留的。在少数情况下，如果风险事件发生，可以忽略风险事件并接受成本超支。

人们的风险承受能力各不相同。在决定如何应对风险之前，应该考虑关键利益相关者和团队的风险偏好。

在项目管理词汇中，减轻风险指的是降低威胁的发生概率和（或）影响的非常具体的策略。然而，在日常语言中，减轻指的是减少风险行动，其中可能包括其他应对措施。

7.5 应急计划

> 7-5：了解应急计划在风险管理过程中的作用。

应急计划是在可能预见的风险事件成为现实时使用的替代计划。应急计划清楚地说明了可采取的减少或减轻风险事件负面影响的行动。风险应对和应急计划的一个关键区别在于：风险应对是在风险出现之前采取实际的执行计划和行动的一部分，而应急计划不是初步实施计划的一部分，只在风险被确认后才会生效。

像所有的计划一样，应急计划回答了在什么地方、什么时候及采取多少行动来处理什么问题。当风险事件发生时，如果没有应急计划，管理者可能推迟实施补救措施的决定。

这种拖延可能导致恐慌和接受第一纠正方法的建议。在压力下做出这种事后决策可能是危险的，而且代价高昂。应急计划在风险事件发生之前对可能预见的事件的备选补救措施进行评估，并在备选方案中选择最佳方案。这种早期应急计划有助于平稳地过渡到补救计划或变通计划。应急计划的可用性能显著地增加项目成功的机会。

确定启动实施应急计划的条件，并明确形成文档材料。该计划应包括成本估算并明确应急资金来源。所有受影响的各方应同意应急计划，并有权做出承诺。因为应急计划的实施会导致工作顺序的中断，所以所有的应急计划都应该传达给团队成员，以使冲击和阻力最小化。

这里有一个例子：一家高科技小众电脑公司打算在一个非常具体的目标日期推出一种新的“平台”产品。该项目的 47 个团队一致认为，不能接受延期。他们为两家大型零部件供应商制订的应急计划表明，风险管理是多么重要。一家供应商的工厂坐落在易发生地震的圣安德烈亚斯断层上。应急计划有一个替代供应商，而且该替代供应商是不断更新的，在另一家工厂生产组件的复制品。加拿大多伦多的另一家主要供应商，由于潜在的恶劣天气，在到期日也存在交货风险。如果陆路运输出现延误，在这个应急计划中提供了租一架包机（已经签约待命）的选项。在外人看来，这些计划肯定有点极端，但在上市时间为王的高科技行业，已确定事件的风险必须严肃对待。

如图 7.8 所示的风险应对矩阵对于总结项目团队如何计划管理已识别的风险非常有用。同样，我们还是用 OS 升级项目来说明这种矩阵。第一步是确定用哪种风险应对方法：减轻、规避、转移、升级或保留。团队决定通过用该系统的原型做实验来降低系统冻结的概率。原型实验不仅允许他们在实际安装之前识别和修复转换“缺陷”，而且产生了有助于提高最终用户接受度的信息。然后，项目团队能够识别和记录旧系统和新系统之间的变化，并将这些变化都纳入用户接受的培训中。设备故障的风险通过选择可靠的供应商和强有力的保修程序来转移。

风险事件	应对	应急计划	诱因	负责人
界面问题	减轻：测试原型	在专家没到时坚持工作	在24小时内没有解决	Nils
系统冻结	减轻：测试原型	重新安装OS	一小时后依然冻结	Emmylou
用户反应	减轻：原型演示	增加人力投入	来自高层的命令	Eddie
设备故障	减轻：选择可靠的供应商； 转移：保修	订购替换设备	设备发生故障	Jim

图 7.8　风险应对矩阵

下一步是确定万一风险仍然发生时的应急计划。例如，如果界面问题被证明是不可克服的，那么团队将尝试一个解决方案，直到供应商专家来帮助解决问题。如果系统在安装后死机，团队将首先尝试重新安装软件。如果用户的不满意程度很高，那么信息系统（Information Systems，IS）部门就要提供更多人手支援。如果团队无法从原来的供应商处得到可靠的设备，那么将从第二家经销商处订购不同的品牌。团队还需要讨论并同意什么将“触发”实施应急计划。在系统死机的情况下，触发器无法在一小时内重启系统，或者在用户强烈反对的情况下，接到了来自高层管理人员的电话。最后，需要指派监控潜在风险和启动应急计划的责任人。聪明的项目经理在需要应急响应之前就建立应急响应协议。关于建立协议重要性的示例，请参见生活快照 7.4。

生活快照 7.4：世界之巅的风险管理

2015 年的电影《珠穆朗玛峰》（*Everest*）讲述了一次不幸的攀登珠峰的尝试，其中六名登山者死亡，这一扣人心弦的故事证明了极限登山的风险。

珠穆朗玛峰探险的记录为项目风险管理提供了深刻的见解。首先，大多数登山者要花三个多星期的时间来适应高海拔环境。当地的夏尔巴人会协助运送物资，并在攀登的最后阶段建立四座大本营。为了减少缺氧、头重脚轻和因缺氧而迷失方向的影响，大多数登山者在最后的攀登过程中使用氧气面罩和氧气瓶。如果足够幸运，不是这个季节的第一批探险队之一，通往山顶的道路应该由之前的攀登者设置好桩子并系好绳子。登山向导通过无线电接收最新的天气报告，以确认天气状况是否适合冒险。最后，为了保险起见，大多数登山者会和夏尔巴人一起参加一场精心安排的礼拜仪式，在开始攀登前寻求神灵的保佑。

照片来源：Daniel Prudek/123RF

所有这些努力与从第四大本营到山顶所带来的身体和精神上的挑战相比都显得苍白无力。这就是登山者所说的“死亡地带”，因为在 26 000 英尺以上，尽管有补充氧气，大脑和身体还是会迅速缺氧。在正常条件下，从山顶到大本营往返大约需要 18 小时。登山者早在凌晨 1 点就出发了，为的是在夜幕降临、身体开始衰竭之前赶回来。

攀登珠穆朗玛峰最大的危险不是到达顶峰，而是返回大本营。每五名登上峰顶的登山者中就有一名在下山途中死亡。关键是建立一个应急计划，以防登山者遇到困难或天气变化。向导会设定一个预定的掉头时间（例如，下午 2 点），以确保登山者都能安全返回。由于未能遵守掉头时间，继续登顶，许多人失去了生命。正如一位登山者所言：“只要有足够的决心，任何人都能到达山顶。关键是要活着回来。”

一位面临下午 2 点截止日期的登山者是戈兰·克鲁伯（Goran Krupp）。从斯德哥尔摩到加德满都骑行了 8 000 英里后，他在距离峰顶 1 000 英尺处折返。

以下部分将讨论一些最常见的应对风险的方法。

7.5.1　技术风险

技术风险是个严重的问题，它们往往导致项目“下马”。如果系统或过程不工作怎么办？应急计划是为那些可以预见的可能性制订的。例如，开利冷藏运输设备公司（Carrier Transicold）参与开发了一种新的用于卡车拖车的菲尼克斯（Phoenix）制冷装置。这个新装置使用了由黏结金属制成的圆形面板，这在当时是该公司的新技术。此外，它的一个竞争对手曾试图在其产品中加入类似的黏结金属，但没有成功。项目团队非常渴望让新技术发挥作用，但直到项目的最后，他们才开始使新黏合剂充分结合，完成项目。在整个项目中，团队只使用了一种焊接面板的制造方法，以防失败。如果需要这种应急方法，它将增加生产成本，但项目仍然可以按时完成。

除备份策略外，项目经理还需要开发快速评估技术不确定性是否可以解决的方法。先进的计算机辅助设计（Computer-Aided Design，CAD）软件的使用极大地帮助解决了设计问题。与此同时，Smith 和 Reinertsen（1995）在他们的著作《用一半的时间开发产品》（*Developing Products in Half the Time*）中指出，没有什么可以替代制作某样东西，然后观察它的工作原理，体验它的触感或看看它的样子。他们建议，人们应该首先确定高风险的技术领域，然后构建模型或设计实验，以尽快解决风险。技术提供了许多早期测试和验证的方法，从 3D 打印和全息图像模型构建到针对市场测试的焦点小组和早期设计可用性测试（Thamhain，2013）。通过在项目早期隔离和测试关键的技术问题，可以快速确定项目的可行性，并做出必要的调整，比如重做流程，或者在某些情况下关闭项目。

7.5.2　进度风险

通常，组织只有等到项目问题出现时，才肯花力气去应对。在这时，应急基金被用来加速项目进程或“赶工”，使其回到正轨。赶工或压缩项目工期是通过缩短（压缩）关键路径上的一个或多个活动的持续时间来完成的。这带来了额外的成本和风险。管理这种情况的技巧将在第 9 章中讨论。一些应急计划可以避免昂贵的程序。例如，可以通过并行正在执行的活动或使用开始到开始的搭接关系来调整进度计划。此外，让最优秀的人从事高风险任务可以降低一些风险事件发生的概率。

7.5.3　成本风险

长期项目需要一些应对价格变化（通常是价格上涨）的应急措施。在评估价格时要记住的重要一点是，要避免使用一次性款项来躲避价格风险的陷阱。例如，如果通货膨胀已经到了大约 3%，一些经理会为项目中使用的所有资源添加 3%。这种一次总付的方法不能准确地解决需要价格保护的问题，也不能为跟踪和控制提供依据。对于成本敏感的项目，应逐项评估价格风险。一些采购和合同在项目的生命周期内不会改变。应查明那些可能发生变更的方面，并对变化的幅度做出估算。这种方法确保了在项目实施时对应急资金的控制。

7.5.4　融资风险

如果项目的资金被削减了 25%，或者完工预测表明成本将大大超过可用资金，那该怎么办？这个项目在完成之前被中止的可能性有多大？经验丰富的项目经理认识到，一个完整的风险评估必须包括对资金供应的估算。对于公共基金资助的项目来说尤其如此。一个典型的例子是厄运缠身的 ARH-70［阿拉帕霍（Arapaho）武装侦察直升机］，由贝尔飞机公司（Bell Aircraft）为美国陆军开发。在 2008 年 10 月，国防部建议取消该项目时，为开发一种新时代战斗和侦察两用直升机已经投资超过 3 亿美元。这种中止反映了削减成本的需要，以及向用无人驾驶飞机承担监视和攻击任务的转变。

正如政府项目会随着战略和政治议程的变化而变化一样，企业的优先顺序和最高管理层也经常发生变化。新 CEO 钟爱的项目取代了前任 CEO 钟爱的项目。资源变得紧张，为新项目提供资金的一种方式是中止其他项目。

严重的预算削减或缺乏足够的资金会对项目产生毁灭性的影响。通常，当这样的情况发生时，就需要将项目的范围缩小到可能完成的范围。"孤注一掷的项目"是削减预算的成熟目标。一旦决定放弃有人驾驶的侦察机，阿拉帕霍直升机项目就会被取消。在这里，项目的"可分组性"是一个优势。例如，高速公路项目可能达不到最初的目的，但每完成一英里仍可增加价值。

在规模小得多的情况下，更普通的项目可能也存在类似的融资风险。例如，建筑承包商可能发现，由于股市突然下跌，业主再也负担不起建造他们梦想中的房子。当客户申请破产时，IS 咨询公司可能两手空空。在前一种情况下，承包商可能不得不在公开市场上出售自己建成的房子，但遗憾的是，咨询公司将不得不加入长长的债权人队伍。

7.6　机会管理

> 7-6：理解机会管理并描述在项目中应对机会的五种方法。

为了简洁起见，本章重点讨论了负面风险（项目中可能出现的问题）。风险也有相反的一面，它可以使项目做得很好。这通常被认为是积极的风险或机会。机会是能够对项目目标产生积极影响的事件。例如，异常有利的天气可以加速建设工作，或者燃料价格的下降可以节省资金，从而增加项目的价值。基本上，管理消极风险的过程同样适用于管理积极风险。确定机会，根据概率和影响评估机会，确定应对措施，甚至可以建立应急计划和预留资金，以便在机会发生时加以利用。管理风险的负面影响和管理机会之间的主要例外是应对措施。项目管理专业已经确定了对机会的五种类型的应对措施：

利用。这一策略旨在消除与机会相关的不确定性，确保机会确实发生。例如，分配最好的人员到一个关键的突发活动，以缩短完成时间，或者修改设计，使一个组件可以购买，而不用内部开发。

共享。这个策略涉及将一个机会的部分或全部所有权分配给另一方，后者最有能力为项目的利益捕获这个机会。例子包括对外部承包商和合资企业的持续改进的激励。

增强。增强是减轻的反义词，采取行动是为了增加机会的可能性和/或积极影响。例如，根据有利的天气模式选择项目场所，以及选择可能降价的原材料。

升级。有时项目会遇到超出项目范围或超出项目经理权限的机会。在这种情况下，项目经理应该将这个机会告诉组织内的适当人员。例如，一个客户告诉项目经理，他正在考虑调整产品以适应不同的市场，并想知道你们是否有兴趣投标这个项目。应将该机会向上传递给项目发起人。或者通过项目交互过程，项目经理发现关键组件的可选供应商。应将这一信息转交给采购部。

接受。接受一个机会就是当它发生时你愿意利用它，而不是采取行动追求它。

虽然关注风险的负面影响是很自然的，但积极参与机会管理也是很好的实践。

7.7 应急基金和时间缓冲

7-7：了解如何使用应急基金和时间缓冲来管理项目风险。

设立应急基金以应付已识别和未知的项目风险。在风险事件发生之前，我们都不知道什么时候、在哪里及要花多少钱。项目“所有者”往往不愿意设立项目应急基金，因为这似乎意味着项目计划可能很糟糕。也有人认为，应急资金是附加的贿赂资金。另一些人则表示，当风险成为现实时，他们自会面对风险。通常，这种不愿意建立储备金的情况可以用有文件记录的风险识别、评估、应急计划及资金何时和如何支付的计划来克服。

应急基金的规模和数额取决于项目固有的不确定性。不确定性反映在项目的“新颖性”、不准确的时间和成本估算、技术上的未知因素、不稳定的范围和未预料到的问题中。在实践中，与过去的项目类似，项目中意外事件的管理费占 1%～10%。然而，在独特的高科技项目中，20%～60%的意外事件管理费并不罕见。必须密切监测和控制储备金的使用和消耗速度。简单地选择基准的一个百分比（比如 5%），并将其作为应急储备不是一个合理的方法。此外，将已确定的应急拨款全部加在一起，也不利于储备基金的健全管理。

在实践中，为控制目的，应急基金一般分为应急储备金和管理储备金。设立应急储备金以应付已识别的风险。这些储备金分配给项目的特定部分或特定可交付成果。管理储备金的设立是为了应对未识别的风险，这些储备金分配给与整个项目相关的风险。风险是分开的，因为它们的使用需要得到不同级别的项目领导的批准。因为所有风险都是概率性的，所以准备金不包括在每个工作包或活动的基准中，它们只在危险发生时才被激活。如果确定的风险没有发生，而且发生的机会已经过去，分配给该风险的资金应从应急储备金中扣除。（这消除了为其他问题或麻烦使用应急储备的诱惑。）当然，如果风险确实发生，资金将从储备金中取出，并添加到成本基准中。

重要的是，应急津贴应独立于最初的时间和费用估算。这些津贴需要明确区分，以避免时间和预算博弈。

7.7.1　应急储备金

应急储备金是为在基准预算或工作分解结构中发现的项目的特定工作包或特定部分而确定的。例如，可以在“计算机编码”中添加一笔准备金，以覆盖显示编码问题的“测试”风险。储备金金额是通过计算出接受的意外事件或恢复计划的成本来确定的。应将应急储备金通知项目团队。这种开放性意味着信任，并鼓励良好的成本绩效。然而，分配应急储备金应该是项目经理和负责实施项目特定部分的团队成员双方的责任。如果风险没有发生，资金就从应急储备金中取出。因此，应急储备金会随着项目的进展而减少。

7.7.2　管理储备金

需要管理储备金来应付不可预见的重大风险，因此，管理储备金用于整个项目。例如，在项目的中途可能出现一个重要的范围变更。由于没有预料到这一变更，因此使用管理储备金中支付。管理储备金是在确定并建立应急储备金之后再建立的。这些储备金独立于应急储备金，由项目经理和项目“业主”控制。“业主”可以来自项目组织的内部（高层管理）或外部。大多数管理储备金是利用历史数据和对项目的独特性和复杂性的判断来设置的。

将技术突发事件纳入管理储备金是一种特殊情况。识别可能的技术（功能）风险通常与新的、未尝试的、创新的过程或产品相关。因为创新有可能行不通，所以有必要制订后备计划。这类风险超出了项目经理的控制范围。因此，应对技术问题的储备金属于管理储备金，由业主或最高管理层控制。业主和项目经理决定何时实施应急计划和使用储备金。我们假定这些资金极有可能永远不会被使用。表 7.1 显示了一个虚拟项目的概算编制情况。注意应急储备金和管理储备金是如何分开管理的。使用这种格式很容易跟踪控制。

表 7.1　项目费用预算表　　单位：美元

活动	预算基准	应急储备金	项目预算
设计	500 000	15 000	515 000
编程	900 000	80 000	980 000
测试	20 000	2 000	22 000
小计	14 200 000	97 000	1 517 000
管理储备金			50 000
总计	1 420 000	97 000	1 567 000

7.7.3　时间缓冲

正如建立应急储备金是为了消化计划外的成本，管理人员使用时间缓冲来减少项目中潜在的进度延误。和应急储备金一样，时间的长短也取决于项目本身的不确定性。项目的不确定性越大，为计划预留的时间就越长。策略是在项目的关键时刻分配额外的时间。例如，将时间缓冲添加到：

A．具有重大风险的活动。

B．合并那些由于一个或多个先行活动的延误而容易产生延迟的活动。

C．非关键活动，以减少产生另一条关键路径的可能性。

D．需要稀缺资源以确保资源在需要时可用的活动。

面对整个进度的不确定性，有时会将缓冲区添加到项目的末尾。例如，一个 300 个工作日的项目可能有一个 30 天的项目时间缓冲。虽然额外的 30 天不会出现在进度计划中，但如果需要，它们是可用的。与管理储备金一样，该缓冲通常需要最高管理层的授权。更系统的时间缓冲管理方法将在第 8 章的附录中进行讨论。

7.8 步骤 4：风险控制

> 7-8：认识项目风险管理必定是一项持续的活动。

在通常情况下，风险管理过程的前三个步骤的结果总结在正式文件中，该文件通常被称为风险登记册。风险登记册详细说明了所有已识别的风险，包括风险描述、风险类别、发生的概率、影响的大小、应对措施、应急计划、风险承担方和当前状态。风险登记册是风险管理过程中最后一个步骤（风险控制）的核心内容。风险控制包括执行风险应对策略、监控触发事件、启动应急计划和监视新的风险。建立变更管理系统来处理需要在项目范围、预算和/或进度方面进行正式变更的事件是风险控制的一个基本要素。

项目经理需要监控风险，就像他们跟踪项目进展一样。风险评估和更新要成为每个状态会议和进度报告系统的一部分。项目团队要时刻警惕新的、不可预见的风险。Thamhain（2013）研究了 35 个主要的产品开发项目，发现超过一半的突发事件都是意料之外的！准备好应对意外事件是风险管理的一个关键因素。

管理层需要注意，其他人可能不会坦率地承认新的风险和问题。承认设计代码中可能存在缺陷，或者不同的组件不兼容，反映了个人绩效的低下。如果现行的组织文化是犯错误会受到严厉惩罚的文化，那么保护自己只是人类的本性。同样，如果人们对坏消息的反应很强烈，并且有一种“杀死信使”的倾向，那么参与者将不会自由地发言。当个人责任不明确，项目团队承受着来自高层要求快速完成项目的巨大压力时，压制坏消息的趋势就会加剧。

项目经理需要创造一种环境，让参与者能够舒畅地报告问题和承认错误（Browning & Ramasesh，2015）。规范的做法应该是，错误是可以接受的，隐藏错误是不能容忍的。问题应该接受，而不是否认。应鼓励参与者找出问题和新的风险。项目经理对风险的积极态度是关键。

在大型、复杂的项目中，使用新的信息重复风险识别/评估工作是一种谨慎的办法。应该对风险概况进行审查，以测试最初的应对计划是否正确。核心利益相关者应参与讨论，并更新风险登记册。虽然持续这样做可能不太实际，但项目经理应该定期与他们联系，或者召开特殊的利益相关者会议，以审查项目风险的状态。

控制风险成本的第二个关键是记录责任。这在涉及多个组织和承包商的项目中可能出现问题。风险的责任经常被传递给其他人，并说：“这不是我担心的。”这种心态是危险的。

每个确定的风险应由业主、项目经理和承包商或对工作包或项目部分负有直接责任的人通过共同协商来分担（或共享）。最好是让职能主管人员批准应急储备金的使用，并监控其使用率。如果需要使用管理储备金，职能人员应该在估算额外成本和完成项目所需的资金方面发挥积极作用。让职能人员参与这一过程，重点应该集中在管理储备金上，控制其使用率，以及对潜在风险事件进行预警。如果风险管理没有正式化，责任和对风险的应对将被忽略。

底线是，项目经理和团队成员需要在监测潜在风险时保持警惕，并应识别可能破坏项目的新“地雷”。风险评估必须是状态会议工作议程的一部分，当新的风险出现时，需要对它们进行分析并将其纳入风险管理过程。

7.9 变更控制管理

7-9：描述变更控制过程。

风险控制过程的一个主要元素是变更管理。并不是项目计划的每一个细节都能如预期的那样实现。应对和控制项目变更对大多数项目经理来说是一项艰巨的挑战。变更有许多来源，例如项目客户、业主、项目经理、团队成员和风险事件。大多数变更可分为三类：

（1）在设计形式或添加功能方面的范围变更代表的是大型变更。例如，客户要求一个新功能或重新设计以改进产品。

（2）当风险事件发生时，应急计划的实施代表了基准成本和进度计划的变更。

（3）项目团队成员建议的改善类变更代表了另一个类别。

因为变更是不可避免的，一个定义良好的变更评审和控制过程应该在项目规划周期的早期被建立起来。

变更管理系统包括报告、控制和记录项目基准的变更。（注意：一些组织认为变更控制系统是配置管理的一部分。）在实践中，大多数变更管理系统要完成以下任务：

（1）确定提议的变更。

（2）列出提议的变更对进度计划和预算的预期影响。

（3）正式地审查、评估和批准或不批准变更。

（4）协商并解决变更、条件和成本方面的冲突。

（5）向受影响的各方传达变更。

（6）分配执行变更的责任。

（7）调整主计划和总预算。

（8）跟踪所有要执行的变更。

作为项目沟通计划的一部分，项目利益相关者预先定义用于评估和接受变更的沟通和决策过程。可以在如图 7.9 所示的流程中了解该过程。在小型项目中，这个过程可能仅仅需要一小群利益相关者的批准。对于更大的项目，建立更详细的决策过程，不同的过程用于不同的变更。例如，性能要求的变更可能需要多方同意，包括项目发起人和客户，而转换供应商可能由项目经理授权即可。无论项目的性质如何，目标都是建立一个过程，以便及时有效地在项目中进行必要的变更。

特别重要的是评估变更对项目的影响。通常对当前问题的解决方案会对项目的其他方面产生不利的影响。例如，在克服混合动力汽车排气系统的问题时，设计工程师对原型超过重量参数做出了贡献。重要的是，应由具有适当专业知识和观点的人员评估变更的影响。在建筑项目中，这通常是建筑公司的责任，而“软件架构师”在软件开发工作中担负类似的责任。

组织使用变更请求表和日志来跟踪提议的变更。图 7.10 描述了一个简化的变更请求表示例。典型的变更请求表包括变更内容的描述，不批准变更的影响，变更对项目范围、进度、成本的影响，定义的审核签名路径，以及跟踪日志号。

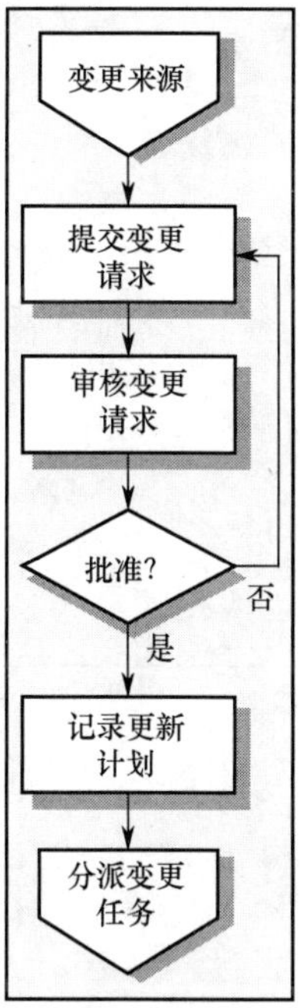

图 7.9　变更控制过程

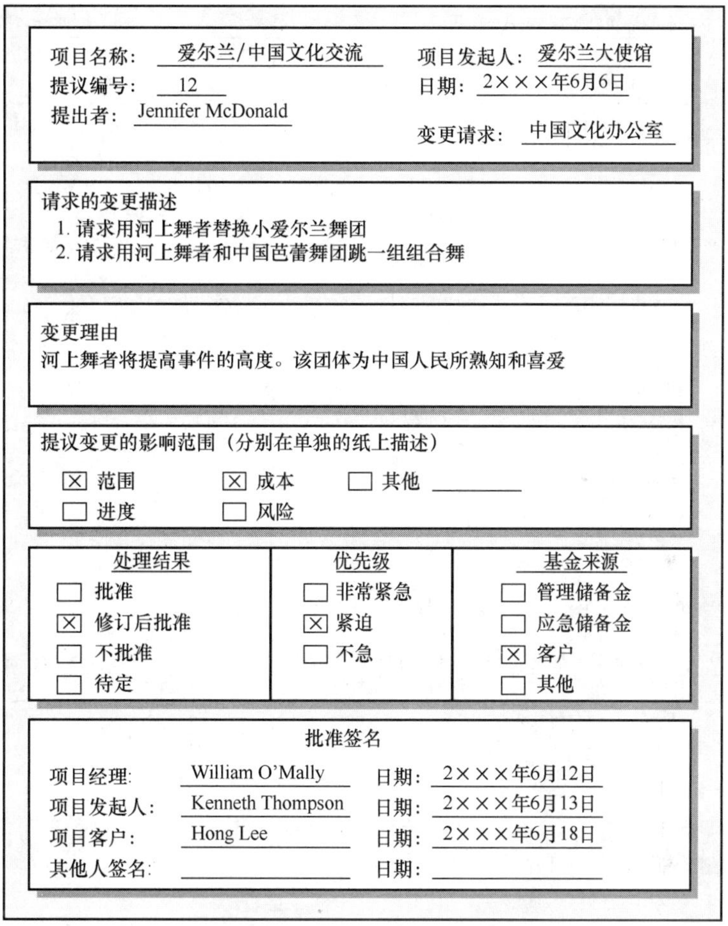

图 7.10　变更请求表示例

图 7.11 展示了一个建筑项目变更请求日志的简化版本。这些日志用于监督变更请求。它们通常给出所有未完成的变更请求的状态，并包括变更的来源和日期、相关信息的文档代码、成本估算及变更请求的当前状态等有用信息。

通过项目 WBS 和基准进度计划中的变更，每个批准的变更都必定能够得到识别，并被整合到记录项目 WBS 和基准进度变更情况的计划中。这个记录了变更情况的计划是当前项目在范围、预算和进度方面的正式计划，要作为未来变更请求的变更管理基准，以及评估项目进展的基准。

如果变更控制系统没有与 WBS 和基准集成，项目计划和控制将很快自毁。因此，一个成功的变更控制过程的关键之一就是文档、文档、文档！变更控制系统的好处如下。

（1）不重要的变更是不被正式程序所鼓励的。

（2）变更的成本在日志中得到维护。

（3）保持 WBS 和绩效测量的完整性。

（4）对应急储备金和管理储备金的分配和使用进行跟踪。

（5）明确实施责任。

（6）使变更的影响对所有利益相关者都是可见的。

业主要求的变更状态报告——打开项　　　　俄勒冈州立大学的韦瑟福德

任务编号	任务描述	参照标准文件	日期		数额/美元	状态	注释
			登记日期	上交日期			
51	下水道工程补偿				−188 129	要求提供估算	其他资金来源
52	卫生间淋浴阀的不锈钢板	建筑师的补充说明 56	1/5/2020	3/30/2020	9 308	批准请求变更	
53	防水的选项	建筑师的补充说明 77	1/13/2020		169 386	要求提供估算	
54	更改电气地板箱规格	请求信息 113	12/5/2020	3/29/2020	2 544	已提交请求变更信息	
55	VE可选择型门和轨道门	门样图集	1/14/2020		−20 000	初步的订单数量	
56	压洗C塔	业主要求	3/15/2020	3/30/2020	14 861	已提交请求变更信息	
57	楼梯用防火玻璃	业主要求			8 000	子承包商退出	房间有智能防火网
58	星巴克咖啡店增加远程/股票行情数据设备	建筑师的补充说明 65	1/30/2020	3/29/2020	4 628	批准请求变更	
59	C翼增加阻尼器	建筑师的补充说明 68	2/4/2020	3/29/2020	1 085	已提交请求变更信息	
60	调整走廊的天花板	建筑师的补充说明 72	2/13/2020	3/31/2020	−3 755	已提交请求变更信息	

图 7.11　变更请求日志简化版本

本章小结

为了正确地看待本章中讨论的过程，我们应该认识到项目管理的本质是风险管理。本书中的每一种管理技巧都是一种风险管理技巧。每一种技巧都以自己的方式试图防止坏事发生。项目选择系统试图减少对公司使命不起作用的项目。项目范围说明书，以及其他内容，旨在避免代价高昂的误解和减少范围蔓延。工作分解结构减少了项目某些重要部分被省略或预算估计不现实的可能性。团队建设减少了不正常冲突和协调中断的可能性。所有的管理技巧都试图增加利益相关者的满意度和项目成功的机会。

从这个角度来看，管理者从事风险管理活动是为了减少项目管理中固有的不确定性，而且我们也知道事情是永远不会按照计划进行的。风险管理是主动的，而不是被动的。它减少了意外之事的数量，让人们为意想不到的事情做好准备。

虽然许多管理者认为在最终的分析中，风险评估和应急储备取决于主观的判断，但在所有的项目中都应该包括一些识别风险、评估风险和应对风险的标准方法。识别项目风险的许多过程迫使项目管理的各个层级都遵守一些规则，并提高项目绩效。

应急计划增加了项目在预算内按时完成的机会。应急计划可以是简单的变通方案，也可以是精心制订的、详细的计划。对风险的责任应清楚地确定并形成文件。保留一笔储备金作为应对项目风险的手段是可取的和谨慎的。应急储备金与 WBS 相关，应向项目团队通报。管理储备金应由业主、项目经理和职能负责人一起掌控。应在整个项目生命周期内密切监督、控制和审查应急储备金的使用。

经验清楚地表明，使用正式的、结构化的过程来处理可能预见和未预见的项目风险事件，可将意外事件、风险应对成本、进度延误、压力和误解降至最低。风险管理是贯穿项目生命周期的一个迭代过程。当风险事件发生或有必要进行变更时，使用有效的变更控制过程来快速批准和记录变更，将有助于根据进度和成本来衡量绩效。最终，成功的风险管理需要一种文化，在这种文化中，人们接受威胁，不否认威胁，人们积极识别问题，而不隐藏问题。

关键术语

Avoiding Risk 规避风险
Change Management System 变更管理系统
Contingency Plan 应急计划
Contingency Reserves 应急储备金
Escalating Risk 升级风险
Management Reserves 管理储备金
Risk Register 风险登记册
Risk Severity Matrix 风险严重程度矩阵
Scenario Analysis 情景分析
Time Buffer 时间缓冲
Transferring Risk 转移风险
Mitigating Risk 减轻风险
Opportunity 机会
Retaining Risk 保留风险
Risk 风险
Risk Breakdown Structure（RBS）风险分解结构
Risk Profile 风险概述

复习题

1. 如果项目经过仔细的计划，项目风险也是可以（或不可以）消除的。解释一下。
2. 风险事件发生的机会及它们各自的应对成本在项目生命周期中不断增加。这种现象对项目经理有什么意义？

3．规避风险和保留风险的区别是什么？

4．减轻风险和应急计划之间的区别是什么？

5．解释应急储备金与管理储备金的区别。

6．工作分解结构和变更控制是如何连接的？

7．如果不使用变更控制过程，可能的结果是什么？为什么？

8．管理消极风险和管理积极风险（机会）之间的主要区别是什么？

生活快照讨论题

7.1 巨型冰棒出了问题

1．这个例子是否支持风险事件图（见图 7.1）？解释一下。

7.2 伦敦希思罗机场 5 号航站楼

1．你认为英国航空公司为什么在第一天就决定全面运营？

2．如图 7.3 所示的 RBS 如何防止灾难的发生呢？

7.3 从穹顶到尘埃

1．你认为这个项目面临的最大风险是什么？

2．定向爆破公司是如何应对这种风险的？

7.4 世界之巅的风险管理

1．对登山者来说，参加夏尔巴人的礼拜仪式有多重要？

2．为什么登山者不在指定的折返时间返回呢？

练习题

1．召集一小队学生。想出一个大多数学生都能理解的项目，所涉及的任务类型也应该是熟悉的。识别和评估项目中固有的主要和次要风险，决定应对类型。针对 2～4 个已识别的风险制订应急计划，估算风险应对成本，分配应急储备金。你的团队需要估算整个项目有多少储备金，证明你的选择和估算是正确的。

2．你被分配到一个由五人组成的项目风险小组。因为这是你的组织第一次正式为一个项目建立专门的风险团队，所以希望你的团队开发一个可用于未来所有项目的流程。你的第一次团队会议定于下周一早上。每个团队成员都被要求为会议做准备，尽可能详细地编写一个大纲，描述一下在处理项目风险时，团队应该如何进行。每个团队成员将在会议开始时分发他的提纲。你的提纲应该包括但不限于以下信息：

a．团队目标。

b．处理风险事件的流程。

c．团队活动。

d．团队输出。

3．在网上搜索“最佳实践，项目管理”等关键词。你发现了什么？这些信息如何帮助项目经理管理项目？

案例 7.1：阿拉斯加飞钓探险[①]

你在阿拉斯加迪林厄姆（Dillingham）的一间小木屋里，围坐在火堆旁，与大阿拉斯加探险公司（Great Alaska Adventures，GAA）的同事们讨论你正在计划的一次飞钓探险。今天早些时候你收到了 BlueNote 公司总裁发来的传真。总裁想要奖励她的高层管理团队，带他们去阿拉斯加进行一次有偿的飞钓冒险。她希望 GAA 组织和带领这次探险。

你刚刚完成了初步的项目范围说明书（如下）。你现在正在用头脑风暴会议识别与项目相关的潜在风险。

1. 用头脑风暴会议识别与此项目相关的潜在风险。试着提出至少 5 种不同的风险。
2. 使用类似图 7.6 的风险评估表来分析已识别的风险。
3. 制定一个类似于图 7.8 的风险应对矩阵，概述你将如何处理每一个风险。

项目范围说明书

项目目标

6 月 21 日至 25 日，组织并带领一个为期五天的飞钓探险队沿着阿拉斯加的提基克（Tikchik）河道展开大马哈鱼的钓鱼活动，费用不超过 4.5 万美元。

可交付成果清单

- 提供从阿拉斯加迪林厄姆到一号营地和从二号营地返回迪林厄姆的航空运输。
- 提供由两艘装有舷外马达的可乘坐八人的漂流艇组成的河运设备。
- 在河上航行 5 天，每天提供三餐。
- 提供四小时的飞钓指导
- 在迪林厄姆旅馆提供住宿，外加三顶四人帐篷，包括帆布床、床上用品和灯笼。
- 提供四名经验丰富的河流向导，他们同时也是飞钓渔民。
- 为所有客人提供钓鱼许可证。

里程碑

1. 合同于 1 月 22 日签订。
2. 客人于 6 月 20 日抵达迪林厄姆。
3. 6 月 21 日乘飞机前往一号营地。
4. 6 月 25 日乘飞机从二号营地返回迪林厄姆。

技术要求

1. 往返营地的空中运输。
2. 在提基克河内的船运设备。

① 这个案例是在斯图尔特·莫里格（StuartMorigeau）的协助下完成的。

3. 数字蜂窝通信设备。
4. 营地和捕鱼符合阿拉斯加的要求。

限制和免责条款

1. 客人负责往返阿拉斯加州迪林厄姆的旅程。
2. 客人负责自己的飞钓设备和服装。
3. 将当地往返营地的空运将外包出去。
4. 导游对客人捕获大马哈鱼的数量不负责。

验收标准

BlueNote 有限公司总裁评审。

案例 7.2：Silver Fiddle 建筑公司

你是 Silver Fiddle 建筑公司（SFC）的总裁，该公司专门在科罗拉多州的大章克申（Grand Junction）地区建造高质量的定制住宅。你刚刚被克欧佩克夫妇（Czopeks）雇来建造他们的梦想之家。你是一个总承包商，只雇用一个兼职簿记员。你把工作转包给当地的同行专业人员。大章克申地区的住房建设正在蓬勃发展。你初步计划今年建成 11 栋房子。你向克欧佩克夫妇承诺，最终的成本在 45 万～50 万美元，一旦开始动工，需要五个月的时间才能完工。为了节省成本，克欧佩克夫妇愿意推迟这个项目。

你刚刚完成了初步的项目范围说明书（如下）。你现在正在用头脑风暴会议识别与项目相关的潜在风险。

1. 识别与此项目相关的潜在风险。试着提出至少 5 种不同的风险。
2. 使用类似图 7.6 的风险评估表来分析已识别的风险。
3. 制定一个类似图 7.8 的风险应对矩阵，概述你将如何处理每一个风险。

项目范围说明书

项目目标

在 5 个月内以不超过 50 万美元的成本建造一栋高质量的定制住宅。

可交付成果清单

- 一栋 2500 平方英尺、包括两个浴缸和三间卧室的完整住宅。
- 一个建好的车库，材料是绝缘的，用石膏墙板铺设。
- 厨房电器包括炉灶、烤箱、微波炉和洗碗机。
- 具有可编程恒温器的高效燃气炉。

里程碑

1. 7 月 5 日许可证得到批准。

2. 7 月 12 日浇筑完地基。
3. 主体工程（框架、外墙体、管道、电气和机械检查）于 9 月 25 日验收。
4. 11 月 7 日最终验收。

技术要求

1. 房屋必须符合当地的建筑规范。
2. 所有门窗必须通过 NFRC 40 级能源评级。
3. 外墙保温必须满足 21 的“R”系数。
4. 天花板绝缘必须满足 38 的“R”系数。
5. 地板绝缘必须满足 25 的“R”系数。
6. 车库可容纳两辆汽车和一辆 28 英尺长的温尼贝格房车。
7. 结构必须通过抗震稳定性规范。

限制和免责条款

1. 房屋将按客户提供的规格和设计原始图纸建造。
2. 业主负责园林绿化。
3. 冰箱不包括在厨房电器中。
4. 空调不包括在内，但房子已经预留了空调位置。
5. SFC 保留将服务外包的权利。

验收标准

克欧佩克夫妇评审。

案例 7.3：Trans 公司的局域网项目

Trans 公司是一家位于路易斯安那州梅里第恩市（Meridian）的小型信息系统咨询公司。Trans 公司刚刚接受梅里第恩市社会福利局的委托，为他们设计和安装一个局域网。你是这个项目的经理，项目团队包括一名公司的专业人士和两名来自当地大学的实习生。

你刚刚完成了初步的项目范围说明书（如下）。你现在正在用头脑风暴会议识别与项目相关的潜在风险。

1. 识别与此项目相关的潜在风险。试着提出至少 5 种不同的风险。
2. 使用类似图 7.6 的风险评估表来分析已识别的风险。
3. 制定一个类似图 7.8 的风险应对矩阵，概述你将如何处理每一个风险。

项目范围说明书

项目目标

在一个月内为梅里第恩市社会服务局设计和安装一个新的局域网，预算不超过 12.5

万美元，同时尽量不干扰正在进行的业务。

可交付成果清单

- 20 个工作站和 20 台笔记本电脑。
- 两台有四核处理器的服务器。
- 支持两台彩色激光打印机的打印服务器。
- Barracuda 防火墙。
- Windows R2 服务器和工作站操作系统（Windows 11）。
- 现有数据库和程序迁移到新系统
- 对客户人员进行四小时的介绍培训。
- 对客户端网络管理员进行 16 小时的培训。
- 正常运行的局域网系统。

里程碑

1. 硬件安装于 1 月 22 日完成。
2. 设置用户优先级和授权于 1 月 26 日完成。
3. 内部全网测试于 2 月 1 日完成。
4. 客户端测试于 2 月 2 日完成。
5. 培训于 2 月 16 日结束。

技术要求

1. 工作站配有 17 英寸平板显示器、双核处理器、8GB 的 RAM、8X DVD+RW、无线卡、以太网卡、500 GB 的 SSD。
2. 笔记本电脑配有 12 英寸显示器、双核处理器、4 GB 的 RAM、无线网卡、以太网卡、500 GB 的 SSD，重量不超过 4.5 磅。
3. 无线网卡和以太网连接。
4. 系统必须支持 Windows 11 平台。
5. 系统必须为现场工作人员提供安全的外部访问。

限制和免责条款

1. 现场工作在周一至周六的晚上 8 点后至次日早上 7 点前完成。
2. 系统维护和维修最多只在最终检查后一个月进行。
3. 质保转给客户。
4. 只负责在项目开始前两周安装客户指定的软件。
5. 除合同规定外，客户如需额外培训必须付费。

验收标准

梅里第恩市社会服务局的负责人评审。

案例 7.4：X 州立大学春季音乐会

你是X州立大学学生团体娱乐委员会的成员。委员会已经同意举行一场春季音乐会。此次音乐会的目的是为“哈斯塔周末”提供一个安全的方案。“哈斯塔周末”是一项春季活动，X 州立大学的学生们在这里租船屋，参加盛大的派对。传统上，这在五月的最后一个周末举行。遗憾的是，派对有失控的历史，有时会导致致命的事故。在去年春天发生过这样的悲剧之后，委员会想为那些渴望举办活动的同学提供另一种体验，来庆祝天气变暖和即将结束的学年。

你刚刚完成了初步的项目范围说明书（如下）。你现在正在进行头脑风暴会议，识别项目相关的潜在风险。

1. 识别与此项目相关的潜在风险。试着提出至少 5 种不同的风险。
2. 使用类似图 7.6 的风险评估表来分析已识别的风险。
3. 制定一个类似图 7.8 的风险应对矩阵，概述你将如何处理每一个风险。

项目范围说明书

项目目标

在 5 月的最后一个星期六在 Wahoo 体育场组织并举行一场 8 小时音乐会，费用不超过 5 万美元。

可交付成果清单

- 当地广告。
- 音乐会的安全措施。
- 单独的啤酒花园。
- 8 小时的音乐和娱乐活动。
- 餐饮摊位充足。
- 准备纪念音乐会的 T 恤。
- 获取所有的许可和批准。
- 获得赞助商。

里程碑

1. 1 月 15 日前获得所有许可和批准。
2. 2 月 15 日前签约大牌艺人。
3. 4 月 1 日前完成艺术家花名册
4. 4 月 15 日前完成与供应商的合同签约。
5. 现场安装在 5 月 27 日完成。
6. 5 月 28 日举行音乐会。

7. 场地清理工作在 5 月 31 日前完成。

技术要求

1. 专业的音响、舞台及系统。
2. 至少有一位大牌艺术家。
3. 至少有七场表演。
4. 可容纳 1 万人的卫生间。
5. 可停放 1000 辆车的场所。
6. 符合 X 州立大学和城市的要求/条例。

限制和免责条款

1. 演出人员自己负责往返 X 州立大学的行程。
2. 供应商承担一定比例的销售额。
3. 音乐会必须在晚上 11 点半结束。

验收标准

X 州立大学学生会主席评审。

案例 7.5：项目实施过程中持续的风险管理

背景

比尔（Bill，产品开发高级副总裁）：卡洛斯（Carlos，项目经理），我们得谈谈。我担心我们在未来电子公司（以下简称未来公司）管理项目风险的方式。我刚参加完加州大学伯克利分校的“未来微粒设备”①国际会议。最受关注的项目管理会议讨论的是产品开发项目中的风险。他们认为我们的项目风险管理计划很详尽，但在项目启动后未能维持进行风险管理。在风险管理被认真对待之前，似乎得让某个人吃点苦头。

令我惊讶的是，几乎所有的项目经理都承认，在项目开始后，他们公司在维持团队成员对管理风险的兴趣方面存在问题。有句老话说：“如果现在不管理风险，你以后就要为它付出代价。”这句老话从一些付出代价的人那里引发了许多可怕的故事。我们花了一些时间在项目层面上进行头脑风暴，讨论如何处理这个问题，但几乎没有什么具体的建议。这次会议给我敲响了警钟。卡洛斯，我们得解决这个问题，否则一些新的或已知的风险事件会让我们俩都丢掉工作。他们的恐怖故事和我们过去的一些错误有着惊人的相似之处。

因为在未来电子公司，我们只开发超越在售产品七年以上的新产品，这种产品的“已知风险事件和未知风险”的水平远远高于大多数其他组织。管理项目风险对每个项目都

① 微粒设备是一种非常小的（例如，2～3 毫米）无线传感吊舱，可以安装在陆地或放入水中测量和传输数据。

很重要，但在未来电子公司，每个新产品项目都充满了风险。卡洛斯，我愿意和你一起改进未来电子公司的项目风险管理。

卡洛斯：比尔，我意识到了这个问题。我参加的 PMI 圆桌会议还谈到了在项目开始后，保持团队和其他利益相关者愿意重新审视风险的困难。PMI 圆桌会议是跨行业实战项目管理的月度会议，旨在解决项目管理中的现实问题。在最近的一次圆桌会议上，我还听到了一些故事。我这里有一些会议记录。

这一切都始于领导的问题："有多少项目经理在整个项目生命周期中实际管理风险？"

项目经理 1：我们都在项目开始之前完成了风险管理过程。我们已经有了风险识别、评估、应对、控制、登记和应急事件的流程模板。项目开始后，我们没有坚持到底。我们对风险管理的兴趣消失了。当项目进展相对顺利时，你是否曾试图让项目利益相关者参加风险会议？

项目经理 2：我们的一位项目利益相关者最近在电子邮件中说："当风险发生时，我们会处理它（风险）。"

项目经理 3：我同意。人们的兴趣似乎从面向未来转向了过去。此外，风险管理似乎从真正的风险管理退化为问题（担忧和难题）管理了。

项目经理 4：我问团队成员："在项目生命周期中不管理风险的风险是什么？"有时，这个问题会促使一些人做出积极的回应，尤其是在风险发生变化或察觉到新的风险时。我使用了一个失败的项目作为例子，其中一个可靠的风险管理过程本可以避免项目失败。我解释了有助于改善风险要素的风险管理流程的所有内容——风险识别、风险触发器、责任、转移、接受等。

项目经理 5：风险不是预算或计划中的一项内容。也许它是管理储备的一部分，以应对"未知中的未知"。我必须注意，管理层不会试图从预算中挤出钱来做其他事情。

卡洛斯继续和他的老板分享了很多评论，但很少有指导意见。卡洛斯随后说出了他的想法。

卡洛斯：科莱特（Colette）是我们最好的教练，尤其是在过渡管理（Transition Management）方面，她是跟进这个问题的最佳人选。她的前期风险管理培训课程非常出色。我们要不要请她来主持会议？

比尔：你说得对，卡洛斯。科莱特是理想的人选。她很聪明，也是一个很好的团队激励者。问一下她，但是给她几个要重点注意的方向。

几天后，卡洛斯发来一份备忘录：

科莱特，这是我们昨天午餐谈话的后续内容，讨论项目开始后的持续风险管理。考虑到未来公司的性质，应该强调一点，我们的产品开发项目比传统项目会带来更多的内在风险。我建议培训课程应该深入研究具体的行动和政策，以鼓励团队成员和其他项目利益相关者在项目执行期间对风险管理实践有持续的兴趣。

科莱特，我们很感谢你接下这个项目。如果你制订好了培训计划，请给我一份副本，以便我可以安排时间参加培训和支持你的工作。致礼！卡洛斯

挑战

将班级分成三人或三人以上的小组

科莱特需要你帮助她来制订培训计划。你可能希望考虑以下问题来提出想法。

- 为什么项目利益相关者在项目展开后对项目风险失去兴趣？
- 在实施过程中没有把风险管理放在首要位置会有哪些危险？
- 未来公司从事什么样的业务？

为特点的行动进行头脑风暴，将鼓励项目利益相关者持续审视和跟踪项目环境中的风险事件。可建议采取三个具体的行动或情景，鼓励项目利益相关者调整他们的行为，并在项目实施过程中真正支持风险管理。以下标题可能有助于制定可能的行动，以改善/加强利益相关者的支持。

- 改进风险管理流程。
- 组织行为。
- 激励参与。

附录 7A：PERT 和 PERT 模拟练习

学习目标

7A-1：对基本的 PERT 模拟规划进行计算练习。

学习这个附录后你应该能够：

对基本的 PERT 模拟规划进行计算。

7A.1.1 计划评审技术

1958 年，海军特别办公室和布兹、艾伦和汉密尔顿咨询公司（the Booze，Allen，and Hamilton consulting firm）开发了计划评审技术（Program Evaluation and Review Technique，PERT），为“北极星”潜艇项目安排了 3300 多名承包商，并且，PERT 涵盖了活动时间估算的不确定性。

PERT 在技术上几乎与关键路径方法相同，只是它假设每个活动持续时间都有一个遵循统计分布的范围。PERT 对每个活动使用三个时间估算。基本上，这意味着每个活动持续时间可以包括从乐观时间到悲观时间，并且可以为每个活动计算加权平均值。因为项目活动通常代表工作，而且活动一旦落后工作就会延误，所以 PERT 开发人员选择了 β 分布的近似值来表示活动持续时间。众所周知，这种分布是灵活的，可以容纳不遵循正态分布的经验数据。活动持续时间可能更倾向于数据范围的高端或低端。图 7A.1A 描述了活动持续时间的 β 分布，它是向右倾斜的，并且代表了一旦活动落后，工作就会延误。项目持续时间的分布以正态（对称）分布表示，如图 7A.1B 所示。项目分布表示关键路径上活动的加权平均值总和。

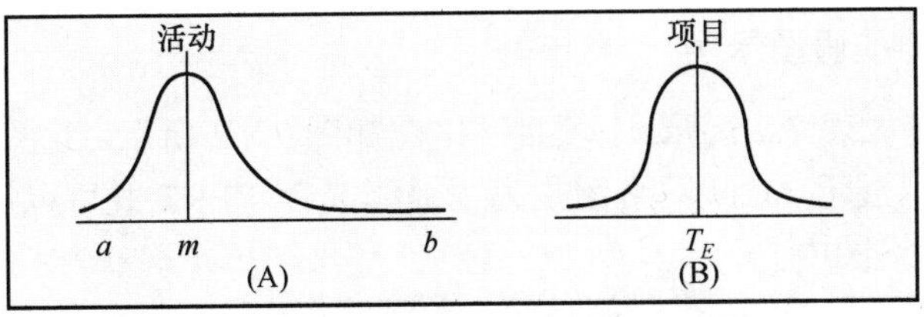

图 7A.1 活动和项目频率分布图

了解每个活动的加权平均值和方差，项目规划人员就可以计算满足不同项目持续时间的概率。计算过程遵循下面给出的假设示例中描述的步骤。(对那些不熟悉统计学的人来说，术语很难理解，但只要弄清楚几个示例后，这个计算过程就相对简单了。)

加权平均活动时间计算公式如下：

$$t_e = \frac{a + 4m + b}{6}$$

式中 t_e——加权平均活动时间；

a——乐观的活动时间（在正常情况下，有百分之一的机会提前完成活动）；

b——悲观的活动时间（在正常情况下，有百分之一的机会活动可能延误）；

m——最可能的活动时间。

在指定了三个时间估算之后，使用这个等式来计算每个活动的加权平均持续时间。如在 CPM 方法中一样，平均（确定性）值被载入项目网络图中，并且，最早时间、最晚时间、时差和项目完工时间也像 CPM 方法中一样计算。

活动时间估算中的可变性可以用以下公式近似表示：式（7-1）表示活动的标准偏差，式（7-2）表示项目的标准偏差。注意活动的标准偏差在这个方程中是平方，也叫作方差。该总和仅包括关键路径或正在评审的路径上的活动。

$$\sigma_{t_e} = \left(\frac{a - b}{6}\right) \tag{7-1}$$

$$\sigma_{T_E} = \sqrt{\Sigma \sigma_{t_e}^2} \tag{7-2}$$

最后，项目的平均持续时间（T_E）是关键路径上所有平均活动时间的总和（t_e 的总和），它服从正态分布。

若了解项目的平均持续时间和活动的偏差，可以使用标准统计表计算在特定时间内完成项目（或项目的一部分）的概率。式（7-3）可用来计算统计表中的“Z”值（Z=均值的标准差数），反过来说明在规定的时间内完成项目的概率。

$$Z = \frac{T_S - T_E}{\sqrt{\Sigma \sigma_{t_e}^2}} \tag{7-3}$$

式中 T_E——关键路径的工期；

T_S——项目计划工期；

Z——（满足计划工期的）可能完成时间（见统计表 7A.2）。

一个使用 PERT 的假设示例

活动时间和方差如表 7A.1 所示。项目网络图如图 7A.2 所示。此图显示了项目 AOA 网络图和 AON 网络图。展示 AON 网络图是为了提醒读者，PERT 既可以用在 AON 网络图中，也可以用在 AOA 网络图中。

预期项目工期（T_E）为 64 个时间单位，关键路径为 1-2-3-5-6。在 AON 网络图上，关键路径是 A-B-D-F。有了这些信息，在特定日期完成项目的概率就可以很容易地用标准的统计方法计算出来。例如，项目在预定时间（T_S）67 个时间单位之前完成的概率是多少。项目的正常曲线如图 7A.3 所示。利用 Z 值的公式，可以得到对应的概率：

$$Z=\frac{T_S-T_E}{\sqrt{\sum\sigma_{t_e}^2}}=\frac{67-64}{\sqrt{25+9+1+1}}=\frac{3}{\sqrt{36}}=+0.50$$

$$P=0.69$$

查找表 7A.2，Z 值为+0.5 的概率为 0.69，这意味着在 67 个时间单位或之前完成项目的概率为 69%。

表 7A.1 活动持续时间与偏差

活动	活动名称	a	m	b	t_e	$\left[\frac{b-a}{6}\right]^2$
1-2	A	17	29	47	30	25
2-3	B	6	12	24	13	9
2-4	C	16	19	28	20	4
3-5	D	13	16	19	16	1
4-5	E	2	5	14	6	4
5-6	F	3	5	8	5	1

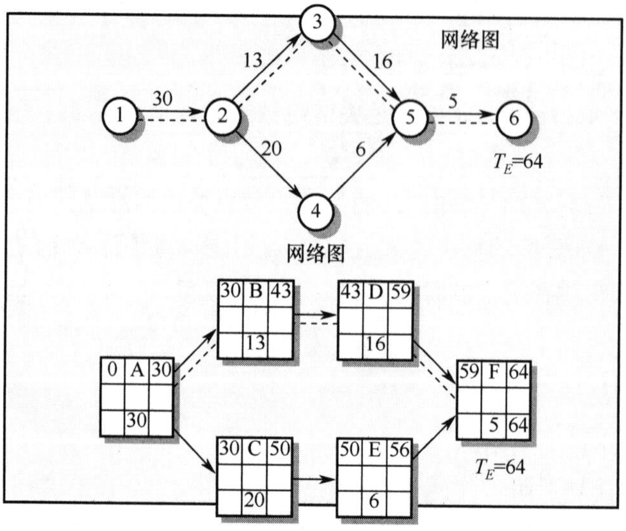

图 7A.2 假设的网络图

按 60 个时间单位完成项目的概率计算如下：

$$Z=\frac{60-64}{\sqrt{25+9+1+1}}=\frac{-4}{\sqrt{36}}=-0.67$$

$$P\approx 0.26$$

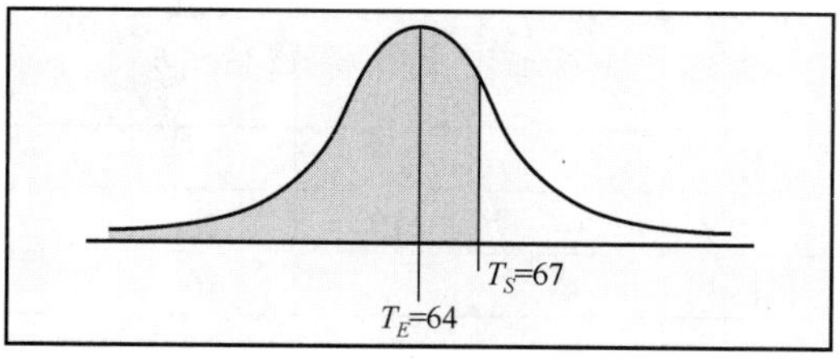

图 7A.3　可能的项目工期

表 7A.2　Z 值和概率

Z 值	概率	Z 值	概率
−3.0	0.001	+0.0	0.500
−2.8	0.003	+0.2	0.579
−2.6	0.005	+0.4	0.655
−2.4	0.008	+0.6	0.726
−2.2	0.014	+0.8	0.788
−2.0	0.023	+1.0	0.841
−1.8	0.036	+1.2	0.885
−1.6	0.055	+1.4	0.919
−1.4	0.081	+1.6	0.945
−1.2	0.115	+1.8	0.964
−1.0	0.159	+2.0	0.977
−0.8	0.212	+2.2	0.986
−0.6	0.274	+2.4	0.992
−0.4	0.345	+2.6	0.995
−0.2	0.421	+2.8	0.997

从表 7A.2 中，Z 值为−0.67 时给出了 0.26 的近似概率，这意味着在 60 个时间单位或之前完成项目的概率约为 26%。注意，这种类型的计算可以用于网络中的任何路径或路径段。

当管理人员可以获得这样的概率时，就可以做出权衡，以接受或减少与特定项目工期相关的风险。例如，如果项目经理希望将完成项目的机会提高到 64 个时间单位，那么至少有两种选择。首先，管理层可以提前花费资金来改变将会减少关键路径上一个或多个活动持续时间的条件。另一种更谨慎的选择是将资金划拨给应急基金，然后在项目实施过程中静观其变。

附录 7A 练习题

1. 根据下表给定的项目信息，在 93 个时间单位内完成国家假日玩具项目的概率是多少？

活动编号	活动名称	紧前活动	乐观估算 a	最可能估算 m	悲观估算 b	实际时间 t_e	偏差 $\left[\frac{b-a}{6}\right]^2$	关键
1	方案设计	无	6	12	24			
2	产品设计	1	16	19	28			
3	生产方案	1	4	7	10			
4	专利事务	2	24	27	36			
5	产品生产	2	17	29	47			
6	色彩加工	3，4，5	4	7	10			
7	市场测试	6	13	16	19			

2. 全球茶叶公司和有机果汁公司已经合并。以下是为“两公司合并项目”收集到的信息。

活动编号	活动名称	紧前活动	乐观时间 a	最可能时间 m	悲观时间 b
1	编纂账户	无	16	19	28
2	统一文件	无	30	30	30
3	统一价格和信用政策	无	60	72	90
4	统一人事政策	无	18	27	30
5	统一数据处理	1	17	29	47
6	培训财会人员	1	4	7	10
7	试运行数据处理	5	12	15	18
8	计算盈亏平衡表	6，7	6	12	24
9	转让不动产	2	18	27	30
10	培训销售团队	3	20	35	50
11	与工会谈判	4	40	55	100
12	确定资金需求	8	11	20	29
13	解释人事政策	11	14	23	26
14	担保信用额度	9，12	13	16	19
15	结束	10，13，14	0	0	0

（1）计算每个活动的期望时间。

（2）计算每个活动的偏差。

（3）计算预期的项目持续时间。

（4）在第 112 天完成项目的概率是多少？在第 116 天完成项目的概率又是多少？

（5）在第 90 天完成“与工会谈判”的概率是多少？

3. 下表是项目活动的预期时间和偏差。在 25 个周期内完成这个项目的概率是多少？

活动编号	活动名称	紧前活动	实际时间 t_e	偏差 $\left[\frac{b-a}{6}\right]^2$
1	试验性生产	无	6	
2	选择分销渠道	无	7	
3	制订市场规划	无	4	
4	市场测试	1	4	
5	专利事务	1	10	
6	满负荷生产	4	16	
7	广告促销	3	3	
8	资源释放	2，5，6，7	2	

案例 7A.1：国际资本有限公司：A 部分

国际资本有限公司（International Capital, Inc，IC）是专门为中小企业筹集资金的小型投资银行。IC 能够为每项业务使用标准化的项目格式，只有当变更活动时间和出现特殊情况时才会修改标准网络图。贝丝 · 布朗（Beth Brown）已被指派为该客户的项目经理合伙人，他为最新客户编制的网络信息和各活动时间如下：

活动编号	活动名称	紧前活动
A	使用模板开始编写商业前景草稿	无
B	研究客户公司	无
C	创建“尽职调查”的草稿	A，B
D	与客户协调需求方案	C
E	估计未来的需求和现金流	C
F	为客户公司草拟未来计划	E
G	创建和批准法律文件	C
H	将所有草稿整合成初稿提案	D，F，G
I	列出潜在的资金来源	G，F
J	检查、批准并打印最终的法律提案	H
K	签署合同和划拨资金	I，J

时间安排以工作日为单位

任务编号	乐观时间	最可能时间	悲观时间
A	4	2	7
B	2	4	8
C	2	5	8
D	16	19	28
E	6	9	24
F	1	7	13
G	4	10	28

续表

任务编号	乐观时间	最可能时间	悲观时间
H	2	5	14
I	5	8	17
J	2	5	8
K	17	29	45

管理项目

贝丝和其他经纪人有一个政策，就是让他们的计划通过一个由同事组成的项目审查委员会。这个委员会通常会检查所有细节是否被涉及，时间是否真实，资源是否可用。贝丝希望你以工作日为单位写一份报告，列出计划的进度和预期的项目完工时间。在你的报告中包括一个项目网络图。采购资本项目的平均持续时间为 70 个工作日。IC 合作伙伴一致认为，如果能有 95%的机会实现计划的项目，就是好生意。这个项目与一般项目相比如何？能确保 95%的机会在 70 个工作日内完成项目的平均值是多少？

案例 7A.2：先进能源技术公司数据中心迁移项目：B 部分

在第 6 章中，AET 的网络管理员布莱恩·史密斯负责将大型数据中心迁移到新的办公地点。

在工作日上的时间安排						
任务编号	任务名称	乐观时间	最可能时间	悲观时间	紧前任务	关键路径
1	数据中心迁移	54	68	92		✓
2	团队会议	0.5	1	1.5		
3	雇用承包商	6	7	8	2	
4	网络图设计	12	14	16	2	
5	通风系统	–	–	–	–	
6	订购通风系统	18	21	30	2	✓
7	安装通风系统	5	7	9	6	
8	新机柜	–	–	–	–	
9	订购新机柜	13	14	21	2	✓
10	安装新机柜	17	21	25	9	✓
11	电源和电缆	–	–	–	–	
12	订购电源和电缆	6	7	8	2	
13	安装电源	5	5	11	12，16	
14	铺设电缆	6	8	10	12，16	✓
15	数据中心改造	19	20	27	3，4	
16	城市主管机构检查	1	2	3	3，7，10	✓
17	切换会议	–	–	–	–	

续表

在工作日上的时间安排						
任务编号	任务名称	乐观时间	最可能时间	悲观时间	紧前任务	关键路径
18	设施	7	8	9	14	
19	开通全系统	5	7	9	14	
20	开通电信系统	6	7	8	14	
21	系统和应用程序	7	7	13	14	
22	客户服务	5	6	13	14	✓
23	电力系统检查	0.5	1	1.5	13，14，15	✓
24	安装测试服务器	5	7	9	18，19，20，21，22，23	✓
25	管理安全检查	3	5	7	22，23，24	✓
26	主要系统检查	1.5	2	2.5	25	✓
27	确定迁移日期	1	1	1	26	✓
28	完成迁移	1	2	3	27	✓

由于 AET 在竞争激烈的石油行业运营，因此需要仔细规划。AET 是为石油批发商和汽油经销商提供会计和商业管理软件包的五家全国性软件公司之一。几年前，AET 进入了“应用服务提供商”的领域。他们的大型数据中心为客户提供远程访问 AET 的完整应用软件系统套件。传统上，AET 的主要竞争优势之一是该公司标志性的 IT 可靠性。由于这个项目的复杂性，执行委员会坚持对预期完工日期进行初步分析。

布莱恩汇编了以下信息，为 PERT 分析做准备：

1. 根据这些估算和由此产生的 69 天的预期项目工期，执行委员会想知道在 68 天的预定时间之前完成项目的概率。

2. 执行委员会非常关注这个项目的意义。委员会决定对每项活动的持续时间进行更多的分析。在进行这项工作之前，他们请布莱恩计算预期的项目工期必须是多少，以确保在 68 天内完成 93%的可能性。

AET 公司：应付账款系统项目

AET 销售部门一直在关注一家新成立的公司，该公司即将发布一个应付账款系统。他们的调查表明，这个新工作包提供一些功能，将与 AET 的常用应付账款系统竞争，在某些情况下超过了 AET 提供的现有功能。

汤姆·赖特（Tom Wright）是 AET 的高级应用程序开发人员，负责为 AET 客户分析、设计、开发和交付新的应付账款系统。

使问题复杂化的是销售部对 AET 最近无法满足承诺的交货日期的担忧。他们已经说服了首席执行官拉里·马讯（Larry Martian），必须花费大量的营销工作来说服客户，他们应该等待 AET 产品，而不是选择新进入石油软件行业的公司所提供的软件包。与这种努力相伴的是软件开发团队绩效的重要性。

因此，汤姆决定采取以下行动：加强开发人员的评估工作，合并一些新的评估过程，并使用 PERT 来估算与他的交付日期相关的概率。

汤姆的计划团队在一系列活动和相关的持续时间上做出了粗略安排：

以工作日为单位的时间安排						
任务编号	任务名称	乐观时间	最可能时间	悲观时间	紧前任务	关键路径
1	应付账款系统					
2	计划会议	1	1	2		✓
3	团队分工	3	4	5	2	✓
4	程序规格说明					
5	客户需求	8	10	12	3	✓
6	可行性研究	3	5	7	5	
7	系统分析	6	8	10	5	✓
8	初步预算和进度计划	1	2	3	7	✓
9	功能规格说明	3	5	7	7	✓
10	初步设计	10	12	14	9	✓
11	配置和性能需求	3	4	5	10	✓
12	硬件需求	4	6	8	11	✓
13	系统规格说明	5	7	9	10	
14	详细设计	12	14	16	12，13	✓
15	程序规格说明	8	10	12	14	✓
16	编程：第 1 阶段	27	32	27	15	✓
17	程序说明书	14	16	18	10	
18	原型					
19	原型设计	5	7	9	16	✓
20	用户测试和反馈	12	14	16	19	✓
21	编程：第 2 阶段	10	12	14	16	
22	贝塔测试	18	20	22	21	
23	最终程序说明手册	9	10	11	17，20	✓
24	操作手册	4	5	6	21SS，23	✓
25	产品发布	3	5	7	22，23，24	✓

SS＝开始到开始的关系

3. 根据这些估算和关键路径，项目工期估计为 149 天。但在东南地区的 AET 销售人员发现，竞争对手的应付账款软件包（有显著改进）可以在大约 145 天内交付。销售人员急于赶在交货时间之前交货。执行委员会要求汤姆计算将他的预期项目工期缩短 2 天的可能性。

4. 汤姆告诉执行委员会，在完成所有的估算后，他领导的两位关键系统分析师中的一位可能因为家庭原因不得不搬离该地区。汤姆仍然非常有信心，通过一些人员的重新安排，分包商的协助，以及他的一些“亲自动手的”活动，仍然可以满足最初的基于 149 天的交付日期。这个消息使委员会和销售人员感到非常不安。在这一点上，委员会决定基于 AET 最近的交付绩效，一个修改后的、相对宽松的交付日期应该传达给 AET 客户（这些客户是汤姆和他的员工很可能遇见的）。因此，汤姆被要求计算预期的项目工期，以确保有 98%的把握在 160 天（一个可以与客户沟通的“已公布的、非常亮眼的日期”）内、完成。

第8章

安排资源和费用

Scheduling Resources and Costs

本章学习目标

通过学习本章内容，你应该能够：

8-1 理解时间约束计划和资源约束计划的区别。

8-2 识别不同类型的资源约束。

8-3 描述如何在时间约束型项目中使用平滑方法。

8-4 描述如何在资源约束型项目中使用均衡法。

8-5 理解项目管理软件如何创建资源约束计划。

8-6 了解何时以及为什么应该避免拆分任务。

8-7 确定为具体任务进行人员配置的一般指导方针。

8-8 识别多项目资源计划的常见问题。

8-9 解释为什么需要分时段的预算基准。

8-10 创建一个分时段的项目预算基准。

8A-1 定义关键链。

8A-2 即使估算被填满，也要找出项目延迟的原因。

8A-3 描述基本的关键链方法。

8A-4 描述关键链计划与传统计划方法的区别。

本章概览

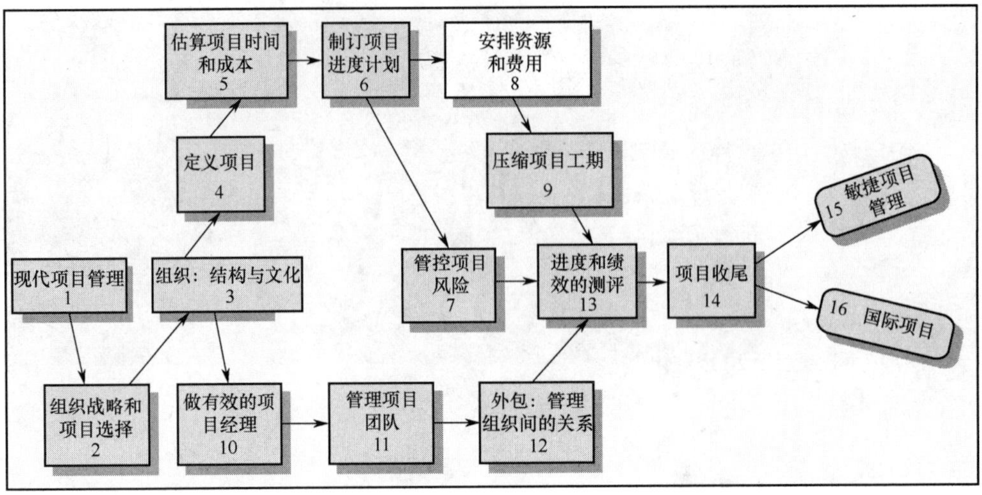

在分配资源之前，项目网络时间不是一个时间表。成本估计只有在按时间分阶段进行细化后才算预算。

——克利福德 · F.格雷（Clifford F. Gray）

我们一直强调，预先计划会在可预测的项目中带来巨大的回报。对于那些已经勤奋地完成了前面章节介绍的规划过程的人来说，差不多已经准备好启动项目了。本章完成了最后两个规划任务，它们将成为项目的总体计划——资源和费用的安排（见图 8.1）。这个过程使用资源计划来按时段分配费用，构成项目预算基准。有了这个时段基准，可以将实际的进度和费用与计划的进度和费用进行比较。

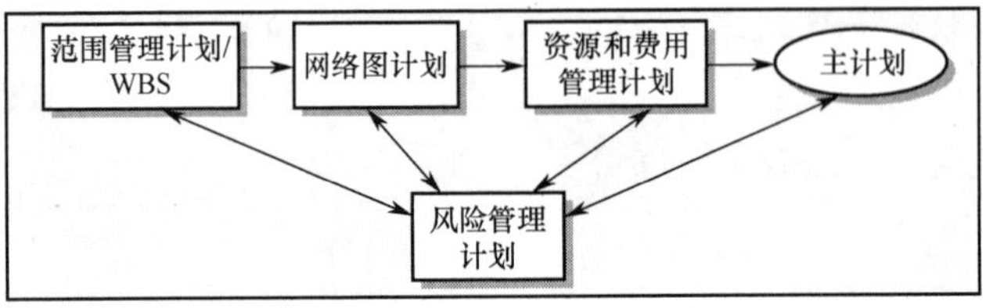

图 8.1　项目计划过程

本章首先讨论了制订定项目资源计划的过程。这个资源计划将用于分配时间阶段的预算值，以创建项目预算基准。项目建议书总是比可用的资源多。优先级评审系统需要在可用资源的约束下选择对组织目标贡献最大的项目。如果所有的项目和它们各自的资源都由计算机安排，那么在那些正在进行的项目中添加新项目的可行性和影响就可被迅速评估出来。有了这些信息，项目优先级团队就可决定只在资源可用时才添加新项目。

本章研究了安排资源的方法，以便团队能够对资源可用性和项目工期做出现实的判断。项目经理使用相同的进度计划来实施项目。如果在项目实施过程中发生了变化，计算机中的进度计划很容易更新，效果也很容易评估。

8.1 资源计划问题概述

在将员工和其他资源分配到项目后，项目经理列出了以下仍然需要解决的问题：

- 分配的用来完成项目的人力和/或设备是否足够和可用？
- 必须使用外部承包商吗？
- 是否存在不可预见的资源依赖关系？是否有新的关键路径？
- 我们在使用资源方面有多大的灵活性？
- 最初的截止日期现实吗？

8-1：理解时间约束计划和资源约束计划的区别。

显然，这个项目经理对她所面临的问题有很好的理解。任何项目计划系统都应该有助于快速、简单地找到这些问题的答案。

在前几章中介绍的计划网络图和项目活动持续时间没有考虑资源的能力水平和可用性。对工作包的时间估算和网络工期的时间估算是独立进行的，但它隐含的假设是资源是可用的。实际情况是，资源可能是可用的，也可能是不可用的。

如果资源是充足的，但是需求在项目生命周期中的变化很大，那么可通过推迟非关键活动（使用时差）来降低峰值需求，从而增加资源利用率，使资源需求趋近均衡。这个过程被称为资源平滑。

另一方面，如果资源不足以满足峰值需求，一些活动必须推迟开始，项目工期可能延长。这个过程被称为资源约束型进度计划。

未能安排有限资源的后果是昂贵的，项目延迟通常在项目中途表现出来，此时快速纠正行动是困难的。未能安排资源的另一个后果是忽视项目实施期间资源使用的高峰和低谷。由于项目资源常常被过度使用，而且由于资源很少按可用性和需求来排列，因此需要建立程序来处理这些问题。本章介绍的方法，可以帮助项目经理通过资源均衡和资源约束型进度计划来处理资源的使用和资源的可用性问题。

到目前为止，活动的开始和顺序完全是从技术或逻辑的角度来考虑的。例如，假设你正在策划一场婚宴，其中包括四项活动：①婚礼策划；②聘请乐队；③布置婚礼大厅；④购买茶点。每个活动需要一天。活动②、③和④可以由不同的人并行完成。没有技术上的依赖，也没有彼此之间的依赖（见图 8.2A）。但是，如果一个人必须执行所有的活动，那么资源约束要求按顺序或序列来执行活动。显然，结果是这些活动的延迟和一组非常不同的网络关系（见图 8.2B）。注意资源依赖优先于技术依赖，但不违反技术依赖。也就是说，聘请乐队、布置婚礼大厅和购买茶点可能必须按顺序进行，而不是同时进行，但它们必须在婚礼举行之前全部完成。

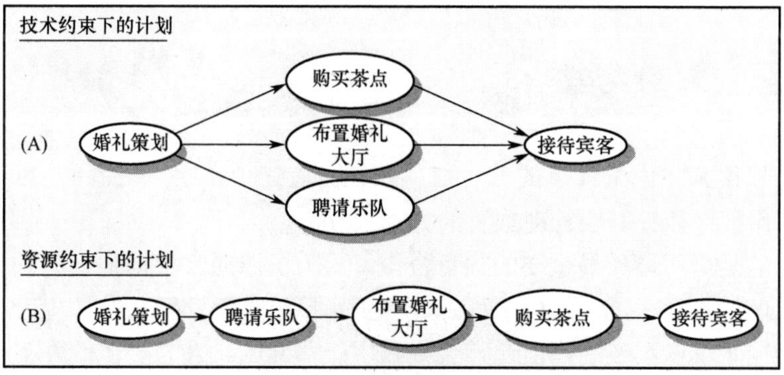

图 8.2　约束条件下的计划示例

有人可能问："在创建原始网络时，为什么不先考虑好资源的可用性及技术的依赖性呢？"首先，在完成初始计划之前，可能无法知道资源的可用性。其次，即使资源是已知的，也无法评估资源的影响，除非创建了资源中立的进度计划。例如，如果有三个人可以参加婚礼筹备，而不是假定只由一个人来筹备，人们永远不会知道婚礼可以在三天而不是五天内就策划完成。当这个简单示例背后的假设前提应用到其他更复杂的项目时，其影响可能是非常严重的。

即使给小型项目做网络计划，时间约束和资源约束之间的相互关系与相互作用也是复杂的。在项目开始之前花点力气检查这些相互作用，经常会发现令人惊讶的问题。在中等复杂的项目中，不考虑资源可用性的项目经理通常在发现问题时，已经无法采取纠正措施。资源不足可以显著地改变项目的依赖关系、完成日期和项目成本。项目经理必须谨慎地安排资源，以确保在正确的时间和正确的数量上使用资源。幸运的是，有一些计算机软件程序可以在项目计划的早期阶段识别资源问题，这时就可及时采取纠正措施。这些程序只需要活动资源需求和资源可用性信息就可安排好资源。

参见生活快照 8.1，在有限的空间环境中（第三个约束）工作会影响项目进度。

生活快照 8.1：在有限的空间环境中工作

照片来源：iStockphoto/Getty Images

在极少数情况下，物理空间因素会导致正常并行发生的活动受到合同或环境条件的限制。例如，从理论上讲，翻新一艘帆船的舱室可能包括四到五项可以独立完成的任务。然而，由于物理空间只允许一次一人地工作，因此，所有任务都必须按顺序执行。同样，在一个采矿项目中，在物理空间条件上可能一次只允许两名矿工在竖井中工作。另一个例子是架设通信塔和附近的地面工作。出于安全考虑，合同禁止在高塔建筑的 2000 英尺内进行地面工作。

处理物理因素的程序与处理资源约束的程序相似。

8.2 资源约束的类型

8-2：识别不同类型的资源约束。

资源是可以用来完成某件事的人、材料和设备。在项目中，资源的可用性或不可用性往往会影响管理项目的方式。

（1）人。这是最明显和最重要的项目资源。人力资源通常根据他们为项目所带来的技能进行分类，例如，程序员、机械工程师、焊工、检验员、营销总监、主管。在极少数情况下，一些技能是可以互换的，但通常会导致生产率降低。人力资源的许多不同技能增加了项目资源计划的复杂性。

（2）材料。项目材料的范围很大，例如，科研项目中的化学品，道路建设项目中的混凝土，营销项目中的调查数据等。材料供应不及时和材料短缺被认为是许多项目延误的原因。当知道缺乏可用材料是很重要的，而且这种情况也是可能发生的时候，就要把材料的安排包括在项目网络计划和进度安排中。例如，在西伯利亚油田，石油钻塔的交付和安装只有一个非常小的时间窗口，只有夏季的一个月。任何交付延迟都意味着一年的、代价高昂的延迟。另一个以材料为主要资源计划的例子，就是旧金山金门大桥的一些结构件的表面重修和替换。该项目的工作时间被限制在午夜至凌晨 5 点，在凌晨 5 点之后进行的工作每分钟将被罚款 1 000 美元。安排替代的结构件到达现场的工作是管理项目 5 小时工作时间窗口的一个极其重要的部分。材料计划在开发产品时也变得很重要，因为产品上市机会没选好，可能导致市场份额损失。

（3）设备。设备通常用类型、尺寸和数量来表示。在某些情况下，设备可以互换以优化项目的资源安排，但这并不常见。设备作为一种约束常常被忽视。最常见的忽视就是假设资源池对于项目所需资源来说已经绰绰有余。例如，如果一个项目从现在起需要一台土方拖拉机，使用 6 个月，而该组织拥有四台这样的土方拖拉机，那么通常假定该资源不会耽误后续项目任务。然而，当需要土方拖拉机到现场服务 6 个月的时候，资源池中的所有 4 台土方拖拉机可能被其他项目占用。在多项目环境中，为所有项目准备公共资源池共同分享是精明的做法。这种方法要求强制检查所有项目的资源可用性，并为将来特定的项目需求预留设备。在项目开始前认识到设备约束可避免高赶工成本或高延误成本。

8.3　计划问题的分类

目前，大多数可用的进度安排方法都要求项目经理将项目分为时间约束的项目或资源约束的项目。项目经理需要参考他们的优先级矩阵（见图 4.2），以确定哪个类型适合他们的项目。一个简单的测试是问一下：“如果关键路径被延迟了，是否会采取措施添加资源让项目回到原定进度计划？”如果答案是肯定的，就可假设这个项目是时间约束型的，如果不是，就假设项目是资源约束型的。

时间约束的项目是指必须在规定的日期前完成的项目。如果需要，可以添加资源，以确保项目在特定日期完成。虽然时间是关键因素，但资源的使用还是以必须和充分为好。

资源约束的项目是指假定现有的资源水平不能被超过的项目。如果资源不足，推迟项目是可以接受的，但要尽可能地少推迟。

在进度计划方面，时间约束是指时间（项目工期）是固定的，资源是灵活的；资源约束是指资源是固定的，时间是灵活的。下一节将介绍安排这些项目内容的方法。

8.4　资源配置方式

8.4.1　假设

为了便于演示可用的分配方法，需要一些限制性的假设，以保持对问题核心的关注。

本章的其余部分完全取决于这里提到的假设。首先，拆分活动（Splitting Activities）是不允许的。拆分是指中断一项任务的工作，将资源分配到一段时间内的另一项任务上，然后重新分配到原来的任务上。没有拆分意味着一旦一项活动被安排在日程表中，就会假设它将持续工作直到完成。其次，活动所使用的资源等级不能更改。这些限制性假设在实践中并不存在，只是为简化学习而假定的。对于新项目经理来说，当他们在工作中遇到这些问题时，他们很容易处理拆分活动和改变资源等级的实际情况。

8.4.2 时间约束型项目：均衡资源需求

8-3：描述如何在时间约束型项目中使用平滑方法。

时间约束型项目进度安排的重点在于资源的利用。当对特定类型的资源需求不稳定时，很难管理资源，资源利用率可能非常低。实践者使用可平衡资源需求的资源均衡技术来解决资源利用问题。基本上，所有的均衡技术都通过使用正时差来平行移动非关键活动，达到降低同一时段的资源需求的峰值，并填补资源的低谷。我们通过下面的示例来演示时间约束型项目的基本程序，如图 8.3 所示。

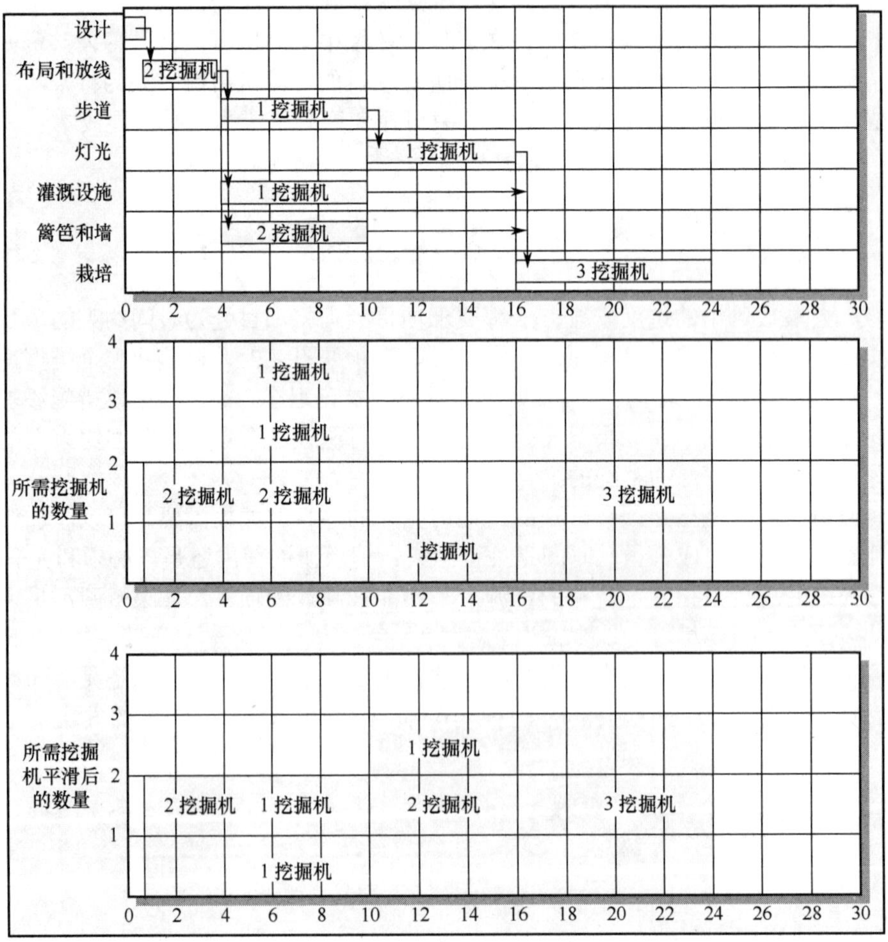

图 8.3　植物园

出于演示的目的，植物园项目只使用一种资源（挖掘机），所有挖掘机都是可互换的。顶部的条形图显示了时间刻度上的活动。依赖关系用垂直连接箭头显示。活动后面的水平箭头表示活动的时差（例如，灌溉设施需要 6 天完成，还有 6 天时差）。每个任务所需的挖掘机数量显示在活动持续时间条形块（矩形）中。在土地被修整并规划好之后，就可以同时开始修建步道、灌溉设施、篱笆和墙了。中间的条形图显示了挖掘机的资源配置情况。从第 4 至第 10 时段，需要 4 台挖掘机。

由于该项目已经明确了时间约束，其目标是降低资源需求的峰值，从而提高资源的利用率。ES（最早开始）资源负载条形图的快速检查表明，只有两个活动有时差，可以用来减少峰值。修建篱笆和墙这一活动提供了均衡资源需求的最佳选择。另一个可选择的活动是修建灌溉设施，但这将导致资源配置的上下波动。选择可能集中在被认为是进度延误风险最小的活动上。资源均衡后的资源负荷图显示了推迟修建篱笆和墙活动的结果。请注意资源配置文档材料中的差异。重要的一点是，整个项目生命周期中所需的资源已经从 4 台挖掘机减少到 3 台（降低了 25%）。此外，配置规划图形已经平滑了，这应该更容易管理。

植物园项目进度计划达到了资源均衡的三个目标：

- 降低了对资源需求的峰值。
- 减少了在整个项目生命周期中资源的数量。
- 最小化了资源需求的波动。

资源均衡可以提高资源的利用率。挖掘机不容易从一个地方移动到另一个地方。改变所需资源的水平是有成本的。同样的类比也适用于项目人员在项目之间的来回调动。众所周知，如果员工能把精力集中在一个项目上，而不是在三个项目中同时处理多个任务，他们的效率就会更高。

均衡的缺点是由于减少时差而导致灵活性的丧失。因为时差减少会产生更多的关键活动和/或接近关键的活动，活动延迟的项目风险也会增加。为了完美的资源配置而过度追求资源均衡是有风险的，这会使每个活动都变成了关键活动。

植物园的例子给了我们对时间约束问题和资源均衡方法的一个初步认识。然而，在实践中，即使小项目，问题的严重性也是非常复杂的。手工解决方案不实用。幸运的是，目前可用的软件包有非常好的项目资源均衡的例行程序，它们使用有最大时差的活动来平衡项目资源。其理由是那些有最大时差的活动带来的风险最小。虽然这通常是正确的，但其他风险因素，如活动的性质（容易或复杂）因素，以及减少其他活动资源重新配置使用的灵活性等因素，并没有用这样一个简单的理由来解决。在使用软件时，很容易尝试许多备选方案，以找到最适合项目的方案，并将延误项目的风险降到最低。

8.4.3　资源约束型项目

> 8-4：描述如何在资源约束型项目中使用均衡法。

当人员和/或设备的数量不足以满足峰值需求，而且不可能获得更多时，项目经理就会面临资源约束的问题。有些东西必须放弃。诀窍是在不超过资源约束或改变技术强制性网络关系的情况下，对资源进行优先级排序和分配，以使项目延迟最小化。

资源安排问题是一个大的、组合的问题。这意味着即使一个中等规模的项目网络图，只有几种资源类型，也可能有几千种可行的解决方案。一些研究人员已经证明了资源分配问题的最优数学解，但只适用于小型网络和非常少的资源类型（Arrow & Hurowicz，2006；Talbot & Patterson，1979；Woodworth & Shanahan，1988）。更大的问题需要大量的数据，这使得纯数学解决方法（如线性规划）不切实际。解决这个问题的另一种方法是使用试探法（经验法则）来解决大型的组合性的问题。这些经验决策或优先级规则已经存在多年了。

试探法并不总能产生最优的资源安排，但对于具有多种类型资源的非常复杂的网络，它们仍然是创建“良好”资源计划非常有用的工具。不同规则和规则组合的效率已经得到了很好的证明（Davis & Patterson，1975；Fendly，1968）。然而，由于每个项目都是独特的，所以明智的做法是在网络图上测试几组试探法，以确定优先级分配规则，使项目延迟时间最小。今天可用的计算机软件使得项目经理很容易为项目制订一个良好的资源计划。这里给出了试探法的一个简单示例。

试探法为活动分配资源，以使项目延迟时间最小化。也就是说，当资源不足时，试探法优先考虑哪些活动应该被优先分配资源，哪些活动可以后延。

并行方法是应用试探法最广泛的方法，已经发现它在大量的项目中都可始终如一地最小化项目延迟时间（见表 8.1）。并行方法是一个迭代过程，从项目启动时开始，当所需资源超过可用资源时，首先按照优先级规则保证这些活动：

规则 1．最小时差的活动。

规则 2．持续时间最短的活动。

规则 3．最低标识号的活动。

那些不会延误其他活动的活动，不会为其优先安排资源，还会被进一步推迟。但是，不要试图移动已经开始的活动。当考虑不延迟活动时，考虑每个活动使用的资源。在任何时段，当两个或多个活动需要相同的资源时，就会应用优先级规则。例如，如果第五时段三个活动有资格开始（有相同的 ES）和需要相同的资源时，在进度计划中的第一个活动是时差最少的活动（规则 1）。然而，如果所有活动都有相同的时差，就要应用下一条规则（规则 2），持续时间最短的活动将最先出现在进度计划表中。在非常罕见的情况下，当所有符合条件的活动都有相同的时差和相同的持续时间时，这种平衡被最低标识号的活动所打破（规则 3），因为每个活动都有一个唯一的标识号。

当达到资源限制时，尚未在计划中的后续活动的最早开始（ES）时间将被延迟（所有后续活动都没有自由时差），它们的时差将减少。在随后的时段中，这一过程重复进行，直到项目计划完成为止。接下来将演示该流程，如图 8.4 所示。资源负荷图中的阴影区域表示时间受限的资源安排（从 ES 到 LF）的“资源计划间隔”。你可以在间隔内的任何地方安排资源，而不会延迟项目。计划的活动超出了 LF，就会使整个项目后延。

表 8.1　并行方法应用流程示例

时段	行动措施
	参见图 8.4
0–1	只有活动 1 有资格。它需要 2 名程序员
	将活动 1 加载到计划中
1–2	没有活动有资格可被安排
2–3	活动 2、3、4 有资格可被安排。活动 3 有最少的时差（0）——应用规则 1
	将活动 3 加载到计划中
	活动 2 接着是 2 个单位的时差；活动 2 需要 2 名程序员，而只有 1 名可用

续表

时段	行动措施
参见图 8.4	
	延迟活动 2。更新：ES = 3，时差= 1
	下一个符合条件的活动是活动 4，因为它只需要 1 名程序员
	将活动 4 加载到计划中
参见图 8.5	
3–4	活动 2 有资格，但它超出了只有 3 名程序员的资源池限制
	延迟活动 2。更新：ES = 4，时差= 0
4–5	活动 2 有资格，但它超出了只有 3 名程序员的资源池限制
	延迟活动 2。更新：ES =5，LF =11，时差=−1
	延迟活动 7。更新：ES =11，LF =13，时差=−1
5–6	活动 2 有资格，但它超出了只有 3 名程序员的资源池限制
	延迟活动 2。更新：ES =6，LF =12，时差=−2
	延迟活动 7。更新：ES =12，LF =14，时差=−2
6–7	活动 2、5 和 6 有资格，各自分别具有的时差是−2、2 和 0
	将活动 2 加载到计划中（规则 1）
	因为活动 6 只有 0 时差，它是下一个有资格的活动
	将活动 6 加载到计划中（规则 1）
	3 名程序员的限制已经达到
	延迟活动 5。更新：ES =7，时差=1
7–8	3 名程序员的限制已经达到，没有程序员可用
	延迟活动 5。更新：ES =8，时差=0
8–9	3 名程序员的限制已经达到，没有程序员可用
	延迟活动 5。更新：ES =9，LF = 11，时差=−1
9–10	3 名程序员的限制已经达到，没有程序员可用
	延迟活动 5。更新：ES =10，LF = 12，时差=−2
10–11	活动 5 有资格
	将活动 5 加载到计划中。（注意：活动 6 没有时差，因为没程序员可用，最多 3（名）
11–12	没有可均衡的活动
12–13	活动 7 有资格。将活动 7 加载到计划中

程序员被限制为 3 名。根据图 8.4 和图 8.5 中描述的操作，注意 3 名程序员的限制是如何开始延迟项目的。

观察如何更新每个时段，以反映活动最早开始和时差数量的变化，以便试探法可以反映不断变化的优先级。当使用并行进度计划方法时，图 8.5 中的网络反映了新的 14 个时间单元的计划日期，而不是时间约束的 12 个时间单元的项目工期。网络也进行了修改，以反映每个活动新的开始时间、完成时间和时差。注意，活动 6 仍然是关键的，因为没有可用的资源（它们被用于活动 2 和活动 5），所以有 0 个时间单位的时差。比较图 8.4 和图 8.5 中每个活动的时差，时差已经大幅减少。注意，活动 4 只有 2 个单位的时差，而不是看起来的 6 个单位的时差。出现这种情况是因为只有 3 名程序员可用，并且需要他们来满足活动 2 和活动 5 的资源需求。注意关键活动的编号数是（1、2、3、5、6、7），已经从 4 个增加到 6 个。

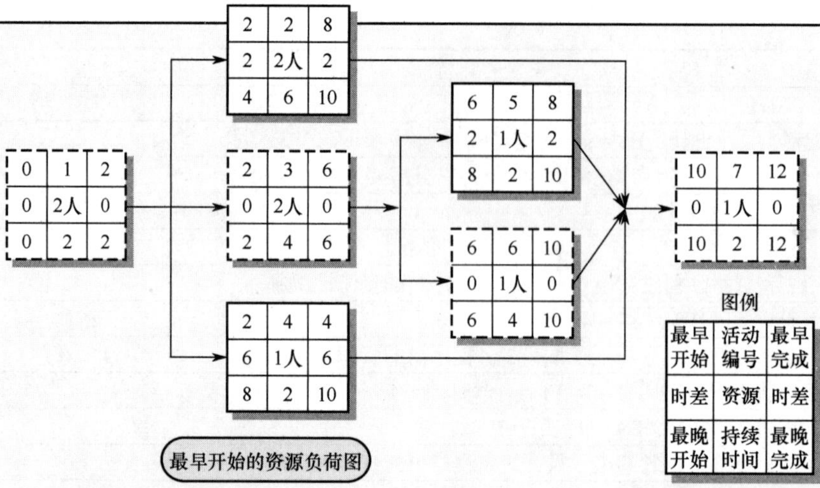

最早开始的资源负荷图

活动编号	资源	持续时间	最早开始	最晚完成	时差	0	1	2	3	4	5	6	7	8	9	10	11	12	13	14
1	2人	2	0	2	0	2	2													
2	2人	6	2	10	2			2	2	2	2	2	2							
3	2人	4	2	6	0			2	2	2	2									
4	1人	2	2	10	6			1	1											
5	1人	2	6	10	2							1	1							
6	1人	4	6	10	0							1	1	1	1					
7	1人	2	10	12	0											1	1			
总的资源负荷						2人	2人	5人	5人	4人	4人	4人	4人	1人	1人	1人	1人			

第2～3时段的资源受限进度计划

活动编号	资源	持续时间	最早开始	最晚完成	时差	0	1	2	3	4	5	6	7	8	9	10	11	12	13	14
1	2人	2	0	2	0	2	2													
2	2人	6	~~2~~ 3	10	~~2~~ 1			X												
3	2人	4	2	6	0			2	2	2	2									
4	1人	2	2	10	6			1	1											
5	1人	2	6	10	2															
6	1人	4	6	10	0															
7	1人	2	10	12	0															
总的资源负荷						2人	2人	3人	3人	2人	2人									
资源可用						3人	3人	3人	3人	3人	3人	3人	3人	3人	3人	3人	3人			

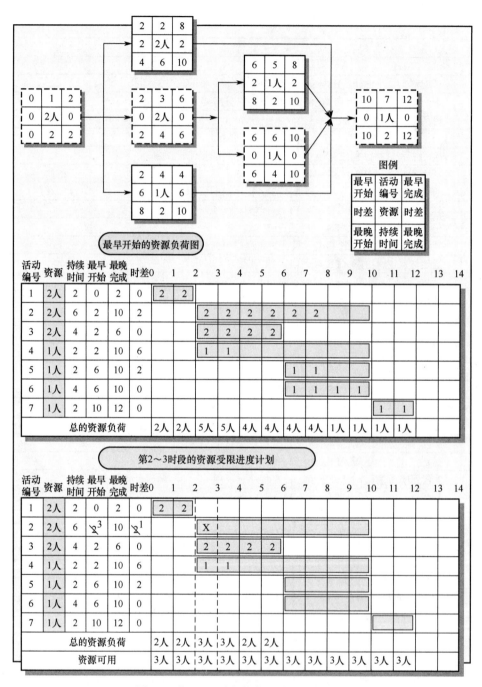

图 8.4　第 2～3 时段的资源受限进度计划

这个小示例演示了在实际项目中资源计划的场景，以及由此导致的项目延迟风险的增加。在实践中，这不是一个微不足道的问题！未能对资源进行计划的管理人员通常会遇到这种资源计划的风险，等到问题发生才想解决问题的办法就为时太晚了，必定导致项目延迟。

在现实世界中，因为项目的规模越来越大，手工使用并行方法是不切实际的，项目经理将依赖软件程序来计划项目资源。

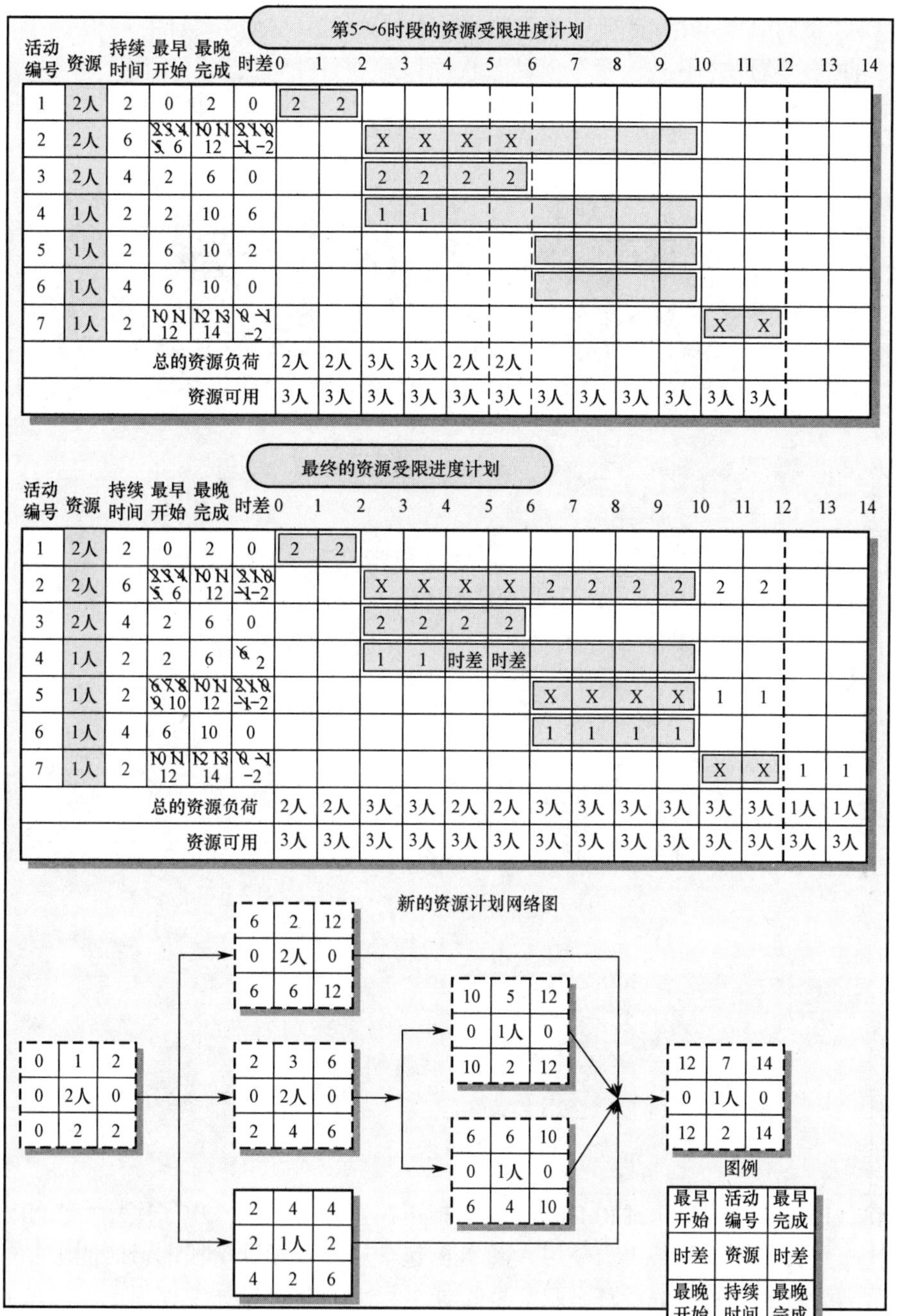

图 8.5　第 5～6 时段的资源受限进度计划图

8.5 资源约束计划的计算机演示

幸运的是，项目管理软件能够使用类似前一节中描述的试探法来评估和解决复杂的资源约束计划。我们将使用 EMR 项目来演示这种方法如何用在 MS 项目中。值得注意的是，软件并不“管理”项目。软件只是项目经理用来从不同的角度和条件监控项目的工具。有关评估资源问题的更多技巧，请参见生活快照 8.2。

8-5：理解项目管理软件如何创建资源约束计划。

生活快照 8.2：评估资源分配

项目管理软件的优势之一是识别并提供解决资源分配问题选项的能力。一位使用 MS Project 的项目经理分享了以下清单，用于在初步分配资源后处理资源冲突。

1. 评估你是否存在过度分配资源的问题（参见后面几个 EMR 项目资源视图中的深色部分）。
2. 通过检查资源使用视图来确定冲突发生的地点和时间。
3. 通过下面的方法解决问题：
   a. 用可用的适当资源替换过度分配的资源。然后询问是否解决了问题。
   如果没有解决问题：
   b. 使用均衡工具，在时差选项内进行均衡。
      i. 这能解决问题吗？（资源是否仍然被过度分配？）
      ii. 检查网络的灵敏度，并询问是否可以接受。
   如果不接受：
   c. 考虑拆分任务。
      i. 确保重新调整任务持续时间，以考虑额外的启动和关闭时间。
4. 如果 3 不奏效，那么也一样：
   a. 使用均衡工具默认的选项，询问是否可以接受新的完成日期。
   如果不接受：
   b. 协商完成项目所需的额外资源。如果无法协商：
   c. 考虑减少项目范围以满足最后期限。

虽然此清单引用的是 MS Project，但大多数项目管理软件都可以使用相同的步骤。

EMR（Electronic Medical Reference）是指正在开发的手持式电子医疗参考指南，供紧急医疗技术人员和辅助医务人员使用。图 8.6 包含了项目设计阶段的带时间限制的网络。出于本示例的目的，我们假设任务只需要设计工程师，并且设计工程师是可互换的。完成每项任务所需的工程师数量在网络图中被记录下来了，其中 500%意味着该活动需要 5 名设计工程师。例如，活动 5 需要 4 名设计工程师（400%）。

项目于 1 月 1 日开始，2 月 14 日结束，为期 45 天。这个项目的日历已经设置为每周工作七天，这样读者就可以跟踪并更容易地看到资源的结果和影响（类似本章练习中出现的手工解决方案）。项目时间受限（约束）的条形图如图 8.7 所示。该条形图包含了用于开发项目网络图的相同信息，但是以沿着时间轴的条形图的形式来展现项目活动。

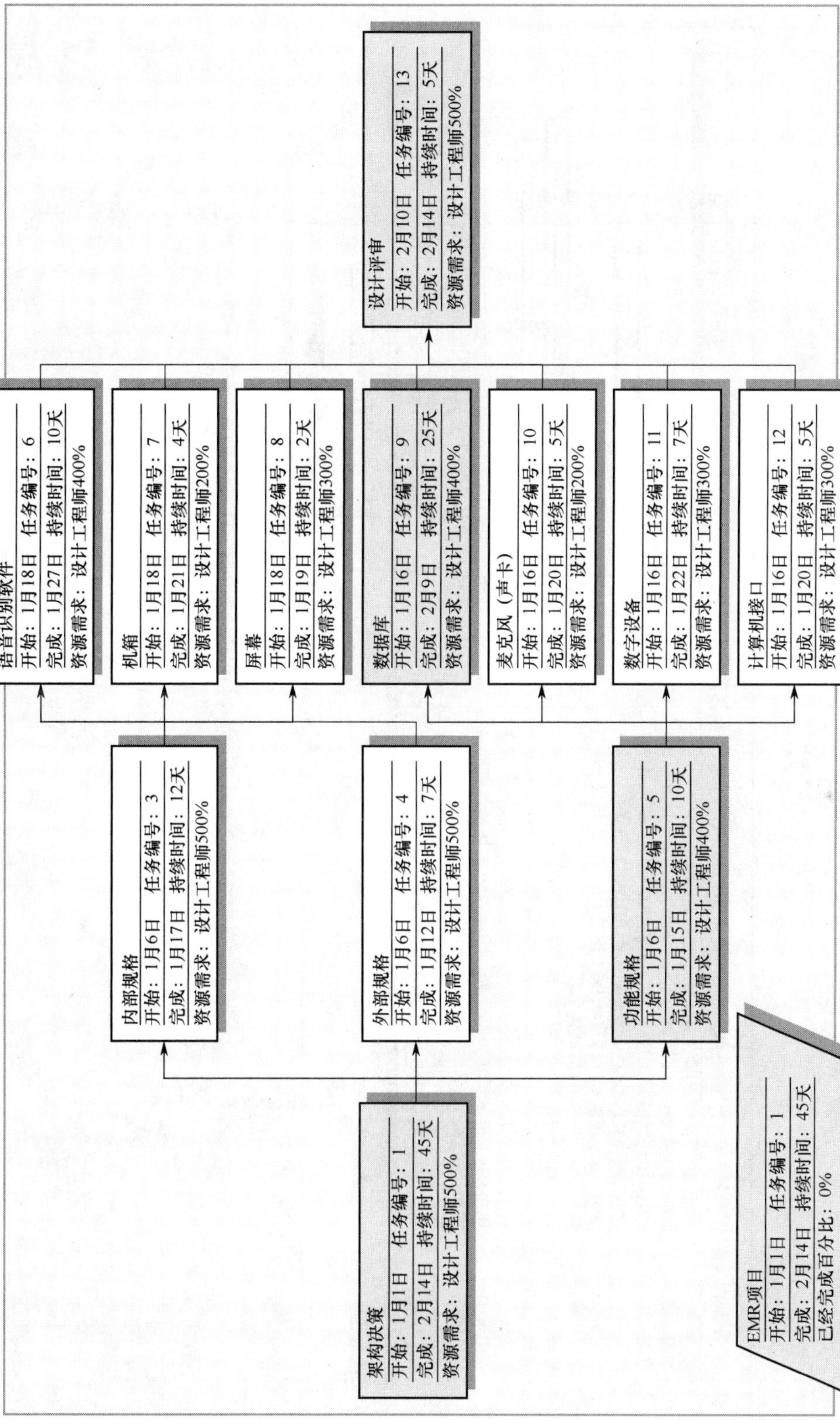

图 8.6　EMR 项目资源均衡前的网络进度计划视图

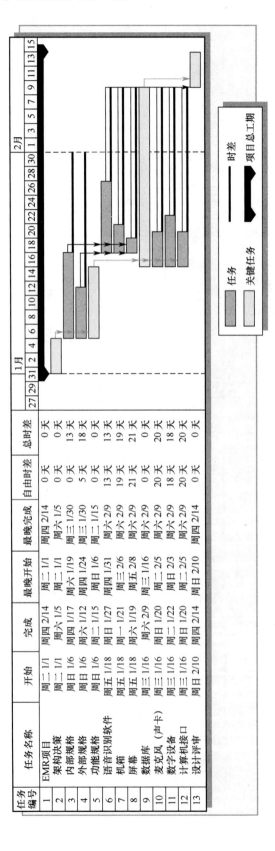

任务编号	任务名称	开始	完成	最晚开始	最晚完成	自由时差	总时差
1	EMR项目	周二 1/1	周四 2/14	周二 1/1	周四 2/14	0 天	0 天
2	架构决策	周二 1/1	周六 1/5	周二 1/1	周六 1/5	0 天	0 天
3	内部规格	周日 1/6	周四 1/17	周六 1/19	周三 1/30	0 天	13 天
4	外部规格	周日 1/6	周六 1/12	周四 1/24	周三 1/30	5 天	18 天
5	功能规格	周日 1/6	周二 1/15	周日 1/6	周二 1/15	0 天	0 天
6	语音识别软件	周五 1/18	周日 1/27	周四 1/31	周六 2/9	13 天	13 天
7	机箱	周五 1/18	周一 1/21	周三 2/6	周六 2/9	19 天	19 天
8	屏幕	周五 1/18	周六 1/19	周五 2/8	周六 2/9	21 天	21 天
9	数据库	周三 1/16	周六 2/9	周三 1/16	周六 2/9	0 天	0 天
10	麦克风（声卡）	周三 1/16	周日 1/20	周二 2/5	周六 2/9	20 天	20 天
11	数字设备	周三 1/16	周二 1/22	周日 2/3	周六 2/9	18 天	18 天
12	计算机接口	周三 1/16	周日 1/20	周二 2/5	周六 2/9	20 天	20 天
13	设计评审	周日 2/10	周四 2/14	周日 2/10	周四 2/14	0 天	0 天

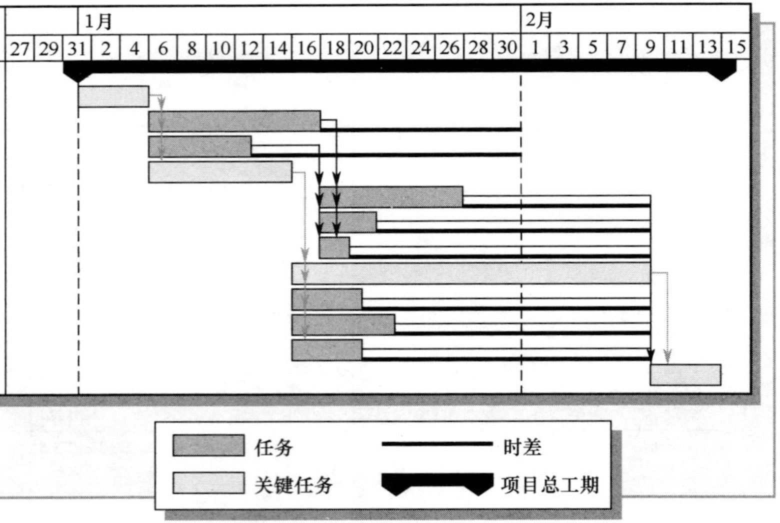

图 8.7　资源载入前的 EMR 项目条形图

最后，给出了 1 月 15 日至 1 月 23 日项目部分的资源使用图，如图 8.8A 所示。请注意，1 月 18 日和 19 日的限时项目活动需要 21 名设计工程师（168 小时/8 小时=21 名工程师）。这部分代表了项目对设计工程师的峰值需求。但由于缺少设计工程师，而且还要和其他项目共享工程师，只能为该项目分配 8 名工程师。这就产生了过度分配的问题，在图 8.8B 中更清楚地说明了这一点，这是设计工程师的资源负荷图。注意，峰值需求是 21 个工程师，而资源极限是 8 个工程师，用灰色阴影区域表示。

资源名称	工作	1月15日						1月21日		
		周二	周三	周四	周五	周六	周日	周一	周二	周三
设计工程师	3 024 hrs	72h	136h	136h	168h	168h	144h	104h	88h	64h
架构决策	200 hrs									
内部规格	480 hrs	40h	40h	40h						
外部规格	224 hrs									
功能规格	320 hrs	32h								
语音识别软件	320 hrs				32h	32h	32h	32h	32h	32h
机箱	64 hrs				16h	16h	16h	16h		
屏幕	48 hrs				24h	24h				
数据库	800 hrs		32h	32h	32h	32h	32h	32h	32h	32h
麦克风（声卡）	80 hrs		16h	16h	16h	16h	16h			
数字设备	168 hrs		24h	24h	24h	24h	24h	24h	24h	
计算机接口	120 hrs		24h	24h	24h	24h	24h			
设计评审	200 hrs									

图 8.8A　EMR 项目——时间受限的资源使用概览（1 月 15 日到 23 日）

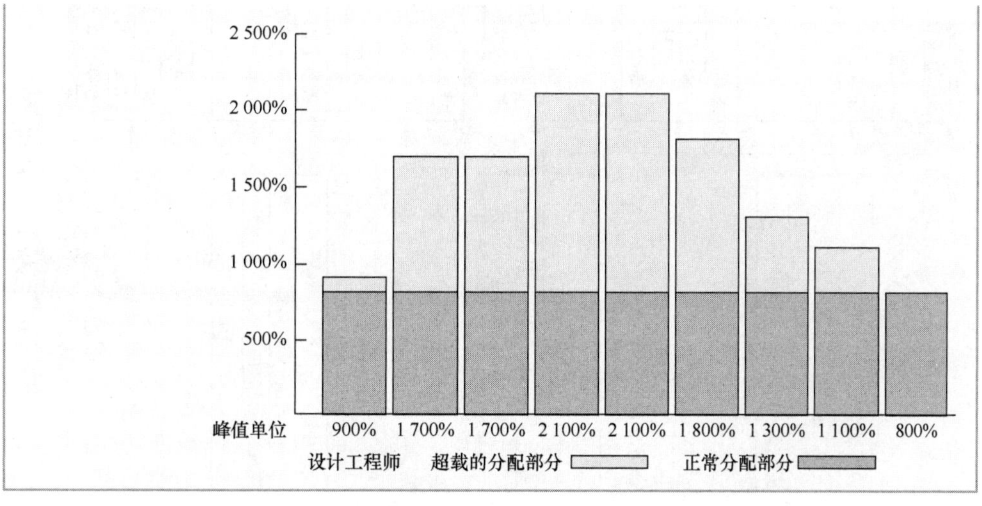

图 8.8B　EMR 项目资源负荷图（1 月 15 日到 23 日）

为了解决这个问题，我们在软件中使用“均衡”工具，首先尝试通过在有时差的活动中进行均衡来解决这个问题。这个方案将保留原来的完成日期。然而，正如预期的那样，这并不能解决所有的资源分配问题。下一个选项是允许软件应用资源计划试探法和均衡法之外的时差。新的资源计划呈现在图 8.9 所示的经修订的资源受限的网络图中。资源受限的项目网络图表明项目期限现在已延长到 2 月 26 日，即 57 天（而不是 45 天的时间限制）。关键路径现在是 2、3、9、13。

图 8.10 展示了项目条形图和均衡项目进度的结果，以反映只有 8 名设计工程师的可用性。试探法的应用可以在内部规格、外部规格和功能规格活动的资源计划中看到。所有三个活动最初被安排在活动 1（架构决策）之后立即开始。

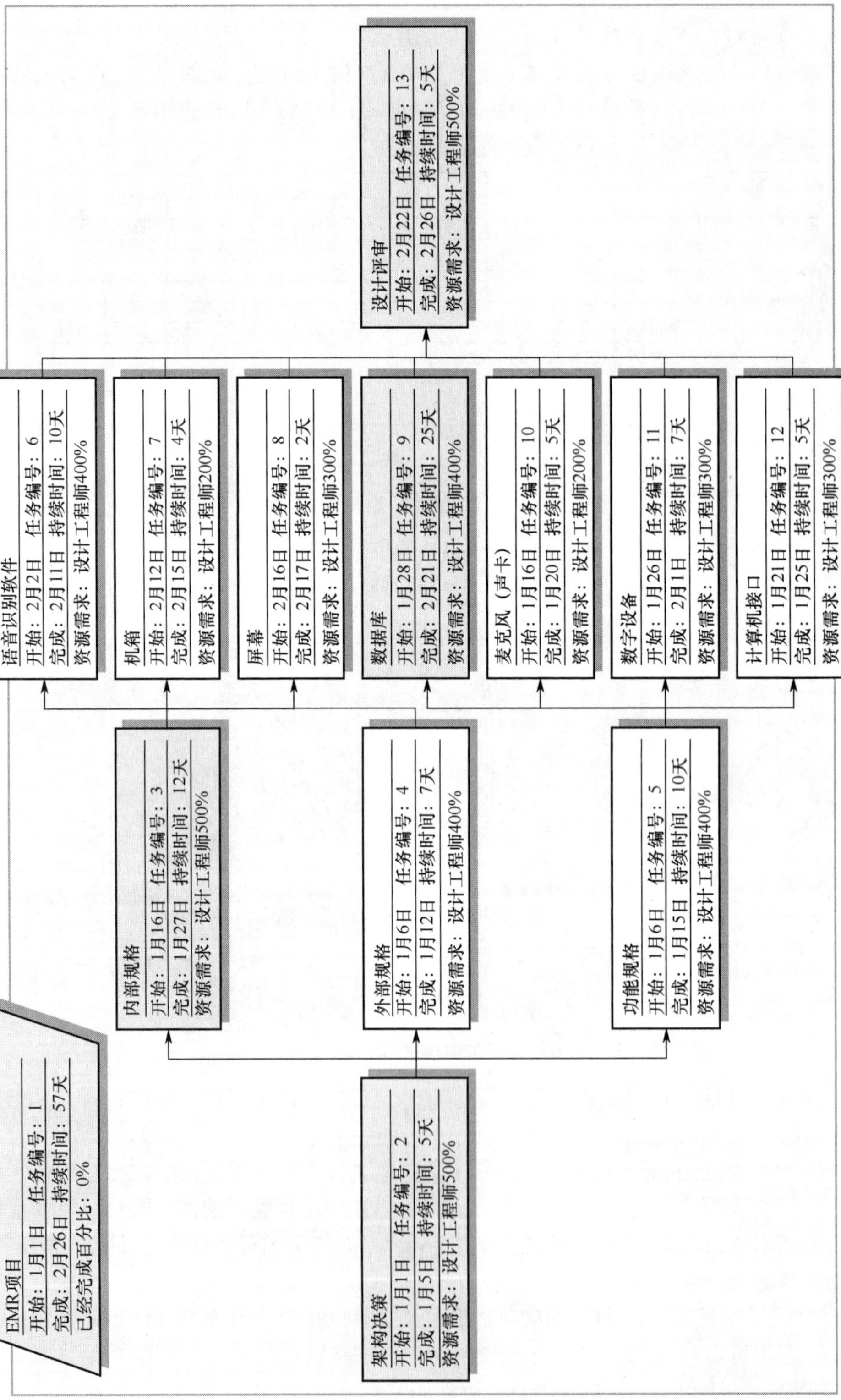

图 8.9 EMR 项目资源均衡后的网络进度计划视图

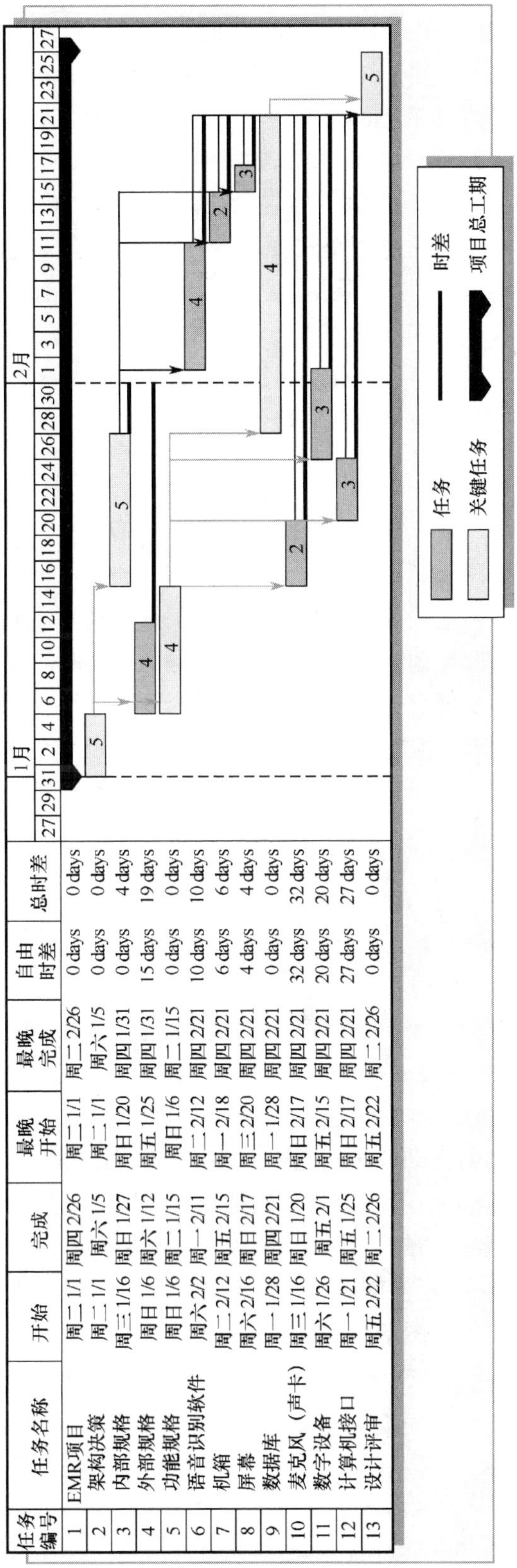

图 8.10 EMR 项目资源均衡图

这是不可能的，因为这三个活动总共需要 14 名设计工程师。软件首先会安排活动 5，因为这个活动在原始的关键路径上，并且没有时差（试探法规则 1）。接下来，在比较活动 4 和活动 3 时选择活动 4，因为活动 4 的持续时间更短（试探法规则 2）；内部规格（活动 3）由于 8 名设计工程师的限制而被推迟。注意，原来的关键路径不再适用，因为只有 8 名设计工程师创建了资源依赖选择项。原规划的关键路径如图 8.9 所示。

将图 8.10 中的条形图与图 8.7 中的限时条形图进行比较。例如，注意活动 8（屏幕）的不同开始日期。在有时间限制的计划（见图 8.7）中，活动 8 的开始日期是 1 月 18 日，而在资源限制的计划（见图 8.10）中，活动 8 的开始日期是 2 月 16 日，几乎是一个月之后！

虽然资源条形图通常用于说明资源过度分配问题，但我们更喜欢查看如图 8.8A 所示的资源使用概览图。这个图告诉你什么时候出现资源过度分配的问题，并确定导致资源过度分配的活动。

限制性资源计划的影响

与均衡资源计划一样，限制性资源计划通常会减少时差，通过使用时差来确保项目延迟最小化，从而降低了灵活性，并增加了关键活动和接近关键活动的数量。由于在技术约束的基础上增加了资源约束，资源计划的复杂性也随之增加。开始时间现在可能有了两个限制。传统的关键路径概念，即从项目开始到结束的连续活动，已经没有意义了。资源约束可以打破活动顺序，使网络留下一组脱节的关键活动。

相反，并行活动可以变成顺序。在一个时间约束的网络中，有时差的活动可以从关键活动变为非关键活动。

8.6 拆分活动

拆分任务是一种进度计划技术，用于获得更好的项目进度计划和/或增加资源利用率。规划者通过中断原来的工作并在一段时间内将资源分配到另一个活动中，然后让资源再回到原始活动的工作中，来拆分活动中的连续工作。如果所涉及的工作不用支付太多的启动或关闭成本（例如，不用将设备从一个活动地点移动到另一个活动地点），拆分可能是一种有用的工具。最常见的错误是中断“人们手上的工作”，这需要很高的启动和关闭成本。例如，让桥梁设计师抽出时间处理另一个项目的设计问题，可能让这个人浪费四天的时间在两个活动中转换概念。代价可能是隐藏的，却是实实在在的。图 8.11 描述了拆分问题的性质。原始活动被分为三个独立的活动：A、B 和 C。完成三个拆分活动所需的关闭和启动时间延长了原始活动的时间。一项研究报告称，任务转换会导致 20%～40%的效率损失（Rubinstein，Meyer 和 Evans，2001）。

> 8-6：了解何时及为什么应该避免拆分任务。

一些人认为，通过拆分来解决资源短缺的“癖好”是项目未能如期完成的一个主要原因（c.f.，Goldratt，1997；Newbold，1997）。我们赞成这一观点。规划者应尽量避免使用拆分的办法，除非在拆分所需成本很小或没有其他办法解决资源问题的情况下。计算机软件为每个活动提供了拆分选项，尽量少用。

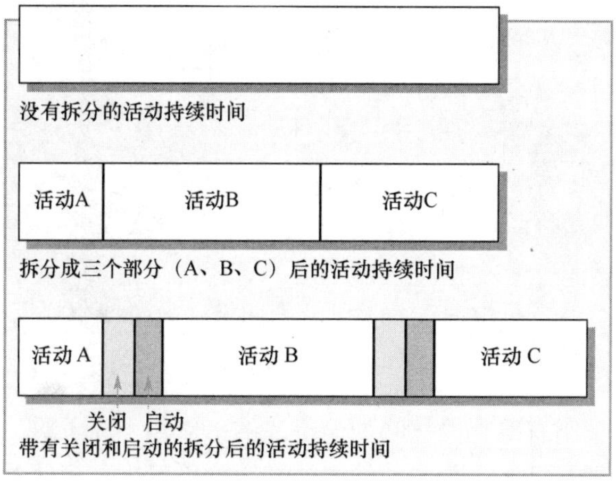

图 8.11　拆分活动

8.7 计划资源的好处

重要的是要记住，如果资源确实是有限的，并且活动时间估算是准确的，那么在项目实施时，就要应用资源受限的进度计划，而不是时间受限的进度计划！因此，无法安排有限的资源可能导致项目经理面临严重的问题。在项目开始之前编制资源受限的进度计划的好处是为考虑合理的替代方案留出时间。如果计划的延迟是不可接受的或延迟的风险太大，可以重新评估资源受限的假设条件，考虑成本与时间的权衡。在某些情况下，优先级可能改变，参见生活快照 8.3。

生活快照 8.3：美国林业局的资源短缺

美国林业局（USFS）的一项主要工作是向伐木公司出售已经可砍伐的木材，伐木公司根据该机构给出的合同条款采伐木材，收益返还给联邦政府。分配给每片森林的预算取决于提交给美国农业部的两年计划。

位于华盛顿州奥林匹亚的奥林匹克林业局总部正在制订一个为期两年的计划以作为资金基础。林业局管辖内的所有地区都向总部提交了木材销售计划（50 多个），然后由总部汇总成整个林业局的项目计划。在第一次把这个计划载入计算机管理系统模拟运行后，由一小群高级经理审查，以确定计划是否合理和“可行”。管理部门高兴地注意到，在提出模拟运行的问题之前，所有项目似乎都可以在两年时间内完成。在模拟运行中，有人问：“为什么这些项目中所有的‘资源’栏都是空白的？”一位工程师的回答：“我们不使用程序的那个部分。”

照片来源：Darinburt/Getty Images

随后的讨论认识到资源对完成两年计划的重要性，并以“在包含资源的情况下再模拟运行该项目”的请求结束。重新模拟后的结果令人吃惊。由于道路工程师和环境影响专家等特定劳动技能的短缺，两年的计划变成了三年半的计划。分析表明，只要增加3名技术人员，两年的计划就可以按时完成。此外，进一步的分析显示，在这3名员工之外，只雇用一些更有技能的员工，就可以将额外一年的项目时间压缩到两年计划中。这将带来超过300万美元的额外收入。农业部很快批准了补充人手以增加收入的请求。

资源计划提供了编制有日期的按时间分阶段的工作包预算所需的信息。资源计划一旦被建立，就为项目经理提供了一种快速的方法来衡量不可预见事件的影响，如营业额、设备故障或项目人员调动。资源计划还允许项目经理评估他们掌控特定资源的灵活性。当他们收到来自其他经理的资源借用或资源共享的请求时，资源计划也很有用。遵守这样的请求可建立相互的信誉，形成一张“借据”，在需要的时候可以兑现。

8.8 为项目工作匹配最合适的人员

8-7：确定为具体任务进行人员配置的一般指导方针。

在安排个别任务时，项目经理应尽可能地将具体工作的要求与现有参与者的资格和经验相匹配。在这样做的时候，有一种自然的倾向，那就是把最困难的任务分配给最优秀的人。项目经理需要注意不要做得过火，累死“劳模”。随着时间的推移，优秀的人可能对自己总是被分配最艰难的任务感到不满。与此同时，缺乏经验的参与者也可能对他们从来没有机会扩展自己的技能/知识基础感到不满。项目经理需要在任务绩效和项目人才发展之间取得平衡。

项目经理不仅需要决定谁做什么，还需要决定谁与谁合作。在决定哪些人应该一起工作时，需要考虑许多因素。首先，为了减少不必要的摩擦，经理们应该选择工作习惯和性格一致，但彼此互补的人（一个人的短处就是另一个人的长处）。例如，一个人可能很擅长解决复杂的问题，但不善于记录自己的进展。明智的做法是让这个人与一个善于注意细节的人配对。经验是另一个因素。老员工应该和新员工组成团队，这样不仅可以分享经验，还可以帮助新员工适应组织的习惯和规范。最后，应考虑未来的需要。如果经理让一些以前从未在一起工作但后来不得不在项目中一起工作的人合作，他们可能明智地利用这些机会让大家尽早在一起工作，这样他们就可以彼此熟悉。最后，请参阅生活快照8.4，了解谷歌的前首席执行官对如何组建团队的一些有趣想法。

生活快照 8.4：管理极客

埃里克·施密特（Eric Schmidt）在太阳微系统公司（Sun Microsystems）取得成功后，接管了处境艰难的 Novell 公司，并帮助该公司在两年内扭亏为盈。四年后，他成为谷歌公司的首席执行官。他成功的关键之一是他具有管理技术奇才的能力，这些技术奇才开发了复杂的系统、硬件和软件，这些是电子类产品公司的支柱。他用“极客”这个词来形容这群统治着网络世界的技术专家（他当然可以，因为他本人就是一个拥有计算机科学博士学位的极客）。

施密特关于在项目中配置极客有一些有趣的想法。他认为，把极客和其他极客放在一个项目团队中，会有效产生同伴在场的压力。极客们非常关心其他极客如何看待自己。他们善于判断技术工作的质量，对彼此的工作也能迅速地给予表扬或批评。有些极客傲慢得让人无法忍受，但施密特声称让他们一起工作是控制他们的最好方法：让他们相互监控。

与此同时，施密特认为极客太多会破坏“汤”的味道。他的意思是，当一个开发团队中有太多极客时，就会有一种强烈的技术狭隘倾向。成员看不到最后期限，延误是不可避免的。为了对抗这种趋势，他建议只在小群体中使用极客。他敦促将大项目分成更小、更易于管理的小项目，这样就可以将极客组成的小团队分配给这些小项目。这保证了项目的准时进行，并使团队相互负责。

8.9 多项目资源计划

8-8：识别多项目资源计划的常见问题。

为了清晰起见，我们已经在单个项目的语境中讨论了关键资源的分配问题。在现实中，资源分配通常发生在多项目环境中，其中一个项目的需求必须与其他项目的需求相协调。组织必须开发一套系统并应用其进行管理，以便在具有不同优先级、不同资源需求、不同活动集和不同风险的几个项目中有效地分配和安排资源。该系统必须是动态的，能够适应新的项目，并在项目工作完成后可重新分配资源。虽然适用单项目环境的相同资源问题和原则也适用多项目环境，但由于项目之间的相互依赖关系，应用程序和解决方案更加复杂。

下面是管理多项目资源计划时遇到的三个比较常见的问题。请注意，这都是单项目问题的宏观表现，现在在多项目环境中被放大了。

（1）整体进度的下降。因为项目经常共享资源，一个项目的拖延可能产生连锁反应，并拖延其他项目。例如，一个软件开发项目的工作可能慢慢停止，因为计划执行下一个关键任务的编码人员在完成另一个开发项目的工作时延误了。

（2）低效的资源利用率。因为项目有不同的进度计划和需求，所以在整个资源需求中有高峰和低谷。例如，一个公司可能有 10 名电工来满足高峰需求，而在正常情况下，只需要 5 名电工。

（3）资源瓶颈。由于多个项目所需的关键资源短缺，容易导致延误和进度延长。例如，在莱迪思半导体（Lattice Semiconductor）的一家工厂，由于大家都争着使用调试程序所需的设备进行测试，项目进度计划被推迟。同样，美国森林地区的几个项目也被推迟了，因为工作人员中只有一名林学家。

为了解决这些问题，越来越多的公司正在创建项目办公室或相似部门，以监督跨多个项目的资源进度计划。进行多项目资源计划的一种方法是使用先到先服务的规则。创建一个项目排队系统，其中当前正在进行的项目优先于新项目。新的项目进度计划是以资源的预期可用性为基础的。这种排队方式往往产生更可靠的完工估算，对于那些因延误而受到严厉惩罚的合同项目，这种方式更受欢迎。这种看似简单的方法的缺点是，它没有最优地利用资源或考虑项目的优先级，参见生活快照 8.5。

生活快照 8.5：多项目资源计划

使用一个控制中心来监督项目资源计划的情况已经为实践者所熟知。以下是我与一位中层经理的谈话内容。

面谈者（我）：恭喜你，你的多项目进度计划建议书得到了批准。每个人都说你很有说服力。

中层经理：谢谢。这次获得认可是很容易的。董事会很快意识到，我们别无选择，如果我们要在竞争中保持领先地位，必须把资源放在正确的项目上。

面谈者：你以前向董事会提交过这个建议书吗?

中层经理：是的，但不在这家公司。我向我两年前工作的公司做了同样的演讲。在他们的年度审查会议上，他们要求我提出一份建议书，说明核心能力资源规划对管理公司项目的需要和好处。

我试图建立一个示例，将项目放在一项保护伞下进行标准化的实践，并预测和配置关键任务的关键人员。我解释了诸如资源需求之类的好处如何与关键任务项目、主动资源规划及捕捉资源瓶颈和解决冲突的工具相结合。

几乎所有人都认为这是个好主意。我对这次演讲感到很满意，并对即将发生的事情充满信心。但这个想法从未真正开始，它消失在“夕阳”中了。

事后看来，管理者真的不相信其他部门的同事，所以他们对核心能力资源规划的支持并不上心。管理者想要保护自己的地盘，确保他们不必放弃权力。那里的文化对于我们今天生活的世界来说太死板了。他们仍然在项目之间与不断的冲突做斗争。

我很高兴我转到了这家公司。这里的文化更注重团队合作，管理部门致力于提高绩效。

许多公司利用更复杂的流程来安排资源，以增加组织启动项目的能力。这些方法中的大多数都是通过将单个项目作为一个大项目的一部分来解决这个问题，并把先前介绍过的资源计划试探法应用到这个“巨型项目”中的。项目资源计划人员监督资源使用情况，并根据所有项目的进度和资源可用性提供更新的进度计划。近年来，项目管理软件的一个主要改进是能够优先分配特定项目的资源。项目可以按升序排列优先级（例如，1、2、3、4……），这些优先级将超越资源计划试探法，以便资源被分配到优先级最高的项目。（注意：这种改进非常适合使用类似第 2 章所描述的项目优先级模型的组织。）集中式的项目进度计划也使得识别阻碍项目进展的资源瓶颈变得更加容易。一旦确定了瓶颈，就可以记录它们的影响，并用来证明——需要购买额外设备、招聘关键人员或推迟项目。

最后，许多公司将外包作为处理资源配置问题的一种手段。在某些情况下，公司会减少必须在内部管理的项目数量，只管理核心项目，并将非关键项目外包给承包商和咨询公司。在其他情况下，项目的特定部分被外包，以克服资源不足和资源安排问题。公司可能雇用临时工来加速某些落后于计划的活动，或者在内部资源不足以满足所有项目需求的高峰期外包项目工作。更有效地管理项目工作的高峰和低谷的能力是当今外包背后的主要驱动力之一。

8.10　用资源计划制定项目成本基准

8-9：解释为什么需要分时段的预算基准。

一旦完成资源分配，你就能够为项目制订一个基准预算计划。通过使用项目进度计划，你可以划分时段工作包，并将它们分配到各自的计划活动中，以开发项目生命周期内的预算计划。了解按时段划分预算的原因是非常重要的。没有分时段预算，就不可能有好的项目进度和成本控制。

8.10.1　为什么需要时段预算基准

以下场景中演示了对时段预算基准的需要。新产品的开发将在 10 周内完成，估算成本为每周 40 万美元，总成本为 400 万美元。管理层希望在第 5 周结束时得到一份状态报告。已收集的信息如下：

- 前 5 周的计划费用为 200 万美元。
- 前 5 周的实际成本为 240 万美元。

我们做得怎么样？很容易得出结论，超支 40 万美元。这 40 万美元也可能代表项目计划提前进行的资金。假设第 5 周结束时的另一组数据是：

- 前 5 周的计划费用为 200 万美元。
- 前 5 周的实际费用为 170 万美元。

这个项目的成本比我们预期的少 30 万美元吗？也许。但是 30 万美元可能代表了项目落后于计划，还有计划的工作没有开始的事实。会不会是项目落后于进度计划并且超过了成本？从这些数据中我们无法判断。在现实世界中，许多系统只使用计划资金和实际成本，这可能提供虚假和误导性的信息。没有办法确定有多少工作已经完成。**这些系统不测量花了多少钱完成了多少工作！因此，没有与项目进度计划相匹配的时段成本，就不可能有用于控制目的的可靠信息。**

8.10.2　编制时段预算

通过使用来自 WBS 和资源计划的信息，可以创建一个时段成本基准。请记住，在第

8-10：创建一个分时段的项目预算基准。

4 章和第 5 章的 PC 项目的 WBS 中，我们集成了 WBS 和 OBS，这样工作包就可以根据可交付成果和组织职责进行跟踪。图 8.12 是一个由可交付产品和负责的组织单位构建成的 PC 原型机项目的示例。对于 WBS/OBS 矩阵的每个交叉点，可以看到工作包预算和总成本。在每个交叉点的总成本被称为成本或控制账户。例如，在磁头交付物和生产部门的交叉点上，我们看到有三个总预算为 20 万美元的工作包。在一栏中的所有成本账户的总和应该代表交付物的总成本。反过来说，每一行的成本账户的总和应该代表负责完成这项工作的组织单位的成本或预算。可以继续将 WBS/OBS 上的成本"汇总"到项目总成本中。这个 WBS 提供了可以用于分时段工作包的信息，并将这些工作包分配到项目生命周期中各自的计划活动中。

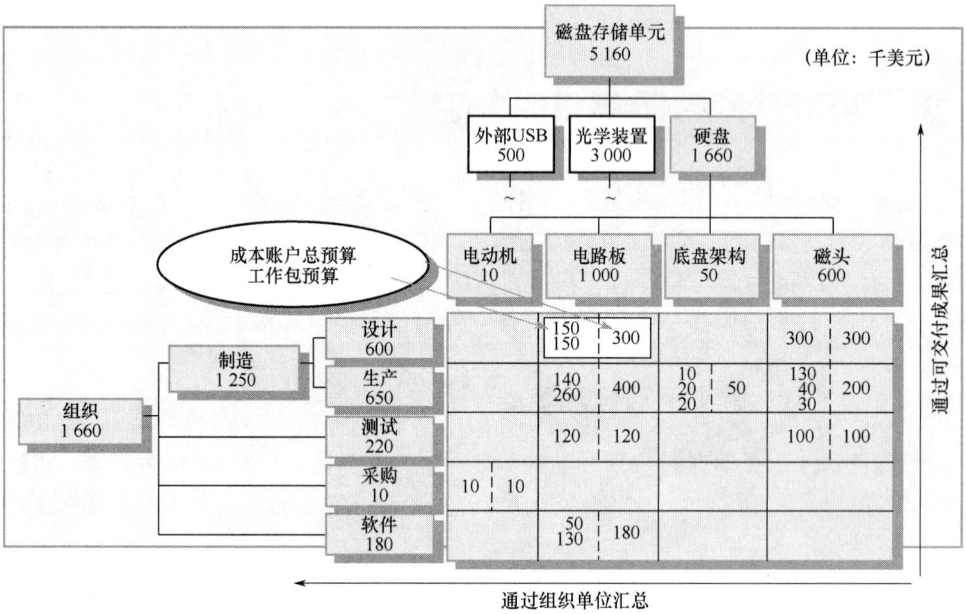

图 8.12　直接人工费预算汇总

回想一下，从开发每个工作包的工作分解结构来看，需要生成以下信息：

（1）定义工作（做什么）。

（2）确定完成工作包的时间（多长时间）。

（3）确定完成工作包的时段预算（成本）。

（4）确定完成一个工作包所需的资源（多少）。

（5）为工作确定一个负责人（谁）。

（6）确定用于测量进展的监控点（效果如何）。

分时段工作包对于创建预算基准的最后一步至关重要。图 8.13 中演示了分时段工作包的过程，下面将对此进行说明。工作包的持续时间为 3 周。

假设人工、材料和设备是分开跟踪的，人工的工作包成本在预计开始的 3 周内支付：每周分别为 40 000 美元、30 000 美元和 50 000 美元。当 3 周的工作包被列入网络进度计划时，成本就被列入这 3 个预定星期的同一时段的预算中。幸运的是，大多数单一的工作包汇集成了一项活动，这使成本分配的过程相对简单。也就是说，这种关系是一对一的。这种预算时间是直接从工作包到活动的。在少数情况下，活动将包括多个工作包，但这些工作包会被分配给一个人或一个部门来负责并交付。在这种情况下，工作包被合并到一个活动中。如图 8.14 所示，该活动包括两个工作包。第一个是工作包 1.1.3.2.4.1（编码），在前 3 周分发。第二个是工作包 1.1.3.2.4.2（集成）在第 3 周和第 4 周顺序进行。活动持续时间为 4 周。当活动被列入进度计划时，成本按进度计划开始分配，分别为 20 000 美元、15 000 美元、75 000 美元和 70 000 美元。这些工作包的时间阶段预算从 WBS 中提取出来，并被放在项目计划中，因为预计它们在项目的生命周期中发生。这些预算分配的结果就是项目成本基准［也被称为计划值（Planned Value，PV）］，它用于确定项目实施时的成本和进度偏差。图 8.15 显示了患者入院（Patient Entry）项目网络进度计划，它用于将时间阶段工作包的预算放在基准中。图 8.16 展示了患者入院项目的时间阶段预算和项目预算基准的累积图。在这个图中，你可以看到时间阶段的工作包成本是如何被放置到网络中的，以及一个项目的累积项目预算图是如何被开发的。请注意，成本不一定是线性分布的，但成本应该按照预期的发生方式来设置。现在，你已经为项目制订了完整的时间和成本计划。这些项目基准

时段工作包预算
（仅以人工成本为例）

工作包描述 测试　　　　第 1 页/总共 1 页
工作包编号 1.1.3.2.3　　　　项目名称 PC原型机
可交付成果 电路板　　　　日期 ××年3月24日
负责单位 测试部　　　　估算师 CEG
工作包持续时间 3 周　　　　总人工费成本 120 000美元

时段人工费成本预算

工作包	资源	人工费率	工作时段/ 周					
			1	2	3	4	5	总计
编码 1.1.3.2.3	质量检测员	×××× 美元/ 周	40	30	50			120

图 8.13　时段工作包预算（仅以人工成本为例）（单位：美元）

时段工作包预算
（仅以人工成本为例）

工作包描述：软件　　　　第 1 页/总共 1 页
工作包编号：1.1.3.2.4.1 和1.1.3.2.4.2　　　　项目名称：PC原型机
可交付成果：电路板　　　　日期：×× 年3月24日
负责组织单位：软件部　　　　估算师：LGG
工作包持续时间：4 周　　　　总人工成本：180 000美元

时段人工成本预算

工作包	资源	人工费率	工作时段/ 周					
			1	2	3	4	5	总计
编码 1.1.3.2.4.1	程序员	2 000 美元/ 周	20	15	15			50
集成 1.1.3.2.4.2	系统集成工程师/程序员	2 500 美元/ 周			60	70		130
总计			20	15	75	70		180

图 8.14　两时段工作包（仅以人工成本为例）（单位：美元）

将用于挣值管理系统，以比较计划的进度和成本。第 13 章详细讨论了项目基准在衡量绩效中的应用。建立项目预算基准后，还可以为项目生成现金流量表，如图 8.17 所示。这样的报表为公司在项目的整个生命周期内支付费用做好了准备。最后，完成资源分配后，你可以为项目制订资源使用进度计划（见图 8.18）。这些进度计划图列出了人员和设备的全部部署，并可用于生成个人工作时间表。

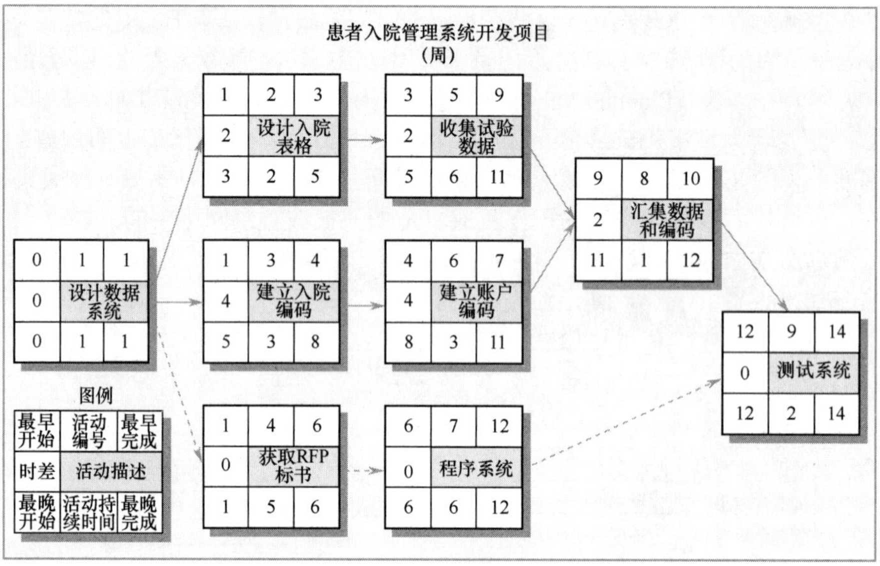

图 8.15　患者入院项目网络图

单位：千美元　周

活动编号	持续时间	任务	预算	1	2	3	4	5	6	7	8	9	10	11	12	13	14
1	1	设计数据系统	5	5													
2	2	设计入院表格	4		2	2											
3	3	建立入院编码	6		2	2	2										
4	5	获取RFP标书	3		2				1								
5	6	收集试验数据	6				1	1	1	1	1	1					
6	3	建立账户编码	5					2	2	1							
7	6	程序系统	12							2		4	2		4		
8	1	汇集数据和编码	4										4				
9	2	测试系统	7													4	3
		每周总和	52	5	6	4	3	3	4	4	1	5	6	0	4	4	3
		累积		5	11	15	18	21	25	29	30	35	41	41	45	49	52

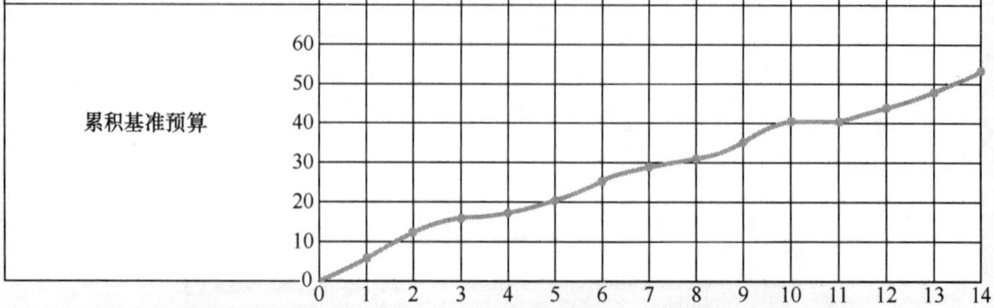

图 8.16　患者入院时间阶段工作包分配

	1月	2月	3月	4月	5月	6月	7月
项目							
硬件							
硬件规格	11 480.00	24 840.00	3 360.00				
硬件设计			23 120.00	29 920.00	14 960.00		
硬件文档					14 080.00	24 320.00	
原型							
订购GX							
组装准备生产的模具							
操作系统							
内核规格	5 320.00	9 880.00					
驱动器							
OC驱动器				3 360.00	12 320.00	11 760.00	12 880.00
串行VO驱动器							
内存管理							
操作系统文档		10 240.00	21 760.00				
网络界面							
应用程序							
应用程序规格				8 400.00			
日常应用程序				5 760.00	21 120.00	20 160.00	10 560.00
复杂应用程序							
应用程序文档				7 680.00	17 920.00		
机箱							
系统集成							
架构决策	20 400.00						
集成第一阶段							
系统H / S测试							
项目文档							
集成验收测试							
总和	37 200.00	44 960.00	48 240.00	55 120.00	80 400.00	56 240.00	23 440.00

图 8.17　项目月度现金流量表（单位：美元）

	12/30	1/6	1/13	1/20	1/27	2/03
I. 苏祖基	24	40	40	40	40	40
硬件规格				24	40	40
硬件设计						
硬件文档						
操作系统文档						
应用程序文档						
架构决策	24	40	40	16		
J. 洛佩兹	24	40	40	40	40	40
硬件规格				12	20	20
硬件设计						
原型						
内核规格				12	20	20
应用程序规格						
架构决策	24	40	40	16		
集成第一阶段						
J.J. 甫兹				24	40	40
硬件文档						
内核规格				24	40	40
操作系统文档						
应用程序文档						
项目文档						
R. 西克森				24	40	40
硬件规格				24	40	40
原型						
组装准备生产的模具						
OC驱动器						
复杂应用程序						
集成第一阶段						
系统H/S测试						
集成验收测试						

图 8.18　项目每周资源使用计划（单位：小时）

本章小结

在分配资源之前，项目进度计划还不是一个计划。如果资源不足，那么任务顺序可能受到影响，进度也会延长。如果资源充足，“平滑”资源以提高其利用率可能是有益的。资源计划后的结果往往与标准 CPM 方法的结果存在显著差异。

随着技术的快速变化和对上市时间的强调，在项目开始之前找出资源使用和可用性方面的问题可以节省以后赶工的成本。当项目实施时，迅速记录任何偏离资源计划和进度的情况，并注意其影响。如果没有这种即时更新功能，可能直到发生时才知道变更的真正负面影响。将资源可用性与多项目捆绑在一起，多资源系统可根据项目对组织目标和战略计划的贡献来对其优先级进行排序。

项目中人员的配置可能不适合由软件程序来进行。在这种情况下，在软件解决方案的基础上进行扩展以适应个人差异和满足技能需求几乎是最好的选择。

项目资源计划很重要，因为它作为时间基准，用于测量计划和实际之间的时间差异。资源计划可以作为开发时段项目成本预算基准的基础。基准是成本账户的总和，每个成本账户是成本账户中的工作包的总和。请记住，如果预算成本不是按时段分配的，就没有可靠的方法来衡量绩效。尽管有几种类型的项目成本，但成本基准通常仅限于项目经理控制下的直接成本（如人工成本、材料成本和机械设备成本）。其他费用，如间接成本，可以单独列入项目成本。

关键术语

Heuristics 试探法
Planned Value（PV）计划值
Resource-Constrained Project 资源约束型项目
Time-Constrained Project 时间约束型项目
Time-Phased Budget Baseline 时段预算基准
Resource-Constrained Scheduling 资源约束型计划
Resource Smoothing 资源平滑
Splitting 拆分

复习题

1. 资源计划如何与项目优先级联系在一起？
2. 资源计划是如何降低管理项目灵活性的？
3. 请列出资源计划是一项重要任务的六个原因。
4. 外包项目工作如何缓解与多项目资源计划相关的三个最常见问题？
5. 解释与资源均衡、压缩项目工期或赶工项目进度相关的风险，以及在执行项目时强加的持续时间或“赶工”等方面的风险。

6．为什么制定一个时段计划基准是至关重要的？

生活快照讨论题

8.1　在有限的空间环境中工作

　　1．你还能想到其他物理环境约束项目工作的例子吗？

8.3　美国林业局的资源短缺

　　1．如果华盛顿州林业局没有评估资源对两年计划的影响，你认为会发生什么？

8.4　管理极客

　　1．你是否同意极客与其他员工是不同的？

8.5　多项目资源计划

　　1．为什么人们会抵制多项目的资源计划系统？

练习题

1．考虑一个带有甘特图的项目。斯特拉（Stella）是唯一的电气工程师，她负责第三项和第四项活动，这两个活动有重叠。对项目实施资源均衡，使斯特拉每天只工作最多 8 小时。新的甘特图是什么样子的？新的项目完成日期是什么时候？

考虑用下面的甘特图来回答练习 2 和练习 3。

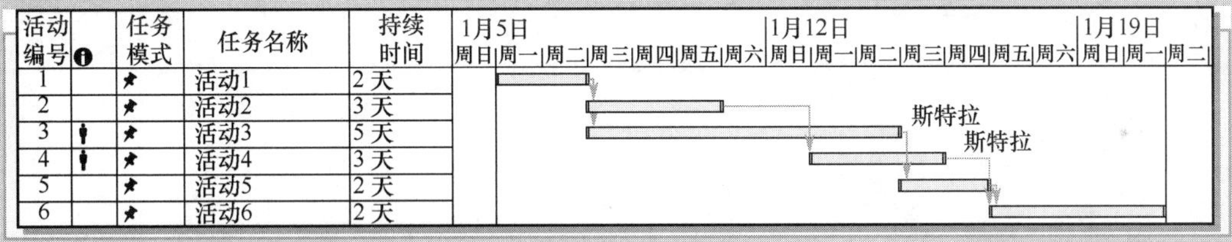

活动编号
任务模式
任务名称
持续时间
1月5日
1月12日
1月19日
周日 周一 周二 周三 周四 周五 周六 周日 周一 周二 周三 周四 周五 周六 周日 周一 周二
1 活动1 2 天
2 活动2 3 天
3 活动3 5 天
4 活动4 3 天
5 活动5 2 天
6 活动6 2 天
斯特拉
斯特拉

2．比约恩（Bjorn）和托尔（Thor）都是水管工，他们被安排到建造一座新校舍的项目上。就在项目开始之前，比约恩摔伤了手臂，无法继续项目工作。现在托尔不仅要处理比约恩的事，还要处理自己的事。调整项目甘特图，让托尔负责活动 3、4、6 和 7。新的项目预计的完工日期是什么时候？

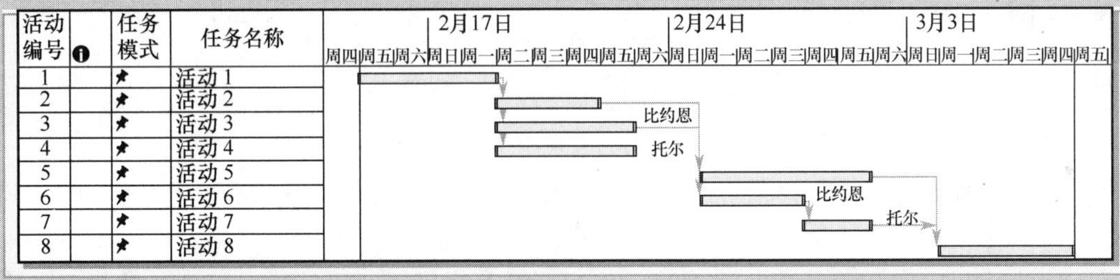

活动编号
任务模式
任务名称
2月17日
2月24日
3月3日
周四 周五 周六 周日 周一 周二 周三 周四 周五 周六 周日 周一 周二 周三 周四 周五 周六 周日 周一 周二 周三 周四 周五
1 活动 1
2 活动 2
3 活动 3
4 活动 4
5 活动 5
6 活动 6
7 活动 7
8 活动 8
比约恩
托尔
比约恩
托尔

3．假设你没有把比约恩的工作分配给托尔，而是有机会雇用两个新的水管工来完成比约恩的工作（缩短了 50%）。新的项目预计完成日期是什么时候？展示你的做法。

4．根据下面的网络计划，计算最早时间、最晚时间和时差。项目工期是多长？使用任何你想用的方法（例如，试错法），为资源（电气工程师）和资源（机械工程师）开发一个负荷图。假设每个资源只有一人。根据资源进度计划，计算项目的最早时间、最晚时间和时差。哪些活动现在是关键的？现在的项目工期是多少？这样的事情会在真实的项目中发生吗？

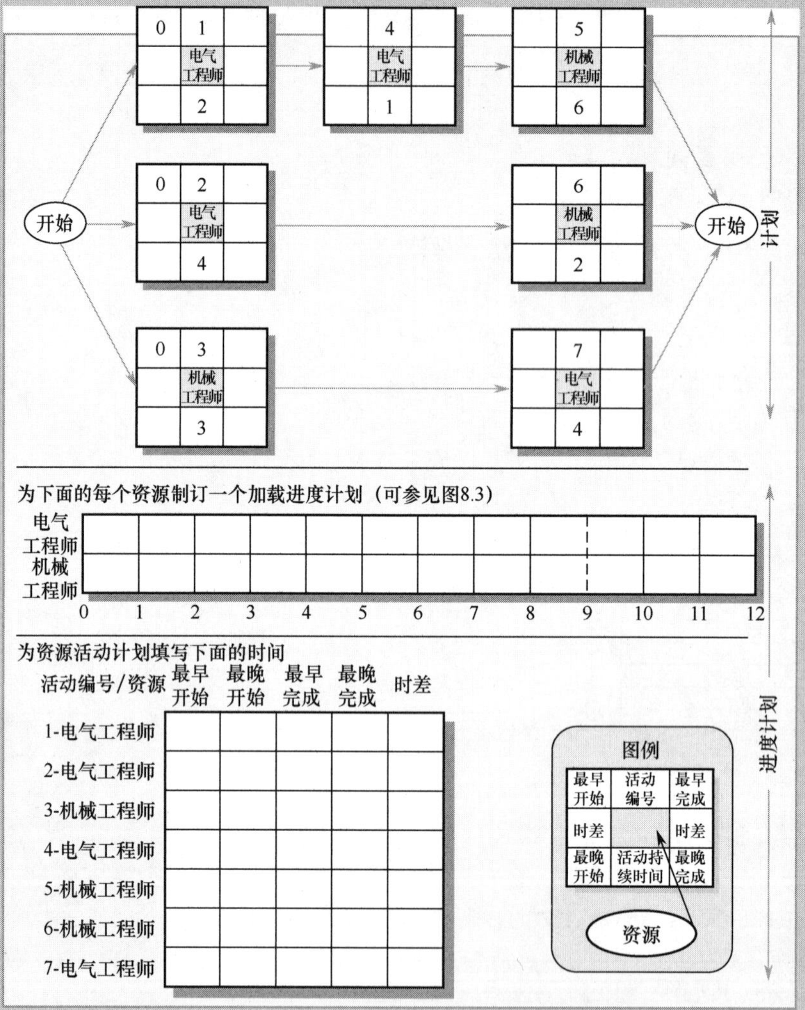

5．根据下面的网络计划，计算最早时间、最晚时间和时差。项目工期是多长？使用任何你想用的方法（例如，试错法），为资源木工（C）和电工（E）制作一个负荷图。假设只有一名木工和两名电工可用。根据资源进度计划，计算项目的最早时间、最晚时间和时差。哪些活动现在是关键的？现在的项目工期是多长？

6．假设下面的网络图是时间约束型的，请计算网络中活动的最早时间、最晚时间和时差。哪些活动是关键的？什么是有时间约束的项目工期？注意：回想一下，在资源计划的负荷图中，有时间约束的资源计划的时间间隔（从最早开始到最晚完成）已经用阴影标识了。任何超出阴影区域的资源计划都将延迟项目。假设只有三种资源，并且使用的软件是通过并行方法和试探法来进行项目资源安排的。一次只安排一个时段的资源！使用：

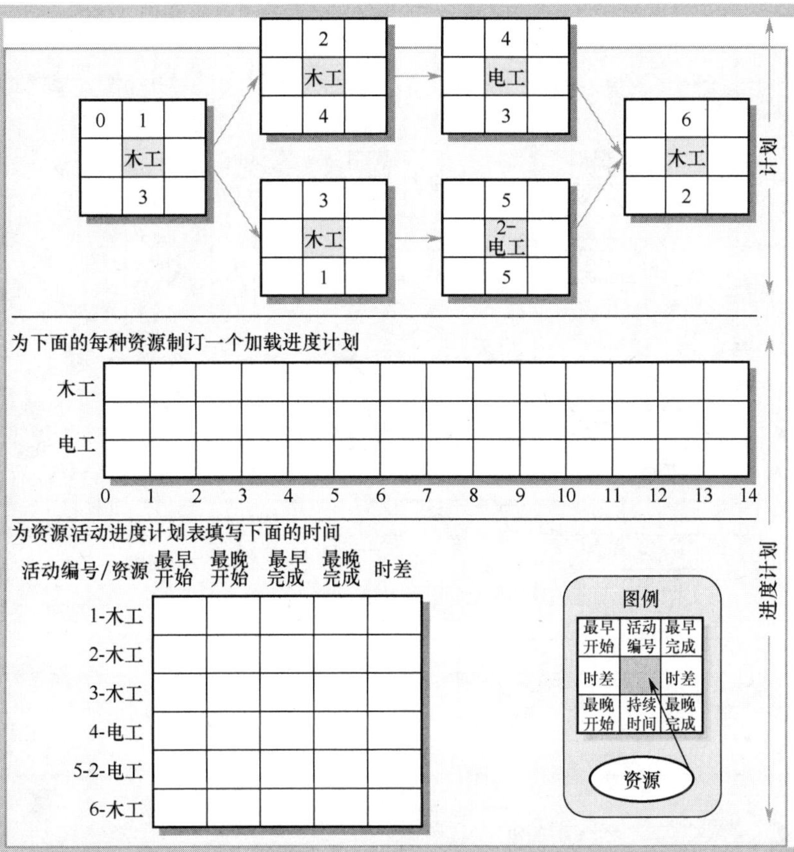

（练习 5 的图）

- 最小时差。
- 最短持续时间。
- 最低标识号。

记录划分的每个时段（如 0～1、1～2、2～3 等）中每个活动的变化和更新。记录的信息中应该包括最早开始时间、最晚完成时间、每个时段的时差、已经计划的活动和已经延迟的活动的任何变更或更新。（提示：记住保持网络图的技术依赖关系。）使用资源负荷图来帮助进行资源计划（见图 8.4 和图 8.5）。

列出计划的项目活动的顺序。现在进度计划表上的哪些活动是关键的？

根据新的进度计划，重新计算每项活动的时差。活动 1、4、5 的时差各是多少？

7. 你已经为一个关键资源是拖拉机的项目准备了以下计划（这个练习的答案可在附录 8A 中找到）。这个项目有三辆拖拉机可用。A、D 活动需要一台拖拉机来完成，B、C、E、F 活动需要两台拖拉机来完成。

使用已经学习到的并行方法和试探法，在下面的负荷图中制订一个资源受限的进度计划。一定要像计算机一样更新每个时段。为新的进度计划记录最早开始、最晚完成和时差。

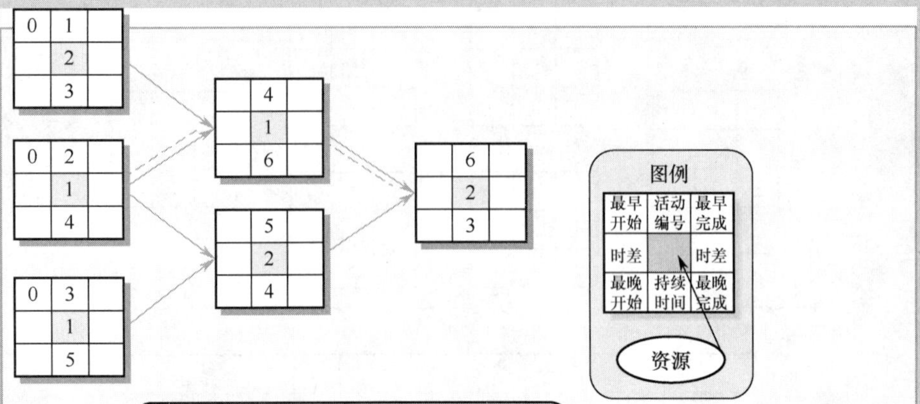

利用最早开始来安排资源负荷图和时差更新

活动编号	资源	持续时间	最早开始	最晚完成	时差	0	1	2	3	4	5	6	7	8	9	10	11	12	13	14	15
1	2	3	0	4	1																
2	1	4	0	4	0																
3	1	5	0	6	1																
4	1	6	4	10	0																
5	2	4	5	10	1																
6	2	3	10	13	0																
计划的资源																					
可用的资源						3	3	3	3	3	3	3	3	3	3	3	3	3	3	3	

（练习 6 的图）

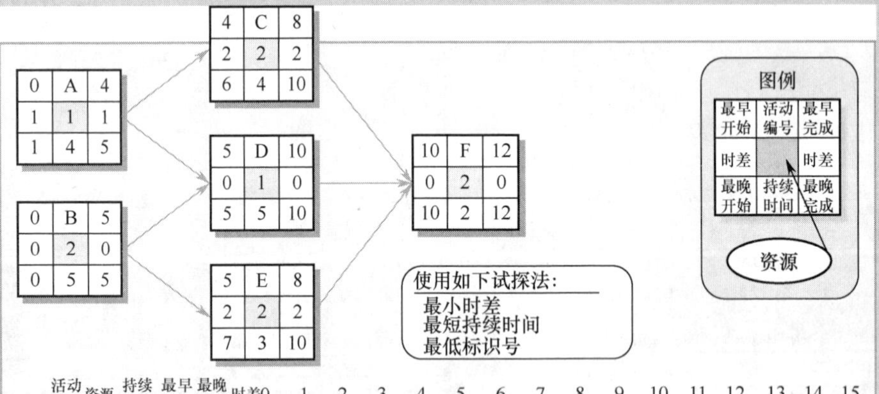

活动编号	资源	持续时间	最早开始	最晚完成	时差	0	1	2	3	4	5	6	7	8	9	10	11	12	13	14	15
A	1	4																			
B	2	5																			
C	2	4																			
D	1	5																			
E	2	3																			
F	2	2																			
计划的资源																					
可用的资源						3	3	3	3	3	3	3	3	3	3	3	3	3	3	3	

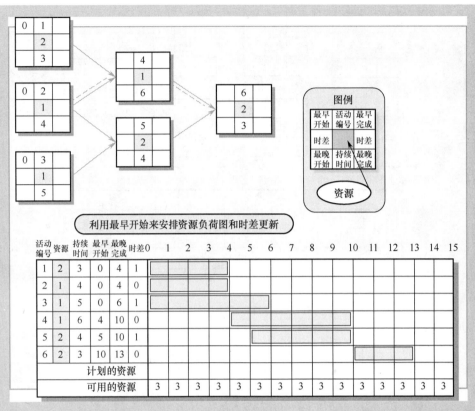

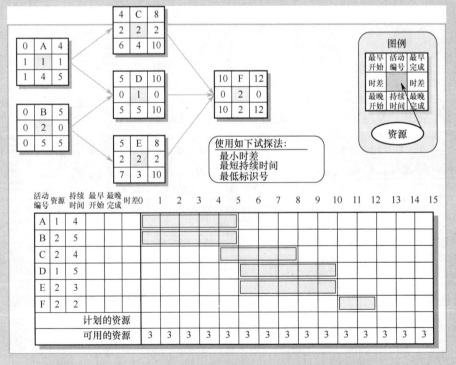

（练习 7 的图）

8. 使用已经学习的并行方法和试探法，在下面的负荷图中制订一个资源计划。一定要像计算机一样更新每个时段。注意：活动 2、3、5 和 6 使用了两种资源技能。其中三种资源技能是可用的。每个活动的时差是如何变化的？延误风险改变了吗？如何改变的？

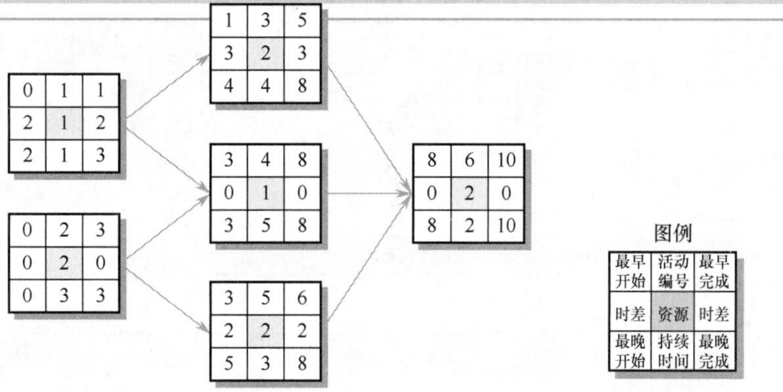

使用如下试探法：
- 最小时差
- 最短持续时间
- 最低标识号

列出已经安排好的活动顺序

/_____/_____/_____/

/_____/_____/_____/

活动编号	资源	持续时间	最早开始	最晚完成	时差	0	1	2	3	4	5	6	7	8	9	10	11	12	13
1	1	1	0	3															
2	2	3	0	3															
3	2	4	1	8															
4	1	5	3	8															
5	2	3																	
6	2	2																	
计划的资源																			
可用的资源						3	3	3	3	3	3	3	3	3	3	3	3	3	

活动1、3和 4的时差分别是____、____和_____

现在哪些活动是关键活动?

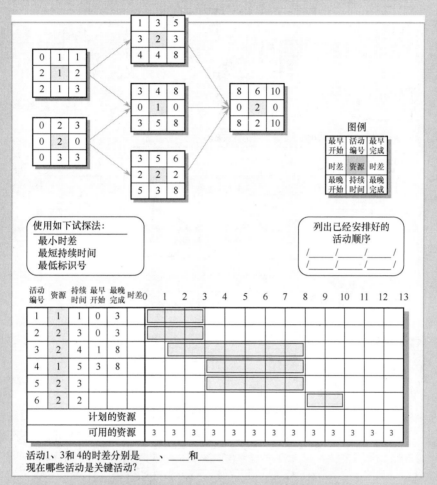

9. 你已经为一个关键资源是挖掘机的项目准备了以下资源计划。这个计划取决于是否有三台挖掘机。你接到了搭档布鲁克（Brooker）的电话，他急需一台挖掘机。你告诉布鲁克，如果能在 11 个月内完成你的项目，你愿意把挖掘机给他。

在接下来的负荷图中制订一个资源计划，看看是否有可能在 11 个月内只用两台挖掘机就完成这个项目。确保使用资源计划试探法记录活动的顺序。活动 5、6 需要两台挖掘机，活动 1、2、3 和 4 需要一台挖掘机。不允许拆分活动。你能答应布鲁克的要求吗？

10. 你是被指派完成一个简短建筑项目的三个木工之一（这个练习的答案可在附录 8A 中找到）。就在项目开始之前，你的一个木工同事住院了，不能参加项目工作。在下面的负荷图中制订一个资源受限的进度计划，看看在只有两个木工的情况下项目将花费多长时间。确保使用资源计划试探法记录活动的顺序。活动 A、B、C、D、E、G 和 H 需要两个木工完成。活动 F 只需要一个木工。不允许拆分活动。如果项目在 15 天内完成，你将获得一笔奖金。你是否可以开始计划如何使用你的奖金？

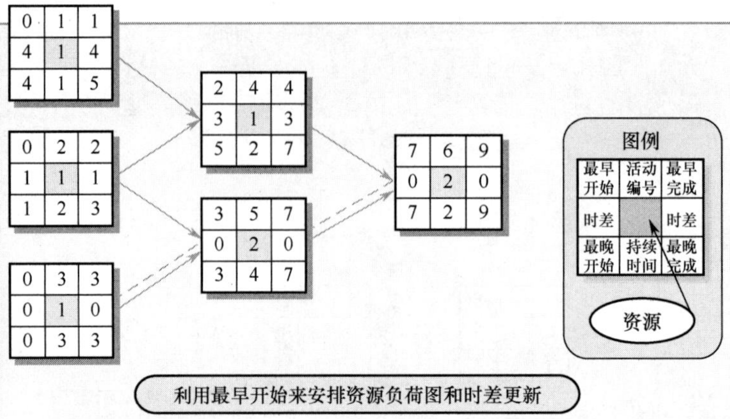

活动编号	资源	持续时间	最早开始	最晚完成	时差	0	1	2	3	4	5	6	7	8	9	10	11	12	13
1	1	1	0	5	4														
2	1	2	0	3	1														
3	1	3	0	3	0														
4	1	2	2	7	3														
5	2	4	3	7	0														
6	2	2	7	9	0														
计划的资源																			
可用的资源						2	2	2	2	2	2	2	2	2	2	2	2	2	

（练习 9 的图）

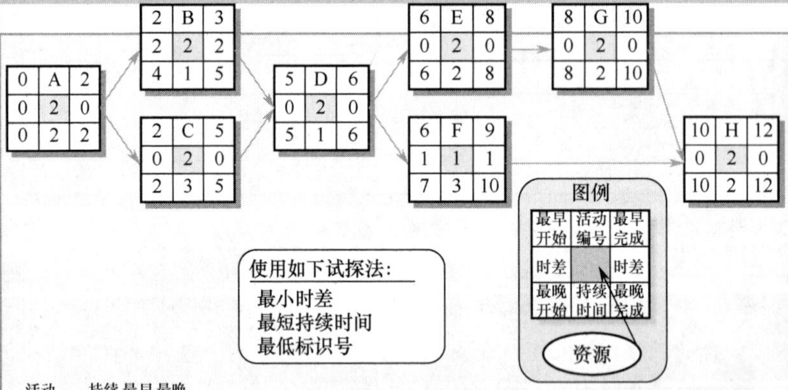

活动编号	资源	持续时间	最早开始	最晚完成	时差	0	1	2	3	4	5	6	7	8	9	10	11	12	13	14	15	16	17	18
A	2	2																						
B	2	1																						
C	2	3																						
D	2	1																						
E	2	2																						
F	1	3																						
G	2	2																						
H	2	2																						
计划的资源																								
可用的资源						2	2	2	2	2	2	2	2	2	2	2	2	2	2	2	2	2	2	

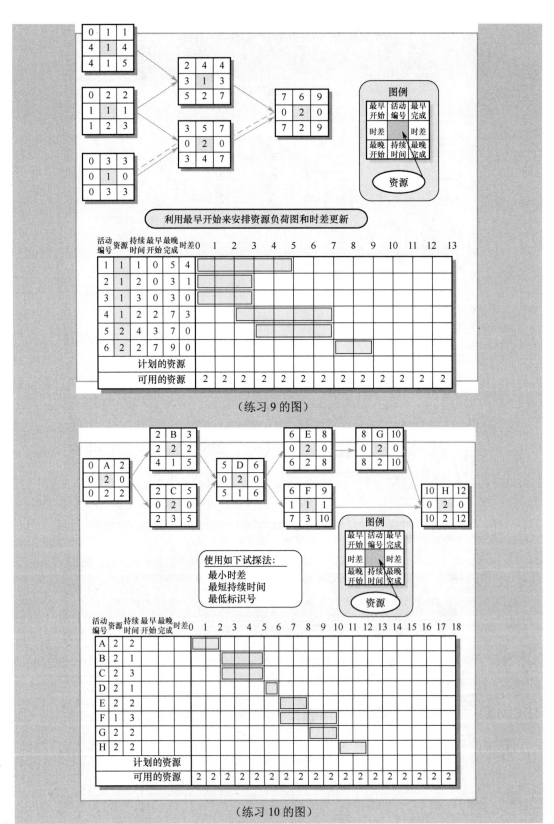

（练习 10 的图）

11．根据给定时间阶段的工作包，完成项目的基准预算表。

时段预算（千美元）

周

任务	预算 0	1	2	3	4	5	6	7	8	9	10
活动1	4	4									
活动2	6		1	3	2						
活动3	10		2	4	2	2					
活动4	8						2	3	3		
活动5	3									2	1
总计	31										
累计											

12．根据给定时间阶段的工作包和网络图，完成项目的基准预算表。

市场调研项目

每周WBS工作包的成本

设计工作包	4	5	2			
调研工作包	2	2	4	4	4	5
报告编写工作包	3	3	2			

项目网络图

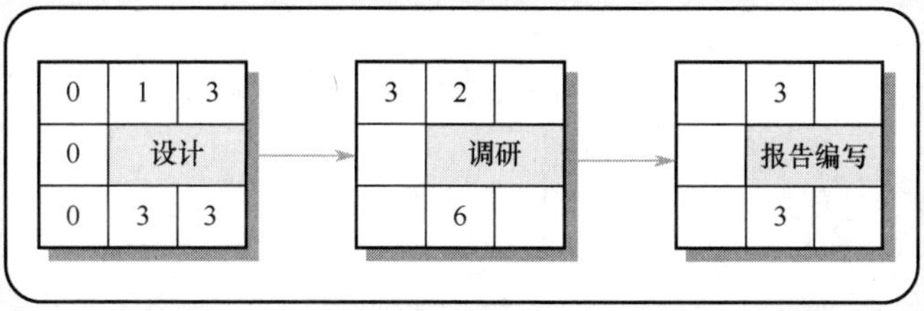

时段预算

任务	预算	周 1	2	3	4	5	6	7	8	9	10	11	12
设计	11	4	5	2									
调研	21												
报告编写	8												
总计	40												
累计													

13．根据给定时间阶段的工作包和网络图，完成项目的基准预算表（这个练习的答案可以在附录 8A 中找到）。

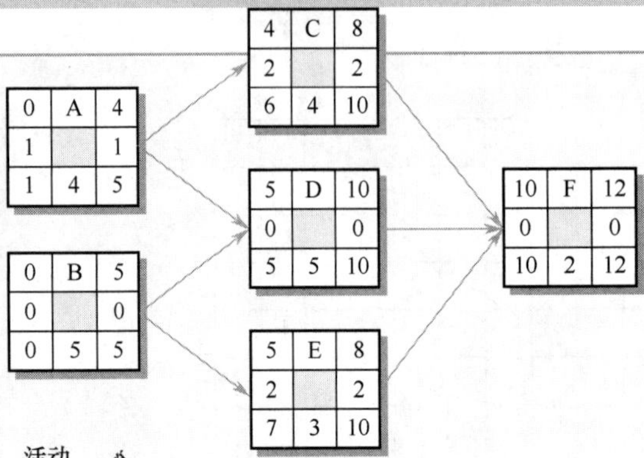

每周成本

A	10	10	10	10	
B	8	4	8	4	8
C	12	12	12	12	
D	6	2	2	2	6
E	8	8	12		
F	20	20			

活动编号	预算	0	1	2	3	4	5	6	7	8	9	10	11	12
A	40													
B	32													
C	48													
D	18													
E	28													
F	40													
总计	206													
累计														

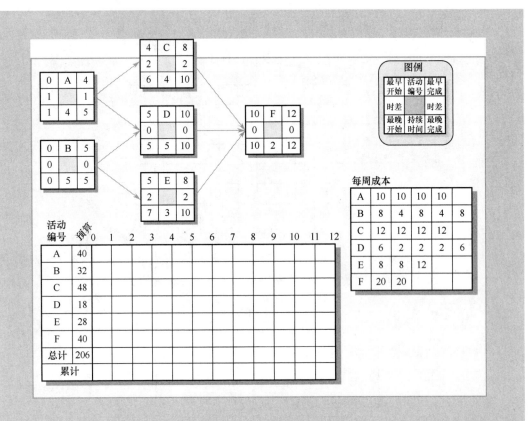

14. 根据给定时间阶段的工作包和网络图，完成项目的基准预算表。

足球玩具项目

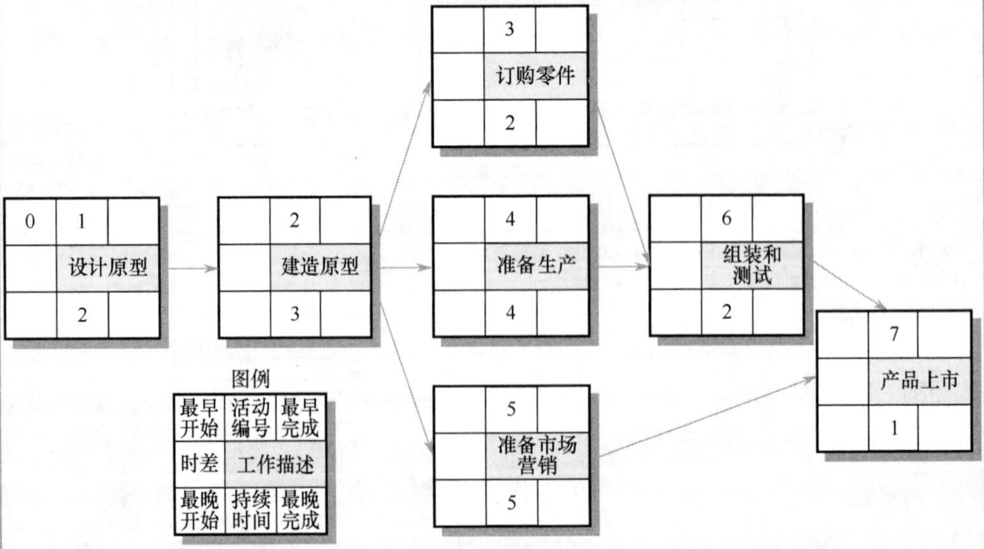

足球玩具项目

每周成本（千美元）

	←1	←2	←3	←4	←5
设计原型	12	12			
建造原型	10	10	10		
订购零件	5	5			
准备生产	16	10	22	16	
准备市场营销	6	6	0	6	12
组装和测试	18	18			
产品上市	12				

时段预算（千美元）

周

	预算 0	1	2	3	4	5	6	7	8	9	10	11	12	13
设计原型	24													
建造原型	30													
订购零件	10													
准备生产	64													
准备市场营销	30													
组装和测试	36													
产品上市	12													
总计	206													
累计														

15．美国国家海洋研究所正计划在南极洲进行一项关于全球变暖的研究。下表是这个项目的 16 个月的网络计划和每个活动的预算。在该表中为研究项目创建一份分时段的预算。

全球变暖南极洲研究项目的网络计划和每个活动的预算

（千美元）

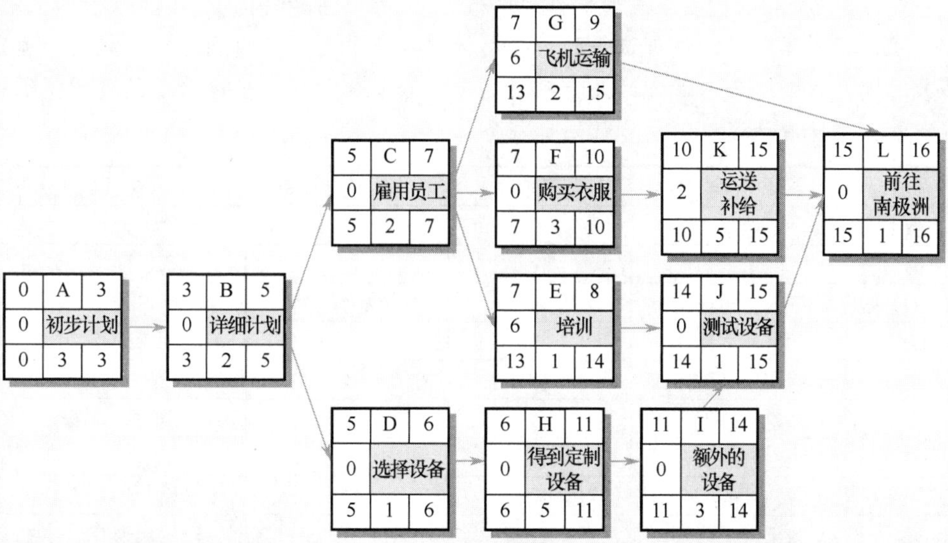

全球变暖南极洲研究项目活动按月划分的时段工作包及预算（千美元）

任务名称		持续时间	预算	0	1	2	3	4	5	6
A	初步计划	3	3	1	1	1				
B	详细计划	2	2	1	1					
C	雇用员工	2	4	4						
D	选择设备	1	5	5						
E	培训	1	3	3						
F	购买衣服	3	9	3	0	6				
G	飞机运输	2	60	5	55					
H	得到定制设备	5	36	5	5	10	10	6		
I	额外的设备	3	20	10	5	5				
J	测试设备	1	6	6						
K	运送补给	5	15	3	3	0	0	9		
L	前往南极洲	1	9	9						
总预算			172							

案例 8.1：蓝山上的小屋

杰克·史密斯和吉尔·史密斯（Jack and Jill Smith）夫妇刚刚退休，他们想在佛蒙特州的蓝山上建造一间小型的、最简单的小屋。他们聘请达里尔·汉娜（Daryl Hannah）为该项目的总承包商。达里尔组建了一个由三名工人组成的团队来完成这个项目：汤姆（Tom）、迪克（Dick）和哈里（Harry）。达里尔已与史密斯夫妇签订了一份成本加成合同，据此，她将在人工成本和材料成本之外获得 15%的收入。

在签订合同之前，史密斯夫妇希望估算一下这个项目可能要花多少钱和需要多长时间。

达里尔估算了材料和许可证等的成本总计达 4 万美元。她想确定人工成本及项目需要多长时间。这是达里尔管理的几个项目之一，除了偶尔帮忙，她的角色被严格限制在监督职责上。她设计了以下总体计划和任务。

任务编号	任务名称	先行工作	任务持续时间	任务执行人
A	场地准备	无	2	汤姆、迪克、哈里
B	浇铸地基	A	2	汤姆、迪克、哈里
C	搭建主体框架	B	4	汤姆、迪克、哈里
D	搭建屋顶	C	3	汤姆、迪克、哈里
E	门窗安装施工	D	2	汤姆、迪克
F	电气施工	D	2	哈里、汤姆
G	水暖施工	D	2	迪克、汤姆
H	竣工图绘制	E，F，G	2	汤姆、迪克、哈里
I	施工现场清理	H	1	汤姆、迪克、哈里

请注意，迪克是小组中唯一熟练的水管工，而哈里是唯一熟练的电工。汤姆是个普通

的木工，能帮他们干活。迪克和哈里每人每天工资 300 美元，而汤姆每天工资 200 美元。

达里尔已经商定了用 10%的管理准备金来处理意外问题，未使用的管理准备金将退还给史密斯夫妇。

如果项目在 2016 年 8 月 1 日开始，为史密斯夫妇准备一份简短的提案，包括一份关于资源分配和成本估算的甘特图。资源约束是否影响了最终的项目进度？如果有影响，该怎么办？这个项目面临哪些财务风险？史密斯夫妇能做些什么来保护自己免受这些风险的影响？

案例 8.2：动力传动有限公司

备忘录：动力传动公司的管理团队

我们有很好的信息系统来报告、跟踪和控制设计项目的成本。我们的项目计划比我在其他公司见过的任何计划都好。当我们公司还很小、只有几个项目的时候，我们的进度计划似乎很适合我们公司。现在我们有很多项目，并用多项目软件来制订进度计划，有太多的情况是正确的人没有被分配到被认为对我们的成功很重要的项目中。这种情况让我们花了很多钱，让我们头疼，让我们焦虑紧张！

克劳德·琼斯（Claude Jones），设计和运营副总裁

C8.2.1 历史

动力传动（Power Train，PT）有限公司由丹尼尔·盖奇（Daniel Gage）创立于 1970 年。盖奇是一名熟练的机械工程师和机械师。在创建动力传动有限公司之前，他曾在一家设计和制造坦克和军用卡车变速箱的公司担任了三年的设计工程师。对丹尼尔来说，创办一家为农用拖拉机公司设计和制造动力传动系统的公司是很自然的转变。如今，丹尼尔已不再积极参与动力传动有限公司的管理，但仍被尊为公司创始人。他和他的家族仍然拥有该公司 25%的股份，该公司于 1998 年上市。动力传动有限公司在过去五年一直以 6%的速度成长，但因供应超过需求，预计行业成长将趋于平稳。

今天，动力传动有限公司继续其自豪的传统，为农用拖拉机和设备制造商设计和制造最优质的动力传动系统。该公司雇用了 178 名设计工程师，约有 1800 名生产和辅助员工。拖拉机制造商的设计项目合同占动力传动有限公司收入的很大一部分。在任何时候，都有 45～60 个设计项目同时进行。他们的设计合同有一小部分来自军用车辆。动力传动有限公司只接受涉及非常先进的、新技术的军工合同，而且是成本加成的合同。

一个新的现象吸引了动力传动有限公司的管理层去寻找更大的市场。瑞典一家大型卡车制造商与动力传动有限公司接洽，考虑为其卡车设计动力传动系统。随着行业整合，动力传动有限公司的机会应该会增加，因为这些大公司正在转向更多的外包，以削减基础设施成本，并保持其灵活性。就在上周，一名动力传动有限公司的设计工程师在一次会议上与德国卡车制造业的经理交谈时了解到，很多德国公司已经在探索将保时捷的传动系统外包。该德国经理很高兴得到提醒，知道动力传动有限公司在该领域的专长。双方定于下个月召开一次会议。

C8.2.2 克劳德·琼斯（Claude Jones）

克劳德·琼斯于 1999 年加入动力传动有限公司，刚刚从爱丁堡大学（University of Edinburgh）获得 MBA。在返回学校攻读 MBA 之前，他曾担任英国液压公司（U.K. Hydraulics）的机械工程师 5 年。“我只是想成为管理团队的一员，参与到行动中来。”克劳德在岗位上迅速得到提拔。如今，他是设计和运营的副总裁。克劳德坐在他的办公桌前，思考着安排人员参与项目的冲突和混乱为什么不断增多。一想到还要为大型卡车设计动力传动系统，他就更着急了。可再想到他们目前的项目进度问题，业务的大量增加只会加剧他们的问题。在认真考虑将其扩展到卡车制造商的动力传动系统设计之前，资源计划中的这些冲突必须得到解决。

克劳德正在思考动力传动有限公司在去年曾遇到的问题。首先想到的是 MF 项目。这个项目并不复杂，也不需要最好的设计工程师。遗憾的是，资源计划软件为 MF 项目分配了一个最有创造力和最昂贵的工程师。在 Deer 项目中也发生了类似的情况，但情况恰好相反。该项目涉及一个大客户和小型拖拉机的新静压技术。在这个项目中，资源计划软件把任务分配给了不熟悉小型拖拉机变速器的工程师。克劳德认为，无论如何，正确的人需要被安排到正确的项目上。克劳德再三考虑后，觉得自从动力传动有限公司进入多项目资源计划以来，资源计划问题一直在增加。也许需要一个项目办公室来管理这些问题。

与信息技术团队和软件供应商开会讨论是积极的办法，但并不是很有用，因为这些人没有真正关心详细的资源计划问题。供应商提供了各种各样的证据，表明使用的资源平衡试探法（最小时差、最短持续时间和最低标识号）在安排人员和最小化项目延迟方面绝对有效。项目软件供应商的代表劳伦（Lauren）一直说他们的软件将允许动力传动有限公司定制项目和人员的进度计划，可应对任何选定的变化。劳伦一遍又一遍地重复：“如果标准的试探法不能满足你的需求，那么就创建你的试探法。”劳伦甚至自愿协助建立这个系统。但是她要等到动力传动有限公司能够准确地向她描述将使用什么标准（以及它们的顺序）来选择和安排项目人员时才愿意在这个问题上花费时间。

C8.2.3 下一步应该做什么？

在项目进度混乱的问题得到解决或显著减少之前，对卡车动力系统业务的潜在扩张是不可行的。克劳德已经准备解决这个问题，但他不确定从哪里开始。他应该考虑什么标准？为项目选择和分配人员的顺序是什么？

案例 8.3：鲁昂洞穴（Tham Luang）救援

2018 年 6 月 23 日，在泰国，当地足球队“野猪队”（Wild Boars）的 12 名年龄在 11～17 岁的男孩和他们 23 岁的助理教练进入了鲁昂洞穴。鲁昂洞穴是在泰国北部与缅甸边境处的一个大型洞穴群。这个洞穴在当地人中很受欢迎，男孩们以前去过鲁昂洞穴。鲁昂洞穴是与世隔绝的，没有 GPS、WiFi 或手机服务。上一次已知的鲁昂洞穴勘测调查是在 20 世纪 80 年代由一个法国洞穴协会进行的，但许多更深的凹陷地质状态仍未绘制出来。

男孩们很容易就进到了洞里相当深的地方，爬过几个咽喉点，来到空旷的地方。他们没有预料到返回途中会有问题。雨季预计要到下周才会到来，而一年前，这个洞穴直到 7 月中旬才开始洪水泛滥。队员们没有带食物，因为这只是一次短暂的实地考察。他们计划待一个小时左右，然后返回。

然而，大自然有不同的计划，大雨开始降临。“野猪队”的队员们一开始并不知道有雨。他们头顶上有一千英尺高的岩石，离开阔的森林有一英里多。雨水汇聚成溪流，冲过石灰岩进入洞穴。大水迅速上升，迫使队员们撤退到洞穴中越来越深的地方。这个洞穴的内部不是水平的，而是向山上延伸起伏的。随着水位上涨，队员们只好向更高的地方爬去。最后，他们在一个泥坡上安顿下来，等着看水是否会继续上涨。好在水没有再上涨。

其中一个男孩的母亲在孩子没有回家时报了警。一名当天没有参加训练的队员告诉人们，他们计划在训练后参观洞穴。家长们冲进洞穴，却发现孩子们的自行车和钉鞋留在洞口，洞穴被水淹没了。

第二天，一支泰国海军海豹突击队（Navy SEAL）潜水分队抵达了这个被洪水淹没的洞穴，并开始向里面推进。这并非易事。泰国蛙人习惯了热带的开阔水域，而不是洞穴中黑暗、寒冷的奔腾水流。

他们缺乏设备，更不用说洞穴潜水所需的专业知识了。在洞穴里，如果出了什么问题，潜水员就不能浮到水面上来。

“野猪队”的困境一夜之间引起了国际社会的关注。很快，来自芬兰、英国、中国、澳大利亚和美国等世界各地的熟练洞穴潜水员自愿提供服务。起初，负责救援的泰国军方并没有张开双臂欢迎外国潜水员。许多海豹突击队的潜水员对需要外国援助的想法感到愤怒。外国潜水员甚至不被允许进入洞穴。经过激烈的“讨价还价”，泰国外交部要求军方领导人放外国潜水员进入洞穴。

即使有经验的洞穴潜水员也发现那里的条件极其困难。“这就像走进一个巨大的瀑布，感受着水流向你冲来，”一名潜水员说，“每次移动都是在水面上水平攀爬。”

潜水员艰难地进入洞穴，遵循确保安全所需的指导方针。能见度有时几乎为零。“伸手不见五指，”一名潜水员说，“什么也看不见。”

与此同时，在地面上，警察带着嗅探犬寻找竖井口，以发现进入洞穴群的其他入口。数百名身穿柠檬黄衬衫，头戴天蓝色帽子的志愿者扩大了搜索范围，他们在石灰岩中寻找可能找出洞穴出口的隐藏裂缝。无人机也被使用，但没有技术可以扫描地下深处的人。当地的神职人员在洞口建造了一个神龛，他们在那里与洞穴女神“泰国的撒旦天使”进行吟唱和交流。由于多次暴雨，搜索工作不得不暂停。

这支小足球队被“囚禁”在洞中 10 天，没有真正的食物和水，救援人员认为这些男孩活着的希望很小。

在洞穴里，两名英国潜水员在安放引导索时突然出现在一个狭窄的岩壁附近。他们先是闻了闻，然后看到了 13 个瘦弱的人在黑暗中栖息。“野猪队”队员们的食物和照明能源都用光了，但他们靠吮吸洞穴壁上凝结的水珠活了下来。后来有报道称，助理教练是一名佛教徒，他曾带领孩子们进行冥想，以放松身心，保存体力。被发现的岩壁距离洞口约 2.5 英里。

发现男孩们的第二天，泰国海豹突击队给“野猪队”队员们运送了食物、水和毯子。包括一名医生在内的四名潜水员将陪伴他们直到获救。泰国官员报告说，救援人员正在为这些男孩提供健康检查，逗孩子们开心，孩子们的健康状况良好。

泰国官员公布了救援人员制作的视频，并向全世界分享。视频中 12 名男孩和他们的教练介绍他们自己，并说明了他们的年龄。每个男孩都裹着应急毯，看上去很虚弱，他们用传统的泰国问候方式向外部世界问好。这段视频在网上疯传。很快，世界各地的主要新闻广播都在报道这一事件。现在的大问题是，既然孩子们已经找到了，他们怎样才能活着出来呢？

在洞穴入口处设立了一个救援营地，除救援人员外，还包含了志愿者和记者。营地被分成几个区域：泰国海军海豹突击队、其他军事人员和平民救援人员的各自限制区域，有一个家属们可以私下等待的地方，还有一个媒体和公众区域。

估计有 1 万人参与了救援工作，包括 100 多名潜水员、900 名警察、2 000 名士兵和许多志愿者。装备包括 10 架警用直升机、7 辆救护车和 700 多个潜水氧气瓶，其中 500 多个都在洞穴中随时可用，另有 200 个随时备用。

“野猪队”的困境引起了特斯拉（Tesla）和太空探索技术公司创始人埃隆·马斯克（Elon Musk）的关注。他让工程师们建造了一艘儿童大小的潜艇，可以用来把男孩们从洞穴里运送出来。几天之内，一艘真正的潜艇被派往鲁昂洞穴。泰国官员赞扬了这一善举，但认为考虑到洞穴里狭窄的通道，这一方法不可行。

穿过洞穴到足球队的旅程逆着水流走要花 6 小时，顺着水流走要花 5 小时。这条路线有几段被洪水淹没，有些地方水流湍急，能见度极低，有些地方非常狭窄，最小的地方只有 15 英寸×28 英寸。男孩们栖息在距离芭堤雅海滩（假借泰国的一个陆上真实的海滩命名）洞穴 400 码的一块突出的岩石上。这个芭堤雅海滩 3 号洞穴是干的，将用作救援基地。

用水泵把洞里的水抽走。虽然这不是一个解决方案，但抽干洞穴的努力开始产生效果。岩石开始显露出来。最具挑战性的一段航道，在早期需要 5 小时才能通过，现在借助引导索帮助，只需 2 小时就能通过。

救援人员考虑了几种不同的方法来拯救足球队，主要方案包括：

- 由潜水员提供食物和水，一直等到雨季结束。
- 寻找另一个洞穴入口，这样更容易逃走。
- 钻一个救援竖井。
- 教会足球队员基本的潜水技能，让他们和潜水员一起游出去。

等到 11 月雨季结束水排干，是最简单的解决办法。孩子们可以自己走出去。然而，这种后勤安排并不合理。每天为 13 个人提供三顿饭，即使 60 天，也要超过 2 750 顿饭。每顿饭都要由一组潜水员运进来，他们每次潜入水都在与死神搏斗。

这是一个越来越令人担忧的问题。在男孩们被发现的四天后，退役的海豹突击队潜水员萨曼·库南（Saman Kunan）在用尽了三个氧气罐后返回时失去了意识。他的伙伴试图对其进行心肺复苏，但没有成功。库南已经辞去了机场保安工作，自愿参加救援任务。在这起事故发生之前，三名潜水员在黑暗的洞穴中失踪了三个多小时，救援工作不得不改变方向而去寻找他们。

数百名志愿者爬过山坡寻找隐蔽的洞口。考虑到洞穴的深度，人们知道这种可能性微乎其微，但值得一试。

在几千英尺深的岩石上钻孔需要建设大量的基础设施，而且耗时太长。此外，在哪里钻探存在很大的不确定性。

而对于第四种选择，男孩们和教练都不知道如何潜水。即使他们能掌握基本要领，洞穴潜水也不像在游泳池里练习那样轻松。一个虚弱的孩子淹没在黑暗中，通过调节器不自然地呼吸，很可能会恐慌。在很长的一段时间里，他在洞穴中无法浮出水面，也无法恢复镇静，他就像在一个被水淹没的隧道里。

私下里，专家们认为可能有一半的男孩能在潜水救援中活下来。但连续 13 次成功的潜水救援将是一个奇迹。

在制订计划的同时，发生了两件令人震惊的事情。一是，洞穴中氧气含量的下降速度比预期要快。这让人们担心，如果这些男孩长时间待在洞穴中，可能出现缺氧。到 7 月 7 日，测得的氧气含量为 15%，而维持人体正常机能所需的含量为 19.5%～23.5%。泰国工程师试图给孩子们安装空气供应管道，但失败了。

二是，天气预报。预计本周晚些时候会有降雨，可能淹没洞穴，一直淹到 11 月。

泰国海豹突击队在美国空军救援专家的支持下，制订了一项得到泰国内政部长批准的计划。救援人员最初想教这些男孩基本的潜水技能，让他们能够完成这段潜水旅程。组织者甚至用椅子做了一个狭窄通道的模型，让潜水员和当地男孩在附近学校的游泳池里测试练习。最后，他们认为孩子们太弱了，不能游泳，于是修改了计划，让潜水员把他们带出来。

7 月 8 日，救援行动开始了。在任务的第一部分，18 名潜水员被派往洞穴中营救男孩，每个男孩在潜水时都有一名潜水员陪同。男孩们穿着潜水服、救生衣和背带。他们没有在每个男孩的嘴里塞调节器，而是给了他们一个让他们自然呼吸的面罩。一个氧气瓶夹在他们的前面，他们的背上绑了一个把手，把他们各自拴在一名潜水员身上，以防他们在能见度低的情况下失踪。

人们主要担心的是恐慌。海豹突击队的医生在出发前给孩子们注射了麻醉剂，使他们失去知觉，以防止他们在逃离洞穴时惊慌失措，危害到救援人员的生命[①]。麻醉只能持续大约 50 分钟，需要经过医生训练的潜水员在约 3 小时的潜水旅程中重新给他们注射镇静剂。

大家都在讨论哪个男孩应该先走：最弱的、最小的还是最强壮的？但最后还是由孩子们自己决定。潜水员们抓住孩子们的后背或胸部，慢慢地向洞口移动，根据指引，每

① 泰国政府为这名海豹突击队医生提供了外交豁免权，以防出现意外。

个孩子都在潜水员的左边或右边。在非常狭窄的地方，潜水员不得不从后面向外推这些男孩。潜水员要把头抬得比男孩们高一些，这样在能见度较差的时候，潜水员的头就会先撞到岩石上。在短暂潜水到一个干燥的洞穴后，潜水员和男孩们遇到了三名潜水员，男孩们的潜水装备被脱掉了。一架拖曳担架被用来运送孩子们以爬上200多米长的岩石和沙山。在进入下一段水下部分之前，潜水装备被重新穿上。

潜水员把这些男孩送到3号洞穴的救援基地后，男孩们沿着一条由数百名工作人员组成的“菊花链”，沿着危险的通道离开洞穴。男孩们轮流在攀岩者安装的复杂的滑轮网格上被抬着、拉着。从3号洞穴的救援基地出来的路上，许多地方仍有部分被水淹没，孩子们不得不经过滑溜的岩石和泥泞的水面。最初，从3号洞穴出来大约需要4～5小时，由于排水，之后的时间缩短了。

晚上7点过后不久，当地官员宣布两名男孩已经获救。不一会儿，又有两名男孩从洞里出来了。7月9日，又有4名男孩获救。7月10日，最后4名男孩和他们的教练获救。

4名泰国海军海豹突击队队员，包括一直陪在孩子们身边的医生，是最后潜入水中的。当他们到达3号洞穴时，水管破裂了，主泵也停止了工作，水开始迅速上涨。这迫使海豹队员和仍在洞穴一英里内的100名救援人员放弃救援设备，爬出洞穴。

在抵达地面后，这些男孩被隔离，由卫生工作者确定他们是否感染了传染病。在最初的10天里，男孩们只吃定量的大米粥。起初，家长们只能透过窗户看孩子，一旦孩子的化验结果为阴性，就可以穿上医用长袍，戴上口罩和帽子，亲自去看孩子。

救援结束后，男孩的家人、官员和数千名志愿者聚集在洞穴入口。这群人为被拯救的生命而感恩，请求洞穴女神“泰国的撒旦天使”的原谅，因为在救援过程中，泵、绳索和人的闯入打扰了女神。

全世界都为成功营救的消息而欢欣鼓舞。救援小组的负责人说，洞穴救援最终将变成一个活生生的博物馆，以突出行动是如何展开的。由于这一事件，泰国海军海豹突击队的训练项目将增加洞穴潜水。

2018年9月7日，泰国皇家政府举行招待会，欢迎所有参与救援的泰国和外国官员与民众。国王陛下颁发了皇家勋章（最令人钦佩的Direkgunabhorn勋章），授予那些参与营救足球队的人：114名外国人和74名泰国人。Direkgunabhorn的勋章名字大致可以翻译为“富足和质量的崇高勋章”。

在获救3个月后，整个“野猪队”和教练出现在美国日间脱口秀《艾伦》节目中。通过翻译，该团队透露，4名男孩被困在洞穴时已经过了生日。当他们的足球英雄Zlatan Ibrahimović（现效力于洛杉矶银河队）出现在节目中与他们见面时，队员和教练都惊呆了。这位瑞典明星与每位队员击掌庆祝。伊布拉希莫维奇表示：“这些孩子，这个团队比我更勇敢，他们表现出了团队精神，有耐心，有信心。”“这可能是世界上最好的球队。”

1. 洞穴的物理环境如何影响救援计划？
2. 救援队如何应对项目的风险？
3. 一些人认为这次救援是一个奇迹，运气是决定性的因素。你同意吗？

附录 8A：关键链方法

附录学习目标

通过学习附录内容，你应该能够：

8A-1 定义关键链。

8A-2 即使估算被填满，也要找出项目延迟的原因。

8A-3 描述基本的关键链方法。

8A-4 描述关键链计划与传统计划方法的区别。

在实践中，项目经理小心地管理敏感的资源受限项目。如果有可能的话，他们会承诺一个在预定日期之前的完成日期，把时差放在项目结束。例如，在计划中，该项目可以在 4 月 1 日完成，尽管预定的正式完工日期是 5 月 1 日。其他经理则采取更积极的方法来管理进度计划中的时差。他们使用一个提前开始的进度计划，并且禁止在任何活动或工作包上使用时差，除非得到项目经理的授权。项目进程由完成百分比和剩余时间监控。及时报告活动预计完工时间的提前量，以便后续活动可以提前开始。这样就确保了所获得的时间用来更早地启动后续活动，而不会浪费时间。整体的目的是创建并保存时差（作为时间缓冲区），以便尽早完成项目，或者涉及可能在关键活动或路径上产生的时间延误问题。

8A-1：定义关键链。

艾利 • 高德拉特（Eliyahu Goldratt）在他的畅销书《目标》（*the Goal*）中倡导“约束理论”，提倡一种管理时差的替代方法。他创造了关键链这个术语，用来认识项目网络可能受到资源和技术依赖关系的约束。每种类型的约束都可能影响任务的依赖关系，在资源约束的情况下，可形成新的任务依赖关系！还记得资源约束是如何改变关键路径的吗？如果没记住，请再次看看图 8.5。关键链是项目中有依赖关系的任务所形成的最长的链。使用链而不是路径，因为后者往往只与技术依赖相关，而没有考虑资源依赖关系。高德拉特运用关键链的概念来制定加速项目完成的策略。这些策略基于他对个人活动时间估算的观察。

8A.1.1 时间估算

8A-2：即使估算被填满，也要找出项目延迟的原因。

高德拉特认为，人们有一种自然的倾向，在他们的估算中加入安全（以防万一）时间。人们相信，那些估算活动时间的人提供的估算有 80%～90%的机会在估算时间内或之前完成。因此，中位数时间（50/50 的机会）被高估了 30%～40%。例如，程序员可能估算他有 50/50 的机会在 6 天内完成一项活动。然而，为了确保成功并防止潜在的问题，他增加了 3 天的安全时间，并报告称需要 9 天来完成这项任务。在这种情况下，中位数（50/50）的时间被高估了大约 50%。他现在有 50% 的机会提前三天完成这个项目。如果这种隐藏的应急储备在整个项目中普遍存在，那么理论上大多数活动都应该提前完成。

不仅工人要增加安全性，项目经理也喜欢增加安全性，以确保他们能够提前完成项目。他们将在 9 个月的项目上增加一个月，以应对可能出现的延误或风险。这种情况引出了一个有趣的悖论：

如果存在高估活动持续时间的倾向，并且在项目结束时增加了安全性，为什么还有那么多项目落后于计划呢？

关键链项目管理（Critical-Chain Project Management，CCPM）给出了以下解释：

- 帕金森定律。工作填满了可用的时间。既然明天才到期，为什么要今天匆忙地完成任务呢？工作节奏不仅受截止日期的影响，员工们还会利用空闲时间忙其他事情。在矩阵环境中尤其如此，员工将利用这段时间来清理其他项目和任务的积压工作。
- 自我保护。参与者没有提前报告结果，因为担心管理层会调整他们未来的绩效标准，并要求下一次做更多的活。例如，如果一个团队成员估计一项任务需要 7 天，而在 5 天内完成了，那么下一次她再报估算，项目经理可能要根据过去的绩效来削减她的估算。来自同事的压力可能也是一个因素：为了避免被贴上“效率终结者”的标签，成员们可能不会提前报告工作完成情况。
- 掉了接力棒。高德拉特把项目比作接力赛来说明协调不良的影响。就如下一个接力赛的跑步者没有准备好接棒，那么跑步者的时间就会损失一样，如果下一组人没有准备好接受项目工作，那么提前完成任务所获得的时间就会损失。缺乏沟通和缺乏弹性的资源安排会阻碍项目的正常进展。
- 过度的多任务处理。大多数组织中的规范是让项目人员同时从事多个项目、活动或任务。这将导致代价很高的中断和过多的拆分任务。正如我们在讨论拆分任务时指出的，这为每个活动增加了时间。单独来看，时间损失可能很小，但从整体来看，转换中增加的成本可能是惊人的。
- 资源瓶颈。在多项目组织中，项目经常被推迟，因为测试设备或其他必要的资源被其他项目工作占用了。
- 学生综合征（拖延症）。高德拉特断言，就像学生推迟写学期论文直到最后一分钟那样，工人们也推迟开始任务，因为他们认为自己有足够的时间来完成任务。推迟开始任务的问题往往直到任务开始之前才被发现。当任务的开始被推迟时，解决这些障碍和按时完成任务的机会就会大打折扣。

8A.1.2 关键链的应用

> 8A-3：描述基本的关键链方法。

CCPM 减少项目时间延长的解决方案是坚持让人们使用“真正的 50/50 法则”进行活动时间估算（而不是估算有 80%～90%的机会在估算时间之前完成）。50/50 估算导致项目工期是 80%～90%估算的低风险的一半。这需要一种重视精确估算的企业文化，避免因未能按时完成任务而责备员工。根据 CCPM，使用 50/50 估算法则将阻止帕金森定律、学生综合征和自我保护发挥作用，因为可用的“空闲时间”更少。由于每个人都努力争取在更紧的期限内完成任务，生产力将会提高。类似地，压缩的进度计划也减少了掉了接力棒效应的可能性。

CCPM 建议在进度计划中插入时间缓冲区，作为“减震器”，以保护项目完成日期不受任务持续时间超过 50/50 估算的影响。其基本原理是，通过使用 50/50 法则的估算，实际上去掉了每个任务中的所有“安全性”。CCPM 还建议通过在可能发生潜在问题的地方插入时间缓冲区，战略性地使用这种集体安全的部分。CCPM 中有三种缓冲区：

- 项目缓冲区。首先，由于关键链上的所有活动都具有难以预测的固有不确定性，因此项目工期也是不确定的。所以，将项目时间缓冲区添加到预期的项目工期中。CCPM 建议使用总体安全性的大约 50%。例如，如果修改的进度计划将项目工期从 50 天减到 30 天，那么将有 10 天的项目缓冲时间可用。
- 支线缓冲区。缓冲区被添加到非关键路径与关键链合并的网络中。这些缓冲区保护关键链不被延迟。
- 资源缓冲区。在活动需要稀缺资源的地方插入时间缓冲。资源缓冲区至少有两种形式。第一种形式是附加关键资源的时间缓冲区，以确保资源在需要时随时可用。这就如同维持一场接力赛。第二种形式是将时间缓冲区添加到需要稀缺资源来进行工作的前项活动中。这种缓冲区通过增加在资源可用时完成前一个活动的可能性来防止资源瓶颈。

所有的缓冲都降低了项目期限延误的风险，增加了项目提早完成的机会，参见生活快照 8A.1。

生活快照 8A.1：关键链在飞机零部件抵港中的应用

过去，飞机零部件制造商 Spirit 航空系统公司（简称 Spirit）曾因缺少部件而被迫推迟产品开发项目。Spirit 管理层通过几种方法来减少问题，如精益、价值链、减少周期时间和基于知识的工程。虽然每项措施都取得了微小的改善，但影响并不大。返工、加班、延误成本和供应商催货成本继续对成本、履行承诺和声誉产生重大影响。Spirit 在一个试点项目中转向关键链管理方法。

关键链经理约瑟夫•泽尼塞克（Joseph Zenisek）表示，关键链的选择“改变了我们的游戏规则”。Spirit 将关键链方法应用于新设计的桥塔（托架）的组装，这些桥塔用于喷气发动机项目的外壳失效破坏测试。泽尼塞克将成功归功于三个关键因素：

- 创建一条规则，直到所有部件和人员都可用时才启动一个工作包。
- 通过监控使用大量部件的装配部件或使用频率或数量高的装配部件，确保部件缓冲区覆盖工作包。
- 组建一支小型工程团队，管理供应商和缓冲区，以确保 300 多个零件按时交付。

关键链计划带来了令人印象深刻的结果。零部件和人员规则减少了由于缺失零部件引起的部分已完工作包的延迟交付和返工。结果是加班时间减少了 50%。延迟的减少使装配周期减少了 18%。由于缓冲部件的可用性避免了延迟，过程中的工作和工作包也减少了。关键链方法可以更好地管理资源和减轻压力。

鉴于关键链计划的成功，Spirit 打算将关键链方法应用到客户的新产品开发项目中。

8A.1.3 关键链与传统进度计划方法的比较

8A-4：描述关键链计划与传统计划方法的区别。

为了说明 CCPM 如何影响进度计划，让我们将其与传统的项目进度计划方法进行比较。我们将首先按照本章所述的方式解决资源问题，然后使用 CCPM 方法。图 8A.1A 显示的是在不考虑资源的情况下开发空气调节器（Air Control）的项目网络图。也就是说，假定活动是独立的，资源是可获的/或是可互换的。

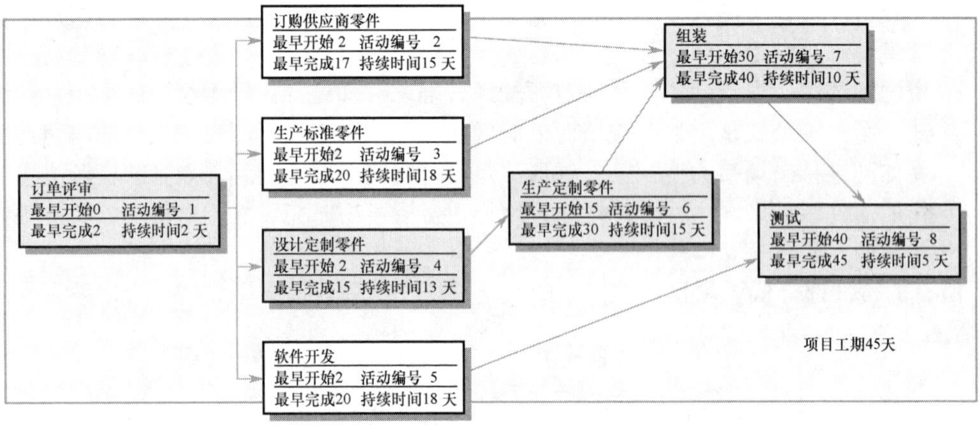

图 8A.1A 空气调节器项目：没有资源约束的进度计划

图 8A.1B 描绘了该项目的条形图。深灰色条表示关键活动的持续时间；浅灰色的条表示非关键活动的持续时间；灰色的条代表时差。注意，项目工期是 45 天，关键路径由活动 1、4、6、7 和 8 表示。

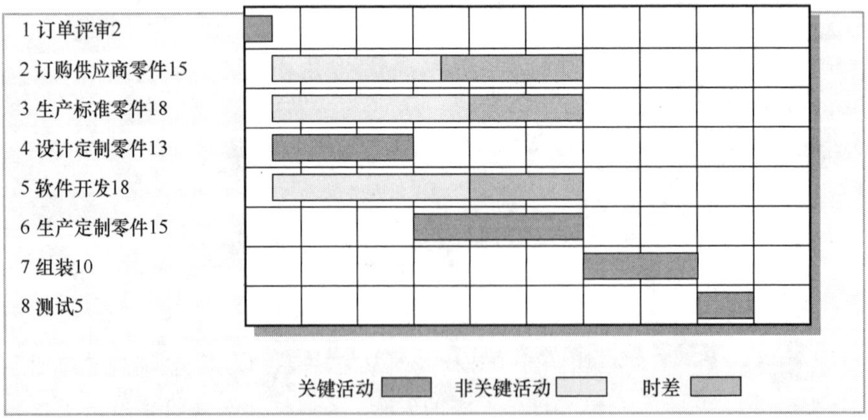

图 8A.1B 空气调节器项目：没有资源约束的进度计划

并行活动具有资源冲突的可能性，这就是这个项目的情况。莱恩（Ryan）是活动 3 和活动 6 的人力资源。如果将莱恩插入图 8A.1B 活动 3 和活动 6 的条形图中，可以看到活动 3 和活动 6 重叠了五天，这是不可能的情况。因为莱恩不能同时进行两项活动，也没有其他人可以代替他，所以存在资源依赖关系。结果是，两个被认为是独立的活动（活动 3 和活动 6）现在变成有依赖关系的活动。有些事必须放弃！图 8A.2A 显示了空气调节器项目带有资源安排的网络图。一个人为设置的虚线箭头已被添加到网络中，以指明资源的依赖关系。图 8A.2B 的条形图显示了解决莱恩超负荷问题的修订的进度计划。考虑到新的进度计划，一些活动的时差已经改变了。更重要的是，关键路径发生了变化。现在是 1、3、6、7、8。资源进度计划显示新的项目工期为 50 天，而不是 45 天。

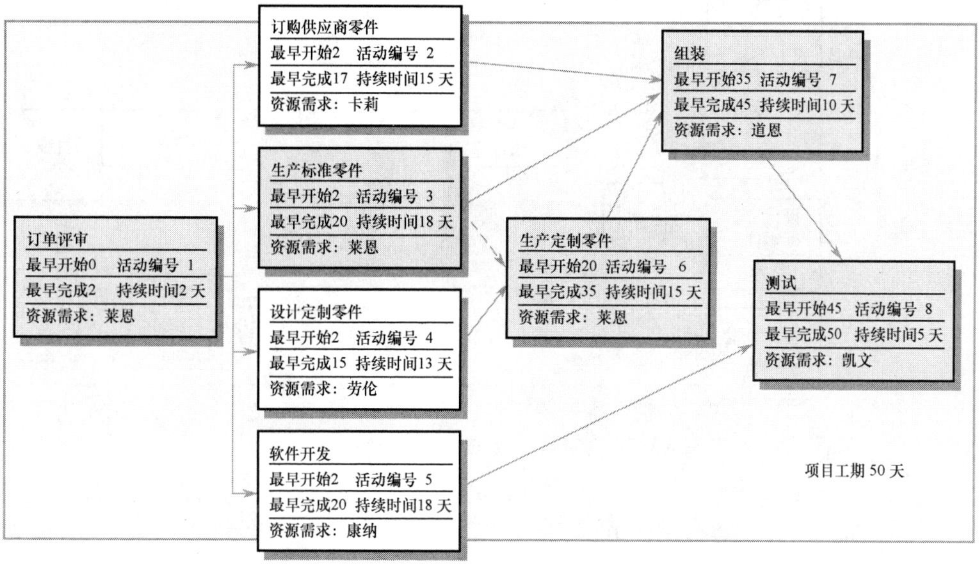

图 8A.2A　空气调节器项目：有资源约束的进度计划

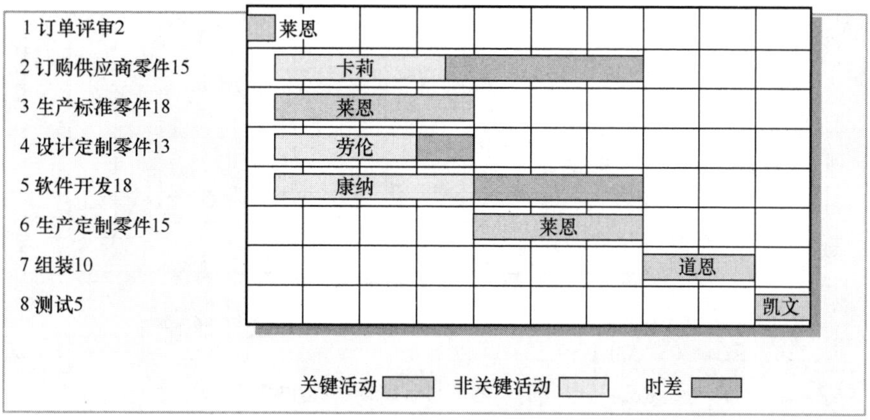

图 8A.2B　空气调节器项目：有资源约束的进度计划

现在让我们将 CCPM 方法应用到空气调节器项目中。图 8A.3 详细说明了许多变更。第一，注意任务估算现在代表了 50/50 规则的近似值。第二，注意并不是关键链上的所有活动在技术上都是相互关联的。由于先前定义的资源依赖关系，因此还包括制造定制部件。第三，在计划的末尾添加一个项目时间缓冲区。第四，在非关键活动与关键链合并的每个点上插入支线缓冲器。

CCPM 方法对项目进度的影响可以在图 8A.4 所示的甘特图中清楚地看到。首先注意这三个非关键活动的最晚开始时间。例如，在关键路径方法下，订购供应商零件和软件开发将被安排在订单评审之后立即开始。相反，它们被安排在项目的后面。已在每一项活动中增加了三天支线缓冲区，以消化这些活动中可能出现的任何延误。最后，这个项目现在估计只需要 27 天，而不是 50 天，且有 10 天的项目缓冲时间！

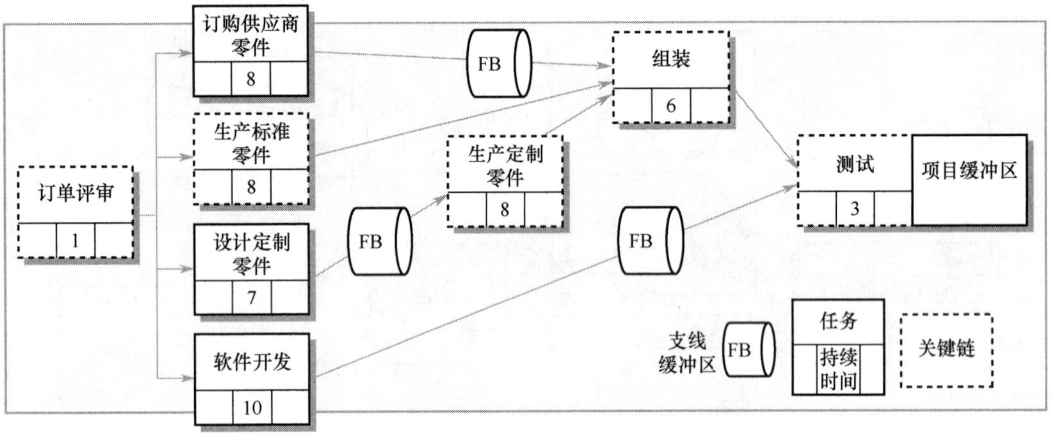

图 8A.3　空气调节器项目：CCPM 网络图

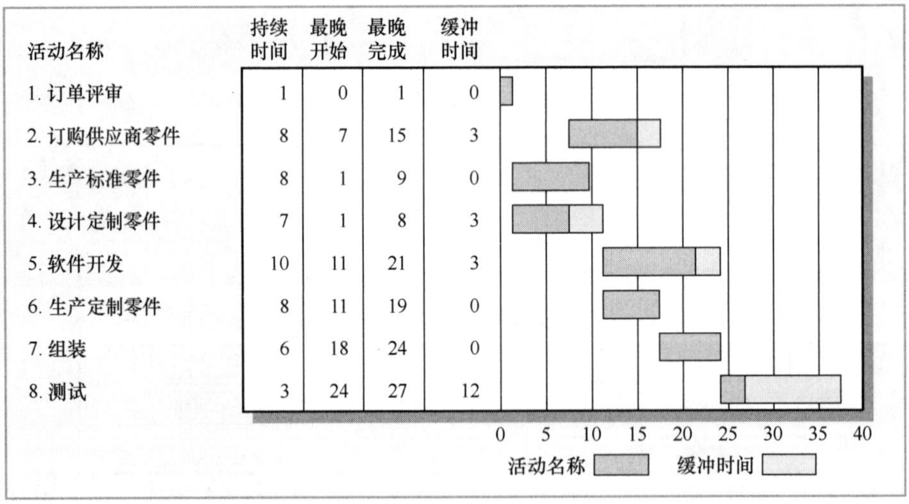

图 8A.4　空气调节器项目甘特图：CCPM 网络图

这个例子为解释缓冲和时差之间的差异提供了机会。时差是非关键活动进度计划中固有的空闲时间，可以通过某一特定活动的最早开始和最晚开始之间的差异来确定。另一方面，缓冲是专门预留的时间段，用于应对最有可能发生的突发事件，并受到密切监控，以便在不需要缓冲的情况下，后续活动可以按计划进行。需要缓冲的部分原因是估算是根据 50/50 的近似值计算的，因此大约有一半的活动将比计划的时间长。为了应对这些扩展的活动持续时间，将缓冲时间段插入进来以使扩展的时间对计划的影响最小化。缓冲不是项目计划的一部分，只有在合理的管理要求下才使用它。

虽然没有在图中描述，但资源缓冲的一个例子是在莱恩的进度计划中增加 6 天（记住，他是导致工期延长的关键资源）。如果生产标准零件或制造定制零件需要比计划更长的时间，可确保莱恩继续为超过 18 天的项目工作。密切监控这两项任务的进展情况，并相应地调整他的进度计划。

8A.1.4　CCPM 和拆分任务

缓冲区不能解决普遍的拆分任务的潜在影响，特别是在多项目环境中，工作人员要处理不同的项目任务。CCPM 有三条建议，将有助于减少拆分活动的影响：

（1）减少项目的数量，这样人们就不会同时被分配到那么多的项目上。

（2）控制项目的开始日期以适应资源短缺。在有足够的资源来全职完成项目之前，不要启动其他项目。

（3）在项目开始前签订资源合同（锁定资源）。

8A.1.5　监控项目绩效

CCPM 方法使用缓冲区来监控项目的时间绩效。请记住，如图 8A.3 所示，项目缓冲区用于把项目与关键链上的延迟隔离开。出于监控目的，该缓冲区通常被分为三个区域：通过区（OK）、观察和计划区（Watch & Plan）及行动区（Act）（见图 8A.5）。当缓冲区开始减少并移动到第二个区域时，警报被触发以寻求纠正措施。为了真正有效，缓冲区管理需要将缓冲区的使用情况与项目的实际进展进行比较。例如，如果项目已经完成了 75%，而只使用了 50%的项目缓冲区，那么该项目就处于相当良好的状态。相反，如果项目只完成了 25%，并且已经使用了 50%的缓冲区，那么项目已经遇到了麻烦，需要采取纠正措施。估算完成百分比的方法将在第 13 章中展开讨论。

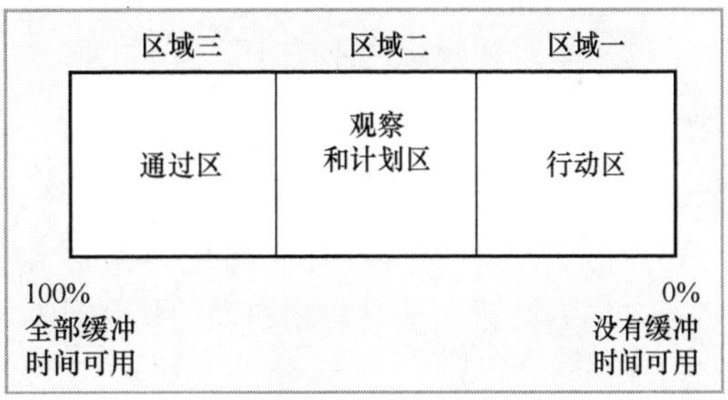

图 8A.5　项目控制：缓冲区管理

8A.1.6　今天的 CCPM 方法

CCPM 在项目管理共同体中产生了相当大的争论。虽然理论上是合理的，但目前的支持（正在增加）是有限的。例如，哈里斯半导体（Harris Semiconductor）公司能够在 13 个月内使用 CCPM 方法建成一座新的自动化晶圆制造厂，而按照行业标准这样的工厂需要 26～36 个月才能建成。以色列航空工业已经使用 CCPM 技术将飞机的平均维修时间从两个月减少到两个星期。美国空军和海军及波音公司、朗讯科技、英特尔、通用汽车和 3M 公司都把关键链原理应用到多项目环境中。

CCPM 并非没有批评者。第一，CCPM 没有解决项目延迟的最大原因，即定义不明确且不稳定的项目范围。第二，一些批评人士质疑高德拉特关于人类行为的假设。他们质疑专家——夸大估算的倾向是否普遍存在，也质疑员工——为了自己的好处和利益而故意违反组织的事实（c.f.，Button，2011；Pinto，1999）。批评人士也反对这种暗示，即受过训练的专业人士会表现出学生综合征的习惯（Zalmanson，2001）。第三，成功的证据几乎都是轶事和基于单个案例研究或计算机建模生成的，缺乏系统的证据解决应用的普遍性问题。CCPM 可能只对某些类型的项目最有效（Raz，Barnes，& Dvir，2003）。

实施 CCPM 的关键之一是组织文化。如果组织肯定那些没有达到评估的工作，就像它肯定那些达到评估的工作一样，那么 CCPM 就会有更大的接受度。相反，如果管理层把诚实的失败和成功区别对待，那么 CCPM 的阻力就会很大。采用 CCPM 方法的组织必须投入大量精力，以获得所有参与者对其核心原则的“认同”，并减轻对这个系统可能产生的恐惧。

8A.1.7 附录小结

无论人们在辩论中站在哪一边，CCPM 方法都值得称赞，因为它将资源依赖放在了最重要的位置，突出了多任务处理的现代弊端，并迫使我们重新思考项目进度计划的传统方法。

8A.1.8 附录复习题

1. 解释在项目管理中时间是如何被浪费的。
2. 区分项目缓冲区和支线缓冲区。
3. 如何理解缓冲不等于时差？

8A.1.9 附录练习

1. 查看高德拉特研究所的主页，了解关键链技术应用于项目管理的最新信息。

2. 将关键链进度计划原理应用到印刷软件有限公司项目中（参见第 6 章的练习 10）。除了将奇数的持续时间取整（例如，3 变成 4），将估算的持续时间修改为原定的 50%。为印刷软件项目绘制一个类似图 8A.3 的 CCPM 网络图，以及类似图 8A.4 的甘特图。这些图与使用传统进度计划生成的图有何不同？

案例 8A.1：CCPM 的两难境地

潘娅娜迪（Pinyarat）在一家多元化 IT 公司的 IT 部门工作。她向另一家 IT 公司的朋友描述了公司早期遇到的关键链进度计划问题。

3 年前，管理层决定在所有活动估算中增加 10%的时间，因为几乎所有的项目都延误了。一种想法是人们工作太辛苦了，需要一些放松。但这种方法不起作用！项目仍然延误。接下来，管理层决定减少活动的额外时间，增加 10%的项目估算，以确保项目工期能按时完成。同样，没有任何改进，项目继续延误。最近，该公司聘请了一位提倡关键链进度计划的顾问，她所在部门的所有项目都采用了这种方法。但几乎所有的项目都失败了。

潘娅娜迪解释说："这些估算基本上是不可能的。活动持续时间被压缩到低于 50% 的指导值。几乎每项任务都延误了。此外，我不被允许设置一个足够大的项目缓冲区，这只会增加项目的延迟。一位正在做着六个项目的同事放弃和退出了，他说他想自杀，而且认为情况没有好转的希望。我的项目并不是唯一有大问题的项目。有些人不知道为什么会有人使用 CCPM 进度计划。引用我最优秀的一位程序员的话：'他们问我一个估算，然后把它削减了 50%甚至更多。'这是什么游戏？显然他们不信任我们。"

一周后，令潘娅娜迪吃惊的是，她被叫到 IT 经理的办公室。潘娅娜迪想象了许多关于会议将如何进行的糟糕场景，甚至考虑了被解雇的可能性！经理希望部门能够整顿他们的项目管理实践，并停止几乎所有 IT 项目延误的业务。有传言说要关闭 IT 工作部或外包 IT 工作。

经理认为，通过 PMP 考试的潘娅娜迪最有可能扭转局面。他说："潘娅娜迪，我快绝望了。我们部门的高级管理人员已经到了山穷水尽的地步。为了我们俩，我们得扭转局面。给我一个我能在这周内提交的计划。"

潘娅娜迪向她的朋友解释了她的一些想法，比如把估算压缩得太大。但她说她会接受任何人的任何想法。

给潘娅娜迪出一份报告，确定她可以向她的发起人提出的关键问题和行动计划（报告不超过 800 字）。

第 9 章

压缩项目工期

Reducing Project Duration

本章学习目标

通过学习本章内容，你应该能够：

9-1 了解项目赶工失败的不同原因。

9-2 在资源不受限的情况下，识别可使活动赶工的不同方法。

9-3 在资源受限的情况下，识别可使活动赶工的不同方法。

9-4 确定项目网络图中的最佳成本时间点。

9-5 了解项目工期压缩或赶工的风险。

9-6 识别降低项目成本的不同方法。

本章概览

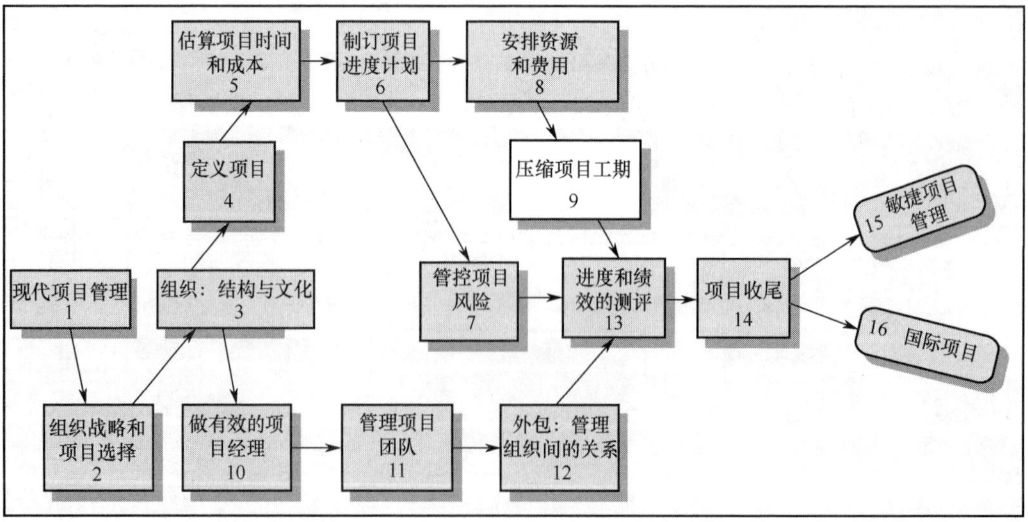

在薄冰上滑冰，我们的安全取决于速度。

——拉尔夫·瓦尔多·爱默生（Ralph Waldo Emerson）

想象以下场景：

- 在确定项目进度计划后，你意识到预计完成日期比老板公开向重要客户承诺的时间要晚 2 个月。
- 项目进行了 5 个月后，你意识到已经落后于项目截止日期 3 个星期了。
- 项目进行了 4 个月后，最高管理层变更了它的优先级，现在告诉你钱不是问题。尽快完成这个项目！

你想怎么做？

本章讨论了在设定项目基准之前或在项目执行过程中压缩项目工期的策略。压缩工期方法的选择要基于项目周围的约束条件。在这里，第 4 章介绍的项目优先级矩阵开始发挥作用。例如，如果没有资源限制，那么与不能花费超过最初预算的情况相比，可以有更多的可选方法来压缩项目工期。我们将首先检查缩短项目工期的原因，然后讨论加速项目完成的不同选择。本章最后总结了选择哪些活动来进行“赶工”的经典时间成本交换框架。赶工（Crash）是项目管理词汇中出现的一个术语，用于缩短活动或项目的持续时间，使其少于正常完成时间。

9.1 压缩项目工期的原因

9-1：了解项目赶工失败的不同原因。

尝试缩短项目的持续时间有很多很好的理由。如今，一个更重要的原因是上市时间。激烈的全球竞争和快速的技术进步使速度成为一种竞争优势。为了取得成功，公司必须发现新的机会，组建项目团队，并在“瞬间”将新产品或服务推向市场。也许在其他行业中，速度的重要性都比不上高科技行业。例如，对于高科技公司的经验法则是，产品上市延迟 6 个月可能导致市场份额损失约 35%。在这种情况下，高科技公司通常假设：在没有任何正式分析的情况下，缩短上市时间和避免利润损失是值得付出任何额外的成本来减少产品研发时间的。参见生活快照 9.1 可以了解更多相关内容。

生活快照 9.1：智能手机大战

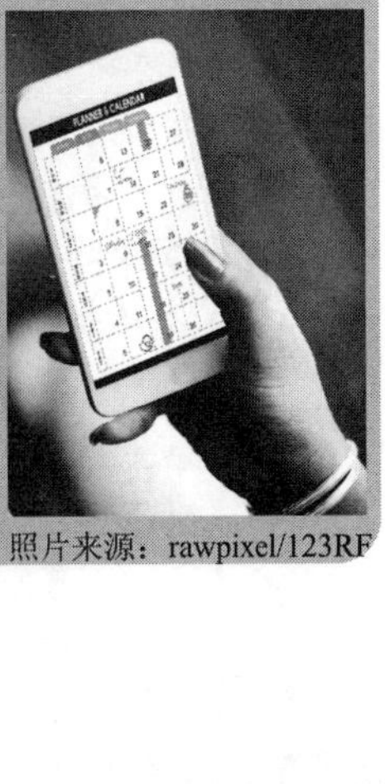

照片来源：rawpixel/123RF

自从加州淘金热以来，速度在商业中一直是至关重要的。智能手机行业就是一个很好的竞争非常激烈的例子，它强调速度和创新。分析师预测，随着人工智能作用的突显，2020 年市场上将有超过 15 种不同的新型智能手机。

“到 2020 年，智能手机上的人工智能（Artificial Intelligence，AI）功能将在设备上提供更智能的数字角色。机器学习、生物识别和用户行为将提高使用的便捷性、自助服务和无障碍认证。这将使智能手机比信用卡、护照、身份证或密钥等其他凭证更值得信任。”高科技研究公司 Gartner 的研究总监安舒尔·古普塔（Anshul Gupta）说。

为了生存，加拿大 RIM 公司、华为、三星、苹果等智能手机制造商成为项目管理大师。他们已经能够将新手机的上市时间从 12～18 个月缩短到 6～9 个月。关键是新智能手机的预期销售额超过 10 亿美元。

企业的生存不仅取决于快速的创新，还取决于适应能力。全球经济衰退和能源危机震惊了商界，幸存下来的公司将是那些能够迅速适应新挑战的公司。这就需要快速的项目管理！例如，美国汽车工业的命运在一定程度上取决于人们努力转向发展节能的不同形式交通工具的速度。

另一个减少项目时间的常见原因是不可预见的延误，例如，不利的天气、设计缺陷和设备故障导致项目中途延误。要想按时完成任务，通常需要压缩剩下的关键活动上的时间。返回正轨的额外成本需要与延误的后果进行比较。当时间是最高优先级时，尤其如此。

激励合同会对项目时间的减少给予奖励——通常对项目承包商和业主都是如此。例如，一个承包商提前 18 个月完成了一座横跨湖面的桥梁，并获得了 600 多万美元的提前完工奖金。大桥提前 18 个月向周边社区开放，以减少交通拥堵，这使得用户觉得社区的激励成本很小。在另一个例子中，在持续改进的安排下，业主和承包商的共同努力促使河闸提前完工，业主和承包商平分了节约的成本。参见生活快照 9.2，这是一个承包商竭尽全力快速完成项目并获得丰厚回报的经典例子。

生活快照 9.2：应对北岭地震

1994 年 1 月 17 日，一场 6.8 级的地震袭击了北岭郊区附近的洛杉矶盆地，造成 60 人死亡，数千人受伤，数十亿美元的财产损失。没有什么地方比坍塌的高速公路系统更能体现自然的破坏力了，其扰乱了大约 100 万名洛杉矶人的日常交通。

北岭地震给加州运输部（CalTrans）带来了近 100 年来历史上最大的挑战之一。为了加快恢复进程，州长皮特·威尔逊（Pete Wilson）签署了一项紧急声明，允许加州运输部简化合同程序，并为提前完成工作提供有吸引力的奖励。每提前一天，就会得到一笔可观的奖金。相反，对于超过最后期限的每一天，承包商将受到同样数额的处罚。每天的奖金额（5 万～20 万美元）根据工作的重要性而不同。

这一激励方案对负责高速公路重建的承包商来说是一个强大的动力。加州兰乔·科多瓦（Rancho Cordova）的迈尔斯公司赢得了重建 10 号州际公路桥梁的合同。迈尔斯公司使出浑身力气在酷热的 66 天内（比计划提前了 74 天）完成了这个项目，并获得了 1 480 万美元的奖金！迈尔斯公司抓住每一个机会来节省时间和简化操作。他们大大增加了劳动力。例如，雇用了 134 名钢筋工，而不是正常的 15 名。专门安装了照明设备，以便工作可以 24 小时进行。同样，施工现场也做好了准备，并使用了特殊材料，以便在通常会停工的恶劣天气下继续施工。这项工作的安排很像一条装配线，一个关键活动接着一个关键活动。一项激励计划被设计来奖励团队合作和提前达到里程碑。木匠和钢筋工分队比赛，看谁先完成。

虽然迈尔斯公司因为提前完成工作得到了一大笔奖金，但他们在加班、奖金、特殊设备和其他额外费用上花了很多钱，以保障工作顺利进行。加州运输部大力支持迈尔斯公司的工作。重建工作一天 24 小时都在进行，包括手提钻和打桩机，加州运输部暂时让许多家庭住在当地的汽车旅馆里。加州运输部甚至建立了一个临时的塑料隔音墙，以帮助减少建筑噪声传播到附近的公寓大楼。这种双层窗帘式隔音墙长 450 英尺、高 20 英尺，旨在降低 10 分贝的建筑噪声。

照片来源：Robert A. Eplett/FEMA

尽管昼夜不停的高速公路建设造成了生活困难和成本增加，但大多数洛杉矶人还是为加州运输部的地震恢复努力而欢呼。州长规划和研究办公室发布了一份报告，结论是圣塔莫尼卡高速公路每关闭一天，就会给当地经济造成 100 多万美元的损失。

"强加的最后期限"是加快项目完成的另一个原因。例如，一位政治家发表公开声明说，一座新的法律大楼将在两年内建成；或者一个软件公司的总裁在一次演讲中说，新的高级软件将于 1 月 22 日上市。这种陈述往往成为项目目标，而没有考虑实现这一日期的问题或成本。项目工期是在项目中所有活动之前或没有任何详细进度安排条件下，项目还处于"概念"阶段时设定的。这种现象在实践中经常发生！不遗憾的是，与使用低成本和详细计划的项目相比，这种做法总是导致项目的高成本。此外，在质量方面有时会在最后期限前做出妥协。

有时很高的间接成本在项目开始前就已确认。例如，在阿拉斯加北部最偏远的地区，仅仅是给建筑工人提供食宿，一天就可能要花费 8 万美元。在这种情况下，是否缩短工期，要谨慎地比较缩短关键路径的直接成本和节省的间接成本。如果能以低于每日间接成本率的速度缩短一些关键活动，这是个机会。

最后，有些时候，重新分配关键设备和/或人员到新项目中是很重要的。在这种情况下，压缩项目的成本可以与不释放关键设备或人员的机会成本进行比较。

9.2 加速项目完成的方法

在资源不受限制的情况下，管理人员有几种有效的方法可以赶工特定的项目活动。本节将对其中几种进行总结。

9.2.1 资源不受限时的加速方法

1. 增加资源

> 9-2：在资源不受限的情况下，识别可使活动赶工的不同方法。

缩短项目时间最常见的方法是为活动增加人员和设备。然而，通过增加人员可以获得多少速度是有限制的。将劳动力规模扩大一倍并不一定会将完成时间缩短一半。这种关系只有在工作可以被分割时才正确，这样工人之间就不需要太多的交流，如人工收割庄稼或重新铺设公路。大多数项目并不是这样设置的。额外的员工为了协调工作增加了沟通需求。例如，通过增加两名员工，将一个团队扩大一倍，需要的成对交流是原来两个人团队时所需的六倍。不仅需要更多的时间来协调和管理一个更大的团队，而且需要额外的延迟来培训新人并让他们跟上项目的进度。最终的结果体现在布鲁克斯定律（Brooks's law）中：为一个延误的软件项目增加人力会使它变得更晚。

弗雷德里克·布鲁克斯（Frederick Brooks）根据他在 20 世纪 60 年代早期作为 IBM System/360 软件项目经理的经验制定了这一原则。尽管随后的研究证实了布鲁克斯的预测，但也发现，在一个延误项目中增加更多的人并不总会导致该项目推迟。关键是新员工是否提前加入，一旦新员工完全融入项目，就有足够的时间弥补损失。

"沟通是建立成功的外包关系的关键。" Covance 公司流程开发副总裁丹·戈尔德（Dan Gold）说。Covance 公司的前身是 Corning Bio 公司。"承包商和发起人都应该指派项目经理，他们必须一起维护、跟踪和记录项目完成情况。双方必须共同努力，以合作伙伴的身份完成这个项目。"

2. 外包项目工作

缩短项目时间的常用方法是将项目部分工作转包出去。分包商可以贡献加速活动完成的高级技术或专业知识。例如，土方转包，一台挖土机可以在两小时内完成一组工人需要两天才能完成的工作。同样，通过雇用专门从事活动目录服务接口（Active Directory Service Interfaces，ADSI）编程的咨询公司，公司可以将缺乏经验的内部程序员的工作时间缩短一半。分包还可以释放可能要分配给关键活动的资源，并在理想情况下缩短项目工期。参见生活快照 9.3。外包将在第 12 章中更全面地讨论。

生活快照 9.3：生物技术公司用外包方法加速公司发展

面对日益增加的上市时间压力，许多生物技术公司正转向外包，以加快药物开发过程。Irix 制药公司运营副总裁 Panos Kalaritis 表示，外包工艺流程开发可以加速药物研制，因为制药公司可以继续研究，而承包商则可以进行流程优化。Lonza Biologics 公司的 Susan Dexter 确定了不同类型的外包合同，包括产品开发协议、临床试验供应协议、市场或商业供应协议及技术转让协议。她说，通常情况下，一个特定的项目可以在几年的时间里包含以上几个阶段中的一个或以上。

Patheon 公司的业务经理 Paul Henricks 说，使用承包商可以让客户公司获得专业知识和基础设施，以及灵活的资源和能力。项目发起公司也可以通过外包分担责任来管理风险。

3. 安排加班

为项目添加更多劳动力的最简单方法不是增加更多的人，而是安排加班。如果一个团队每周工作 50 小时而不是 40 小时，它可能多完成 20%的工作。通过安排加班，你可以避免在增加新人时遇到的协调和沟通的额外成本。如果参与者是领薪水的工人，那么额外的工作可能不用额外的成本。另一个好处是，当人们在正常时间之外工作时，干扰更少。

加班有缺点。首先，小时工的加班费通常是 1.5 倍，周末和节假日则是双倍。薪资员工持续加班可能产生无形成本，如离婚、倦怠和离职。当员工短缺时，离职是组织关注的一个关键问题。此外，长期加班影响效率，工作的第 11 小时和第 3 小时的工作效率可能差距很大。人类的潜能有自然的极限，当疲劳到来时，延长的加班时间实际上可能导致生产率的整体下降（DeMarco，2002）。

加班和延长工作时间是加速项目完成的首选，特别是当项目团队领固定薪水的时候。关键是要明智地使用加班时间。记住，项目是一场马拉松，而不是短跑冲刺！你肯定不想在终点线之前耗尽能量。

4．建立核心项目团队

正如第 3 章所讨论的，组建一支专门的核心团队来完成项目的优势之一是速度。为一个项目安排全职的专业人员，可以避免多任务处理的隐性成本，在多任务情况下，人们要被迫兼顾多个项目的需求。专业人士只专注于一个特定的项目，这种单一的焦点创建了一个共享的目标，可以将不同的专业人员集合到一个具有高度凝聚力的团队中，从而加速项目的完成。促成高绩效项目团队出现的因素将在第 11 章中详细讨论。

5．做两次，先快后好

如果你很着急，先试着建立一个“萝卜快了不洗泥”的短期解决方案，然后再回去用正确的方法做。例如，浮桥被用来临时解决在战斗中损坏的桥梁。在商业领域，软件公司因发布没有完全开发完成和测试的 1.0 版产品而“臭名昭著”，但后续版本 1.1…X 纠正错误并添加预期的功能到产品中。完成两次任务的额外成本通常会被满足最后期限所带来的好处所抵消。

9.2.2　资源受限时的加速方法

当无法获得额外资源或预算受到严重限制时，项目经理在加速项目完成方面的选择更少。当制订了进度计划时，情况尤其如此。本节讨论其中一些选项，这些选项在资源不受限时也可用。

> 9-3：在资源受限的情况下，识别可使活动赶工的不同方法。

1．提高项目团队的效率

项目团队可以通过执行更有效的工作方式来提高生产率。这可以通过改进项目的规划和组织结构或消除生产率的障碍（如过度的官僚主义干扰和繁文缛节）来实现。

2．快速跟进

有时可以重新安排项目网络的逻辑，使关键活动并行（同时发生）完成，而不是按顺序进行。这种替代方法通常被称为快速跟进（Fast Tracking），如果项目情况正确，这是一种很好的方法。当认真关注这个替代方案时，我们会惊奇地发现富有创造性的项目团队成员是如何找到方法来并行地重组顺序活动的。如第 6 章所述，重组活动最常见的方法之一是将“完成—开始”关系改为“开始—开始”关系。例如，制造工程师不必等待最终设计的批准，只要关键规格确定，就可以开始建造生产线。然而，将活动从顺序更改为并行并非没有风险。后期的设计变更会导致精力浪费和返工。快速跟进要求负责受影响活动的人员密切协调，并对已完成的工作充满信心。

3. 使用关键链管理方法

关键链项目管理（Critical-Chain Project Management，CCPM）旨在加速项目的完成。如附录 8A.1 所述，在项目的中途应用 CCPM 是很困难的。CCPM 需要大量的培训，需要习惯和观点的转变，这就导致采用 CCPM 需要时间。虽然有报告说，取得了立竿见影的成果，特别是在完成时间方面，但要取得充分的效益，可能需要长期的管理承诺。参见生活快照 9.4，了解 CCPM 应用的一个极端例子。

生活快照 9.4：世界上建造最快的房子

2002 年 12 月 17 日，阿拉巴马州谢尔比县仁人家园组织（Shelby County Habitat for Humanity）在启用电动工具和召集志愿者后，以 3 小时 26 分 34 秒的成绩打破了有史以来建造最快房屋的世界纪录。前世界纪录保持者是来自新西兰仁人家园分支机构的曼纳考（Mannakau），他以 3 小时 44 分 59 秒的成绩保持了 3 年。阿拉巴马州的项目建造速度比新西兰的纪录快了 18 分钟。

"这与我参与过的任何建筑项目都不同，" 项目经理 Chad Calhoun 说，"分分秒秒的进度计划，每一次精确行动的计划，所有团队和材料的组织，在建造当天都进行得非常顺利。所有花长时间做的计划都得到了回报。"

在准备建造的过程中，仁人家园的志愿者将地基准备到位，并建造好了预制墙板。17 日上午 11 时，哨声一响，用了 16 分钟就把外墙板和内墙板竖起来了。用特殊颜色编码的工人团队连接电线和安装管道，安装绝缘材料，安装各种家用设备，铺设地毯和瓷砖，安装灯具，粉刷房屋内部，外涂乙烯基壁板，安装前后门廊。

与此同时，屋顶建在房子旁边的地上。大约一个半小时，屋顶完成后，钢城牌起重机将 14 000 磅重的屋顶吊装到位。工作人员负责固定屋顶，其他人则完成内部工作。甚至还有时间在前院铺草皮、种植灌木、装饰圣诞树——所有这些都在官方的 3 小时 26 分 34 秒内完成。

照片来源：Blend Images/Ariel Skelley/Getty Images

收到这份美妙的节日礼物的是邦妮·费伊（Bonnie Faye），她是一位单身母亲，也是一名护理技师，在被选中接受这套三室两卫的房子之前，她已经三次申请仁人家园了。"太神奇了，" 邦妮说，"我是谁，竟让这种事发生在我身上？一项世界纪录，数百人聚集在一起建造我的房子——我仍然无法相信。"

仁人家园是一个国际慈善组织，建造简易、经济适用的房屋，并在无利息、无利润的基础上出售给贫困家庭。

4．缩小项目范围

面对无法达到的截止日期，最常见的反应可能是缩小项目范围。这必然导致项目功能减少。例如，一辆新车平均每加仑汽油只能行驶 25 英里，而不是 30 英里，或者一个软件产品的功能将比原来计划的少。虽然缩小项目范围可以节省大量的时间和金钱，但它可能以减少项目的价值为代价。如果这车的耗油量提高了，它能和其他竞争车型相比吗？客户还会想要减去功能的软件吗？

在不降低价值的情况下缩小项目范围的关键是重新评估项目的真实规格。通常，项目需求是在最好的情况下提出的，代表理想的情况，但不是必要的。在这里，重要的是与客户和/或项目发起人交谈，并解释这种情况——“你可以按自己的方式得到它，但要等到 2 月份”。这可能迫使他们接受延期或增加资金以加速项目。如果没有，那么就需要进行友好的讨论，讨论什么是基本要求，以及为了在最后期限前完成项目有哪几项工作可以妥协。对需求进行更严格的复查实际上可能提高项目的价值，因为它能够以更低的成本更快地完成。

5．降低质量

降低质量应该算一种选择，但它很少被接受或使用。牺牲质量可以减少关键路径上活动的时间。

在实践中，最常用的导致项目赶工的方法是加班、外包和增加资源。每种方法都保留了原计划的精髓。与最初的项目计划不同的选项包括做两次和快速跟进。重新考虑项目范围、客户需求和时间安排成为这些技术的主要考虑因素。

9.3 项目成本-工期关系图

没有任何迹象表明缩短项目时间的必要性趋势会改变。事实上，如果有什么区别的话，是更快完成项目的压力在重要性上可能增加。项目经理面临的挑战是使用一种快速、合乎逻辑的方法来比较缩短项目工期的好处和涉及的成本。如果没有合理的、合乎逻辑的方法，就很难将那些以最低成本减少项目时间而产生最大影响的活动分离出来。本节描述了一个确定减少项目时间所需成本的过程，以便与更快完成项目的好处进行比较。这种方法需要收集特定项目工期的直接和间接成本。对关键活动进行搜索，以找出能够缩短项目工期的直接成本增加最少的活动。计算特定项目工期的总成本，然后在项目开始前或在项目进行中与缩短项目时间的好处进行比较。

项目成本的说明

> 9-4：确定项目网络图中的最佳成本时间点。

项目成本的一般性质如图 9.1 所示，它显示的是一个项目成本-工期关系图。每一期间的总成本是间接成本和直接成本的总和。间接成本将持续到项目的整个生命周期。因此，任何项目工期的缩短都意味着间接成本的减少。图上的直接成本随着项目持续时间从最初计划的持续时间的减少而增长。根据项目成本-工期关系图中的信息，经理们可以快速判断选择任何替代方案，如满足上市时间截

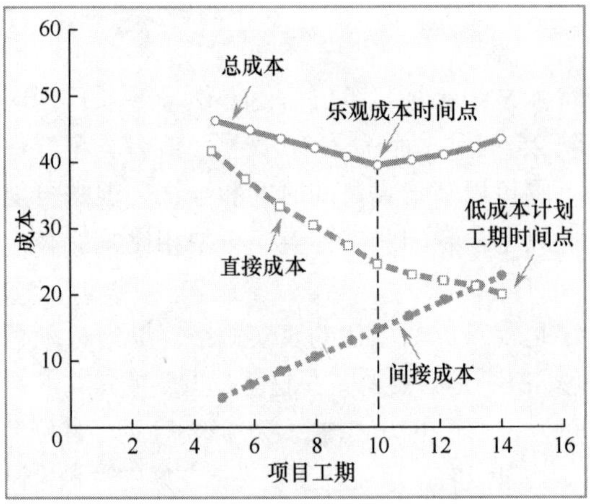

图 9.1　项目成本-工期关系图

止日期。在演示为类似于图 9.1 中开发信息的过程之前，有必要进一步讨论间接成本和直接成本。

1．间接成本

间接成本一般指管理费用，如监督费、行政管理费、咨询费和利息。间接成本不能与任何特定的工作包或活动联系在一起，因此才有这个术语。间接成本随时间直接变化。也就是说，任何时间的减少都应导致间接成本减少。例如，如果监督、行政和顾问的每日费用为 2 000 美元，项目工期的任何减少都意味着每天节省 2 000 美元。如果间接成本在项目总成本中占很大比例，那么项目时间的减少可以代表非常实际的节省（假设间接资源可以用在其他地方）。

2．直接成本

直接成本通常包括人工成本、材料成本、设备成本，有时也包括分包商的成本。直接成本直接分配给工作包和活动，因此有这个术语。理想的假设是，活动时间的直接成本代表正常成本，正常成本意味着在正常时间里完成活动工作，通常也意味着完成活动用了低成本、高效的方法。当项目工期被强制规定时，直接成本可能不再代表低成本、高效的方法。强制要求的工期所需成本将高于活动正常时间制定的项目工期所需成本。由于直接成本假定是由正常的方法在正常的时间条件下制定的，因此活动时间的任何减少都应该增加活动成本。所有工作包或活动的成本之和表示项目的全部直接成本。

在获取类似于图 9.1 的时间成本关系图的信息时，面临的主要挑战是计算缩短单个关键活动的直接成本，然后在项目时间被压缩时，找出每个项目工期的总直接成本。这个过程需要选择那些花费最少的关键活动来缩短。（注：该图暗含总存在一个最佳成本时间点。只有当缩短计划所节省的间接成本增量超过所产生的直接成本增量时，这才是正确的。然而，在实践中，总是有一些活动，缩短时间的直接成本的增加小于间接成本的节省。）

9.4　绘制项目成本-工期关系图

绘制项目成本-工期关系图需要三个主要步骤：

（1）找出所选项目工期的总直接成本。

（2）找出所选项目工期的总间接成本。

（3）汇总这些所选工期的直接成本和间接成本。

然后用这个图来比较额外成本的收益。这里给出了这些步骤的详细信息。

9.4.1　确定要压缩的活动

在绘制成本-工期关系图时，最困难的任务是找出相关范围内特定项目工期的总直接成本。中心任务是决定要缩短哪些活动及缩短过程要走多远。基本上，管理者需要寻找能够以单位时间最小的成本增加来缩短关键活动。选择关键活动的基本原理取决于识别活动的正常时间和赶工时间及相应的成本。一个活动的正常时间表示在正常条件下完成该活动的低成本的、现实而有效的方法。一个活动实际完成的最短时间称为它的赶工时间。在赶工时间内完成一个活动的直接成本称为赶工成本。正常时间、赶工时间、正常成本和赶工成本都是从最熟悉完成活动的人员那里收集的。图 9.2 描述了一个活动的假设的成本-工期关系图。

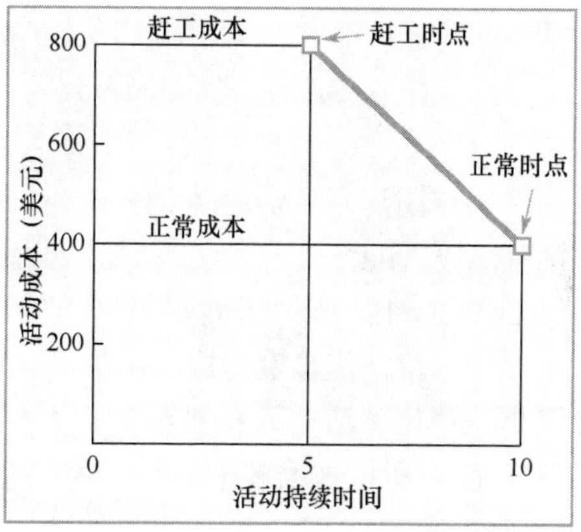

图 9.2　活动的成本-工期关系图

图 9.2 中活动的正常时间是 10 个时间单位，相应的成本是 400 美元。活动的赶工时间是 5 个时间单位，相应的成本是 800 美元。正常时间和成本的交集代表了原来的低成本、最早开始的进度计划。赶工时点表示活动可以压缩的最大时间。连接正常时点和赶工时点的粗线代表斜率，它假设活动单位时间减少的成本增加是常数。使用这个图的基本假设如下：

（1）成本-时间关系是线性的。

（2）正常的时间是假设以低成本且高效的方法来完成活动的时间。

（3）赶工时间代表一个限制：在现实条件下可能的最大时间减少。

（4）斜率表示单位时间的成本。

（5）所有的加速活动必须在正常时间和赶工时间内发生。

了解活动的斜率可以让管理者比较哪些关键活动需要缩短。一项活动的成本斜率越小，缩短一个时间单位的成本就越低；斜率越大，缩短一个时间单位的成本就越高。任何活动的单位时间成本或斜率的计算公式如下：

$$\text{成本斜率} = \frac{\text{总成本增加}}{\text{总时间压缩}} = \frac{\text{赶工成本} - \text{正常成本}}{\text{正常时间} - \text{赶工时间}}$$

$$= \frac{800\text{美元} - 400\text{美元}}{10 - 5}$$

$$= \frac{400\text{美元}}{5} = 80\text{美元/时间单位}$$

在图 9.2 中，数量增加是 Y 轴（活动成本），项目展开是 X 轴（活动持续时间）。成本线的斜率是活动每减少一个时间单位 80 美元；活动时间的减少限制为最多 5 个时间单位。通过比较所有关键活动的斜率，我们可以确定哪些活动的缩短可以使总直接成本最小。根据初步的项目进度计划（或一个正在进行中的项目），将所有活动设置为它们的最早开始时间，就可以开始寻找哪些关键活动作为时间减少的候选活动。必然可以找出每个特定压缩项目工期的总直接成本。

9.4.2 示例

图 9.3A 显示了每个活动的正常时间、赶工时间、正常成本和赶工成本，计算斜率、最大可减少时间和总直接成本，以及 25 个时间单位的项目网络图。请注意，25 个时段的总直接成本是 450 美元。这是开始缩短关键路径并找出每个特定工期小于 25 个时间单位的总直接成本过程的一个锚点。活动的最大时间减少就是活动的正常时间和赶工时间之差。

例如，可以将活动 D 的正常时间从 11 个时间单位减少到 7 个时间单位的赶工时间，或最多赶工 4 个时间单位。活动 D 的正斜率计算如下：

$$斜率=\frac{赶工成本-正常成本}{正常时间-赶工时间}=\frac{150美元-50美元}{11-7}$$

$$=\frac{100美元}{4}=25美元/赶工时间单位$$

网络图显示了活动 A、D、F、G 为关键路径。因为不可能缩短活动 G（用“×”表示），活动 A 被圈起来，因为它是成本最低的候选活动；也就是说，它的斜率（20 美元）小于活动 D 和 F 的斜率（25 美元和 30 美元）。减少活动 A 的 1 个时间单位将项目工期减少到 24 个时间单位，但总直接成本增加到 470 美元（450 美元+ 20 美元= 470 美元）。图 9.3B 反映了这些变化。活动 A 的持续时间减少到 2 个时间单位；“×”表示不能进一步减少的活动。活动 D 之所以被圈起来，是因为它将项目缩短到 23 个时间单元的成本与活动 F 比是最低的（25 美元）。23 个时间单位的项目工期的总直接成本为 495 美元（见图 9.4A）。

活动编号	斜率	最大赶工时间	直接成本（美元）			
			正常		赶工	
			时间	成本	时间	成本
A	20	1	3	50	2	70
B	40	2	6	80	4	160
C	30	1	10	60	9	90
D	25	4	11	50	7	150
E	30	2	8	100	6	160
F	30	1	5	40	4	70
G	0	0	6	70	6	70
			总直接成本	450		

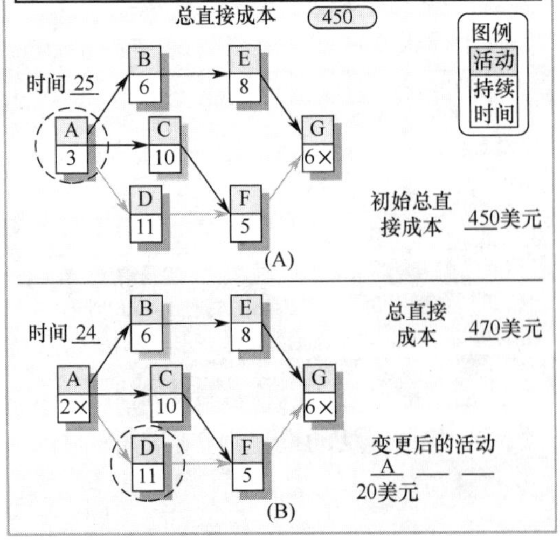

图 9.3　成本-工期关系示例

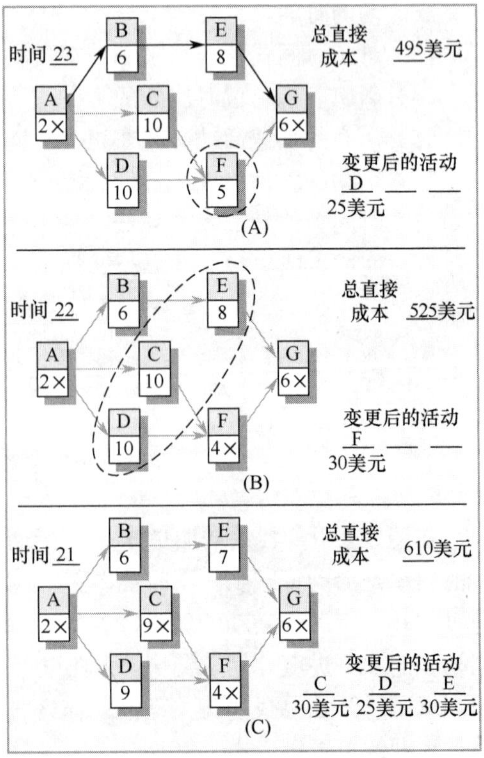

图 9.4　成本-工期平衡示例图

图 9.4A 中的项目网络现在有两个关键路径——A、C、F、G 和 A、D、F、G，将项目工期减少到 22 个时间单位将需要减少活动 F，因此，它被圈起来了。这个变化反映在图 9.4B 中。22 个时间单位的总直接成本是 525 美元。这种工期减少创造了第三条关键路径——A、B、E、G，所有活动都是关键活动了。将项目工期减少到 21 个时间单位的成本最低的方法是将循环活动 C、D、E 合并，其成本增加分别为 30 美元、25 美元、30 美元，这样总直接成本增加到 610 美元。这些变化的结果如图 9.4C 所示。虽然有些活动仍然可以减少时间（活动时间旁边没有"×"的活动），但没有活动或活动的组合将可以使项目工期减少。

在确定了一系列特定项目工期的总直接成本后，下一步是收集同一工期的间接成本。这些成本通常是按日计算的，很容易从会计部门获得。图 9.5 显示了总直接成本、总间接成本和总项目成本。同样的成本绘制在图 9.6 中。这张图显示了最佳的成本-工期是 22 个时间单位和 775 美元。假设项目将按照计划实际实现，任何偏离这段时间的移动都将增加项目成本。从 25 个时间单位移动到 22 个时间单位，是因为在这个范围内，间接成本的绝对斜率大于直接成本斜率。

项目工期	总直接成本	+	总间接成本	=	总项目成本
25	450		400		850
24	470		350		820
23	495		300		795
(22)	525		250		(775)
21	610		200		810

图 9.5　按工期划分的成本汇总（单位：美元）

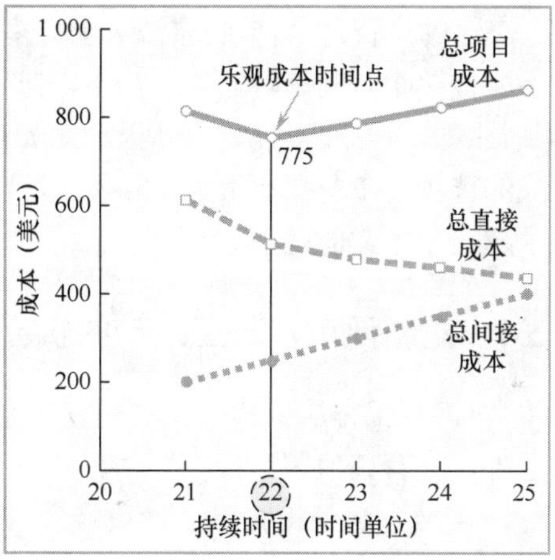

图 9.6　项目成本-工期关系图

9.5 压缩工期实践中要考虑的问题

9.5.1 使用项目成本-工期关系图

如图 9.1 和图 9.6 所示的项目成本-工期关系图，在将任何建议的替代方案或变更与最佳成本和时间进行比较时很有价值。更重要的是，这种图的绘制使间接成本的重要性始终处于决策的前列。当采取行动的压力很大时，往往会忽略间接成本。最后，这样的图可以在项目开始之前或在项目进行过程中使用。

不需要强加的持续时间，在项目计划阶段之前绘制成本-工期关系图是第一选择，因为正常时间更有意义。在项目计划阶段用一个强加的持续时间来绘制成本-工期关系图是不太理想的，因为正常时间是为了迎合强加的日期而定的，不可能是低成本的。在项目开始后绘制成本-工期关系图是最不可取的，因为一些备选方案可能被排除在决策过程之外，管理人员可以选择不使用已经确定的正式程序。但是，无论使用何种方法，正式程序中固有的原则和概念在实践中都是高度适用的，在做出任何成本-工期关系的权衡决定时都应加以考虑。

9.5.2 赶工时间

即使中等规模的项目也很难收集赶工时间的信息。赶工时间的含义很难沟通。当你将赶工时间定义为“你实际能够完成一个活动的最短时间”时，这意味着什么？赶工时间有不同的解释和判断。一些估算师对提供赶工时间感到非常不舒服。无论舒适度如何，与正常时间和成本相比，赶工时间和赶工成本的准确性往往是粗略的。

9.5.3 线性假设

由于压缩的活动时间和成本的准确性是值得怀疑的，一些理论家的担忧（成本和时间之间的关系不是线性的，而是非线性的）很少被实践管理者所关注。可以使用线性假设进行合理、快速的比较。[①]简单的方法对于大多数项目来说已经足够了。在很少的情况下，一些活动不能按单个时间单位赶工。相反，赶工是“要么全部要么没有”。例如，活动 A 需要 10 天（比如，1 000 美元）或 7 天（比如，1 500 美元），但不存在将活动 A 用 8 或 9 天时间完成的选项。在一些非常大、复杂、长期项目的罕见情况下，现值技术可能是有用的。这些技术超出了本文的范围。

9.5.4 重新评审可赶工活动的机会

> 9-5：了解项目工期压缩或赶工的风险。

成本-时间赶工方法依赖选择最便宜的方法来缩短项目的持续时间。除成本之外，还有其他因素需要评估。

第一，需要考虑赶工特定活动所涉及的固有风险。有些活动赶工的风险比其他活动更大。例如，如果加速软件设计代码的完成增加了下游活动出现错误的可能性，那就不是明智的做法。相反，如果涉及的内在风险更小，赶工一个成本更高的活动可能是明智的。

第二，需要考虑活动的时间安排。如果担心后续活动可能被推迟，并占用所获得的时间，那么赶工一项早期活动可能是谨慎的做法。然后，经理仍然可以选择赶工最后的活动，以回到进度计划的正轨上。

第三，赶工经常导致资源过度配置。加速一项成本更低的活动所需的资源可能突然变得不可用。资源可用性（而不是成本）可能决定哪些活动可以赶工。

第四，需要评估赶工对项目团队的士气和动机的影响。如果成本最低的方法反复暗示一个小组要加快进展，疲劳和怨恨情绪可能会出现。相反，如果涉及加班费，其他团队成员可能会因为没有获得这一好处而感到不满。这种情况会导致整个项目团队的紧张关系。好的项目经理会衡量赶工活动对整个项目团队的影响。参见生活快照 9.5，了解更多激励员工更快工作的新方法。

---

① 线性假设假定每天的赶工成本是恒定的。

生活快照 9.5：我与你打赌

本章的重点是项目经理如何通过分配额外的人力和设备来赶工活动，以减少计划任务的大量时间。项目经理经常遇到这样的情况，他们需要激励个人加速完成特定的、关键的任务。想象一下下面的场景。布鲁斯·杨（Bruce Young）刚接到公司总部的优先任务。明天到期的初步工程草图需要在今天下午 4 点之前通过电子邮件发送到西海岸，以便模型车间能够开始构建原型，并将原型提交给最高管理层。布鲁斯找到负责这项任务的起草员丹尼·惠滕（Danny Whitten），他的第一反应是“这是不可能的！”。虽然布鲁斯也认为这很困难，但他并不像丹尼说的那样认为这是不可能的，也不认为丹尼真的相信这一点。他该怎么办？他告诉丹尼，他知道这将是一个紧急的工作，但他相信丹尼能做到。当丹尼犹豫时，他回答说：“我跟你打个赌。如果你能在四点前完成设计，我保证给你两张明天晚上凯尔特人队对尼克斯队的篮球比赛票。”丹尼接受了这个挑战，疯狂地工作以完成任务，以便能够带他的女儿去看她的第一次职业篮球比赛。与项目经理的交谈显示，许多人使用这样的打赌方式来激发人们非凡的业绩。这些赌注包括体育和娱乐活动的门票、高级餐厅的礼券，以及应得的下午休息。为了让赌注发挥作用，他们需要坚持激励的期望理论原则（期望理论被认为是人类激励的主要理论之一，最初由 V. H.弗洛姆在《工作与动机》中提出）。简而言之，期望理论基于三个关键问题：

（1）我能做到吗（有可能迎接挑战吗）？

（2）我能得到它吗（我能证明我遇到了挑战吗？我能相信项目经理会履行他的承诺吗）？

（3）它值得吗（足够的个人价值的回报是否足以保证冒险和额外的努力）？

如果参与者认为这三个问题中的任何一个答案都是否定的，那么这个人就不太可能接受这个挑战。然而，当答案是肯定的时候，那么这个人很可能接受挑战。

打赌可以是有效的激励工具，并为项目工作增加令人兴奋的元素。但我们应注意以下实用建议：

（1）如果这个赌注也让家庭成员或重要的其他人受益，那么它的意义就更大。带儿子或女儿去观看职业篮球比赛可以让他在家里通过工作“挣得面子”。这些赌注也认可和奖励了项目成员从家庭得到的支持，并加强他们的工作对所爱之人的重要性。

（2）应该谨慎使用打赌方法，否则，一切都变成了讨价还价。它们只能在需要特别努力的特殊情况下使用。

（3）个人打赌应包括明确可识别的个人努力，否则，别人可能会嫉妒。只要其他人认为这是需要真正卓越的、“超出职责范围”的努力，他们就会认为这是公平和正当的。

9.5.5　时间压缩的决策和敏感性

项目业主或项目经理应该追求最佳的成本–时间吗？答案是“视情况而定”，必须考虑风险。回想一下我们的例子，最优项目时间点代表了减少的项目成本，并且比原始的正常项目时间要少（见图 9.6）。正常时间点附近的项目直接成本线通常相对平坦。由于在同一范围内，项目的间接成本通常较大，因此最优成本-时间点小于正常时间点。成本-时间程序的逻辑建议管理者将项目工期减少到最低总成本点上的时间。

将项目时间从正常时间向最佳时间缩短到什么程度取决于项目网络图的敏感性。如果它有几条关键或接近关键的路径，那么这个网络图就是敏感的。在我们的例子中，项目向最佳时间移动需要花费资金来减少关键活动的持续时间，从而减少时差和/或更多关键路径和活动的持续时间。在有几条接近关键路径的项目中减少时差会增加延迟的风险。如果一些接近关键的活动被推迟并变成关键活动，实际结果可能是更高的项目总成本，浪费了用于减少原始关键路径上活动的资金。敏感的网络图需要仔细分析。底线是，具有几条接近关键路径的项目，其工期压缩会降低进度计划的灵活性，并增加项目延误的风险。这种分析结果可能表明项目从正常时间向最佳时间只能做部分移动。

有一种积极的情况是，向最佳时间移动可以节省大量的成本，这发生在网络计划不敏感的情况下。如果项目网络图只有一个主要的关键路径，即没有接近关键的路径，那么它就是不敏感的。在这种项目环境中，从正常时间点向最佳时间点移动不会产生新的关键活动或接近关键的活动。这里的底线是，与敏感网络图的影响相比，非关键活动的时差量的减少只能轻微地增加它们变成关键活动的风险。

不敏感的网络计划具有最大的潜力，可以节省实在的、有时是巨大的项目总成本，并将非关键活动变成关键活动的风险降至最低。在实践中，不敏感的网络计划并不罕见，它们出现在大约 25%的项目中。例如，一个轻轨项目团队从他们的网络计划中观察到一条主要的关键路径上有相对较高的间接成本。很明显，在几项关键活动上花点费用，就可以节省大量的间接成本。节省下来的几百万美元被用于延长铁路线和增加另一个车站。这个例子中的逻辑同样适用于大型项目和小型项目。间接成本高的不敏感的网络计划可以节省大量的间接成本。

最终，决定是否赶工以及哪些活动要赶工是一个判断，需要仔细考虑可用的选项、涉及的成本和风险，以及在最后期限前完成项目的重要性。

9.6 如果问题是成本而不是时间，会怎样？

> 9-6：识别降低项目成本的不同方法。

在当今快节奏的世界里，人们似乎更强调快速完成工作。尽管如此，组织机构总是在寻找廉价完成工作的方法，对于固定价格投标项目来说尤其如此。在固定价格投标项目中，利润来自投标价格和项目实际成本之间的差额。省下的每一块钱都是你的。有时，为了获得合同，投标报价时压得很低，这给成本控制带来了额外的压力。在其他情况下，也存在与成本控制相关联的财务激励。

即使在成本转移给客户的情况下，也存在降低成本的压力。成本超支会让客户不满，并可能破坏未来的商业机会。预算可能是固定的，也可能削减了，当应急资金用完时，超支的费用必须用剩余活动中的费用来弥补。

正如前面所讨论的，缩短项目工期的代价可能是加班、增加额外的人员和使用更昂贵的设备和/或材料。相反，有时可以通过延长项目工期来节省成本。这可能会导致使用更少的劳动力、更低技能的（便宜的）劳动力，甚至更便宜的设备和材料。本节将讨论一些更常用的削减成本的方法。

9.6.1　缩小项目范围

正如缩小项目范围可以获得时间一样，交付比最初计划少的内容也可以产生显著的节省。同样，可以从工作分解结构开始计算缩小项目范围的成本节省。由于时间不是问题，所以你不需要关注关键活动。例如，在预算超支的电影项目中，用库存镜头代替外景镜头以削减成本的做法并不少见。

9.6.2　请业主承担更多责任

降低项目成本的一种方法是确定客户可以自己完成的任务。业主经常使用这种方法来降低家居装修项目的成本。例如，为了降低浴室改造的成本，业主可能会同意自己粉刷房间，而不是付钱给承包商。在信息系统项目中，客户可能同意承担测试设备或提供内部培训的部分责任。当然，这种安排最好在项目开始前协商好。如果你突然告诉顾客，他们就不太愿意接受这个想法。这种方法的优点是，在降低成本的同时，保留了原来的范围。显然，这种方法仅限于客户具有专门知识和能力来完成任务的领域。

9.6.3　外包项目活动甚至外包整个项目

当估算超出预算时，不仅意味着要重新检查项目范围，还要寻找更便宜的方法来完成项目。也许比起依赖内部资源，外包部分甚至整个项目会更有成本效益，从而将工作对外开放。专业的分包商通常享有独特的优势，比如批量采购的材料折扣，以及不仅能更快而且能更便宜地完成工作的设备。他们可能有较低的管理费用和劳动力成本。例如，为了降低软件项目的成本，许多美国公司将工作外包给海外公司，那里的软件工程师的薪水是美国工程师的 1/3。然而，外包意味着对项目的控制更少，并且需要有清晰定义的可交付成果。

9.6.4　用头脑风暴法寻找节省成本的选项

正如项目团队成员可以为加速项目活动提供丰富的想法来源一样，他们也可以为降低项目成本提供切实可行的方法。例如，一位项目经理报告说，她的团队能够提出价值超过 75 000 美元的成本节约建议，而不影响项目的范围。项目经理不应该低估简单询问是否有更便宜、更好方法的价值。

本章小结

需要缩短项目工期的原因有很多，如规定的截止日期、上市时间、激励合同、关键资源需求、较高的间接成本或简单的不可预见的延误。这些情况在实践中非常常见，被称为成本-时间权衡决策。本章提出了一个合乎逻辑的、正式的过程，用于评估缩短项目工期情况的影响。赶工项目工期会增加后面工作的风险。项目工期从正常时间向最佳时间缩短的程度取决于项目网络图的敏感性。敏感的网络图是指具有多条关键或接近关键路径的网络图。在敏感性网络图上缩短时间应特别小心，以避免增加项目风险。相反，不敏感的网络图代表着通过消除一些间接成本和很小的负面风险来节省潜在的大量项目成本的机会。

在项目是否资源有限的背景下讨论了减少项目时间的可选策略。项目加速通常是以花费更多资源或牺牲项目范围为代价的。如果是后一种情况，那么必须征求所有核心利益相关者的意见，以便每个人都接受必须做出的变更。另一个关键点是在项目实施过程中采取时间减少的措施与将时间减少纳入项目计划的措施是有区别的。一旦项目已经开始，你的可选措施通常比项目开始前要少得多。如果你想利用新的进度计划方法（如快速跟进和关键链），这一点尤其正确。在考虑替代方案和制订应急计划之前花费的时间最终会节省回来的。

关键术语

Crash 赶工
Crash Point 赶工时点
Crash Time 赶工时间
Direct Costs 直接成本
Fast Tracking 快速跟进
Indirect Costs 间接成本
Project Cost-Duration Graph 项目成本-工期关系图

复习题

1. 项目赶工的五个常见原因是什么？
2. 缩小项目范围以加快项目进度的优点和缺点是什么？怎样做才能减少缺点？
3. 为什么加班是让项目按时完成的流行选择？依赖这种选择的潜在问题是什么？
4. 确定在一个中等复杂的项目中可能会发现的四种间接成本。为什么这些成本被归为间接成本？
5. 项目经理如何使用成本-工期关系图？解释一下。
6. 缩短项目工期会增加后续任务的风险。解释一下。
7. 缩短关键路径并节省资金是可能的。解释一下怎么做。

生活快照讨论题

9.1 智能手机大战

1. 你能想到另一款像智能手机一样能快速发布的新产品吗？
2. 如果因为某种原因，三星花了三年时间才发布下一代智能手机，你认为会发生什么？

9.2 应对北岭地震

1. 在北岭地震项目中，C. C.迈尔斯公司采用了哪些加速项目完成的方法？
2. 如果你是皮特・威尔逊州长，你会如何回应 C. C.迈尔斯公司从这个项目中获得过多利润的批评？

9.3 生物技术公司用外包方法加速公司发展

1. 小型制药公司通过外包项目工作获得了什么好处？
2. 当丹・戈尔德提出各方必须齐心协力合作时，你认为他指的是什么？

9.4 世界上建造最快的房子

观看 YouTube 视频“世界纪录：建造最快的房子”。

1. 仁人家园使用了什么方法来如此迅速地完成房子的建造？
2. 仁人家园如何减少项目中人为错误的机会？

9.5 我与你打赌

1. 你曾经用打赌来激励过别人吗？效果如何？
2. 你曾经回应过打赌吗？效果如何？

练习题

1. 根据以下信息使用成本最低方法来每次平行移动压缩一个时间单位。一直压缩下去，直到你到达网络图的赶工点。为每次平移识别哪些活动可以平移或哪些活动赶工了，以及计算调整后的总成本。

注：提供了正确的正常项目工期、关键路径和总直接成本。

活动名称	赶工成本（斜率）/美元	最大赶工时间/天	正常时间/天	正常成本/美元
A	50	1	3	150
B	100	1	3	100
C	60	2	4	200
D	60	2	3	200
E	70	1	4	200
F	0	0	1	150

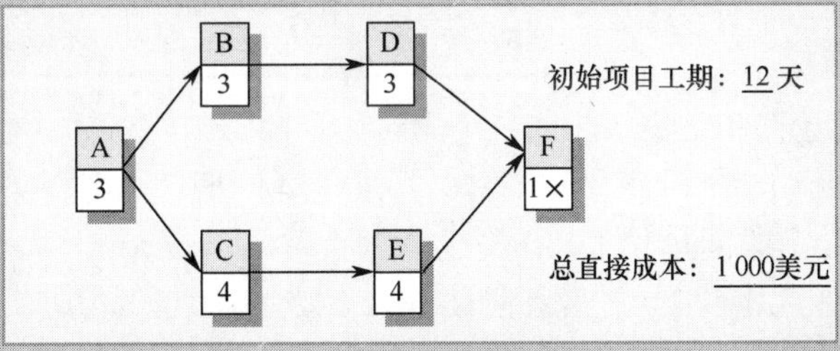

2. 根据以下信息使用成本最低方法来每次平行移动压缩一个时间单位（这个练习的解决方案可以在附录 A 中找到）。一直压缩下去，直到你到达网络图的赶工点。为每次平移识别哪些活动可以平移或哪些活动赶工了，以及计算调整后的总成本。

注：选择 B 而不是 C 和 E（成本相等），因为赶工原则是赶前不赶后，赶少不赶多。

活动名称	赶工成本（斜率）	最大赶工时间/天	正常时间/天	正常成本/美元
A	0		2	150
B	100	1	3	100
C	50	2	6	200
D	40	1	4	200
E	50	1	3	200
F	0	0	1	150

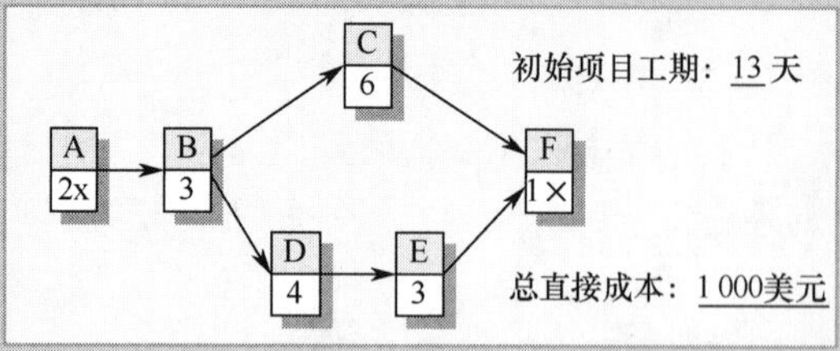

3. 根据以下信息使用成本最低方法来每次平行移动压缩一个时间单位。一直压缩下去，直到你到达网络图的赶工点。为每次平移识别哪些活动可以平移或哪些活动赶工了，以及计算调整后的总成本。

活动名称	赶工成本（斜率）/美元	最大赶工时间/天	正常时间/天	正常成本/美元
A	100	1	2	150
B	80	1	3	100
C	60	1	2	200
D	40	1	5	200
E	40	2	5	200
F	40	2	3	150
G	20	1	5	200
H	0	0	1	200

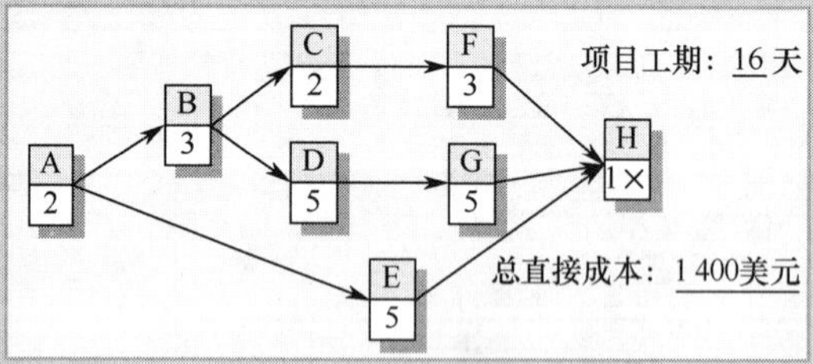

4. 根据下面的数据和信息，计算每个项目工期的总直接成本。如果每种项目工期的间接成本为 90 美元（15 个时间单位）、70 美元（14 个时间单位）、50 美元（13 个时间单位）、40 美元（12 个时间单位）、30 美元（11 个时间单位），计算每个项目工期的项目总成本。项目的最佳成本-时间进度计划是什么？这个计划的总成本是多少？

活动名称	赶工成本（斜率）/美元	最大赶工时间/天	正常时间/天	正常成本/美元
A	30	1	5	50
B	60	2	3	60
C	0	0	4	70
D	10	1	2	50

续表

活动名称	赶工成本（斜率）/美元	最大赶工时间/天	正常时间/天	正常成本/美元
E	60	2	5	100
F	100	1	2	90
G	30	1	5	50
H	0	0	2	60
I	200	1	3	200
累计				730

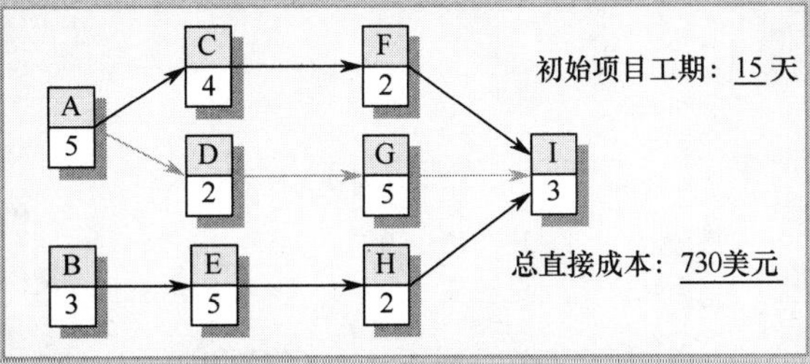

5. 根据以下信息使用成本最低方法来每次平行移动压缩一个时间单位。假设项目的间接成本总额为 700 美元，每单位时间压缩可节省 50 美元。记录每种项目工期的直接成本、间接成本和项目总成本。项目的最佳成本-时间进度计划是什么？这个计划的总成本是多少？

注：提供正确的正常项目工期和直接成本总额。

活动名称	赶工成本（斜率）	最大赶工时间/天	正常时间/天	正常成本/美元
A		0	2	100
B	100	1	3	200
C	40	1	5	200
D	60	2	3	200
E	20	1	5	200
F	40	1	4	150
G	0	0	2	150

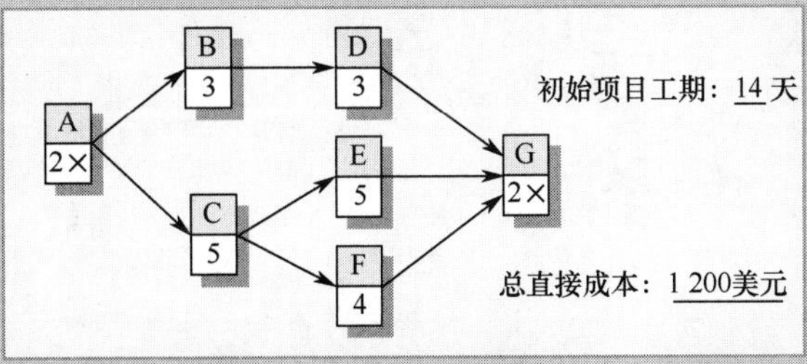

6. 如果每种项目工期的间接成本为 27 天 300 美元、26 天 240 美元、25 天 180 美元、24 天 120 美元、23 天 60 美元、22 天 50 美元，那么计算每种项目工期的直接成本、间接成本和项目总成本。什么是最佳成本-时间进度计划？如果你把项目工期从原来的网络图压缩一天，客户就给你 10 美元。你会接受吗？如果接受，你可以压缩多少天？

活动名称	赶工成本（斜率）/美元	最大赶工时间/天	正常时间/天	正常成本/美元
A	80	2	10	40
B	30	3	8	10
C	40	1	5	80
D	50	2	11	50
E	100	4	15	100
F	30	1	6	20
累计				300

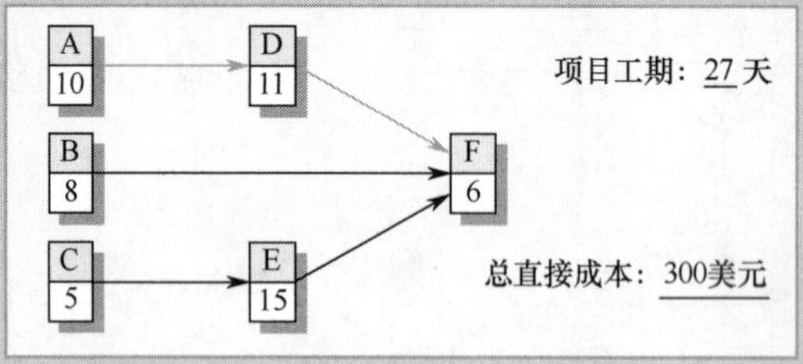

7. 根据以下信息使用成本最低方法来每次平行移动压缩一个时间单位。假设项目的间接成本总额为 2 000 美元，每单位时间压缩可节省 100 美元。计算每种项目工期的直接成本、间接成本和项目总成本。把这些成本画在图表上。项目的最佳成本-时间进度计划是什么？

注：提供正确的正常项目工期和直接成本总额。

活动名称	赶工成本（斜率）/美元	最大赶工时间/天	正常时间/天	正常成本/美元
A	0	0	2	200
B	50	1	4	1 000
C	200	2	5	800
D	200	2	5	1 000
E	100	1	3	800
F	40	1	5	1 000
G	40	1	4	1 000
H	0	0	1	200

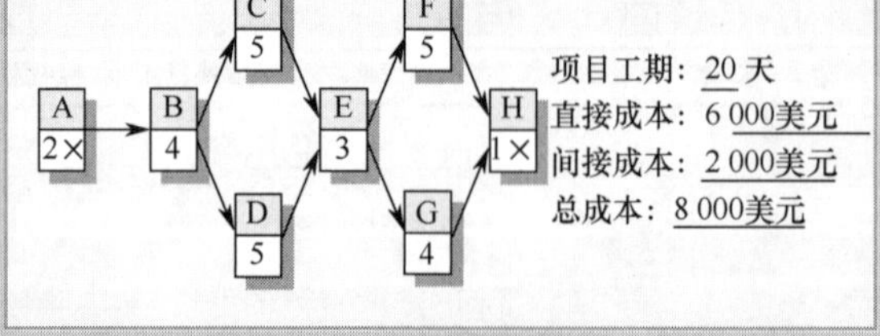

8. 使用以下信息，使用成本最低方法每次平移压缩一个时间单位（这个练习的解决方案可以在附录 1 中找到），一直压缩下去，直到你到达网络图的赶工点。为每次平移识别哪些活动可以平移或哪些活动赶工了，以及计算调整后的总成本，如果你必须在成本相同的活动中做出选择，请解释你的选择。

如果每种项目工期的间接费用为 17 周 1 500 美元、16 周 1 450 美元、15 周 1 400 美元、14 周 1 350 美元、13 周 1 300 美元、12 周 1 250 美元、11 周 1 200 美元、10 周 1 150 美元，那么项目的最佳成本-时间安排是什么？费用是多少？

活动名称	赶工成本（斜率）/美元	最大赶工时间/周	正常时间/周	正常成本/美元
A	0	0	3	150
B	100	1	4	200
C	60	1	3	250
D	40	1	4	200
E	0	0	2	250
F	30	2	3	200
G	20	1	2	250
H	60	2	4	300
I	200	1	2	200

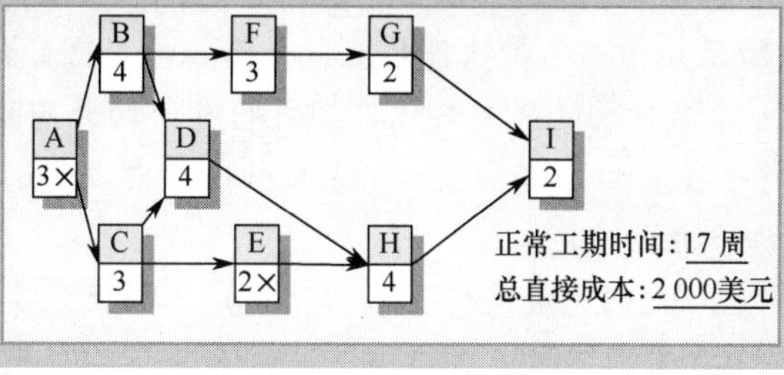

案例 9.1：国际资本有限公司——B 部分

根据附录 7A.1 中的案例 A 部分衍生出的项目网络图，贝丝·布朗也希望准备好回答任何有关压缩项目工期的问题。这个问题总会被会计部门、审查委员会和客户问到。为了应对工期压缩问题，贝丝准备了以下数据以防项目赶工。（使用第 7 章国际资本有限公司案例 A 部分中计算的加权平均次数）

活动名称	正常成本/美元	最大赶工时间/周	赶工成本/美元/天
A	3 000	3	500
B	5 000	2	1 000
C	6 000	0	—
D	20 000	3	3 000
E	10 000	2	1 000
F	7 000	1	1 000
G	20 000	2	3 000
H	8 000	1	2 000
I	5 000	1	2 000
J	7 000	1	1 000
K	12 000	6	1 000
总正常成本	103 000		

使用所提供的数据，确定活动赶工决策和最佳时间–成本的项目工期。根据你已经开发的信息，你会给贝丝什么建议，以确保她为应对项目审查委员会的询问做好充分的准备？假设这个项目的日常费用是每个工作日 700 美元。这会改变你的建议吗？

案例 9.2：凡吐拉市棒球场建设项目：B 部分

本案例基于本书第 6 章中介绍的一个项目。你将需要使用在凡吐拉棒球场案例中创建的项目计划来完成这项任务。

凡吐拉棒球场是一个有 47 000 个座位的职业棒球场。G&E 公司于 2019 年 6 月 10 日开工建设，将于 2022 年 2 月 21 日竣工。该体育场必须为 2022 年常规赛的开幕做好准备。G&E 公司将因未能在 2022 年 4 月 3 日的最后期限前完成任务而每天面临 50 万美元的罚款。

工程按时开工，一直进展顺利，直到在浇注下椭圆结构时发生事故。两名工人严重受伤，活动推迟了四周，事故原因正在调查，现场清理工作正在进行。

G&E 公司的总裁珀西瓦尔 · 杨对项目的延期表示担忧。项目开始时，在预期的完工截止日期和 4 月 3 日（开馆日）的强制截止日期之间有大约六周的缓冲时间。现在只有两周的缓冲时间，还有一年多的工作要完成。他要求你考虑以下选项，以缩短项目工期，并恢复一些已经丢失的时间缓冲。

A. 安排加班，在 120 天内完成座椅安装，而不是 140 天。

B. 安排加班，在 100 天内完成基础设施建设，而不是 120 天。

C. 引入开始到开始的搭接关系，即在建筑屋顶支架开始 70 天后开始屋顶施工。

D. 引入开始到开始的搭接关系，即在上钢椭圆结构施工开始 100 天后开始安装计分板。

E. 引入开始到开始的搭接关系，即在主厅浇注和上钢椭圆结构施工开始后 100 天开始安装座位。

给杨写一份简短的备忘录，详细说明你的建议和理由。

案例 9.3：惠特布莱德环球帆船赛

每年，各国的帆船都要参加为期九个月的惠特布莱德环球帆船赛（Whitbread World Sailboat Race）。近年来，大约有 14 个国家参加了帆船比赛。每年的参赛帆船都代表着每个国家能够掌握的最新技术和人类技能。

比约恩 · 埃里克森（Bjorn Ericksen）被选为项目经理，原因是他过去有担任舵手的经验，以及他最近被誉为“世界上最好的赛艇设计师”。比约恩很高兴也很自豪有机会为他的国家明年参加惠特布莱德帆船赛设计、建造和测试赛艇与培训比赛选手。比约恩已经任命卡琳 · 克努森（Karin Knutsen，首席设计工程师）和特里格夫（Trygve Wallvik，主舵手）为团队负责人，负责为明年英国泰晤士河上所有参赛项目的传统比赛做好准备，这标志着比赛的开始。

当比约恩开始考虑一个项目计划时，他看到了贯穿项目设计、施工和选手培训的两条平行路径。去年的这艘船将先用于训练，等到新船到了，就可以让比赛选手在新船上学习操作维护任务。比约恩邀请卡琳和特里格夫一起制订项目计划。三人一致认为，主要目标是要有一艘获胜的船，比赛选手已经训练好了准备参加明年的比赛，费用为 320 万美元。比约恩的日历显示，在明年的参赛船只必须离开港口前往英国开始比赛之前，他还有 45 周的时间。

C9.3.1　启动会议

比约恩要求卡琳首先描述设计、建造和测试参赛船只所需的主要活动和顺序。卡琳首先指出，参照以往参赛船只的设计图纸和其他国家参赛船只的一些图纸，船体、甲板、桅杆和附件的设计只需要 6 周时间。设计完成后，船体可以开始建造，完成桅杆订购、船帆订购和附件订购。船体将需要 12 周来完成；订购的桅杆需要 8 周才能交货；订购的 7 张船帆需要 6 周才能交货；订购的配件需要 15 周才能收到；船体一旦完工，就可以安装压载水舱，这需要 2 周时间；然后就可以建造甲板了，这需要 5 周的时间；同时，船体可以用专用密封胶和耐磨涂层同时进行处理，耗时 3 周；当甲板完成，桅杆和配件收到，桅杆和船帆就可以安装了，需要 2 周；配件可以安装，需要 6 周时间。当所有这些活动都完成后，船就可以进行海上测试了，这需要 5 周的时间。卡琳相信，她可以在大约两周内确定这艘船的成本估算。

特里格夫相信他可以立即开始挑选 12 名男女船员并确保他们的住房。他认为，需要 6 周时间才能找到忠实的比赛选手，3 周时间才能确保比赛选手们的住房安排。特里格夫提醒比约恩，去年的比赛船必须在比赛选手到达现场的那一刻就准备好，可用于训练，等到新船准备好再进行测试。在使用期间，维持这艘旧船的运营每周将花费 4 000 美元。一旦选手到达现场并入住，他们就可以制订计划并实施常规的航行和维修训练，这段使用旧船的时间将有 15 周。此外，只有比赛选手被选中并到现场，选手们的设备型号大小才能确定下来，这需要 2 周时间。然后可以订购选手们的设备，这需要 5 周才能送到。当选手设备到达和保养维护训练计划完成后，可以开始学习新赛艇的保养维护工作，这需要 10 周时间。但新赛艇的保养维护工作要等到甲板完工和桅杆、船帆和配件都到位后才能开始。一旦新赛艇的保养维护开始，在海上训练完成之前，新赛艇每周的费用将为 6 000 美元。新赛艇的保养维护完成后，在测试赛艇的同时，可以进行初步的航行训练；这次训练需要 7 周。最后，在测试赛艇和初步训练完成后，可以进行定期的海上训练（如果天气允许）；常规的航海训练需要 8 周。特里格夫认为，考虑到去年的开支，他可以在一周内将成本估算汇总在一起。

比约恩对他的团队领导们表现出的专业技能感到满意。但他认为，他们需要有人开发其中一个关键路径的网络图，看看他们是否能安全地满足比赛的出发期限。卡琳和特里格夫同意。卡琳建议，成本估算还应包括任何可压缩活动的赶工成本以及由赶工产生的其他成本。卡琳还建议团队完成图 C9.1 所示的优先级矩阵，以便进行项目决策。

	时间	绩效	成本
约束			
增强			
接受			

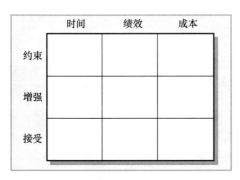

图 C9.1　项目优先级矩阵：惠特布莱德环球帆船赛

C9.3.2 两周后

卡琳和特里格夫向比约恩提交了以下每项活动的成本估算和相应的赶工成本（成本以千美元计）：

活动编号	活动名称	正常时间/周	正常成本/美元	赶工时间/周	赶工成本/美元	斜率
A	设计	6	40	4	160	60
B	建造船体	12	1 000	10	1 400	200
C	安装压载水舱	2	100	2	100	—
D	订购桅杆	8	100	7	140	40
E	订购船帆	6	40	6	40	—
F	订购配件	15	600	13	800	100
G	建造甲板	5	200	5	200	—
H	处理船体	3	40	3	40	—
I	安装配件	6	300	5	400	100
J	安装桅杆和船帆	2	40	1	80	40
K	测试	5	60	4	100	40
L	航海训练	8	200	7	450	250
M	选择船员	6	10	5	20	10
N	安排住房	3	30	3	30	—
O	选择设备	2	10	2	10	—
P	订购设备	5	30	5	30	—
Q	常规航行和维修训练	15	40	12	130	30
R	赛艇的保养维修训练	10	100	9	340	240
S	初始航行训练	7	50	5	350	150
总直接成本：103 000						

比约恩审阅了材料，想知道能否在45周内以不超过320万美元的预算完成这个项目。你能根据惠特布莱德团队的情况，给他们什么建议？

案例 9.4：夜莺项目——A 部分

你是负责南丁格尔（Nightingale）项目的项目经理劳希·布朗（Rassy Brown）的助理。南丁格尔是一种手持电子医疗参考指南开发项目的代号。南丁格尔是为紧急医疗技术人员和护理人员设计的，他们可以在紧急情况下使用的快速参考指南。

劳希和她的项目团队正在制订项目计划，旨在及时为每年最大的医疗设备贸易展

MedCON 生产 30 件样品。在 10 月 25 日的最后期限前完成医疗大会的样品生产是成功的关键。所有主要的医疗设备制造商在 MedCON 上展示并接受新产品的订单。劳希也听到了竞争对手正在考虑开发类似产品的传言，她知道第一个进入市场将有一个显著的销售优势。此外，最高管理层是否投资该项目取决于制订出一个可行的计划来满足 MedCON 的最后期限。

项目团队花了一个上午的时间为南丁格尔项目制订进度计划。他们从 WBS 开始，收集整理网络信息，并在需要时添加活动。然后，该团队将他们为每个活动收集的估算时间相加。以下是各项活动的初步信息，包括持续时间和紧前活动项。

活动编号	活动名称	活动持续时间/天	紧前活动
1	整体设计	10	无
2	内部规范	20	1
3	外部规范	18	1
4	功能规范	15	1
5	语音识别	15	2，3
6	案例分析	4	2，3
7	屏幕选择	2	2，3
8	扬声器输出插孔	2	2，3
9	磁带机械装置	2	2，3
10	数据库	40	4
11	麦克风和声卡	5	4
12	寻呼机	4	4
13	条形码阅读器	3	4
14	闹钟	4	4
15	计算机输入/输出	5	4
16	设计审查	10	5，6，7，8，9，10，11，12，13，14，15
17	采购组件	5	5，6，7，8，9，10，11，12，13，14，15
18	集成	15	16，17
19	文档设计	35	16
20	采购原型组件	20	18
21	组装原型	10	20
22	实验室测试原型	20	21
23	现场测试原型	20	19，22
24	调整设计	20	23
25	订购通用部件	15	24
26	订购专用部件	2	24
27	装配第一个生产单位	10	25，FS—8 时间单位； 26，FS—13 时间单位
28	安装检验装置	10	27
29	生产 30 个单位	15	28
30	培训销售代表	10	29

使用任何可用的项目网络计算机程序来制订活动进度计划，注意项目的最晚时间和最早时间、关键路径和估算项目完工时间。

准备一份简短的备忘录，解决以下问题：

（1）这个项目按计划能在 10 月 25 日的最后期限前完成吗？

（2）关键路径上有哪些活动？

（3）这个网络图有多敏感？

案例 9.5：夜莺项目——B 部分

劳希和团队很关心你的分析结果。他们整个下午都在头脑风暴，讨论缩短项目工期的替代方法。他们拒绝外包活动，因为大多数工作本质上是开发工作，只能在内部完成。他们考虑通过减少一些提议书中的产品特性来缩小项目范围。经过多次讨论，他们觉得不能在任何核心功能方面妥协，而且要在市场上获得成功。然后，他们将注意力转向通过加班和增加额外的技术人员来加速活动的完成。劳希在她的提案中加入了 20 万美元的自由支配基金。她愿意将这笔资金的一半用于加快项目进度，但希望保留至少 10 万美元以处理意外问题。经过长时间的讨论，她的团队得出结论，下列活动可以按规定的费用来减少时间：

- 语音识别系统的开发可以从 15 天减少到 10 天，费用增加为 15 000 美元。
- 数据库的创建可以从 40 天减少到 35 天，费用增加为 35 000 美元。
- 文档设计可以从 35 天减少到 30 天，费用增加为 25 000 美元。
- 外部规范可以从 18 天减少到 12 天，费用增加为 20 000 美元。
- 采购原型组件可以从 20 天减少到 15 天，费用增加为 30 000 美元。
- 订购通用部件可以从 15 天减少到 10 天，费用增加为 20 000 美元。

肯·克拉克（Ken Clark）（研发工程师），指出这个网络图只包含了从完成到开始的关系，并且有可能通过创建从开始到开始的搭接来缩短项目工期。例如，他说，他的人员不必等到所有实地测试完成后才开始对设计进行最后调整。他们可以在前 15 天的测试完成后就开始调整。

项目团队花了一整天的时间来分析如何将搭接引入网络图以缩短项目工期。他们得出的结论是，以下从完成到开始的关系可以转化为搭接关系：

- 文档设计可以在评审设计开始后 5 天开始。
- 调整设计可以在现场测试原型开始 15 天后开始。
- 订购通用部件可以在调整设计开始 5 天后开始。
- 订购专用部件可以在调整设计开始 5 天后开始。
- 培训销售代表可以在产品测试工作开始 5 天后开始，在生产 30 台产品 5 天后完成。

会议结束后，劳希转向你，告诉你评估所呈现的选项，并努力制订一个能在 10 月 25 日最后期限前完成的进度计划。你要准备一份报告，提交给项目团队，回答以下问题：

（1）有可能在最后期限前完成吗？

（2）如果是这样，你建议如何修改原计划（A 部分），为什么？评估赶工活动与引入搭接技术以缩短项目工期的相对影响。

（3）新的进度计划会是什么样的？

（4）在确定进度计划之前，还需要考虑哪些其他因素？

案例 9.5 附录：技术细节

根据以下信息制订你的项目进度计划并评估你的选项：

（1）该项目将于 2017 年 1 月的第一个工作日开始。

（2）以下节日要放假：1 月 1 日元旦，阵亡将士纪念日（5 月的最后一个星期一），7 月 4 日独立日，劳动节（9 月的第一个星期一），感恩节（11 月的第四个星期四），12 月 25 日和 26 日的圣诞节。

（3）如果周六是假日，那么周五将被当作周末休息日；如果假日是星期天，那么星期一将作为周末休息日。

（4）项目组从周一到周五每天工作 8 小时。

（5）如果你选择减少上述任何一个活动的持续时间，那么它必须是指定的时间和成本（例如，你不能选择以降低的成本将数据库减少到 37 天；你只能将其减少到 35 天，费用为 3.5 万美元）。

（6）你最多只能花费 10 万美元来减少项目活动持续时间，时差不包含任何额外的成本。

案例 9.6："现在"的婚礼——A 部分

去年 12 月 31 日，劳伦（Lauren）闯进家里的客厅，宣布她和康纳（Connor，她的大学男友）要结婚了。母亲从震惊中恢复过来后，拥抱了她，问道："什么时候结婚？"谈话的结果如下：

劳伦：1 月 21 日。

妈妈：什么？

爸爸：现在的婚礼会成为今年的社会热点。等一下。为什么这么快？

劳伦：因为在 1 月 30 日，在国民警卫队服役的康纳将会被派往海外。我们要去度一个星期蜜月。

妈妈：但是，宝贝，我们不可能在那之前完成所有该做的事情。还记得你姐姐婚礼的所有细节吗？即使我们明天开始准备，预订教堂和接待厅也需要一天的时间，而且教堂要求至少提前 14 天预订婚礼。这是在我们开始布置婚礼现场前必须完成的，婚礼现场布置也需要 3 天。不过，如果在周日额外支付 200 美元，可能会将 14 天的婚礼通告缩短为 7 天。

爸爸：哦，宝贝！

劳伦：我想让简·萨默斯做我的伴娘。

爸爸：但是她在危地马拉的和平队，不是吗？她要花 10 天时间准备好然后开车过来。

劳伦：但是我们可以在两天内让她飞过去，只需要 1 000 美元。

爸爸：哦，宝贝！

妈妈：还要订餐饮！选择蛋糕和装饰需要 2 天时间，杰克餐饮公司要求至少提前 5 天通知。再说了，在我们开始装饰之前我们得先准备好这些东西。

劳伦：妈妈，我可以穿你的婚纱吗？

妈妈：嗯，我们得换一些蕾丝，不过你可以穿。我们可以在订购伴娘礼服的材料时从纽约订购蕾丝。订购和接收材料需要8天时间。首先要选择图案，这需要3天时间。

爸爸：如果空运的话，我们多付20美元，5天内就能拿到材料。哦，宝贝！

劳伦：我想让杰克太太做裙子。

妈妈：但是她一天收费48美元。

爸爸：哦，宝贝！

妈妈：如果我们把所有的针线活都做了，我们就能在11天内完成这些衣服。如果杰克太太帮忙的话，我们可以把这个时间减少到6天，每天48美元，少于11天。杰克太太手艺很好。

劳伦：除了她，我谁都不想要。

妈妈：最后一次试衣还需要两天，清洗和熨衣服也需要两天。婚礼的服装必须在排练夜前准备好。我们必须在婚礼前一晚进行彩排。

爸爸：彩排之夜，一切都应该准备好。

妈妈：我们忘了一些东西。邀请！

爸爸：我们应该从鲍勃的印刷厂订购邀请函，通常需要7天。我敢打赌，如果我们多给他20美元，他6天内就能做到！

妈妈：我们要花2天的时间来选择邀请函的风格，然后才能订购，我们还希望信封上印有我们的回信地址。

劳伦：哦！那会很优雅。

妈妈：请柬至少要在婚礼前10天发出去。如果我们再晚一点发请柬，一些亲戚就会收到请柬太晚来不及赶来，这会让他们发疯的。我敢打赌，如果我们在婚礼前8天不把它们拿出来，埃塞尔（Ethel）阿姨就来不了，你就会少了200美元的结婚礼物。

爸爸：哦，宝贝！

妈妈：我们得把它们送到邮局去寄，那要花一天的时间。写地址需要3天，除非我们雇一些兼职的女孩，而且我们要等到打印机印完才能开始。如果我们雇用这些女孩，我们可能会节省2天，但每节省一天要多花40美元。

劳伦：我们需要给伴娘们买礼物。我可以花一天时间去做。

妈妈：在我们开始写邀请函之前，我们需要一份宾客名单。天哪，这将需要4天才能理顺这份名单，而且只有我了解我们亲朋的地址信息。

劳伦：哦，妈妈，我太兴奋了。我们可以开始了解做不同的工作的每个亲属。

妈妈：宝贝，我不知道我们该怎么做。哦，我得选择请柬和样式，还要预订教堂和……

爸爸：你为什么不拿着3 000美元私奔呢？你姐姐的婚礼花了我2 400美元，她不用从危地马拉空运人过来，不用雇额外的女孩和杰克太太，不用空运，或类似的东西。

（1）使用生活快照6.1中所示的便利贴方法，为“现在”的婚礼开发一个项目网络图。

（2）使用MS Project为婚礼制订一个进度计划。你能在1月21日的期限准备好“现在”的婚礼吗？如果你不能，在1月21日的截止日期之前需要花费多少钱赶工，你会调整哪些活动？

案例 9.7："现在"的婚礼——B 部分

为了赶在 1 月 20 日的最后期限前完成"现在"婚礼的彩排，出现了一些复杂情况。由于劳伦坚持要在 1 月 21 日举行婚礼（康纳也是，原因很明显），这些"并发症"的影响必须进行评估。

（1）1 月 1 日，教堂的法务委员会主席对增加的捐款无动于衷，并表示他不会将婚礼通知期从 14 天缩短到 7 天。

（2）母亲在 1 月 2 日开始整理客人名单时得了三天的流感。

（3）鲍勃的印刷厂的印刷机在 1 月 5 日停用了 1 天，以更换电机上有故障的刷子。

（4）蕾丝和衣料在运输中丢失了。1 月 10 日收到了损失通知。

婚礼还会在 1 月 21 日举行吗？如果不会，有什么选择？

第 10 章

做有效的项目经理

Being an Effective Project Manager

本章学习目标

通过学习本章内容，你应该能够：

10-1 理解管理项目和领导项目之间的区别。

10-2 了解项目利益相关者参与的必要性。

10-3 识别并应用不同的“影响力货币”，与他人建立积极的关系。

10-4 创建利益相关者图谱，并制定管理项目依赖关系的策略。

10-5 了解项目对走动式管理风格的需求。

10-6 更有效地管理项目预期。

10-7 制定管理高层关系的策略。

10-8 了解在项目工作中建立信任和以道德方式行事的重要性。

10-9 确定有效项目经理的素质。

本章概览

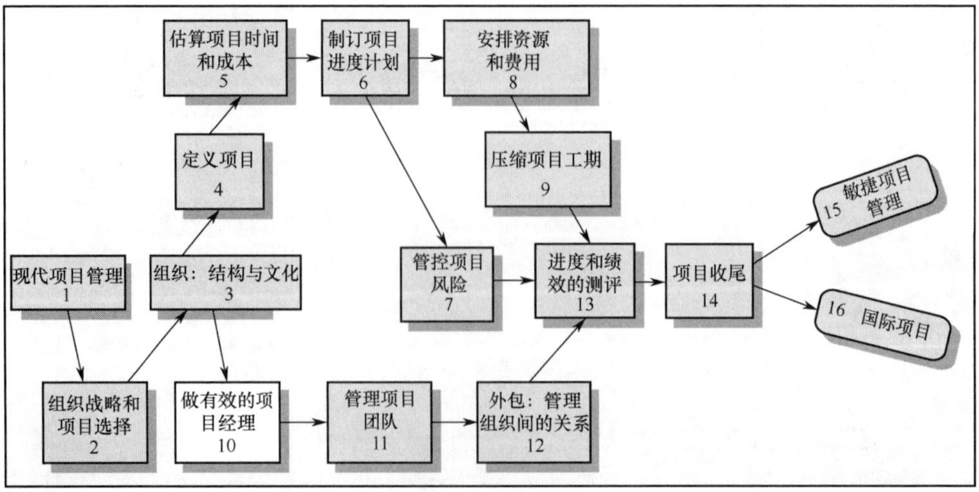

我迫不及待地想成为我自己项目的经理，并以我认为应该的方式管理这个项目。天啊，我要学的可真多啊！

——第一次当项目经理的人

本章的前提是，成为一名有效项目经理的关键之一是在不同的人群之间建立合作关系来完成项目。项目的成功不仅仅取决于项目团队的表现。项目的成败往往取决于高层管理人员、职能经理、客户、供应商、承包商和其他人的促成作用。本章首先简要讨论了管理项目和领导项目之间的区别。然后介绍了项目利益相关者参与的重要性。管理人员需要有广泛的影响力才能在这一领域发挥作用；还讨论了影响力的不同来源，并用影响力来描述项目经理如何构建社会资本。这种管理方式需要经常与项目经理所依赖的不同群体的人进行交流。要特别注意管理与高层领导的关键关系和以身作则的重要性。强调了以建立和维持彼此信任的方式获得合作的重要性。本章最后识别了成为一名有效项目经理相关的个人特质。随后的几章将在管理项目团队和与组织外的人一起工作的讨论中扩展这些想法。值得注意的是，本章中所介绍的材料取舍是从担任过传统的、计划驱动型项目的项目经理来考虑的，尽管许多思想也适用于那些领先的敏捷项目。敏捷方法的应用将在第 15 章讨论。

10.1 管理项目与领导项目

> 10-1：理解管理项目和领导项目之间的区别。

在理想情况下，项目经理只需执行项目计划，项目就会完成。项目经理会和其他人一起制订计划，组建项目团队，跟踪项目进程，宣布下一步需要做什么，然后每个人都会跟进。当然，没有人生活在一个完美的世界里，也很少会事事按计划进行。项目参与者敏感不安、他们无法和睦相处、其他部门不能履行承诺、技术故障频现和工作时间比预期长，这是项目容易出现的问题。项目经理的工作是使项目回到正轨。经理可以寻找很多方法，如使用加速某些活动、找出解决技术问题的方法、当关系紧张时充当和平缔造者，并在时间、成本和项目范围之间做出适当的权衡等。

然而，项目经理经常做的不仅仅是“扑灭火灾”，保持项目在正轨上。他们还要会创新，适应不断变化的环境。他们有时不得不偏离计划，对项目范围和进度计划进行重大调整，以应对未预见到的威胁或机会。例如，客户的需求可能改变，需要在项目中途进行重大的设计变更。竞争对手可能发布新产品，为与对手竞争上市，迫使项目进行赶工。项目参与者之间的工作关系可能破裂，需要重新组建项目团队。最终，在项目开始时计划或预期的内容可能与项目结束时完成的内容是非常不同的。

一方面，项目经理负责整合分配的资源，按照计划完成项目。另一方面，因为持续的问题使计划无法实施，他们需要对各种计划和进度安排实施变更。换句话说，管理者希望在项目按计划进行的同时对计划做出必要的调整。Kotter 的研究（1990）表明，这两种不同的活动代表了管理和领导的区别。管理是应对复杂性，而领导是应对变化。

良好的管理通过制订计划和目标，设计结构和流程，根据计划监测结果，并在必要时采取纠正措施来建立秩序和稳定。领导项目包括认识并明确显著改变项目方向和运行的需要，使人们向新的方向靠拢，并激励他们一起努力克服变更产生的障碍并实现新的目标。

强有力的领导，虽然通常是可取的，但并不总是成功完成一个项目的必要条件。定义明确的项目，没有遇到重大的意外，很少需要领导。就像在建造一个传统的公寓大楼的情况下，项目经理只要简单地管理项目计划。相反，项目中遇到的不确定性程度越高（无论是项目范围的变更，技术陷于困境，还是人员之间协调的中断）就越需要领导。例如，一个软件开发项目需要强有力的领导，因为在这个项目中，为了满足行业的发展，参数总是在变化。

这需要一个特别的人来扮演好这两个角色。有些人是很有远见的，他们善于让人们对变更感到兴奋。然而，这些人往往缺乏纪律或耐心来处理日常管理的苦差事。同样，有些人很守纪律，做事有条不紊，但缺乏激励他人的能力。

强大的领导者可通过拥有能监督和管理项目细节的可信赖的助手来弥补他们的管理弱点。相反，一个软弱的领导者可通过聘用擅长感知变更需要和召集项目参与者的助手来增强他的优势。尽管如此，优秀的项目经理对组织来说有价值的原因之一就是他们有管理和领导项目的能力。在这样做的过程中，他们意识到创建一个社交网络的必要性，让他们发现需要做什么，并获得必要的合作来实现它。

10.2 项目利益相关者参与

> 10-2：了解项目利益相关者参与的必要性。

第一次当项目经理的人渴望实现自己的想法，管理他们的人来成功完成项目。他们很快发现，项目的成功取决于广泛的个人合作，其中许多人并不直接向他们报告。例如，在一个系统集成项目的过程中，项目经理惊讶于她花费了太多的时间与供应商、顾问、技术专家和其他职能经理进行谈判和工作：

我没有和我的人一起完成这个项目，而是发现自己不断地周旋于不同群体的需求间，这些人并没有直接参与这个项目，但对项目结果有既得利益。

当新任项目经理找到时间直接工作在项目上时，他们通常会采用一种实际操作的方法来管理项目。他们选择这种风格，不是因为他们是权力欲极强的自大狂，而是因为他们渴望取得成果。他们很快就会因为事情进展缓慢、需要投入的人员数量不足以及获得合作的难度而感到沮丧。遗憾的是，当这种挫败感产生时，他们自然会产生更多的压力，并更多地参与到项目中去。这些项目经理很快赢得了“微观管理”的名声，并开始忽视他们在指导项目中所扮演的真正角色。

一些新任经理从未打破这种恶性循环。其他人很快意识到，权力不等于影响力，作为一名有效的项目经理，需要管理众多比他们预期的复杂得多的项目利益相关者。他们遇到的关系网需要的影响范围比他们认为的必要甚至可能的范围要广得多。

例如，一个重要的项目，无论它涉及重建一座桥，研制一个新产品，还是安装一个新的信息系统，都可能以这样或那样的方式涉及许多不同的利益相关者群体。第一，有一个核心专家组被指派来完成项目。这个小组可能在不同的时间由从事项目具体部分工作的专业人员来补充。第二，在执行项目的组织中有一群人直接或间接地参与到项目中来。最引人注目的是最高管理层，项目经理对他们负责。还有其他管理人员，他们提供资源和/或可能负责项目的特定部分，以及行政支持服务，如人力资源、财务等。根据项目的性质，组织之外的一些群体会影响项目的成功，这些群体中，最重要的是项目设定的目标客户（见图 10.1）。

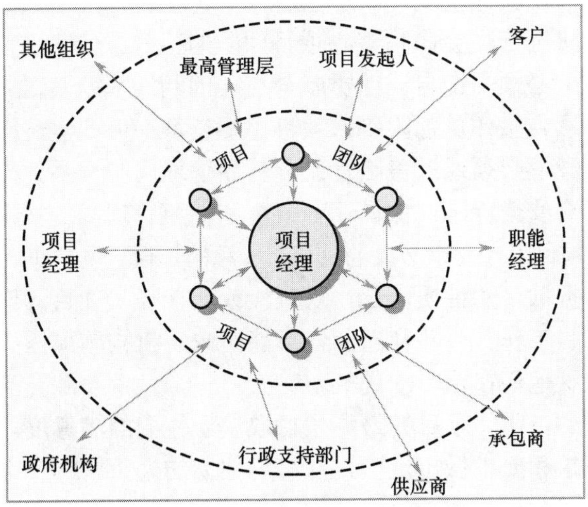

图 10.1 项目利益相关者图谱

每一个利益相关者群体都给项目带来了各自不同的专业知识、标准、优先级和议程。利益相关者是积极参与项目或其利益可能受到项目积极或消极影响的人或组织（PMI，2017）。利益相关者关系的广度和复杂性将项目管理与常规管理区分开来。为了有效管理，项目经理必须了解利益相关者如何影响项目，并开发管理依赖关系的方法。下面我们来确定这些依赖关系的性质：

- **项目团队**管理并完成项目工作。大多数参与者都想把工作做好，但他们也关心自己的其他义务，以及他们在项目中的参与将如何有助于他们的个人目标和抱负。
- **项目经理**自然会为了资源和获取高层管理者的支持而相互竞争。同时，他们又经常需要共享资源和交换信息。
- **行政支持部门，**如人力资源、信息系统、采购代理、运行维护等，都提供有价值的支持服务。与此同时，它们对项目施加了限制和要求，例如记录支出和及时准确地提供信息。
- **职能经理，**根据项目的组织形式，可以在项目成功中发挥次要或主要作用。在矩阵式组织中，他们可能负责分配项目人员，解决技术难题，并监督项目工作中重要部分的完成。即使在专门的项目团队式组织形式中，来自职能经理的技术输入也可能是有用的，在组织的内部项目中，职能经理接受完成的项目工作可能是至关重要的。职能经理在一定程度上愿意合作，但仅限于一定程度。他们还关心保持他们在组织中的地位，并尽量减少项目对他们自己部门运行的干扰。
- **最高管理层**批准项目资金，并在组织内确定项目优先级。他们定义成功，对成就的奖励进行评判。预算、范围和进度的重大调整通常需要他们的批准。他们对项目的成功有着自然的既得利益，但与此同时，他们必须就什么对整个组织是最好的做出反应。
- **项目发起人**支持项目，利用其影响力使项目获得批准。他们的声誉与项目的成功息息相关，他们需要随时了解项目的任何重大进展。当项目受到威胁时，他们会捍卫项目，是项目的关键盟友。

- **承包商**可能承担项目所有的实际工作，在某些情况下，项目团队只是为他们的工作提供协调帮助。在其他情况下，承包商只负责项目范围里次要部分的工作。承包商的糟糕工作和进度延误会影响核心项目团队的工作。虽然承包商的声誉取决于工作的好坏，但他们必须平衡自己的贡献与自己的利润率以及对其他客户的承诺。
- **政府机构**会对项目工作施加限制。项目需要获得许可。建筑类项目必须按照建筑规范进行。新药开发必须通过美国食品和药品管理局的一系列严格测试。其他项目的产品也必须符合安全标准，例如职业安全和健康管理局的标准。
- **供应商**为完成项目工作提供必要的资源。资源的延误、短缺和低劣都会导致项目停顿。
- **其他组织**，根据项目的性质而定，可直接或间接影响项目。例如，环境组织可能反对甚至阻止项目工作。公共利益团体可能对政府机构施加压力。客户经常聘请顾问和审计师来保护他们在项目中的利益。
- **客户**定义项目的范围，项目的最终成功取决于他们的满意度。项目经理需要对不断变化的客户需求和要求做出反应，并满足他们的期望。客户主要关心的是获得一笔好交易，这自然会导致与项目团队的紧张关系，这一点我们将在第 11 章详细阐述。

这些关系是相互依赖的，因为项目经理与一个项目团队有效协作来开展工作的能力将影响他与其他团队合作的能力。例如，如果职能经理们意识到高层管理者对项目的承诺正在减弱，他们就可能减少与项目经理的合作。相反，项目经理缓解来自客户对团队过度干扰的能力可能增加他在项目团队中的地位。

所使用的项目管理结构将影响需要参与的外部依赖关系的数量和程度。创建一个专门的项目团队的一个好处是它减少了依赖关系，特别是在组织内部，因为大多数资源都分配给了项目。相反，职能矩阵结构增加了依赖性，结果是项目经理更加依赖职能同事加入项目团队并为项目工作。老式的项目管理观点强调为项目团队制订计划并指导项目团队，新的观点强调最重要的工作是吸引项目利益相关者参与并预测变化。项目经理需要能够缓解客户的担忧，维持上级组织对项目的支持，并能快速识别威胁项目工作的问题，同时维护项目的完整性和项目利益相关者的利益。在这个关系网络中，项目经理必须找出需要做什么来实现项目的目标，并建立一个合作网络来完成它。项目经理必须这样做，但没有必要的权力来期望合作或要求合作。这样做需要良好的沟通技巧、政治悟性和广泛的影响力基础。请参阅生活快照 10.1，了解项目经理的更多特殊之处。关于这个概念的有趣发现，请参见研究亮点 10.1。

生活快照 10.1：作为乐队指挥的项目经理

隐喻传达语言所不能表达的意义。例如，会议可以描述为困难的或“像在糖浆中跋涉”。对于项目经理的角色，一个流行的比喻是指挥。

管弦乐队的指挥将不同乐器的不同声音融合在一起，演奏特定的乐曲，奏出美妙的音乐。同样，项目经理整合了不同专家的才能和贡献来完成项目。许多人认为协调和整合他人的工作是项目经理的主要角色（PMI，2017）。

乐队指挥和项目经理都必须善于理解不同的参与者如何为团队整体绩效做出贡献。两者几乎完全依赖团队成员的专业知识和技能。乐队指挥并不会使用所有的乐器。同样，项目经理通常只拥有少部分进行决策的技术知识。因此，乐队指挥和项目经理都推动了其他人的表演，而不是自己实际去表演。

乐队指挥用他们的手臂、指挥棒和其他非语言手势来影响不同音乐家的节奏、强度和参与程度。同样，项目经理通过管理项目成员的参与和关注来协调推进项目的完成。项目经理平衡时间和过程，引导参与者在正确的时间做出正确的决定，就像乐队指挥引导乐器演奏家在一个乐章的正确时刻演奏一样。他们都是通过管理参与者的节奏和参与度来控制工作的节奏与强度。

照片来源：JGI/Jamie Grill/Blend Images LLC

最后，他们都有一个超越乐谱或项目计划的愿景。为了获得成功，他们必须赢得参与者的信心、尊重和信任。

研究亮点 10.1：给予与索取

宾夕法尼亚大学的亚当·格兰特（Adam Grant）根据互惠法则确定了三种基本的社会互动方式：

- 索取者：喜欢得到多于给予，并将自己的利益置于他人之上。
- 给予者：宁愿付出多于所得，更关注他人的需要。
- 互利者：努力在给予和得到之间保持平等的平衡，并在公平的原则下操作。

虽然格兰特承认人们会从一种方式转换到另一种方式，但他引用的研究表明，大多数人都形成了一种主要的互动方式。他接着对互动风格和职业成功之间的关系进行了评述研究。毫不奇怪，他发现给予者往往会跌到成功阶梯的底部。他们让别人过得更好，但在这个过程中牺牲了自己的成功。

猜猜谁在成功的阶梯的顶端？又是给予者！格兰特继续解释这一悖论，他指出许多给予者确实太在意和太胆小，还有其他给予者愿意给予超过他们的索取，但期望保持自己看得见的利益，并以此作为指导来选择何时给、如何给、给谁。这些给予者能够创造比索取者和互利者更大更强的社交网络。他们能够产生的善意是这类给予者成功的主要因素。

格兰特声称，亚伯拉罕·林肯是一个完美的例子，他是一位爬到了顶端的给予者。1860 年当选总统后，他招募了之前被他击败的竞争对手，加入他的管理团队（内阁）担任要职。格兰特预测，给予者会保护自己的自尊，只邀请“唯唯诺诺的人”，而互利者会邀请盟友来任职。林肯曾经报告说，他需要尽可能地用最好的人来管理国家，通过始终关注对国家最好的事情，他能够打造一支有效的管理团队。

高效项目经理，如林肯，会根据项目/组织的最佳利益，而不是个人利益来做决定。他们竭尽全力帮助他人，建立社会资本。他们不胆小，而是积极主动地与组织内外的关键人物建立联系。

10.3 作为交换的影响力

> 10-3：识别并应用不同的“影响力货币”，与他人建立积极的关系。

为了成功地管理一个项目，管理者必须熟练地在不同的盟友之间建立一个合作网络。网络是互利的联盟，通常受互惠法则的治理（Grant，2013；Kaplan，1984）。基本的原则是“善有善报，恶有恶报”。获得合作的主要途径是为他人提供资源和服务，以换取未来你需要的资源和服务。这就是“互惠互利”，或者用今天的话来说：“你帮我，我也帮你。”

Cohen 和 Bradford（1990）将影响力的交换观描述为“货币”。如果想在一个特定的国家做生意，你必须准备使用合适的货币，而汇率会随着时间的变化而变化。同样的道理，一个营销经理所看重的可能和一个经验丰富的项目工程师所看重的是不同的，你很可能需要使用不同的影响力货币来获得每个人的合作。虽然这种类比有点过于简单化，但关键前提是正确的，从长远来看，“借方”和“贷方”账户必须平衡，合作关系才能维系。表 10.1 展示了 Cohen 和 Bradford 确定了常用的交换的组织货币。接下来的各小节将更详细地讨论它们。

表 10.1　常用的交易组织货币来源

与任务相关的货币	
资源	借钱或给钱、增加预算、增加人员等
援助	帮助完成现有的项目或完成不想做的任务
合作	提供任务支持，提供更快的响应时间，或直接帮助执行任务
信息	提供组织和技术知识
与职位相关的货币	
进步机会	给予能带来晋升的任务或分工
赞誉	认可努力、成就或能力
知名度	提供一个被组织中的高层或重要的其他人所了解的机会
分享关系网/联系人	提供与他人联系的机会
与灵感相关的货币	
愿景	参与对单位、组织、客户或社会有更大意义的任务
优秀	有机会把重要的事情做得很好
道德的正确性	用比效率更高的标准去做“正确”的事情
与人际关系相关的货币	
接纳	提供亲密和友谊
个人支持	给予个人和情感上的支持
理解	倾听他人的担忧和问题
与个人相关的货币	
挑战/学习	分享能够提高技能和能力的任务
所有权/参与	让别人拥有所有权和影响力
感激之情	表达感激

10.3.1 与任务相关的货币

与任务相关的货币有不同的形式，并基于项目经理帮助他人完成工作的能力。这种货币最重要的形式可能是满足下属增加人力、金钱或时间的要求来帮助他们完成项目任务的能力。这种“货币”在与另一个需要帮助的项目经理共享资源时也很明显。在更个人的层面上，它可能仅仅意味着为同事解决技术问题提供直接的帮助。为同事的提议方案或进度计划说句好话是这种货币的另一种形式。因为大多数重要的工作都可能产生某种形式的反对意见，试图为计划或提议方案获得批准的人盼望得到一位“判官朋友”的极大帮助。这种货币的另一种形式包括非同寻常的努力。例如，在 2 天（而不是通常的 4 天）内完成设计文件的紧急请求可能让合作方产生感激之情。最后，与其他管理者分享可用的有价值的信息是这种货币的另一种形式。

10.3.2 与职位相关的货币

与职位相关的货币来源于管理者在其组织内提升他人职位的能力。一个项目经理可以通过给某人一个具有挑战性的任务来做到这一点，这个任务可以通过开发她的技能和能力来帮助她进步。有机会证明自己自然会产生强烈的感激之情。分享荣誉，让上级注意到其他人的努力和成就，就会得到善报。

项目经理告诉我们，想要获得其他部门/组织的专业人士的合作，一个有用的策略就是弄清楚如何让这些人在老板面前有面子。例如，一个项目经理与一个分包商合作，该分包商的组织高度致力于全面质量管理。项目经理在高层简报会上指出承包商发起的质量改进过程如何有助于成本控制和问题预防。

认可的另一种形式是提高公司内其他人的声誉。“好的媒体报道”可以为许多机会铺平道路，“坏的媒体报道”则会迅速让人失去兴趣，让人难以表现。在有人因为项目失败而受到不公正的指责时，这种货币在帮助维护某人的声誉方面也很明显。

最后，这种货币最强大的形式之一是与他人分享社会关系。通过把他们介绍给关键人物来帮助他们扩展自己的社会网络，自然会使人产生感激之情。例如，给职能经理建议，如果他想知道部门中到底发生了什么，或者想加快请求批准，就应该联系 Sally X，这可能让他感到欠下了一份人情。

10.3.3 与灵感相关的货币

与灵感相关的货币或许是最强大的影响力形式。大多数灵感的来源都来自人们强烈的渴望，想要有所作为，让自己的生活更有意义。为项目创造一个令人兴奋的、大胆的愿景能引发非凡的承诺。例如，许多与最初的麦金塔电脑（苹果的品牌之一）的引入相关的技术突破都归因于项目成员有机会改变人们接触电脑的方式。另一种不同形式的愿景是提供把事情做好的机会。能够为自己的工作感到自豪，常常会激励许多人。

通常，项目本身的性质会提供灵感的来源。发现一种毁灭性疾病的治愈方法，引入一项可帮助困难人群的新型社会项目，或者只是建造一座减少主要交通瓶颈的桥梁，都能够为人们提供机会，让他们为正在做什么感到自豪，感觉他们正在改变世界。灵感就像磁铁一样吸引着人们朝目标前进，而不是推动人们去做某事。

10.3.4　与人际关系相关的货币

与人际关系相关的货币更多的是加强与某人的关系，而不是直接完成项目任务。这种影响力的本质是形成一种超越正常职业界限、延伸到友谊领域的关系。这种关系是通过帮助他人和给予情感上的支持来发展的。当人们情绪低落时，扶持他们、增强他们的信心和鼓励他们，自然是情感上的善意支持。分享幽默感和苦中作乐是这种货币的另一种形式。同样，从事与工作无关的活动，如体育活动和家庭出游是另一种自然增进人际关系的方式。

也许这种货币最基本的形式就是倾听他人的心声。心理学家认为，大多数人都有被理解的强烈愿望，而关系破裂是因为双方不再倾听对方。分享个人的私密/抱负，做一个明智的知己，也能在人与人之间建立一种特殊的纽带。

10.3.5　与个人相关的货币

与个人相关的货币处理的是个人需求和压倒一切的自尊感。有人认为自尊是一种主要的心理需求。多帮助他人体验到自己的重要性和个人价值感，你自然也会获得善报。项目经理可以通过寻求帮助、征求意见、下放工作权力、允许个人轻松地发挥自己的能力来增强同事的价值感。这种形式的货币也可以体现在对他人贡献的真诚感谢中。不过，表达感激之情时一定要小心，因为如果过度使用，它很容易贬值。也就是说，第一次感谢可能比第五十次感谢更有价值。底线是，一个项目经理只有在她能提供别人看重的东西时才会有影响力。此外，考虑到项目经理所依赖的人员阵容的多样性，她能够获得和使用不同的影响力货币是很重要的。这样做的能力将部分受到项目性质及其组织方式的限制。例如，与负责协调不同部门和组织中不同专业人员活动的经理相比，负责一个专门团队的项目经理可以为团队成员提供更多的服务。在这种情况下，经理可能不得不更多地依赖个人和人际关系的影响力来获得他人的合作。

10.4　构建社交网络

10.4.1　构建利益相关者依赖关系图谱

构建社交网络的第一步是确定项目成功所依赖的利益相关者。项目经理和他的主要助理需要问以下问题：

> 10-4：创建利益相关者图谱，并制定管理项目依赖关系的策略。

- 我们需要谁的合作？
- 我们需要谁的同意或批准？
- 谁的反对会阻止我们完成这个项目？

许多项目经理发现绘制这些依赖关系的图谱很有帮助。例如，图 10.2 包含负责在她的公司安装一个新的财务软件系统的项目经理所识别的依赖关系。

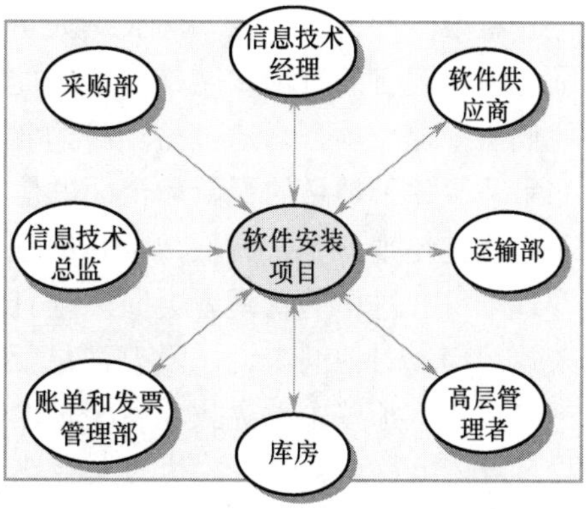

图 10.2　财务软件安装项目利益相关者图谱

高估依赖关系总比低估依赖关系要好。在通常情况下，原本才华横溢和成功的项目经理之所以半途而废，是因为他们被某个具有职位或权力的人出乎意料地打了个措手不及。在确认了你的项目利益相关者后，评估他们的重要性是很重要的。在这时，第 3 章中介绍的权力/利益矩阵就有用了。那些在项目中拥有最大权力和利益的个人是最重要的利益相关者，应该得到最大的关注。特别是，你需要“站在他们的立场上”，通过问以下问题从他们的角度来看待项目：

- 我和我所依赖的人之间有什么不同（目标、价值观、压力、工作方式、风险）？
- 这些不同的人如何看待这个项目（支持者、冷漠者、反对者）？
- 我与我所依赖的人的关系目前处于什么状态？
- 相对于我所依赖的人，我的影响力来源是什么？

一旦开始这种分析，你就可以开始欣赏别人的价值，以及你可能提供的货币，作为建立工作关系的基础。你开始意识到潜在的问题在哪里，你有一个活期借方或没有可兑换货币的关系。此外，判断别人的观点以及他们立场的基础将帮助你预测他们对你的决定和行动的反应和感受。这些信息对于选择适当的影响战略和战术以及产生双赢的解决方案至关重要。

例如，在找到她的依赖网络之后，负责安装软件系统的项目经理意识到她可能与票据部的经理存在严重分歧，而票据部是软件的主要用户之一。她以前没有和这个人共事的经历，但她从小道消息听说票据部经理对软件的选择很不满意，他认为这个项目是对票据部日常工作的又一个不必要的干扰。

项目启动前，项目经理安排与票据部经理共进午餐，她耐心地倾听他的担忧。她投入了更多的时间和精力用新软件的好处来说服他和他的员工。她试图将这种系统切换对他所在部门的影响降到最低。她调整了实施进度计划，以适应他的偏好，即什么时候安装软件和随后什么时间培训，都由票据部经理定。相应地，票据部经理和他的员工更能接受这个系统切换，向新软件的过渡比预期要顺利得多。

10.4.2　走动式管理

> 10-5：了解项目对高度走动式管理风格的需求。

前面的例子说明了一个关键点：项目管理是一项“接触运动”。一旦你确定了关键参与者是谁，那么你就开始接触他们并开始与他们建立关系。建立这种关系需要一种互动的管理风格，惠普员工称这种管理为“走动式管理”（Management By Wandering Around，MBWA），以反映管理人员大部分时间都花在办公室之外。走动式管理在某种程度上是一种用词不当的说法，因为在“走动”的背后有一种目的和模式。通过面对面的互动，项目经理能够与项目中真正发生的事情保持联系，并建立对项目成功至关重要的合作关系。

有效的项目经理主动与关键人员接触，以了解最新的发展，预测潜在的问题，提供鼓励，增强项目的目标和愿景。他们能够进行干预，解决冲突，防止僵局的发生。本质上，他们“管理”项目。通过与项目的各个方面保持联系，他们成为信息中心。参与者转向他们来获取关于项目的最新和全面的信息，这就加强了他们作为项目经理的中心角色。

我们还观察到一些低效项目经理避开走动式管理，试图从他们的办公室和计算机终端管理项目。这样的管理者会骄傲地宣布一项开放政策，并鼓励其他人在遇到问题或难题时来找他们。对他们来说，没有消息就是好消息。这使得他们的接触由其他人的相对进取精神来决定。那些主动寻找项目经理的人会受到项目经理的极高关注。那些不太喜欢接近领导（身体上移动）或更被动的人会被忽视。这种行为形成了“会哭的孩子有奶吃”的局面，这在项目团队中引发了怨恨。

有效的项目经理还会抽出时间定期与更多远端的利益相关者进行互动。他们与供应商、销售商、高层管理者和其他职能经理保持联系。在这样做的过程中，他们与不同的人熟悉，维持友谊，发现帮助他人的机会，并了解他人的动机和需求。他们提醒人们承担责任，并支持他们的项目事业。他们还塑造人们的期望（参见生活快照 10.2）。通过频繁的沟通，他们缓解了人们对项目的担忧，消除了谣言，向人们提醒潜在的问题，为以更有效的方式处理挫折奠定了基础。

生活快照 10.2：管理期望

多萝西·柯克（Dorothy Kirk）是 Mynd 金融解决方案集团（Financial Solutions Group of Mynd）的项目管理顾问和项目集经理，她为管理利益相关者期望的艺术提供了几点敏锐的见解：

期望是坚定不移的。它们所需要的只是缺乏相反的证据。一旦生根，无言的话语就能促其成长。它们可以不以现实为基础而发展和繁荣。因此，项目经理每天都在与不切实际的期望做斗争。

她还提出了一些管理期望的建议：

- 展示信息的方式可能澄清或模糊期望。例如，如果你估算一项任务将需要 317 小时，那么你的精确度就过高了。如果估算说需要 323 小时，项目利益相关者可能不高兴。如果引用的估算时间是 300～325 小时，那么利益相关者将不会对 323 小时感到不满。
- 认识到人类的本性是为了自己的最大利益去解释情况。例如，如果告诉某人任务将在 1 月完成，你倾向于把它解释为你的优势，假设你必须到 1 月底才完成，而另一个人的解释是任务将在 1 月 1 日完成。
- 抓住每一个机会依据现实重新调整期望。我们经常错过调整期望的机会，因为我们抱着错误的期望，认为事情会以某种方式解决。
- 如果你不打算用利益相关者的意见做某件事，就不要问他们改进的建议。询问他们的意见会提高期望。
- 陈述显而易见的事实。对你来说很明显的东西，对别人来说可能很模糊。

- 不要回避传递坏消息。开诚布公地面对面交流，预计会有一些愤怒和挫折，不要以防守作为回报，准备好解释问题的影响。例如，如果不能给出一个新的日期，永远不要说项目将会推迟。解释你正在做什么，以确保这种情况不会继续发生。

所有利益相关者都对进度、成本和项目收益有期望。项目经理需要倾听、理解和管理这些期望。

除非项目经理预先建立一个支持网络，否则他们只可能在有坏消息或需要帮助的时候（例如，他们没有取得承诺的成果或项目已落后于进度）才会见项目经理（或其他利益相关者）。如果没有围绕非决定性问题进行事先的、频繁的和轻松的互让互动，由问题引发的冲突很可能引发过度紧张。双方更有可能采取防御性的行动，打断对方，忘记共同的目标。

10-6：更有效地管理项目预期。

有经验的项目经理认识到在他们需要关系之前建立关系的必要性。当没有悬而未决的问题或难题，因此没有焦虑和怀疑时，他们主动与关键的利益相关者接触。在这些社交场合中，他们会很自然地与人闲聊和打趣。他们会回应他人的援助请求，提供支持性的建议，并交换信息。通过这样做，他们建立起了好感，将使他们在未来处理更严重的问题时达成一致成为可能。当她基于过去的接触认为他人是愉快的、可靠的和有用的，当他人出现问题时她更有可能是积极地伸出援手，很少置之不理。

10.4.3　管理高层关系

10-7：制定管理高层关系的策略。

研究一致认为，项目的成功很大程度上取决于项目获得高级管理层支持的程度。这种支持反映在恰当的预算、对意料之外的需要所做出的回应以及向组织中的其他人发出明确的信号，表明项目的重要性和合作的必要性。

高级管理层的可见的支持不仅是确保组织内其他管理人员支持的关键，也是项目经理激励项目团队能力的关键。没有什么比他的防守能力更能证明一个经理的领导权力。为了赢得团队成员的忠诚，项目经理必须是项目的有效倡导者。他们必须能够请求最高管理层取消不合理的要求，提供额外的资源，并认可团队成员的成就。这说起来容易做起来难。

与高层管理者的工作关系是一种常见的恐慌来源。项目经理经常会对高层管理者发出如下哀叹：

- 他们不知道让尼尔（Neil）去另一个项目会使我们损失多少。
- 我想看到他们在给我们的预算范围内完成这个项目。
- 我只希望他们能决定什么才是真正重要的。

虽然让下属去"管理"上级似乎违反直觉，但聪明的项目经理会投入大量的时间和精力来影响与获得最高管理层的支持。项目经理必须接受观点上的深刻差异，并善于说服上级。

在高级管理层和项目经理之间产生的许多紧张关系是观点不同的结果。项目经理会自然而然地专注于对项目最有利的事情。对他们来说，世界上最重要的事情是他们的项目。高层管理者应该有不同的优先顺序。他们关心的是什么对整个组织是最好的。这两种利益有时发生冲突是很自然的。例如，一个项目经理可能强烈地游说增加人员，但最终被拒绝了，因为最高管理层认为其他部门无法承受人员的调离。虽然频繁沟通可以减少两者认识的分歧，但项目经理必须接受这样一个事实：高层管理者不可避免地会以不同的方式看待世界。

一旦项目经理接受与上级的分歧更多的是观点而不是实质的问题，他们就可以把更多的精力放在说服高级管理层的艺术上。但在他们能够说服上级之前，他们必须首先证明自己的忠诚（Sayles，1989）。在这种情况下，忠诚只是指项目经理在大多数时间内始终遵循项目建议书的要求，并坚持由最高管理层建立的参数，没有太多的抱怨或烦恼。一旦管理者证明了对高级管理层的忠诚，高级管理层就会更容易接受他们的质疑和要求。

项目经理必须与资助项目的上层经理培养密切的关系。如前所述，上层经理是支持批准和资助该项目的高级管理层，因此，他们的声誉与项目是一致的。当项目受到高级管理层的攻击时，发起人也是为项目辩护的人。他们使项目免受过多的干扰（见图 10.3）。项目经理应该让这些人知道任何可能导致尴尬或失望的问题。例如，如果成本开始超过预算，或者技术故障有可能推迟项目的完成，管理人员要确保发起人是第一个知道的人。

图 10.3　项目发起人的重要性

时机就是一切。在令人失望的第三季度业绩公布后的第二天就要求增加预算，要比四个星期后再提出类似的要求困难得多。好的项目经理会选择最合适的时间向最高管理层求助。他们争取项目发起人为他们的事业游说。他们也意识到高层管理者的安排是有限的。在这里，独行侠的比喻是恰当的：你只有这么多的银弹，所以要明智地使用它们。

项目经理需要调整他们的沟通模式，以适应高层的沟通模式。例如，一位项目经理意识到高层管理者倾向于使用体育隐喻来描述业务情况，所以她委婉地承认最近在计划中出现了一个失误，她说："我们损失了 5 码，但我们还有两次机会扳倒对方。"聪明的项目经理会学习高层管理者的语言，并将其运用到自己的优势中。

最后，一些项目经理承认"将在外军令有所不受"。如果他们确信高层管理者会拒绝一个重要的请求，并且他们所做的将有益于项目，他们就会不经允许去做。虽然他们承认这是非常危险的，但他们声称，老板通常不会反对成功。

10.4.4　以身作则

高度可见的、互动的管理风格不仅对建立和维持合作关系至关重要，而且允许项目经理利用他们最强大的领导工具：他们自己的行为（Kouzes & Posner，2012；Peters，1988）。通常，当面对不确定性时，人们会从他人身上寻找线索，以了解如何做出反应，并表现出模仿他们所尊重的人的行为倾向。项目经理的行为象征着其他人应该如何在项目中工作。通过他的行为，项目经理可以影响其他人如何行动和回应与项目相关的各种问题（参见生活快照 10.3）。为了有效，项目经理必须"言出必行"（见图 10.4）。接下来讨论了以身作则的六个方面。

生活快照 10.3：危机环境下的领导力

1914 年，勇敢的探险家欧内斯特·沙克尔顿（Ernest Shackleton）和他的海员与科学家团队踏上了“耐力号”（Endurance），打算穿越未被探索过的南极大陆。从他们出发到最终令人难以置信的获救，这两年里发生的事情在生存史上是罕见的：一艘船被扩大的冰山压碎；一位船员被困在冰冻的威德尔海（Weddell Sea）浮冰上；在波涛汹涌的南大洋上，乘着敞篷小船进行了两次危险的长途跋涉；一支队伍被困在荒凉的大象岛上，挑战了人类的忍耐极限。

这次冒险为丹尼斯·珀金斯（Dennis Perkins）所著的《危机环境下的领导力：沙克尔顿的领导艺术》（*Leading at the Edge: Leadership Lessons from the Extraordinary Saga of Shackleton's Antarctic Expedition*）一书提供了基础。珀金斯提供了许多事件，说明沙克尔顿的个人榜样如何影响受困船员的行为。例如，从跨越大西洋探险的开始到结束，沙克尔顿始终鼓励强调关心和尊重的行为：

照片来源：Library of Congress，Prints & Photographs Division，LC-USZ62-17180.

耐力号被毁后，沙克尔顿为船员们加热牛奶，从一个帐篷到另一个帐篷，喝着“赋予生命”的饮料。航行到南乔治亚岛之后，当精疲力竭的船员们上岸后，沙克尔顿成为第一个站岗值班的，他值班 3 小时而不是通常的 1 小时。

船员们模仿沙克尔顿的关爱行为。这方面的一个很好的示例发生在耐力号传奇中最戏剧性的时刻之一。食物供应已减少到危险的低水平。只剩下不到一个星期的供应量，通常作为早餐供应的少量海豹肉排也被取消了。平时用来喂狗的废肉被翻出来看看是否能找到一点可食用的碎肉片。

在这种恶劣的条件下，经过一个潮湿的不眠之夜，一些船员发生了争吵。被夹在中间的一名船员格林斯特里特（(Greenstreet）洒了他的奶粉，并对生物学家克拉克（Clark）大喊大叫。阿尔弗雷德·兰辛（Alfred Lansing）描述了接下来发生的事情：

格林斯特里特停下来喘口气，就在那一瞬间，他的愤怒平息了，他突然沉默了。帐篷里的其他人也都安静下来，看着格林斯特里特，他头发蓬乱，身上沾满了肮脏的奶粉，手里拿着空杯子，无助地望着正在贪婪地吮吸着他宝贵牛奶的雪。这个损失太悲惨了，他几乎要哭了。克拉克一言不发，伸手往格林斯特里特的杯子里倒了一些牛奶。然后是沃斯利（Worsely），然后是麦克林（Macklin）、里克森（Rickerson）、科尔（Kerr）、奥德-李（Orde-Lees），最后是布莱克博罗（Blackborrow）。他们默默地结束了谈话。

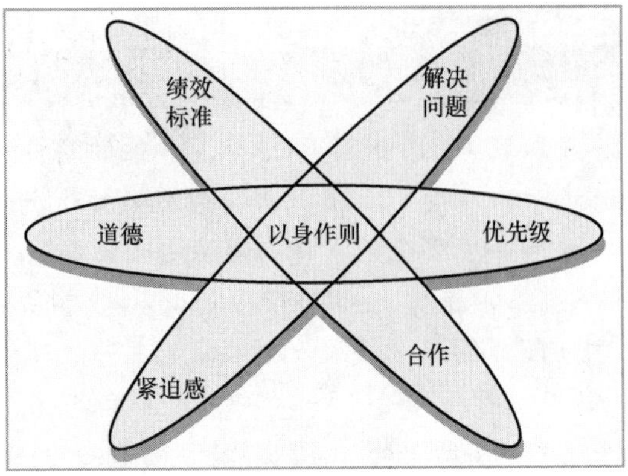

图 10.4　以身作则

1．优先级

下属和其他人通过项目经理如何分配时间来判断他们的优先事项。如果一位项目经理声称这个项目是关键的，然后她又在其他项目上投入了更多的时间，那么她所有的口头保证很可能被置若罔闻。相反，项目经理要花时间去观察关键的测试，而不是简单地等待报告去确认测试人员及其工作的重要性。同样，项目经理提出的问题类型也是沟通的优先级。通过反复询问与满足客户有关的具体问题，项目经理能够加强客户满意度的重要性。

2．紧迫感

通过他们的行动，项目经理可以传达一种紧迫感，这种紧迫感可以渗透到项目活动中。这种紧迫感部分可以通过严格的截止日期、频繁的状态报告会议和积极的加快项目进程的解决方案来传达。项目经理像使用节拍器一样使用这些工具来捕捉项目的节拍。同时，如果项目经理的行为没有相应的改变，这些手段将是无效的。如果项目经理希望其他人更快地工作，更快地解决问题，那么他们就需要更快地工作。他们需要加快自己行动的步伐。他们应该加快互动频率，更快地说话和走路，更早地上班，更晚地下班。通过简单地增加他们日常交互模式的节奏，项目经理可以加强其他人的紧迫感。

3．解决问题

揭示项目经理如何应对问题为其他人如何解决问题定下了基调。如果说出坏消息会遭到口头攻击，那么其他人就不愿意再报告坏消息。如果项目经理更关心的是找出谁是罪魁祸首，而不是如何防止问题再次发生，那么其他人就会倾向于掩盖自己的踪迹，把责任推到别处。另一方面，如果项目经理更多地关注如何将问题转化为机会，或者从错误中可以学到什么，那么其他人就更有可能采取更积极的方法来解决问题。

4．合作

项目经理如何对待外部人员影响团队成员如何与外部人员互动。如果项目经理对市场部门的“白痴”进行了贬低，那么这通常会成为整个团队的共同观点。如果项目经理制定了尊重外来者并响应他们需求的准则，那么其他人就更有可能效仿。

5．绩效标准

经验丰富的项目经理意识到，如果他们想让参与者超越项目预期，那么他们自己必须超越其他人对一个好的项目经理的期望。他们通过日常互动的质量为项目绩效建立了高标准。他们对他人的需求迅速做出反应，仔细准备和主持简洁的会议，掌握所有关键问题，促进问题解决，并在重要问题上立场坚定。

6. 道德

其他人如何应对项目过程中出现的道德困境，将受到项目经理如何应对类似困境的影响。在许多情况下，团队成员根据他们认为项目经理会如何反应来决定他们的行动。如果项目经理故意歪曲或隐瞒客户或高层管理者的重要信息，那么他们就是在向其他人发出信号，表明这种行为是可以接受的。项目管理总是会产生各种各样的道德困境，现在是时候更详细地研究这个问题了。

10.5 道德与项目管理

10-8：了解在项目工作中建立信任和以道德方式行事的重要性。

在前面讨论成本和时间估算、夸大项目建议书的回报等章节中，已经出现了道德问题。伦理道德困境涉及难以确定行为是对还是错的情况。

在一项对项目经理的调查中，81%的人报告说他们在工作中遇到了道德问题。这些困境包括被迫篡改状态报告、把签名日期往前提、牺牲安全标准以加速进展，以及容忍粗制滥造。Müller 及其同事最近的研究表明，项目经理面临的最常见困境是与项目绩效相关的透明度问题（Müller 等，2013，2014）。例如，错误地向客户保证一切都在正轨上，而实际上你这么做是为了防止他们的恐慌，让事情变得更糟，这是可以接受的吗？

项目管理是一项复杂的工作，因此，伦理道德总是涉及判断和解释的灰色区域。例如，很难区分蓄意篡改估算与真正的错误，或故意夸大项目收益与真正的乐观。要确定未兑现的承诺是故意欺骗还是对变化环境的适当反应也是个问题。

为了使商业道德更加清晰，许多公司和专业团体发布了一套行为准则。愤世嫉俗者认为这些文件只是装点门面，而支持者辩称，这些文件虽然有限，却是重要的第一步。在实践中，个人道德不在于正式的法规，而在于一个人的工作、家庭、教育、职业、宗教信仰和日常互动的交集。大多数项目经理报告说，他们依赖于自己的是非意识：一位项目经理称之为他的“心中的指南针”。测试一个回答是否合乎道德的普遍经验法则是问：“想象一下，你所做的一切都会在当地报纸的头版上被报道。你想要什么颜面？你觉得舒服吗？”

遗憾的是，富国银行（Wells Fargo）、安然（Enron）、世通（Worldcom）和安达信（Arthur Andersen）的丑闻表明，受过高等教育的专业人士也愿意放弃对非法行为的个人责任，服从上级的指示（参见生活快照 10.4）。一个组织的高级管理层和文化在塑造成员对与错的信念方面起着决定性的作用。许多组织通过创造“不惜一切代价取得胜利”的心态来鼓励违背道德规范。成功的压力掩盖了手段是否正当。另一些组织则重视“公平竞争”，并凭借其值得信赖和可靠而占据市场地位。

生活快照 10.4：安达信的崩溃

阿瑟·E.安达信（Arthur E. Andersen）在 20 世纪初建立自己的会计师事务所时，秉承的原则是“坦诚思考、直言不讳”。这是他母亲教给他的一句话，并成为公司的座右铭。对诚信的承诺和系统化、有计划的工作方法，使安达信成为世界上最大、最知名的会计师事务所之一。

苏珊·斯奎尔斯在和同事所著的《阿瑟·安达信内幕》一书中写道：“并不是每个人都适合为安达信工作。这可能是一种艰难的文化。对于那些更自由的人来说，它太过等级森严，而且是自上而下的。许多人不到两年就离开了，认为这些奖励不足以满足他们的要求。有些人学会了遵守规则，有些人甚至取得了成功。要想留在这家公司，员工就必须努力工作，尊重上级权威，并保持高度的一致性。作为回报，他们会得到支持、升职和成为合伙人的可能性。那些在这家公司工作的人，无论是在职业上还是在个人生活上，都一起变老了，而且大多数人从来没有在其他地方工作过。对这些幸存者来说，安达信是他们的第二个家，他们对安达信及其文化产生了强烈的忠诚感。”

2001 年 10 月 23 日，大卫·邓肯（David Duncan）告诉他位于休斯敦的负责安然公司的审计项目团队，他们需要开始遵守安达信在处理审计文件方面的新政策。制定这一政策是为了确保该公司无关的文书工作不会被用于法庭案件。虽然文件保留政策要求保留支持公司意见和审计的文件，但它允许大量次要文件被销毁。团队对邓肯的指令报以震惊的沉默。然后每个人都站起来，开始跑着去做他们被要求做的事情。没有人要求邓肯进一步解释，也没有人问他们是否做错了，没有人质疑他所做的是否违法。安达信在休斯敦的员工只是做出反应，毫无疑问地服从命令。

2001 年 11 月 9 日，在美国证券交易委员会向安达信发出传票的第二天，碎纸机停止了。超过一吨的文件被毁，3 万封电子邮件和与安然公司相关的电脑文件被删除。据安达信的法律辩护团队称，碎纸只是例行公事。律师们声称，碎纸是消除不必要文件的标准做法。在美国证交会看来，这似乎是一场深度掩盖行动的开始。随后，世界上最受尊敬的会计师事务所之一倒闭了。

10.6 建立信任：发挥影响力的关键

从信任的缺失可以看出它的重要性。想象一下，你不信任对方和信任对方时，工作关系是多么不同。以下是一位部门经理对他不信任的项目经理的反应：

每当吉姆（Jim）向我提出问题时，我就会试图从字里行间揣摩到底发生了什么。当他提出要求时，我的第一反应是“不”，直到他证明了这一点。

相反，信任是维持顺畅和有效互动的“润滑剂”。例如，以下是一位职能经理如何对待一位他信任的项目经理的看法：

如果莎莉（Sally）说她需要什么，我不会问任何问题。我知道这很重要，否则她不会说的。同样，如果我需要什么，我知道如果她可以的话，她会帮我的。

信任是一个难以捉摸的概念。很难精确地确定为什么一些项目经理是可信的，而另一些不可信。理解信任的一种流行方式是把它看作性格和能力的作用。性格侧重于个人动机（例如，他是否想做正确的事情？），而能力侧重于实现动机所必需的技能（例如，他是否知道做正确的事情？）。

史蒂芬•柯维（Stephen Covey）在他的畅销书《高效能人士的七个习惯》（*Seven Habits of Highly Effective People*）中，重新提到了领导力文献中性格的重要性。柯维批评通俗的管理文献过于注重肤浅的人际关系技巧和操纵技巧，他将其称为人格伦理。他认为，高效能人士的核心是一种品格伦理，它深深植根于尊严、服务、公平、追求真理、尊重等个人价值和原则中。

性格的显著特征之一是一致性。当人们受到一套核心原则指导时，他们的行为自然更容易预测，因为他们的行为与这些原则一致。性格的另一个特点是开放性。当人们清楚自己是谁、看重什么时，他们更容易接受他人。这种特质让他们有能力共情，并能在不同的人之间建立共识。最后，性格的另一个特点是目标感。有性格的管理者不仅受个人野心的驱使，也受共同利益的驱使。他们主要关心的是什么对他们的组织和项目最好，而不是什么对他们自己最好。这种将个人利益置于更高目标之下的意愿赢得了他人的尊重、忠诚和信任。

性格的重要性可以通过两个团队成员对两位截然不同的项目经理的评论来总结：

起初，每个人都喜欢乔（Joe），并对这个项目感到兴奋。但过了一段时间，人们开始怀疑他的动机。他倾向于对不同的人说不同的事情。人们开始觉得自己被操纵了。他和高层管理者相处的时间太长了。人们开始相信他只是在为自己着想。这是他的项目。项目一开始失败，他就跳船了，让我们背黑锅。我再也不会为那家伙工作了。

我对杰克（Jack）的第一印象没什么特别的。他有一种安静、谦逊的管理风格。随着时间的推移，我学会了尊重他的判断和敬佩他让人们一起工作的能力。当你向他提出问题或要求时，他总是认真倾听。如果他不能做你想让他做的事，他会花时间解释原因。当出现分歧时，他总是为项目考虑最佳方案。他以同样的规则对待每个人，没有人得到特殊待遇。如果有机会再和他一起做一个项目，我会欣然接受。

性格本身不会产生信任。我们还必须对个人的能力有信心，才能真正信任他们（Kanter，1979）。我们都知道那些我们喜欢但不信任的管理者，因为他们有不履行承诺的历史。虽然我们可能成为这些经理的朋友，但我们不喜欢和他们一起工作或为他们工作。

能力体现在许多不同的层次上。第一，与任务相关的知识和技能。体现在回答问题的能力，解决技术问题的能力，以及在某些类型的工作中表现出色的能力。第二，人际交往能力。表现在能够有效地倾听，清楚地沟通，解决争论，提供鼓励，等等。第三，组织能力。这包括能够管理有效的会议，设定有意义的目标，减少低效，构建社交网络。年轻的工程师和其他专业人员往往过于看重任务或技术能力。他们低估了组织能力的重要性。另一方面，经验丰富的专业人士认识到管理的重要性，更重视组织和人际交往能力。

新项目经理遇到的一个问题是，形成性格和能力需要时间。项目经理的性格和能力通常会在他们被测试时表现出来，例如当艰难决策或困难问题需要解决时。经验丰富的项目经理有良好的声誉并建立了成功的记录。虽然可信的发起人的支持能帮助年轻的项目经理建立良好的第一印象，但最终她的行为将决定她是否值得信任。最近的研究表明，建立信任的第一步是联系。不要一开始就强调你的能力，而要专注于表现出热情和关心。通过这样做，你可以向他人证明你倾听他们，理解他们，并且可以被他们信任（Cuddy，Kohu，& Neffinger，2013）。

到目前为止，本章已经讨论了为了完成项目，要建立一个基于信任和互惠的关系网络的重要性。下一节研究项目管理工作的性质以及在这方面出类拔萃所需要的个人素质。

10.7 有效项目经理的素质

10-9：确定有效项目经理的素质。

项目管理，乍一看，是一个误导的学科，因为过程中有一个内在的逻辑。从制定项目范围到创建 WBS、开发网络图、获取资源、确定计划和达到里程碑是一个自然的过程。然而，当涉及实际实施和完成项目时，这种逻辑可能很快就会消失。项目经理经常遇到一个混乱得多的世界，充满了不一致和矛盾。有效的项目经理必须能够处理工作的矛盾性质。这里列出了其中的一些矛盾：

- **既要创新又要保持稳定。**项目经理必须“灭火”，恢复秩序，让项目回到正轨。与此同时，他们需要创新，开发新的、更好的做事方式。创新打破了常规，可能引发必须处理的新麻烦。
- **既要做自己的事情又要着眼于大局。**项目经理必须看到大局，以及他们的项目如何适应公司的更大的战略。有时，他们必须深入参与项目工作和技术。如果他们不担心细节，谁会呢？
- **既要鼓励个人又要给团队施压。**项目经理必须在保持团队合作的同时，激励、劝诱和吸引单个的执行者。他们必须小心，在对待团队成员时，必须保持公平和统一，同时把每个成员视为一个特殊的个体。
- **既要亲力亲为又要大胆放手。**项目经理必须介入，解决僵局，解决技术问题，并坚持不同的方法。与此同时，他们必须意识到什么时候应该袖手旁观，让其他人来决定该怎么做。
- **既要灵活多变又要坚定不移。**项目经理必须适应并响应项目中发生的事件和结果。与此同时，当其他人都想放弃的时候，他们不得不坚持到底。
- **既要忠诚团队又要忠诚上级组织。**项目经理需要建立一个统一的项目团队，团队成员为取得非凡的业绩相互激励。但与此同时，他们还必须对抗过度的凝聚力和团队对外界想法的抵制。他们必须培养对团队和上级组织的忠诚。

处理这些问题和其他矛盾都需要技巧和平衡。这些技巧包括在相反的行为模式之间巧妙地来回移动（Sayles，1989）。例如，大多数时候，项目经理积极地让其他人参与进来，以增量的方式移动，并寻求共识。有些时候，项目经理必须像独裁者一样采取果断的、单方面的行动。平衡需要认识到极端的危险，好东西太多必然会有害。例如，许多经理总是倾向于把压力最大、难度最大的任务分配给他们最好的团队成员。这种习惯经常在被选中的成员中滋生怨恨（“为什么我总是那个处理困难工作的人？”），并且从不允许较弱的成员进一步发展他们的才能。

要成为一名有效的项目经理，没有单一的管理风格或公式。项目管理的世界对于公式来说太复杂了。成功的项目经理有一个诀窍，就是根据具体情况调整风格。

那么，我们应该从一个高效的项目经理身上寻找什么呢？许多作者已经解决了这个问题，并列出了与成为一名有效管理者相关的一系列技能和属性（Posner，1987；Shenhar & Nofziner，1997；Turner & Müller，2005）。在回顾这些清单时，人们有时会产生这样的印象：要成为一名成功的项目经理，就需要拥有超人的能力。虽然不是每个人都具备成为一名有效项目经理的能力，但仍有一些核心特质和技能可以被培养，用来成功地完成工作。以下是其中的 8 个特征。

（1）**有效的沟通技能**。沟通是项目成功的关键。项目经理需要说不同利益相关者的语言，并成为有同理心的倾听者。

（2）**系统思维**。项目经理必须能够对项目采取整体而不是简化的方法。系统视角不是将项目分解成单独的部分（计划、预算），并通过理解每个部分来管理它，而是着重于试图理解相关的项目因素如何共同交互作用来创造项目结果。成功的关键在于管理不同部分之间的相互作用，而不是部分本身。

（3）**个人的完整性**。在你能够领导和管理他人之前，你必须能够领导和管理自己（Bennis，1989）。首先要建立一个坚定的自我意识，你是谁，你的立场是什么，你应该如何表现。这种内在的力量提供了承受项目生命周期起伏的轻松心情，以及维持他人信任所必需的可信度。

（4）**积极主动性**。好的项目经理在需要防止小问题升级为大问题之前就采取行动。他们把大部分时间花在自己的影响范围内解决问题，而不是停留在自己无法控制的事情上。项目经理不能抱怨。

（5）**高情商**。项目管理不适合温顺的人。项目经理必须控制好自己的情绪，在事情有点失控的时候能够对他人做出建设性的回应。请参见研究亮点 10.2，了解更多这方面的信息。

研究亮点 10.2：情商

情商是一种感知、评估和管理自己与他人情绪的能力或技能。虽然情商的概念出现在 20 世纪 20 年代，但直到丹尼尔·戈尔曼（Daniel Goleman）出版了他的《情商》（*Emotional Intelligence*）一书，这个概念才引起商界人士和公众的注意。

戈尔曼将情商划分为以下五种情绪能力：

- **自我意识**。了解自己的情绪，意识到情绪的发生，并理解情绪和行为之间的联系。自我意识体现在自信、对个人优点/缺点的现实评估以及自嘲的能力。
- **自我调节**。能够控制破坏性的冲动和情绪，并对情况做出适当的反应。自我调节体现在诚信和乐于变革。
- **自我激励**。能够聚集自己的感觉，以能量、激情和毅力追求目标。自我激励的特征包括实现目标的强烈愿望和内心的乐观。
- **共情能力**。能够意识到他人的感受，并关注他们的语言和非语言暗示。共情能力反映在维系关系的能力和跨文化敏感性上。
- **社交技能**。能够构建社交网络，与不同类型的人建立融洽的关系。社交技能包括领导变革、解决冲突和建立有效团队的能力。

不需要太多的想象力就可以看出情商如何有助于成为一个有效的项目经理。

在戈尔曼看来，这些能力在层次结构中是建立在彼此之上的。在他的分层结构的最低层是自我意识。某种层级的自我意识是需要转向自我调节的。最终，社交技能需要具备其他四项能力，才能开始精通领导他人。专家认为，大多数人都可以通过学习来提高他们的情商。现在出现了大量的培训计划和材料来帮助人们开发他们的情商潜力。

（6）总体商务观。因为项目经理的主要角色是整合不同业务和技术部门的成果，所以重要的是，项目经理要对业务基础有一个总体的把握，以及不同的职能部门如何相互作用，以促进业务的成功。

（7）有效的时间管理。时间是管理者最稀缺的资源。项目经理必须能够明智地规划自己的时间，并快速调整工作的优先级。他们需要合理安排与他人的互动，这样就不会有被忽视的感觉。

（8）乐观。项目经理必须表现出积极进取的态度。他们必须能够在阴郁的日子里找到阳光，让人们的注意力保持积极向上。良好的幽默感和乐观的态度通常是一个项目经理最大的优点。

那么，一个人是如何形成这些特质的呢？研讨会、自学和课程可以提升一个人的整体商务观和系统思维能力。培训项目可以提高情商和沟通技巧。人们也可以学习压力和时间管理技巧。然而，我们知道没有研讨会或魔药可以把悲观主义者变成乐观主义者，或者在没有目标的情况下提供一种使命感。这些品质触及一个人的灵魂。乐观、正直，甚至是积极主动，如果不是已经有一种倾向去展示它们，是很难开发出来的。

本章小结

为了取得成功，项目经理必须在不同的盟友之间建立一个合作网络。他们首先确定项目的关键利益相关者，然后判断各种关系的性质并建立行使影响力的基础。有效的项目经理善于获得和行使广泛的影响力。他们利用这种影响力和高度互动的管理风格来监控项目绩效，并在项目计划和前进方向中实施适当的变更。有效的项目经理这样做的方式产生了信任，而信任最终是基于他人对他们的性格和能力的看法。

鼓励项目经理牢记以下建议：

- **人际关系应该在需要之前就建立起来。**在你需要关键人物的帮助之前，确定关键人物是谁，你能做些什么来帮助他们。在你给予别人帮助之后，接受别人的帮助总是更容易。这需要项目经理从系统的角度来看待项目，并了解它如何影响组织内外的其他活动和议程。从这个角度来看，他们可以找到做善事的机会，并获得他人的支持。
- **通过频繁的面对面接触来维持信任。**信任会因忽视而枯萎。这在快速变化和不确定性的情况下尤其正确，这自然会产生怀疑、猜疑，甚至是短暂的妄想狂。项目经理必须与关键的利益相关者保持频繁的联系，以跟上发展的步伐，平息担忧，参与实际测试，并将注意力集中在项目上。频繁的面对面互动，无论是直接的还是通过视频电话会议，都是对彼此尊重和信任的肯定。

最终，以一种有效和合乎道德的方式施加影响，开始和结束于你如何看待其他各方。你认为他们是你未来的伴侣还是你实现目标的障碍？如果是障碍，那么你就利用你的影响力来操纵和获得他们的服从与合作。如果是合作伙伴，你可以施加影响来获得他们的承诺和支持。将构建社交网络视为建立伙伴关系的人将每一次互动都视为两个目标：一个是解决眼前的问题/难题，另一个是改善工作关系，以使下一次工作更加有效。有经验的项目经理会意识到“善有善报”，为了快速成功，他们会不惜一切代价避免惹恼“玩家”。

关键术语

Emotional Intelligence（EQ）情商

Management by Wandering Around（MBWA）走动式管理

Inspiration-Related Currencies 与灵感相关的货币

Personal-Related Currencies 与个人相关的货币

Position-Related Currencies 与地位相关的货币

Relationship-Related Currencies 与人际关系相关的货币

Task-related Currencies 与任务相关的货币

Stakeholders 利益相关者

复习题

1．管理项目和领导项目有什么区别？

2．影响力交换模型建议你如何建立合作关系来完成一个项目？

3．你期望看到职能矩阵中的项目经理使用的影响力货币种类与专门项目团队的项目经理使用的影响力货币种类之间有什么不同？

4．为什么在需要关系之前就建立关系很重要？

5．为什么让项目发起人知情至关重要？

6．为什么信任既是性格的作用，又是能力的作用？

7．与成为一名有效的项目经理相关的八个特质/技能中，哪一个是最重要的？哪一个是最不重要？为什么？

生活快照讨论题

10.1 作为乐队指挥的项目经理

1．为什么乐队指挥是项目经理的恰当比喻？

2．作为项目经理的哪些方面没有反映在这个比喻中？

3．你还能想到其他合适的比喻吗？

10.3 危机环境下的领导力

1．在项目中以身作则有多重要？

2．如果沙克尔顿没有以身作则，你认为“耐力号”的船员会怎么样？

10.4 安达信的崩溃

1．似乎每隔5～10年，就会有一桩丑闻损害一家知名企业的声誉。考虑到商业竞争的本质，这是不可避免的吗？

2．安达信文化的哪些方面导致了这一丑闻？

练习题

1．在网上搜索凯尔西性情分类问卷（Keirsey Temperament Sorter Questionnaire），找到一个信誉良好的自我评估问卷网站。通过回答问卷来确定你的气质类型。阅读与你的类型相关的支持文件。这些材料表明哪些项目最适合你？作为项目经理，你的优点和缺点是什么？如何弥补你的弱点？

2．访问美国项目管理协会网站，仔细研究PMI成员道德标准部分所包含的所有标准。这些信息在帮助人们决定哪些行为是合适的，哪些行为是不合适的方面有多大用处？

3．你正在你的家乡组织一场慈善音乐会，将有当地的重金属摇滚乐队和嘉宾演讲。绘制一个依赖关系图，确定可能影响项目成功的主要人群。你认为谁会最合作？你认为谁最不合作？为什么？

4．你是项目经理，负责一个新的国际机场的整体建设。绘制一个依赖关系图，确定可能影响项目成功的主要人群。你认为谁会最合作？你认为谁最不合作？为什么？

5．确定一段你很难获得合作的重要关系（同事、老板、朋友）。根据影响力货币模型来评估这种关系。你们在这一关系中交换了什么样的影响力货币？这种关系的“银行账户”是“红色”还是“黑色”？什么样的影响力才适合与那个人建立更牢固的关系？

6．以下7个小案例场景涉及与项目管理相关的伦理困境。你会如何应对每种情况？为什么？

杰克·尼采

你从一个项目人事会议上返回，在该会议上，未来的项目分工已经完成。尽管你尽了最大的努力，但还是没能说服项目管理主任提拔你最好的助手之一杰克·尼采（Jack Nietzche）为项目经理。你觉得有点内疚，因为你曾拿升职的可能性来激励杰克。杰克用积极加班回应了你的激励，确保了他的项目部分按时完成。你想知道杰克对这次失望有何反应。更重要的是，你想知道他的反应会如何影响你的项目。你还有五天的时间去赶一位非常重要客户的最后项目期限。虽然这并不容易，但你相信你能按时完成这个项目。现在你不那么确定了。杰克已经完成了文档阶段的一半，这是最后一个关键活动。杰克有时会很情绪化，你担心他一旦发现自己没有得到提升就会发脾气。当你回到办公室时，你不知道应该做什么。你应该告诉杰克他不会被提升吗？如果他问你是否已经有了新的职责分工，你该怎么说？

Seaburst 建筑项目

你是 Seaburst 建筑项目的项目经理。到目前为止，项目进展得比计划提前，且低于预算。你把这个成果部分归因于你与为你工作的木匠、水管工、电工和机器操作员之间良好的工作关系。你不止一次地要求他们付出 110%的努力，他们也做到了。

一个星期天的下午，你决定开车去施工现场，并把成果秀给你儿子看。当你向儿子指出项目的各个部分时，你发现仓库里少了几件有价值的设备。当你周一重新开始工作时，你正准备与主管讨论这件事，这时你意识到所有丢失的设备都回到了库房。你应该怎么做？为什么？

项目状态报告会

你开车去和你的客户开项目状态报告会。你在项目中遇到了一个重大的技术问题，使你的项目落后于进度。这不是一个好消息，因为完成时间是项目的第一优先级。你相信你的团队能够解决问题，如果他们能够全身心地投入这个问题中，并且努力工作，你能够赶上计划并回归正轨。你也相信如果你告诉客户这个问题，她会要求和你的团队开会讨论这个问题带来的影响。你也可以期待她派一些员工去监督问题的解决方案。这些中断可能进一步推迟该项目。关于项目的当前状态，你应该告诉你的客户什么？

金星局域网项目

你在一家大型咨询公司工作，被分配到金星局域网项目。项目的工作已经接近完成，你在金星的客户似乎对你的绩效很满意。在项目过程中，为了适应金星管理人员的具体需求，必须对原来的范围进行变更。这些变更的成本和管理费用都被记录在案，并提交给中心的会计部门。他们处理了信息并提交了变更记名账单供你签字。你惊讶地发现账单比你提交的要高 10%。你联系会计办公室的 Jim Messina，询问是否有错误。他简短地回答说，没有出错，管理层上调了费用，他建议你在文件上签字。你和另一位项目经理谈论这件事，她私下告诉你，在你们公司，在变更单上对客户收取过高的费用是常见的做法。你能在文件上签字吗？为什么签字？为什么不签字呢？

开普敦生物科技项目

你负责安装新的电子工程生产线。你的团队已经收集了估算信息，并且使用 WBS

来生成项目进度计划。你对进度计划和你的团队所做的工作充满信心。你向最高管理层报告，你认为这个项目需要 110 天，并在 3 月 5 日前完成。这一消息受到了积极的欢迎。事实上，项目发起人透露，订单在 4 月 1 日之前都不必发货。你在离开会议时想知道是否应该与项目团队共享这些信息？

莱曼制药公司

你是莱曼制药公司（Ryman Pharmaceuticals）Bridge 项目的测试工程师。你刚刚完成了一种新的电化学化合物的电导率测试。结果超出了预期。这种新化合物应该会给这个行业带来革命性的变化。你在想，是否该打电话给你的股票经纪人，请他在其他人发现这个结果之前买进 2 万美元的莱曼股票。你会怎么做，为什么？

普林斯顿码头

你负责翻新老普林斯顿码头酒吧和烧烤店。尽管收到了延期交货的油漆，但该项目仍在按计划进行。油漆应该在 1 月 30 日送达，却在 2 月 1 日送到。商店经理助理对延误深表歉意，并询问你是否愿意在验收单上签字并将收货日期追溯到 1 月 30 日。他说，如果货物装运被报延误，他就没有资格获得过去一个月努力争取的奖金。他承诺在未来的项目中补偿你。你会怎么做，为什么？

案例 10.1：蓝天计划

29 岁的加斯·哈德逊（Garth Hudson）毕业于东部州立大学（Eastern State University，ESU），拥有管理信息系统专业的学士学位。毕业后，他在肯塔基州路易斯维尔的蓝草系统（Bluegrass Systems）公司工作了 7 年。在 ESU 时，他兼职为海洋学教授艾哈迈德·格林（Ahmet Green）工作，为他正在进行的一个研究项目创建一个定制的数据库。格林最近被任命为东部海洋学研究所（Eastern Oceanography Institute，EOI）所长，加斯相信，他之前的经验对他获得该研究所信息服务（Information Services，IS）主管的工作很有帮助。尽管他的工资被大幅削减，但他还是抓住了回到母校的机会。他在蓝草系统公司的工作要求非常高。长时间的工作和大量的旅行出差使给他的婚姻出现了问题。他期待着一份工作时间合理的正常工作。此外，他的妻子詹娜（Jenna），将忙于在东部州立大学攻读 MBA。在蓝草系统公司工作期间，加斯参与了许多 IS 项目。他自信自己具备胜任新工作所必需的技术专长。

东部海洋学研究所是一个独立资助的研究机构，与东部州立大学结盟。大约有 50 名全职和兼职工作人员在该研究所工作。他们的研究得到了美国国家科学基金会（National Science Foundation，NSF）和联合国（United Nations，UN）的资助，也得到了私营企业的资助。通常有 7~9 个大型研究项目同时进行，还有 20~25 个较小的项目。该研究所 1/3 的科学家在 ESU 兼职教学任务，并利用该研究所进行自己的基础研究。

C10.1.1 在 EOI 的第一年

加斯一到研究所就特意向不同的人群进行了自我介绍。不过，他与工作人员的接触还是有限的。他把大部分时间都花在熟悉 EOI 的信息系统、培训员工、应对突发问题以及参与各种项目上。加斯患有食物过敏症，并避免在附近的餐馆吃非正式的员工午餐。为了把更多的时间花在工作上，他不再定期参加每两周举行一次的员工会议。他只出席有关其业务具体议程事项的会议。

在 EOI 的 IS 部门的工作人员包括两个全职助理——汤姆·杰克逊（Tom Jackson）和格兰特·希尔（Grant Hill）。由来自计算机科学系的五名兼职学生助理协助他们工作。格兰特·希尔被指派全职参加一个为期五年的 NSF 资助的大项目，目的是创建一个海洋学研究的虚拟图书馆。格兰特在项目负责人办公室之外工作，与加斯或汤姆几乎没有互动。加斯和汤姆的关系从一开始就很尴尬。事后他发现汤姆以为他能得到主管的职位。他们从未谈论过这件事，但他在工作的头几个月感觉到紧张。问题之一是他和汤姆的性格完全不同。汤姆喜欢交际，而且非常健谈。他有一个习惯，午饭后在研究所周围走动，与不同的科学家和研究人员交谈。这通常会带来有用的信息。另一方面，加斯更喜欢待在他的办公室里，做各种各样的工作，只有在需要的时候才出去走动。虽然加斯觉得汤姆没有掌握最新的进展，但他尊重汤姆的工作。

上个月，系统被一种通过互联网引入的病毒破坏了。加斯花了整整一个周末的时间使系统恢复运行。一个反复出现的令人头疼的问题是，其中一个代号为“Poncho”的服务器偶尔会无缘无故地关闭。他决定不更换它，而是一直照顾它，直到它可以被更换。他的工作经常被其他研究人员的疯狂电话打断，他们需要在各种与计算机有关的问题上立即得到帮助。他对一些研究人员对计算机的无知程度感到震惊，他指导他们学习电子邮件管理和数据库配置的一些基本知识。他确实抽出时间帮助助理教授阿曼达·约翰逊（Amanda Johnson）做了一个项目。阿曼达是唯一回复加斯邮件的研究员，邮件中说 IS 的工作人员可以为项目提供帮助。加斯在互联网上创建了一个虚拟项目办公室，这样阿曼达就可以与来自意大利和泰国研究所的同事合作，获得 UN 的研究资助。他期待着有一天他可以花更多的时间在这样有趣的项目上。

C10.1.2 蓝天转换项目

4 个月前，“蓝天”转换项目正式启动。艾哈迈德·格林从华盛顿特区回来，带来了坏消息。经济衰退将导致资金的大幅减少。他预计在未来三到五年内，年度预算最多将减少 25%。这将导致人员裁减和业务成本的削减。一项削减成本的措施是将 IT 业务转移到“云”。艾哈迈德首先向加斯提出这个想法之前，他参加了与其他几位面临类似资金紧张的研究所所长的会议。

基本策略是将研究所所有的数据库、软件甚至硬件转移到“私有云”。员工们可以使用现有的个人电脑通过互联网访问功能更强大的计算机。这些强大的计算机可以根据研究人员的需要进行不同的分区和配置，为每个工作人员提供自己的虚拟机（Virtual Machine,

VM）。员工还可以根据需要通过 Internet 访问、使用和共享虚拟服务器。加斯与研究所的会计一起进行成本/收益分析。从他们的立场来看，这是完全有道理的。第一，研究所不需要更换或升级老化的电脑和服务器。第二，研究所将获得大量的 IT 节省，因为他们只会为实际使用的 IT 资源付费。他们不需要进行任何重大的 IT 资金支出。第三，云计算将为科学家提供更大的灵活性，可以在任何时间、任何地点访问所需的资源或软件。第四，一旦系统启动并运行，研究所至多只需要一名全职 IT 员工。艾哈迈德决定将该项目命名为“蓝天”，以使转换更加积极。

起初副所长们对这个主意犹豫不决。有些人很难将云计算的含义概念化。其他人则担心安全性和可靠性。最后，当他们得到削减成本的替代方案时，他们不情愿地批准了这个项目。加斯向他们保证，云计算是未来的潮流，在“云”上设置或访问虚拟机就像设置或访问他们的 E-mail 账户一样简单。

转换项目将分阶段完成。第一阶段是选择供应商。下一个阶段是将非任务关键信息迁移到云端。接下来的阶段需要将六个大的资助项目一波一波地迁移到云端。最后一个阶段将专注于剩余的较小项目。培训将是每个阶段的组成部分。研究所将保留所有的数据备份，直到完成转换后的 6 个月。之后，云服务商将负责备份数据。

起初汤姆对这个项目很兴奋。他足够聪明，意识到这是计算机的未来，他对整个系统如何工作很感兴趣。当他开始考虑对工作的潜在影响时，他的感觉很快就改变了。他不止一次地问加斯，转换完成后我们部门会是什么样子。加斯含糊地回答说，一旦系统启动并运行，他们就会弄清楚。

一个由加斯领导的任务小组成立了，以选择一个云服务供应商。加斯对有这么多选择感到惊讶。计划和成本结构差别很大。委员会经过多次审议后将选择范围缩小到三家。前两家是业内较大的供应商 VMWARE 和微软。第三家是一个相对较新的公司—OpenRange，它提供更便宜的解决方案。汤姆认为，尽管大型供应商的成本更高，但它们是更安全的选择。加斯回应说，他对 OpenRange 有信心，削减成本是这个项目背后的主要目标。最后，加斯说服委员会选择 OpenRange。OpenRange 不仅成本显著降低，而且帮助培训员工。加斯喜欢这个方案，培训也不是他的强项，他并不想在整个过程中一直牵着资深科学家的手。

加斯和汤姆花了六周时间来识别非关键数据。加斯负责后端工作，而汤姆与员工会面确定非关键信息。有句座右铭说的是，当你有疑问的时候，就抛开它。实际的迁移只花了几天时间。事实证明，培训问题更大。OpenRange 派来的员工似乎是刚从大学毕业的。尽管他们满腔热情，但在如何让老员工接受和使用新技术方面缺乏经验。许多培训师习惯简单地替员工做事情，而不是告诉他们如何自己做。当 OpenRange 存储系统的断电中断了该研究所 36 小时的运行时，一切都到了紧要关头。

艾哈迈德召开了紧急会议。加斯报告说，停电发生在印度东北部，OpenRange 正在扩大他们的备份系统。一些成员认为，研究所应该换一家更大的供应商。这时，加斯看着汤姆，当他保持沉默时，他松了口气。最后，艾哈迈德宣布，更换供应商的成本太高，而加斯和他的员工将不得不进行转换。汤姆主动提出负责这次培训。每个人都同意研究所应该再雇用三名兼职助理来帮助工作人员进行过渡。

加斯在幕后工作，与他在 OpenRange 的同行协调，并计划项目的下一个部分的转换。

汤姆与 OpenRange 培训师密切合作，并将他们的注意力重新集中在教学上。起初阻力很大。汤姆利用他在研究所内的私人关系来争取对这次转换的支持。他说服加斯改变转换时间表，从那些领导最支持转换的项目开始。培训得到了改进，汤姆创建了一些有用的培训材料，包括关于如何访问虚拟机的短视频。

在这个转换过程的早期出现的一个问题涉及一位研究生助理退出关机时，她敲击了一条错误的命令，终止了她的虚拟机，而不是退出。这导致该机器在云中的数据完全丢失。幸运的是，研究所有备份，汤姆能够恢复。汤姆与 OpenRange 的一些程序员合作，编写了一个程序，在屏幕上触发一个弹出消息，警告用户在注销退出时不要终止他们的虚拟机。

C10.1.3　蓝天计划即将收尾

完成“蓝天”项目花了将近一年的时间。经历了艰难的开始之后，事情进展相对顺利。接受是缓慢的，但是汤姆和他的工作人员向研究所员工演示了新系统如何使他们的工作更容易。两名学生助理随时待命解决任何问题。加斯花了大部分时间与 OpenRange 的同行交流，很少走出他的办公室。他让他的学生助理从员工那里收集信息，这样他就可以配置新的虚拟机来精确匹配员工的需求。他花了很长时间，以便定制的数据库能够在新环境中工作。这被证明是一项非常艰巨的任务，他对自己的工作很满意。OpenRange 的服务器设施曾两次出现短暂的停电，中断了该研究所的工作。加斯很高兴地告诉大家，OpenRange 正在乌克兰开发另一种服务器系统。

当研究所对蓝天计划进行回顾（项目回顾）时，一些人仍然质疑选择 OpenRange 作为云服务商，但赞扬了汤姆帮助员工完成转型的工作。尽管 OpenRange 的选择受到了批评，但加斯对这个项目感觉很好。该系统已经建立和运行，工作人员开始享受它所提供的灵活性。此外，研究所还将从新系统中获得真正的节省。

回顾结束后不久，当艾哈迈德走进加斯的办公室并关上门时，加斯感到很惊讶。艾哈迈德首先感谢加斯为这个项目所做的工作。然后他清了清嗓子说：“你知道吗，加斯，蓝天计划的后果之一就是减少我们的 IT 人员。数据库项目需要格兰特 · 希尔。所以就看你还是汤姆了。坦率地说，副所长们一致认为汤姆对研究所是必不可少的。我知道你可能感到惊讶，在我做出决定之前，我想给你一个让我改变主意的机会。”

1. 如果你是加斯，你会怎么回应所长？
2. 加斯犯了什么错误？
3. 从这个案例中我们可以学到什么？

案例 10.2：汤姆 · 布雷

汤姆 · 布雷（Tom Bray）一边考虑着今天的工作安排，一边看着海湾对面正在袭来的风暴。这是帕伽索斯（Pegasus）项目正式开始的第二个工作日，现在真正的工作就要开始了。

帕伽索斯是总部位于马萨诸塞州波士顿的大型金融机构亚特兰大集团（AtlantiCorp）为期两个月的改造项目。汤姆的团队负责在三楼新装修的应收账款部安装家具和设备。帕伽索斯项目由亚特兰大集团的设施部门组建的一个专门项目团队来管理，由汤姆作为项目领导。

汤姆很兴奋，因为这是他的第一个大联盟项目，他期待着实践一种新的管理方式：走动式管理。他在大学的一个商业课程上接触过 MBWA，但直到加入了亚特兰大集团的领导力培训研讨会后，他才决定改变自己的管理方式。研讨会的教练是一位虔诚的 MBWA 冠军，他强调“你不能在电脑上管理人！”。此外，他的同行们应用 MBWA 的成果强化了 MBWA 在从事项目时所能带来的好处。

汤姆在电子数据系统公司工作了 6 年之后，于 5 年前加入了亚特兰大集团公司的设备部。他很快展示了自己的技术能力和良好的工作习惯。他被鼓励参加亚特兰大集团公司提供的所有内部项目管理工作坊。在上两个项目中，他担任助理项目经理，负责采购和合同管理。

他读过一些关于项目管理软性方面的书，MBWA 是有意义的，毕竟，完成项目的是人，而不是工具。他的老板告诉他，他需要改进自己的人际交往能力，努力与团队成员建立融洽的关系。MBWA 似乎是一个完美的解决方案。

汤姆审阅了团队成员的名字，有些外国名字真是绕口令。例如，他的一个较好的工人来自泰国，她的名字叫 Pinyarat Sirisomboonsuk。他练习说“Pin-ya-răt See-rē-somboon- sook”。他站起来，整理了一下衬衫，走出办公室，走到楼下，他的团队正在那里忙着卸载设备。

汤姆对他遇到的头几个工人说“嗨”，直到他遇到杰克和其他三个工人。杰克正忙着从盒子里拿出硬件，而他的队友们站在旁边聊天。汤姆脱口而出：“来吧，伙计们，我们还有活要干呢。”他们迅速分开，开始卸箱子。

接下来的访问似乎进行得很顺利。他帮史蒂夫（Steve）卸下了一个沉重的箱子，当他几乎正确地说出了 Pinyarat 的名字时，他从 Pinyarat 那里得到了一个赞赏的微笑。满意了，汤姆回到他的办公室，认为 MBWA 不会那么难做。

在回复电子邮件和打电话给一些供应商后，汤姆小心地回到楼下看看事情进展如何。当他到达那里时，地板上出奇地安静。人们都在忙着工作，他想找个话题，却招来了生硬的回答。他离开时想，也许 MBWA 会比他想象中更难。

1. 你觉得这个案例最后会发生什么？
2. 汤姆下一步应该做什么？为什么？
3. 从这个案例中我们可以学到什么？

案例 10.3：赛伯乐公司

赛伯乐公司是一家成功的特种化学品生产商。它在美国运营着 9 个大型校园站点，每个站点上都有许多不同的业务部门。这些业务部门独立运作，直接向公司总部汇报。站点的安全、环境和设施管理等功能向各主管机构（通常是业务单位，是其服务的最大用户）报告。

C10.3.1 苏珊·斯蒂尔

苏珊·斯蒂尔（Susan Steele）过去两年一直在赛伯乐公司里士满（Richmond）基地的设施部工作。设施部经理汤姆·斯特恩（Tom Stern）向现场最大的业务部门（高利润的黏合剂和密封剂分公司）的总经理报告。苏珊从奥苏姆大学（Awsum University）获得商科学位后开始在赛伯乐公司工作。她对自己的新任务感到兴奋：第一次领导一个项目。她记得汤姆说："我们还有 80 年代的办公家具。有那些丑陋的绿色桌面的桌子，看起来像盈余军事物资！我特别关心计算机工作站的人体工程学，这是一个我们必须解决的大问题！我想让你领导一个项目，按新的公司标准，更换我们的办公家具。"

苏珊组建了她的项目团队：杰夫（Jeff），现场安全/人体工程学工程师；格雷琴（Gretchen），空间规划师；辛迪（Cindy），搬家协调人；还有卡莉（Kari），负责设施的会计联络员。在他们的第一次会议上，每个人都同意人体工程学是最紧迫的问题。所有五个业务单元响应了工作站调查，用人体工程学确定了造成伤害的原因。团队正在制订一个计划，在今年年底用新的可调节家具取代旧桌子。苏珊问卡莉关于预算的问题，卡莉回答说："设施部门不应该为这个买单。我们希望各个业务单元自己支付费用，这样成本会显示出它们发生在哪里。"

格雷琴大声说道："你知道，我们有很多部门在不断地搬迁。随着业务需求的变化，每个人总是在争夺空间和位置。除了人体工程学，我们是否可以要求只有企业的标准家具才可搬动？这将迫使一些原本丑陋的家具做出调整。"每个人都认为这是个好主意。

苏珊向汤姆提交了项目计划，获得了许可批准。

C10.3.2　乔恩·伍德

乔恩·伍德（Jon Wood）是一名规划经理，在赛伯乐公司工作了 22 年。他的业务部门——感光化学品部门正在亏损。数码摄影的市场规模在不断缩小，而感光化学品部门在竞争对手无情的降价攻势下也遇到了麻烦。乔恩最近从公司总部调到里士满，在那里他负责经济预测小组。他被认为是一个新官，他决心对公司办公场地做彻底调整。

乔恩的早期行动之一是与他的总经理协商部门的变动。资金紧张，场地设施功能收取了大量的费用（运营人员抱怨说，这些费用占据了他们所有的固定间接成本）。然而，乔恩觉得从靠近生产的 4 号楼搬到靠近市场营销、预测和会计的 6 号楼是很重要的。他的总经理同意了，他的团队对于即将到来的搬迁感到非常兴奋。乔恩指派他部门的规划师理查德（Richard）与设施团队合作，为团队制订布局和搬迁计划。事情似乎进展得很顺利，乔恩看到理查德和搬家协调人坐在一起，他们似乎走上了正轨。

搬家的前一天，乔恩中止了与加拿大分包商的电话会议。生产情况不太好，本季度剩余时间的产品供应将很紧张。他的桌子周围聚集了理查德、辛迪和一个他还没见过的人苏珊。在匆忙的介绍之后，苏珊告诉乔恩他的文件柜不允许搬到新办公室去。文件柜是横向的大文件柜，5 英尺宽，2 英尺深，是文件柜和书架的组合。是乔恩从公司带过来的，因为他觉得深灰色的钢边和木顶很好看。苏珊告诉他，他必须用几乎相同大小的新标准橱柜来替换这些橱柜。乔恩说："你是说你想让我把完好无损的文件柜扔掉，然后再花 2 000 美元买新的，就为了让它们相配？我不会这么做的！"

苏珊回答说："那我就不授权挪动旧柜子了。"

乔恩说："你在开玩笑吧，这些柜子是灰色的，新的也是灰色的，唯一的区别就是木顶！你愿意白白浪费 2 000 美元吗？”

苏珊生硬地回答：“对不起，这是规定。”

乔恩说：“我不管规定是什么。如果我必须自己搬，这些柜子是不会被扔进垃圾堆的。我的部门在亏损，我不会浪费钱。如果你不喜欢，你就得让你的总经理说服我的总经理让我这么做。现在请你离开，让我做点工作。”

1. 如果你是苏珊，你会怎么做？
2. 如果有的话，苏珊可以采取什么不同的做法来避免这个问题？
3. 赛伯乐公司的管理层能做些什么来更有效地管理这样的情况？

第 11 章

管理项目团队

Managing Project Teams

本章学习目标

通过学习本章内容，你应该能够：

11-1 识别高绩效项目团队的关键特征。

11-2 区分团队发展的不同阶段。

11-3 了解影响项目团队发展的情境因素。

11-4 确定发展高绩效项目团队的策略。

11-5 区分功能冲突和功能障碍冲突，并描述鼓励功能冲突和防止功能障碍冲突的策略。

11-6 了解管理虚拟项目团队的挑战。

11-7 识别项目团队中可能出现的不同缺陷。

本章概览

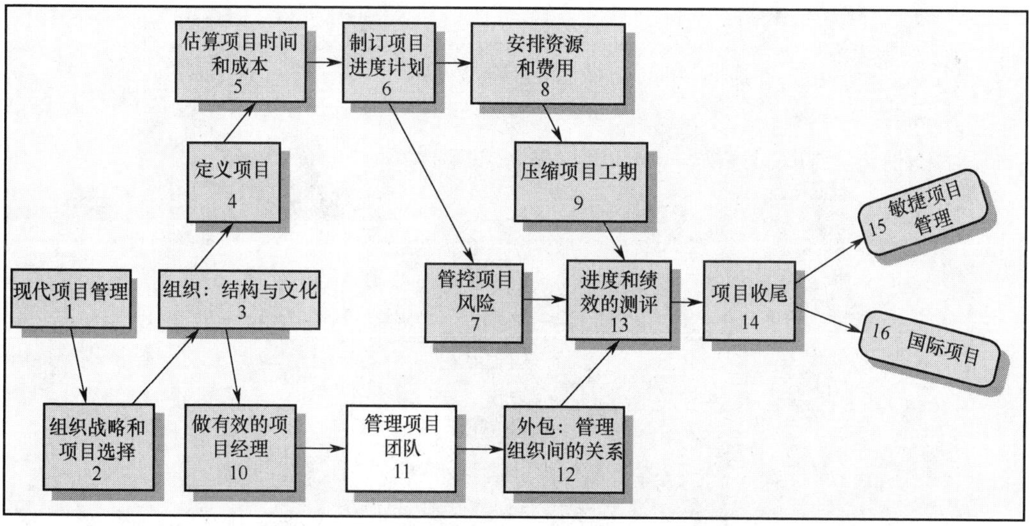

走到一起只是一个开始。团结就是进步。共同努力就是成功。

——亨利·福特（Henry Ford）

11-1：识别高绩效项目团队的关键特征。

团队的魔力和力量体现在“协同”（Synergy）这个词中，这个词来源于希腊语 sunergos，意思是“一起工作”。协同有积极协同和消极协同。积极协同的精髓就是人们常说的“整体大于部分之和”。相反，消极协同就是整体小于部分之和。在数学上，这两种状态可以用以下方程式表示：

积极协同：1+1+1+1+1=10

消极协同：1+1+1+1+1=2（或是−2）

协同效应在篮球场、足球场或棒球场上表现得最好，在这些地方，队友们齐心协力地击败强大的敌人（参见生活快照 11.1 因为上届奥运会美国失去男子篮球的霸主地位，这届要救赎。——译者注）。

生活快照 11.1：2008 年奥林匹克运动会上的救赎队

2004 年雅典奥运会上，在魔术师约翰逊和迈克尔·乔丹带领美国梦之队获得巴塞罗那奥运会金牌的 12 年后，由 NBA 球星组成的美国篮球队在国际比赛中输了不止一次，而是三次。在奥运会历史上，美国首次在男子篮球比赛中获得铜牌。篮球不再是美国人的运动。

对美国梦之队雅典崩溃的解剖发现，这是一个极好的团队负面协同效应的案例。原因有很多。这支球队中只有 3 名在 2003 年夏天获得奥运会资格的球员留任。原受邀者中有 7 人退出。最后，14 名球员找出从家庭责任到对希腊安全局势担心的各种借口，拒绝了山姆大叔。结果，教练拉里·布朗（Larry Brown）只能带领平均年龄只有 23 岁的球队参赛。到了奥运村，这些队员还着装不统一，合练不准时。比赛前夕，布朗想让几名球员回家。身价百万的球员过于自信，认为他们的个人才华会占上风。过度依赖一对一的篮球和糟糕的团队防守注定了他们输掉了与波多黎各、立陶宛和阿根廷的比赛。

照片来源：Dusan Vranic/AP Images

68 岁的杰里·科兰杰洛（Jerry Colangelo）是菲尼克斯太阳队的前教练、球员和主席。他在谈到失败的 2004 年美国梦之队时说：“他们的行为方式有很多不足之处。”“观察和倾听人们对运动员的反应，我知道我们美国篮球已经无处可逃。”科兰杰洛告诉 NBA 总裁大卫·斯特恩（David Stern），他只有在获得完全控制权的情况下才会承担 2008 年奥运会美国梦之队总经理的职责。斯特恩衡量了当前的糟糕情况，立即答应了他的请求。

2005 年，科兰杰洛与每一位有希望成为国家队球员的人面对面交谈，听他们亲口说出为什么想要代表国家参赛。其中最关键的是超级巨星勒布朗·詹姆斯（LeBron James），在 2004 年那支令人失望的球队中，他的表现被称为“LeBronze”。

科兰杰洛说："我赌你行。在我和他谈到一半的时候，勒布朗说，我加入。"科比·布莱恩特（Kobe Bryant）很快跟进，30 名 NBA 顶级球星中除 2 名外，都接受了科兰杰洛的邀请。

杜克大学的教练迈克·克雷谢夫斯基（Mike Kryzewski）受聘时脑子里只有一个目标：赢得金牌。为了做到这一点，他必须改变美国队的态度。他们不得不放下超级巨星的自负，接受团队合作的概念。在 2006 年世界锦标赛中被希腊队淘汰出局后，球员们从失望中走出来，开始致力于团队合作，把传球作为训练中的主要内容。态度的变化在更微妙的方面表现得很明显。队服上美国队的名字是鲜红色的，而队服上球员的名字则用了暗蓝色。球员们不再把篮球称为"我们的游戏"，并谈论它如何成为世界性的游戏。甚至球队的官方口号［我们美国要雄起（United We Rise）］和非官方昵称［救赎之队（Redeem team）］都暗示了改进的空间。

这个团队建立了共同的目标。美国队以平均 30 多分的优势击败对手进入最后一场金牌争夺赛。专家们不是对胜利的差距感到惊讶，而是对他们作为一个团队的表现感到惊讶。"我们的目标是赢得一枚金牌，并保持谦逊，"六次获得职业控球后卫优秀选手资格的贾森·基德说，"如果我们能在 50 分钟内拿到金牌，那就证明我们的比赛方式是正确的。"在决赛中，没有什么比这更能说明问题的了。在这场比赛中，救赎队队员们曾完美地传球 16 秒，没有一次运球，最后德怀特·霍华德接到了一个完美的传球，毫无悬念地扣篮。

最后，虽然他们并没有在金牌比赛中占据绝对优势（西班牙队被证明是一支能力卓越的对手），但美国队的确赢得了比赛，这是自 NBA 球员参加奥运会以来，他们第一次以团队的形式而不是个人身份赢得的。

虽然在体育运动中不那么明显，但是在项目团队的日常运作中可以观察到和感受到积极协同和消极协同的作用。以下是一位团队成员的描述：

我们没有像一个大团队那样运作，而是分成了一系列的子团队。营销人员和系统管理人员都混在一起。很多时间都浪费在互相抱怨上了。当项目开始落后于进度计划时，每个人都开始掩盖自己的过错，并试图把责任推卸给其他人。过了一段时间，我们避免直接对话，改用电子邮件。管理层最终叫停了这个项目，并引入了另一个团队来挽救这个项目。这是我一生中最糟糕的项目管理经历之一。

幸运的是，同一个人也能够讲述一个更积极的团队体验：

团队中有一种具有感染力的兴奋情绪。当然，我们有我们的问题和挫折，但我们直接处理它们，有时，能够做不可能的事。我们都关心这个项目，互相照顾。与此同时，我们互相比赛，看谁做得更好。那是我一生中最激动人心的时刻之一。

以下是一组通常与表现出积极协同作用的高绩效团队相关的特征：

（1）团队有共同的目标，每个成员都愿意为实现项目目标而努力。

（2）团队识别个人的才能和专长，并根据项目的需要在任何给定的时间使用它们。在这些时候，因为某些成员的技能与当前任务相关，团队愿意接受他们的影响和领导。

（3）角色是均衡和共享的，以促进任务的完成，提升团队的凝聚力和士气。

（4）团队将精力投入解决问题上，而不是被人际关系问题或内斗耗尽。

（5）鼓励不同意见并可自由表达。

（6）为了鼓励冒险和创造力，错误被视为学习的机会，而不是惩罚的理由。

（7）团队成员设定了很高的个人绩效标准，并彼此鼓励去实现项目目标。

（8）团队成员认同团队，并认为这是职业和个人成长的重要来源。

高效的团队创造突破性的产品，超越客户的期望，并在预算内提前完成项目。团队成员因相互依存和共同的目标或愿景而紧密相连。他们相互信任，展现出高水平的协作。

11.1 五阶段团队发展模型

11-2：区分团队发展的不同阶段。

许多专家认为，就像婴儿在出生后的头几个月里以特定的方式成长一样，群体也以一种可预测的方式发展。最流行的模型之一就是五阶段模型（见图 11.1），通过这五个阶段，群体发展成有效的团队（Tuchman，1965；Tuchman & Jensen，1977）。

1. 形成阶段

在这个初始阶段，成员相互熟悉，了解项目的范围。他们开始建立基本规则，试图找出哪些行为对项目（他们将扮演什么角色，对绩效的期望是什么）和人际关系（谁才是真正的负责人）来说是可以接受的。一旦成员开始认同自己是团队的一部分，这个阶段就完成了。

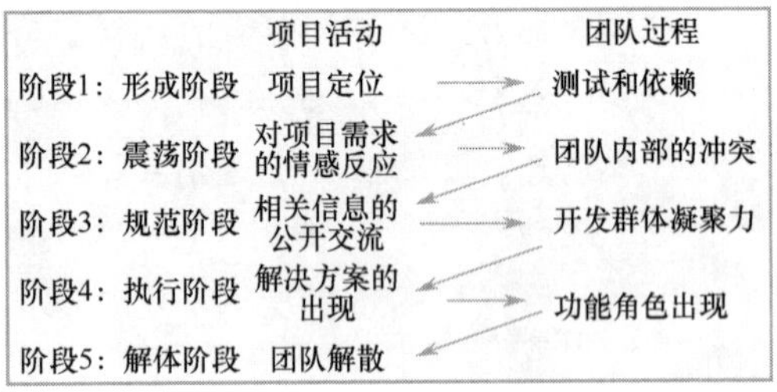

图 11.1　五阶段团队发展模型

2. 震荡阶段

顾名思义，这个阶段的标志是高度的内部冲突。成员接受他们是项目团队的一部分，但抵制项目和团队对他们个性的限制。在谁将控制这个团队及如何做出决定的问题上存在冲突。随着这些冲突的解决，项目经理的领导被认可，团队进入下一阶段。

3. 规范阶段

第三个阶段是亲密关系发展和团队表现出凝聚力的阶段。同事之间的情谊和对项目的共同责任得到加强。当团队结构得到巩固，并且团队建立了关于成员应该如何一起工作的一套共同期望时，规范阶段就完成了。

4. 执行阶段

此时，团队的运行结构已经功能齐全并被认可。团队的能量已经从了解彼此及团队如何一起工作转向完成项目目标。

5. 解体阶段

对传统的工作团队来说，执行是他们发展的最后一个阶段。然而，对项目团队来说，有一个完成阶段。在这个阶段，团队准备解散。高绩效不再是最重要的。相反，注意力都集中在完成项目上。在这个阶段，各成员的反应各不相同。有些成员很乐观，沉浸在项目团队的成就中。另一些人可能因为面临失去在项目生命周期中获得的友情而感到沮丧。

这个模型对那些在项目团队中工作的人有几个含义。首先，该模型为团队提供了一个框架，以理解其自身的发展。项目经理发现与团队共享模型是很有用的。它帮助成员接受震荡阶段的紧张，并引导他们的注意力转向更高生产率的阶段。其次，它强调了规范阶段的重要性，这对执行阶段的生产率水平有显著的贡献。正如我们将看到的，项目经理必须在塑造团队规范方面发挥积极作用，这将有助于最终的项目成功。关于团队发展的替代模型，请参阅研究亮点 11.1。

研究亮点 11.1：团队发展的间断均衡模型

康妮 · 格西克（Connie Gersick）的研究表明，团队并不像五阶段模型所指出的那样，是按照一个普遍的阶段序列发展的。她的研究基于间断均衡的系统概念，发现团队形成和实际改变工作方式的时间是高度一致的。这项研究之所以吸引人，是因为它基于十几个被指派完成特定项目的实地和实验室任务小组的研究。

格西克的研究显示，每个团队都有自己独特的完成项目的方法，团队在其第一次会议上建立，包括主导阶段 1 的行为和角色。阶段 1 一直持续到期望的项目完工分配时间的一半（不管实际有多少时间）。在这个中间点，一个主要的转变发生了，团队旧的规范和行为模式开始下降，而有助于增加项目完成进程的新行为和新工作关系开始出现。最后一次会议的标志是加速完成项目的活动。图 11.2 总结了这些发现。

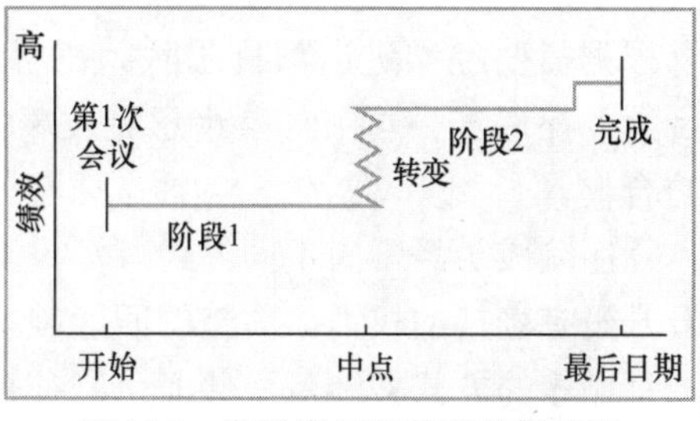

图 11.2　团队发展的间断均衡模型

在这些研究中的一个发现是，每一团队在他们日历安排中的同一点（在第一次会议和最后期限间的大约一半）都经历了这种转变，尽管有些团队在项目中花了一小时，而另一些团队花了六个月（但都是在他们项目日历的中间点）。似乎所有团队都在这个点经历危机。中间点的作用就像闹钟，让团队成员意识到时间有限，他们需要行动起来。在五阶段模型的背景下，它建议团队开始时将形成和规范阶段合并，然后经历一段表现不佳的时期，接着是震荡阶段，然后是一段表现良好的时期，最后是团队解散。

格西克的发现表明，在团队的生命周期中有一些自然的转折点，在这些转折点中，团队愿意接受改变，而这样的时刻发生在项目的中点。然而，经理不想在一个复杂的 12 个月的项目上等待 6 个月才让一个团队一起行动！这里需要注意的是，格西克的小组正在进行规模相对较小的项目，例如一个由4人组成的银行工作组负责在1个月内设计一种新的银行账户，一个由12人组成的医疗工作组负责重组一种治疗设施的两个单位。在大多数情况下，此类小项目都没有正式的项目计划。

结果证明了良好项目管理的重要性，以及建立最后期限和里程碑的必要性。通过强加一系列与重要里程碑相关的截止日期，可以为自然的团队发展创建多个过渡点。例如，一个为期12个月的建设项目可以被分解成6~8个重要的里程碑，满足每个里程碑最后期限的挑战产生了提高团队绩效的先决条件。

11.2 影响团队发展的情境因素

经验和研究表明，高绩效的项目团队更有可能在以下条件中发展起来。

11-3：了解影响项目团队发展的情境因素。

- 每个团队的成员不超过10人。
- 成员自愿加入项目团队。
- 成员从始至终为项目服务。
- 成员被分配到项目全职工作。
- 成员是促进合作和信任的组织文化的一部分。
- 成员只向项目经理汇报。
- 所有相关的职能部门在团队中都有代表。
- 这个项目有一个引人注目的目标。
- 成员之间的位置在人际面对面会话的距离内。

在现实中，分配给项目经理一个满足以上所有条件的项目是非常罕见的。例如，许多项目的人员需求要超过10人，并且可能包括由100多个专业人员组成的连锁团队的复杂集合。在许多组织中，职能经理或公司总部人才办公室分配项目成员时，很少听取项目经理的建议。为了优化资源利用，团队成员的参与可能是兼职的，并且/或者参与者可以根据需要经常进出项目团队。在特别任务组的情况下，团队中没有成员全职工作在项目上。在许多公司中，禁止意见发表（Not Invented Here，NIH）文化阻碍了跨职能领域的合作。

团队成员经常向不同的经理汇报，在某些情况下，项目经理对团队成员的绩效评估和晋升没有直接的权力。关键的职能领域可能不会在整个项目期间都参与进来，可能只是以一种顺序的方式被涉及。并非所有项目都有一个令人信服的目标。很难让成员对简单的产品扩展或传统公寓综合体等普通项目感到兴奋。最后，团队成员通常分散在不同的公司办公室和办公大楼中，或者在虚拟项目中，分散在全球各地。

对于项目经理和团队成员来说，认识到他们所处的环境约束条件并尽可能做到最好是很重要的。认为每个项目团队都具有发展成高绩效团队的相同潜力是天真的。在不太理想的条件下，仅仅满足项目目标都可能是一场斗争。独创性、自律性和对团队动力的敏感性是最大化项目团队绩效的根本。

11.3 建立高绩效项目团队

11-4：确定发展高绩效项目团队的策略。

项目经理在开发高绩效项目团队中起着关键作用。他们招募成员，主持会议，建立团队标识，创建团队共同目标或共同愿景，管理鼓励团队合作的奖励系统，协调决策，解决团队中出现的冲突，并在团队能量减弱时恢复团队活力（见图 11.3）。项目经理利用有助于团队发展的情境因素，同时应对那些抑制团队发展的因素。在这样做的过程中，他们展示了一种高度互动的管理风格，体现了团队合作，正如第 10 章所讨论的，管理团队和组织其他部分之间的界面。

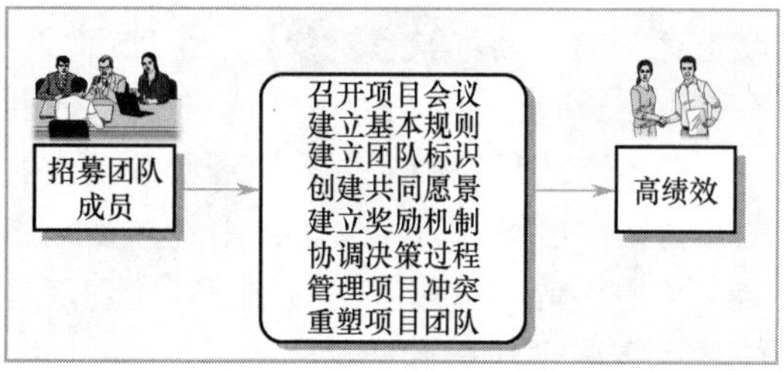

图 11.3　建立高绩效项目团队

11.3.1 招募团队成员

选择和招募团队成员的过程会因组织而异。影响招募的两个重要因素是项目的重要性和用于完成项目的管理结构。通常，对组织未来至关重要的高优先级项目，项目经理会被给予全权委托，由她选择她认为必要的人。对于不太重要的项目，人员将被简单地分配到项目中。

在许多矩阵结构中，职能经理控制谁被分配到项目中，项目经理必须与职能经理一起工作以获得必要的人员。即使在一个项目团队中，成员已经被挑选出来并被全职分配到项目中，项目经理对其他人的需求也必须谨慎对待。如果组织内的其他人认为你是在不必要地掠夺其他部门的重要人员，你就会成为这些部门的敌人。

有经验的项目经理强调招募志愿者的重要性。然而，这一可取的步骤往往不在管理者的控制范围之内。尽管如此，让团队成员自愿参与项目而不是被分配的价值也不能被忽视。同意参与项目是建立个人对项目承诺的第一步。当项目陷入困难时期和需要额外的努力时，这样的承诺对于保持项目积极性是至关重要的。

在选择和招募团队成员时，项目经理自然会寻找具有完成项目所需的必要经验和知识/技术技能的人。与此同时，在招募过程中还需要考虑一些不太明显的因素：

- **解决问题的能力**。如果项目是复杂和模糊的，那么经理希望员工能够擅长在不确定的情况下工作，并具有很强的发现问题和解决问题的能力。但这类人很可能对那些照章办事的简单易懂项目感到厌烦，工作效率也较低。
- **可用性**。有时候，最可用的人并不是团队最需要的人。相反，招募的成员可能承诺太多，但他们未必能提供这么多。
- **技术专长**。管理者应该警惕那些对某一特定技术了解过多的人。他们可能是技术爱好者，喜欢学习，但工作很困难。
- **可信度**。这个项目的可信度由于参与人员的声誉而提高。招募足够数量的“成功者”给项目带来信心。

- **政治联系**。管理者明智的做法是招募那些已经与关键利益相关者建立了良好工作关系的人。对在矩阵环境中运行的项目来说尤其如此，在这种环境中，很大一部分工作将在一个特定的职能部门而不是核心项目团队的范围内进行。
- **抱负和主动性**。这些品质可以弥补许多其他方面的不足，不应该被低估。
- **精通**。研究表明，重复合作会扼杀创造力和创新。在具有挑战性、突破性的项目中，明智的做法是让团队中加入以前很少与他人共事的专家（Skilton & Dooley，2010）。

在评估了需要的技能之后，项目经理应该尝试通过公司的小道消息来找出谁是好的，谁是有空的，谁可能想要参与这个项目。有些公司可能允许直接面试。通常，项目经理将不得不花费政治资本来为项目争取高价值的人员。

在矩阵式环境中，项目经理必须要求与职能经理会面，讨论人员配备的项目需求。在这些讨论中应该有以下文件：总体项目范围说明书、最高管理层的批准件，以及与部门人员有关的任务和总体进度的描述。管理者需要准确地说明他们想要什么品质的人，他们对项目为何重要。

11.3.2 召开项目会议

1. 第 1 次项目团队会议

对团队发展的研究证实了项目经理所说的，项目启动会议对项目团队的早期运作至关重要。据一位经验丰富的项目经理说：

第一次团队会议为团队如何一起工作定下了基调。如果它是无组织的，或陷入没有结束感的困境，那么这通常会成为后续团队工作的自我模仿的魔咒。如果它清晰地运行，以诚实和直接的方式专注于真实的问题和关心的事，成员就会为成为项目团队的一部分而兴奋。

在项目团队的第一次会议上，项目经理通常要实现三个目标。第一个目标是提供项目概述，包括范围和目标、总体进度、方法和程序。第二个目标是开始处理团队发展模型中涉及的一些人际关系问题：其他团队成员是谁？我该如何融入？我能和这些人一起工作吗？第三个也是最重要的目标是开始模拟团队将如何一起工作来完成项目。项目经理必须认识到第一印象很重要，他的行为会被团队成员仔细检测和解读。这次会议应该为以后的会议起到表率作用，反映领导风格。

会议本身有多种形式。在大型项目中，启动会议通常会持续一到两天，而且通常是在一个远离干扰的偏远地点举行的。这次会议提供了足够的时间来完成初步的介绍，开始建立基本规则，并定义项目的结构。场外启动会议的一个优势是，会议提供了充足的机会，在休息、用餐和晚上的活动中为成员之间提供非正式交流，这种非正式的互动对构建人际关系至关重要。

然而，许多组织并没有选择适宜的地点举办精心策划的启动会议。在其他情况下，项目范围不保证有这样的时间投资。在这种情况下，关键的操作原则应该是 KISS（Keep It Simple，Stupid!）。在通常情况下，由于时间限制，项目经理试图在第一次会议上完成太多的工作，在这种情况下，问题不会得到完全解决，成员们会带着令人头痛的信息离开。

项目经理需要记住，主要目标是进行一次富有成效的会议，并且目标应该是现实的，给定了可用的时间。如果会议只有一小时，那么项目经理应该简单地回顾项目范围，讨论团队是如何组成的，并为成员提供向团队介绍自己的机会。

2．建立基本规则

无论是作为第一次会议的一部分，还是在后续会议中，项目经理必须迅速开始为团队如何一起工作建立可操作的基本规则。这些基本规则不仅涉及组织问题和程序问题，还涉及团队如何相互协作的规范性问题。虽然各组织和项目的具体程序各不相同，但需要处理的一些主要问题包括：

（1）制订决策计划。

- 项目计划将如何制订？
- 是否使用特定的项目管理软件包？如果是，是哪一个？
- 所有参与者的具体角色和责任是什么？
- 决策要告知谁？如何通知他们？
- 成本、时间和绩效的相对重要性是什么？
- 项目规划过程的可交付成果是什么？
- 谁将在每个可交付成果完成时批准和签字？
- 谁接收每个可交付成果？

（2）追踪决策的执行。

- 如何评估进展？
- 将在何种层级跟踪项目？
- 团队成员如何相互获取数据？
- 他们多久能得到这些数据？
- 谁将生成和分发报告？
- 项目进度要向谁通告？如何告知？
- 什么内容/格式适合每个听众？
- 会议：

—会议将在哪里举行？
—将举行什么样的会议？
—谁来主持这些会议？
—议程将如何产生？
—如何记录会议信息？

（3）管理变更的决策。

- 如何进行变更？
- 谁将拥有变更审批权？
- 如何记录和评估变更计划？

（4）确认相互关系。

- 团队在项目期间需要与哪些部门或组织进行互动？
- 每个组织（评审人、审批人、创造者、用户）的角色和职责是什么？
- 如何将可交付成果、计划日期、期望等告知所有利益相关者？
- 团队成员之间如何沟通？
- 哪些信息会交换，哪些不会交换？

这些清单只是一个指南，具体选项应根据需要添加或删除，其中许多程序都已经开发好了，只需要简短地加以审查借鉴。例如，Microsoft Project 或 Primavera 可能是用于计划和跟踪的标准软件。同样，公司很可能有一个报告状态信息的既定格式。如何处理其他问题将由项目团队决定。在适当的时候，项目经理应该积极地征求项目团队成员的意见，并利用他们的经验和偏好的工作习惯。这一过程也有助于团队成员参与运营决策。决定应记录下来并分发给所有团队成员。

（5）建立团队规范。在建立这些操作程序的过程中，项目经理应该通过口头或行动，开始与成员一起建立团队互动的规范。以下是研究人员发现的与高效团队相关的一些规范。

- 保密。除非所有人都同意，否则任何信息都不能在团队之外分享。
- 陷入困境是可以接受的，但让别人措手不及是不可接受的。当不能达到最后期限或里程碑时，立即告诉其他人。
- 绝不能容忍在一个问题或一个难题上敷衍了事。
- 求同存异，但在做出决定后，不再纠结个人异同，按照决定办。
- 尊重外人，不要在项目团队中炫耀自己的地位。
- 努力工作，劳逸结合。

使这些规范更加具体化的一种方法是创建一个超越项目范围陈述的团队章程，并以明确的术语说明团队的规范和价值。这个章程应该是核心团队的共同努力。项目经理可以通过提出某些原则来领导规范的制定，但他们需要接受团队的建议。一旦对行为规则达成普遍协议，每个团队成员都要签署最终文件，表示对其中所载原则的承诺。

遗憾的是，在某些情况下，创建章程变成了一种毫无意义的仪式，因为章程被签署并归档，再也不会被讨论。为了产生持久的效果，该章程必须是项目监控系统的合法组成部分。就像团队回顾项目目标的进展一样，团队要评估成员在多大程度上遵守了章程中的原则。

项目经理在通过个人示范建立团队规范方面起着主要作用。如果项目经理愿意承认错误，并分享他们从错误中学到的东西，其他团队成员也会这样做。与此同时，当项目经理认为这些规范正在被违反且需要他们进行干预时，他们应该私下与违反者交谈，并清楚地说明他们的期望。关于团队的神奇之处在于，一旦一个团队有了凝聚力，有了完善的规范，成员们就会自我监督，这样管理者就可轻松地管理团队了。例如，一位项目经理透露，他的团队在每次会议上都准备一个装满豆子的小袋子，如果有任何一个成员认为某位发言的同事在隐瞒真相，她就有义务向发言人扔袋子。要了解鼓励创新规范的示例，可参见生活快照 11.2。

生活快照 11.2：将福特置于快进模式中

亚当·格里格拉克（Adam Gryglak）被赋予了一项不可能完成的任务：在 36 个月内交付一台全新的福特柴油发动机。在过去，福特将柴油发动机的设计和制造外包给了 Navistar，这就使挑战变得更加艰巨。他不仅要在一个荒谬的最后期限前完成任务，而且要从头开始制造一台内部发动机。柴油机首席工程师格里格拉克知道，福特的成功取决于缩短设计过程。因此，他组建了一支由渴望工作的工程师组成的团队，并让团队免受焦虑的高层管理者的影响。他将这个项目命名为“蝎子”，以纪念重金属乐队“蝎子”。

那些习惯于只和自己同类一起工作的专家们开始熟悉其他工程师的工作。福特资深工程师帕特·摩根（Pat Morgan）表示：“我们通过每小时都能知道其他人在想什么，他们的问题是什么，从而节省了几个月的时间。”“结果是，发动机第一次就完美地安装在卡车上，而这在以前几乎是不可能的事。”

格里格拉克还意识到，工程师在享受乐趣时工作更努力、更聪明。为了缓解压力，工程师们互相开玩笑，在彼此的桌子上堆了一个用机器部件装饰的雪人。格里格拉克鼓励友好竞争。在达到一个关键的设计里程碑后，团队组织了松木德比（Pinewood Derby）竞赛。松木德比是一项著名的童子军活动，在那里，小男孩们用木头削出玩具赛车，然后让赛车冲下斜坡。他们是工程师，不是童子军，所以工程师们用铝制成比赛车，而不是木制比赛车。一些比赛车甚至有遥控器和引擎。

这种有趣的文化得到了回报。新的福特柴油发动机准时完工，赢得了一致好评。这款发动机在同类产品中第一个使用了最先进的防污染技术，达到了新的联邦标准。它的燃油经济性也是同类发动机中最好的，30 万英里（约 48.3 万千米）不需要大量的维护。这款发动机是最畅销的 F-150 系列卡车的特色，被认为是福特东山再起的关键之一。

3. 管理后续的项目会议

项目启动会议是完成项目所需的几种会议之一。其他会议包括状态报告会议、问题解决会议和审计会议。这些会议特有的问题将在以后的章节中讨论。现在，这里有一些有效召开会议的一般指导方针，这些方针是特别讲给会议主持人的。

- 不论参会人员是否到齐了，都要准时开始会议。
- 在会议前准备并分发议程。
- 确定休会时间。
- 定期花时间审查以前的会议是否有效。
- 征求建议并做出调整。
- 布置会议记录事项。
- 在会议开始前检查议程，并为每个事项暂时分配时间。
- 确定问题的优先次序，以便在有时间限制的情况下及时调整。

- 通过提问而不是发言，鼓励所有成员积极参与。
- 总结决定，并指出下次会议要讨论的事项。
- 准备会议摘要并分发给相关人员。
- 确认成绩和表扬积极的行为。

会议通常被认为是生产率的梦魇，但事实并非如此。最常见的抱怨是会议持续时间太长。建立会议议程和休会时间有助于与会者分配讨论时间，并为加快会议程序提供基础。记录可能是一项不受欢迎、乏味的工作。利用笔记本电脑实时记录决策和信息可以促进沟通过程。认真准备和始终如一地应用这些准则可以使会议成为项目的重要组成部分。

11.3.3 建立团队标识

项目经理在组建团队时经常面临的挑战之一是缺乏团队成员的全时参与。专家在项目的不同阶段工作，并把大部分时间和精力花在其他地方。他们通常是多个团队的成员，每个团队都在争夺他们的时间。项目专家 J. D. Frame（1995）指出，对于这些专家中的许多人来说，一个具体的项目是一个抽象概念，结果，他们的水平受到了影响。项目经理需要开发一个独特的团队标识，让参与者在情感上依恋这个标识，从而使项目团队对参与者尽可能切实可见。团队会议、团队成员的共同位置、团队名称和团队仪式都是这样做的常见方式。

- **有效利用团队会议。**定期团队会议为交流项目信息提供了一个重要的公共集会场所。项目会议的一个不太明显的功能是帮助建立一个具体的团队标识。在项目会议期间，成员们看到他们并不是单独工作，而是更大项目团队的一部分，项目的成功依赖所有团队成员的共同努力。及时召集所有项目参与者有助于确定团队成员的身份，并强化集体认同。
- **团队成员合署办公。**使项目团队具体化的最明显的方法是让成员在一个公共空间中工作。在矩阵环境中，这并不总是可能的，因为在矩阵环境中，项目参与是兼职的，成员还在从事其他项目和活动。合署办公的一个有价值的替代地点是创建一个项目办公室，有时被称为项目作战室或俱乐部会所。这样的房间是常见的项目会议场所，并存放最重要的项目文档。通常，墙上挂满了甘特图、成本图和其他与项目计划和控制相关的输出成果图。这些房间是项目工作的有形标志。
- **创建项目团队名称。**创建团队名称，如“A 团队”或“凯西的十字军”，是让团队更真实的常用方法。通常，还会创建一个相关的团队标识。同样，项目经理应该依靠团队的集体智慧来想出合适的名称和标识。然后可以将这些标识符号贴在文具、T恤、咖啡杯等物品上，以帮助显示团队成员身份。
- **尽早建立团队或让团队一起做些事。**没有什么比一起工作更能增强团队意识了。在一个国际项目中，项目经理只是举办了一次家常聚餐，团队成员带来了各自国家闻名的菜肴。
- **团队仪式。**正如公司仪式有助于建立一个公司的独特标识一样，在项目层面上类似的象征性行动也有助于形成一个独特的团队亚文化。例如，在一个项目中，成员根据项目里程碑数量系上相等量的彩带。在达到每一个里程碑后，团队成员聚集在一起，割下一条他们系上的标志项目进程的彩带。拉尔夫·卡茨（Ralph Katz，

2004）报告说，对于数码设备的 α 芯片设计团队来说，通过给他们一只磷光玩具蟑螂来识别在设计中发现漏洞的人是一种常见的做法。被发现的漏洞越大，玩具蟑螂也就越大。这样的仪式有助于将项目工作与主流业务区分开来，并强调项目的特殊地位。

11.3.4　创造共同愿景

不同于项目范围陈述（项目范围陈述包括具体的成本、完成日期和绩效需求），项目愿景涉及项目绩效不太具体的方面。项目愿景是项目团队成员对这个项目完成后会是什么样子、他们将如何一起工作及/或客户将如何接受项目的共同看法。在最简单的层面上，一个共同的愿景就是回答这个问题："我们想要创造什么？"不是每个人都有相同的愿景，但愿景应该是相似的。愿景有各种各样的形式，它们可以用口号或符号来表达，也可以写成正式的愿景陈述。

愿景是什么并不重要，重要的是它能做什么。愿景激励成员尽最大努力（参见生活快照 11.3）。此外，共同的愿景将不同背景和不同个人目标的专业人士团结在一起，实现共同的抱负。它有助于激励成员将他们的个人目标置于次要地位，首先考虑做什么对项目最好。正如心理学家罗伯特 • 弗里茨（Robert Fritz）所说："在伟大面前，渺小消失了。"愿景还可以提供重点，帮助传达不那么具体的优先事项，帮助成员做出适当的判断。最后，项目的共同愿景培养对长期的承诺，并防止敷衍了事的应付，这些敷衍了事的应付稀释了项目的质量。

生活快照 11.3：风暴中的好人

早在 1976 年，数据通用公司（Data General，DG）为了与数字设备公司（Digital Equipment Corporation）的 VAX 竞争，需要快速推出一款运行快而价格又合理的 32 位微型计算机。DG 公司的首席执行官埃德森 · 德 · 卡斯特罗（Edson de Castro）启动了 Fountainhead 项目，并为其提供了最好的人才和充足的资源。作为 Fountainhead 项目的备份，DG 公司在汤姆 · 韦斯特（Tom West）的领导下在 Eclipse 团队中创建了 Eagle 项目。这两个项目都始于 1978 年。

1980 年，数据通用公司公布了一款新型计算机，它具有简单、强大和低成本的特点。这款新型计算机不是资金充足的"最佳"DG 公司小组的"Fountainhead"，而是汤姆 · 韦斯特资金不足的 Eclipse 团队的"Eagle"。特蕾西 · 基德（Tracy Kidder）目睹了这一切的发生，并在《新机器的灵魂》（*The Soul of a New Machine*）一书中讲述了这个故事，这本书获得了 1982 年的普利策奖。基德原本认为这本书可能引起少数计算机科学家的兴趣，但现在却成为项目管理的经典著作。

在书的开头，基德介绍了书中的主人公汤姆 · 韦斯特，讲述了他驾驶游艇穿越新英格兰海岸波涛汹涌的大海的故事。基德的序言标题是"暴风雨中的好人"。

基德的书出版 20 年后，劳伦斯·彼得斯（Lawrence Peters）为《管理者学会期刊》（*Academy of Management Executive*）采访了汤姆·韦斯特。以下是韦斯特对管理创新项目的一些看法。

关于选择团队成员：

你向一个人解释挑战是什么，然后看他的眼睛是否亮了起来。

关于激励团队成员：

挑战是一切。人们，尤其是有创造力的技术人员，如果真的想有所作为，他们会尽一切可能或必要的努力去工作。这种方法我用过不止一次，而且一遍又一遍地重复，都很有效。

关于拥有愿景的重要性：

你得找到一个战斗口号。你需要的是一种可以简单描述的东西，并且能让工程师相信“是的，这就是现在要做的事情”。否则你就得一直把石头滚上山了。

关于项目经理的角色：

你要扮演运动场上啦啦队长的角色，你还得扮演教练的角色。你必须不断地想清楚目标是什么，是什么在把球推向球门，是什么在向边路跑，你必须为它们进行大量的战斗。我的意思是你真的不希望你的设计工程师和绘图车间的人争论，为什么他应该按照设计师的方式来做。我能做到，我也可以利用职权，有时候我就是这么做的。

愿景可能非常简单。例如，对一辆新车的愿景可以陈述为“袖珍火箭”。将这一愿景与更传统的产品描述（“一辆中等价位的跑车”）进行比较。“袖珍火箭”愿景为最终产品提供了更清晰的图景。设计工程师会立即明白，新汽车将是既小又快，既要启动快，转弯灵活，又要在直道上非常快（Bowen 等，1994）。或者，愿景可以更具体：“HASS（The Helpdesk Automated Site）4.5 版本将解决整个大学的前 10 个客户投诉，而不会对整个系统的平均性能、可靠性或响应时间产生任何负面影响。”

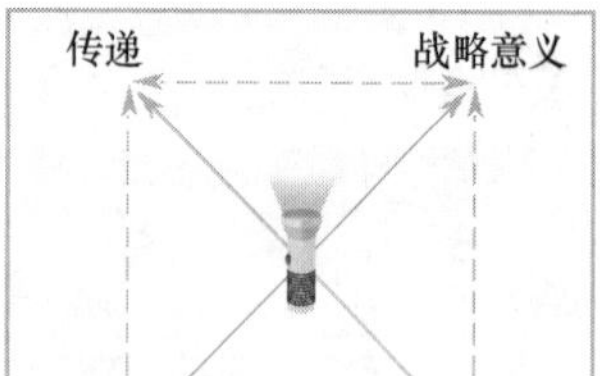

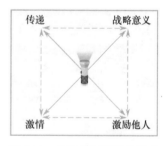

图 11.4　有效项目愿景的要求

一个有效的愿景似乎有四个基本的品质（见图 11.4）。第一，它的基本品质必须能够传递。如果一个愿景只存在于某人的头脑中，它就毫无价值。使用具体的、基于图像的语言，如“袖珍火箭”是至关重要的（Murphy&Clark，2016）。第二，愿景必须具有挑战性，但也必须现实。例如，一个旨在改革州立大学商学院课程的工作组，如果院长宣布他们的愿景是与哈佛商学院竞争，很可能引起全体成员的不满。相反，对于这个特别小组来说，开发该州最好的本科商业课程可能是一个现实的愿景。第三，项目经理必须相信愿景。对愿景的激情是一个有效愿景的基本要素。第四，它应该是激励他人的源泉。

一旦项目经理理解了构建共享愿景的重要性，下一个问题就是如何获得特定项目的愿景。首先，项目经理不能独自创造愿景，他们只充当项目团队共同愿景形成的催化剂和助产士（Smith, 1994）。在许多情况下，愿景是项目范围和目标所固有的。人们敬佩第一个将新技术引入市场的人，或解决威胁到组织问题的人。即使平凡的项目，通常也有足够的机会建立一个引人注目的愿景。一种方法是与参与项目的各种人交谈，及早发现他们对项目感兴趣的原因。对于一些人来说，可能是比上一个项目做得更好，或者是项目结束时客户的满意。许多愿景都是为了应对竞争而做出的反应。例如，三星公司的工程师试图开发下一代智能手机，评论家就要声称这款手机优于 iPhone。

一些专家主张召开正式的愿景共创会议。这些会议通常包括几个步骤，首先是成员确定项目的不同方面，并为每个方面生成理想的场景。例如，在一个建筑项目中，场景可能包括“没有事故”、“没有诉讼”、“获奖”或“我们将如何使用提前完成项目的奖金”。团队评审并选择最吸引人的场景，并将它们转换为项目的愿景陈述。其次是确定实现愿景陈述的策略。例如，如果其中一个愿景陈述是不会有诉讼，成员将确定他们将如何与业主和分包商合作，以避免诉讼。最后是成员自愿对每个陈述负责。愿景、策略和负责的团队成员的名字被发布并分发给紧密的利益相关者。

在很多情况下，共同愿景会非正式地浮现出来。项目经理收集项目参与者感兴趣的信息。他们在与团队成员的对话中测试自己的工作愿景，以衡量早期想法在其他人心中引起的兴奋程度。在某种程度上，他们从事基础市场研究。他们抓住机会来激励团队成员，例如主管人员的轻蔑言论，说项目永远不会按时完成，或者竞争公司威胁要启动类似的项目。一开始就达成共识并不重要，重要的是一个核心团队，至少有 1/3 的项目团队成员真正致力于愿景的实现。他们是提供吸引其他人“上船”的关键力量。一旦选定了表达愿景的语言，愿景陈述就需要成为每个工作议程的主要部分，并且项目经理应该随时准备发表“政治演说”。当出现问题或分歧时，所有的应对措施都应与愿景一致。

关于愿景和领导力的文章很多。批评者认为，愿景是共同目标的光荣替代品。其他人则认为，这是区分领导者和管理者的因素之一。关键在于发现项目中令人兴奋的是什么，能够以一种吸引人的方式表达这种兴奋的来源，并在整个项目中保护和培养这种兴奋的来源。

11.3.5　建立奖励机制

项目经理负责管理鼓励团队表现和积极工作的奖励系统。应用奖励的一个好处是，使项目工作具有内在的满足感，无论这种满足感表现为一个鼓舞人心的愿景还是一种简单的成就感。项目为参与者提供了一个改变环境的机会，一个学习新技能的机会，以及一个打破部门束缚的机会。另一个固有的奖励是所谓的“弹球游戏”，即项目成功通常会让团队成员选择去玩另一款令人兴奋的游戏。

尽管如此，很多项目都被低估了，而且很无聊，干扰其他更重要的优先事项，被认为是额外的负担。在某些情况下，最大的奖励是完成项目，这样团队成员就可以回去做他们真正喜欢做的事情，并获得最大的个人回报。遗憾的是，当这种态度成为主要动机时，项目质量可能受到影响。在这种情况下，外部奖励在激励团队绩效方面起着更重要的作用。

我们讨论过的大多数项目经理都提倡使用团队奖励。因为大多数项目工作都是合作的，所以奖励系统鼓励团队合作才有意义。不管团队成员的成就如何，如果仅承认个人的成就会分散团队的团结一致。项目工作是高度依赖的，所以区分谁真正值得获得额外的奖励是有问题的。现金奖金和激励措施需要与项目优先级挂钩。如果控制成本是首要任务，那么奖励不管成本提前完成工作的团队就没有意义了。

一次性现金奖励的限制之一是，它们经常被家庭预算用于支付牙医或修理工的费用。为了获得更多价值，奖励需要具有持久的意义（Smith & Reinertsen，1997）。许多公司将现金转换成度假奖金，有时还会提供相应的假期。例如，一家公司奖励提前完成任务的项目团队的是，团队成员全家可以免费去迪士尼乐园玩四天。这个假期不仅将被铭记多年，而且表彰了配偶和孩子，在某种意义上，他们也为项目的成功做出了贡献。同样，其他公司也为团队成员提供家用电脑和娱乐中心的门票。明智的项目经理会协商一笔可自由支配的预算，这样他们就可以用餐厅的礼券或体育赛事的门票来奖励那些超过里程碑的团队。即兴的比萨派对和烧烤也被用来庆祝重要的成就。

有时候项目经理不得不使用负强化来激励项目绩效。例如，Ritti 和 Levy 讲述了一个项目经理的故事，该项目经理负责建设一个新的、最先进的制造工厂。他的项目团队与许多不同的承包公司合作。项目进度落后了，主要是因为不同参与者之间缺乏合作。项目经理对许多关键人物没有直接的领导权，特别是其他公司的承包商。不过，他确实有在自己方便的时候召开会议的自由。因此，项目经理制定了每天早上 6 点的“协调例会”，要求所有相关负责人必须出席。会议持续了大约两周，直到项目回到正轨。那时，项目经理宣布取消下一次早上 6 点例会，并且不再安排这样的日常例会。

虽然项目经理倾向于关注团队奖励，但有时他们也需要奖励个人表现。这样做不仅是为了补偿个人的努力，也是为了向他人表明模范行为是什么。这种奖励的例子包括：

- **推荐信**。虽然项目经理可能不负责团队成员的绩效评估，但他们可以写信表扬他们的项目绩效。这些信件可以寄给团队成员的主管，可以放在他们的人事档案中。
- **对杰出工作的公开表彰**。优秀团队成员的努力应该得到公众的认可。一些项目经理在每次状态回顾会议开始时，都会简要地提到已经超出项目目标的项目工作人员。
- **工作分配**。好的项目经理认识到，虽然他们可能没有太多的预算权力，但他们确实对谁做什么、与谁一起做什么、什么时候做、在哪里做有实质性的控制。出色的工作应该得到分配满意工作的奖励。管理者应该了解团队成员的偏好，并在适当的时候适应他们。
- **灵活性**。愿意打破规则，如果做得明智，将会是一个强大的奖励。当孩子生病时，允许团队成员在家工作，或对轻微的轻率行为予以原谅，可以产生长期的忠诚。

个人奖励应在特殊情况下审慎使用。没有什么比团队成员开始感到其他人受到特殊待遇或自己受到不公平待遇更能削弱团队凝聚力的了。友谊和合作可能很快消失，取而代之的是争吵和对群体权谋的痴迷。这些干扰会消耗本该用于完成项目的精力。一般来说，只有当团队中的每个人都认为某个成员值得特别表扬时，才应该使用个人奖励。

11.3.6　协调决策过程

大多数关于项目的决策不需要正式的会议来讨论替代方案和确定解决方案。相反，作为项目经理、项目利益相关者和团队成员之间日常互动的一部分，决策是实时做出的。例如，这是例行公事“最近怎么样?”的结果，一名项目经理发现一位机械工程师正在努力满足她负责建造的原型的性能标准。项目经理和工程师与设计师交谈，解释问题，并询问他们可以做什么（如果有的话）。设计师会区分哪些标准是必要的，哪些是可以妥协的。然后，项目经理与营销团队进行检查，以确保修改是可接受的。除两项修改外，他们都同意。项目经理回到机械工程师那里，询问所提出的变更是否有助于解决问题。工程师同意在授权变更之前，与项目发起人联系，一起审查这些事件，并让发起人批准变更。这是一个项目经理通过实践走动式管理（Management By Wandering Around，MBWA），咨询团队成员，征求想法，确定最佳解决方案，并营造一种参与感，建立对决策的信任和承诺的例子。

然而，项目遇到的问题和决策需要团队成员及核心项目利益相关者的集体智慧。当群体决策可以提高重要决策的质量时，应该使用群体决策（Vroom & Jago，1988）。对于需要不同专家共同来解决的复杂问题，通常是这样的。当需要对决策有承诺，并且只有一个人做出决策，决策接受的可能性很低时，也应该使用群体决策。参与被用来减小阻力和确保对决策的支持。以下部分提供了管理群体决策的指导方针。

项目经理在指导团队决策过程中起着关键作用。他们必须提醒自己，他们的工作不是做决定，而是促进群体内的讨论，以便团队就可能的解决方案达成共识。在这种情况下，共识并不意味着每个人都 100%支持这个决策，而是他们都同意在这种情况下的最佳解决方案是什么。促进群体决策基本上包括四个主要步骤：

1．识别问题

项目经理需要注意不要用选择来描述问题（例如，“我们应该做 X 还是 Y？”）。相反，项目经理应该识别这些替代方案和其他可能是潜在解决方案的潜在问题。这使得团队成员能够生成替代方案，而不仅仅是在其中进行选择。定义问题的一个有用方法是考虑项目所在的位置（当前状态）和它应该到达的位置（期望的状态）之间的差距。例如，项目进度可能比计划晚了四天，或者原型比规格要求重了两磅。无论差距是小还是大，目的都是要消除它。群体必须找到一个或多个行动方案，将现有的状态变为期望的状态。

如果在问题识别的讨论中发现防御性的姿态，那么如果可能的话，推迟解决问题的步骤可能是明智的。这可以让情绪平静下来，让成员对所涉及的问题有新的看法。

2．制订替代方案

一旦对问题的性质有了普遍的共识，下一步就是制订替代的解决方案。如果问题需要创造性，那么通常建议用头脑风暴。在这里，团队在白板或黑板上生成一个可能的解决方案列表。在此期间，项目经理暂停批评或评估各种创意。鼓励成员“借鉴”他人的创意，将其扩展或结合成一个新的创意。我们的目标是创造尽可能多的替代方案，不管它们看起来有多古怪。一些项目经理报告说，对于真正棘手的问题，他们发现在远离正常工作环境的地方举行这样的会议是有益的，环境的变化激发创造力。

3. 形成决策

下一步是评估替代方案的优点。在此阶段，为这个过程设置一组标准是很有用的。在许多情况下，项目经理可以利用项目的优先级，并让团队评估每个备选方案对成本、进度和绩效的影响，以及减少问题差距。例如，如果时间紧迫，那么就会选择能够尽快解决问题的解决方案。

在讨论过程中，项目经理试图在团队中达成共识。这可能是一个复杂的过程。项目经理需要定期提供总结，以帮助团队跟踪会议进展。他们必须保护那些代表少数观点的成员，并确保这些观点得到公平的表达。他们需要保证每个人都有机会分享意见，没有个人或团体主导对话。

用一个两分钟计时器来调节发言转接的过渡时间可能是一种好方法。当冲突发生时，管理人员需要应用本章下一小节介绍的一些管理项目冲突的创意和技巧。

项目经理要参与共识测试，以确定团队在哪些方面达成了一致，哪些仍然是争吵的来源。他们小心翼翼地不把沉默理解为同意，他们通过提问来确认同意。最终，通过深思熟虑的互动，团队就什么解决方案最适合项目达成“一致意见”。

4. 跟进

一旦做出并实施了决策，对于团队来说，找出时间来评估决策的有效性是很重要的。如果决策未能提供预期的解决方案，那么应该探究原因，并将吸取的经验教训添加到项目团队的集体知识库中。

11.3.7　管理项目冲突

> 11-5：区分功能冲突和功能障碍冲突，并描述鼓励功能冲突和防止功能障碍冲突的策略。

在项目的生命周期中，项目团队中会出现分歧和冲突。参与者会对优先级、资源分配、具体工作的质量、已发现问题的解决方案等产生分歧（参见生活快照11.4）。有些冲突支持团队的目标并提高项目绩效。例如，两个成员可能就涉及产品不同特性的设计权衡决策陷入争论。他们认为，他们偏爱的功能才是主要客户真正想要的。这种分歧可能迫使他们从客户那里获得更多信息，结果是他们意识到这两个特性都不是很有价值，而客户想要的是其他的东西。冲突也会影响团队绩效。最初的分歧可能升级为激烈的争论，双方都拒绝合作。

生活快照11.4：管理低优先级项目

到目前为止，关于团队建设的讨论主要是针对需要参与项目的成员注意的重要项目。但是对团队成员认为的低优先级项目怎么管理：成员不情愿加入这种敷衍了事的任务团队怎么办？要分配委员会的工作人员去做什么？怎么把团队成员从他们更愿意做的重要工作中拉出来做这种兼职项目？怎么让团队成员明白为什么要做他们私下质疑的项目？

没有魔法可以把稍微感兴趣的兼职项目团队变成高绩效团队。我们就此类项目情景采访了几位项目经理。他们都认为这是非常困难和令人沮丧的任务，可做的事情有限。尽管如此，他们还是为充分利用这一情况提供了建议和忠告。这些建议中的大多数都侧重于在项目并不自然存在的时候就建立对项目的承诺。

一个项目经理提倡在这样的项目上预先安排大量的“时间”投资，要么以长时间会议形式，要么以重要的早期任务形式。他认为这是定金的一种形式，如果团队成员没有完成项目，他们将丧失这笔定金。

其他人则强调要尽可能地给活动增添乐趣。在这里，建立团队标识的仪式开始发挥作用。人们变得忠诚是因为他们喜欢在项目中一起工作。一位项目经理甚至透露，她的项目会议之所以能全员完美出席，主要是因为她提供高质量甜甜圈。

另一个策略是使项目对团队成员的好处尽可能真实。一位项目经理通过邀请事故受害者参加项目会议，显示了对授权的事故预防工作组的高度重视。另一位项目经理带着项目发起人来给团队充电，强调项目对公司的重要性。

大多数项目经理都强调与每个团队成员建立牢固的个人关系的重要性。这种关系建立后，团队成员努力工作并不是因为他们真的关心项目，而是因为他们不想让项目经理失望。虽然没有以货币奖惩的术语来表达，但这些项目经理谈到了了解每个成员、分享联系人、给予鼓励，以及在需要时伸出援助之手。

最后，所有的项目经理都警告说，对于低优先级的项目，没有什么是理所当然的。他们建议提醒人们开会，并为那些忘记开会或找不到的人准备额外的材料副本。项目经理应该经常与团队成员保持联系，并提醒他们所承担的项目工作。一位项目经理总结得很好，他说：“有时候，一切归结起来就是成为一名好的唠叨者。”

冲突的来源可能随着项目生命周期的进展而改变（Adams & Brandt，1988；Posner，1986；Thamhain & Wilemon，1975）。图 11.5 总结了每个阶段的主要冲突来源。

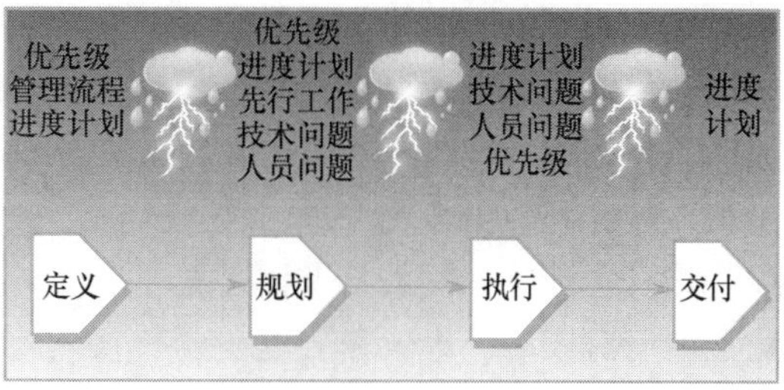

图 11.5　项目生命周期各阶段的主要冲突来源

在项目定义阶段，冲突的最重要来源是优先级、管理流程和进度计划。与其他活动相比，项目的相对重要性、使用哪种项目管理结构（特别是项目经理应该拥有多少控制权）、分配的人员及将项目安排到现有工作负载中等问题都会引起争议。

在规划阶段，冲突的主要来源仍然是优先级，其次是进度计划、管理流程和技术问题。在这个阶段，项目从一般的概念转向详细的各种计划，仍然必须确定项目的相对重要性，以及项目的优先级（时间、成本、范围）。分歧经常出现在最终的进度安排、资源分配、沟通和决策程序及项目的技术要求上。

在执行阶段，冲突会出现在进度计划、技术问题和人员问题上。由于进度不断拖延，里程碑变得更加难以实现。这导致了团队内部的紧张，因为延迟阻碍了其他人开始或完成他们的工作。管理时间、成本和绩效间的平衡变得至关重要。项目经理必须在以下几个方面做出决定：延缓进度、投入额外的资金以回到正轨，以及缩小项目范围以节省时间。技术问题包括为意想不到的问题找到解决方案，并整合各种人的贡献。项目的压力可能表现为人际冲突及更有效地使用资源的压力。

在交付阶段，冲突程度趋于缓和。在有问题的项目中，进度计划仍然是冲突的最大来源，因为进度拖延使得满足目标完工日期更加困难。实现目标的压力加上对未来任务日益增长的焦虑，加剧了人际关系的紧张。此时技术问题很少，因为大多数问题在早期阶段就已经解决了。

1. 鼓励功能冲突

功能冲突和功能障碍冲突之间的界限既不明确也不精确。在一个团队中，团队成员可能互相指责，但最终解决了他们之间的分歧。然而，在另一个项目团队中，这样的行为会造成不可调和的分歧，将会阻碍各方再次进行富有成效的合作。区分标准是冲突如何影响项目绩效，而不是个人的感受。成员可能对这种交流感到不安和不满，但只要分歧进一步推进了项目的目标，冲突就是功能性的。项目经理应该认识到冲突是不可避免的，甚至是项目工作中令人向往的一部分，关键是要鼓励功能冲突，并管理功能障碍冲突。

一个共同的愿景可以超越项目的不协调，并建立一个共同的目标，以建设性的方式引导争论。没有共同的目标，就没有解决分歧的共同基础。在前面提到的设计权衡决策的例子中，当双方同意主要目标是满足客户时，就有了更客观地解决争议的基础。因此，提前商定哪个优先级是最重要的（成本、进度或范围），能帮助项目团队决定什么样的应对方案是最合适的。

有时候，问题不是存在冲突，而是不存在冲突。通常，由于时间紧迫、自我怀疑和保持团队和谐的愿望，团队成员不愿表达反对意见。这种犹豫剥夺了团队的有用信息，这些信息可能导致更好的解决方案和避免关键错误。项目经理需要鼓励健康的异议，以提高问题解决和创新的能力。他们可以通过提出尖锐的问题和质疑建议背后的理由来证明这一过程。他们还可以通过将持不同观点的人带到关键会议中来协调健康的冲突。

项目经理可以通过指定某人扮演“魔鬼代言人”的角色，或者要求团队花 15 分钟想出团队不应该采取行动的所有理由，来使团队内部的异议合法化。功能冲突在获得对问题的更深入理解和提出可能的最佳决策方面发挥着关键作用。

项目经理能做的最重要的事情之一是，当有人不同意或挑战他们的想法时，建立一个适当的应对模型。他们需要避免防御性的行为，而应鼓励批评性的辩论。他们应该表现出有效的倾听技巧，并在回答之前总结关键问题。他们应该看看其他人是否同意相反的观点。最后，项目经理应该重视和保护反对者。

2. 管理功能障碍冲突

管理功能障碍冲突比鼓励功能冲突更具挑战性。首先，功能障碍冲突很难识别。一个项目经理可能有两个非常有才华的专业人士，他们互相憎恨，但在激烈的竞争中产生了有价值的结果。这是一个令人愉快的情况吗？不是。它是功能吗？是的，只要对项目绩效有贡献。相反，有时功能冲突会退化为功能障碍冲突。当技术上的分歧演变成非理性的个性冲突，或者当解决问题失败导致关键项目工作的不必要延误时，就会发生这种变化。

管理者面临的第二个主要困难是，对于功能障碍冲突，往往没有简单的解决方案。项目经理必须从许多策略中选择策略来管理它。以下是五种可能性选择：

（1）**调解冲突**。项目经理介入并试图通过推理和说服，提出替代方案等方式协商解决方案。其中一个关键是努力找到共同点。在某些情况下，项目经理可以辩称，赢/输的交换已经升级到对每个人都是输/输的程度，现在是做出让步的时候了。

（2）**仲裁冲突**。经理在听取各方意见后，将冲突的解决方案强加给他们。目标不是决定谁赢，而是让项目赢。在此过程中，重要的是要寻求一种能让各方保全面子的解决方案，否则，这个决定可能只是暂时的缓解。一位项目经理承认，她使用“所罗门王的方法”来解决冲突，取得了巨大的成功。她宣布了一个双方都不喜欢的解决方案，并给他们两小时来想出一个双方都能同意的更好的解决方案。

（3）**控制冲突**。通过消除分歧来降低冲突的强度是一种有效的策略。如果情绪升级，项目经理可以暂停互动，等到头脑冷静一些时再议。如果冲突继续升级，项目任务可能需要重新安排，这样双方就不必一起工作了。

（4）**接受冲突**。在某些情况下，冲突会持续到项目结束，尽管这会分散管理者的注意力，但这也是管理者必须承受的。

（5）**消除冲突**。有时冲突已经升级到无法容忍的地步。如果有一个明确的反派，那么就将他调离。如果双方都有过错（这是常有的事），那么明智的做法是，如果可能的话，双方都要调离。他们的离开给了团队里其他人一个明确的信号：这种行为是不可接受的。

总之，项目经理通过建立明确的角色和职责，开发共同的目标或共同的愿景，以及使用奖励协作的团队激励机制，为功能冲突奠定基础。项目经理必须善于解读身体语言，以识别未说出口的分歧。他们还必须与项目的进展保持联系，以识别可能升级为大冲突的小问题。适时使用幽默，并将焦点转移到对项目最有利的事情上，可以缓解项目团队中可能爆发的人际关系问题。

11.3.8　重塑项目团队

在长期项目的过程中，团队有时会偏离轨道并失去动力。项目经理需要采取行动，使团队与项目目标保持一致。有正式和非正式的方式来做这件事。在非正式的情况下，项目经理可以建立新的仪式，比如“玩具蟑螂”，以重新激励团队。在一个正在经历艰难的项目中，项目经理停下了工作，带着团队去打保龄球以缓解挫折。在另一个项目中，项目经理请她的团队成员看电影《肖申克的救赎》（*The Shawshank Rede mption*），以重新点燃成功的希望和承诺。

另一种选择是让项目发起人给“部队”打气。在其他情况下，一个友好的挑战可以重振一个团队。例如，一个项目发起人提出，如果项目回到正轨并达到下一个里程碑，他就会准备大餐慰劳大家。

有时需要采取更正式的行动。项目经理可能认识到有必要召开一次致力于改进团队工作过程的团队建设会议。如果他感觉团队正在接近开发的转折点，那么这个会议是特别合适的。这种会议的目的是通过更好地管理项目需求和群体过程来提高项目团队的效率。它是团队对自身表现、行为和文化的内在审视，以消除功能障碍的行为，增强功能性行为。项目团队对其绩效进行评价，分析其做事方式，并试图制定策略来改善其运作。

通常会聘请一名外部顾问或指派一名内部专家来主持会议。这个过程带来了一个更客观的、外部的视角，使项目经理成为过程的一部分，并提供了一位在团队动力学方面受过训练的专家。此外，如果要收集初步的信息，团队成员可能对局外人更加坦诚和开放。

关于使用外部顾问的一个警告是，管理人员经常将其作为一种方法来处理他们无法或不愿处理的问题。向顾问下达的命令是“为我修复团队”。管理者没有意识到的是，修复团队的关键之一是改善他们与团队其他成员之间的工作关系。为了使这样的会议有效，项目经理必须愿意让他们的角色被审查，并接受根据团队成员的意见和建议改变自己的行为和工作习惯。

顾问使用各种各样的团队建设技巧来提升团队绩效。下面是对其中一种常见方法的简要描述。第一步是收集信息，对团队绩效进行初步诊断。无论是通过个人访谈，还是在小组讨论会上，顾问都会询问项目团队绩效的一般问题，即哪些障碍阻碍了团队的更好表现？这些信息按照主题进行了总结。第二步是当每个人都理解了主题，团队就会根据它们的重要性和团队对它们的所有权程度对它们进行排名。后面这一步是关键的。因为所有权是指团队是否对问题有直接影响。例如，一个团队可能对合同供应品的交付没有什么影响，但团队成员确实能够控制他们在计划中突然调整时通知彼此的速度。

如果团队被超出其控制范围的问题所困扰，会议可能很快演变成一个令人沮丧的抱怨会议。所以，要把他们直接控制的最重要的问题当作议程的主题。在会议期间，将产生许多人际关系和群体过程信息，这些信息也要好好保留。因此，团队会议要处理两组事项：议程事项和参与者互动产生的事项。这就是外部主持人的专业知识对确定交互模式及其对团队绩效的影响变得至关重要的地方。

随着重要问题的讨论，行动的备选方案也被开发出来。团队建设会议最后决定解决问题的具体行动步骤，并为谁做什么、什么时候做设定目标日期。这些任务可以在项目状态会议或后续会议上审查。

将团队建设活动与户外体验联系起来已经成为一种时尚。户外体验（如在俄勒冈州的罗格河漂流或在科罗拉多州攀岩）让团队成员置身于各种各样的体能挑战情境中，这些任务都是必须通过团队合作而不是个人努力来掌控的。通过一起工作来克服困难的障碍，团队成员应该体验到增加的自信，对他人能力的更多尊重，以及对团队工作的更大承诺。除参与者的热情支持之外，没有任何经验数据可以支持这种奇异的努力。这样的活动可能提供一种激烈的共同体验，从而加速团队的社会发展。这种时间和金钱的投资体现了团队合作的重要性，有些人认为这是参与项目的一种福利。与此同时，除非这些经验教训能够立即转化到实际的项目工作中，否则它们的意义很可能消失。

11.4 管理虚拟项目团队

11-6：了解管理虚拟项目团队的挑战。

建立一个由兼职和全职成员组成的高绩效项目团队是一项具有挑战性的任务。想想看，当团队成员不能进行面对面的互动时，组建一个团队是多么具有挑战性。这就是虚拟项目团队的情况，在虚拟项目团队中，团队成员所处的地理位置使得他们很少（如果有的话）作为一个团队进行面对面的互动。例如，惠普的集成电路业务总部和部分研发设施位于加利福尼亚州的帕洛阿托，两个晶圆制造工厂分别位于俄勒冈州的科瓦利斯和科罗拉多州的科林斯堡市，而包装组装过程主要在新加坡和韩国进行。对于这些地方的专业人士来说，参与同一个项目并不罕见。当团队成员分布在不同的时区和洲时，直接沟通的机会就受到了严重的限制。电子通信，如因特网、电子邮件和电话会议在虚拟项目中占据了更重要的地位，因为这是主要的沟通手段。请参阅生活快照 11.5。

生活快照 11.5：管理虚拟的全球团队

IBM 全球服务部的高级项目经理卡尔・A. 辛格（Carl A. Singer）描述了如何使用全球时区来完成一个时间密集的项目。该项目需要主题专家(Subject Matter Expert，SME）总结在维护域知识中现有的最佳实践，并将其移植到知识管理工具中。最熟练的主题专家分散在地球的两端：澳大利亚和苏格兰。项目的审查和控制来自美国。

管理层意识到，仅仅用更努力工作是无法达到时间和质量目标的。在这个项目中，他们利用了时间维度来为自己谋利。应用完善的管理原则及利用电子通信系统，团队为了快速响应和加速审查，能够创建一个虚拟的一天 24 小时的工作安排。

每个团队都由经验丰富的专业人士组成，他们熟悉时间紧迫的咨询项目的严峻性。为每个团队确定一个局部的负责人，并建立相互同意的目标、术语和过程。

我们组织了一个全员参与的启动会议，在该会议中，参与者能够进行社交，了解当地的约束条件和项目范围的限制，并最终确定一个商定的计划。会议在有餐饮设施的企业旅馆举行。该设施被认为是“IBM 顾问的辅助生活社区”。这加快了从时差中恢复的速度，并提供了一个没有干扰的工作环境。

在回到大本营后，为了保持协调一致，每个团队通过定期的三方电话会议独立创建他们的大部分可交付成果。建立了一本电子的项目控制手册，以便所有参与者都能访问最新的项目文件。

项目的最后阶段需要团队之间的紧密联系和评审。这些必要的评审调整了要处理的事项、子项目之间的差异和其他问题。正是在这里，这个项目的世界性得到了充分发挥。通过“干洗法”（下午 5 点到上午 9 点），澳大利亚和苏格兰的团队成员能够解决在美国的外部审查中产生的问题，并在下一个工作日开始时提供具体的应对方法。上午 6 点（美国东部时间）召开电话会议，用于协调应对方法和解决问题。在美国工作日结束时，又召开一次电话会议，用来敲定问题和任务。图 11.6 描述了用 24 小时时钟来协调沟通计划。

美国（东海岸）	澳大利亚	苏格兰	评论
12 午夜	2 PM	5 AM	
1 AM	3 PM	6 AM	
2 AM	4 PM	7 AM	
3 AM	5 PM	8 AM	
4 AM	6 PM	9 AM	澳大利亚换班复查的交接
5 AM	7 PM	10 AM	
6 AM	8 PM	11 AM	3方会议窗口（主）
7 AM	9 PM	12 noon	3方会议窗口（主）
8 AM	10 PM	1 PM	3方会议窗口（主）
9 AM	11 PM	2 PM	
10 AM	12 午夜	3 PM	
11 AM	1 AM	4 PM	
12 noon	2 AM	5 PM	苏格兰换班复查的交接
1 PM	3 AM	6 PM	
2 PM	4 AM	7 PM	
3 PM	5 AM	8 PM	
4 PM	6 AM	9 PM	3方会议窗口（辅助）
5 PM	7 AM	10 PM	3方会议窗口（辅助）
6 PM	8 AM	11 PM	美国换班复查的交接
7 PM	9 AM	12 午夜	
8 PM	10 AM	1 AM	
9 PM	11 AM	2 AM	
10 PM	12 noon	3 AM	
11 PM	1 PM	4 AM	
12 午夜	2 PM	5 AM	

黄金时间　二次时间　停机时间

图 11.6　24 小时时钟

我们使用电话会议而不是视频会议，这是因为视频会议准备时间太长，而且会迫使参与者离开自己的办公室。电子邮件被广泛用于一般交流。项目工作的电子资料库用于协调全球参与。在实践中，参与者可以起草一份文档并以电子方式存入，但第二天醒来时却会发现该文档注释了修改建议。同样，人们也可以在一天开始的时候检查填充了待审查文档和待处理问题的文件夹。随着时间的推移，“澳大利亚式的早上好”和“英国式的再见”渐渐进入了美国人的演讲中，这是团队凝聚力的清晰标志。

照片来源：Ariel Skelley/Getty Images

辛格指出了从该项目中获得的一些经验教训：

- 全体员工的启动会议对于确立目标、程序及“礼貌规则”至关重要。
- 放松管控：建立清晰的可交付成果，然后让位，让专业人士做他们的工作。
- 建立并执行商定的质量标准和可交付成果模板。
- 定期召开电话会议，哪怕只是说一句：“你好，我们今天没什么可谈的。”电话会议应以预先确定的会议议程、记录程序和评审为指导。

管理虚拟项目团队的两个最大挑战是建立信任和发展有效的沟通模式（Lipsinger & DeRosa，2010）。第一个挑战是在虚拟项目团队管理中，很难建立信任。与传统团队不同的是，在传统团队中，成员可以看到某人是否做了她说她已做的事，虚拟团队成员依赖远方成员自己的说法。与此同时，你可能很难相信一个你只见过一两次或根本没见过的人。地理上的隔离也禁止了非正式的社会交往，而这种交往对于建立团队成员之间的同志情谊至关重要。正如一个虚拟团队成员所说："你们不能在网上一起喝啤酒。"

那么，项目经理如何促进虚拟团队中信任的发展呢？第一，如果在开始时不可能举行面对面的会议，那么在最初的电子渠道交流中，管理者需要协调社会信息（每个人都是谁）和一些个人背景信息的交换。第二，他们需要为每个团队成员设定明确的角色。在理想情况下，应该将特定的任务分配给每个成员，这样他就可以立即对项目做出贡献。对虚拟项目团队的信任通过团队成员的可靠性、一致性和响应能力而增长（Coutu，1998）。第三，如果可能的话，团队应该由已经在项目中有效合作过的人组成。

管理虚拟项目团队的第二个主要挑战是建立有效的沟通模式。电子邮件和传真很适合交流事实，但不是事实背后的感受，它们也不允许实时交流。电话会议和项目聊天室可以有所帮助，但它们也有其局限性。视频会议是对非可视电子通信形式的重大改进。不过，视频会议并不总是可用的，或者在世界上许多地方，视频会议的质量很差，会分散人们的注意力。其格言是"将技术与沟通需求相匹配"。以下是 3M 为他们的分布式项目开发的一些指导方针。

- **何时发电子邮件**。使用电子邮件在一对一或一对多的参考框架中分发重要信息。
- **何时使用电子公告栏**。利用电子公告栏去鼓励讨论，并针对问题引发不同的意见。
- **何时进行视频会议**。当你需要看到对方的脸和表情时，使用视频会议。在项目的早期阶段，当你正在建立关系并对需要做什么形成共识时，使用视频会议。同样，在处理关键决定和/或有争议的问题时也要使用它。
- **何时使用电话会议**。当人们在不同的地方使用共同的文档、演示文稿、草图和模型时，使用电话会议。也可以用它来进行状态报告会议和维持友情。
- **何时见面**。通过见面去建立或修复信任。利用差旅预算尽早召集所有关键人员一起见面，向他们灌输对项目目标的承诺，并参与团队建设活动。

即使有了最好的沟通系统，管理人员也必须克服在时差下工作、在文化差异下工作及为人们找到一个方便的会议时间等问题。

以下是一些技巧，以缓解沟通问题和提高虚拟团队的绩效：

（1）不要让团队成员消失。虚拟团队之间经常会遇到联系不上的问题。使用互联网日程安排软件存储会员日历。

（2）建立行为准则以避免延误。团队成员不仅需要就共享信息的内容、时间和方式达成一致，还需要就如何和何时对其回复达成一致。开发一个优先级系统，将需要立即回复的信息与需要较长时间回复的信息区分开来。

（3）为假设和冲突建立清晰的规范和协议。因为大多数交流是非视觉的，项目经理无法通过观察身体语言和面部表情来了解正在发生的事情。在沟通时，他们需要更深入地探究，迫使成员更清楚地解释他们的观点、行动和担忧，他们必须反复检查理解是否正确。

（4）使用电子视频技术验证工作。与其依赖他人的判断，不如让成员通过网络视频"展示"工作成果。这可以避免代价高昂的误解，并提供有用的反馈。

（5）分担痛苦。不要要求每个人都遵守你的时区和喜好。轮换会议时间，使所有的团队成员都根据自己的时钟来轮流工作。

在某种程度上，管理虚拟项目团队与管理常规项目团队没有什么不同。关键是在有限制的情况下，为团队成员开发有效的互动方式，并结合他们的才能来完成项目。

11.5 预防项目团队的缺陷

11-7：识别项目团队中可能出现的不同缺陷。

高绩效的项目团队可以产生戏剧性的结果。然而，就像任何好的事情一样，项目团队也有其阴暗的一面，经理们需要意识到这一点。在本节中，我们将考察高绩效项目团队可能遇到的一些问题，并强调项目经理可以做些什么来减少这些问题发生的可能性。

11.5.1 群体思维

Janis（1982）首先发现群体思维是影响 1961 年美国入侵古巴失败的一个因素。他的术语指的是，在高度凝聚力的团队中，成员往往会丧失批判性评估能力。当从众的压力与不可战胜的错觉相结合，从而暂停对决策的批判性讨论时，这种弊病就会出现。因此，人们在不考虑备选方案的情况下很快就做出了决定。这种做法往往导致惨败，在事实发生后，好像看起来完全不可能的事。群体思维的一些症状包括：

- **坚不可摧的幻觉。** 团队感觉不可战胜。它的特点是高度的团队精神，对自身智慧的坚定信念，以及过分的乐观主义，这使得团队成员对自己的决策质量感到自满。
- **粉饰的批判性思维。** 团队成员只讨论少数解决方案，忽略了替代方案；他们没有检查所选择的行动可能带来的不良后果；他们过于迅速地摒弃了任何表面上看起来不令人满意的替代方案。
- **对局外人的负面成见。** “好人/坏人”的刻板印象出现在这个群体中，他们认为任何反对他们决定的局外人都是“坏人”，他们被认为是无能和恶意的，他们的观点不值得认真考虑。
- **直接压力。** 当一个团队成员确实说出或质疑团队前进的方向时，异议者就会受到直接的压力。她被提醒，速度很重要，目标是达成一致，而不是争论。

11.5.2 官僚旁路综合征

项目团队通常可以在不通过上级组织的常规协议的情况下完成任务。绕过繁文缛节的渠道是有吸引力和活力的。然而，如果绕道成为一种生活方式，它会导致对行政政策和程序的拒绝，而这些政策和程序是整个组织的黏合剂。一个在组织外运作的团队可能疏远受到组织规范和程序约束的其他员工，最终，这些外部官僚机构就会找到设置障碍和阻挠项目团队的方法（Johansen et al.，1991）。

11.5.3 团队精神变成团队迷恋

高效的项目团队是个人满足感的巨大来源。在一个具有挑战性的项目中工作所产生的兴奋、混乱和喜悦可以是一种令人振奋的体验。Leavitt 和 Lipman-Blumen（1995）甚至说团队成员的行为就像恋爱中的人。他们对项目的挑战和周围的人才着迷。这种完全专注于项目和项目团队的做法，虽然对项目的显著成功做出了巨大贡献，但在项目完成后，可能留下一系列破裂的职业和个人关系，导致倦怠和迷失方向。

生活快照 11.6：名义小组技术

通用电气、万豪集团（Marriott Corp.）和惠普（Hewlett Packard）等公司都使用名义小组技术（Nominal Group Technique，NGT）来指导项目决策。NGT 首先将项目团队成员和/或利益相关者聚集在一张桌子旁，确定手头的项目问题。然后每个成员写出自己的解决方案。接下来，每个成员向小组提出自己的解决方案，领导将这些解决方案写在一张图表上。不允许批评。这个过程一直持续到所有的想法都被表达出来。然后小组讨论和澄清每个解决方案。在所有的想法都被讨论之后，小组成员私下对他们喜欢的解决方案进行排序投票。对投票结果进行统计，以创建每个解决方案的排序。如果需要进一步优化列表以获得最优解决方案，则重复这些步骤。

NGT 提供了一个处理潜在问题的有序过程。它还可以防止群体思维的发生。NGT 不鼓励任何威压，以符合一个高地位、强大团队成员的愿望，因为所有的想法和偏好都是私下讨论的。NGT 提高了创造力，因为成员可以根据自己的专业知识和观点提供解决方案。最后，可以相对及时地做出重要的决策。当有明确定义的问题时，NGT 是一种非常有效的决策方法。

本章小结

项目经理经常在不太理想的条件下工作，以建立一个有凝聚力的团队，致力于共同工作，并尽其所能完成项目。他们必须从其他部门招聘人员，并管理团队成员的临时参与。他们经常把陌生人召集在一起，并迅速建立一套操作程序，整合他们的努力和贡献。他们善于管理会议，使会议不成为负担，而是进步的工具。项目经理需要建立一个团队标识和一个共同的愿景，以吸引参与者的注意力和忠诚。项目经理必须鼓励有助于优秀解决方案的功能冲突，同时警惕可能导致团队分裂的功能障碍冲突。在做这些事情时，他们必须避免过多的团队凝聚力缺陷。

虽然议程、章程、愿景、奖励等都是重要的工具和技术，但在本章和第 10 章中都强调了项目经理建立有效项目团队最重要的工具是他的行为。正如组织的创始人塑造组织的文化一样，项目经理塑造并影响项目团队的内部文化。一个积极的例子可以定义团队成员如何应对变更，他们如何处理新任务，以及如何建立他们彼此之间和组织其他成员之间的关系。要以身作则是不容易的，它需要个人信念、素养、对团队动态的敏感性，以及对他人如何看待个人行为的恒定的意识。

关键术语

Brainstorming 头脑风暴
Dysfunctional Conflict 功能障碍冲突

Functional Conflict 功能冲突
Groupthink 群体思维
Project Vision 项目愿景
Team Building 团队建设
Virtual Project Team 虚拟项目团队
Nominal Group Technique（NGT） 名义小组技术
Positive Synergy 积极协同
Project Kick-Off Meeting 项目启动会议

复习题

1. 团队发展的五阶段模型和间断平衡模型有什么区别？
2. 一个有效项目愿景的要素有哪些？为什么它们很重要？
3. 为什么项目经理应该强调团队奖励而不是个人奖励？
4. 项目中功能冲突和功能障碍冲突的区别是什么？
5. 什么时候举行一个正式的项目团队建设会议是合适的？
6. 管理一个虚拟项目团队的独特挑战是什么？
7. 项目经理可以做些什么来避免高凝聚力项目团队的一些缺陷？
8. “信任实际上会助长团队成员之间的分歧和冲突。”试述为什么会出现这种情况。

生活快照讨论题

11.1 2008 年奥林匹克运动会上的救赎队
1. 在救赎团队的案例中，与积极协同相关的八个特征中，哪一个是明显的？
2. 在 2004 年雅典奥运会失利的队伍中，与积极协同相关的八个特征中，哪一个没有表现出来？

11.2 将福特置于快进模式中
1. 有趣的文化对创新有多重要？
2. 你认为福特公司的柴油机开发团队和苹果公司的麦金塔电脑开发团队，以及洛克希德公司的臭鼬工厂有什么相似之处？

11.3 风暴中的好人
1. 你认为识别那些应对挑战的人有多容易？
2. 除了充当啦啦队长，汤姆·韦斯特建议项目经理还应扮演哪些重要的角色？

11.4 管理低优先级项目
1. 回顾你在低优先级项目上的工作经验，这些策略有用吗？

11.5 管理虚拟的全球团队
1. 辛格是如何增强对自己项目的信任的？
2. 辛格是如何建立有效沟通模式的？
3. 如果这项工作是在日本而不是在澳大利亚完成的，你认为会发生什么？

11.6 名义小组技术
1. 名义小组技术如何防止群体思维在项目中发生？

练习题

1．以下活动基于你最近完成的一个团队项目。这个项目可能是一个学生作业项目、一个工作项目或一个课外项目。

a．运用五阶段模型和间断均衡模型对团队发展进行分析。哪个模型最能描述团队的发展过程？

b．根据影响团队发展的 9 个情境因素分析你的团队。什么因素对团队绩效有积极的影响？哪些因素对团队绩效有消极影响？这个团队是如何克服消极因素的？为了克服这些消极因素，你可以做些什么不同的事情呢？

c．分析团队如何有效地管理会议。这个团队做得好的是什么？团队做得不好的是什么？如果团队重新组建，你会对团队应该如何管理会议提出什么具体建议？

2．假设你有以下几个决策选项：①根据现有信息自己做决定；②在做决定前征求别人的意见；③召开会议达成共识，寻求达成一个每个人都同意的最终决定。你会使用哪种方法来做出下面每一个决定，为什么？

a．你是校园赌场之夜的项目负责人，这是一个由你的团体组织的慈善活动，为无家可归的人筹集资金。这次活动获得了巨大的成功，获得了 3 500 美元的净利润。在活动开始之前，你的团队调查了附近那些支持无家可归者的组织，以及这些资金可以给谁。你把范围缩小到煤块屋和圣玛丽救济站。最终，你们小组决定，这笔善款应该给煤块屋。当你正准备给它的主管写支票时，你在当地的报纸上看到，煤块屋已停止运营了。你应该如何处理这笔善款？

b．你是 Trysting Tree 高尔夫俱乐部聘请的高尔夫球场设计师，为他们整修高尔夫球场。你与俱乐部的董事会密切合作，开发了一个既具有挑战性又美观的新布局。每个人都对这些变化感到兴奋。当你在第 13 洞遇到问题时，项目已经完成了将近 75%。Trysting Tree 的第 13 洞是一个 125 码的 3 杆洞，在这个洞，高尔夫球手必须把球打过湖面，打到调整的绿地上。在建造新发球台的过程中，工人们发现球台下面有一股地下泉水流到湖中。你们检查了现场，并同意施工监理的意见，这可能造成严重的问题，特别是在多雨的冬季。在对该地区进行勘察后，你认为唯一可行的选择是将洞扩展到 170 码，并在邻近的山坡上创建高架的发球台。你应该使用三个决策选项中的哪一个来对 13 号洞的建设做出决定？

c．你是一个新产品开发项目的负责人。你的团队一直在努力开发融合新技术满足客户需求的第三代产品。该项目大约完成了 50%。你刚刚收到市场部的一份报告，详细介绍了一个竞争对手即将推出的类似产品。该产品似乎利用了全新的设计原则，扩展了产品的功能。这对你的项目的成功构成了严重的威胁。高层正在考虑取消你的项目，重新开始新的项目。他们想让你提个建议。

3．以下活动是基于你当前正在参与的或最近完成的小组项目。这个项目可能是一个学生作业项目、一个工作项目或一个课外项目。

a．在这个项目中，团队的认同感有多强？为什么？

b．参与者可以做什么来加强团队认同？

c．什么样的非正式活动可以用来使团队恢复活力？为什么这些活动会起作用？

案例 11.1：科兹纳办公设备公司

安布尔·布里格斯（Amber Briggs）坐在科兹纳办公设备公司（Kerzner Office Equipment）自助餐厅的一张大桌子前，紧张地看了看手表。现在是下午 3 点 10 分，14 名成员中只有 10 人来参加科兹纳公司十周年纪念工作组的第一次会议。就在这时，又有两名成员匆匆坐了下来，并为迟到道歉。布里格斯清了清嗓子，开始开会。

1. 科兹纳办公设备公司简介

科兹纳办公设备公司（以下简称科兹纳公司）位于南卡罗来纳州查尔斯顿，专业生产和销售高端办公家具及设备。科兹纳公司在成立的头五年里实现了稳步增长，雇用人数超过 1 400 人。然后，一场全国性的经济衰退来袭，迫使科兹纳公司裁员 25%。这是公司的一个创伤时期。贾斯汀·塔布斯（Justin Tubbs）被任命为新 CEO，事情开始慢慢好转。塔布斯致力于员工参与，并围绕自我管理团队的概念重新设计公司的运营方式。公司很快推出了一种创新的人体工程学家具系列，旨在减少背痛和手腕脉管综合征。这一系列设备被证明取得了巨大的成功，科兹纳公司成了行业的领导者。公司目前拥有 1 100 名员工，刚刚被《查尔斯顿邮报和信使报》连续两次评选为南卡罗来纳州十大最佳公司之一。

2. 安布尔·布里格斯

安布尔·布里格斯是一名 42 岁的人力资源专家，她在科兹纳公司工作了五年。在此期间，她参与了招聘、培训、薪酬、团队建设等多种活动。人力资源副总裁戴维·布朗（David Brown）指派布里格斯负责组织科兹纳公司的十周年庆典。她对这个项目很兴奋，因为她将直接向最高管理层汇报。

首席执行官塔布斯向她简要介绍了庆祝活动的目的和目标。塔布斯强调，这应该是一个值得纪念的事件，庆祝科兹纳公司自从裁员的黑暗日子以来取得的成功是很重要的事。此外，他还透露，他刚刚读了一本关于企业文化的书，认为庆典活动对传播科兹纳公司的价值观很重要。他接着说，他希望这是一个员工庆祝活动，而不是一个由高层管理人员策划的庆祝活动。因此，布里格斯将领导一个工作组来组织和计划这次活动，工作组由 14 名来自各主要部门的员工组成。她的团队将在三个月内向最高管理层提交活动的初步计划和预算。在讨论预算时，塔布斯透露，他觉得总成本应该在 15 万美元左右。在会议结束时，他说会尽他所能帮助布里格斯，使庆典取得成功。

此后不久，布里格斯收到了工作组成员的名单，她通过电话或电子邮件与他们联系，安排了今天的会议。她不得不手忙脚乱地找一个见面的地方。她在人力资源部的隔间太小，容纳不了这么多人，科兹纳公司的所有会议室都被预订了，或者正在翻新。她选定了自助餐厅，因为下午晚些时候那里通常没有人。在开会前，她将议程贴在桌子旁边的挂图上（见图 C11.1）。考虑到每个人都很忙，会议被限制在一个小时之内。

议程

3:00	介绍
3:15	项目概述
3:30	基本规则
3:45	会议时间
4:00	休会

图 C11.1　庆典工作组

3. 第一次会议

布里格斯开始了会议，她说："各位好，你们可能不认识我，我是人力资源部的安布尔·布里格斯，我被指派管理科兹纳公司的十周年庆祝活动。最高管理层希望这是一个特殊的事件，同时，他们也希望这是我们的事件。这就是你在这里的原因。你们每个人代表一个主要部门，我们的工作就是一起计划和组织庆祝活动。"然后她看了一下议程，请每个成员做自我介绍。布里格斯右边的红头发高个女子打破了短暂的沉默，她说："嗨，我是塑料部的卡拉·米勒。我想我的老板选我来这个特别小组是因为我在办派对方面出了名。"

每个成员依次效仿。以下是他们的介绍：

"嗨，我是维修部的迈克·威尔士。我不知道我为什么在这里。我们部门的进展有点慢，所以老板让我来参加这个会议。"

"我是国内销售部的梅根·普林斯基。我是自愿来做这个工作的。我认为策划一个大型派对会很有趣。"

"哟，我是会计部的尼克·皮亚斯。我老板说我们中必须有一个人加入这个特别小组，我想该轮到我了。"

"嗨，我是里克·芬娜。我是采购部唯一从一开始就在这里的人。我们经历了一些困难时期，我认为花点时间庆祝我们所取得的成就是很重要的。"

"各位好，我是国际销售部的英格丽·赫德斯特罗姆。我认为这是个好主意，但我要提醒你，下个月的大部分时间我都不在国内。"

"我是工程部的艾比·贝尔。对不起，我迟到了，但我的部门有点忙。"

布里格斯把缺席的两个人的名字圈了出来，并分发了一份花名册，以便每个人都能检查他的电话号码和电子邮件地址是否正确。然后，她总结性地报告了一下她与塔布斯的会面，并告诉大家，塔布斯希望他们在 10 周内向最高管理层做正式汇报。她承认他们都是大忙人，她的工作就是尽可能高效地管理这个项目。与此同时，她重申了这个项目的重要性，并表示这将是一个非常公开的事件："如果我们搞砸了，所有人都会知道。"

布里格斯把基本规则讲了一遍，并强调从现在起，会议将准时开始，如果有人要缺席，她希望事先得到通知。她介绍项目的第一部分工作，围绕五个关键问题展开：时间、地点、做什么、谁来做、多少费用。当她回答有关费用的问题时，她告诉他们，最高管理层愿意为这次活动支付高达 15 万美元的费用，这在团队中引起了轰动。梅根打趣道："这将会是一个很棒的派对。"

然后，布里格斯将小组的注意力转向确定一个共同的会议时间。经过 15 分钟的协商后，她要求每个成员在周五之前提交下个月的空闲时间安排，以此结束了讨论。她会利用这些信息和一个新的规划软件来确定最佳时间。会议结束时，她感谢与会人员的到来，并请他们开始征求同事对如何庆祝这一活动的意见。她宣布她将单独与他们每个人碰面，讨论他们在这个项目中的角色。下午 4 时会议结束。

1. 评价布里格斯的第一次会议管理情况。如果有问题的话，她应该做些什么不同的事呢？

2. 在完成这个项目的过程中，她可能遇到什么障碍？
3. 她能做些什么来克服这些障碍？
4. 从现在到下次会议，她该做什么？

案例 11.2：阿贾克斯（Ajax）项目

当太阳开始在海岸线落下时，陈（Tran）正带着他的狗在散步。他盼望着一天的这个时候，这是一个享受和平和安静的机会，也是回顾阿贾克斯项目中的事件并规划下一步行动的时候。

Ajax 是塞贝克斯（CEBEX）公司承担的美国国防部（Department of Defense，DOD）的一个高科技安全系统项目的代号。陈是项目经理，他的核心团队由 30 名全职硬件和软件工程师组成。

陈 4 岁时和家人逃离柬埔寨，18 岁时加入美国空军，用教育津贴进入华盛顿州立大学学习。他获得机械和电子工程双学位后，加入了塞贝克斯公司。在为各种各样的项目工作了 10 年之后，陈想要进入管理层。他在华盛顿大学的夜校获得了工商管理硕士学位。

陈成了一名资金项目经理。他也认为自己很擅长这个。他喜欢与人合作，让正确的事情发生。这是他的第五个项目，到目前为止，他的优胜率是 50%，他一半的项目都提前完成了。陈很自豪，他现在可以供他最大的孩子上斯坦福大学了。

Ajax 是塞贝克斯公司与国防部签订的众多国防项目之一。塞贝克斯公司是一家年销售额超过 300 亿美元的大型防务公司，在全球拥有超过 12 万名员工。塞贝克斯公司的五个主要业务领域是航空、电子系统、信息与技术服务、集成系统与解决方案和航天空间系统。Ajax 是由集成系统和解决方案部门发起的几个在国土安全业务方面的新项目之一。塞贝克斯公司相信，它可以利用其技术专长和政治关系，成为这个不断增长的市场的主要参与者。Ajax 的目标是在重要的政府机构中设计、开发和安装一个安全系统。

陈在开始 Ajax 项目时有两个主要的担忧。第一个是项目中固有的技术风险。从理论上讲，设计原则是合理的，项目使用了成熟的技术。然而，这项技术从未在这一领域得到应用。根据经验，陈知道实验室和现实世界之间有很大的区别。他也知道整合音频、光学、触觉和激光子系统将考验团队的耐心和创造力。

第二个问题与他的团队有关。这个团队基本上分为硬件工程师和电气工程师。这些工程师不仅拥有不同的技能，倾向于以不同的方式看待问题，而且两组人之间的代际差异也很明显。硬件工程师几乎都是退伍军人，穿着保守，信仰保守。电气工程师是一群非常火爆的人，大多数人都很年轻，单身，有时还很自负。硬件工程师谈论着抚养青少年和去棕榈沙漠打高尔夫球的事情，电气工程师则谈论着 Vapor（一个著名的音乐网站）、峡谷圆形剧场最近的音乐会，以及秘鲁的山地自行车运动。

更糟糕的是，塞贝克斯公司内部这两个群体之间的紧张关系因为薪资问题而恶化。电气工程师得到了较高的报酬，而硬件工程师对这些新员工的薪酬感到不满，因为他们的薪酬与在塞贝克斯公司工作 20 多年的硬件工程师收入相当。其实，真正的钱是来自与项目绩效相关的激励。这些都取决于是否达到项目里程碑和最终完成日期。

在项目的实际工作开始之前，陈在奥林匹克半岛的一家旅馆里，为他的整个团队及政府安装公司的关键员工安排了一个为期两天的团队建设静修会。他利用这段时间回顾了项目的主要目标，并公布了基本的项目计划。一名内部顾问主持了几项解决代际沟通问题的团队建设活动。陈在团队中感受到了真正的同志情谊。

从双方的改变中产生的良好感觉一直延续到项目的开始。整个团队都接受了这个项目的任务和它所代表的技术挑战。硬件工程师和电气工程师并肩工作，解决问题，建立子系统。

项目计划是围绕一系列五次测试构建的，每次测试都是对整个系统性能的更严格的验证。通过每次测试代表了项目的一个关键里程碑。团队很高兴能够提前一周进行第一次 α 测试，但因为一系列花了两周时间才解决的小技术故障而感到失望。团队加倍努力以弥补失去的时间。陈为这个团队感到骄傲，也为成员们一起努力工作感到骄傲。

第二次 α 测试如期进行，但系统再次失败。当时，在团队获得进入项目下一阶段的许可之前，需要进行三周的调试。此时，团队的信誉受到了考验，情绪也有点紧张。随着项目进度进一步落后，奖金的希望破灭，失望的乌云笼罩着团队。愤世嫉俗的人认为原来的进度计划是不公平的，而且开始时制定的截止日期是不可能的。

陈的应对是，每一天都以状态会议开始，团队回顾前一天完成的工作，并为当天设定新的目标。他认为这些会议有助于在工程师中建立积极的势头和加强团队认同感。他还特意花更多的时间和“部队”在一起，帮助他们解决问题，鼓励他们，在某人做得好时给予真诚的表扬。

当进行第三次 α 测试的时候，他谨慎乐观。当测试开关打开的时候，正是这一天结束时，但什么作用都没有。几分钟内，整个团队都听到了这个坏消息。走廊里可以听到尖叫声。也许最能说明问题的时刻是，陈低头看着公司的停车场，看到他的大多数项目团队成员都各自默默地走向自己的汽车。

当他的狗追赶一些野兔时，陈思考着下一步该做什么。

1. 作为项目经理，陈的工作效率如何？解释一下。
2. 陈面临着什么问题？
3. 你将如何着手解决这些问题？为什么这么做？

案例 11.3：富兰克林设备有限公司[①]

富兰克林设备有限公司（Franklin Equipment，Ltd.，FEL）成立于 75 年前，总部和主要制造工厂位于加拿大新不伦瑞克省的圣约翰，为沿海省份的建筑企业制造定制设计的大型机械。多年来，该公司产品线的战略重点是为大坝和公路建设及其他一些需要混凝料加工的市场生产碎石设备。FEL 现在设计、制造和组装固定式和便携式岩石破碎设备，并为自己和竞争对手的产品提供服务。

20 世纪 70 年代，FEL 开始将市场从沿海省份扩展到加拿大其他地区。FEL 目前在加拿大各地有几个办事处和组装厂。最近，FEL 在正齐心协力，将其产品推向国际市场。

上个月，FEL 签署了一份合同，为中东的一个名为阿布扎比（Abu Dhabi）的建筑项

① 本案例要感谢俄勒冈州立大学的 John A. Drexler，Jr.的帮助。

目设计和建造一座岩石破碎厂。查尔斯·盖滕比（Charles Gatenby）获得了这份合同，并被任命为项目经理。这个项目被认为是一次意外的成功，因为FEL长期以来一直希望打开该领域的市场，而且很难让潜在客户认识到FEL是一家加拿大公司，而不是美国公司。不知为何，这些客户认为所有北美供应商都是一样的，出于国际政治考虑，他们不愿雇用任何一家北美供应商。

这种范围的项目通常从选择一个管理团队开始，该团队负责产品的设计、制造、交付和安装的各个方面。项目经理的选择很重要，因为产品的设计和制造会随着每个客户的独特需求而变化。例如，地形、岩石特征、天气条件和物流方面的问题会给工厂设计和运营的所有阶段带来特殊问题。此外，环境问题和劳动条件因客户而异，因地区而异。

除了项目经理，项目还需要一名设计工程师；一名运营经理，负责监督制造和现场装配；一名成本会计，负责监督所有项目财务和成本报告事宜。如果一个运行良好的工厂要在成本限制的范围内按时交货，那么每个人都必须密切合作。由于国际合同经常要求FEL雇用东道国国民进行工厂组装，并对他们进行操作培训，因此还要给项目团队分配一名人力资源经理。在这种情况下，人力资源经理需要了解工厂规格的具体信息，然后利用这些知识来设计员工选拔程序和评估特定的培训需求。人力资源经理还需要学习客户国家的相关劳动法。

FEL基于经理们的专业知识和他们在特定项目上工作的可用性，并考虑到他们的其他项目责任，将他们分配到项目团队中。这通常意味着没有大量当前项目责任的经理将被分配到新项目。例如，完成一个项目的经理可能被分配到一个新项目团队的管理职位。项目经理通常很少谈及谁被分配到他的团队中。

由于盖滕比获得了阿布扎比项目，并与阿布扎比客户建立了积极的工作关系，他被任命为项目经理。盖滕比成功地管理过类似的项目。其他被分配到阿布扎比项目的经理有比尔·兰金斯（Bill Rankins），一位杰出的设计工程师；罗伯·佩里（Rob Perry），运营经理，负责制造和安装；伊莱恩·布鲁登（Elaine Bruder），财务和成本会计经理；还有人力资源经理萨姆·斯通布里克（Sam Stonebreaker）。在过去的许多项目中，这些经理都和其他人一起工作过。

几年前，FEL开始与几家咨询公司签订团队协调人服务合同，以帮助新的项目团队有效运作。上个月，FEL从其中一家咨询公司聘请了卡尔·乔布（Carl Jobe）担任全职内部顾问。包括盖滕比在内的许多经理对乔布的技能印象深刻，以至于他们说服了FEL的高层，需要雇用一个永久性的内部协调人，乔布是显而易见的选择。

由于盖滕比在FEL聘用乔布方面发挥了重要作用，他对利用乔布协调阿布扎比项目团队成员之间的团队建设的前景感到兴奋。盖滕比非常自豪能够获得这个项目，并被任命为项目经理。他知道这个项目的成功将有助于自己事业的发展。

盖滕比告诉乔布："这个项目对FEL和我个人都非常重要。我真的需要你帮助我们发展成一个合作良好的团队，在预算范围内实现项目目标。我观察到你在其他项目的团队开发中取得了成功，我希望你在阿布扎比项目中也能做到这一点。如果你帮我做成这件事，我会照顾你的。"

乔布向盖滕比概述了他将如何进行。乔布会从单独面访团队成员开始，了解他们对彼此的看法，以及参与这个项目的承诺和隐患。整个团队的会议将根据这些面谈，使用他收集的信息来帮助建立团队标识和共享愿景。

乔布首先面访了布鲁登。她对这个项目能否成功表示怀疑。在面访过程中，布鲁登表现得很疏远，乔布不明白为什么他没有与她建立良好的关系。布鲁登暗示，她预计项目会出现很多成本超支和很多生产期限错过的情况。但由于不太了解乔布，布鲁登不愿意说出项目成功的任何具体障碍。虽然她不愿直接这么说，但乔布很清楚，布鲁登不想参与阿布扎比项目。乔布离开面访时很困惑，想知道发生了什么。

乔布的下一个面访对象是运营经理佩里。佩里已经在 FEL 工作了 15 年，他立即指出："这个项目不会成功。我不明白为什么高层一直让我和兰金斯一起做项目。我们根本不能一起工作，我们也相处不好。我从第一天起就不喜欢他。他一直在隐瞒自己在普渡大学获得的高等学位，而他又一直在告诉我们普渡大学那里是怎么做的。我知道他比我受的教育多，而且他真的很聪明。但我也很聪明，而且擅长我的工作。兰金斯没必要因为我没有学位就让我觉得自己像个白痴。乔布，我跟你说实话。兰金斯来这里才 5 年，但我认为他要为我的酗酒问题及由此对我的婚姻造成的影响负责。我去年离婚了，都是兰金斯的错。"

乔布接着和兰金斯谈话，兰金斯说："我不管你做什么。佩里和我没法在项目将来的 9 个月时间里密切合作来完成任务。我们中的一个会杀了另一个。自从我来到 FEL，佩里就对我恨之入骨，想尽一切办法破坏我的设计。我们通常担心客户产生变更请求，在这里，制造和运营经理要对它们负责。佩里对我做的一切都指手画脚，并自行做出设计更改，这些都是糟糕的决定。他失去了控制。我发誓他晚上睡不着，都在想办法破坏我的设计。我和其他经理没有这种问题。"

乔布结束这些面访时完全沮丧了，无法想象在与斯通布里克的面访中会出现什么。但斯通布里克相当积极："我喜欢这些国际项目，我可以去国外旅行，了解不同的文化。我都等不及了。"

乔布询问斯通布里克关于不同团队成员一起工作的能力。斯通布里克回答说："没问题！我们以前都在一起工作过，没有任何问题。当然，兰金斯和佩里之间有摩擦和感情上的伤害。兰金斯可能很傲慢，而佩里很固执，但这不是我们不能解决的问题。此外，他们都擅长自己的工作——都是专业人士。他们会保持头脑清醒。"

乔布更加困惑了。盖滕比说，这个项目的成功取决于乔布的协调技能。财务经理似乎想离开项目组。设计工程师和运营经理承认他们讨厌对方，不能一起工作。人力资源经理之前曾与佩里和兰金斯一起工作过，他希望与佩里和兰金斯建立良好的工作关系，并预计不会出现任何问题。

乔比和盖滕比进行了第二次会面。在讨论团队建设会议的设计之前，他问了一些问题，以了解盖滕比对团队成员协作能力的看法。盖滕比承认佩里和兰金斯之间有很深的矛盾，但他补充说："这就是我们雇用你的原因。你的工作就是确保这两者之间的矛盾不会影响阿布扎比项目的成功。你的工作就是让他们好好合作，完成项目。"

他们在会议结束时的对话进展如下：

乔布："根据兰金斯和佩里的过去，你为什么认为他们会合作得很好？他们有什么动机这样做？"

盖滕比："你应该知道，FEL 要求项目经理和职能经理在每个项目的开始时设定正式的目标。我已经和布鲁登、斯通布里克、佩里及兰金斯这样做了。佩里和兰金斯有明确的目标，他们必须很好地合作，互相合作。”

乔布：“如果他们没有达到这些目标怎么办？”

盖滕比：“我已经和最高管理层讨论过这个问题。如果2个月后我发现佩里和兰金斯之间没有进展，FEL就会炒了兰金斯。”

乔布：“佩里知道这个吗？”

盖滕比：“是的。”

1. 评估FEL用于分配经理到项目团队的标准。这些标准产生了什么功效？由此产生的问题是什么？

2. 为什么项目团队成员在像阿布扎比项目这样的国际项目中通力合作更加重要？

3. 讨论乔布现在面临的困境。

4. 乔布应该向盖滕比推荐什么？

第 12 章

外包：管理组织间的关系

Outsourcing: Managing Interorganizational Relations

本章学习目标

通过学习本章内容，你应该能够：

12-1 了解外包项目工作的优缺点。

12-2 描述建议邀请书的基本要素。

12-3 辨识外包项目工作的最佳实践。

12-4 练习原则性谈判。

12-5 描述客户满意的符合期望的模型，以及这一模型在项目中与客户合作时的作用。

12A-1 描述采购管理流程。

12A-2 描述固定价格合同和成本加成合同之间的差异及其优缺点。

本章概览

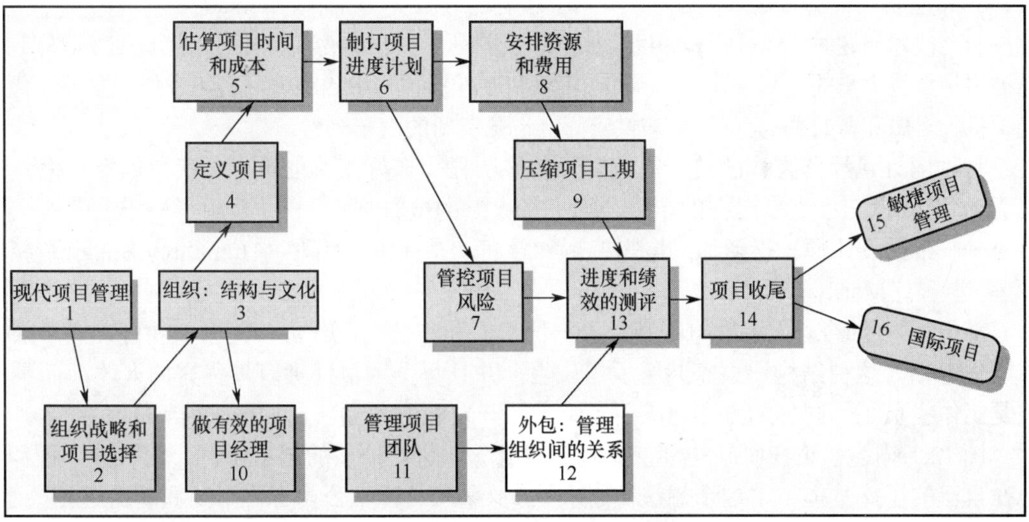

成为一个好的合作伙伴已经是一种重要的企业资产，我称之为公司的合作优势。在全球经济中，建立和维持富有成果的合作关系的良好发展能力，使公司在竞争中占据重要优势。

——罗莎贝·摩丝·肯特（Rosabeth Moss Kanter，哈佛商学院教授）

在当今的世界中，很难找到完全由组织内部完成的重要项目。将项目工作的重要部分外包给其他公司是司空见惯的事。例如，小型高科技企业聘请营销公司研究它们正在开发的新产品中客户看重哪些特征。甚至像微软和英特尔这样的行业巨头也经常雇用独立公司来测试它们正在开发的新产品。长期以来，承包工程一直是建筑行业的规范，企业雇用总承包商，反过来，总承包商再雇用和管理分包商，来共同完成新的建筑项目。例如，英吉利海峡项目，建造法国和英国之间的运输隧道，此工程有 250 多个组织参与。承包并不局限于大型工程。例如，一家保险公司与外部承包商合作开发了一种应答服务，将客户导向特定的部门和员工。未来的趋势表明，越来越多的项目将由来自不同组织的人合作完成。

本章通过特别关注与来自其他组织的人一起进行项目工作的相关问题，扩展了前两章关于建立和管理关系的讨论。首先，介绍了外包项目工作的优缺点。接着讨论了征求建议邀请书（Request for Proposals，RFP）和征求过程。接下来讨论了企业外包和相互合作的最佳实践。然后重点转移到谈判的艺术，这是有效合作的核心。再然后介绍了为解决分歧和达成最佳解决方案所需的谈判方法与技巧。本章最后列出了一个简短但重要的关于管理客户关系的注意事项。此外，还包括了一个关于合同管理的附录，以补充我们关于各种组织如何在项目中一起工作的讨论。

12.1 外包项目工作

12-1：了解外包项目工作的优缺点。

传统上，外包一词用于将业务功能或流程（如客户支持、IT、会计）转移到其他公司，通常是外国公司。例如，当你打电话给互联网供应商想解决一个技术问题时，你可能和印度班加罗尔或罗马尼亚布加勒斯特的技术人员交谈。外包现在被用到承包大量的项目工作中。例如，苹果和摩托罗拉与中国制造商密切合作开发下一代智能手机。丰田和戴姆勒-克莱斯勒与供应商合作开发新的汽车平台。

这种向外包经营方式的转变在电影行业很明显。在好莱坞的黄金时代，像米高梅、华纳兄弟和 20 世纪福克斯这样的电影公司拥有大量的电影制片厂，并雇用了成千上万的全职专家——布景设计师、摄影师、电影编辑和导演。亨弗莱·鲍嘉（Humphrey Bogart）和玛丽莲·梦露（Marilyn Monroe）等明星与独立工作室签订几部电影的合同（例如，三年内拍摄 6 部电影）。如今，大多数电影都是由一群个人和小公司制作的，他们按项目方式一部一部制作电影。这种结构让大家共同承担风险，并且每个项目都拥有最优秀的人才，而不仅仅是工作室员工。同样的方法也应用于新产品开发和服务创新，如图 12.1 所示。

图 12.1 描述了正在研制的零重力躺椅的情况。这把椅子的创意源自一位机械工程师，她在自己的车库里提出了这个想法。发明人与一家产品样本公司合作开发和制造这种椅子。目录公司反过来创建一个由制造商、供应商和营销公司组成的项目团队来研发新椅子。每个参与方都为项目贡献了必要的专业知识。产品样本公司提供其品牌名称和分销渠道。模

具公司提供定制的零部件，这些零部件被交付给生产椅子的制造公司。营销公司完善设计，开发包装，测试潜在的市场名称。项目经理由产品样本公司指派，与发明人和其他各方一起完成项目。

许多外包项目都是在虚拟环境中进行的，在虚拟环境中，人们通过计算机、传真机、计算机辅助设计系统和视频电话会议联系在一起。他们很少见面。在其他项目中，来自不同组织的参与者面对面地紧密合作，例如，在建筑工地或共享的办公空间。在这两种情况下，随着服务的需要，人们来来去去，就像在矩阵结构中一样，但他们不是一个组织的正式成员，只是与一个组织形成临时联盟的技术专家，履行他们的合同义务，然后转移到下一个项目。

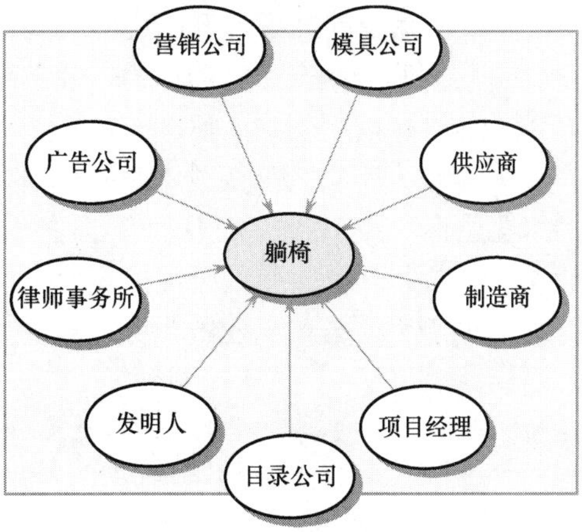

图 12.1　躺椅项目

12.1.1　外包项目工作的优势

（1）**降低成本**。公司可以确保合同服务的竞争性价格，特别是工作可以外包到海外的话。此外，由于公司不再需要在内部支付合同服务费用，间接成本也大大降低。

（2）**更快地完成项目**。工作不仅可以更便宜，而且可以做得更快。有竞争力的定价意味着可以获得更多资源。例如，用一个美国软件工程师的价格就可以雇用三个印度软件工程师。此外，外包可以获得加速项目任务完成的设备。例如，通过雇用一个有挖土机的操作员，可以在 4 小时内完成一位园林美化员工需要 4 天才能完成的工作。

（3）**高水平的专业知识**。公司不再需要跟上技术的进步。相反，它可以专注于发展其核心竞争力，并聘请有专业知识的公司在项目的相关部分工作。这可以显著提高所执行工作的质量。

（4）**灵活性**。组织不再局限于自己的资源，而是可以通过将自己的资源与其他公司的人才相结合来追求各种各样的项目。通过与外国伙伴的合作，小公司可以立即走向全球。

12.1.2　外包项目工作的劣势

（1）**协调困难**。协调来自不同组织的专业人员可能是一项挑战，特别是当项目工作需要密切协作和相互调整时。即使在同一个国家，与工作在不同办公大楼和不同城市的人之间的物理隔离也会加剧协调的困难。

（2）**失控**。有可能失去对项目的控制。核心团队依赖他们没有直接管理权限的其他组织。虽然参与组织的长期生存取决于绩效，但当其中一个合作伙伴未能交付时，整个项目就可能失败。

（3）**冲突**。项目更容易发生人际冲突，因为不同的参与者没有相同的价值观、优先级和文化。信任对项目的成功至关重要，但当互动受到限制，并且人们来自不同的组织时，很难建立信任。

（4）**安全问题**。根据项目的性质，可能泄露贸易和商业秘密。如果承包商也为竞争对手工作，这就有问题了。保密是另一个问题，公司在外包工资、医疗记录和保险信息等方面必须非常小心。

（5）政治上的烫手山芋。国外的工作外包被认为是导致本国就业不足的一个主要原因，美国公司面临着越来越大的压力，要把工作留在本土。此外，像苹果这样的公司也因其供应商的劳工问题而受到批评。

大多数人都认为降低成本是外包项目工作背后的主要动机之一。然而，外包也有局限性（见生活快照 12.1），而且似乎已经从简单地敲定最佳的低成本交易，转向从成本和性能两方面都提供最佳价值的公司获得服务。性能不仅限于具体工作的质量，还包括协作和共同工作的能力。公司正在做功课来确定“我们能和这些人合作吗？”。

生活快照 12.1：波音 787 梦幻客机

背景

2002 年，波音 787 梦幻客机的基本设计和计划被接受，获得了立项许可。梦幻客机拥有商业航空旅行史上最新的设计和革命性技术。但是这个项目一路坎坷。第一架 787 飞机原定于 2007 年 7 月试飞，但被推迟到 2009 年 12 月。先进的 787 客机的订单迅速增长到 800 多架，但这幅美好的图景给波音带来了巨大的麻烦。由于各种原因（如设计、外包和劳工问题），交付日期推迟了三年或更长时间，成本膨胀到数十亿美元。许多分析人士认为，大部分成本超支和进度延误都是因为外包给外国供应商造成的。

影响外包决策的关键因素

“梦幻客机”决定将 70%的飞机制造工作外包给外部供应商，包括 30%的外国供应商。这一比例高于波音之前制造的任何商用飞机。波音的外包理由是基于成本、销售和风险等典型的经济考虑。在波音的案例中，这意味着：

- **成本。**与供应商建立合作关系以降低风险和开发成本，同时获得一些有价值的专业知识和流程创新。
- **销售。**将大量的设计和零部件外包给外国（如瑞典、意大利、韩国和中国），期望这些国家将来从波音公司购买飞机。
- **风险。**认识到需要在组织和业务层面上平衡外包的风险是至关重要的。不同的层次是相互依赖的。

照片来源：MO：SE/Alamy Stock Photo

显然，外包决策引发了问题。成本超出预算，一些销售合同被取消，客户正在为延迟寻求补偿，潜在的投资回收率降低了。

影响

波音的品牌已经因延误和管理不善而严重受损。管理外包物流的流程不能处理大批量的物流问题和变更管理问题。一些不良合作伙伴的长期拖延导致波音不得已去收购或支持这些合作伙伴，消耗了资金。华尔街估计，成本超出了原计划的 50 亿美元，总成本可能超出 120 亿～180 亿美元的范围。787 梦幻客机外包的经验教训可以为波音重新焕发其在设计、技术和集成方面的领导地位指明道路。

经验教训

从梦幻客机项目中吸取的经验教训已经有了很好的记录。这里以建议的形式列出了一些明显的相关经验教训：

- 识别和分析组织层面和部件层面外包的所有风险。例如，评估将大部分（30%）关键零部件的设计和制造外包给外国供应商的风险和影响。外包往往在非核心领域运作得更好。
- 彻底调查合作伙伴的能力和资源。尽职调查能减少问题。
- 开发快速解决问题和难题的流程。加强和监督与外包伙伴的供应链物流。
- 认真考虑将关键专业技术外包的影响。这有可能导致完全依赖供应商和转移唯一的知识产权。合作伙伴可以获得无风险的技术，在飞机寿命期内获得高利润率的零部件市场，或许还能成为未来的竞争对手。
- 外包复杂的高技术组件的风险带来了仔细协调和联络的负担。

波音高管承认，将大部分波音 787 梦幻客机生产任务外包存在问题。例如，波音商用飞机主管吉姆·阿尔博（Jim Albaugh）对西雅图大学的学生们说："我们花在试图恢复（项目）上的钱，比我们试图把关键技术留在国内的钱要多得多。钟摆摆得太远了。"他补充说，在一定程度上，追求资产回报的财务指标让波音误入歧途。波音首席执行官吉姆·麦克纳尼（Jim McNerney）指出，波音 787 梦幻客机的冒险计划可能过于雄心勃勃，一下子囊括了太多的第一。

未来

尽管波音 787 梦幻客机的外包尝试代价非常高，但外包将继续发展。从中吸取的经验教训将促使飞机制造商重新评估未来的外包业务，并继续前进。预计将重点放在风险和成本分担的伙伴关系上。

波音面临的主要短期挑战是提高产量，以满足数百个等待的订单。波音可以通过调整其综合外包和物流模式作为首要任务来收回成本。

12.2 建议邀请书

一旦组织决定外包项目工作，客户或项目经理通常负责开发建议邀请书。

> 12-2：描述建议邀请书的基本要素。

负责任的项目经理将要求与 RFP 所涵盖活动相关的所有利益相关者提供信息。RFP 将向具有充分实施项目经验的外部承包商/供应商公布。例如，政府项目经常向道路、建筑、机场、军事装备和太空飞行器的外部承包商发出"建议邀请书"。类似地，企业使用 RFP 来为建立绝对无尘室、开发新的制造流程、交付保险账单软件及进行市场调查等项目进行招标。在所有这些例子中，需求和特性应该足够详细，以便承包商对最终可交付成果有一个清晰描述，以满足客户的需求。

表 12.1 项目建议邀请书示例

（1）行动要求概述
（2）详细描述工作范围和主要可交付成果的工作说明书
（3）可交付成果的规格说明（需求、特性和任务）
（4）职责（供应商和客户双方的）
（5）项目进度计划
（6）成本和付款计划
（7）合同类型
（8）经验和人员配备
（9）评估和奖励标准

RFP 是重要的。在实践中，最常见的错误是提供缺乏足够细节的 RFP。这种缺乏细节的情况常常导致如下结果：冲突、误解、承包商和业主之间的法律索赔，最终导致客户不满。所有 RFP 都是不同的，但是表 12.1 中的大纲是开发详细 RFP 的一个很好的起点。下面我们将对这个大纲做个简要介绍。

（1）行动要求概要。首先给出最终的项目可交付成果的背景和简单描述。例如，通过模拟战争游戏，美国海军发现他们过去的巨型战舰在今天的技术面前太脆弱了（一个例子是蚕式反舰导弹）。此外，海军的任务已经转向支持地面部队和维和任务，这些任务需要更接近海岸。因此，海军正在为近海任务改造船只。海军将从对其 RFP 的响应中选择三种设计进行进一步的改进。总体来说，新船预计至少有 55 节的速度，长度在 80～250 英尺①，并配备雷达吸收板来防御制导导弹。

（2）详细描述工作范围和主要可交付成果的工作说明书（Statement of Work，SOW）。例如，如果项目涉及市场调查研究，到 2020 年 2 月 21 日，主要可交付成果应该是调查方案设计、数据收集、数据分析和提出规格要求，成本不超过 30 万美元。

（3）可交付成果的规格说明（需求、特性和任务）。这一步应该是非常全面的，以便承包商的投标建议书可以被验证，然后用于控制。典型的规格包括物理特性，如尺寸、数量、何种材料、速度和颜色。例如，IT 项目可能非常详细地指定硬件、软件和培训的需求。如果知道需要完成可交付成果的任务，可以将其包括在内。

（4）职责（供应商和客户双方的）。当承包商实施项目时，如果没有明确说明双方的职责，就会导致严重的问题。例如，谁为什么买单？（如果承包商在现场，是否需要承包商支付办公场地费用？）承包商的限制和排除范围是什么？（例如，谁将提供测试设备？）承包商和业主将采用什么沟通计划？如果有必要升级问题，将使用什么流程？如何评估进展？明确定义的职责将避免以后许多不可预见的问题。

（5）项目进度计划。这一步是为了得到一个“可靠的”的时间表，可以用来控制和评估进程。业主通常对项目进度要求很高。在当今的业务环境中，上市时间是影响市场份额、成本和利润的主要“热点”。进度计划应该详细说明什么事，谁来负责，什么时候做。

（6）成本和付款计划。RFP 需要非常清楚地阐明如何付款、何时付款，确定成本的过程和按进度付款的条件。

（7）合同类型。基本上有两种类型的合同：固定价格合同和成本加成合同。固定价格合同预先约定一个价格或一笔总额，只要协议的范围条款没有变化，它就保持不变。在成本可预测且风险较小的项目中，这种类型是首选。承包商在估算成本时必须谨慎，因为任

① 1 英尺≈0.3048 米

何对成本的低估都会导致承包商的利润减少。在成本加成合同中，承包商可报销在履行合同期间发生的全部或部分费用。这个费用是事先商定的，通常是总成本的一个百分比。“人工费加材料费”再加上利润是典型的成本加成合同。这两种合同都可以包括奖励条款，奖励员工在进度和成本上的出色表现，或者在某些情况下会受到惩罚，例如，错过新体育场的开幕日期。附录 12A.1 进一步阐述了合同管理。

（8）**经验和人员配备。**承包商实施项目的能力可能取决于特定的技能，必须说明这种必要的经验，并保证此类人员将可用于该项目。

（9）**评估和奖励标准。**应当规定项目承包合同的评估和奖励标准。例如，选择标准通常包括方法、价格、进度安排和经验。在某些情况下，这些标准是加权的。使用图 12.2 中的提纲将有助于确保建议书中的关键内容不会被遗漏。一份准备充分的 RFP 将为承包商提供足够的指导方针，以便承包商准备一份明确满足项目和客户需求的建议书。

从投标建议书中选择承包商

感兴趣的承包商以书面投标建议书回应项目建议邀请书。很可能有几个承包商向客户提交投标建议书。

RFP 过程的最后一步是选择最符合 RFP 要求的承包商。RFP 中给出的选择标准用于评估哪个承包商被授予实施项目的合同。应向未中标的承包商解释导致选择中标承包商/供应商的关键因素，应该感谢他们的参与和努力。如表 12.2 所示承包商评估模板，改编自实际使用的评估模板。

表 12.2　承包商评估模板

承包商评估模板	最大权重	标书 1	标书 2	标书 3	标书 4
承包商资质	权重=10				
可用的技能	权重=20				
对合同和合同条件的理解	权重=5				
实施项目的财务实力	权重=15				
对建议邀请书规格的理解	权重 = 10				
建议邀请书的创新性和原创性	权重 = 5				
按预算准时交付的声誉	权重 = 15				
报价	权重 = 20				
合计	100				

12.3 外包项目工作的最佳实践

> 12-3：辨识外包项目工作的最佳实践。

本节描述了我们观察到的一些擅长项目管理的公司所使用的最佳实践（见表 12.3）。虽然表中所示并不全面，但它反映了具有丰富外包经验的组织所使用的策略。这些实践揭示了公司在项目中如何处理合同工作的潜在主题。与传统的业主和供应商或买方和卖方之间的主从关系不同，各方作为合作伙伴共同工作，共享一个成功项目的最终目标。

表 12.3 外包项目工作的最佳实践

- 定义良好的要求和程序。
- 广泛的培训和团队建设活动。
- 建立完善的冲突管理流程。
- 经常性的检查和状态更新。
- 在需要时合署办公。
- 签订公平且充满激励的合同。
- 管理长期外包关系。

表 12.4 总结了管理合同关系的伙伴关系方法与传统方法的主要差异。合作需要的不仅仅是简单的握手。它通常需要投入大量的时间和精力，在所有各方之间建立和维持合作关系。这一承诺反映在下面将要讨论的七个最佳实践中。

表 12.4 管理合同关系的伙伴关系方法与传统方法的主要差异

伙伴关系方法	传统方法
相互信任是牢固工作关系的基础	怀疑和不信任：双方都提防对方的行动动机
共同的目标和目的确保了共同的方向	每一方的目标和目的虽然相似，但都是为自己的利益最大化
联合的项目团队有高水平的互动	独立的项目团队，团队在空间上被受约束的互动分开
开放的沟通可以避免误导，并促进有效的工作关系	沟通是结构性的和防守性的
长期的承诺提供了实现持续改进的机会	单个项目承包是正常的
客观的批评适合对绩效进行坦率的评估	由于害怕报复和缺乏持续改进的机会，客观性受到了限制
可以访问分享彼此的组织资源	访问分享受到限制，各自结构化过程和自我保护优先于总体优化
公司的全面参与需要 CEO 对团队成员的承诺	参与通常仅限于项目层级的人员
进行行政管理系统设备的集成	管理文件的复制和/或翻译会增加费用和延误时间
风险由合作伙伴共同分担，鼓励创新和持续改进	风险转移给另一方

12.3.1 定义良好的要求和程序

说服来自不同行业、不同组织和不同文化背景的人一起工作是很困难的。如果期望和需求是模糊的或开放讨论的，这就更难了。成功的公司在选择外包工作时非常谨慎。他们通常选择有明确定义的可交付成果和可衡量结果的承包商签约。例如，承包商雇用电力公司安装暖气和空调系统，电子公司雇用设计公司为产品设计外形，软件开发团队外包程序版本的测试。在所有这些情况下，都详细说明了技术要求。即便如此，沟通起来也可能很麻烦，尤其是与外国供应商合作（参见生活快照 12.2）。此外，还必须确保人们理解这些期望。

生活快照 12.2：与承包商沟通的四种策略

亚当·科拉瓦（Adam Kolawa）博士为克服与离岸项目合作伙伴沟通不佳的问题提供了四种策略。

策略 1：认识文化差异

要意识到，并不是所有与你交流的人都认同你的假设。对你来说显而易见的事对你的伙伴来说不一定是显而易见的，对于外国承包商来说尤其如此。作为一个美国人，你可能认为法律是普遍遵守的。信不信由你，这在世界上大多数地方都不是真的，在那些地方，法律是指导方针，不一定要遵守。这可能导致主要的沟通问题！你认为如果你写了一份合同，每个人都会遵守它。对许多人来说，合同仅仅是一种建议。

策略 2：选择正确的词语

当你向承包商说明你的需求时，词汇选择是关键。对于许多承包商来说，英语仍然是一门外语，甚至在外包方式和英语都很普遍的地区也是如此。无论英语变得多么流行，你的承包商也可能对你说的每个单词都有基本的理解，但对你试图传达的信息的确切含义却不完全清楚。这就是为什么你应该用基本的、简单的单词组成的短句来直接说话。

策略 3：确认你的需求

你应采取以下步骤，以确认承包商完全了解你的需求：

（1）记录你的需求。用书面形式跟进你们的对话。把你的需求写在纸上交给承包商。许多人比口语更能理解书面语言，可能是因为他们有更多的时间来处理信息。

（2）坚持让你的承包商重新记录你的需求。绝不要碰运气。要求承包商用自己的语言写出需求。如果承包商不能向你传达你向他们解释的内容，那么他们就没有理解你的需求。

（3）请求先做一个原型。在写好需求之后，让承包商为你创建一个原型。这是一张安全网，可以确保你的愿望和需求被理解。请承包商描绘出你希望最终产品的外观，或者构建一个快速、简单的程序来反映最终产品的外观。

策略 4：设定最后期限

另一个重要的文化差异与进度计划和截止日期有关。对大多数美国人来说，最后期限就是一个确定的完成日期。在许多其他文化中，最后期限是指某件事可能在指定的日期之前完成。为了确保外包工作按时完成，有必要在合同中增加罚款条款或强制的滞纳金。

虽然这些策略是针对与外国承包商合作的，但你会惊讶地发现，有多少项目经理在与美国同行合作时也使用它们！

不仅需求必须阐明清楚，而且不同公司的项目管理系统也要整合。需要建立共同的程序和术语，以便不同合作方能够一起工作。当公司拥有更先进的项目管理系统，与较不发达的组织合作时，这就是个问题。令人惊讶的是，当美国公司将软件工作外包给印度时，这种情况也经常发生。我们已经听到报告说，印度的软件供应商对他们的美国同行在管理软件项目方面缺乏系统性感到震惊。

最好的公司会提前解决这个问题，而不是等待问题出现。首先，他们评估供应商的项目管理方法和自己的项目管理系统之间的“契合度”。这是选择供应商时的首要考虑因素。工作范围要求和可交付成果在采购过程中详细说明。他们投入大量的时间和精力建立项目沟通系统，以支持有效的协作。

最后，当你与其他组织在项目中一起工作时，安全保密是一个重要的问题。安全保密不仅仅是竞争性商务机密和技术，还包括对信息系统的访问。由于供应商的系统安全性较低，企业必须采取防护措施来防止信息访问和病毒的引入。信息技术安全是一个额外的成本和风险，需要在外包项目工作之前解决。

12.3.2 大量的培训和团队建设活动

管理人员常常会专注于项目的计划和技术挑战，并假定人员问题会随着时间的推移而得到解决。聪明的公司意识到人的问题和技术问题即使不是更重要的话，也是一样重要的。他们培训员工，使其与来自其他组织和国家的人有效地合作。这种培训是普遍的，并不局限于管理人员，而是涉及与外包商互动并依赖外包商的所有各级人员。无论是关于谈判的一般性课程，还是关于与中国程序员合作的特定课程，团队成员都将从理论上了解合作障碍，以及获得成功的技能和程序。

在项目开始之前，通过组织间的团队建设会议来建立组织间的健康关系，是加强培训的另一种表现形式。团队建设研讨会涉及不同公司的关键人员，如工程师、建筑师、律师、专家和其他员工。在很多情况下，公司发现聘请外部顾问来设计和主持会议是很有用的。这样的顾问通常精通组织间的团队建设，可以为研讨会提供公正的观点。

团队建设会议的时间长短和设计将取决于参与者的经验、承诺和技能水平。例如，在一个项目中，业主和承包商在合作方面相对缺乏经验，所以开了一个为期两天的研讨会。第一天是破冰活动，建立团队合作背后的理由。概念基础部分安排了团队合作、协同、双赢和建设性反馈等方面的练习和专题讲座。第二天，我们首先仔细地审查了过去妨碍合作的问题和障碍。来自不同组织的代表被分开，每个代表都问了下列问题：

- 其他小组参与的哪些行动会给我们带来问题？
- 我们参与了哪些我们认为会给他人带来问题的行动？
- 我们将提出什么建议来改善这种情况？

这些小组分享了他们的回答，并就需要澄清的观点进行提问。他们注意到清单上的一致和差异之处，并查明了具体问题。一旦发现了问题区域，每个小组就被分配了确定项目的具体兴趣和目标的任务。目标在各小组间共享，并特别注意建立他们的共同目标。认识到了共同目标对于将不同的小组转变成一个有凝聚力的团队至关重要。

团队建设会议通常以所有参与者签署伙伴制章程而告终。本章程阐述了项目的共同目标及用于实现这些目标的过程（见图 12.2）。

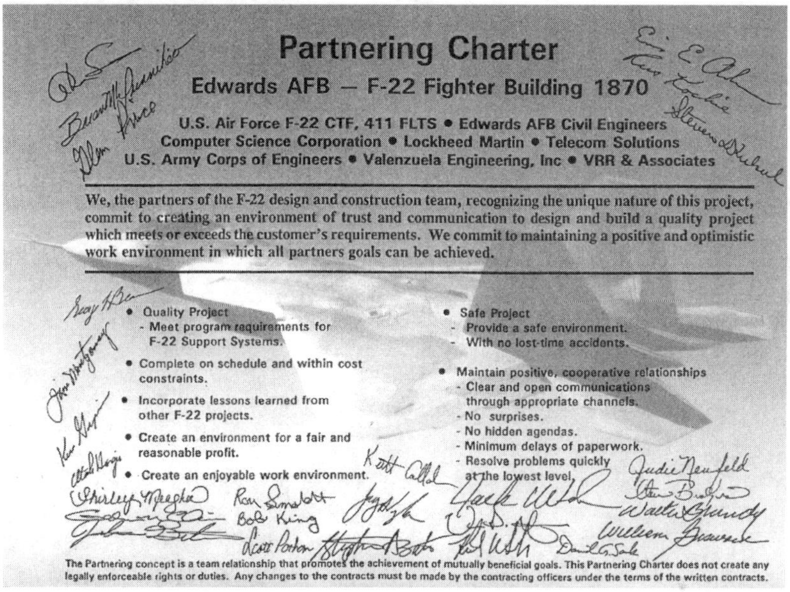
Partnering Charter

Edwards AFB — F-22 Fighter Building 1870

U.S. Air Force F-22 CTF, 411 FLTS • Edwards AFB Civil Engineers
Computer Science Corporation • Lockheed Martin • Telecom Solutions
U.S. Army Corps of Engineers • Valenzuela Engineering, Inc • VRR & Associates

We, the partners of the F-22 design and construction team, recognizing the unique nature of this project, commit to creating an environment of trust and communication to design and build a quality project which meets or exceeds the customer's requirements. We commit to maintaining a positive and optimistic work environment in which all partners goals can be achieved.

- Quality Project
  - Meet program requirements for F-22 Support Systems.
- Complete on schedule and within cost constraints.
- Incorporate lessons learned from other F-22 projects.
- Create an environment for a fair and reasonable profit.
- Create an enjoyable work environment.
- Safe Project
  - Provide a safe environment.
  - With no lost-time accidents.
- Maintain positive, cooperative relationships
  - Clear and open communications through appropriate channels.
  - No surprises.
  - No hidden agendas.
  - Minimum delays of paperwork.
  - Resolve problems quickly at the lowest level.

The Partnering concept is a team relationship that promotes the achievement of mutually beneficial goals. This Partnering Charter does not create any legally enforceable rights or duties. Any changes to the contracts must be made by the contracting officers under the terms of the written contracts.

图 12.2　项目伙伴制章程

12.3.3　建立完善的冲突管理流程

在项目中，冲突是不可避免的，正如第 11 章所指出的，有效处理分歧可以提高绩效。然而，功能障碍冲突可能引发严重的灾难性事件并严重破坏项目的成功。外包项目容易发生冲突，因为人们不习惯一起工作，有不同的价值观和视角。成功的公司会提前投入大量的时间和精力建立“合作规则”，以建设性地处理分歧。

升级是处理和解决问题的主要控制机制。基本原则是，最低一级的管理人员应在规定的时间内（如 24 小时）解决问题，或者将问题“升级”到上一级管理人员。如果是这样，解决问题的原则是，每一级都有相同的时间限制，如果在限制的时间内解决不了，就将问题上交给更高的层级。没有行动不是一种选择，一个参与方也不能仅仅通过推迟决策来迫使另一方做出让步，把重大问题逐级上交并不是什么可耻的事。与此同时，管理者应该迅速地向下属指出那些困难和问题本应他们自己去解决。

如果可能，将各自组织的关键人员聚集在一起，讨论潜在的问题和应对措施。这通常是前面讨论过的团队建设活动的协调系列的一部分。特别关注的是在问题经常爆发的地方建立变更管理控制系统。相互依赖的人试图确定可能发生的潜在问题，并提前就如何解决这些问题达成一致。请参见生活快照 12.3，了解这样做的好处。

生活快照 12.3：为项目“伙伴制”打预防针

在开始一个由政府债券资助的学校建设项目之前，俄亥俄州会做一件戏剧在开幕前做的事情：举行一次带妆彩排。在克利夫兰的项目管理顾问公司的领导下，州政府、当地的学校官员、施工经理和建筑师在建筑工作开始之前会聚在一起，讨论如何相互沟通和如何处理问题。每一方讨论过去发生的问题，并共同提出防止这些问题在当前项目中发生的解决方法。顾问们帮助参与者制定一套共同工作的指导方针。

正如一场戏剧彩排可以让演艺公司把影响演出的故障提前找到并修复故障一样，施工前的合作伙伴会议可以在问题成为诉讼之前找到早期的解决方案。例如，在讨论期间，很明显，不同的参与方对关键需求的解释是不同的。各方在工作开始前达成共识，而不是等待分歧升级为重大问题。

“这种做法之所以有效，是因为传统上每个人都在自己的圈子内做自己的项目工作。”建筑律师杰弗里·阿普勒鲍姆（Jeffrey Applebaum）说。他是项目管理咨询公司的总经理，该公司是 Thompson、Hine，& Flory 律师事务所的全资子公司。他说：“我们正在拆除这些圈子。这样更有效率。”

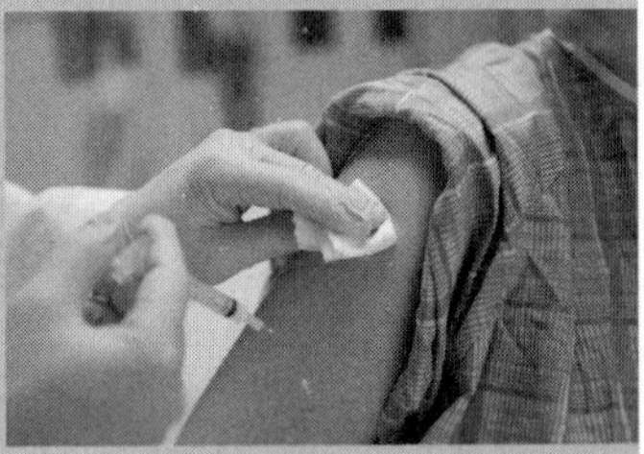

“我们对这个过程非常满意。”兰迪·费舍尔（Randy Fischer）说，他是俄亥俄州学校设施委员会（Ohio School Facilities Commission）的执行主任，该委员会负责为学校建设项目分配州政府的资金。“我们目前管理着 30 亿美元的建设资金，我们没有任何重大争议。”

该委员会的合同行政主管克里斯特尔·加兰（Crystal Canan）做了一个医学比喻，将伙伴制比作一种“流感疫苗”，可以防止诉讼、停工和沟通障碍带来的破坏性影响。加兰说：“每一个建筑工程项目都有可能感染流感。”“我们将合作视为一种疫苗。”

最后，原则性谈判是解决问题和达成协议的准则。这种强调协作解决问题的方法将在本章后面详细讨论。

12.3.4 经常性的检查和状态更新

来自所有相关组织的项目经理和其他关键人员定期开会，审查和评估项目绩效。作为合作伙伴进行协作被认为是合法的项目优先级，并与时间、成本和绩效一起进行评估。评估团队合作、沟通和及时解决问题的能力，不仅为确定项目问题提供了一个发表意见的机会，而且为确定工作关系提供了方便，以便能够迅速而适当地解决这些问题。

越来越多的公司正在使用在线调查来收集所有项目参与者关于工作关系质量的数据（见图 12.3 中的部分示例）。有了这些数据，我们可以把准项目的“脉搏”，并确定需要解决的问题。对不同时期的调查反馈进行比较，可以跟踪改进的领域和发现潜在问题。在某些情况下，后续的团队建设会议被用来关注特定的问题和重振协作。

评估合作过程：态度、团队合作、过程
（分别从业主和承包商参与者中收集数据，进行比较和汇总）

1. 业主/承包商人员之间的沟通是

1	2	3	4	5
困难、谨慎				容易、开放、预先

2. 最高管理层对合作过程的支持是

1	2	3	4	5
不明显或不一致的				明显和一致

3. 问题、难题或担忧是

1	2	3	4	5
忽视				迅速解决

4. 业主和承包商之间的合作是

1	2	3	4	5
冷冰冰的，不带感情的，无反应，互相推诿				真实的，无限制的，完整的

5. 对问题、难题或担忧的反应常常变成

1	2	3	4	5
个人问题				作为项目问题来处理

图 12.3　在线调查示例

最后，当庆祝到达一个重要里程碑时，无论由谁负责，如果可能的话，所有各方都聚集在一起庆祝成功。这样可增强共同的目标和项目标识。它也为进入项目的下一阶段奠定了基础。

12.3.5　根据需要合署办公

克服组织间摩擦的最好方法之一是让每个组织的人在项目中并肩工作。聪明的公司出租或提供必要的住宿，以便所有关键的项目人员可以一起工作。当需要协调活动、解决困难问题和形成共同纽带时，合署办公增加了面对面互动的机会。这对于需要不同方面密切合作才能成功的复杂项目尤其重要。例如，美国政府为所有负责制订灾难应对计划的主要承包商提供住房和公共办公场所。

经验告诉我们，合署办公是至关重要的，值得付出额外的费用和克服带来的不便。如果在实际中不可能实现这一点，项目的差旅预算应留出足够的资金，以支持及时前往不同组织的差旅。

对于不需要来自不同组织的专业人员进行持续协调的独立工作来说，合署办公就不那么重要。如果你要外包离散的、独立的可交付成果，比如β测试或营销活动，就会出现这种情况。在这里，正常的沟通渠道就可以处理要协调的问题。

12.3.6　签订公平且充满激励的合同

在谈判合同时，目标是达成对各方都公平的协议。经理们认识到，如果一方感到自己受到了其他方的不公平对待，凝聚力和合作就会受到破坏。他们也意识到，在价格方面谈判达成最好的交易，可能以劣质的工作和变更订单欺诈来困扰他们。

以业绩为基础的合同，根据项目的优先次序制定奖励办法，正变得越来越受欢迎。例如，如果时间是关键指标，那么承包商就会因为提前完工而获得收益；如果范围是关键指标，那么就会对超出预期的性能发放奖金。与此同时，如果承包商未能达到标准、满足期限和/或控制成本，则将被追究罚款条款的责任。关于不同类型合同的更具体的信息在本章关于合同管理的附录中给出。

公司认识到合同会阻碍持续改进和创新。承包商将会避免风险，采用可靠的方法来满足合同要求，而不是尝试一些新的、有前途的、可能降低成本的技术。将承包商视为合作伙伴的公司认为，持续改进是一种共同努力，以消除浪费，并寻求节约成本的机会。风险和收益通常在各主体间 50/50 分担，但业主要坚持对提议的变更进行快速评审。

美国国防部通过价值工程获得持续改进的好处可参见生活快照 12.4。

生活快照 12.4：美国国防部的价值工程奖

作为削减成本努力的一部分，美国国防部每年颁发价值工程奖（Value Engineering Awards）。价值工程是一个系统的过程，分析功能，确定行动，以降低成本，提高质量，并提高整个 DoD 系统、过程和组织的使命能力。价值工程奖是对杰出成就的表彰，并鼓励更多的项目来提高内部和承包商的生产率。

2018 年，36 个个人和项目团队获得了 DoD 的奖励，报告的节约费用和成本削减超过 60 亿美元。

马克·达兰金（Marc Dalangin）因其在 M151 瞄准镜升级项目上的工作而获奖。M151 瞄准镜是一种紧凑、轻便、高功率的光学设备，能够鉴定和识别远距离（1 000 码以上）的目标。该产品适应各种天气并防雾。美国陆军狙击手多年来一直使用 M151 来识别和确认目标。考虑到最近的发展，M151 被认为不再与当前的武器和它所支持的作战模式兼容。达兰金是负责 M151 升级项目团队的一员。达兰金独自与乔治亚州本宁堡（Ft. Benning）的狙击手协会密切合作，想出了一个新颖的解决方案。他没有替换瞄准镜，而是开发和设计了 Mil-Grid 分划板，以提高 M151 瞄准镜的性能。你可能会问，什么是分划板？分划板是瞄准镜目镜上的一系列细线，用来测量物体的位置。

陆军接受了达兰金的建议，用 Mil-Grid 分划板及其他小的更新来升级瞄准镜。价值工程的努力在 2017 年和 2018 年财政年度节省了 450 万美元的成本。这不仅节省了大量成本，而且新的狙击枪通过提高军队士兵的狙击能力，提高了军队的战备状态。

12.3.7 管理长期外包关系

许多公司认识到，当外包安排扩展到多项目并且是长期项目时，就能更凸显其优势。例如，康宁和丰田等许多公司已经与其供应商建立了长期战略合作关系。如今，大公司平均参与约 30 个联盟，而在 20 世纪 90 年代初期还不到 3 个。建立长期伙伴关系的诸多好处如下：

- **减少了行政费用**。消除了与招标和选择承包商相关的成本。当合作伙伴熟悉了对方的法律问题时，合同管理成本就会降低。
- **更有效地利用了资源**。承包商对工作有一个已知的预测，而业主可以将他们的劳动力集中在核心业务上，避免项目支持工作的剧烈波动。

- **改进了沟通**。随着合作伙伴经验的积累，他们就会形成一种共同的语言和观点，从而减少误解并加强合作。
- **改进了创新**。合作伙伴能够以更开放的方式讨论创新和相关风险，公平分担风险和回报。
- **改善了绩效**。随着时间的推移，合作伙伴对彼此的标准和期望更加熟悉，并且能够将以前项目的经验应用到当前的项目中。

所谓合作伙伴工作是管理层有意识地与来自不同组织的人员建立协作关系以完成项目的一种努力。对于外包工作，涉及的个人需要是有效的谈判者，能够统筹利益和发现有利于项目的问题解决方案。下一节介绍一些与有效谈判相关的关键技能和技巧。

12.4 谈判的艺术

> 12-4：练习原则性谈判。

有效的谈判对于成功的合作至关重要。有时，只需要一个关键问题就能爆发，将“我们”的感觉转变为“我们对他们”的感觉。与此同时，谈判贯穿于项目管理工作的各个方面。项目经理必须与最高管理层协商支持和资金；他们必须与职能经理协商员工和技术投入；他们必须与其他项目经理协商项目的优先级和承诺；他们必须在项目团队中进行协商，以确定任务、期限、标准和优先级；项目经理必须与供应商协商价格和标准。对谈判过程、技巧和策略的精准理解是项目成功的关键。

许多人对待谈判就好像它是一场竞争性的竞赛，每个谈判者都想为自己的一方赢得尽可能多的利益，成功是通过与对方相比获得了多少来衡量的。虽然这可能适用于房屋销售谈判，但并不适用于项目管理。**项目管理不是竞赛！**

第一，在项目中工作的人，无论他们代表的是不同公司还是同一组织中的不同部门，不是敌人或竞争对手，而是盟友或合作伙伴。为了完成一个项目，他们组成了一个临时联盟。这样的联盟要发挥作用需要一定程度的信任、合作和诚实。

第二，如果冲突升级到谈判破裂、项目停止的地步，那么所有人都是输家。

第三，不同于与街头小贩的易货交易，参与项目工作的人必须继续合作。因此，他们有必要以一种有助于健康工作关系的方式来解决分歧。

第四，如第 11 章所指出的，项目中的冲突可能是好事。如果处理得当，它可以带来创新和更好的决策。

项目经理要接受这种非竞争性的谈判观点，并意识到谈判本质上是一个两部分组成的过程：第一部分涉及达成协议；第二部分是该协议的执行情况。决定谈判成功的是执行阶段，而不是协议本身。经常发生的情况是，项目经理与某人达成了协议，后来却发现他没能完成同意做的事情，或者他的实际执行结果远低于预期。有经验的项目经理认识到，执行协议的基础不仅是对结果的满意，而且是对达成协议过程的满意。如果有人感到被欺负或被骗去做某事，这种感觉必然会反映在后来的表现上。

经验丰富的项目经理会尽最大努力将个人利益与项目的最佳利益结合起来，并提出有效的问题解决方案。来自哈佛的谈判项目冠军费舍尔（Fisher）和尤里（Ury）的谈判方法体现了这些目标。它强调发展双赢的解决方案，同时保护自己不受侵害，预防他人利用你的直率。他们的方法称为原则性谈判，它以四个关键点为基础，这些关键点列在表 12.5 中，下面将展开讨论。

表 12.5　原则性谈判

1．把人与问题分开
2．关注利益，而不是立场
3．创造双赢的选择
4．如果可能的话，使用客观标准
5．学会与不讲理的人打交道

12.4.1　把人与问题分开

个人关系常常与所审议的实质性问题纠缠在一起。人们互相攻击，而不是针对问题。一旦人们感到受到攻击或威胁，他们的精力自然会去保护自己，而不是去解决问题。因此，在谈判过程中，关键是要关注问题而不是对方。避免将谈判个人化，也避免将谈判框定为一场竞赛。相反，试着把注意力集中在等待解决的问题上。用费舍尔和尤里的话来说，对问题要强硬，对人要温和。

通过把焦点放在解决问题而不是人身攻击上，谈判者能更好地让对方发泄。在重要的问题上，人们变得心烦意乱、沮丧和生气是很常见的。然而，一次愤怒的攻击会引发一次愤怒的反击，讨论很快就会升级为激烈的争论，产生一种情绪连锁反应。

在某些情况下，人们用愤怒作为恐吓和强迫对方让步的手段，因为对方希望维持关系。当人们情绪激动时，谈判人员应保持冷静的头脑，并记住“让愤怒飞出窗外”。换句话说，在面对情绪爆发时，想象一下打开一扇窗户，让愤怒的热量散发到窗外。不要把事情往心里去，把人身攻击引到眼前的问题上来。不要对情绪爆发做出反应，但要试着找到引发情绪爆发的原因。熟练的谈判者能在压力下保持冷静，同时，通过共情和承认挫折与愤怒的共同来源，与他人建立联系。

虽然在实际谈判中把人与问题分开是很重要的，但在谈判之前与对方建立友好的关系是有益的。友好的关系与社会网络的宗旨是一致的，在第 10 章已经介绍，在你需要关系之前先建立关系。如果在过去，这种关系是健康的互谅互让，双方都愿意迁就对方的利益，那么任何一方都不太可能采取我赢你输的观点。此外，一种积极的关系会在特定的争论点之外增加共同的利益。双方不仅想要达成一项符合个人利益的协议，而且还想以一种维护关系的方式来达成协议。因此，双方都更有可能寻求互利的解决方案。

12.4.2　关注利益，而不是立场

当人们专注于自己的立场时，谈判往往会停滞：

我愿意付 1 万美元。不，它将值 1.5 万美元。

我要此事在星期一之前完成。那是不可能的，我们要到星期三才能把此事做好。

虽然这种交流在初步讨论中很常见，但管理者必须防止这种最初的态势变得两极分化。当站在这样的立场去陈述、攻击、辩护时，每一方都开始象征性地画出一条不能逾越的界线。这条线形成了一种我赢你输的情况，在这种情况下，为了达成协议，某人只要越过这条线就必定输。因此，谈判可能成为一场意志之战，让步被视为丢了面子。

关键是注意立场背后的利益（你想要达到的目标），并尽你所能把这些目标和你的自我分开。你应该努力识别对方的利益。问问为什么要花这么多钱，或者为什么不能在周一之前完成。同时，让你的关注点变得活跃起来。不要只说周一完成很重要，要解释一下如果到周一还没完成会发生什么。

有时候，当双方的真实利益显露出来时，就没有冲突的基础了。以周一和周三的争论为例。这一论点可能适用于这样一个场景：当地一家小公司的项目经理和生产经理签订了生产新一代鼠标原型的合同。项目经理需要在周一向用户的项目组演示原型。生产经理说这是不可能的。

项目经理说这将是令人尴尬的，因为营销部花费了大量的时间和精力来召开这次演示会。生产经理再次拒绝了这一要求，并补充说，他已经不得不安排加班来满足周三的交货日期。然而，当项目经理透露，客户项目组的目的是衡量消费者对新设备的颜色和形状的反应，而不是成品时，冲突就消失了。生产经理告诉项目经理，如果她想要，今天可以去取样品，因为生产部有各种颜色的多余鼠标外壳可用。

当关注兴趣时，重要的是要练习以下的沟通习惯：先寻求理解，再寻求被理解。这包括史蒂芬·柯维（Stephen Covey）所说的共情倾听，它要求一个人完全理解另一个人的参照框架（不仅是那个人说了什么，还有她的感受）。柯维断言，人们有一种与生俱来的被理解的需求。他还观察到，已经满足的需求并不能激励人类的行为，只有未满足的需求才会。人们试图在累了的时候去睡觉，而不是在他们休息好了的时候。关键是，在人们认为自己被理解之前，他们会重复自己的观点，并会重新阐述自己的论点。另一方面，如果你首先通过寻求理解来满足这种需求，那么对方就可以轻松地理解你的兴趣，并直接关注手头的问题。寻求理解需要训练和同情心。与其用陈述你的想法来回应对方，不如总结对方所说的事实和感受，并检查理解的准确性。

12.4.3　创造双赢的选择

一旦参与者确定了自己的利益，他们就可以探索互惠互利的选择。这并不容易。紧张的谈判会抑制创造力和自由交流。我们所需要的是协同头脑风暴，在这种头脑风暴中，人们一起工作，以一种双赢的方式解决问题。头脑风暴的关键是把发明和决定分开。首先，花 15 分钟生成尽可能多的选项。无论选项多么古怪，都不应遭到批评或立即拒绝。人们应该从别人的想法中汲取养分，从而产生新的创意。当所有可能的选项都被用尽时，他们就应该对产生的想法进行排序，并专注于那些最有可能的想法。

明确利益，探索相互选项，为利益吻合创造机会。吻合指的是一个人确定的选项对他来说是低成本的，但对另一方来说是高收益的。只有当双方都知道对方的需求时，这才有可能实现。例如，在与一家零部件供应商进行价格谈判时，项目经理从讨论中得知，这家供应商在购买了一台非常昂贵的制造机器后，正处于现金流的紧张状态。急需现金是供应商在价格上采取如此强硬立场的主要原因。在头脑风暴会议上，其中一项方案是预付订购款项，而非通常的货到付款安排。双方都抓住了这个机会，并达成了一个友好的协议，项目经理将提前支付供应商的全部款项，以换取更快的周转时间和大幅降价。这种双赢协议的机会常常被忽视，因为谈判者专注于解决自己的问题，而不是抓住解决对方问题的机会。

12.4.4 如果可能的话，使用客观标准

大多数已建立的行业组织和专业协会已经制定了本行业或本专业的标准和规则，以帮助处理共同的争议问题。例如，买家和卖家都依赖蓝皮书来建立二手车的价格参数。建筑行业有建筑法规和公平的惯例，以解决质量验证和安全工作程序。法律界用先例来裁定不法行为。

只要可能，应该坚持使用外部的、客观的标准来解决分歧。例如，一家地区性航空公司与负责编制年度财务报表的独立会计团队之间出现了分歧。这家航空公司从一家较大的航空公司租用了几架二手飞机，进行了一笔可观的投资。争议涉及该租赁应归类为经营性租赁还是资本租赁。这对航空公司来说很重要，因为如果租赁被归类为经营租赁，那么相关债务就不必记录在财务报表中。然而，如果租赁被归类为资本租赁，那么债务将被纳入财务报表，债务/股本比率将大大降低对股东和潜在投资者的吸引力。双方根据财务会计准则委员会（Financial Accounting Standards Board）制定的准则解决了这一争端。事实证明，会计团队是正确的，但是，通过遵循客观标准，他们设法转移了航空公司经理们对会计团队的失望，并与该公司保持专业关系。

12.4.5 学会与不讲理的人打交道

大多数从事项目工作的人都意识到，从长远来看，朝着双方都满意的解决方案努力是有益的。不过，偶尔也会遇到一些对生活持我赢你输态度的人，他们很难相处。费舍尔和尤里建议在和这样的人打交道时使用谈判柔术。也就是说，当别人开始推你的时候，不要反抗。就像在武术中一样，避免让你的力量直接对抗别人的力量。相反，用你的技能站到一边，借力发力，为我所用。当某人坚定地表明自己的立场时，既不要拒绝也不要接受。把它当作一个可能的选项，然后寻找它背后的利益。与其为你的想法辩护，不如邀请批评和建议。询问为什么这不是一个好主意，并发现对方的潜在利益。

那些使用谈判柔术的人依靠两个主要武器。他们会问问题，而不是做陈述。问题会让利益浮出水面，而不会给对手提供攻击的机会。第二个武器是沉默。如果对方提出了不合理的建议或进行人身攻击，就坐在那里，不要说话。等待对方通过回答你的问题或提出新的建议来打破僵局。

对于不合理的、我赢你输的谈判者，最好的防御就是费舍尔和尤里所称的一个强有力的最佳替代协议（Best Alternative To a Negotiated Agreement，BATNA）。他们指出，人们试图达成一项协议，以产生比不跟对方谈判更好的结果。这些结果将是决定你是否接受协议的真正基准。一个强大的最佳替代协议可以让你从谈判桌上走开，说：“除非我们朝着双赢的方向努力，否则不会达成协议。”

最佳替代协议反映了你对另一方的依赖程度。如果你正在谈判价格和交货日期，并

且可以从许多有信誉的供应商中选择，那么你就有一个强大的最佳替代协议。如果只有一个供应商能够按时提供特定的、关键的材料，那么你的最佳替代协议就很弱。在这种情况下，你可能被迫接受卖主的要求。与此同时，你应该开始探索为未来谈判增加最佳替代协议的方法。这可以通过减少对供应商的依赖来实现。你可以开始寻找替代材料或与其他的供应商确定更好的交货期。谈判是一门艺术。这涉及许多无形的东西。本节回顾了基于费舍尔和尤里开创性工作的一些经过时间考验的有效谈判原则。考虑到谈判的重要性，我们鼓励你阅读他们的书及其他关于谈判的书。此外，参加培训研讨会可以提供实践这些技能的机会。你也应该利用日常的交流来提高你的谈判技巧。

12.5 管理客户关系须知

12-5：描述客户满意的符合期望的模型，以及这一模型在项目中与客户合作时的作用。

在第 4 章中强调，最终的成功不是由项目是否在预算之内或根据规格按时完成决定的，而是由客户是否对已经完成的工作感到满意。客户满意是底线。坏消息比好消息传播得更快、更远。每一个快乐的客户只与另一个人分享她对某一产品或服务的满意，一个不满意的客户很可能与其他 8 个人分享他的不满意。项目经理需要与客户建立积极的工作关系，以维护他们的声誉。

客户满意是一种复杂的现象。查看客户满意度的一个简单但有用的方法是满足期望。根据这个模型，客户满意度是感知绩效（或结果）与预期绩效的函数。在数学上，这种关系可以表示为感知绩效和预期绩效之间的比率。如果感知绩效小于预期绩效（比率<1），客户会非常不满意甚至不高兴。如果感知绩效与期望绩效相等（比率=1），则客户是满意的。如果感知绩效大于预期绩效（比率>1），则客户非常满意甚至高兴。

高客户满意度是大多数项目的目标。然而，盈利能力是另一个主要问题。超出预期通常需要额外的成本。例如，提前两周完成一个建筑项目可能涉及大量的加班费用。同样，超出新电子元件的可靠性要求可能涉及相当多的设计和调试工作。在大多数情况下，最有利可图的安排发生在客户的期望仅略微超出时。回到数学模型，在所有其他条件相同的情况下，我们应该争取使满意度达到 1.05，而不是 1.5！

满足期望的客户满意度模型强调了一点，即客户对项目的不满或满意不是基于确凿的事实和客观的数据，而是基于感知和期望。例如，如果客户认为工作质量很差，并且他的担心和顾虑没有得到充分的解决，那么他可能对低于预算提前完成的项目感到不满。相反，如果客户觉得项目团队保护了她的利益，并在不利的环境下尽可能地做好了工作，那么她可能对超出预算和落后于进度的项目非常满意。项目经理必须善于管理客户的期望和感受。当他们试图通过仔细解释为什么项目成本比计划的高或花费的时间比计划的长来缓解客户的不满时，他们往往是在事后处理这些期望。一个更积极主动的方法是开始时预先形成适当的期望，并接受这是一个贯穿项目生命周期的持续过程。项目经理需要将他们的注意力集中在客户的基本期望上，即评估实际绩效的标准，以及客户对实际绩效的感知上。最终的目标是教育客户，使他们能够对项目绩效做出有效的判断。

管理客户期望始于初步的项目批准阶段的谈判。重要的是要避免为了获得批准而过度推销项目优点的诱惑，因为这可能产生不切实际的期望，这些期望要么很难实现，要么根本不可能。与此同时，项目支持者已经知道通过低价销售项目来降低客户的期望。如果预计的完成时间是 10～12 周，他们将承诺在 12～14 周内完成项目，因此通过提前完成项目，增加了超出客户预期的机会。一旦项目获得授权，项目经理和团队需要与客户密切合作，开发一份定义良好的项目范围说明书，清楚地说明项目工作的目标、参数和限制。项目范围说明书对于确定客户对项目的期望是至关重要的，关键是各方应就将要完成的工作达成一致。分享可能破坏项目执行的重大风险也是很重要的，客户不喜欢惊喜，如果提前意识到潜在的问题，他们更有可能接受后果。一旦项目启动，让客户了解项目进展是很重要的。项目经理不再只是简单地接受客户的订单，并告诉他们在项目完成后还会回来。越来越多的组织和项目经理将他们的客户视为项目团队的实际成员，并积极地让他们参与到项目工作的关键方面。在咨询项目中，项目经理有时会转变为客户组织的成员（参见研究亮点 12.1）。

研究亮点 12.1　IT 项目经理兼任客户账户经理

韦伯（Webber）和托帝（Torti）研究了项目经理在 IT 项目中扮演的多重角色。基于对三个不同信息技术服务组织的项目经理和客户的全面访谈，他们确定了在客户组织中成功实施 IT 项目的五个关键角色：企业家、政治家、朋友、营销人员和教练。表 12.6 部分描述了这些角色。

表 12.6　项目角色、挑战和策略

项目经理的角色	挑　　战	策　　略
企业家	在陌生的环境中航行	运用说服来影响他人
政治家	了解两种不同的文化（母公司和客户组织）	与有权势的人结盟
朋友	确定要在团队之外建立和维持的重要关系	找出共同的利益和经历来与客户建立友谊
营销人员	理解客户组织的战略目标	将新的想法/建议与客户组织的战略目标相结合
教练	在没有正式授权的情况下激励客户团队成员	提供具有挑战性的任务来培养团队成员的技能

韦伯和托帝观察到，项目经理不再与客户保持明确定义的关系，而是成为客户组织的一部分。他们报告说，项目经理试图“穿得像客户，做得像客户，并参与客户组织的活动（例如，社交聚会、献血活动等）”。随着时间的推移，项目经理成为客户组织的一部分，以至于许多客户员工忘记了项目经理并不是客户组织的员工。这有助于建立一定程度的信任，对有效合作至关重要。

项目经理需要让客户了解项目的发展情况，以便客户调整自己的计划。当环境要求变更项目范围或优先级时，项目经理需要尽可能快地说明这些变更对客户的影响，以便他们能够做出明智的选择。积极的客户参与允许客户根据项目中发生的决策和事件调整他们的期望，同时客户的参与能保持项目团队关注客户的项目目标。

积极的客户参与也为评估项目绩效提供了更坚实的基础。客户不仅看到了项目的结果，而且目睹了获得这些结果的努力和行动。自然地，项目经理希望确保客户的现场体验能对他们的项目团队产生良好的印象，因此他们格外注意以胜任和专业的方式处理与客户的互动。在某些方面，客户对绩效的感知更多的是由项目团队处理逆境的能力而不是实际绩效所塑造的。项目经理在处理意想不到的问题和挫折时的勤奋能给客户留下深刻印象。同样，行业分析师也注意到，客户的不满可以通过快速纠正错误和对客户关注的问题做出响应而转化为客户满意。

在项目中管理客户关系是一个广泛的话题，我们仅仅强调了所涉及的一些中心问题。这个简短的部分以经验丰富的项目经理提供的两条建议来结束：

- **用一个声音说话**。对于客户来说，没有什么比从不同的项目成员那里收到相互矛盾的信息更能削弱他们对项目的信心了。项目经理应该提醒团队成员这一事实，并与他们合作，以确保与客户共享适当的信息。
- **讲客户的语言**。项目成员经常用超出客户词汇量的技术术语来回应客户的询问。项目经理和团队成员需要以客户能够理解的方式描述问题、分析问题和提出解决方案。

本章小结

外包已经成为项目管理的一个组成部分。在当今的商业世界中，越来越多的公司在项目上的竞争是相互合作。外包的优点包括降低成本、更短的项目完成时间、更大的灵活性和更高的专业水平。缺点包括协调问题、失控、冲突、安全问题和政治后果。在掌握了外包流程的公司中出现了一些积极的最佳实践。这些实践经验包括建立明确的要求和程序，以及利用公平和充满激励的合同。团队建设会议在项目开始前举行，以建立来自不同组织的人员之间的关系。构建解决冲突的升级指导原则，以及过程改进和风险分担的规定。在关键的工作中，安排关键人员面对面地一起工作。在状态报告的简报中，对人们的合作情况进行联合评估是一种准则。最后，许多公司正意识到与其他公司在项目上形成长期联盟的好处，最终目标是作为合作伙伴共同努力。作为合作伙伴，有效的谈判技巧是项目工作的关键。为了保持项目的正常进行，人们需要在尽可能低的层级上解决差异。经验丰富的项目经理意识到，谈判不是一场竞争游戏，而是朝着合作解决问题的方向努力。他们通过将人从问题中分离出来、关注利益而不是立场、为互惠创造选项及在任何可能的情况下依靠客观标准来解决分歧。他们还认识到制定一个强有力的最佳替代协议的重要性，这为他们提供了寻求合作解决方案所必需的杠杆。客户满意是项目成功的试金石。项目经理需要采取积极主动的方法来管理客户的期望和感受，他们需要积极地让客户参与关键决策，并让他们跟上项目的重要进程。客户的积极参与使项目团队专注于项目的目标，减少客户的误解和不满。

关键术语

Best Alternative To a Negotiated Agreement（BATNA）最佳替代协议
Principled Negotiation 原则性谈判
Request for Proposal（RFP）建议邀请书
Met Expectations 满足期望
Outsourcing 外包
Partnering Charter 伙伴制章程

复习题

1. 为什么公司要外包项目工作？
2. 外包如何提高工作质量？
3. 公司外包项目工作的最佳实践是什么？
4. “升级”一词指的是什么？为什么它对项目成功至关重要？
5. 为什么建议在项目协议谈判中采用原则性谈判方法？
6. 缩写词 BATNA 是什么意思？为什么它对成为一个成功的谈判者很重要？
7. 项目经理如何影响客户的期望和看法？

生活快照讨论题

12.1 波音 787 梦幻客机
  1. 在波音 787 梦幻客机项目中，外包的缺点是什么？
  2. 关于项目中采用社会-技术方法的重要性，这个项目是怎么说的？
12.2 与承包商沟通的四种策略
  1. 有人在和外国人打交道时使用过这些策略吗？或者希望他使用过？
12.3 为项目“伙伴制”打预防针
  1. 在这个生活快照中有哪些最佳实践？
  2. 合作只在建筑项目上有效吗？

练习题

1. 把学生分成 4～5 人一组。将其中一半的组指定为业主，另一半的组指定为承包商。

业主：在攒了多年的钱之后，你即将雇用一个承包商来建造你的“梦想之家”。你做这个项目的目的是什么？你对与总承包商合作建造你的家有什么担忧或问题？

承包商：你们专门建造定制住宅。你将与潜在的业主会面，开始就建造他的“梦想之家”的合同进行谈判。你做这个项目的目的是什么？在与业主合作建造房子时，你有什么担忧或问题？

每个业主组与承包商组会面，并分享他们的目标、关注的问题和担忧。

确定哪些目标、问题和担忧是你们共同的，哪些是独一无二的。讨论你们应该如何共同努力实现目标。在这个项目中合作的关键是什么？

2. 在互联网搜索引擎中输入“外包”，浏览不同的网站。谁对外包感兴趣？外包的优点是什么？缺点是什么？外包对不同的人来说是一样的吗？外包的未来趋势是什么？

3. 分成四个小组，复习老师提供的“尽可能多做”练习的说明。完成练习。你最初的策略是什么？它有变化吗？如果是这样，为什么？这个练习告诉你彼此合作的能力是什么？

4. 回顾图 10.1 中利益相关者图谱。选择五个不同的利益相关者，并提供一些为什么项目经理需要与利益相关者谈判的例子。

案例 12.1：外壳制造商

1. 背景

外壳制造商（Shell Case Fabricators，SCF）设计和制造外壳，包括电子产品，如计算器、手机和调制解调器。典型的材料是塑料或塑料化合物。外壳制造商拥有六条不同的生产线，涵盖不同类型的产品。例如，最大的大批量调制解调器生产线可以生产三种不同颜色和两种型号（垂直和扁平）的产品。Air Connection Links（ACL）公司是从该生产线购买产品的最大客户。这条高产量生产线现在 8 小时一班，满负荷运转。其他五条生产线的产量较小，往往满足由不同的、较小的公司生产的其他特殊产品的需求。

SCF 公司 95%的产品外壳生产线是由原来的硬件制造商设计的。将套管送到生产阶段，需要原始硬件和外壳设计商家（如 ACL）与 SCF 的外壳设计工程师和生产部门之间进行大量的协作和互动。ACL 的最新产品是一个调制解调器，用于监测海湾中的水域情况，如船舶交通、污染和漂浮碎片。由于该产品的高功能和低成本，对新产品的潜在需求是看不到的。似乎每个拥有用于航运的小海湾的国家都需要足够的水下调制解调器来覆盖其各自的海湾。

2. 水下调制解调器项目

在 SCF，每个新产品都有一个项目经理负责协调和管理外壳设计、预算和制造启动。宋茜（Songsee）是 SCF 的明星项目经理，也是新型近程水下调制解调器外壳项目的经理。水下调制解调器的外壳需要特殊的设计和材料、定制的设备及能承受水下 50 米压力的密封件。产品所有者 ACL 公司在 91 天内（明年 1 月 15 日）需要 6 万个调制解调器，以参加在中国香港举行的河口控制学会的会议。

3. 客户变更请求

宋茜认为，除比计划晚了两周之外，项目进展顺利。她觉得可以“依靠”设计部门把这个项目放在最优先的位置，从而弥补这两周的时间。昨天，ACL 的项目经理沙宾（Sabin）带来了一个“简单的变更”：将外壳形状从矩形改为圆顶形状，它将提高 2%的性能。宋茜不敢相信沙宾。沙宾知道什么更好，知道工程上的含义，这可不简单！然而，沙宾告诉宋茜：“这应该不会花太多钱。”宋茜想要反驳，但数到五就放弃了。在项目的后期阶段，变更和压缩进度需要花费大量的金钱！宋茜表示：“当天将与团队一起重新制订进度计划和费用预算。”她告诉沙宾，他必须在第二天之前给她一份关于新要求的书面变更请求。

沙宾似乎很失望：“为什么我们不把价格加到10万欧元，然后继续做下去呢？我们已经和SCF做了六年的生意了。随着预期需求的显化，SCF将很快实现收支平衡，并在生产方面获得巨大利润。宋茜叹了口气：“让我们继续变更订单的过程。我将把你的请求提交给变更申请管理委员会。”

宋茜和她的团队就这一变更进行了会面，每个部门都抱怨这么晚才做出变更。估算的材料成本和人工费是沙宾设想的10万欧元的三倍多。例如，为一个圆顶式调制解调器设计一个新的密封条需要一种新的量身设计的水密封方法，可能需要一种未经测试的新的密封胶和新的模具。ACL是否冻结了新型调制解调器的设计？宋茜要求团队在明天下午与变更申请管理委员会开会之前，拿出更详细的估算。

4．翌日（星期五）

沙宾在第二天上午10点左右从ACL打来电话：“我们的高级管理层对这么小的变更必须如此正式感到不安。他们只是想继续这个项目，赶在上市日期之前完成。增加10万欧元似乎是个公平合理的价格。他们认为你需要和你的管理层谈谈。他们希望在周一之前得到答复。”

宋茜团队的估算接近于昨天的估算（391 000欧元），这可不是个好消息。宋茜知道，变更委员会的回答是要求估算的全额。她是对的。变更委员会认为，成本是存在的，需要支付，以满足交货日期。变更委员会还关切的是，SCF的设计和生产部门的优先次序及资源安排将不得不改变。3小时后，她将与高层管理人员会面，决定是否接受客户的价格要求，或者提出另一个替代方案。宋茜意识到，她应该有几个可供高层管理人员考虑的方案，并提出建议。

1. SCF应该接受还是拒绝ACL的请求？你会选择哪一个？有什么风险？
2. SCF如何与ACL协商？SCF和ACL如何发展一种积极的、长期的关系？提供一些细节。

案例12.2：会计软件安装项目

坐在办公室里，钟卡琳（Karin Chung）正在回顾过去4个月来她一直在管理的大型企业会计软件安装项目。项目开始前，一切似乎都计划得很好。公司的每个部门都有一个特别工作组，对拟议的安装及潜在的问题提供意见。每个部门都接受了培训，并简要说明了该部门将如何与即将推出的会计软件进行连接和使用。包括四大咨询公司之一在内的所有六家承包商，都协助开发了工作分解结构，制订了成本估算、规格选择标准和进度计划。

卡琳聘请了一名顾问来举办为期一天的“合作伙伴”研讨会，与会的有主要的会计主管、每个工作组各一名成员及来自各承包商的主要代表。在研讨会期间，用了几个不同的团队建设练习，以说明协作和有效沟通的重要性。当卡琳在一次搭建人桥的练习中掉进一个想象的酸坑时，所有人都笑了。研讨会在欢乐的气氛中结束，每个人都签署了伙伴制章程，表达了作为合作伙伴共同完成项目的承诺。

1．两个月后

一位特别工作组成员找到卡琳抱怨，处理账单的承包商不听他的建议，账单合并后可能在弗吉尼亚分部发生了问题。承包商告诉这位工作组成员，你有比弗吉尼亚部门合并账单更大的问题。卡琳回答说："你可以和承包商解决这个问题。去找他，解释你的问题有多严重，必须在项目完成之前解决。"

这周的晚些时候，在餐厅里，她无意中听到一位咨询承包商在诋毁另一位的工作："从不准时，界面编码没有经过测试。"同一天，在走廊上，一位会计部门的主管告诉她，测试显示，新软件永远不会与乔治亚州分部的现有会计系统兼容。

在关注的同时，卡琳认为这些问题是她在其他小型软件项目中遇到的典型问题。

2．四个月后

这个项目似乎要失败了。在团队建设研讨会上培养的积极态度发生了什么？一个承包商写了一封正式信函，抱怨另一个承包商的编码计划拖延了他们的工作。"我们不会对他人造成的延误负责或承担责任。"这个项目已经落后了两个月，所以问题变得非常严重。卡琳最终决定召集项目各方开会并达成合作协议。

她首先询问人们在项目工作中遇到的问题。尽管参会者都不愿意成为第一个抱怨的人，因为他们害怕被认为是一个抱怨者，但没过多久，指责和抱怨情绪一发不可收。总是一群人在抱怨另一群人。一些参会者抱怨说，其他人坐在那里做决定，导致他们的工作被拖延。一位顾问说："不可能知道谁负责什么。"另一名参会者抱怨说，虽然小组在小问题上分开开会，但从来没有作为一个整体来评估新出现的风险情况。

卡琳觉得会议已经恶化到无法挽回的地步。对项目和合作的承诺似乎在减少。她很快决定停止会议，让事情冷静下来。她对项目的利益相关者说："很明显，我们有一些严重的问题，项目处于危险之中。该项目必须回到正轨，而且必须停止背后诽谤。我希望我们每个人都能在周五早上的会议上提出具体的建议，让项目重回正轨，并采取我们能够做到的具体行动。我们要认识到双方的相互依存，使双方关系回到双赢的局面。当我们让事情重回正轨时，我们需要弄清楚如何保持在正轨上。"

1. 为什么这种项目伙伴制的尝试似乎失败了？
2. 如果你是卡琳，你会怎么做才能让这个项目重回正轨？
3. 你将采取什么行动使项目回归正轨？

案例 12.3：巴克斯顿大厦

查德·克伦威尔（Chad Cromwell）是大学宿舍负责人，他抬头望着巴克斯顿大厦（Buxton Hall）的塔楼，微笑着走向这座标志性建筑。巴克斯顿大厦建于 1927 年，是太平洋州立大学 350 多名学生的宿舍楼。当时，巴克斯顿大厦是校园里最高的建筑，从塔上可以看到运动场和沿海山脉的全景。巴克斯顿大厦很快成为太平洋州立大学的地标。在一年一度的"泉水大战狂欢节"中，学生们带着巨大的弹弓和弹弩站在高塔上，占据了整个校园。太平洋沿岸的第一个内联网是在巴克斯顿大厦建立的，它连接了学生们的电脑，并允许他们共享打印机。大约在20世纪70年代，一些学生艺术家开始了粉刷房间门的传统。无论是滚石乐队的标志还是滑板上的兔八哥，这些五颜六色的房门都是一种艺术遗产，吸引了学生和教师的注意。

巴克斯顿大厦多年来一直是大学的宿舍楼，但时间侵蚀了这座宏伟建筑曾经强健的肌体。漏水毁坏了内部的石灰墙面。电线和管道都已经老化，非常危险，以至于这栋建筑被确认为危房。1996年春季学期末，巴克斯顿大厦的门对学生关闭，窗户也被封上了。10年来，巴克斯顿大厦一直沉默不语，随着时间的推移，它成了太平洋州立大学总体衰落的象征。现在，多亏了州政府的债券和慷慨的捐款，在耗资2 000万美元的翻修之后，巴克斯顿大厦即将重新开放。

1．18个月前

查德（Chad）和来自大学各机构的主要代表参加了为期两天的合作伙伴研讨会的第二场研讨。出席的还有克劳福德建筑公司（Crawford Construction）的管理人员，该公司是巴克斯顿大厦翻修项目的总承包商，以及来自西部遗产（Legacy West）公司的几家关键分包商和建筑师。在第一天，一位顾问让他们进行了一系列的团队建设和沟通练习，强调了开放沟通、原则谈判和双赢思维的重要性。第二天开始的是“来自地狱的项目”练习，每个小组描述他们做过的最糟糕的项目。查德很惊讶克劳福德公司和西部遗产公司的描述与他的非常相似。例如，每个小组都谈到，在没有进行适当咨询的情况下做出变更，或者隐瞒成本直到为时已晚才采取行动，都是令人懊恼的事。接着他们讨论了他们做过的最好的项目。顾问问这两个小组，他们希望巴克斯顿大厦翻修项目是哪一个。一种真正的共同目标感出现了，每个人都积极地用具体的术语阐明他们希望如何合作。会议结束时，所有参与者都签署了伙伴制章程，接着是野餐和一场友好的垒球比赛。

2．12个月前

查德和尼克·博拉斯（Nick Bolas）正在去巴克斯顿大厦三楼拜见克劳福德公司的项目经理达特·阮（Dat Nguyen）的路上。达特联系他，是想和他讨论一间公共浴室瓷砖的问题。达特的人完成了工作，但尼克——他是太平洋州立大学的设施经理，拒绝签字，声称这不符合规范。24小时的僵局后，克劳福德公司的领班执行了伙伴制章程中的升级条款，把问题上交给管理层去解决。达特和查德检查了这项工作。虽然两人都认为这项工作本来可以做得更好，但它确实符合规范要求，查德让尼克在上面签了字。

当天晚些时候，查德在巴克斯顿大厦翻修项目的每周状态报告会上再次与达特会面。会议以简要回顾过去一周所取得的成就而开始。讨论集中在榆树的砍伐问题上。他们还考虑了与这位以注重细节著称的城市巡视员打交道的其他策略。该项目进度比计划晚了两周，这是一个重要的问题，因为大厦必须在2008年秋季学期学生入住前做好准备。该项目的预算也很紧张，管理储备金必须谨慎使用。翻修现有的建筑总是有点冒险，因为在开始拆除墙壁之前，你永远不知道会发现什么。幸运的是，只发现了少量的石棉，但腐烂的情况比预期的严重得多。

会议包括合作伙伴评估。由所有学院院长填写的在线调查结果被分发。结果显示，在及时合作和有效解决问题方面，克劳福德公司的领班和大学官员之间的评级有所下降。查德的一位员工说，让查德感到沮丧的主要原因是克劳福德公司的领班不回电子邮件和电话留言。达特问了他手下人的名字，说他要和每个人谈谈。克劳福德公司的领班抱怨大学官员太挑剔了。“我们没有时间或金钱把每件事都做到 A+。”一个领班说。查德告诉达特和他的手下，他会和工厂的工作人员谈谈，让他们把精力集中在真正重要的事情上。

3. 6 个月前

按时召开项目状态报告会。克劳福德公司已经弥补了失去的时间，现在看来，大厦将按时开放使用。查德高兴地看到，过去一个月的伙伴关系评估是积极和稳定的。最大的问题是，成本飙升并消耗了除 5 万美元外的所有管理储备金。由于还有 6 个月的时间，每个人都知道这不包含所有让大厦完工的变更订单。毕竟，已经有价值 24 000 美元的变更订单悬而未决。

查德望着桌子对面，只看到几张严肃的脸。然后，克劳福德公司的一名领班提议推迟处理所有的外墙：“与其清洁和保护整栋砖砌建筑，不如先处理前门入口和公众能看到的南北墙。如果我们要把内部庭院的墙和西面的墙都重新装修一下，这至少还需要八年的时间。在这段时间内，完成这项工作的资金应该可以解决了。”

一开始，查德并不喜欢这个想法，但最终他意识到，这是他们翻修完工并迎接学生开学的唯一办法。对于哪些外部部位需要全面处理，哪些不需要，双方展开了友好的争论。整个团队结束争论，考察了建筑的外部，确定了需要做的工作。最后，只有 70%的外墙砖墙按照计划进行了翻新，节省了 25 万美元。虽然这种措施对储备金来说仍会很紧张，但每个人都觉得，现在他们有了一个争取按时完成项目的机会。

4. 今天

查德一边喝着香槟，一边与人交谈，没有人谈论那些仍然需要翻新的墙壁，今晚是值得庆祝的夜晚。所有的主要参与者和他们的配偶都参加了派对，在塔顶举办了一场五道菜的晚宴。在祝酒词中，人们互相开玩笑，讲一些关于大厦西翼的鬼魂和南地下室发现死臭鼬的故事。每个人都在谈论他为让这座宏伟的老建筑重现生机感到多么自豪。不止一个人提到，这比拆除旧遗迹、建造新建筑更令人满意。太平洋州立大学的校长在庆祝活动的最后感谢了所有人的辛勤工作，并宣布巴克斯顿大厦又将成为太平洋州立大学一个闪亮的地标。

1. 这个项目成功了吗？
2. 本案中明显的最佳实践是什么？它们对项目目标有何贡献？

案例 12.4：淘金电气公司谈判练习

1. 目标

这个案例的目的是给你提供一个练习谈判的机会。

2. 程序

第 1 步：将人员分成 4 个小组，每个小组代表淘金电气公司（Goldrush Electronics，GE）4 个项目中的一个项目管理团队。

第 2 步：阅读下面部分提供的淘金电气公司的背景信息。然后阅读你所代表的项目说明材料。很快你就会与其他项目的管理人员会面，进行交流沟通。计划好你想如何召开这些会议。

3. 背景信息

淘金电气公司生产一系列电子产品，且对项目管理有着巨大的热情。淘金电气公司作为一个项目驱动型组织，每个项目都组成一个全职专用的项目团队。薪酬体系是 40+30+30 的公式。40%是你的基本工资，30%是你的个人项目绩效工资，还有 30%是公司的整体绩效工资。

已批准了 4 个新产品开发项目。它们的代号是 α、β、θ 和 ζ。初步的人事安排如下所示。你被指派负责其中一个项目。淘金电气公司的政策是，一旦初步的人事安排完成，项目经理可以自由交换人员，只要双方同意即可。人员可以是一对一或一对多的交换。你将有机会通过与其他项目经理的谈判来调整你的团队。

α 项目		
软件工程师	硬件工程师	设计工程师
Jill	Cameron	Mitch
John	Chandra	Marsha
β 项目		
软件工程师	硬件工程师	设计工程师
Jake	Casey	Mike
Jennifer	Craig	Maria
θ 项目		
软件工程师	硬件工程师	设计工程师
Jack	Chuck	Monika
Johan	Cheryl	Mark
ζ 项目		
软件工程师	硬件工程师	设计工程师
Jeff	Carlos	Max
Juwoo	Chad	Maile

第 3 步：约见其他项目经理并展开谈判。

第 4 步：每个项目的得分汇总和公布。

第 5 步：讨论题：

（1）在开始实际谈判之前，你最初的策略是什么？你是如何看待其他团队的？

（2）谈判开始后，你最初的策略有改变吗？如果是，怎么做，为什么？

（3）淘金电气公司的最高管理层应该做些什么，才能更容易地与其他团队达成协议？

附录 12A　合同管理

本附录学习目标

12A-1：描述采购管理流程。
12A-2：描述固定价格合同和成本加成合同之间的差异及其优缺点。

通过学习本附录内容，你应该能够：

由于项目中的大多数外包工作都是契约式的，本附录讨论了项目使用的不同类型的合同、它们的优缺点，以及合同如何影响不同参与者的动机和期望。合同管理是项目采购管理系统的关键要素。描述这个系统超出了本书的范围。然而，这里正确地列出了合同管理和相关主题（如建议邀请书）的基本流程。采购管理包括六个主要步骤：

- **制订采购计划**。决定采购什么、何时采购和如何采购。这需要进行经典的自制与购买分析，以及确定使用的合同类型。
- **招标策划**。描述期望从外包中获得的产品或服务的要求，并确定潜在的供应商或卖家。输出内容包括采购文件，如 RFP 及选择标准。
- **请求卖方响应**。从卖方和供应商那里获取信息、报价、标书或建议书。这一过程的主要成果包括合格卖家名单和具体投标建议书。
- **选择卖方**。通过评估潜在供应商和合同谈判的过程从潜在供应商中进行选择。
- **管理合同**。管理与选定的卖方或供应商的关系。
- **合同收尾**。合同的完成和结算。

大多数公司都有专门从事采购的采购部门。通常，采购代理会被分配到项目团队中，他们与其他团队成员一起为项目提出最佳解决方案。即使项目团队不直接参与合同谈判和外包项目工作的决定，团队理解采购过程和不同类型合同的性质也是很重要的。

12A.1　合同

合同是双方之间的正式协议，其中一方（承包商）有义务履行服务，另一方（客户）有义务做某事作为回报，通常以向承包商付款的形式。例如，一家保险公司与一家咨询公司签订了合同，为其信息系统的部分模块重新编程，以符合最新的操作系统。

合同不仅仅是当事人之间的协议，合同是私法的法典，它治理合同当事人之间的关系。它界定了责任，阐明了其经营条件，界定了双方相互之间的权利，并在一方违反义务时给予另一方补偿。合同试图以特定的术语阐明当事人的交易义务及与合同执行相关的意外事件。模棱两可或不一致的合同难以理解和执行。

基本上有两种合同类型。第一种是固定价格合同，即事先商定价格，只要协议的范围或条款不发生变化，价格就保持不变。第二种是成本加成合同，即补偿承包商在履行合同过程中发生的全部或部分费用。与固定价格合同不同，成本加成合同的最终价格是在项目完成后才知道的。在这两种类型的合同中，存在一些差异。

12A.2 固定价格合同

在固定价格合同（Fixed-Price，FP）或一次性协议下，承包商同意以固定价格完成合同中规定的所有工作。客户可以通过竞争招标来获得最低价格。刊登一份列出客户要求的投标邀请书（Invitation For Bid，IFB），通常会收获较低的投标报价。潜在的承包商可通过不同渠道取得 IFB 通知。在大型商业组织和政府机构的情况下，潜在的承包商可以要求列入投标人感兴趣领域的名单。在其他情况下，可以通过浏览适当的行业媒体，如报纸、行业杂志和网站来找到 IFB。在很多情况下，业主可以对潜在竞标者施加限制，如要求他们通过 ISO 9000 认证。

在固定价格的合同投标中，承包商必须非常谨慎地估计目标成本和完工进度，因为一旦商定，价格就无法调整。如果承包商在投标阶段高估了目标成本，可能输给价格较低的竞争对手；如果估算过低，他们可能赢得工作，但只能得到很少利润或没有利润。

当项目范围明确、成本可预测、实施风险低时，业主和承包商都倾向于采用固定价格合同，如按规格生产零件或部件，执行培训计划，或者安排一次宴会。有了固定价格合同，客户不必担心项目成本，可以专注于监控工作进度和性能规格。同样，承包商更喜欢固定价格合同，因为客户不太可能对合同进行变更或增加工作内容。更少的潜在变更可以减少项目的不确定性，并允许承包商在多个项目中更有效地管理资源。

对业主来说，固定价格合同的缺点是准备工作更困难，成本也更高。为了有效，设计规范需要足够详细，让人们对所要实现的目标没有任何怀疑。由于承包商的利润是由投标报价和实际成本之间的差额决定的，承包商就有动机使用质量更低的材料，用非主流的工艺施工，或者延长完工日期以降低成本。客户可以通过制定严格的成品规格和完工日期及通过监督工作来解决这些问题。在许多情况下，客户会聘请一名该领域的专家来监督承包商的工作并保护客户的利益。

对承包商来说，固定价格合同的主要缺点是他们有低估成本和工期的风险。如果项目陷入严重困境，成本超支可能使项目无利可图，在某些情况下甚至可能导致企业破产。为了避免这种情况，承包商必须投入大量的时间和费用来确保他们的估算是准确的。

工期长的合同，如建筑项目和生产项目，可能包括升级条款，以保护承包商免受材料费、人工费或管理费等外部成本增加的影响。例如，价格可能与通胀指数挂钩，因此它可以根据劳动力和材料价格的突然上涨进行调整，或者在成本已知时重新确定。重新确定合同的种类很多。有些规定了合同价格的上限，只允许向下调整；有些合同允许向上或向下调整。有些合同在项目结束时设立一个调整时段；有些合同使用多个调整时段。当工程和设计工作难以估算或由于缺乏准确的成本数据而无法估算最终价格时，重新确定合同是适当的。

虽然原则上，重新确定合同是用来对不确定的费用做出适当调整的，但它很容易被滥用。承包商可能赢得一个初始的低投标报价合同，开始承包工作，然后“发现”成本远高于预期。承包商可以利用重新确定条款和客户的无知来证明增加合同实际成本的合理性，使合同演变为成本加成合同。

为了减少固定价格合同的一些缺点，同时保持对最终成本的一定确定性，许多固定价格合同都载有激励条款，旨在激励承包商降低成本和提高效率。例如，承包商根据目标成本和目标利润协商项目的目标价格。最高价格和最高利润也被确定。如果总成本最终小于目标成本，承包商将获得更高的利润，直至利润最大化。如果出现成本超支，承包商承担部分超支，直到达到利润下限。

利润是根据一个基于成本分担比率（Cost-Sharing Ratio，CSR）的公式确定的。例如，如果 CSR 为 75/25，则表示每超出目标成本 1 美元，客户支付 75 美分，承包商支付 25 美分。这一条款促使承包商将成本保持在较低水平，因为他们在预期成本以上的每一美元付出 25 美分，在预期成本以下的每一美元挣得 25 美分。固定价格激励合同通常用于成本估算有相当可预测的长期项目。关键是能够协商一个合理的目标成本估算。众所周知，不择手段的承包商会利用客户的无知来商谈不切实际的高目标成本，并利用绩效激励来实现超额利润。

12A.3　成本加成合同

根据成本加成合同，承包商将获得所有直接允许成本（材料费、人工费、差旅费）加上用于支付管理费用和利润的额外费用。这笔加上的额外费用是事先商定的，通常是总成本的一定百分比。在小型项目中，这种合同属于“人工费+材料费合同”的范畴，客户同意补偿承包商的人工成本和材料成本。人工成本是按小时或日计算的，包括直接和间接成本及利润。承包商负责记录人工和材料成本。

与固定价格合同不同，成本加成合同将风险负担转嫁给客户。合同直到项目结束才显示项目的最终成本。承包商应尽最大努力满足合同的具体技术要求，但如果工程未能在预计成本和时间范围内完成，承包商也不承担责任。这些合同经常受到批评，因为承包商没有什么正式的动机去控制成本或按时完成，因为无论最终成本如何，他们都能获得报酬。激励承包商控制成本和进度的主要因素是超支对他们的声誉和确保未来业务能力的影响。

成本加成合同的固有弱点通过各种激励条款得到了补偿，这些条款旨在激励承包商控制成本、维持质量和避免进度延误。承包商的费用得到补偿，但费用不是固定的，而是根据奖励办法和附加条件规定的。这与固定价格激励合同非常相似，但费用不是基于目标成本，而是基于实际成本，使用成本分摊公式得出的。

大多数合同都涉及项目的谈判成本。然而，在当今的商业世界中，考虑到速度和时间的重要性，越来越多的合同涉及有关项目完工日期的条款。在某种程度上，进度激励提供了一些成本控制措施，因为进度拖延通常（但不总是）涉及成本超支。进度的奖励/惩罚是根据完成时间对业主的重要性而定的。例如，如果一个新棒球场没有准备好迎接赛季开幕，那么合同中可能会包含严厉的处罚。相反，在时间约束型项目中，首要任务是尽快完成项目，这可能包括有吸引力的提前完成项目的奖励。

一个很好的例子可以从生活快照 9.2 中看到。在这个例子中，建筑公司竭尽全力，比计划提前 74 天恢复了受损的高速公路系统。公司因此获得了 1 480 万美元的奖励！

图 12A.1 总结了不同类型合同买方和卖方的风险范围。在固定价格合同中，买方的风险最低，因为他们知道他们需要向卖方支付多少钱。在成本加成百分比合同中，买方的风险最大，因为他们事先不知道卖方的成本将是多少，卖方存在增加成本的机会。从卖方的角度来看，成本加成百分比合同风险最小，固定价格合同风险最大。

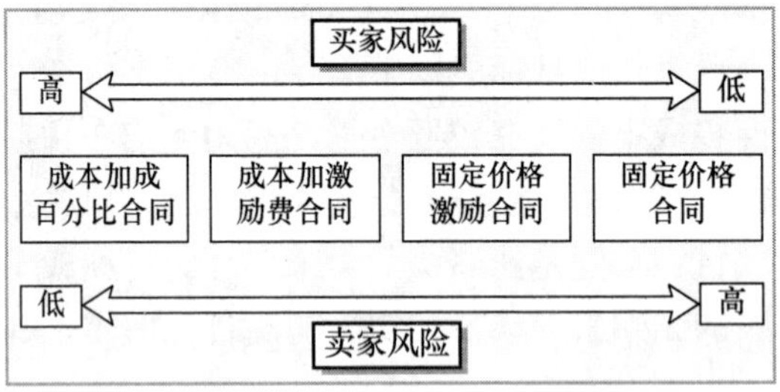

图 12A.1　合同类型与风险

12A.4　合同变更控制系统

合同变更控制系统定义了合同变更的过程，包括书面文件、跟踪系统、争议解决程序和授权变更所必需的批准级别。合同可能需要变更的原因有很多。一旦项目启动，客户可能希望调整项目的原始设计或范围，这在项目从概念到目标实现的过程中是很常见的。例如，业主可能在检查部分完成的住宅建设工程后，希望添加一些窗户；市场的变化也可能要求正在实施的项目增加新功能或提高设备的使用绩效，从而变更合同；财政资源的减少可能要求业主缩减项目范围，从而导致合同变更；承包商在应对不可预见的法规问题时提出变更合同；在地下水过剩或缺乏特定材料的情况下，建筑承包商可能需要重新谈判合同，等等。在某些情况下，外部力量可能会决定合同的变更，比如需要遵守联邦政府规定的新的安全标准。

需要有正式的、合同双方商定的程序来启动原始合同的变更。合同变更申请与批准容易被滥用。承包商有时会利用业主的无知，夸大变更的成本，以弥补低价投标带来的利润损失。反之，业主也可能通过拖延对合同变更的批准来“报复”承包商，从而拖延项目工作并增加承包商的成本。因此，合同各方需要事先就启动和修改合同条款的规则和程序达成一致。

12A.5　透视合同管理

合同管理不是一门精确的科学。几十年来，联邦政府一直在努力开发一个更有效的合同管理系统。尽管他们尽了最大的努力，滥用职权的行为还是不断在新闻媒体上被曝光。这种情况类似于试图去掉东方地毯上的褶子。想要消除地毯某一部位的褶子，必然会在另一部位产生褶子。同样，对政府采购程序的每一次新的修订似乎也都产生了一个可以利用的新漏洞。因此，不存在完善的合同管理制度。考虑到大多数项目工作所涉及的固有不确定性，没有任何合同能够解决所有出现的问题。正式的合同不能取代或消除在有关各方之间建立基于共同目标、信任和合作的有效工作关系的需要。因此，前面关于外包和有效谈判的最佳实践的讨论非常重要。

附录复习题

1．固定价格合同和成本加成合同的根本区别是什么？

2．对于什么样的项目，你建议采用固定价格合同？对于什么样的项目，你会建议使用成本加成合同？

第 13 章

进度和绩效的测评

Progress and Performance Measurement and Evaluation

本章学习目标

通过学习本章内容，你应该能够：

13-1　确定控制项目的四个步骤。

13-2　使用跟踪甘特图来监督进度绩效。

13-3　理解和领会挣值管理的重要性。

13-4　计算和解释成本偏差和进度偏差。

13-5　计算和解释绩效指标和百分比指标。

13-6　预测最终的项目成本。

13-7　识别和管理范围蔓延。

13A-1　应用附加的挣值规则来衡量项目进度。

13B-1　从 MS Project 2010 或 2016 获取项目绩效信息。

本章概览

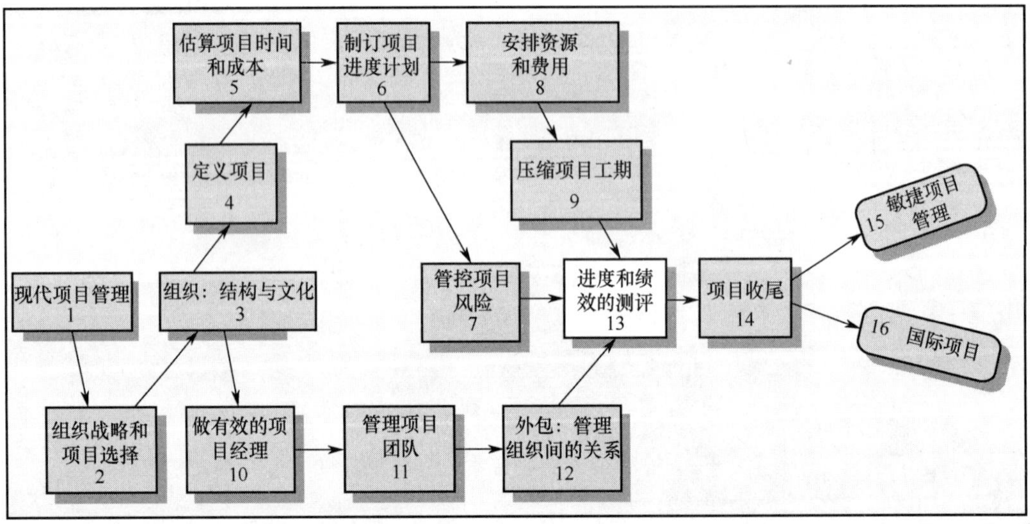

一个项目怎么会晚了一年？过一天算一天吧。

——弗雷德里克·布鲁克斯，《人月神话》

没有什么事情是完全按照计划进行的。一旦项目启动，管理层需要一个信息和控制系统来进行调整并引导项目朝其目标前进。对于时间敏感的项目，项目经理需要能够跟踪进度，并知道何时加快进度。在既定预算项目中，项目经理需要能够监控成本，并知道何时需要削减成本。不仅仅你对项目是否在计划和预算之内感兴趣，而且管理层和客户也想知道项目可能在什么时候完成及成本是多少。

本章首先描述了项目控制系统的结构和过程。接下来讨论了用于评估满足进度计划的指标，然后介绍了挣值管理（Earned Value Management，EVM）。挣值是一个关键概念。它将用于评估当前的绩效，并预测最终成本和完工日期。事先警告一下，这一章并不容易。衡量项目进程似乎很快就变得复杂起来，你可能会发现自己被术语和指标搞得不知所措。但是，如果掌握了这些概念，你在项目管理上就会有明显的优势。

13.1　项目监控信息系统的结构

项目监测系统包括确定收集哪些数据；如何、何时以及由谁来收集数据；进行数据分析和报告当前的进展。

13.1.1　收集哪些数据

收集哪些数据由用于项目控制的度量标准来决定。收集的典型关键数据是实际活动持续时间、资源使用状况和利用率以及实际成本，这些数据将与计划的时间、资源和预算进行比较。由于监控系统的主要部分集中在成本/进度方面，因此向项目经理和利益相关者提供数据来回答以下问题是至关重要的：

- 项目目前在进度和成本方面处于什么状态？
- 完成这个项目需要多少钱？
- 项目何时完成？
- 现在是否有潜在的问题需要解决？
- 成本超支或进度延误的原因是什么？谁造成的？这些原因在哪里？
- 如果项目中途出现成本超支，我们能否预测在完成时也超支？

你需要收集的绩效指标应该能够回答这些问题。收集数据的具体指标和工具的示例将在本章的后面详细讨论。

13.1.2　收集数据和分析数据

在确定收集什么数据之后，下一步是确定谁、何时及如何收集数据。数据是否由项目团队、承包商、独立的成本工程师、项目经理来收集？或者数据是从替代数据（如现金流、机器工作时间、人工时间或材料用量）的某种形式中以电子方式派生出来的吗？报告周期应该是一个小时、一天、一周还是什么？收集的数据是否有一个中央存储库，是否有人负责其发布？

电子数据收集手段极大地改进了数据收集、分析和传播。许多软件供应商都有程序和工具来分析定制的收集数据，并将其以一种便于监控项目、识别问题来源和更新计划的形式呈现出来。

13.1.3　报告和报告编写

首先，谁会得到进度报告？我们已经提出，不同的利益相关者和管理层级需要不同种类的项目信息。高级管理人员的主要兴趣通常是“我们能按时完成项目并且在预算之内吗？如果不能，正在采取什么纠正措施？”。同样，从事项目的 IT 经理主要关注可交付的和特定的工作包。报告应针对正确的受众设计。

项目进展报告通常以书面或口头形式设计和传达。进展报告的常见主题格式如下：

- 自从上次报告以来的新进展。
- 项目目前状况：

（1）进度计划。

（2）成本。

（3）范围。

- 累积趋势。
- 自从上次报告以来的新问题：

（1）早期问题的行动和解决方法。

（2）确认新的差异和问题。

- 计划的纠正措施。

考虑到企业信息系统的结构及其输出的性质，你可以使用该系统来连接和促进项目控制过程。如果控制是有效的，这些连接需要是相关的和无缝的。

13.2　项目控制过程

13-1：确定控制项目的四个步骤。

控制是一个过程，它将实际绩效与计划进行比较，达到识别偏差、评估可能的替代方法，并采取适当的纠正措施的目的。测量和评价项目绩效的项目控制步骤如下：

（1）建立基准计划。

（2）衡量进展和绩效。

（3）比较实际值与计划值。

（4）采取措施应对偏差。

每个控制步骤将在下面每小段进行展开描述。

13.2.1　建立基准计划

基准计划提供了度量绩效的要素。基准来自工作分解结构数据库中的成本和持续时间信息，以及来自网络图和资源计划决策的时间序列数据。以 WBS 为依据，生成按时段划分的用于所有工作、资源和预算的项目资源进度计划表，再形成基准计划。具体参见第 8 章。

13.2.2　衡量进展和绩效

时间和预算是容易适应集成信息系统的绩效的定量测量。定性测量，如满足客户的技术规格和产品功能，通常是通过现场检查或实际使用来确定的。本章仅限于时间和预算的定量测量。衡量时间绩效是相对容易和明显的，也就是说，关键路径在进度计划表上是早是晚、非关键路径的时差是否减少，从而导致新的关键活动出现？这些都容易发现。根据预算（例如，金钱、到场的货物单位量、工时）来衡量绩效更加困难，它不适应简单地将实际值与预算值相比较的情况。挣值可以根据时间阶段预算提供实际的绩效评估。挣值是所执行工作的预算成本。

13.2.3　比较实际值与计划值

因为计划很少按预期实现，因此必须测量计划的偏差，以确定是否有必要采取行动。定期监测和测量项目的状态，以便对实际绩效与预期计划进行比较。重要的是，状态报告的时间要足够频繁，以便及早发现与计划的偏差并及早找到偏差的原因。通常情况下，状态报告应该每 1～4 周报告一次，这样做是有可操作性的，来得及采取积极的纠正措施。

13.2.4　采取措施应对偏差

如果与计划有重大偏差，则需要采取纠正措施，使项目与原计划或修订后的计划保持一致。例如，如果项目落后于进度计划，可以通过加班使其回归正轨。在某些情况下，条件或范围可能会发生变化，这反过来要求更改基准计划以应对新信息。

本章的其余部分将描述和说明项目的监控系统和监控工具，以及用于支持管理和控制项目的主要内容。你在资源计划和安排等章节中开发的一些工具现在可以作为监控绩效的信息系统的输入。首先我们讨论进度绩效的监控，然后讨论成本绩效的监控。

13.3　监督进度绩效

进展报告的主要目标是尽早发现计划中的负偏差，以确定是否有必要采取纠正措施。幸运的是，监视进度绩效相对容易。从 WBS/OBS 中导出的项目网络进度计划可作为与实际绩效比较的基准。甘特图（条形图）、控制图和里程碑计划是用于沟通项目进展状态的典型工具。正如第 6 章所述，甘特图是最受欢迎、最常用、最容易理解的图。这种图通常也被称为跟踪甘特图。在甘特图中添加实际和修改后的时间估算，可以快速概述报告日的项目状态。

13.3.1　跟踪甘特图

图 13.1 给出了第 6 时段结束时项目的基准甘特图和跟踪甘特图。原始进度条形下方的实

线条形表示已完成活动或已完成活动的任何部分的实际开始和完成时间（参见活动 A、B、C、D 和 E）。例如，活动 C 的实际开始时间是第二时段，实际完成时间为第 5 时段，实际的持续时间是三个时段单位，而不是四个计划的时段。过程中的活动显示实际开始时间，延展条形表示预期的剩余持续时间（参见活动 D 和 E）。活动 D 和 E 的剩余持续时间用阴影条形显示。活动 F，尚未开始，显示修订后的预计实际开始时间（第 9 时段）和完成时间（第 13 时段）。

13-2：使用跟踪甘特图来监督进度绩效。

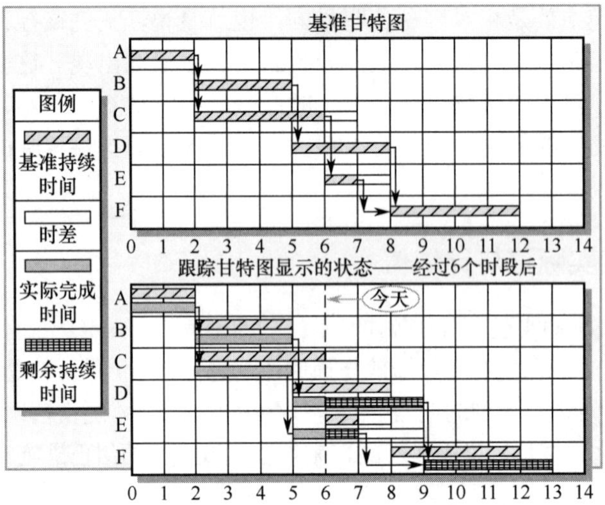

图 13.1　基准甘特图与跟踪甘特图

注意活动的持续时间是如何不同于原始计划的，如在活动 C、D 和 E 中。活动是完成的并且实际状态是已知的，或者新的信息建议修改预计的时间并反映在状态报告中。活动 D 的修订持续时间导致活动 F 的开始预计后延。现在估算项目比原计划晚完工一个时段。虽然甘特图有时并不显示依赖关系，但当它与网络图一起使用时，如果需要跟踪，依赖关系很容易识别。

13.3.2　控制图

控制图是另一种工具，用于监控过去的项目进度绩效和当前的绩效，并估算未来的进度趋势。图 13.2 描述了一个项目进度控制图。该图可在图上标记出项目中给定点的关键路径上的计划时间和实际时间之间的偏差。尽管图 13.2 显示项目进度在早期是落后于计划的，但从图中可以看出纠正措施已使项目回到了正轨。如果这种趋势持续下去，项目将提前完工。因为活动计划时间代表平均持续时间，在一个方向上的四个观察表明，很有可能有一个可以确定的原因，应查明原因并采取必要的

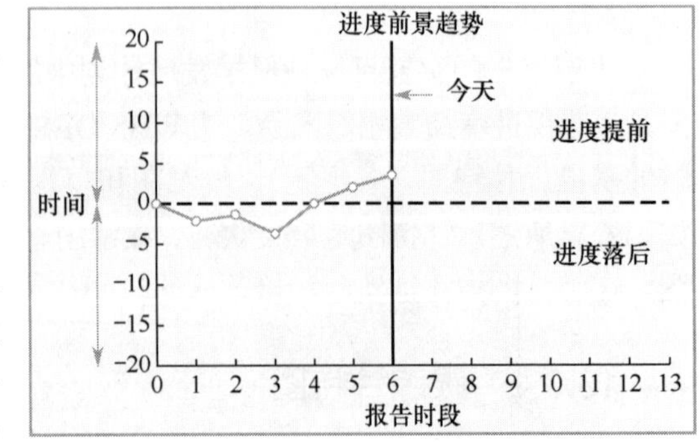

图 13.2　项目进度控制图

措施。控制图趋势对于潜在问题的警示非常有用，以便在必要时可以采取适当的行动。

13.3.3　里程碑计划

里程碑计划通常用于让更远端的利益相关者了解项目的进展。这些利益相关者，无论是高级管理层、业主还是监管机构，通常既不需要也不希望对项目进展进行详细的核实。相反，他们的兴趣可以通过报告主要项目里程碑的进展来满足。记住第 4 章中的里程碑是标志主要成就的重要项目事件。下面是一个里程碑式的计划表，用来让大学校长和他的领导班子了解一个新的商学院大楼的建设情况。

完成日期

- 方案设计：2012 年 1 月 15 日
- 详细设计：2012 年 8 月 31 日
- 建设文件：2013 年 1 月 15 日
- 古迹评审：2012 年 10 月 31 日
- 1%的艺术评选：2013 年 5 月 31 日
- 投标和开工许可：2013 年 3 月 31 日
- 家具选择：2013 年 11 月 30 日
- 建设竣工：2014 年 8 月 31 日
- 工程移交：2014 年 8 月 31 日
- 启用时间：2014 年 9 月 7 日

项目经理认识到需要使用更宏观的重要可交付成果进度计划，以使外部利益相关者知情，并使用更详细的里程碑驱动进度计划来管理和激励项目团队实现这些可交付成果。有关后者的更多信息，请参阅生活快照 13.1。

生活快照 13.1：设立里程碑的指导方针

在中世纪，人们用成堆的石头来标记沿着小路或道路行驶的距离。旅行者利用这些石头来衡量他们的进度并调整他们的计划。在现代，里程碑（借用了中世纪那种计算里程的石头。——译者注）也是沿着项目时间表的不同事件，用于衡量进度和调整计划。里程碑是项目进度计划中构建的标志石头，通常会创造积极的动力，推动项目顺利完成。为了有效，里程碑需要是具体的、特定的、可衡量的事件。

以下是与资深项目经理的对话中收集到的设定里程碑的一些指导方针：

里程碑不可设置太多。 不要因为里程碑是一种激励工具，就将每一项任务都标记为里程碑。只有重要的可交付成果或成就才能用作里程碑。

里程碑的时间安排很重要。 相隔太远的里程碑不会产生动力。相反，里程碑设置在一起，很快就失去了它们的独特性。根据经验法则，对于持续数月的项目来说，里程碑间隔时间不超过两周。

照片来源：©Erik Larson

关键的汇集和发散活动通常是有用的里程碑。因为它们表明已经完成或即将完成重要的工作。重要的是要记住里程碑是事件，而不是任务，汇集活动的开始（例如，专利申请提交）或发散活动的完成（例如，建筑许可批准）都可作为里程碑。

完成率可用于涉及重复而不是连续推进的项目。例如，在一个培训项目中，里程碑可以设置为经过充分培训和认证的员工的百分比，例如 25%、50%、75%和 100%。

完成一项高焦虑、高风险的任务总是值得考虑的里程碑。

明智地使用里程碑有助于激励和保持项目团队的专注。

13.4 挣值管理

13.4.1 为什么需要挣值管理

13-3：理解和领会挣值管理的重要性。

挣值管理是一种结合范围、进度和资源的度量来评估项目绩效和进展的方法。为了理解 EVM 的价值，假设你是一家大型油漆公司的项目经理，该公司与当地开发商签订了粉刷 10 套相同公寓的合同。据估计，你的团队将花费 2 周的时间来油漆完一套公寓，成本为 1 万美元。你期望在 20 周内完成这个项目，总成本为 10 万美元。

10 周后，管理层要求提交状态报告。你报告说你花了 5 万美元。管理层可能会得出如下结论：很好，你花了你应该花的钱，一切都在按计划进行。这可能是正确的，但也可能不是。也有可能在 10 周后，由于异常温暖的天气，你只花 5 万美元就可粉刷 6 套公寓。相反，由于天气恶劣，你可能花 5 万美元只能粉刷 4 套公寓。真实情况是什么呢？

从这个例子很容易理解为什么只使用实际成本和计划成本会在评估项目绩效时误导管理层和客户。仅有预算与实际成本的偏差是不够的。它并没有衡量花了多少钱完成了多少工作。

现在来看看挣值。挣值是到目前为止你实际完成工作的预算成本。让我们回到前面的示例，并把 EV 包含到下面的分析中来。

管理层感谢你提供的成本信息，但想知道已经完成了多少工作。你通过现场调查，向管理层报告说有 4 套半公寓已经刷过漆了。根据预算，4 套半公寓挣到的钱应该是 45 000 美元。你可以从已经完成的工作中获得这个价值。

前 10 周的挣值是 45 000 美元。

前 10 周的实际费用是 50 000 美元。

前 10 周的计划预算费用为 50 000 美元。

我们现在可以很有信心地推断，这个项目：①落后于计划：我们比计划少完成了 5 000 美元（半套公寓的）。②超支：我们花了 50 000 美元完成了价值 45 000 美元的工作。

现在让我们假设你的现场调查，发现不是 4 套半公寓的已经油漆，而是 6 套公寓已经油漆，你将获得完成工作的价值 60 000（6×10 000）美元。现在你可以报告这个项目：①计划提前：我们比原计划多完成了价值 1 万美元（一套公寓）的工作。②预算过高：我们只花了 5 万美元就粉刷了 6 套公寓，而不是估计的 6 万美元。

挣值并不是新事物。最初的挣值成本/进度系统是由美国国防部在 20 世纪 60 年代首创的。成本超支和公众抗议促使其寻找一个更有效的系统来跟踪大型合同采购项目的进度和成本。私营部门很快就认识到 EVM 的价值。可以肯定地说，每个主要国家的项目经理都在使用某种形式的 EVM。它不限于建筑项目或合同采购项目。EVM 正在制造业、制药行业和高科技行业的内部项目中使用。例如，EDS、NCR、Levi Strauss、Tektronics 和 Disney 等组织已经使用挣值系统来跟踪项目。最近，其中本书的一位作者利用他在 EVM 方面的专业知识，帮助俄勒冈州立大学海洋学院（College of Oceanography，CoO）获得了美国国家科学基金会（National Science Foundation，NSF）数百万美元的拨款，用于设计和建造下一代近海研究船。这是 CoO 第一次遇到需要 EVM 系统的 NSF 拨款申请。

挣值系统从提供项目预算基准的时间阶段成本开始，这被称为工作进度的计划预算值。有了这个时间阶段的基准，就可以使用挣值的概念，把实际的进度和成本与计划的进度和成本进行比较。挣值系统使用来自工作分解结构、项目网络图和进度计划的数据。这种成本/进度的整合系统提供了进度和成本的偏差信息，可用于预测项目展开过程中的剩余成本。挣值方法提供了传统成本预算系统中所缺少的环节。在任何时间点，都可以为项目编制状态报告。接下来我们讨论的是成本/进度集成系统的开发。

EVM 使用几个首字母缩写和方程式进行分析。表 13.1 列出了这些缩略语的词汇表。你需要该词汇表作为参考。近年来，首字母缩略词已被缩短，以便于发音更和谐。这一运动反映在项目管理协会的材料和项目管理软件中，并被大多数实践者所接受。本书也遵循了最近的趋势。括号中的首字母缩略词代表了较老的首字母缩略词，这些缩略词经常在软件程序中出现。对于外行来说，这些术语在实践中显得可怕而吓人。然而，一旦了解了一些基本术语，恐吓指数就会消失。

表 13.1　挣值词汇表

EV	为任务挣得的价值是完成工作的预算价值。完成的工作通常以百分比（例如，25%完成）来衡量，在这种情况下，EV 只是完成百分比乘以其原始预算。[这个参数的旧缩写是 BCWP（Budgeted Cost of the Work Performed），意为已完成工作的预算成本]
PV	计划的工作价值的时段基准。在时间阶段累积基准中核定的资源计划的成本估算 [这个参数的旧缩写是 BCWS（Budgeted Cost of the Work Scheduled），意为计划工作的预算成本]
AC	完成工作的实际成本。完成工作所发生的成本总和 [这个参数的旧缩写是 ACWP（Actual Cost of the Work Performed），意为完成工作的实际成本]
CV	成本偏差是迄今为止已完成工作的挣值和实际成本之间的差值，其中 CV = EV−AC
SV	进度偏差是迄今为止已完成工作的挣值和计划值之间的差值，其中 SV = EV−PV
BAC	完工预算成本。基准或项目成本账户的总预算成本
EAC	完工估算成本
ETC	完成剩余工作的估算成本
VAC	完工成本偏差。显示完工时的实际成本超出或低于预期成本

谨慎地遵循五个步骤，以确保成本/进度系统是集成的。下面简单介绍一下这五个步骤。步骤 1、2 和 3 在规划阶段完成。步骤 4 和步骤 5 在项目执行阶段依次完成。

步骤 1：使用 WBS 定义工作。这个步骤包括编制包含以下信息的文件（见第 4 章和第 5 章）：

a．范围。

b．工作包。

c．可交付成果。

d．组织单位。

e．资源。

f．每个工作包的预算。

步骤 2：制订工作进度计划和资源计划。

a．为活动配置资源（见第 8 章）。

b．将时间阶段的工作包加载到网络图中。

步骤 3：使用包含在活动中的工作包编制时段预算。这些预算的累积值将成为基准，并将被称为计划工作的预算成本。该数额应与成本账户中所有工作包的预算数额相等（见第 8 章）。

步骤 4：在工作包层级，收集所执行工作的实际成本。这些成本被称为完成工作的实际成本。收集完成百分比，并将它乘以实际完成工作价值的原始预算金额。这些值称为挣值。

步骤 5：计算进度偏差和成本偏差。为从工作包经理到客户或项目经理的各级管理人员准备分级状态报告。报告还应包括按组织单位和可交付成果划分的项目汇总。此外，实际的进度绩效应该与项目网络计划相对照。

图 13.3 给出了集成信息系统示意图，其中包括前面章节中介绍的技术和系统。第 1 步和第 2 步已经被精心开发。观察控制数据可以追溯到特定的可交付成果和组织单位的职责。

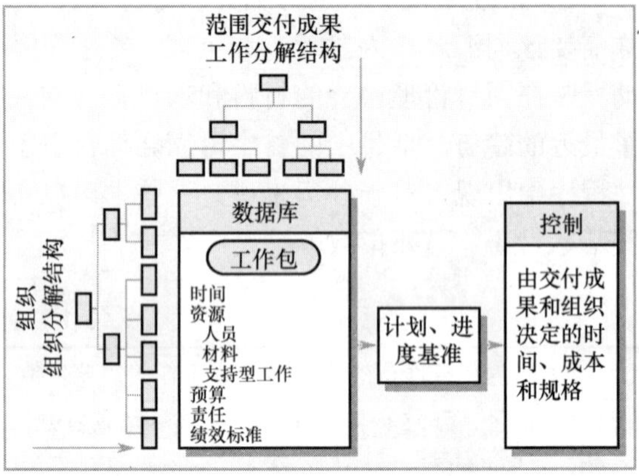

图 13.3　集成信息系统示意图

创建基准的主要原因是监控和报告项目进展以及估算现金流。因此，将基准与绩效测量系统集成是至关重要的。成本精确地（按时段）加载在基准中，正好是经理们希望他们“挣得”的。这种方法有助于跟踪成本的源头。在实践中，就像那些使用挣值来衡量进度的规则一样，集成也是通过使用将成本分配给基准的相同规则来完成的。你可能在实践中会发现一些规则，但是完成百分比是最常用的规则。请熟悉每项任务的人估算完成任务的百分比或任务还剩下多少。

13.4.2　完成百分比规则

这条规则是挣值系统的核心。根据这一规则将费用分配到基准的最佳方法是在工作包持续时间上设立经常的检查点，并以货币术语来分配完成百分比。例如，已经完成的单位可以用来分配基准成本，然后用来衡量进度。单位可以是代码行数、小时数、完成的图纸量、到位的混凝土立方量、工作天数、完成的原型量等。这种完成百分比方法为常用的主观观察方法增加了“客观性”。当在项目的监控阶段度量完成的百分比时，通常会在挣值总量达到 80%或 90%时进行，直到工作包 100%完成。

13.4.3 基准中包含哪些成本？

基准是成本账户的总和，每个成本账户是成本账户中工作包的总和。三种直接成本（人工、设备和材料）通常包括在基准中，因为这些是项目经理能够控制的直接成本。一般来说，管理费用和利润是在会计处理之后加上的。大多数工作包应该是分散的，时间跨度短，并具有可衡量的产出。如果材料和设备是工作包成本的重要部分，它们可以在单独的工作包和成本账户中编制预算。

13.4.4 偏差分析方法

13-4：计算和解释成本偏差和进度偏差。

通常，测量成果的方法集中在两个关键的计算上：

（1）比较挣值与预期进度计划值。

（2）比较挣值与实际成本。

这些比较可以在项目层级或成本账户层级进行。项目状态由最近时期的信息、所有时段的日期和到项目结束时的估算构成。

使用挣值成本/进度系统评估项目的当前状态需要三个数据参数：计划工作的计划进度成本、完成工作的预算成本和完成工作的实际成本。根据这些参数，可以计算每个报告期的进度偏差和成本偏差。正偏差表示满足了期望的条件，而负偏差表示已经发生了问题或变化。

成本偏差告诉我们，在项目生命周期的任何一点上，已完成工作的成本比计划的多还是少。如果人工和材料没有被分离，就要仔细地审查成本偏差，以单独考虑是人工原因还是材料原因，或是两者共同的原因。进度偏差显示了到目前为止项目中所有工作包的总体评估。重要的是要注意进度偏差不包含关键路径信息。在计算中，关键活动和非关键活动是合并在一起的。

进度偏差是以费用单位而不是时间单位来衡量进度的。因此，不太可能将费用单位转换为时间，从而产生准确的信息，说明任何里程碑或关键路径是提前、准时还是延误（即使项目完全按照计划进行）。确定项目真实时间进度的唯一准确方法是将项目网络计划与实际网络计划进行比较，以衡量项目是否按时完成（见图 13.1）。然而，在项目完成了 20%或更多的工作之后，进度偏差在评估项目中所有工作的趋势时非常有用。

图 13.4 给出了一个成本/进度图的样本，其中包含了在当前状态报告日期确定的项目的偏差。注意，该图还关注了有待完成的工作以及任何有利或不利的趋势。“今天”标签标记了报告日期（第 25 时段），表明项目已经进行到哪里以及将要进行到哪里。因为系统是分层的，所以能够为不同的管理层级开发相同形式的图。在图 13.4 中，最上面那条线表示到目前为止项目工作的实际成本。中间那条线是基准，并在计划的项目工期（第 45 时段）结束。底下的线是到目前为止实际完成工作的预算价值，或者叫作挣值。将实际费用从报

告日期延长到新的估计完成日期的虚线表示对预期实际费用的修正估算；也就是说，增加的信息表明，项目完成时的成本将与计划的不同。注意项目工期已经延长，完工偏差是负的。

图的另一种解释是使用百分比。在第 25 时段结束时，计划完成 75%的工作。在第 25 时段结束时，完成的工作的价值是 50%。到目前为止，完成这项工作的实际成本是 340 美元，或项目总预算的 85%。这个图显示，该项目将有大约 18%的成本超支，并将后延 5 个时间单位。项目的当前状态显示成本偏差超出预算 140（200−340）美元。进度偏差为负 100（200−300）美元，这表明项目落后于进度计划。在转到示例之前，请参考图 13.5 来练习解释成本/进度图的结果。记住，基准是你的锚定点。

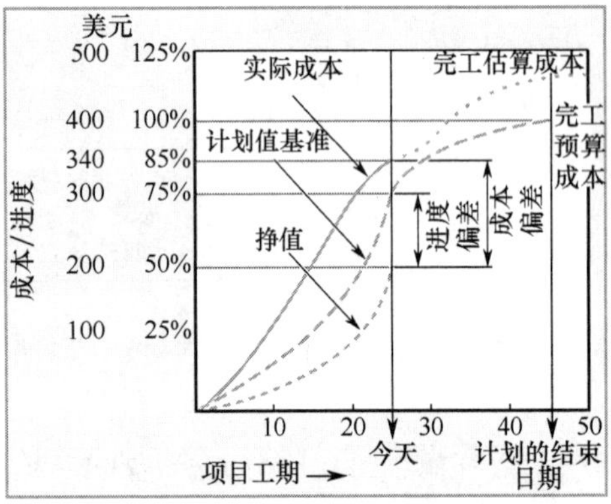

图 13.4　成本/进度图

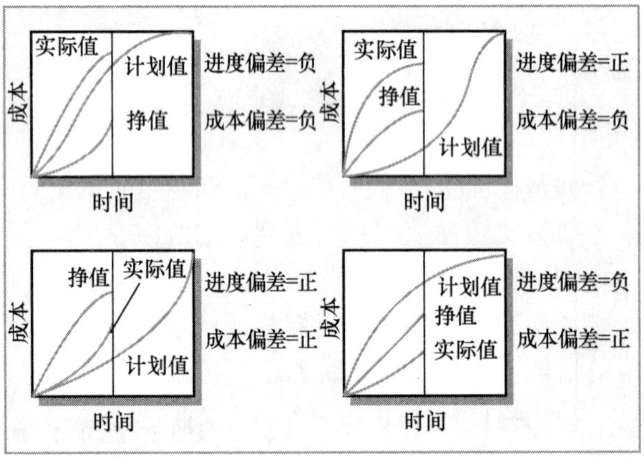

图 13.5　挣值评审练习图

13.5 设计状态报告：一个假设的示例

通过一个示例演示基准如何成为用挣值技术监视项目的锚。

13.5.1　假设

由于添加了项目细节，该过程按几何级数地变得复杂了，因此在示例中做了一些简化假设，以便更容易地演示该过程：①假设每个成本账户只有一个工作包，每个成本账户将表示为网络图上的一项活动。②项目网络图的最早开始时间将作为分配基准值的基础。③从某项活动任务开始工作的那一刻起，直到该活动完成，每个期间都会产生一些实际成本。

13.5.2　基准制定

图 13.6（带有成本账户的工作分解结构）描述了一个以开发新型数码相机为目标的项目工作分解结构简例。有 6 个可交付成果（设计规格、外壳和电源、内存/软件、变焦系统、组装和测试）和 5 个负责部门（设计部、外壳部、存储部、变焦系统部和组装部）。所有成本账户的总额为 32 万美元，这代表了项目的总成本。图 13.7 源自 WBS，展示了数码相机

原型机项目基准甘特图。项目计划工期为 11 个时间单位。该项目信息用于确定项目预算基准的时间阶段。图 13.8（项目基准预算）给出了一个带有利用分配的成本开发的最早开始基准的各工作的预算清单表。预算被“准确地”分配给每一个活动，作为经理们计划去监控和衡量进度与成本绩效的基准。

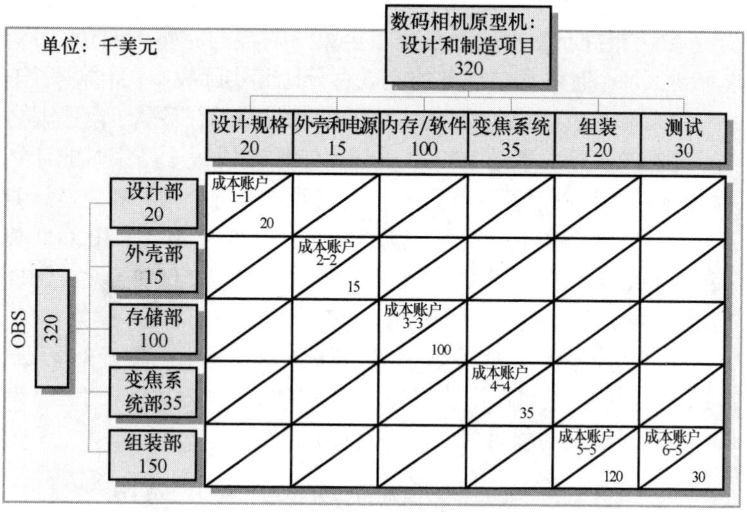

图 13.6　带有成本账户的工作分解结构

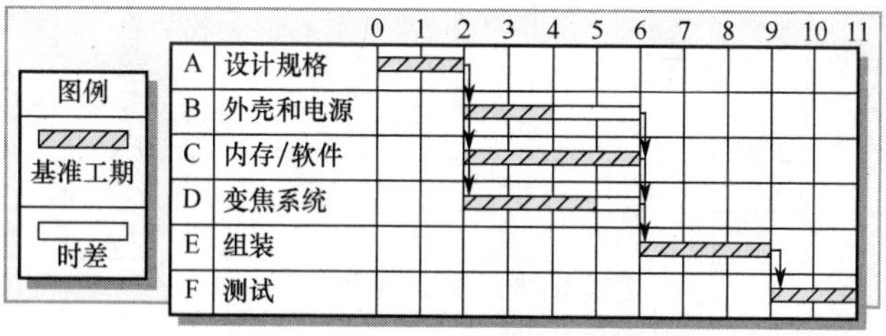

图 13.7　数码相机原型机项目基准甘特图

进度计划信息						基准预算信息										
活动/工作包	活动持续时间	最早开始	最晚完成	时差	总PV	时段 0–1	1–2	2–3	3–4	4–5	5–6	6–7	7–8	8–9	9–10	10–11
A	2	0	2	0	20	10	10									
B	2	2	6	2	15			5	10							
C	4	2	6	0	100			20	30	30	20					
D	3	2	6	1	35			15	10	10						
E	3	6	9	0	120							30	40	50		
F	2	9	11	0	30										10	20
到此时段结束时的总PV						10	10	40	50	40	20	30	40	50	10	20
到此时段结束时的累积PV						10	20	60	110	150	170	200	240	290	300	320

图 13.8　数码相机原型机项目基准预算（单位：千美元）

13.5.3　设计状态报告

状态报告类似于项目在特定时间点的一张快照。状态报告用挣值来衡量进度和成本绩效。测量挣值从工作包层级开始。工作包在报告日期属于以下三种情况之一：

（1）还没有开始。

（2）完成了。

（3）正在进行或部分完成。

在前两个条件中的挣值计算没有困难。尚未开始的工作包挣得 PV（预算）百分比为零。完成的工作包可以挣得 100%的 PV。正在进行的工作包将完成百分比规则应用到 PV 基准，以度量挣值。在我们的相机例子中，我们将只使用完成百分比规则来衡量进度。

表 13.2 列出了数码相机原型机项目在第 1 至第 7 时段的完整、独立的状态报告。从现场工作人员那里收集到了每个时段每项任务的完成百分比和实际成本。计算每个任务和项目到目前为止的进度偏差和成本偏差。例如，时段 1 中的状态只显示任务 A（设计规格书）在处理中，已经完成了 50%，任务的实际成本是 10 000 美元。任务 A 时段 1 结束时的计划值是 10 000 美元（见图 13.8）。成本偏差和进度偏差都是零，这表明项目符合预算和进度计划。到第 3 时段结束时，任务 A 完成了。任务 B（外壳和电源）完成了 33%，AC 是 10 000 美元；任务 C 完成了 20%，AC 是 30 000 美元；任务 D 完成了 60%，AC 是 20 000 美元。同样，图 13.8 在第 3 时段结束时的信息，我们可以看出，任务 A 的 PV 为 20 000 美元，任务 B 的 PV 为 5 000 美元，任务 C 的 PV 为 20 000 美元，任务 D 的 PV 为 15 000 美元。在第 3 时段结束时，实际成本超过了已完成工作的价值。项目在第 3 时段结束时的成本偏差（见表 13.2）为−24 000 美元。进度偏差为+6 000 美元，这表明项目可能在进度计划之前。

表 13.2　数码相机原型机状态报告：第 1～7 时段　　单位：千美元

成本偏差		成本偏差=挣值-实际值				
进度偏差		进度偏差=挣值-计划值				
状态报告：第 1 时段结束时						
任务	完成百分比	挣值	实际值	计划值	成本偏差	SN
A	50%	10	10	10	0	0
累计总数		10	10	10	0	0
状态报告：第 2 时段结束时						
任务	完成百分比	挣值	实际值	计划值	成本偏差	进度偏差
A	已完成	20	30	20	−10	0
累计总数		20	30	20	−10	0
状态报告：第 3 时段结束时						
任务	完成百分比	挣值	实际值	计划值	成本偏差	进度偏差
A	已完成	20	30	20	−10	0
B	33%	5	10	5	−5	0
C	20%	20	30	20	−10	0
D	60%	21	20	15	+1	+6
累计总数		66	90	60	−24	+6
状态报告：第 4 时段结束时						
任务	完成百分比	挣值	实际值	计划值	成本偏差	进度偏差
A	已完成	20	30	20	−10	0
B	已完成	15	20	15	−5	0
C	50%	50	70	50	−20	0
D	80%	28	30	25	−2	+3
累计总数		113	150	110	−37	+3

续表

状态报告：第 5 时段结束时						
任务	完成百分比	挣值	实际值	计划值	成本偏差	进度偏差
A	已完成	20	30	20	-10	0
B	已完成	15	20	15	-5	0
C	60%	60	100	80	-40	-20
D	80%	28	50	35	-22	-7
累计总数		113	200	150	-77	-27
状态报告：第 6 时段结束时						
任务	完成百分比	挣值	实际值	计划值	成本偏差	进度偏差
A	已完成	20	30	20	-10	0
B	已完成	15	20	15	-5	0
C	80%	80	110	100	-30	-20
D	已完成	35	60	35	-25	0
累计总数		150	220	170	-70	-20
状态报告：第 7 时段结束时						
任务	完成百分比	挣值	实际值	计划值	成本偏差	进度偏差
A	已完成	20	30	20	-10	0
B	已完成	15	20	15	-5	0
C	90%	90	120	100	-30	-10
D	已完成	35	60	35	-25	0
E	0%	0	0	30	0	-30
F	0%	0	0	0	0	0
累计总数		160	230	200	-70	-40

值得注意的是，由于挣值是根据成本（有时是劳动力工时或其他指标）计算的，成本与时间的关系不是一对一的。例如，当项目实际上处于关键路径的前头时，可能会出现负进度偏差。当非关键活动的延误超过关键路径上的进展时，就会发生这种情况。因此，重要的是要记住进度偏差是以货币为单位的，并不是时间的精确度量。然而，在项目完成超过 20%之后，它是整个项目状态的一个相当好的指示器，能够指示项目是提前还是落后于进度计划。只有项目网络图，或跟踪甘特图以及实际完成的工作，才能给出直至工作包层级的精确的进度绩效评估。

通过研究第 5～7 时段的独立状态报告，能够看到项目将超出预算并落后于进度计划。到第 7 时段，任务 A、B 和 D 都完成了，但都超出了预算，成本偏差分别为-10 000 美元、-5 000 美元和-25 000 美元。任务 C（内存/软件）已完成 90%。因为任务 C 还没有完成，所以任务 E 已经延误了，还没有开始。结果是，在第 7 时段结束时，数码相机项目超出预算 70 000 美元，用以表示进度的预算超过 40 000 美元。

图 13.9 显示了贯穿第 7 时段的所有状态报告的图示结果。这个图代表了来自表 13.2 的数据，是根据到目前为止的累计实际成本和挣值预算成本与原始项目基准相对照绘制而成的。累积 AC 到目前为止是 230 美元，累积 EV 到目前为止是 160 美元。根据这些累

积值，成本偏差是-70 美元。进度偏差为-40 美元。再次提醒一下，只有项目网络图或跟踪甘特图才能精确地评估工作包层级的进度绩效。

数字相机原型机项目的跟踪甘特图如图 13.10 所示。从图中可以看到，任务 C（内存/软件）最初的持续时间为 4 个时段，现在预计需要 6 个时段。任务 C 的两个时段的延迟也会导致任务 E 和 F 延迟两个时段，并导致项目延迟两个时段。

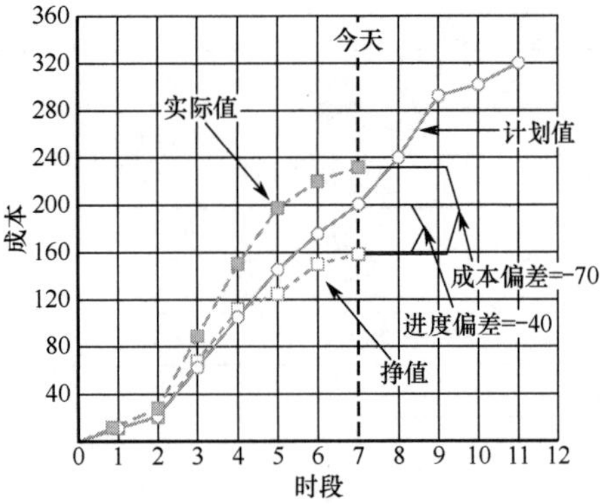

图 13.9　数码相机原型机总览图（单位：美元）

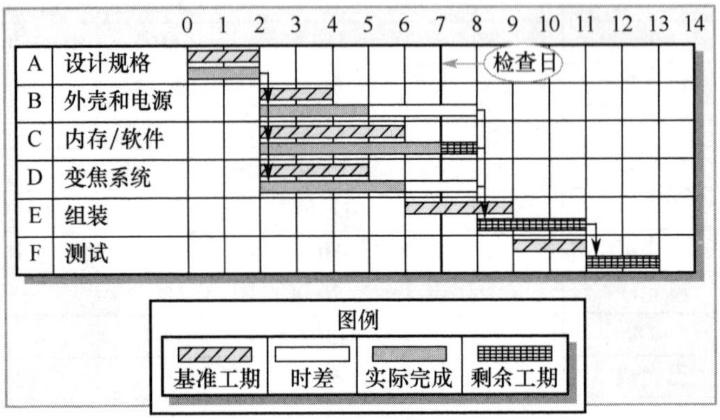

图 13.10　数码相机原型机项目的跟踪甘特图：第 7 个时段结束时

图 13.11 显示了在第 7 时段结束时的一个非常简化的项目汇总。汇总是按可交付成果和组织单位进行的。例如，内存/软件这个可交付成果的 SV 为-10 美元，CV 为-30 美元。负责“存储”任务的部门应对这些偏差做出解释。类似地，装配部门负责装配和测试可交付成果，由于任务 C 的延迟，其 SV 为 0 美元（见图 13.10）。大多数可交付成果在进度和成本偏差上都是不利的。

在更复杂的项目中，可交付成果和组织单位的成本核算交叉表可能具有启示意义和更深刻的意义。这个例子包含了开发状态报告、开发基准以及衡量进度偏差和成本偏差。在我们的示例中，绩效分析只比成本账户层级高一个层级。因为所有数据都来自详细的数据库，所以在工作分解结构和组织分解结构的所有层级上确定进度状态相对容易。幸运的是，相同的当前数据库能够提供项目当前状态的其他观察视角，并在项目完成时预测成本。下面介绍从数据库中获取额外信息的方法。

对于外行来说，有必要发出警告。在实践中，预算可能不会用一项活动的货币总额来表示。为了更有效地控制成本，通常材料的时段预算和人工的时段预算是分开的。另一种常见的方法是在挣值系统中使用工时替代货币。之后，工时再换算成货币。在挣值系统中使用工时是大多数建筑工作的操作方法。工时很容易理解，并且常常是制定许多时间和成本估算的方式。大多数挣值软件很容易适应用工时来制定成本估算。

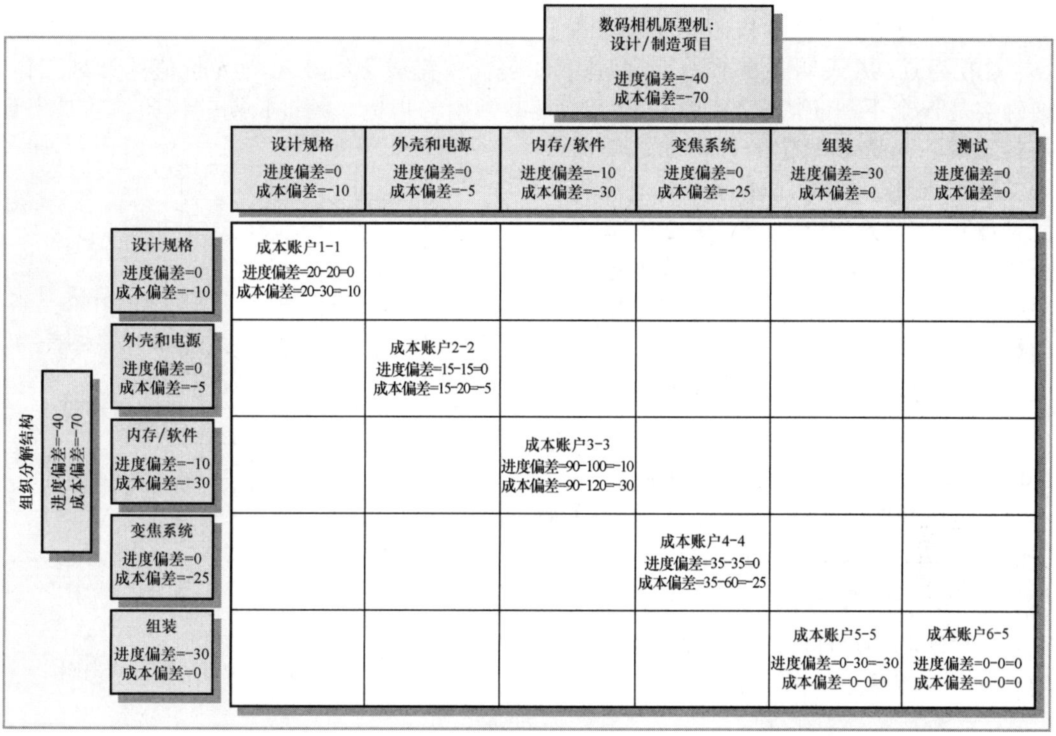

图 13.11　第 7 时段结束时的项目费用汇总（单位：千美元）

13.6 进度监控指标

实践者有时更喜欢使用进度指标和成本指标，而不是 SV 和 CV 的绝对值，因为这些指标能够反映效率比。项目生命周期的图示指标非常有启发性和实用性，可以很容易地确定可交付成果和整个项目的趋势。

> 13-5：计算和解释绩效指标和百分比指标。

指标通常用于成本账户层级或更高层级。在实践中，数据库还用于开发指标，使项目经理和客户可以从多个角度查看项目进程。指数为 1.00（100%）表示项目进度按计划进行。指数高于 1.00 表明进度好于预期。低于 1.00 的指数表明进度不如计划那么好，值得关注。表 13.3 给出了这些指标的解释。

表 13.3　指标的解释

指　　标	成本绩效指标	进度绩效指标
>1.00	成本节省	进度提前
=1.00	成本正好	进度正好
<1.00	成本超支	进度延误

13.6.1　绩效指标

绩效效率有两个指标。第一个指标衡量迄今完成工作的成本效率（数据来自表 13.2）：

成本绩效指标（Cost Performance Index，CPI）= EV/AC = 160/230 = 0.696，或 0.70

CPI 为 0.696 表明到目前为止，每花费 1 美元就完成了约 0.70 美元价值的计划工作，这确实是一个不利的情况。CPI 是最受欢迎并常用的指标。经过长期的检验，它被发现是最准确、可靠和稳定的。例如，美国政府的研究表明，无论何种合同类型项目、何种编程或服务项目，CPI 从 20%完成点开始是稳定的。CPI 可以提供成本超支的预警信号，以便对项目的预算或范围进行调整。

第二个指标是迄今为止进度效率的度量：

进度绩效指标（Scheduling Performance Index，SPI）=EV/PV=160/200= 0.80

进度绩效指标显示，到目前为止，每 1 美元的计划工作，实际已经完成的只有 0.80 美元的价值。图 13.12 显示了我们的示例项目到第 7 时段所绘制的指标。这个图是实际中使用的另一个示例图。

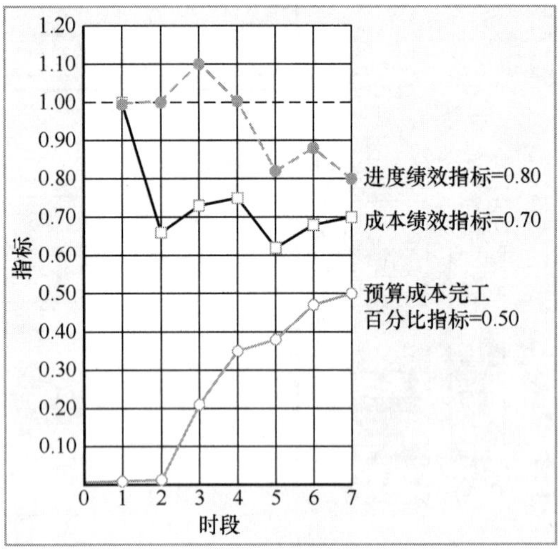

图 13.12　第 1～7 时段的指标状态图

13.6.2　项目完成百分比指标

使用两个项目完成百分比指标中的哪一个，取决于你的判断，看看哪个指标最能代表你的项目。第一个指标假设工作完成的原始预算是衡量项目完成百分比最可靠的信息。第二个指标假设到目前为止的实际成本和完工时的预期成本是衡量项目完成百分比最可靠的信息。这些指标都把到目前为止的项目进程与到项目结束时的预算进行比较。使用这些指标的潜在含义是条件不会改变，不会采取任何改进或行动，而且数据库中的信息是准确的。

第一个指标着眼于预算成本的完成百分比：

预算成本完成百分比指标（Percent Complete Index Budgeted costs，PCIB）=EV/BAC =160/320 =0.50（50%）

该 PCIB 表明完成的工作占到目前为止总预算的 50%。注意，这个计算不包括实际发生的成本。因为实际花费的资金并不能保证项目的进展，所以当项目经理对最初的预算有很高的信心时，这个指标就会受到很多项目经理的青睐。

第二个指标根据到目前为止完成工作所需的实际资金和完成项目的实际预期资金来查看完成百分比。例如，在第 7 时段结束时，工作人员重新估计 EAC 将为 575，而不是 320。这种观点的应用可写为：

实际成本完成百分比指标（Percent Complete Index Actual costs，PCIC）=AC/EAC =230/575=0.40（40%）

一些经理喜欢这个指标，因为它包含了实际和修正后的估算，包括更新、更完整的信息。

这两种完成百分比的视角代表了“真实”完成百分比的不同观点。这些百分比可能有很大的不同。（注：图 13.12 中没有绘制 PCIC 指标线。EAC 的新数据将由项目现场估算师每一时段提交一次。）

建筑行业普遍采用“第三个百分比指标”，反映因费用超支而消耗的管理储备金。请记住，管理储备金是为应付不可预见的事件而预留的资金（见第 7 章）。让我们假定数码相机项目的管理储备金为 40 美元：

管理储备金指标（Management Reserve Index，MRI）=CV/MR=140/40=3.50（350%！）

该项目已经花费了管理储备金总额的 3.5 倍。很明显，这个项目遇到了麻烦，需要调整范围或预算。许多经理根据管理储备金而不是简单的成本偏差来评估成本超支，因为它反映了人们能在这个项目上花多少钱。

13.6.3　监控项目成本/进度系统的软件

软件开发人员已经为项目创建了复杂的进度/成本系统，用于跟踪和报告预算值、实际值、挣值、承诺值和指标值。这些数值可以是多少工时、多少材料和/或多少货币单位。这些信息反映了成本和进度的实际情况，也反映了绩效测量和现金流管理的情况。

回顾第 5 章，预算值、实际值和承诺值通常在不同的时间框架中运行（见图 5.6）。典型的电脑生成状态报告包括下列信息输出成果：

（1）按成本账户、WBS 和 OBS 计算的进度偏差。

（2）按成本账户、WBS 和 OBS 计算的成本偏差。

（3）指标：总的完成百分比指标和绩效指标。

（4）迄今累计实际总成本。

（5）预期的完工成本。

（6）已付和未付的承诺费用。

各种各样的软件包，因为它们的特点和不断更新的原因，显得过于宽泛，我们无法在此说谁好谁差。软件开发人员和供应商在提供软件以满足大多数项目经理的信息需求方面做得非常好。在过去十年中，软件之间的差异集中在提高“友好性”和输出清晰易懂上。附录 13B 详细说明了如何从 Microsoft Project 软件中获取挣值信息。

13.6.4　附加的挣值规则

尽管完成百分比规则是分配基准预算和成本控制的最常用方法，但还有一些附加规则对于减少收集单个工作包完成百分比的详细数据的间接成本非常有用。（当然，这些规则的另一个好处是，它们消除了承包商或估算师对实际完成工作量的主观判断。）下述前两个规则通常用于短期活动和/或小成本活动。第三条规则是作为活动的总预算价值被索取之前的监控门使用的。

- **0/100 规则**。该规则假设一旦完成工作，就可以挣得完成工作的全部金额。因此，当工作包全部完成时，就挣得了 100%的预算。此规则用于持续时间很短的工作包。

- **50/50 规则**。这种方法允许工作包预算的 50%在工作包开始时获得，另外的 50%在工作包完成时获得。这个规则适用于持续时间短、总成本小的工作包。
- **带有加权监控门的完成百分比**。这个更新的规则使用了主观估算的完成百分比，并结合了实在的、有形的监视点。这种方法适用于长时间的活动，这些活动可以被分解成不超过一个或两个报告时段的短而独立的工作包。这些独立的工作包限制了主观的估算值。例如，假设一项长工期活动的总预算为 500 美元。该活动被分成三个顺序关联的独立工作包，监控门分别代表总预算的 30%、50%和 100%。监控门的挣值总量不能超过 150 美元、250 美元和 500 美元。这些实在的监测点可作为过于乐观估算的检查点。

注意，前两个规则所需要的唯一信息是工作包已经启动和工作包已经完成。附录 13A 提供了应用这些规则连同完成百分比规则一起的两个练习。

第三条规则经常用于授权向承包商支付进度款项。该规则支持仔细跟踪和控制付款，它不鼓励为尚未完成的工作向承包商付款。

13.7 预测最终的项目成本

13-6：预测最终的项目成本。

基本上有两种方法用于修正未来项目成本的估算。在许多情况下，这两种方法都用于项目的特定部分。其结果是在文献中、软件中以及该领域的从业者中出现了术语混淆。我们已经注意到了这些方法之间的差异。

第一种方法允许该领域的专家调整原来的基准持续时间和成本，因为新的信息告诉他们原来的估算不准确。我们使用修正后的完工估算成本（Revised Estimated Cost at Completion，EAC_{re}）来表示与项目相关的专家和项目实际工作人员所做的修订。项目专家的修改几乎总是用于较小的项目。

计算 EAC_{re} 的公式如下：

$$EAC_{re} = AC + ETC_{re}$$

在这里，EAC_{re} 为修正后的完工估算成本；AC 为迄今已完工作的累积实际成本；ETC_{re} 为修正后的剩余工作的完工估算成本。

第二种方法用于原始预算可靠的大型项目。该方法使用到目前为止的实际成本加上用于剩余项目工作的费用绩效指标。当完工估算用 CPI 作为完工成本预测的基础时，该预测模型（EAC_f）的方程如下：

$$EAC_f = ETC + AC$$

$$ETC = \frac{\text{剩余工作预算}}{CPI} = \frac{BAC - EV}{EV / AC}$$

这里，EAC_f 为预测的完工总成本；ETC 为完成剩余工作的估算成本；AC 为到此时的累积实际成本；CPI 为到此时的累积成本指标；BAC 为总的基准预算；EV 为到此时的累积挣值。

以下信息可以从前面的示例中获得。完工时的估算成本 EAC_f 计算如下：

项目总的基准预算	320 000 美元
到此时的累积挣值	160 000 美元
到此时的累积实际成本	230 000 美元

EAC_f =（320 000–160 000）/（160 000/230 000）+230 000

=160 000 /0.7+230 000=229 000+230 000

=459 000（美元）

预计的最终项目成本预测为 45.9 万美元，而最初计划为 32 万美元。另一个流行的指标是完工绩效指标（To Complete Performance Index，TCPI），它作为完成 EAC_f 计算的估算补充是有用的。这一比率衡量的是预算中剩余的每一美元必须在预算范围内赚取的价值。数码相机项目到第 7 时段结束时的指标就可以计算为：

TCPI=（BAC–EV）/（BAC– AC）=（320 000–160 000）/（320 000–230 000）=160 000/90 000 =1.78

指数为 1.78 表示预算中的每一美元必须赚取 1.78 美元的价值，才能使项目保持在预算之内。要做的工作比剩下的预算还要多。很明显，要把生产率提高到如此高的水平，预算也很难做。要做的工作将不得不减少，否则将不得不接受超出预算。如果 TCPI 小于 1.00，你应该能够在不使用全部剩余预算的情况下完成项目。低于 1.00 的比率为其他机会创造了可能性，如提高质量、增加利润或扩大范围。

研究数据表明，在完成率超过 15%的大型项目中，该模型表现良好，误差小于 10%（Christensen，1998；Fleming & Koppleman,，2010）。该模型也可用于 WBS 和 OBS 成本账户，这些成本账户可用来预测剩余成本和总成本。值得注意的是，该模型假设条件是变化的，成本数据库是可靠的，EV 和 AC 是累积的，过去的项目进展代表未来的进展。这个客观预测代表了一个良好的起点或基准，管理人员可以使用它来比较包括不同条件和主观判断的其他预测。

表 13.4 提供一个类似于项目组织使用的删节过的月度状态报告。该表用于项目组合中的所有项目。

表 13.4　月度状态报告　　单位：美元

项目名称：红色的章鱼（编号 72）			项目经理：Xavier Hart		
项目现有优先级：4					
报告日期：4 月 1 日					
挣值数据：					
PV	EV	AC	SV	CV	BAC
588 240	566 064	596 800	−22 176	−30 736	1 051 200
EAC	VAC	EAC_f	CPI	PCIB	PCIC
1 090 640	−39 440	1 107 469	0.95	0.538	0.547
项目描述：一种由计算机控制的传送带，它能以小于一毫米的精度移动和定位传送带上的物品					
状态总体情况：该项目大约落后于计划 25 天，超过预算 30 736 美元					

续表

说明：进度偏差已从非关键活动转移到关键路径上的活动。整合第一阶段原定于 3 月 26 日开始，现在预计将于 4 月 19 日开始，这意味着它大约落后于计划 25 天。这一延误可以追溯到第二个设计团队的离开，他们的离开使得无法按计划在 2 月 27 日开始编写实用程序文档。到目前为止，成本偏差很大程度上是由于设计变更花费了 2.1 万美元
自上次报告以来的主要变更：项目失去了一个设计团队
批准的设计变更的总成本：21 000 美元。其中大部分费用花在了串行 I/O 驱动器的改进设计上
预计完工成本：预估的 EAC_f 是 1 107 469 美元。在 CPI 为 0.95 的情况下，这意味着费用要超出 56 269 美元
预测的完工日期：10 月 23 日
风险观察：五名团队成员得了流感

（注意，进度偏差的-22 176 美元不能直接转化为天数。这 25 天是从网络计划中得到的）

另一个总结报告显示在生活快照 13.2 中。比较一下，它与前面的报告有什么不同。

生活快照 13.2：特洛伊核电站退役项目

波特兰通用电气公司因拆除特洛伊核电站受到起诉。这是一个漫长而复杂的项目，持续了 20 多年。项目的第一部分是将用过的反应堆移到储存地点，此工作已经完成，并被美国项目管理协会授予了 2000 年的年度大奖。项目的其余部分（对剩余建筑物和废物的净化）正在进行中。表 13.5 显示了公司的挣值状态报告，这个报告衡量了进度和成本绩效，用以监控项目。该报告还作为向公共事业委员会（Public Utilities Commission）提交费率申报的资金基础。

照片来源：Ingram Publishing/SuperStock

13.8 其他控制问题

13.8.1 技术性能测量

衡量技术性能与衡量进度和成本绩效同样重要。虽然技术性能通常是假定的，但反过来也可能是真实的。技术性能差的后果往往是更深刻的：如果没有遵守技术规范，某些东西可能行得通，也可能行不通。

评估一个系统、设施或产品的技术性能通常通过审查范围说明书和/或工作包说明书中建立的文档来完成。这些文档规定了可衡量性能的标准和公差限度。例如，由于在最终产品中删除了“拖放”功能，软件项目的技术性能受到了影响。相反，一辆实验车的原型超过了每加仑汽油多少里程的技术规格，因此，它的技术性能也就超过了标准。经常对不同的性能维度进行测试，这些测试成为项目进度计划的一个组成部分。

表 13.5　公司的挣值状态报告

成本/预算绩效				核电退役的累积成本				货币单位：象征性的年美元		
波特兰通用电气公司的特洛伊核电站项目				报告日期：2001 年 1 月 23 日			报告编号：	DECT005	页码	第 1 页/总共 1 页
				年初至今						
任务名称	计划值	挣值	实际成本	计划值	挣值	实际成本	YTD 偏差	计划值	费用绩效指标	进度绩效指标
ISFSI	193 014	182 573	162 579	3 655 677	3 586 411	3 263 995	322 416	3 655 677	1.10	0.98
RVAIR	0	0	0	0	0	399	（399）	0	0.00	0.00
AB/FB 设施移除成本	79 083	79 649	73 899	497 197	504 975	308 461	196 514	497 197	1.64	1.02
其他设施移除成本	0	0	0	0	（36 822）	519	（37 341）	0	0.00	0.00
AB/FB 插入护管的费用	3 884	0	2 118	532 275	540 232	515 235	24 997	532 275	1.05	1.01
其他设施插入护管的费用	0	0	3 439	175 401	210 875	79 235	131 640	175 401	2.66	1.20
AB/FB 表面清洗成本	29 935	23 274	21 456	1 266 685	1 293 315	1 171 712	121 603	1 266 665	1.10	1.02
其他设施表面清洗成本	2 875	2	11 005	308 085	199 853	251 265	（51 412）	308 085	0.80	0.65
容器表面清洗成本	680 502	435 657	474 427	5 271 889	4 950 528	4 823 338	127 190	5 271 889	1.03	0.94
放射性废物处理成本	884 873	453 032	（28 675）	10 680 118	8 276 616	10 807 916	（2 531 300）	10 880 118	0.77	0.77
竣工测量费	58 238	57 985	27 091	780 990	780 990	700 942	80 048	780 990	1.11	1.00

续表

成本/预算绩效				核电退役的累积成本				货币单位：象征性的年美元		
波特兰通用电气公司的特洛伊核电站项目				报告日期：2001 年 1 月 23 日			报告编号：	DECT005	页码	第 1 页/总共 1 页
				年初至今						
任务名称	计划值	挣值	实际成本	计划值	挣值	实际成本	YTD 偏差	计划值	费用绩效指标	进度绩效指标
非辐射区域处置成本	92 837	91 956	58 538	2 471 281	2 376 123	834 643	1 541 480	2 471 281	2.85	0.96
职员工资	714 806	714 509	468 858	9 947 775	9 947 775	8 241 383	1 706 392	9 947 775	1.21	1.00
ISFSI 长期维护费	85 026	85 028	19 173	2 004 398	2 004 398	337 206	1 667 192	2 004 398	5.94	1.00
劳务工人费用	258 289	258 289	240 229	3 216 194	3 216 194	2 755 604	460 590	3 216 194	1.17	1.00
材料费用	17 910	17 910	（95 128）	211 454	211 454	136 973	74 481	211 454	1.54	1.00
公司治理费	153 689	228 499	228 521	1 814 523	1 814 523	1 814 520	3	1 814 523	1.00	1.00
不可分摊的成本	431 840	401 720	242 724	5 541 679	5 575 879	4 007 732	1 567 947	5 541 679	1.39	1.01
退役总成本	3 688 481	3 008 081	1 905 084	48 375 399	45 453 119	40 051 079	5 402 040	48 375 399	1.13	0.94
总成本（扣除 ISFSI 和 RVAIR 费）	3 493 467	2 845 508	1 743 485	44 719 720	41 886 710	36 788 680	5 080 024	44 719 720	1.14	0.94

由于技术性能取决于项目的性质，因此很难具体说明如何度量技术性能。但是，又必须对技术性能进行测量。技术性能通常是需要的和使用的质量控制过程。项目经理必须创造性地找到控制这一重要领域的方法。

13.8.2　范围蔓延

13-7：识别和管理范围蔓延。

范围上的大变更很容易识别。正是这些“某些微小的改动”最终可能导致主要范围变更。这些微小的改动在该领域被称为范围蔓延。例如，软件开发人员的客户要求在开发自定义的会计软件包时进行一些小的改动。经过几次微小的改动后，很明显，这些变化显示出最初项目范围的显著扩大。结果是客户不满意，开发公司损失了资金和声誉。

虽然范围变更通常被认为是消极的，但在某些情况下，范围变更会带来积极的回报。范围变更可能代表重要的机会。在产品开发环境中，向产品添加一个小功能可能带来巨大的竞争优势。生产过程中的一个小变化可能会使产品提前一个月上市或降低产品成本。

范围蔓延在项目早期很常见，特别是在新产品开发项目中。客户对附加特性、新技术、糟糕的设计假设等的需求，都表明了范围变更的压力。这些变更通常很小，直到观察到时间延误或成本超支时才被注意到。范围蔓延影响组织、项目团队和项目供应商。范围变更以额外增加的资源形式改变了组织的现金流需求，这也可能影响其他项目。频繁的变更最终会削弱团队的积极性和凝聚力。清晰的团队目标被改变，变得不那么集中，不再是团队行动的焦点。重新开始会让项目团队感到厌烦和沮丧，因为这会打乱项目的节奏，降低生产率。项目供应商憎恨频繁的变更，因为变更意味着更高的成本，并且对他们的团队和对项目团队产生相同的影响。

管理范围蔓延的关键是变更管理。一个建筑公司的项目经理认为范围蔓延是他的公司在项目中面临的最大风险。防止范围蔓延的最佳方法是定义清晰的范围说明书。定义不清的范围说明书是范围蔓延的主要原因之一。

防止范围蔓延的第二个方法是说明项目不是什么，这可以避免以后的误解。（第 7 章讨论了这个过程，见图 7.9 回顾项目变更中需要记录的关键变量。）首先，原始的基准必须很好地定义，并与项目客户达成一致。在项目开始之前，必须有清晰的程序来授权和记录客户或项目团队的范围变更。如果范围变更是必要的，那么对基准的影响应该清楚地记录下来。例如，成本、时间、依赖关系、规格或责任。最后，必须迅速将范围变更添加到原始基准中，以反映预算和进度的变更，这些变更及其影响需要传达给所有项目利益相关者。

13.8.3　基准变更

项目生命周期中的变更是不可避免的。有些变化可能对项目结果非常有益，但有负面影响的变化是我们希望避免的。仔细的项目定义可以使变更需要最小化。糟糕的项目定义则会引起项目频繁变更，导致成本超支、进度延误、士气低落和项目失控。变更可能来自外部，也可能来自内部。例如，在外部，客户可能会请求增加原始范围说明书中没有包含的内容，这将需要对项目甚至基准进行重大的变更；或者政府可能出台了不属于原计划的新规则，这就要求对项目范围进行修订。在内部，项目利益相关者可能识别出了不可预见的问题或改进措施，这就要求变更项目范围。在极少数情况下，引起范围变更可能会有多个原因。例如，丹佛国际机场的自动行李处理系统是由几个项目利益相关者支持的后来添加的东西，这些利益相关者包括丹佛市政府、顾问公司和至少一个航空公司。额外的 20 亿美元成本是惊人的，机场的开放使用被推迟了 16 个月。如果这个自动行李处理系统的范围变更是在最初的计划中，成本只会是超支极小的一部分，延误也会大大减少。范围或基准的任何变更都应该由风险控制计划期间设置的变更管理系统记录。

项目经理总是非常仔细地监控范围的变化。只有在这样的情况下，项目经理才会允许范围变更：项目如果不变更将会失败，项目会因为变更而得到显著的改进，或者客户想要变更并愿意为此付出代价。这种说法有些夸张，但它为逼近基准的变更定下了基调。变更对范围和基准的影响应该获得项目客户的接受并签署同意。图 13.13 描述了在某一时点（今天），范围变更对基准的成本影响。线 A 表示成本增加的范围变更。线 B 表示成本降低的范围变更。快速记录基准的范围变更，使计算得到的挣值有效。如果不这样做，就会导致成本和进度产生偏差。

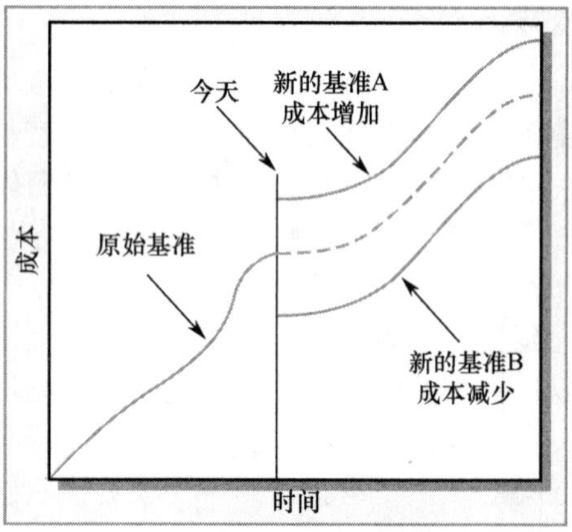

图 13.13　范围变更对基准的成本影响

注意不要用基准变更来掩盖过去或当前工作的糟糕表现。这类基准变更的一个常见信号是不断修订的基准，这些修订后的基准似乎与结果相符。实践者称它为“橡胶基准”，因为它会拉伸以匹配结果。大多数变化不会导致严重的范围变更，应该作为积极或消极的偏差来处理。不允许对已经完成的工作进行追溯性变更。工作完成后，不允许在成本账户之间转账。不可预见的变更可以通过应急储备来处理。项目经理通常会做出该决定。在一些大型项目中，由项目成员和客户团队成员组成的合作“变更评审团队”对项目变更做出决定。

13.8.4　数据采集的成本和问题

数据采集既费时又昂贵。生活快照 13.3 记录了一些围绕挣值系统完成百分比数据收集的常见问题。类似的极简完成百分比系统已经被其他人使用。这种极简完成百分比方法在包括几个小型和中型项目的多项目环境中取得了良好的效果。假设报告时段为一周，那么需要谨慎地开发持续时间约为一周的工作包，以便快速识别问题。对于大型项目来说，使用完成百分比系统是无可替代的，它依赖在明确定义的监视点上通过观察收集到的数据。在某些情况下，数据是存在的，但没有传送给需要与项目进展有关信息的利益相关者。显然，如果信息不能及时传送到正确的人手中，就会出现严重的问题。你在项目计划阶段制订的沟通计划可以极大地缓解这个问题，规定信息如何流动并让项目利益相关者了解项目进展和问题的所有方面。Wi-Fi 项目的内部沟通计划如图 13.14 所示。本章所提供的信息将为你的沟通计划提供重要的数据支持，并确保数据的正确传播。

什么信息?	何时?	方式?	谁负责?	谁接收?
里程碑报告	每半个月	E-mail	项目办公室	高级管理层
进度/成本报告	每周	E-mail	项目办公室	职员和客户
风险报告	每周	E-mail	项目办公室	职员和客户
问题报告	每周	E-mail	任何人	职员和客户
团队会议时间	每周	会议	项目经理	职员和客户
外包绩效	每半个月	会议	项目经理	项目办公室、职员和客户
变更请求	任何时间	文档	项目经理、客户、设计师	项目办公室、职员和客户
阶门决策	每月	会议	项目办公室	高级管理层

图 13.14 Wi-Fi 项目的内部沟通计划

生活快照 13.3：极简挣值完成百分比法

美国林务局的一名顾问建议使用挣值来监测一个地区同时进行的 50 多个木材销售项目。随着项目的完成，新的项目也开始了。挣值被试用了大约 9 个月。经过 9 个月的试用后，这个过程将由一个特别工作组进行审查。工作组总结说，挣值系统为监控和预测项目进展提供了良好的信息。然而，由于没有资金来收集这些数据，及时收集完成百分比的数据的成本和问题是不可接受的。

工作组讨论了细节层次的困境，但没有任何建议能解决这个问题。工作组认识到，太少的数据不能提供良好的控制，而过多的报告需要文书工作和人员，这也是昂贵的。工作组得出结论，项目进展和绩效可以使用完成百分比的极简版本来衡量，同时也不会放弃整个项目的准确性。这种修改过的完成百分比方法需要将非常大的工作包（占项目中所有工作包的 3%～5%）划分为更小的工作包，以便更快地紧密控制和识别问题。工作组的会议认为，为期一周左右的工作包是理想的。极简版本只需要一个电话和是/否回答下列问题之一来确定完成百分比：

- 工作包的工作已经开始了吗？没有= 0%
- 正在执行工作包吗？是的= 50%
- 工作包完成了吗？是的= 100%

极简挣值完成百分比系统的数据是由一名每周工作少于 8 小时的实习生从所有 50 多个项目中收集的。极简挣值完成百分比法取得了成功。它提供了足够的绩效信息来监控 50 多个项目。关键是尽可能地将所有工作包持续时间限制在一周内。尽管报告方法很粗糙，但这使管理层能够跟踪成本和进度。

本章小结

最好的信息系统并不能带来良好的控制。控制要求项目经理利用信息来引导项目渡过难关。控制图和甘特图是监控进度绩效的有用工具。挣值管理允许项目经理及时地对成本和进度采取积极的措施。由于调整成本的能力随时间而降低，因此，及时报告确定不利的成本趋势可以极大地帮助项目经理回到预算和进度计划的轨道上来。EVM 为项目经理和其他利益相关者提供了项目当前和未来状态的快照。EVM 的好处如下：

1. 根据计划和可交付成果来衡量成就。
2. 提供一种方法，用于直接跟踪问题工作包和组织单元的职责。
3. 提醒所有利益相关者及早发现问题，并允许快速、主动地纠正行动。
4. 改进了沟通，因为所有利益相关者都在使用相同的数据库。
5. 让客户了解项目进展情况，并鼓励客户相信所花的资金能够达到预期的进度。
6. 规定了对每个组织单位的总预算的个别部分的问责制。

关键术语

Control Chart 控制图
Cost Performance Index（CPI）成本绩效指标
Cost Variance（CV）偏差
Earned Value（EV）挣值
Earned Value Management（EVM）挣值管理
Forecasted Total Cost at Completion（EAC_f）预测的完工总成本
Management Reserve Index（MRI）管理储备金指标
Scheduling Performance Index（SPI）进度绩效指标
Scope Creep 范围蔓延
To complete Performance Index（TCPI）完工绩效指标
Tracking Gantt 跟踪甘特图
Percent Complete Index Actual costs（PCIC）实际成本完成百分比指标
Percent Complete Index Budgeted costs（PCIB）预算成本完成百分比指标
Revised Estimated Cost at Completion（EAC_{re}）修正后的完工估算成本
Schedule Variance（SV）进度偏差

复习题

1. 跟踪甘特图是如何帮助反映项目进展的？
2. 相对于简单的计划值与实际值的比较系统，挣值如何给了项目进度和成本状况一个更清晰描述？
3. 进度偏差以货币为单位，不直接表示时间。为什么它仍然有用？
4. 项目经理如何使用 CPI？
5. BAC 和 EAC 有什么区别？
6. 项目经理为什么抵制对项目基准的变更？在什么条件下，项目经理会对基准进行调整？项目经理什么时候不允许对基准进行调整？

生活快照讨论题

13.1 设立里程碑的指导方针

1．为什么里程碑应该是一个具体的、特定的、可衡量的事件？

2．里程碑应该仅在关键路径上吗？

13.2 特洛伊核电站退役项目

1．根据表 13.5 提供的信息，在成本和进度方面，这个核电站退役项目做得如何？

2．为了评估项目的绩效，你还需要什么额外的信息？

13.3 极简挣值完成百分比法

1．把工作包持续时间限制在一周内，这样做是如何帮助管理层更快地发现问题的？

2．为什么组织用完成百分比而不是更便宜、更容易的极简挣值百分比法？

练习题

1．在第 9 个月，可以得到以下项目信息：实际成本是 2 000 美元，挣值是 2 100 美元，计划成本是 2 400 美元。计算项目的 SV 和 CV。

2．在第 51 天，项目的挣值为 600 美元，实际成本为 650 美元，计划成本为 560 美元。计算项目的 SV、CV 和 CPI。在第 51 天，你对项目的评估是什么？

3．根据下面的项目网络图和基准信息，在第 4 个时间单位和第 8 个时间单位结束时，完成该表格，形成一份项目状态报告。从你收集和计算的第 4 个时间单位和第 8 个时间单位的数据中，你准备在第 8 个时间单位结束时告诉客户关于项目状态的哪些信息？

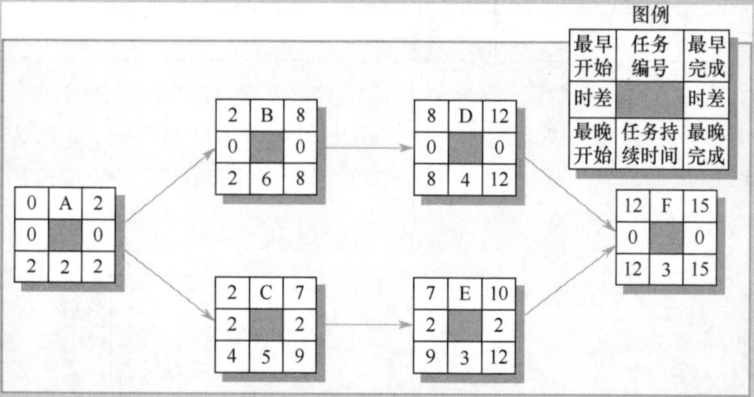

项目基准
（单位：美元）

任务名称	任务持续时间	最早开始	最晚完成	时差	预算	0–1	1–2	2–3	3–4	4–5	5–6	6–7	7–8	8–9	9–10	10–11	11–12	12–13	13–14	14–15
A	2	0	2	0	400	200	200													
B	6	2	8	0	2400			200	600	200	600	200	600							
C	5	2	9	2	1500			200	400	500	100	300								
D	4	8	12	0	1600									400	400	400	400			
E	3	7	12	2	900								300	400	200					
F	3	12	15	0	600													200	100	300
时段PV总计						200	200	400	1000	700	700	500	900	800	600	400	400	200	100	300
累计PV总数						200	400	800	1800	2500	3200	3700	4600	5400	6000	6400	6800	7000	7100	7400

第 4 时段结束时						
任务名称	实际完成百分比	挣值	实际值	计划值	成本偏差	进度偏差
A	已完成	—	300	400	—	—
B	50%	—	1 000	800	—	—
C	33%	—	500	600	—	—
D	0%	—	0	—	—	—
E	0%	—	—	—	—	—
累计总数		—	—	—	—	—

第 8 时段结束时						
任务名称	实际完成百分比	挣值	实际值	计划值	成本偏差	进度偏差
A	已完成	—	300	400	—	—
B	已完成	—	2 200	2 400	—	—
C	已完成	—	1 500	1 500	—	—
D	25%	—	300	0	—	—
E	33%	—	300	—	—	—
F	0%		0	—	—	—
累计总数		—	—	—	—	—

4. 根据下面的项目网络图、基准和状态信息，为第 2、4、6、8 时段编写状态报告，并完成绩效指标表，计算 EAC_f 和 VAC_f 。根据你的数据，你对项目当前状态的评估是什么？能完成吗？

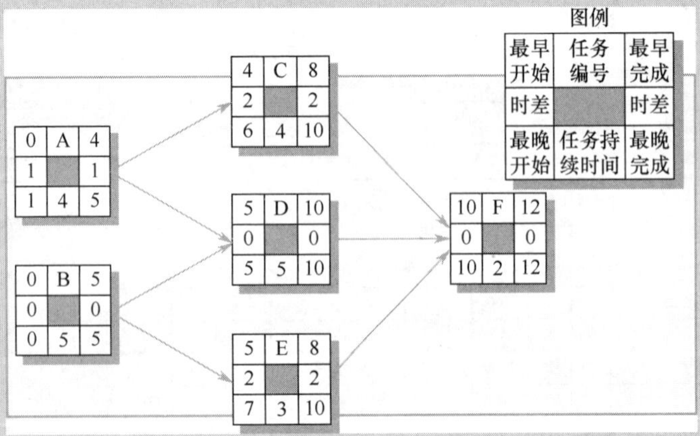

任务编号	预算（单位：千美元）	0　1	2	3	4	5	6	7	8	9	10	11	12
A	40	10	10	10	10								
B	32	8	4	8	4	8							
C	48					12	12	12	12				
D	18						6	2	2	2	6		
E	28						8	8	12				
F	40											20	20
总计	206	18	14	18	14	20	26	22	26	2	6	20	20
累计		18	32	50	64	84	110	132	158	160	166	186	206

状态报告：第 2 时段结束时						单位：千美元
任务	完成百分比	挣值	实际值	计划值	成本偏差	进度偏差
A	75%	—	25	—	—	—
B	50%	—	12	—	—	—
累计总数		—	37	—	—	—
状态报告：第 4 时段结束时						单位：千美元
任务	完成百分比	挣值	实际值	计划值	成本偏差	进度偏差
A	100%	—	35	—	—	—
B	100%	—	24	—	—	—
累计总数		—	59	—	—	—
状态报告：第 6 时段结束时						单位：千美元
任务	完成百分比	挣值	实际值	计划值	成本偏差	进度偏差
A	100%	—	35	—	—	—
B	100%	—	24	—	—	—
C	75%	—	24	—	—	—
D	0%	—	0	—	—	—
E	50%	—	10	—	—	—
累计总数		—	93	—	—	—
状态报告：第 8 时段结束时						单位：千美元
任务	完成百分比	挣值	实际值	计划值	成本偏差	进度偏差
A	100%	—	35	—	—	—
B	100%	—	24	—	—	—
C	100%	—	32	—	—	—
D	33%	—	20	—	—	—
E	100%	—	20	—	—	—
累计总数		—	131	—	—	—

绩效指标总览						
时段	挣值	实际值	计划值	进度绩效指标	成本绩效指标	预算成本完成百分比指标
2	—	—	—	—	—	—
4	—	—	—	—	—	—
6	—	—	—	—	—	—
8	—	—	—	—	—	—

EAC_f=________　　　　　　　VAC_f=________

5．根据下面的项目网络图、基准和状态信息，编制第 1～4 时段的状态报告，并完成项目总览图（或类似的图）。报告最终 SV、CV、CPI 和 PCIB。根据你的数据，你对项目当前状态的评估是什么？能完成吗？

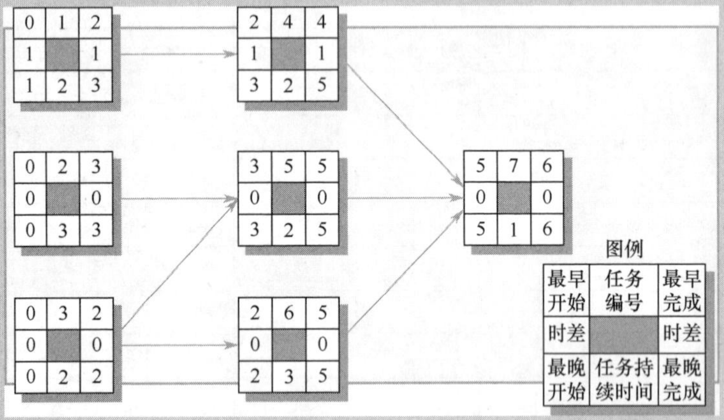

进度信息						基准预算信息（单位：千美元）					
						时段					
活动/工作包	任务持续时间	最早开始	最晚完成	时差	总PV	1	2	3	4	5	6
1	2	0	3	1	12	4	8				
2	3	0	3	0	15	3	7	5			
3	2	0	2	0	8	4	4				
4	2	2	5	1	6			3	3		
5	2	3	5	0	10				6	4	
6	3	2	5	0	9			3	3	3	
7	1	5	6	0	5						5
此时段结束时的总PV						11	19	11	12	7	5
此时段结束时的累计PV						11	30	41	53	60	65

状态报告：第 1 时段结束时					单位：千美元	
任务	完成百分比	挣值	实际值	计划值	成本偏差	进度偏差
1	50%	—	6	3	—	—
2	40%	—	8	4	—	—
3	25%	—	3	—	—	—
累计总数		—	17	—	—	—

状态报告：第 2 时段结束时　　单位：千美元

任务	完成百分比	挣值	实际值	计划值	成本偏差	进度偏差
1	已完成	—	13	—	—	—
2	80%	—	14	—	—	—
3	75%	—	8	—	—	—
累计总数		—	35	—	—	—

状态报告：第 3 时段结束时　　单位：千美元

任务	完成百分比	挣值	实际值	计划值	成本偏差	进度偏差
1	已完成	12	13	—	—	—
2	80%	—	15	—	—	—
3	已完成	—	10	—	—	—
4	50%	—	4	—	—	—
5	0%	—	0	—	—	—
6	33.3%	—	4	—	—	—
累计总数		—	—	—	—	—

状态报告：第 4 时段结束时　　单位：千美元

任务	完成百分比	挣值	实际值	计划值	成本偏差	进度偏差
1	已完成	12	13	—	—	—
2	已完成	15	18	—	—	—
3	已完成	—	10	—	—	—
4	已完成	—	8	—	—	—
5	30%	—	3	—	—	—
6	66.7%		8	—	—	—
7	0%		0	—	—	—
累计总数		—	—	—	—	—

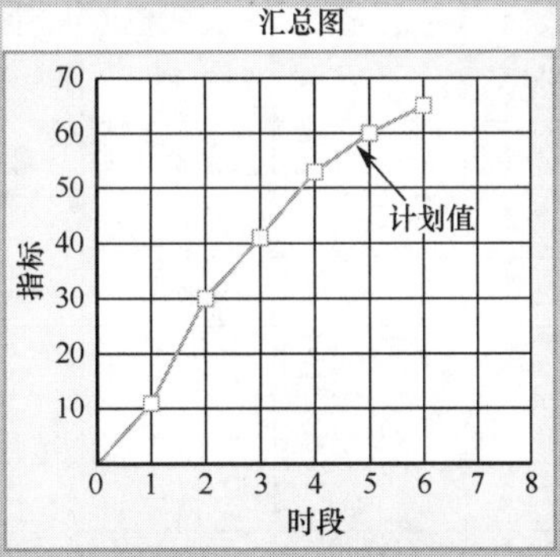

6．下面是从一个纳米技术项目第 1 时段到第 6 时段收集的工时数据。计算每个时段的 SV、CV、SPI 和 CPI。在提供的总览图（或类似的图）上绘制 EV 和 AC。在提供的索引图（或类似的图）上绘制 SPI、CPI 和 PCIB。在第 6 时段结束时，你对项目的评估是什么？

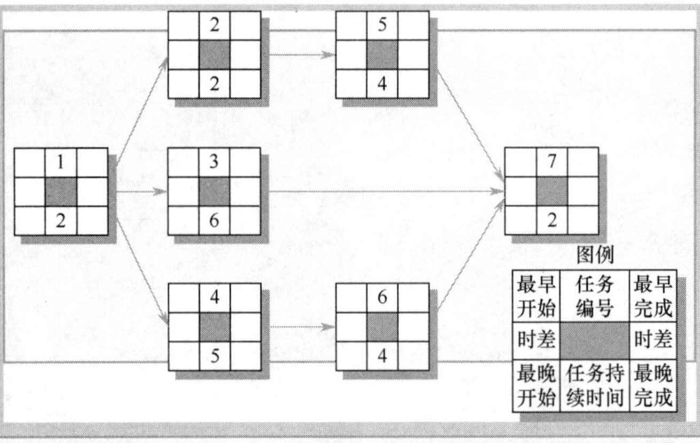

进度计划信息						基准预算信息——人工时（百美元）													
活动/工作包	任务持续时间	最早开始	最晚完成	时差	总PV	时段 0 1	2	3	4	5	6	7	8	9	10	11	12	13	14
1	2	0	2	0	20	10	10												
2	2	2	7	3	24			16	8										
3	6	2	11	3	30			5	5	10	3	2	5						
4	5	2	7	0	25			10	10	2	2	1							
5	4	4	11	3	16					4	4	4	4						
6	4	7	11	0	20								5	5	6	4			
7	2	11	13	0	10												5	5	
此时段结束时的总PV						10	10	31	23	16	9	7	14	5	6	4	5	5	
此时段结束时的累计PV						10	20	51	74	90	99	106	120	125	131	135	140	145	

状态报告：第 1 时段结束时						单位：美元
任务	完成百分比	挣值	实际值	计划值	成本偏差	进度偏差
1	50%	—	500	1 000	—	—
累计总数		—	500	1 000	—	—

状态报告：第 2 时段结束时						单位：美元
任务	完成百分比	挣值	实际值	计划值	成本偏差	进度偏差
1	已完成	—	1 500	2 000	—	—
累计总数		—	1 500	2 000	—	—

状态报告：第 3 时段结束时						单位：美元
任务	完成百分比	挣值	实际值	计划值	成本偏差	进度偏差
1	已完成	2 000	1 500	—	—	—
2	0%	—	0	—	—	—
3	10%	—	200	—	—	—
4	20%	—	500	—	—	—
累计总数		—	2 200	—	—	—

状态报告：第 4 时段结束时						单位：美元
任务	完成百分比	挣值	实际值	计划值	成本偏差	进度偏差
1	已完成	2 000	1 500	2 000	—	—
2	50%	—	1 000	—	—	—
3	30%	—	800	—	—	—
4	20%	—	1 500	—	—	—
累计总数		—	4800	—	—	—

状态报告：第 5 时段结束时						单位：美元
任务	完成百分比	挣值	实际值	计划值	成本偏差	进度偏差
1	已完成	2 000	1 500	2 000	—	—
2	已完成	—	1 000	—	—	—
3	50%	—	800	—	—	—
4	60%	—	1 500	—	—	—
5	25%	—	400	—	—	—
累计总数		—	6 200	—	—	—

状态报告：第 6 时段结束时						单位：美元
任务	完成百分比	挣值	实际值	计划值	成本偏差	进度偏差
1	已完成	2 000	1 500	2 000	—	—
2	已完成	—	2 000	—	—	—
3	80%	—	2 100	—	—	—
4	80%	—	1 800	—	—	—
5	50%	—	600	—	—	—
累计总数		—	8 000	—	—	—

时段	进度绩效指标	成本绩效指标	预算成本完成百分比指标
1	—	—	—
2	—	—	—
3	—	—	—
4	—	—	—
5	—	—	—
6	—	—	—

SPI = EV/PV

CPI = EV/AC

PCIB = EV/BAC

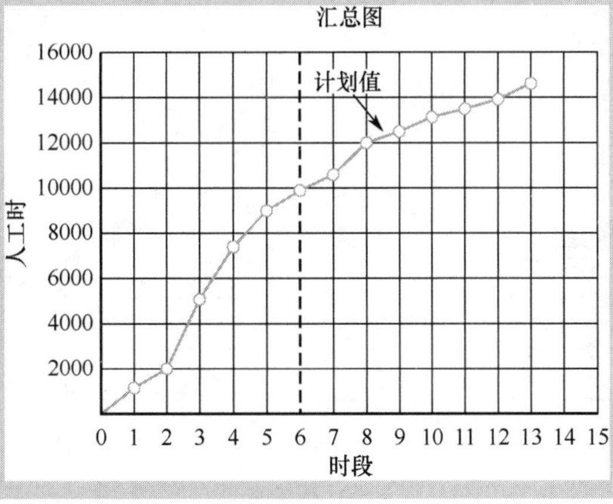

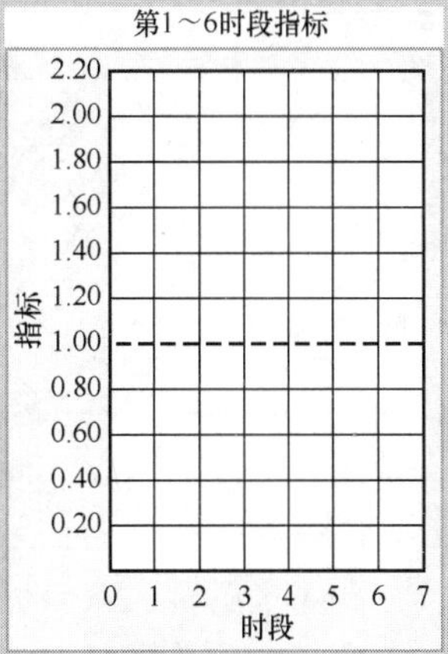

7. 以下数据收集了一个英国为期两周的医疗保健 IT 项目从第 2 时段至第 12 时段所报告的信息。计算每个时段的 SV、CV、SPI 和 CPI。在提供的汇总图上绘制 EV 和 AC。在提供的指标图上绘制 SPI、CPI 和 PCIB。（你也可以使用自己的图。）在第 12 时段结束时，你对这个项目的评价是什么？

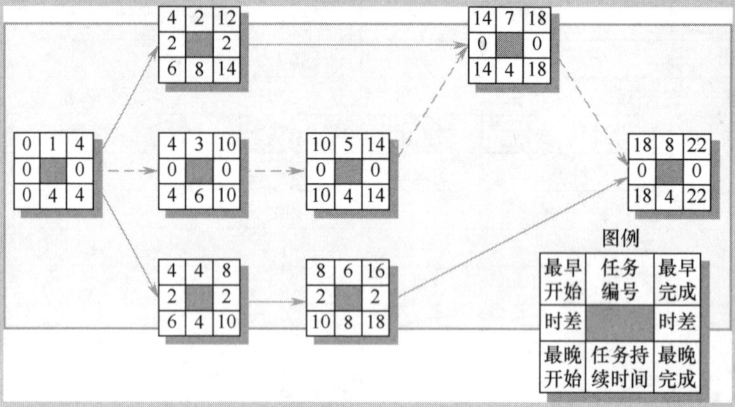

基准

单位：百美元

任务	任务持续时间	最早开始	最晚完成	时差	PV	0　2	4	6	8	10	12	14	16	18	20	22
1	4	0	4	0	8	4	4									
2	8	4	14	2	40			10	10	10	10					
3	6	4	10	0	30			10	15	5						
4	4	4	10	2	20			10	10							
5	4	10	14	0	40						20	20				
6	8	8	18	2	60					20	20	10	10			
7	4	14	18	0	20								10	10		
8	4	18	22	0	30										20	10
					本时期PV总和	4	4	30	35	35	50	30	20	10	20	10
					累计PV总和	4	8	38	73	108	158	188	208	218	238	248

状态报告：第 2 时段结束时						单位：百美元
任务	完成百分比	挣值	实际值	计划值	成本偏差	进度偏差
1	50%	—	4	—	—	—
累计总数		—	4	—	—	—

状态报告：第 4 时段结束时						单位：百美元
任务	完成百分比	挣值	实际值	计划值	成本偏差	进度偏差
1	完成	—	10	—	—	—
累计总数		—	10	—	—	—

状态报告：第 6 时段结束时						单位：百美元
任务	完成百分比	挣值	实际值	计划值	成本偏差	进度偏差
1	完成	—	10	—	—	—
2	25%	—	15	—	—	—
3	33%	—	12	—	—	—
4	0%	—	0	—	—	—
累计总数		—	37	—	—	—

状态报告：第 8 时段结束时						单位：百美元
任务	完成百分比	挣值	实际值	计划值	成本偏差	进度偏差
1	完成	—	10	—	—	—
2	30%	—	20	—	—	—
3	60%	—	25	—	—	—
4	0%	—	0	—	—	—
累计总数		—	55	—	—	—

状态报告：第 10 时段结束时						单位：百美元
任务	完成百分比	挣值	实际值	计划值	成本偏差	进度偏差
1	完成	—	10	—	—	—
2	60%	—	30	—	—	—
3	完成	—	40	—	—	—
4	50%	—	20	—	—	—
5	0%		0	—	—	—
6	30%		24	—	—	—
累计总数		—	124	—	—	—

状态报告：第 12 时段结束时						单位：百美元
任务	完成百分比	挣值	实际值	计划值	成本偏差	进度偏差
1	完成	—	10	—	—	—
2	完成	—	50	—	—	—
3	完成	—	40	—	—	—
4	完成	—	40	—	—	—
5	50%	—	30	—	—	—
6	50%	—	40	—	—	—
累计总数		—	210	—	—	—

时间单位	进度绩效指标	成本绩效指标	预算成本完成百分比指标
2	—	—	—
4	—	—	—
6	—	—	—
8	—	—	—
10	—	—	—
12	—	—	—

SPI = EV/PV

CPI = EV/AC

PCIB = EV/BAC

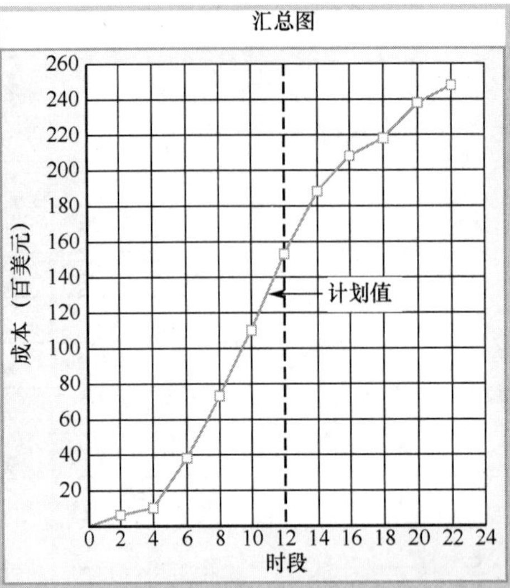

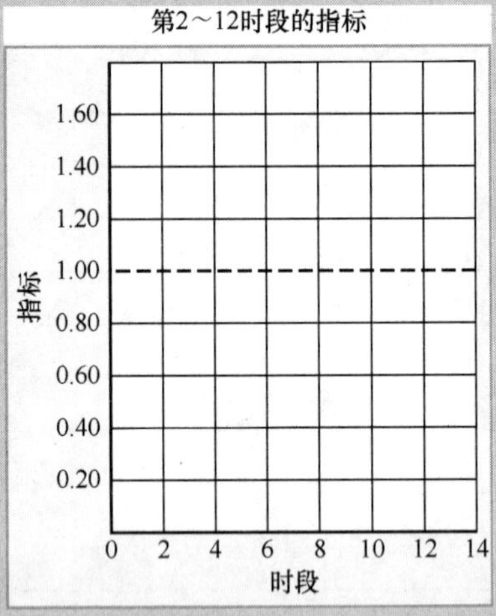

8．A 部分（这个练习的解决方案可以在附录 A 中找到）。你是极光（Aurora）项目的负责人。根据以下的项目网络图、基准和状态信息，编制第 1～8 时段的状态报告并完成绩效指标表。计算 EAC_f 和 VAC_f 。根据你的数据，项目的当前状态是什么？能完成吗？

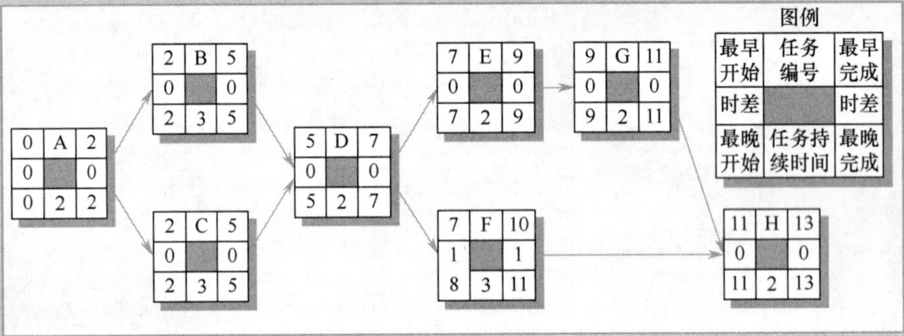

任务编号	预算(单位:千美元) 0	1	2	3	4	5	6	7	8	9	10	11	12	13
A	100	50	50											
B	250			100	50	100								
C	450			150	150	150								
D	200						100	100						
E	300								200	100				
F	300								100	50	150			
G	200										150	50		
H	200												100	100
总和	2000	50	50	250	200	250	100	100	300	150	300	50	100	100
	累计	50	100	350	550	800	900	1000	1300	1450	1750	1800	1900	2000

状态报告：第 1 时段结束时　　单位：千美元

任务	完成百分比	挣值	实际值	计划值	成本偏差	进度偏差
A	25%	—	50	—	—	—
累计总数		—	50	—	—	—

状态报告：第 2 时段结束时　　单位：千美元

任务	完成百分比	挣值	实际值	计划值	成本偏差	进度偏差
A	50%	—	100	—	—	—
累计总数		—	—	—	—	—

状态报告：第 3 时段结束时　　单位：千美元

任务	完成百分比	挣值	实际值	计划值	成本偏差	进度偏差
A	100%	—	200	—	—	—
B	0%	—	0	—	—	—
C	0%	—	0	—	—	—
累计总数		—	—	—	—	—

状态报告：第 4 时段结束时　　单位：千美元

任务	完成百分比	挣值	实际值	计划值	成本偏差	进度偏差
A	100%	—	200	—	—	—
B	60%	—	100	—	—	—
C	50%	—	200	—	—	—
累计总数		—	500	—	—	—

状态报告：第 5 时段结束时　　单位：千美元

任务	完成百分比	挣值	实际值	计划值	成本偏差	进度偏差
A	100%	—	200	—	—	—
B	100%	—	200	—	—	—
C	100%	—	400	—	—	—
累计总数		—	800	—	—	—

状态报告：第 6 时段结束时　　单位：千美元

任务	完成百分比	挣值	实际值	计划值	成本偏差	进度偏差
A	100%	—	200	—	—	—
B	100%	—	200	—	—	—
C	100%	—	400	—	—	—
D	75%	—	100	—	—	—
累计总数		—	900	—	—	—

状态报告：第 7 时段结束时　　单位：千美元

任务	完成百分比	挣值	实际值	计划值	成本偏差	进度偏差
A	100%	—	200	—	—	—
B	100%	—	200	—	—	—
C	100%	—	400	—	—	—
D	100%	—	150	—	—	—
E	20%	—	100	—	—	—
F	5%	—	50	—	—	—
累计总数		—	1 100	—	—	—

状态报告：第 8 时段结束时						单位：千美元
任务	完成百分比	挣值	实际值	计划值	成本偏差	进度偏差
A	100%	—	200	—	—	—
B	100%	—	200	—	—	—
C	100%	—	400	—	—	—
D	100%	—	150	—	—	—
E	100%	—	350	—	—	—
F	10%	—	100	—	—	—
累计总数		—	1 400	—	—	—

绩效指标汇总						
时段	挣值	实际值	计划值	进度绩效指标	成本绩效指标	预算成本完成百分比指标
1	—	—	—	—	—	—
2	—	—	—	—	—	—
3	—	—	—	—	—	—
4	—	—	—	—	—	—
5	—	—	—	—	—	—
6	—	—	—	—	—	—
7	—	—	—	—	—	—
8	—	—	—	—	—	—
累计总数	—	—	—	—	—	—

EAC_f =________ VAC_f =________

B 部分：你已经与你的极光项目团队会面，他们为你提供了以下项目剩余部分的修订估算：

活动 F 将于第 12 时段结束时完成，费用总额为 500 美元。

活动 G 将于第 10 时段结束时完成，费用总额为 150 美元。

活动 H 将于第 14 时段结束时完成，费用总额为 200 美元。

计算 EAC_{re} 和 VAC_{re}。根据修订后的预算，项目在成本和进度方面的预期状态是什么？在 VAC_f 和 VAC_{re} 之间，你最相信哪一种？

EAC_{re} =____________

VAC_{re} =____________

案例 13.1：树木修剪项目

威尔·范斯（Wil Fence）是一名大型木材和圣诞树农场主，他在春季（他的淡季）参加项目管理课程。当课上的话题涉及“挣值”时，他很困惑。他不是正在用 EV 吗？

每年夏天，威尔都会雇人为即将到来的节日修剪圣诞树。剪树枝需要一个工人用大砍刀把树剪成漂亮的圆锥形。威尔对他的业务描述如下：

A. 我数了数田野里道格拉斯冷杉圣诞树的数量（24 000 棵）。

B. 接下来，我与一个工头签订了一份修剪整片林子的总价合同（3 万美元）。

C. 当完成的工作量达到要支付部分报酬时（5 天后），我计算或估算了实际修剪的数量（6 000 棵树）。我将实际完成的工作量作为要修剪树木总额的一个百分比，将完成的百分比乘以合同总金额就得到了要支付部分的数量 [（6 000/24 000[①]=25%），（0.25×30 000 美元=7 500 美元）]。

1. 威尔完成了进度？还是低于成本和进度？威尔正在使用挣值吗？
2. 威尔如何处置进度偏差？

案例 13.2：凡吐拉体育场状态报告

你是 G&E 公司总裁珀西瓦尔·杨（Percival Young）的助理。他让你准备一份关于凡吐拉体育场项目现状的简要报告。

凡吐拉体育场是一个有 47 000 个座位的职业棒球场。该体育场于 2019 年 7 月 8 日开始建设，将于 2022 年 2 月 21 日完工。该项目预计耗资 3.2 亿美元。有 3 500 万美元的管理储备金来处理意想不到的问题和延误。

这座体育场必须为 2022 年的大联盟赛季做好准备。如果 G&E 公司未能在 2022 年 4 月 3 日的最后期限前完成任务，每天将面临 50 万美元的罚款。

现在是 2021 年 2 月 25 日，日班工作人员开始安装座位。

表 C13.1 和表 C13.2 包含你的同行在凡吐拉体育场提交的信息，你可以据此准备状态报告。使用适当的指标/信息准备一份报告，向杨先生通报凡吐拉体育场建设项目在成本和进度方面的总体状况。注：杨先生对细节不感兴趣，只关心整个项目做得有多好，是否需要采取纠正措施。

表 C13.1　2021 年 12 月 25 日凡吐拉体育场建设项目的挣值表　　单位：美元

	PV	EV	AC	CV	SV
凡吐拉棒球场	233 000 000	221 000 000	232 500 000	−11 500 000	−12 000 000
棒球场规划场地平整	10 000 000	10 000 000	12 000 000	−2 000 000	0
拆除相邻场地上的已有建筑	2 000 000	2 000 000	1 800 000	200 000	0
施工场地准备	3 000 000	3 000 000	1 700 000	1 300 000	0
桩基施工	40 000 000	40 000 000	45 000 000	−5 000 000	0
低层混凝土椭圆形结构施工	60 000 000	60 000 000	65 000 000	−5 000 000	0
主广场混凝土浇筑施工	25 000 000	25 000 000	28 000 000	−3 000 000	0
球场内安装施工	5 000 000	5 000 000	6 000 000	−1 000 000	0

① 原文此处有错误，用了 30 000 美元

续表

	PV	EV	AC	CV	SV
上层椭圆形钢架施工	60 000 000	60 000 000	55 000 000	5 000 000	0
球场座椅安装施工	4 000 000				−4 000 000
建造豪华包厢					
安装大屏幕					
体育场基础设施建设施工					
搭建钢穹顶					
灯光设施安装					
搭建屋顶支架	10 000 000	10 000 000	11 000 000	−1 000 000	0
建屋顶	10 000 000	3 000 000	4 000 000	−1 000 000	−7 000 000
安装屋顶轨道	4 000 000	3 000 000	3 000 000	0	−1 000 000
安装屋顶					
最终检查					

BAC=320 000 000 美元

表 C13.2　2021 年 12 月 25 日凡吐拉体育场建设项目偏差表

任务名称	开始日期	完成日期	开始基准	完成基准	开始偏差	完成偏差
凡吐拉棒球场	星期一 6/10/19	星期一 2/21/22	星期一 6/10/19	星期一 1/31/22	0 天	15 天
棒球场规划场地平整	星期一 6/10/19	星期五 8/23/19	星期一 6/10/19	星期五 8/30/19	0 天	−5 天
拆除相邻场地上的已有建筑	星期一 8/26/19	星期五 10/11/19	星期一 9/2/19	星期五 10/11/19	−5 天	0 天
施工场地准备	星期一 8/26/19	星期五 10/11/19	星期一 9/2/19	星期五 10/11/19	−5 天	0 天
桩基施工	星期一 8/26/19	星期五 2/7/20	星期一 9/2/19	星期五 2/14/20	−5 天	−5 天
低层混凝土椭圆形结构施工	星期一 2/10/20	星期五 8/28/20	星期一 2/17/20	星期五 7/31/20	−5 天	20 天
主广场混凝土浇筑施工	星期一 8/31/20	星期三 2/24/21	星期一 8/3/20	星期三 1/20/21	20 天	25 天
球场内安装施工	星期一 8/31/20	星期三 1/13/21	星期一 8/3/20	星期二 12/8/20	20 天	25 天
上层椭圆形钢架施工	星期一 8/31/20	星期三 2/10/21	星期一 8/3/20	星期三 1/20/21	20 天	15 天
球场座椅安装施工	星期四 2/25/21	星期四 8/12/21	星期四 1/21/21	星期四 8/5/21	25 天	5 天
建造豪华包厢	星期四 2/25/21	星期四 7/1/21	星期四 1/21/21	星期三 5/26/21	25 天	25 天
安装大屏幕	星期四 2/25/21	星期三 4/7/21	星期四 1/21/21	星期三 3/3/21	25 天	25 天
体育场基础设施建设施工	星期四 2/25/21	星期四 8/12/21	星期四 1/21/21	星期四 7/8/21	25 天	25 天
搭建钢穹顶	星期五 8/13/21	星期一 11/29/21	星期五 8/6/21	星期五 11/19/21	5 天	5 天

续表

任务名称	开始日期	完成日期	开始基准	完成基准	开始偏差	完成偏差
灯光设施安装	星期二 11/30/21	星期一 1/10/22	星期二 11/23/21	星期一 1/3/22	5 天	5 天
搭建屋顶支架	星期一 8/31/20	星期三 1/6/21	星期一 8/3/20	星期二 12/8/20	20 天	20 天
建屋顶	星期三 12/16/20	星期五 9/17/21	星期三 12/9/20	星期四 8/19/21	5 天	20 天
安装屋顶轨道	星期四 1/7/21	星期三 5/12/21	星期三 12/9/20	星期三 4/14/21	20 天	20 天
安装屋顶	星期一 9/20/21	星期一 1/24/22	星期五 8/20/21	星期一 12/27/21	20 天	20 天
最终检查	星期二 1/25/22	星期一 2/21/22	星期二 1/4/22	星期一 1/31/22	15 天	15 天

案例 13.3：扫描仪项目

你一直担任 Electroscan 公司扫描仪项目的项目经理，现在项目进展顺利。为连锁店董事会编写一份叙事体的状态报告，讨论项目到目前为止的状态（见表 C13.3）和完成时的状态。尽可能具体，使用已经收集的数据和你可能开发的数据。记住，你的受众并不熟悉项目经理和计算机软件人员使用的术语，因此，一些解释可能是必要的。你的报告将根据你对数据的详细使用、你对项目当前状态和未来状态的总体看法以及你建议的变更（如果有的话）进行评估。

表 C13.3 扫描仪项目到目前为止的状态

公司地址：Electroscan, Inc.555 Acorn Street, Suite 5 Boston, Massachusetts				29 店内扫描仪项目（千美元）1 月 1 日时的实际进程				
任务名称	PV	EV		SV	CV	BAC	EAC_f	
扫描仪项目	420	395	476	–25	–81	915	1 103	
H1.0 硬件	92	88	72	–4	16	260	213	
H1.1 硬件规格（DS）	20	20	15	0	5	20	15	
H1.2 硬件设计（DS）	30	30	25	0	5	30	25	
H1.3 硬件文档（DOC）	10	6	5	–4	1	10	8	
H1.4 原型（PD）	2	2	2	0	0	40	40	
H1.5 测试原型（T）	0	0	0	0	0	30	30	
H1.6 订购电路板（PD）	30	30	25	0	5	30	25	
H1.7 准备生产模具（PD）	0	0	0	0	0	100	100	
OP1.0 运行系统	195	150	196	–45	–46	330	431	
OP1.1 内核的规范（DS）	20	20	15	0	5	20	15	
OP1.2 驱动器	45	55	76	10	–21	70	97	
OP1.2.1 磁盘驱动器(DEV)	25	30	45	5	–15	40	60	
OP1.2.2 I/O 驱动器(DEV)	20	25	31	5	–6	30	37	
OP1.3 软件编码	130	75	105	–55	–30	240	336	
OP 1.3.1 软件编码（C）	30	20	40	–10	–20	100	200	

续表

公司地址：Electroscan, Inc.555 Acorn Street, Suite 5 Boston, Massachusetts				29 店内扫描仪项目（千美元）1 月 1 日时的实际进程				
任务名称	PV	EV	AC	SV	CV	BAC	EAC_f	
扫描仪项目	420	395	476	–25	–81	915	1 103	
OP 1.3.2 软件文档（DOC）	45	30	25	–15	5	50	42	
OP 1.3.3 界面编码（C）	55	25	40	–30	–15	60	96	
OP 1.3.4 软件β测试（T）	0	0	0	0	0	30	30	
U 1.0 设施	87	108	148	21	–40	200	274	
U1.1 设施规格（DS）	20	20	15	0	5	20	15	
U1.2 常规设施（DEV）	20	20	35	0	–15	20	35	
U1.3 复杂设施（DEV）	30	60	90	30	–30	100	150	
U1.4 设施文档（DOC）	17	8	8	–9	0	20	20	
U1.5 β测试工具（T）	0	0	0	0	0	40	40	
S1.0 系统集成	46	49	60	3	–11	125	153	
S1.1 体系结构决策（DS）	9	9	7	0	2	10	8	
S1.2 硬件/软件集成（DEV）	25	30	45	5	–15	50	75	
S1.3 系统硬件/软件测试（T）	0	0	0	0	0	20	20	
S1.4 项目文档（DOC）	12	10	8	–2	2	15	12	
S1.5 验收测试集成（T）	0	0	0	0	0	30	30	

附录 13A：附加的挣值规则的应用

本附录学习目标

通过学习本附录内容，你应该能够：

13A-1：应用附加的挣值规则来衡量项目进度。

以下的示例和练习旨在提供应用以下三条挣值规则的实践训练：

- 完成百分比规则。
- 50/50 规则。
- 0/100 规则。

请参阅本章对这些规则的解释。

简化的假设

本章示例和练习中使用的简化假设也将在这里使用。

1. 假设每个成本账户只有一个工作包，每个成本账户将代表网络图上的一项活动。

13A-1：应用附加的挣值规则来衡量项目进度。

2. 项目网络图上的最早开始时间将作为分配基准值的基础。

3．除非使用 0/100 规则或 50/50 规则，或者另有说明，基准值都将线性分配。（注：在实践中，估算成本应“准确”地应用于预期发生的情况，以便进度和成本的绩效测量是有用的和可靠的。）

4．为了演示示例，从一个活动开始的那一刻起，每个时段都会产生一些实际成本，直到该活动完成。

5．当使用 0/100 规则时，活动的总成本在最早完成日期的基准中。

6．当使用 50/50 规则时，总成本的 50%在最早开始日期的基准中，另外的 50%在最早完成日期的基准中。

附录练习

1．根据为开发一个产品保修项目第 1 时段到第 7 时段提供的信息，计算每个时段的 SV、CV、SPI 和 CPI。图 13A.1A 给出的是项目网络图。图 13A.1B 显示的是项目基准，注意使用 0/100（规则 3）和 50/50（规则 2）规则的那些活动。例如，活动 1 使用规则 3（0/100 规则）。虽然最早开始时间是第 0 个时段，但是直到计划完成活动的第 2 时段，预算才加载到时间阶段基准中。同样的程序也用于分配活动 2 和 7 的费用。活动 2 和 7 使用 50/50 规则。因此，每个活动的 50%预算分配在其各自的最早开始日期（活动 2 是第 2 时段，活动 7 是第 11 时段）和另外的 50%分配在各自的最早完成日期。记住，在项目实施时分配挣值，挣值必须随实际时间而变化。例如，如果活动 7 实际上是在第 12 时段而不是在第 11 时段开始的，那么 50%的预算要到第 12 时段才能挣得。

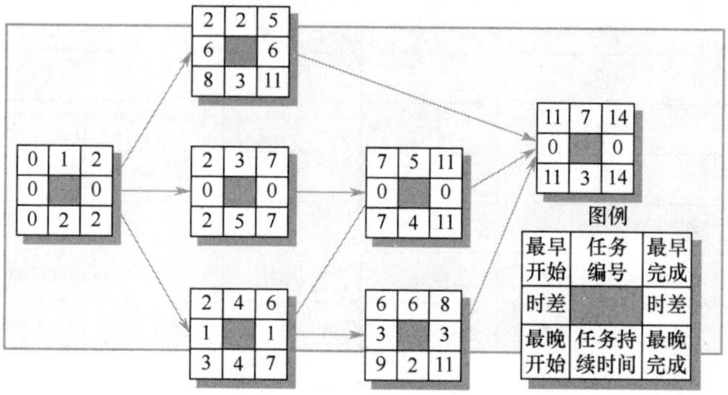

图 13A.1A

进度计划信息							基准预算信息													
							时期													
EV Rule	活动/工作包	任务持续时间	最早开始	最晚完成	时差	总PV	0	1	2	3	4	5	6	7	8	9	10	11	12	13
③	1	2	0	2	0	6		6												
②	2	3	2	11	6	20			10		10									
①	3	5	2	7	0	30			9	6	6	6	3							
①	4	4	2	7	1	20			8	2	5	5								
①	5	4	7	11	0	16								4	4	4	4			
①	6	2	6	11	3	18							9	9						
②	7	3	11	14	0	8												4		4
本时段的总PV							0	6	27	8	21	11	12	13	4	4	4	4	0	4
本时段的累计PV							0	6	33	41	62	73	85	98	102	106	110	114	114	118

规则
1 代表完成100%
2 代表完成50%
3 代表完成0%

图 13A.1B

状态报告：第1时段结束时						
任务	完成百分比	挣值	实际值	计划值	成本偏差	进度偏差
1	0%	—	3	0	—	—
累计总数		—	3	0	—	—
状态报告：第2时段结束时						
任务	完成百分比	挣值	实际值	计划值	成本偏差	进度偏差
1	完成	6	5	—	—	—
累计总数		6	5	—	—	—
状态报告：第3时段结束时						
任务	完成百分比	挣值	实际值	计划值	成本偏差	进度偏差
1	完成	6	5	—	—	—
2	0%	—	5	—	—	—
3	30%	—	7	—	—	—
4	25%	—	5	—	—	—
累计总数		—	22	—	—	—
状态报告：第4时段结束时						
任务	完成百分比	挣值	实际值	计划值	成本偏差	进度偏差
1	完成	6	5	—	—	—
2	0%	—	7	—	—	—
3	50%	—	10	—	—	—
4	50%	—	8	—	—	—
累计总数		—	30	—	—	—
状态报告：第5时段结束时						
任务	完成百分比	挣值	实际值	计划值	成本偏差	进度偏差
1	完成	6	5	—	—	—
2	50%	—	8	—	—	—
3	60%	—	12	—	—	—
4	70%	—	10	—	—	—
累计总数		—	35	—	—	—
状态报告：第6时段结束时						
任务	完成百分比	挣值	实际值	计划值	成本偏差	进度偏差
1	完成	6	5	—	—	—
2	50%	—	10	—	—	—
3	80%	—	16	—	—	—
4	完成	—	15	—	—	—
累计总数		—	46	—	—	—

状态报告：第 7 时段结束时						
任务	完成百分比	挣值	实际值	计划值	成本偏差	进度偏差
1	完成	6	5	—	—	—
2	完成	—	14	—	—	—
3	完成	—	20	—	—	—
4	完成	—	15	—	—	—
5	0%	—	0	—	—	—
6	50%	—	9	—	—	—
累计总数		—	63	—	—	—

时段	进度绩效指标	成本绩效指标	预算成本完成百分比指标
1	—	—	—
2	—	—	—
3	—	—	—
4	—	—	—
5	—	—	—
6	—	—	—
7	—	—	—

SPI = EV/PV
CPI = EV/AC
PCIB = EV/BAC

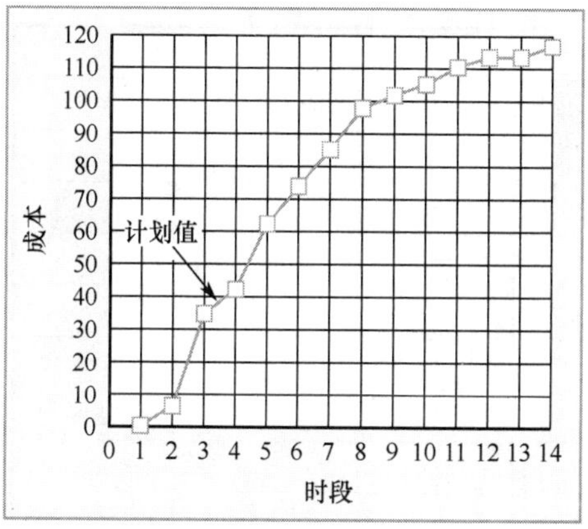

图 13A.1C

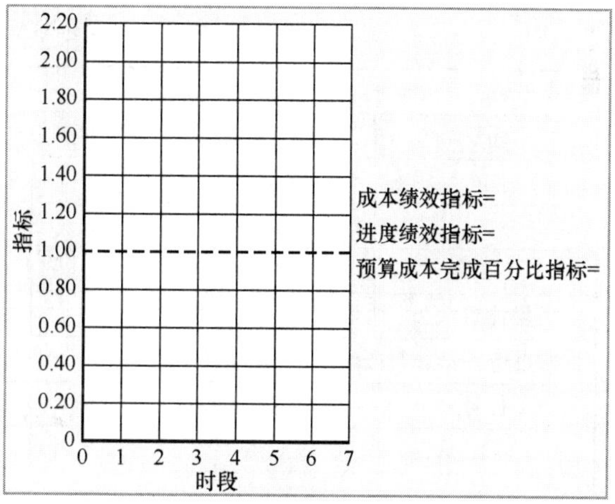

图 13A.1D

2. 根据为第 1 时段到第 5 时段的目录产品退货过程开发项目提供的信息，分配 PV（使用规则）来为项目制定基准。计算每个时段的 SV、CV、SPI 和 CPI。假设 PV 将在活动的持续时间内均匀分布。在第 5 时段结束时，向业主解释你对项目的评估，以及项目在完成时的未来预期状态。

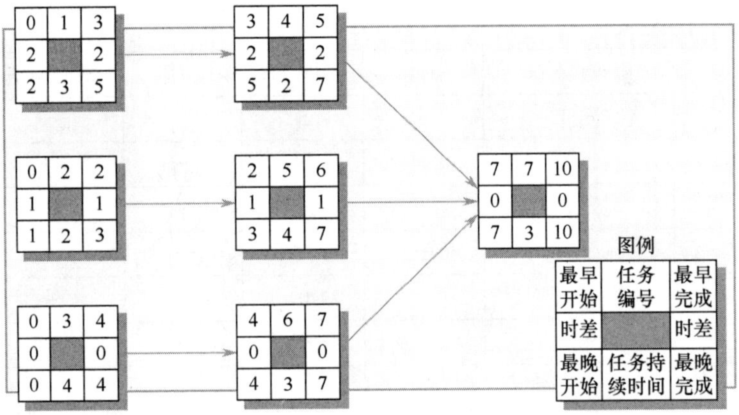

图 13A.2A

进度计划信息							基准预算信息									
							时期									
EV Rule	活动/工作包	任务持续时间	最早开始	最晚完成	时差	总PV	0–1	1–2	2–3	3–4	4–5	5–6	6–7	7–8	8–9	9–10
②	1	3	0	5	2	30										
③	2	2	0	3	1	20										
②	3	4	0	4	0	30										
③	4	2	3	7	2	10										
②	5	4	2	7	1	40										
①	6	3	4	7	0	30										
①	7	3	7	10	0	60										
本时段的总PV																
本时段的累计PV																

规则
1 代表完成100%
2 代表完成50%
3 代表完成0%

图 13A.2B

状态报告：第 1 时段结束时						
任务	完成百分比	挣值	实际值	计划值	成本偏差	进度偏差
1	40%	—	8	—	—	—
2	0%	—	12	—	—	—
3	30%	—	10	—	—	—
累计总数		—	30	—	—	—
状态报告：第 2 时段结束时						
任务	完成百分比	挣值	实际值	计划值	成本偏差	进度偏差
1	80%	—	20	—	—	—
2	完成	—	18	—	—	—
3	50%	—	12	—	—	—
累计总数		—	50	—	—	—
状态报告：第 3 时段结束时						
任务	完成百分比	挣值	实际值	计划值	成本偏差	进度偏差
1	完成	—	27	—	—	—
2	完成	—	18	—	—	—

3	70%	—	15	—	—	—
4	0%	—	5	—	—	—
5	30%	—	8	—	—	—
累计总数		—	73	—	—	—
状态报告：第 4 时段结束时						
任务	完成百分比	挣值	实际值	计划值	成本偏差	进度偏差
1	完成	—	27	—	—	—
2	完成	—	18	—	—	—
3	完成	—	22	—	—	—
4	0%	—	7	—	—	—
5	60%		22	—	—	—
累计总数		—	96	—	—	—
状态报告：第 5 时段结束时						
任务	完成百分比	挣值	实际值	计划值	成本偏差	进度偏差
1	完成	—	27	—	—	—
2	完成	—	18	—	—	—
3	完成	—	22	—	—	—
4	完成	—	8	—	—	—
5	70%	—	24	—	—	—
6	30%	—	10	—	—	—
累计总数		—	109	—	—	—

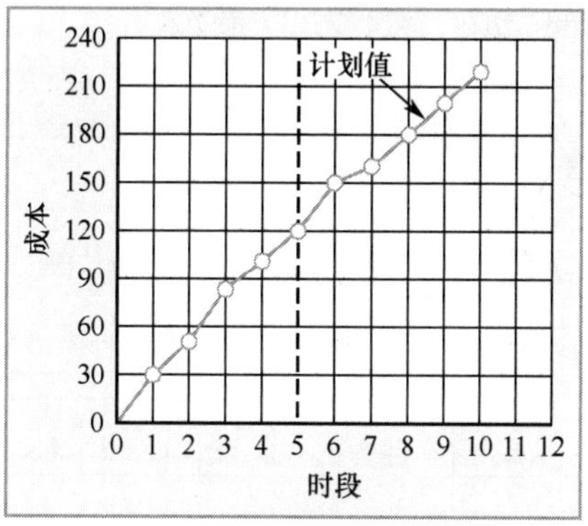

图 13A.2C

时段	进度绩效指标	成本绩效指标	预算成本完成百分比指标
1	—	—	—
2	—	—	—
3	—	—	—
4	—	—	—
5	—	—	—

SPI = EV/PV

CPI = EV/AC

PCIB = EV/BAC

附录 13B：从 MS Project 2010 或 2016 获取项目绩效信息

本附录学习目标

通过学习本附录内容，你应该能够：

13B-1：从 MS Project 2010 或 2016 获取项目绩效信息。

13B-1：从 MS Project 2010 或 2016 获取项目绩效信息。

本附录的目的是说明如何从 MS Project 2010 或 2016 中获得本章中讨论的绩效信息。MS Project 最大的优点之一是它的灵活性。该软件为输入、计算和展示项目信息提供了许多选项。灵活性也是软件最大的弱点，因为有太多的选项，应用软件时可能会陷入无法选择的困惑。我们在此介绍软件的目的是简单点，只提供获取绩效信息的基本步骤。有更远大目标的学生请你们参加软件使用指南的课程学习或参考市场上的许多软件应用的教学参考书。

为了这个练习的目的，我们将使用在本章中介绍的数码相机项目。在这个场景中，项目按照计划在 3 月 1 日开始，今天的日期是 3 月 7 日。截至目前，我们已收到下列有关已完成工作的信息：

- 设计规格花了 2 天时间完成，总成本为 20 美元。
- 机壳和电源花了 3 天时间完成，总成本为 25 美元。
- 内存/软件正在开发进程中，已完成 4 天，还剩 2 天。
- 迄今为止的成本是 100 美元。
- 变焦系统花了 2 天时间完成，成本为 25 美元。
- 所有任务都按时开始。

步骤 1 输入进展信息

我们从甘特图视窗的跟踪表中输入进展信息（单击视图，再单击图表，再单击跟踪）。

表 13B.1A 跟踪表

ID	任务名称	活动开始	活动结束	完成百分比	活动持续时间	剩余持续时间	活动成本/美元	活动工作量
1	数码相机原型机	3/1	未完	61%	6.72 天	4.28 天	170.00	272 小时
2	设计规格	3/1	3/2	100%	2 天	0 天	20.00	32 小时
3	外壳和电源	3/3	3/7	100%	3 天	0 天	25.00	40 小时
4	内存/软件	3/3	未完	67%	4 天	2 天	100.00	160 小时
5	变焦系统	3/3	3/4	100%	2 天	0 天	25.00	40 小时
6	组装	未开	未完	0%	0 天	3 天	0.00	0 小时
7	测试	未开	未完	0%	0 天	2 天	0.00	0 小时

注意，软件会自动计算完成百分比和实际完成百分比、成本和工作量。在某些情况下，如果这些计算与实际发生的情况不一致，你将不得不重写这些计算。请务必进行检查，以

确保该表中的信息是按照你希望的方式显示的。

最后一步是输入当前状态日期（3 月 7 日）。你可以通过单击“项目视窗”来实现，再单击“项目信息”，然后将日期插入状态日期窗口中。

步骤 2 从 MS 中查看进度信息

项目为获取进度信息提供了许多不同的选项。最基本的信息可以从一步到位的流程中获得（单击项目▸单击报告▸单击成本▸单击挣值）。你还可以从甘特图视图中获取此信息（单击视图▸单击图表▸单击更多图表▸单击挣值）。

表 13B.1B　挣值表　　单位：美元

任务编号	任务名称	计划值	挣值	实际成本	进度偏差	成本偏差	完工估算	完工预算	完工偏差
2	设计规格	20.00	20.00	20.00	0.00	0.00	20.00	20.00	0.00
3	外壳和电源	15.00	15.00	25.00	0.00	（10.00）	25.00	15.00	（10.00）
4	内存/软件	100.00	70.00	100.00	（30.00）	（30.00）	153.85	100.00	（53.85）
5	变焦系统	35.00	35.00	25.00	0.00	10.00	25.00	35.00	10.00
6	组装	0.00	0.00	0.00	0.00	0.00	120.00	120.00	0.00
7	测试	0.00	0.00	0.00	0.00	0.00	30.00	30.00	0.00
总和		170.00	140.00	170.00	（30.00）	（30.00）	373.85	320.00	（53.85）

当将该表缩放到 80%时，你可以在一个方便的页面上获得所有基本的 CV、SV 和 VAC 信息。注意：有些版本的 MS Project 使用的是旧的首字母缩写：BCWS = PV；BCWP = EV；ACWP = AC；EAC 是使用 CPI 计算的，即本书中所说的 EAC_f。

步骤 3 查看 CPI 信息

从甘特图视图中获取额外的成本信息，如 CPI 和 TCPI（单击视图▸再单击表▸单击更多表▸单击挣值成本指标，那里会展示下列信息。）

表 13B.1C　挣值成本指标表　　单位：美元

任务编号	任务名称	计划值	挣值	成本偏差	成本偏差/%	费用绩效指标	完工估算	完工预算	完工偏差	TCPI
1	数码相机的原型	170.00	140.00	（30.00）	−21%	0.82	320.00	373.85	（53.85）	1.2
2	设计规格	20.00	20.00	0.00	0%	1	20.00	20.00	0.00	
3	外壳和电源	15.00	15.00	（10.00）	−66%	0.6	15.00	25.00	（10.00）	
4	内存/软件	100.00	70.00	（30.00）	−42%	0.7	100.00	153.85	（53.85）	
5	变焦系统	35.00	35.00	10.00	28%	1.4	35.00	25.00	10.00	
6	组装	0.00	0.00	0.00	0%	0	120.00	120.00	0.00	
7	测试	0.00	0.00	0.00	0%	0	30.00	30.00	0.00	

注意：对于 MS Project 2007 的用户，除可以直接从“甘特视图”访问“图表”选项外，其他指令是非常相似的。

步骤 4 访问 SPI 信息

从甘特图视图中获取额外的进度信息，如 SPI（单击视图▸再单击表▸单击更多表▸单击挣值进度计划指标，那里会展示下列信息。）

表 13B.1D　挣值进度指标表　　单位：美元

任务编号	任务名称	计划值	挣值	进度偏差	进度偏差%	进度绩效指标
1	数码相机的原型	170.00	140.00	（30.00）	-18%	0.82
2	设计规格	20.00	20.00	0.00	0%	1
3	外壳和电源	15.00	15.00	0.00	0%	1
4	内存/软件	100.00	70.00	（30.00）	-30%	0.7
5	变焦系统	35.00	35.00	0.00	0%	1
6	组装	0.00	0.00	0.00	0%	0
7	测试	0.00	0.00	0.00	0%	0

步骤 5 创建跟踪甘特图

只需单击任务栏，就可以创建跟踪甘特图。

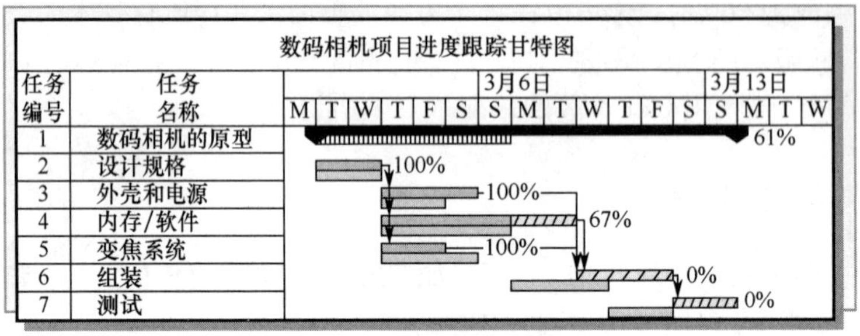

图 13B.1E　进度跟踪甘特图

第 14 章

项目收尾

Project Closure

本章学习目标

通过学习本章内容，你应该能够：

14-1　识别不同类型的项目收尾。

14-2　了解项目收尾活动的若干难点。

14-3　解释项目审计的重要性。

14-4　知道如何利用项目回顾活动来获取经验教训。

14-5　评估项目管理成熟度等级。

14-6　为项目团队绩效评估提供有用的建议。

14-7　为项目团队成员绩效评估提供有用的建议。

本章概览

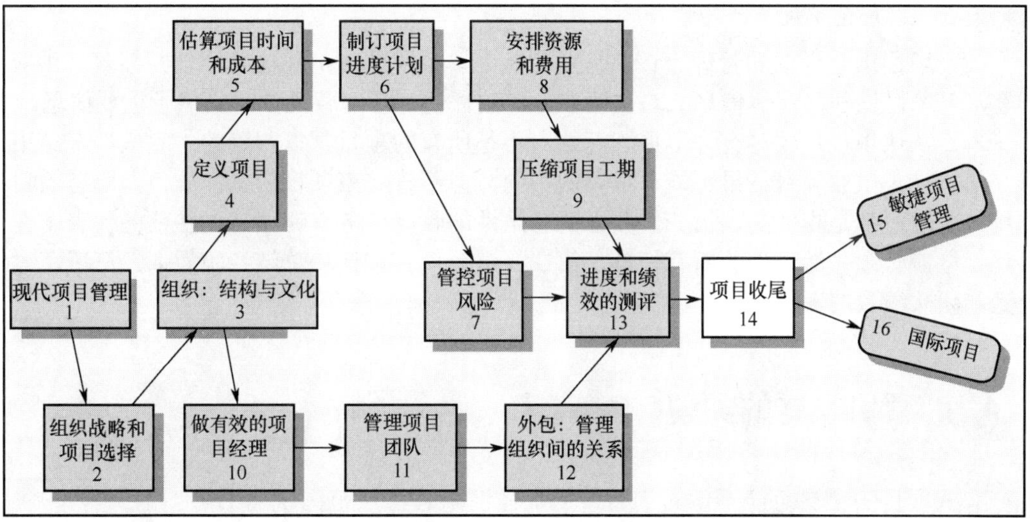

忘记过去的人注定要重蹈覆辙。

——*乔治·桑塔亚那*（George Santayana），1863—1952

每个项目最终都会结束。但是有多少项目参与者对项目收尾感到兴奋呢？可交付成果已经完成，项目成果所有权可以转让了。每个人的注意力都集中在下一个项目上：希望是一个新的、令人兴奋的项目。小心管理收尾阶段，它与项目的其他阶段一样重要。经验告诉我们，能做好项目收尾的组织定会蓬勃发展。那些不这么做的组织，往往会把项目拖得很长，一遍又一遍地重复同样的错误。项目收尾包括大量令人生畏的任务。在过去以及在小型项目中，项目经理负责监督所有任务都完成且文档齐全并签字交付。现在已不再如此。在当今的项目驱动型组织中，许多项目同时发生，完成收尾任务的责任已经分解到项目经理、项目团队、项目办公室、合同管理办公室、人力资源部以及其他相关人员和部门。许多任务重叠，同时发生，需要这些利益相关者之间的协调和合作。

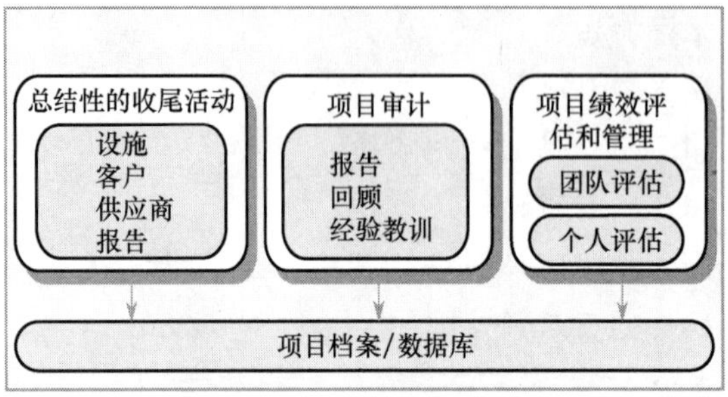

图 14.1　项目收尾的主要可交付成果

项目收尾的三个主要可交付成果如下（见图 14.1）。

（1）总结性的收尾活动。主要的总结任务是确保项目成果被客户批准和接受。其他总结活动包括关闭账户，支付尾款，重新分配设备和人员，为项目人员推荐新的工作机会，关闭设施，并发布最终报告。收尾检查清单被广泛使用以确保收尾任务不被遗忘。在许多组织中，大部分收尾工作都是由项目办公室与项目经理协调完成的。最终报告的撰写通常分配给一名项目办公室的工作人员，他收集来自所有利益相关者的信息。在较小的组织和较小的项目中，这些收尾活动留给项目经理和团队。

（2）项目审计。审计是对项目是否成功的项目后评估。它们包括因果分析和全面的项目回顾，以提炼出经验教训。这些项目后评估应该与团队和关键利益相关者一起进行，以发现遗漏的问题或差距。

（3）项目绩效评估和管理。评估包括团队、单个团队成员和项目经理的绩效。供应商和客户可以提供外部评估信息。对主要参与者的评估为未来管理项目提供了重要信息。

本章从认识项目收尾有许多原因开始。不是所有的项目都以明确的“完成”来结束并移交给客户。虽然项目结果可能有很大的不同，但不管结束项目的条件如何，所有项目的收尾一般过程都是相似的。第一，要弄清总结性的收尾任务有哪些。这些任务代表了在项目终止之前必须“清理”的所有任务。第二，进行项目审计和总结经验教训。第三，讨论个人和团队绩效的评价。

14.1　项目收尾的类型

> **14-1：**识别不同类型的项目收尾。

有些项目的结局可能不像人们希望的那样清晰。虽然范围说明书可以为项目定义一个明确的结尾，但实际的结尾可能是一致的，也可能是不一致的。幸运的是，大多数项目都有一个明确定义的结局。合规的项目审查将确定项目的结局与计划有什么不同。项目收尾的类型有如下几种。

（1）**正常类项目的收尾**。项目收尾最常见的情况是完成了一个项目。对于许多开发项目来说，最终阶段包括将最终版本的设计成果移交给生产部门，并制造了新产品或增添了新的服务业务。对于其他内部 IT 项目，例如系统升级或开发新的库存控制系统，当输出的成果被合并到正在运行的企业操作系统中时，项目就结束了。此类项目在实施过程中也可能会发生一些范围、成本和进度方面的调整。

（2）**提前结束类项目的收尾**。对于少数项目，项目可能会因为部分项目任务被取消而提前结束。例如，在一个新产品开发项目中，市场经理可能会在没有完成测试的条件下就坚持开始生产：

"现在就把新产品给我，就这样。早进入市场就意味着大利润！我知道我们可以卖出很多。如果我们现在不这样做，就失去了机会！"

完成这个项目并把它送到生产部门的压力很大。在屈服于这种形式的压力之前，高级管理层和所有利益相关者应仔细审查和评估与该决定相关的影响和风险。好处往往是虚幻的、危险的，而且风险很大。

（3）**没完没了类项目的收尾**。有些项目似乎永远不会结束。这类项目的主要特征是持续不断地"添加工作内容"，这表明项目范围构思一直模糊不清。例如，罗纳德 • 里根总统在 1984 年发起了战略防御计划（Strategic Defense Initiative，SDI）。30 多年后，创建"星球大战（Star Wars）"防御系统的许多技术难题仍在解决中。大多数专家承认，他们不知道什么时候这样一个系统才会足够强大，可以部署。在某些时候，审查小组应该建议结束这类项目或启动另一个项目。例如，向旧项目中添加一个新特性可以替换项目中似乎是没完没了的部分。

（4）**失败类项目的收尾**。失败的项目通常很容易识别，也很容易让评审小组关闭。但是，应尽一切努力就终止项目的技术（或其他）原因进行沟通；在任何情况下，项目参与者都不应该因为参与了一个失败的项目而感到尴尬。许多项目失败是因为项目团队无法控制的情况。请参见生活快照 14.1，了解对取消项目的新奇回应。

生活快照 14.1："守灵"（守灵是为逝者举行的聚会，通常会饮酒）

20 世纪 80 年代末，萨莉（Sally）在一家高科技电子公司担任项目经理。该公司使用"气泡墨水"技术来开发价格合理的彩色打印机。

莎莉领导的一个团队负责将打印机高昂的成本削减一半。如果成功，将获得可观的奖金，而且在产品投入生产时，几名团队成员将获得关键职位。该团队克服了几个困难的技术挑战，并顺利地实现了他们的目标，但项目被取消了。高层管理人员在一次贸易展览会上发现，几个竞争对手即将推出喷墨打印机，其成本是莎莉团队正在开发的打印机价格的 1/3。

萨莉会对她的团队成员说什么呢？他们工作很努力，对这个项目期望很高。她知道他们会崩溃的。莎莉知道她必须做些什么来帮助他们面对这痛苦的失望。所以她决定为这个项目举行传统的爱尔兰"守灵"仪式。她说服管理人员租了一台挖土机，在他们办公室的后院挖了一个坟墓，并买了一口真正的棺材。在她和其他成员就这个项目发表了简短的悼词之后，每个成员都从这个项目中拿出了一些东西放到了棺材里。对团队成员来说，这就是一个打印机原型；对另一些人来说，这只是一个备忘录或一个计划。团队成员一个接一个地在棺材里放了点私人物品。棺木下葬后，团队成员来到当地的一家酒吧，喝着酒，哭着，分享他们已经完成工作的美好回忆。

"守灵"成为公司的传说，团队成员仍然在嘲笑这一经历。

（5）改变优先级类项目的收尾。组织的优先级经常改变，战略方向也会改变。例如，在 2008—2010 年的金融危机期间，组织将他们的重点从赚钱的项目转向节约成本的项目。监督小组不断修改项目选择的优先级标准，以反映组织方向的变化。因此，一个项目可能以高优先级开始，但在项目生命周期中，随着条件的变化，它的级别会下降。当优先级发生变化时，可能需要更改或取消正在进行的项目。

不同类型的项目终止存在各自独特的问题。为了适应面临的项目终止类型，你可能需要对通用的收尾过程进行一些调整。

14.2 总结性的收尾活动

14-2：了解项目收尾活动的若干难点。

项目经理和团队成员的主要挑战已经结束。让项目经理和项目参与者去完成项目收尾所必需的零碎工作通常是很困难的。就好像派对结束了，现在谁来帮忙清扫现场？大部分工作都是平凡而乏味的。缺少动力可能是主要的挑战。例如，项目专业人士认为核算设备和完成最终报告是枯燥的行政任务，他们是行动导向的人。

项目经理的挑战是让项目团队专注于剩余的项目活动并交付给客户，直到项目完成。尽早就收尾和评审计划进行沟通，并制定进度安排，让项目团队：①接受项目将结束的心理事实；②准备继续前进。理想的情况是，当项目宣布完成时，每个团队成员都准备好了下一个任务。项目经理需要小心地保持他们完成项目的热情，并让人们对截止日期负责，在项目的最后阶段，很容易出现拖延问题。

项目收尾通常包括以下六项主要活动。

（1）从客户那里获得交付验收。

（2）关闭资源并将其释放给新的项目。

（3）重新分配项目团队成员。

（4）关闭账户，确保所有账单都付清。

（5）将项目移交给客户。

（6）编写项目最终报告。

管理项目收尾的细节可能是令人生畏的。一些组织有超过 100 个总结任务的清单！这些清单处理收尾细节，如设施、团队、员工、客户、供应商和项目本身。表 14.1 列出了部分收尾清单。

表 14.1 总结性收尾任务清单

	任务	完成状态：是/否
	团队	
1	是否制订并接受了减少项目人员的计划？	
2	员工是否被从本项目中释放或接到新任务的通知？	
3	是否对团队成员进行了绩效评估？	
4	有否为员工提供了新职业介绍服务及职业辅导活动？	
	供应商/承包商	
5	是否对所有供应商进行了绩效评估？	
6	项目账号是否已关闭，所有账单是否已结清？	
	客户/用户	
7	客户是否已经签收了交付的产品？	
8	是否与客户进行了深入的项目评审和评估面谈？	
9	是否与客户进行了面谈，以评估了他们对可交付成果的满意度？客户对项目团队的满意度？对供应商的满意度？对培训的满意度？对支持服务的满意度？对成果维护的满意度？	
	设备和设施	
10	项目资源是否已向其他项目转移？	
11	租赁合同或设备租赁协议是否已关闭？	
12	是否已确定了收尾评审验收的日期并通知了利益相关者？	
	对任何你觉得需要解释的任务附上评论或链接	

让客户接受交付是一项重要且关键的收尾活动。有一些项目向客户交付是很简单的，但有些项目交付则更为复杂和困难。理想情况是应该没有意外。这需要良好地定义范围和建立有效的客户参与的变更管理系统。用户参与是接受的关键（参见生活快照 14.2）。

生活快照 14.2：光滑均匀的 NBA 新球

2006 年 10 月 31 日，美国国家篮球协会（National Basketball Association, NBA）以新的官方比赛用球开始了它的第 57 个赛季。新球由斯伯丁（Spalding）公司制造，采用了新的设计和新的材料，被认为比之前的皮革球提供更好的抓地力、手感和平滑度。该材料为带水分管理的超细纤维复合材料，提供了卓越的抓地力和贯穿整场比赛过程的感觉。此外，新的复合材料消除了皮革篮球需要的磨合时间，实现了换球时的一致平滑度。

NBA 和斯伯丁公司对这种球进行了严格的评估，包括实验室和场上测试过程。每个 NBA 球队都收到了新球，并有机会在训练时使用它。该球还在 NBA 夏季发展联盟比赛中进行了测试。

在宣布由皮革球转换为超细纤维球的新闻发布会上，NBA 总裁大卫·斯特恩（David Stern）宣称："斯伯丁公司在新比赛用球上的进步确保了世界上最好的篮球运动员将用世界上最好的篮球进行比赛。”

动物保护组织对这种从皮革向超细纤维的转变表示欢迎。但对于真正使用新球的球员来说，情况并非如此。当训练营在 10 月份开始时，抱怨之声立即出现。华盛顿奇才队后卫吉尔伯特·阿里纳斯（Gilbert Arenas）说，即使接触到少量的汗水，新篮球也会“变得很滑”。迈阿密热火队中锋沙奎尔·奥尼尔（Shaquille O'Neil）说：“这感觉就像你在玩具店买的廉价球。”

一些球员，包括联盟最有价值球员史蒂夫·纳什（Steve Nash），开始抱怨新球在他们手上造成了小伤口。“这太可怕了（摩擦烧伤），就像刺激物……有时我甚至不得不在练习时用胶带粘住手指。”克利夫兰骑士队的勒布朗·詹姆斯（LeBron James）说：“你可以改变着装，使我们的短裤更短，但是你夺走了我们的篮球，这不是我们能承受的转变。”也许这就是对NBA联盟管理层引入新球时球员态度的最好总结。

照片来源：Ingram Publishing/Alamy Stock Photo

2006 年 12 月 1 日，赛季开始四周后，NBA 球员工会提出了一项不公平的劳动实践诉讼，因为联盟管理层在没有征求球员意见的情况下改用了新球。10 天后，NBA 宣布他们将从 2007 年 1 月 1 日开始使用旧篮球。总裁大卫·斯特恩在一份简短的声明中说：“我们的球员对这个特殊的复合球的反应非常消极，我们正在采取相应的行动。”

未能与球员（最终用户）确认并购买新篮球受到了媒体的强烈批评。洛杉矶的品牌专家罗伯·弗兰克尔（Rob Frankel）在接受彭博新闻社采访时表示：“他们是怎么做到的，而且没有经过球员试用，太令人惊讶了，这是他们无能的表现。”

项目经理并不总是对收尾过程的所有方面负责。在许多组织中，账目和账单由合同办公室处理，资源的重新分配由公司的项目管理办公室管理，纠纷由律师处理。有时会引入新的经理来收尾项目。他们专注于客户关系和/或关注细节，在他们的组织中通常被称为“终结者”。

在项目开始前，应确定完成和移交项目的条件。已完成的软件项目就是需要提前确定细节的很好示例。如果用户在使用软件时遇到问题，客户是否会扣留最终付款？谁负责支持和培训用户？如果事先没有明确规定这些条件，获得交付验收可能会很麻烦。

对于已经外包的项目，另一种交付策略（在第 7 章中简要提到）称为建设、拥有、运营和移交（Build，Own，Operate and Transfer，BOOT）。在这种类型的项目中，承包商在一段时间内建造、拥有并运营项目可交付成果。例如，哈里伯顿公司（Haliburton）将运营一个水力发电厂 6 个月，然后再将运营权移交给印度同行。在这段时间内，所有的缺陷都被解决了，交付的条件也得到了满足。同样，在项目开始之前需要仔细设定交付条件，如果没有，总结活动可能要涉及一些对业主的运营培训。项目团队的解散通常在收尾阶段逐步进行。对于一些人来说，在项目交付给客户或用户之前，他们负责的活动早已结束。对这些参与者的重新分配需要在最终完成日期之前进行。对于剩下的团队成员（全职或兼职），终止可能是将他们派往一个新项目或返回他们的职能工作岗位。有时，在产品开发工作中，团队成员被分配到操作岗位，并在新产品的生产中发挥积极作用。对于合同人员来说，这可能意味着他们派遣到本项目的任务已经结束，在某些情况下可能会有后续工作或用户支持性服务的可能性。可以向用户组织推荐少数兼职参与者去培训用户或运行维护新设备或新系统。

由于许多工作发票是在项目正式结束后才提交的，所以关闭合同通常是混乱的，并且充满了无法结束的任务。例如，不可能将所有的发票都开票、入账和付款。此外，当使用承包商时，需要核实所有承包的工作都已经完成。保存好合同记录，如进展报告、发票、变更记录和付款记录，在合规审查或诉讼发生时，这些记录是很重要的。为了匆忙地赶在最后期限前完成工作，文书工作和记录工作往往会被忽视，而当最后要完成文档工作时，就会带来一些令人头疼的问题。

还有更多的总结活动，完成所有这些总结活动是很重要的。经验一次又一次地证明，不把所有的小收尾工作做好，以后就会产生大问题。附录 14A 给出了弗吉尼亚州使用的收尾清单的例子。

最后一个总结活动是某种形式的庆祝活动。对于成功的项目来说，一场欢快的庆典为每个人都有过的愉快经历画上了句号，也让大家有了道别的必要。庆祝活动是一个表彰项目利益相关者所付出努力的机会。即使项目没有达到它的目标，也要确认所涉及的工作成果和已经达到的目标。如果项目成功了，邀请所有对项目成功有贡献的人一起庆祝，感谢团队和每一个人的付出。庆祝活动的精神应该是，项目利益相关者的出色工作得到感谢，并带着良好的成就感离开。

14.3 项目审计

> 14-3：解释项目审计的重要性。

项目审计不仅仅是第 13 章中建议的关于项目绩效的状态报告。项目审计使用实际绩效测量和预测数据的比较，而且更具包容性。项目审计不仅要检查项目是否成功，还要审查项目被选中的原因。项目审计包括重新评估项目在组织优先事项中的作用。项目审计包括对组织文化的检查，以确保文化与所实施项目类型的匹配。审计还要评估项目团队是否运转良好，是否配备了适当的人员。审计可以提出建议，并阐明有哪些经验教训。

项目审计可以在项目进行期间和项目完成后进行。这些审计之间只有两个细微的区别：

（1）项目过程审计。如果需要的话，项目可以在项目早期进行审计，允许对已审计的项目或其他正在进行的项目进行纠正变更。项目过程审计集中于项目的进展和绩效，并检查条件是否发生了变化。例如，优先级改变了吗？项目是否仍然与组织使命相关？在某些情况下，审计报告可能会建议关闭项目或对项目范围做重大调整。

（2）项目后审计。这些审计往往包括比项目过程审计更多的细节和深度。对已完成项目的审计强调为改进未来项目的管理服务。这些审计比项目过程审计更注重长期性。项目后审计对项目绩效进行检查，而且审计代表了对项目在组织中作用的更为广阔的视角。例如，声称的战略利益是否真的实现了？

项目审计的深度和细节取决于许多因素。其中一些如表 14.1 所示。由于审计需要花费时间和金钱，它们不应超过必要和充分的时间或资源。早期的项目过程审计往往是敷衍了事，除非已经发现了严重的问题。当然，如果已经发现了严重问题，审计就会进行得更详细些。因为项目过程审核可能会对项目团队造成困扰和破坏，所以必须小心保护项目团队的士气。审计应快速进行，报告应尽可能积极和有建设性。项目后审计更加详细和宽泛，需要更多的项目团队投入。

总之，为审计做计划并限定审计的时间。例如，在项目后审计中，除了非常大的项目，一周的限制是一个很好的基准。超过一周，额外信息的边际收益会迅速减少。小型项目可能只需要一到两天的时间和一到两个人来进行审计。

优先级团队在选择项目和监控绩效（成本和时间）方面运作良好。然而，审查和评估项目以及管理项目的过程通常委托给独立的审计小组。每个审计组负责评估和审查与项目有关的所有因素，为管理未来项目服务。项目审计的结果是一份报告。

14.3.1 项目审计过程

在进行项目审计之前，应该注意以下指导方针，这将提高审计成功的概率。

（1）首先，项目审计的理念必须是，项目审计不是政治迫害。

（2）应该尽量减少对参与项目的个人或团体的评论。关注项目问题，而不是发生了什么或谁做了什么。

（3）审计活动应该对人们的情绪和反应高度敏感。对被评估者的固有威胁应尽可能减少。

（4）数据的准确性应该是可以证实的，或者对主观的、判断的或道听途说的数据都进行了标注。

（5）高级管理层应该宣布对项目审计的支持，并理解审计组可以使用项目所有信息，可以拜访所有项目参与者和（在大多数情况下）项目客户。

（6）对项目审计及其后果的态度取决于审计领导和审计小组的工作方式。目的不是起诉。目的是从曾经发生的错误中学习，并把它当作有价值的组织资源保存起来。友好、将心比心和客观性可鼓励合作，减少焦虑。

（7）审计工作应在合理的情况下尽快完成。

考虑到这些指导方针，项目审计过程可以简单地分为三个步骤：启动和人员配置、数据收集和分析，以及形成审计报告。接下来将简要讨论每一步。

1. 步骤 1：启动和人员配置

审计过程的启动主要取决于组织规模和项目规模，以及其他因素。在小组织和小项目中，所有层级间的面对面接触是普遍的，审计可能是非正式的，仅仅代表另一个工作人员会议。但即使在这些环境中，也应该检查和涵盖正式项目审计的内容，并记录吸取的经验教训。在项目较少的中型组织中，审计可能由具有项目管理经验的管理人员进行。在拥有许多项目的大公司或组织中，审计是在项目办公室的职权范围内进行的。

项目审计的一个主要原则是，审计结果必须代表独立的、项目外部的观点。保持独立性和客观视角是困难的，因为项目利益相关者经常认为审计是消极的。即使在容忍错误的组织中，职业生涯和声誉也会受到损害。在不太宽容的组织中，错误可能导致停职或被派遣到组织中不太重要的位置。当然，如果审计的结果是有利的，可以提高职位和声誉。由于项目审计容易受到内部政治的影响，一些组织依赖外部咨询公司进行审计。

2．步骤 2：数据收集和分析

每个组织和项目都是独一无二的。因此，具体收集的信息种类取决于行业、项目规模、技术的新颖性和项目经验。这些因素会影响审计的性质。然而，收集信息和数据可以回答类似以下的问题。

（1）组织评审方面的问题：

① 对于这种类型的项目，组织文化是否支持和正确？为什么是？为什么不？

② 高级管理层的支持是否足够？

③ 这个项目达到预期目标了吗？

④ 是否对项目的风险进行了适当的识别和评估？是否使用了应急计划？计划适合现实吗？是否发生了影响大于预期的风险事件？

⑤ 这个项目是否分配了合适的人员和专家？

⑥ 外部承包商的评估表明了什么？

⑦ 项目启用和移交是否成功？为什么？客户满意吗？

（2）项目团队评审方面的问题：

① 项目计划和控制系统是否适合这种类型的项目？所有类似规模和类型的项目都应该使用这些系统吗？为什么适合或为什么不适合？

② 这个项目符合计划吗？项目是否超出或低于预算和进度计划？为什么？

③ 与项目利益相关者的界面管理和沟通管理是否合适和有效？

④ 项目团队是否有足够的途径获得组织资源（人员、预算、支持群体、设备）？是否与其他正在进行的项目存在资源冲突？

⑤ 团队管理得好吗？是正面面对问题，而不是有意回避问题？

审计组不应该仅局限于这些问题，还应该包括与组织和项目类型相关的其他问题，例如，研究和开发、市场营销、信息系统、办公建筑物或设施。前面的一般性问题虽然有重叠，但代表了一个很好的起点，将有助于确定项目问题和成功模式。

3．步骤 3：形成审计报告

审计报告的主要目标是改善未来项目的管理方式。简单地说，报告试图捕捉需要的变化和从当前或已完成的项目中吸取的教训。该报告可作为未来项目的项目经理们的培训材料。

审计报告需要根据具体的项目和组织环境进行调整。不过，所有审计的通用格式可开发成一个审计数据库和一个共同大纲，为编写审计报告的人员和阅读审计报告并根据其内容采取行动的管理人员提供帮助。在实践中发现的一个非常通用的大纲如下：

（1）分类。根据特点对项目进行分类，使潜在的读者和项目经理在使用报告内容时可以有选择性。典型的类别包括：

- 项目类型。比如产品开发项目、营销项目、系统开发项目、建筑项目。
- 项目规模与投资大小。
- 工作人员数量。
- 技术等级（低、中、高、新）。
- 战略性项目或支持性项目。应包括与该组织有关的其他分类。

（2）分析。分析部分包括项目管理内容的简洁的、实际检查的陈述，例如：

- 范围目标。用于评价范围的标准和用于满足完成标准的证据。
- 质量目标。用于评估项目和产品/服务质量的标准以及不能满足标准产生差异的原因。
- 成本目标。包括可接受的成本范围、实际成本和任何成本偏差的原因。
- 进度目标。包括里程碑完成日期的验证和偏差的原因。
- 总结项目中遇到的风险和问题，以及如何处理这些风险和问题。
- 取得的成果，包括对最终产品、服务或结果如何满足选择过程中确定的商务需求的评估。

（3）建议。通常审计建议代表应该采取的主要纠正措施。审计建议通常是技术性的，关注对已出现问题的解决方案。例如，为了避免返工，建筑项目的报告建议改用弹性更强的建筑材料。在其他情况下，建议可能包括终止或维持供应商或承包商关系。

（4）经验教训。这些并不一定要以推荐的形式出现。吸取的教训可以提醒我们容易避免的错误，吸取的经验可以提醒我们容易采取的行动，从而确保成功。在实践中，新的项目团队查阅过去类似于他们将要开始项目的审计报告，可发现这种审计报告的重要参考价值。团队成员随后会经常评论："这些建议是好的，而且'学到的经验教训'部分确实帮助我们避免了许多陷阱，并使我们的项目执行得更加顺利。"正是由于这个原因，以项目回顾的形式获得的经验教训获得了更大的重视，并值得进一步讨论，参见生活快照 14.3。

生活快照 14.3：鹰爪行动

1979 年 11 月 4 日，一群伊朗人袭击了美国大使馆，劫持了 52 名美国人作为人质。在 6 个月的协商失败后，为解救人质而展开的联合军事行动"鹰爪行动"（Operation Eagle Claw）终于获得了批准。

该计划要求八架海军 RH-53D 直升机飞行 600 英里到达伊朗一个代号为"沙漠一号"的偏远地点。在夜幕的掩护下，直升机将由 KC-130 加油机加油。然后，直升机将带着突击队员飞到德黑兰郊区的一个地点，在那里他们将会见已经在伊朗的特工。特工们会把他们带到一个安全的房子里，等待第二天晚上对大使馆的突袭。在营救人质后，突击队员将护送他们到附近的一个机场，那里已经由第二突击队保护，他们将被空运到安全的地方。

实际发生的事情与计划的大不相同。

直升机飞行员被命令在 200 英尺或以下飞行以避开雷达。这导致他们要通过"哈布沙暴"或沙尘暴。两架直升机发生故障，掉头返回。其余的人与沙尘暴做斗争，晚了一小时才到达"沙漠一号"。当第三架直升机被发现液压泄漏无法操作时，救援行动受到了最后的打击。只有五架飞机可用，但这次行动至少需要六架，因此任务不得不中止。当其中一架直升机准备加油时，与一架 KC-130 飞机相撞，情况变得更糟。两架飞机都起火了。总共有 8 名士兵死亡，数十人受伤。伊朗人随后将人质分散在全国各地，使得任何进一步的营救尝试都不可能。

鉴于情况的严重性，参谋长联席会议任命了一个特别六人委员会对该项目进行审查。他们发现了一些导致失败的问题。

其中一个问题是机组人员的选择。考虑到这项任务的重要性，每个军人都希望参与其中。尽管有 100 多名经验丰富的空军飞行员可供选择，但在远程陆上导航或加油方面缺乏经验的海军和海军陆战队飞行员被选中。另一个问题是缺乏全面的任务演练计划。从一开始，演练就没有以真正联合的方式进行；它被划分为不同的服务，在美国不同的地方举行。进行的有限演练只评估了整个任务的一部分。

委员会得出的结论是，为了保证完成任务所需的至少 6 架直升机，应该派遣 10 架或 12 架直升机。最后，对跳房子游戏式的地面加油方法进行了批评。如果规划者选择在途中加油，整个“沙漠一号”的场景就可以避免。最终报告中包含了几项重要的经验教训，这些经验教训有助于后来任务的成功，包括 2011 年针对奥萨马•本•拉登（Osama bin Laden）的任务。

（5）合同附件。附件可能包括备份数据或分析细节，以便其他人参考。附件不得作为各种文件的“填埋场”，只应附上关键的、相关的信息。

14.3.2　项目回顾

> 14-4：知道如何利用项目回顾活动来获取经验教训。

“回顾”一词是指在确定项目经验教训方面所做的具体努力。支持者认为，传统的审计过程过于关注项目的成功和评估，这妨碍了重要经验教训的显化和转移。他们提倡用独立的工作来总结经验教训。在许多方面，这种工作反映了审计过程。在通常情况下，一位独立的、训练有素的回顾会议主持人领导项目团队分析进展良好的项目活动和需要改进的地方，以及制订具有目标和责任的后续行动计划。这个主持人可能来自项目办公室，也可能是外部顾问。无论这个人来自哪里，她被认为是独立和公正的，这是至关重要的。

在回顾性方法中，主持人使用几份调查问卷来进行项目后审计。这些调查问卷不仅关注项目的操作过程，还关注组织文化如何影响项目的成功和失败。表 14.2 提供了前者的样本，表 14.3 提供了后者的样本。

表 14.2　项目过程评审问卷

	问　题	注　释
1	项目目标和项目的战略意图是否已经清楚和明确地传达了？	
2	目标和战略是否一致？	
3	是否已经识别了项目利益相关者并将他们包含在计划中？	
4	这个项目的资源是否充足？	

续表

	问题	注释
5	拥有正确技能的人分配到这个项目中了吗？	
6	时间估计是否合理和可行？	
7	项目开始前是否对项目的风险进行了适当的识别和评估？	
8	已有项目过程和实践经验是否适合这种类型的项目？类似规模和类型的项目是否应该使用这些系统？为什么使用/不使用？	
9	外部承包商的表现是否符合预期？解释一下	
10	所有利益相关者之间的沟通方法是否适当和令人满意？解释一下	
11	客户对项目产品是否满意？	
12	客户是否正按照预期使用项目可交付成果？他们满意吗？	
13	项目目标达到了吗？	
14	利益相关者是否对满足他们的战略意图方面感到满意？	
15	客户或发起人是否接受了一份正式的声明，用以证明已经满足了项目章程和范围的条款？	
16	是否都满足了进度、预算和范围标准？	
17	是否有什么重要的方面需要评审和改进？你能找出原因吗？	

表 14.3　组织文化评审问卷

	问　　题	注　　释
1	组织文化是否支持这种类型的项目？	
2	高级管理层的支持是否足够？	
3	拥有正确技能的人被分配到这个项目中了吗？	
4	项目办公室是否帮助或阻碍了项目管理？解释一下	
5	团队是否有权使用组织的资源（人员、资金、设备）？	
6	这个项目的培训是否足够？解释一下	
7	从早期项目中学到的经验教训有用吗？为什么有用？在哪用了？	
8	项目是否与组织目标有明确的联系？解释一下	
9	项目员工是否得到了新的合理安排？	
10	人力资源办公室在为本项目员工寻找新工作时有帮助吗？发表评论	

有了调查信息，主持人一对一地访问项目团队成员、项目经理和其他利益相关者，以深入研究因果关系的影响。例如，主持人可能会发现，团队之间缺乏及时决策和协调能力差的主要原因之一是，团队成员被太多的信息轰炸，很难区分哪些是关键的，哪些是可以忽略的。

有了从一对一会议和其他来源收集的信息，主持人召开了一次团队回顾会议。会议首先审查主持人的报告，并尝试添加关键信息。因此，对于信息超载的问题，团队成员发现不仅没有标记关键信息，而且为了以防万一，倾向于“抄送”每个人。主持人与团队合作开发了一个系统，该系统不仅对信息进行优先排序，而且还根据谁需要接收信息来进行发送。

每个经验总结都有一个负责人，通常是一个对经验非常感兴趣和熟悉的团队成员。该团队成员/负责人将作为任何需要与经验相关信息（专业知识、联络方式、模板等）的联系人。这个人经常向组织内更多的听众报告从集体智慧中受益的经验教训。

不仅要有联系人，而且要以一种其他人可以访问和使用的方式记录和存档所总结的经验教训。许多组织创建了用于存储历史信息的经验教训知识库。这些知识库使用时尚的搜索引擎，允许其他人快速分类并访问特定于他们需要的经验教训。如果做不到这一点，那这个系统就是一个低价值的无用系统。

14.4 项目审计报告

14-5：评估项目管理成熟度等级。

单独的审计或项目后回顾可以产生有价值的经验教训和建议，团队成员可以将其应用到未来的项目工作中。当在一致的基础上进行项目工作时，他们可以使组织用于完成项目的过程和技术得到显著改进。从组织角度的观点来看，更全面的观点是使用项目成熟度模型。所有成熟度模型（有许多可用的模型）的目的是使组织能够评估他们在实现行业最佳实践方面的进展，并朝着不断改善前进。重要的是要明白，这种模型并不能确保成功，它只是一个衡量标准和进步的指标。

“成熟度模型”是在 20 世纪 80 年代末根据美国政府和卡内基梅隆大学软件工程研究所（Software Engineering Institute，SEI）的一项研究创造出来的。政府想要一个工具来预测承包商成功的软件开发。这项研究的最终成果是软件能力成熟度模型集成（Capability Maturity Model Integration，CMMI）。该模型着重于指导和评估在软件开发项目的管理中，组织如何实施具体的最佳实践。自开发成功以来，该模型已被应用于所有行业。目前，世界上超过 2 400 个组织向软件工程研究所报告他们的成熟度进展。

一种较新的模型得到了宣传。2004 年 1 月，经过 8 年的研究，项目管理协会推出了组织级项目成熟度模型的第二版。最新的版本称为 OPM3™。这些模型被分为连续的增长级别：初始的、可重复的、定义的、管理的和优化的。图 14.2 展示了从其他模型中大量借鉴的一个版本，其较少地关注过程，更多地关注组织在管理项目中发展到的状态。

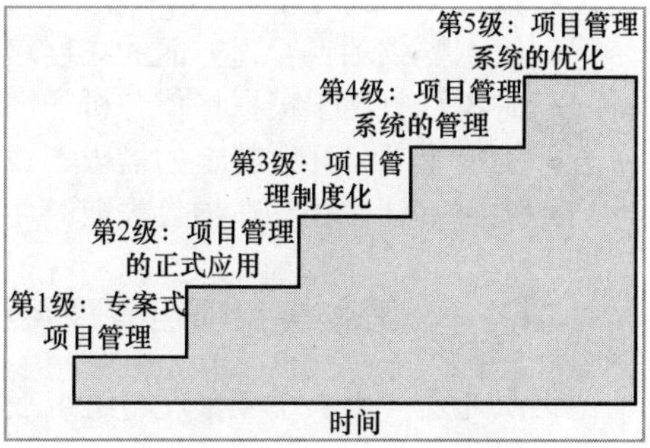

图 14.2　项目管理成熟度模型

14.4.1　第 1 级：专案式项目管理

没有建立一致的项目管理过程。如何管理一个项目取决于参与的个人。这一层次的特征包括：

- 不存在正式的项目选择系统，完成项目是因为人们决定做它们或因为高层经理命令做它们。
- 每个项目的管理方式因个人而异，项目存在不可预测性。
- 未花钱进行项目管理培训。
- 从事项目工作是一场斗争，因为它与既定的政策和程序背道而驰。

14.4.2　第 2 级：项目管理的正式应用

组织应用既定的项目管理程序和技术。这一级别通常以项目经理和职能经理之间的紧张关系为标志，职能经理需要重新定义他们的角色。这个级别的特征包括：

- 使用标准的项目管理方法，包括范围说明书、WBS 和活动列表。
- 质量强调的是项目的产品或结果，并且质量是被检查的，而不是提高的。
- 组织正朝着强矩阵方向发展，项目经理和职能经理扮演各自的角色。
- 人们日益认识到需要控制成本，而不仅仅是现有的范围管理和时间管理。
- 没有建立正式的项目优先级评审制度。
- 提供了有限的项目管理培训。

14.4.3　第 3 级：项目管理制度化

建立了一个组织范围的项目管理系统，该系统针对组织的具体需求，具有灵活性，使过程适应项目的唯一特点。这一级别的特征包括：

- 管理项目的既定过程可以从项目生命周期每个阶段的规划模板、状态报告系统和检查表中显示出来。
- 使用正式的标准来选择项目。
- 项目管理与质量管理、并行工程相结合。
- 项目团队试图提高质量，而不是简单地检查它。
- 组织正在向以团队为基础的奖励系统发展，以表彰项目的执行绩效。
- 根据 WBS、技术分析和客户意见进行的风险评估已经到位。
- 组织提供项目管理方面的拓展培训。
- 时段预算用于根据挣值分析的绩效测量和绩效监控。
- 为每个项目开发特定的需求、成本和进度变更控制系统，并建立工作授权系统。
- 项目审计往往只在项目失败时才进行。

14.4.4　第 4 级：项目管理系统的管理

组织开发一个系统来管理与组织战略目标一致的多个项目。这个级别的特点包括：

- 进行项目组合管理，根据资源能力和对战略目标的贡献来选择项目。
- 建立了项目优先级评估系统。
- 项目工作与正在运营的业务相结合。
- 质量改进倡议旨在提高项目管理过程的质量以及具体产品和服务的质量。
- 标杆是用来确定改进机会的。
- 组织已经建立了项目管理办公室或卓越中心。
- 对所有重要项目进行项目审计，总结了经验教训并已经用于后续项目。
- 建立了一个综合信息系统，跟踪所有重要项目的资源使用和绩效。

14.4.5　第 5 级：项目管理系统的优化

重点是通过现有实践的增量进步及用新技术和方法的创新来持续改进。特征包括：

- 对项目管理信息系统进行调整；具体的和汇总的信息提供给不同的利益相关者。
- 重视用改进的非正式文化来驱动组织，而不是政策和程序。
- 在使项目管理过程适应具体项目的需求方面具有更大的灵活性。

本书的一个主要主题是，组织文化对项目管理方法的应用方式有深刻的影响。审计和绩效评估需要明智的判断。好的决策不仅取决于信息的准确性，还取决于正确的信息。例如，想象一下，如果你犯了一个诚实的错误，但对管理层不信任并感到不安全，你会做出什么反应；如果你对管理层有信心，你又会做出什么与之大不相同的反应。或者想想，在信任被分割的团队中，与在第 5 级环境中工作的团队相比，来自团队的信息质量会有多大的不同。

从一个层级到下一个层级的进展不会在一夜之间发生。软件工程研究所估计的移动时间中位数如下：

成熟度 1 级到 2 级是 22 个月。

成熟度 2 级到 3 级是 19 个月。

成熟度 3 级到 4 级是 25 个月。

成熟度 4 级到 5 级是 13 个月。

为什么要这么长时间？第一个重要原因是组织惯性。复杂的社会组织很难在保持业务效率的同时进行重大变革："当我们忙于维持生计时，怎么能找到时间进行变革？"

第二个重要原因是人们不能跳过任何一个层次。就像一个孩子无法通过吸取父母的所有经验教训来避免青少年的考验和磨难一样，组织中的人必须通过每一层级的独特挑战和问题，才能进入下一层级。了解这种重要性自然需要时间，不能通过快速解决或简单的补救方法来避免。参见生活快照 14.4，可了解项目管理办公室如何提高大型信用社项目管理运作的成熟度。

生活快照 14.4：2015 年度 PMO 大奖：海军联邦信用合作社

与许多金融机构一样，海军联邦信用合作社（Navy Federal Credit Union）也在努力适应 IT 技术，以便更好地为其 500 多万名会员服务。海军联邦信用合作社没有明确的方法来确定项目的优先顺序，项目执行过程是特别的，交付标准没有被跟踪，注定失败的项目仍在拖延，没有人愿意按下终止按钮。

2010 年，情况开始发生变化。海军联邦信用合作社开始组建一个项目专业团队，他们可以提倡标准化的项目交付系统以及战略联盟实践。2014 年，IT 部门成立了项目管理办公室（Project Management Office，PMO），但办公室不受欢迎。团队必须努力避免办公室被认为是文档引擎或不必要的官僚部门。

PMO 助理副总裁、PMP 克里斯汀·欧莱（Kristin Earley）说："在整个过程中，我们当然在引入和接受项目管理方面遇到了挑战。""我们从一开始的小胜利开始。我们必须强调我们所带来的一致的、可复验的项目交付成果的价值。"

影响是巨大的。按照计划关闭的项目比例从 2014 年的 55%上升到 2015 年的 88%。PMO 现在被认为是海军联邦信用合作社业务的组成部分，并被项目管理研究协会评为 2015 年度 PMO 大奖。

虽然最初的推动是标准化项目管理过程，但 PMO 意识到并非所有的项目都是相似的，一些项目可能会受益于不那么传统的方法。

“PMO 一开始对项目交付采用了一刀切的方法。我们意识到这并不是与我们的业务伙伴在整个项目生命周期中频繁交付价值的最有效的方法。” 欧莱说，“我们已经对交付实践进行了调整，引入了敏捷交付和增量交付实践，这帮助我们在项目组合中改进交付。”

14.5 项目后评估

项目评估的目的是评估项目团队、团队成员和项目经理的表现。

14-6：为项目团队绩效评估提供有用的建议。

14.5.1 对团队的绩效评估

绩效评估对于鼓励行为的改变和支持个人的职业发展是必不可少的。评估意味着根据特定的标准进行度量。经验证实，在项目开始之前，必须设定好阶段，使期望、标准、支持性组织文化和约束都到位，否则，评估过程的有效性就会受到影响。

项目团队绩效评估往往基于根据时间、成本和规范（范围）实现项目目标的情况。将客户/最终用户满意度添加到评估中已经变得越来越普遍。毕竟，许多人认为项目成功最重要的指标是客户满意度。

不太常见的是评估团队合作和与其他人合作的好坏。请记住，项目是社会-技术两方面的努力，人的维度应该与技术维度一起进行评估。举个例子，一个项目在技术上取得了成功，但到最后团队成员情绪和脾气爆发，发誓他们再也不会一起工作了。也许我们认为这是成功的项目，但其中超过一半的团队成员由于长时间的工作和压力而筋疲力尽，最终离开了公司。另一个例子是一个不成功的项目，经过仔细检查，团队应该因为克服了他们所面临的障碍而受到称赞。通过观察项目的潜在行为动力可以获得重要的知识。

在实践中，团队评估过程采用多种形式，特别是在评估超出时间、预算和规范的情况下。评估团队的典型机制是由顾问、人力资源部门的工作人员或电子邮件组成的调查来管理的。调查通常仅限于团队成员，但在某些情况下，与团队互动的其他项目利益相关者也包括在调查中。表 14.4 是部分调查的一个示例。在将结果制成表格后，团队与调查主持人和/或高级管理人员会面，并对结果进行评审。

表 14.4 样本团队评估和反馈调查

使用下面的量表，评估每个陈述	不同意				同意
1．团队有共同目标感，每个成员都愿意为实现项目目标而工作	1	2	3	4	5
2．对其他观点表示尊重。鼓励不同的意见并可自由表达	1	2	3	4	5
3．团队成员之间的所有互动都是在一种舒适、支持性的氛围中进行的	1	2	3	4	5

这个评审会议与第 11 章中描述的团队建设会议类似，除了重点是使用调查结果来评估

团队的发展，它的优势和劣势，以及可以应用于未来项目工作的经验教训。团队评估调查的结果有助于改变行为，以更好地支持团队沟通、团队方法和团队绩效的持续改进。

14.5.2　对个人（团队成员和项目经理）的绩效评估

> 14-7：为项目团队成员绩效评估提供有用的建议。

各组织的项目经理积极参与团队成员评估过程的程度各不相同。在由职能性组织管理项目的组织中，负责评估绩效的是团队成员的区域经理，而不是项目经理。区域经理可能会征求项目经理在特定项目中个人表现的意见，这将被纳入个人的总体表现中。在一个平衡矩阵中，项目经理和区域经理共同评估个人的绩效。在项目强矩阵和专门项目团队组织中，个人的大部分工作都与项目有关，项目经理负责评估个人的绩效。一个似乎正在获得更广泛接受的过程是多级评估或“360 度反馈”，它涉及从团队成员的工作影响的所有人那里征求关于他们的绩效反馈。这不仅包括项目经理和区域经理，还包括同事、下属甚至客户，参见生活快照 14.5。

生活快照 14.5：360 度反馈

越来越多的公司正在抛弃传统的上下级绩效反馈过程，取而代之的是 360 度的反馈系统。这种 360 度的反馈方法收集了组织内部许多人的行为观察，包括员工的自我评估。个人完成了与上级、项目团队成员、同事，以及在许多情况下外部客户用来评估绩效的相同的结构化评估过程。调查问卷，加上一些开放式的问题，通常用于收集信息。

总结结果是将组织战略、价值和业务目标进行比较。在公司人力资源部或外部顾问的协助下，反馈信息被传达给个人。这种技术被越来越多的公司使用，包括通用电气、AT&T、美孚石油、纳贝斯克、惠普和华纳-兰伯特。

360 度过程的目标是确定个人需要改进的地方。当把请求他人提供的匿名反馈与个人的自我评价进行比较时，个人可能会对自己的优缺点形成更现实的认识。这可能会促使行为的改变，如果发现的弱点以前是个人未知的。例如，一个项目经理认为他能有效地分配工作，却发现下属不同意。这促使他重新考虑如何分配工作，并决定更好更快地分配工作。

许多公司从内部和外部项目客户那里获得反馈。例如，客户可以根据个人在不造成不必要的敌对关系的情况下如何有效地完成任务来评估项目经理或项目团队的成员。在评估过程中整合客户反馈强调了协作和客户期望在决定项目成功方面的重要性。

绩效评估通常完成两个重要的功能。第一个是发展功能，重点是确定个人的优势和劣势，并制订行动计划，以提高绩效。第二个是评估功能，包括评估一个人的表现，以确定工资或绩效调整。这两个功能不兼容。员工们急于知道自己能拿到多少薪水，往往会忽略关于如何改善绩效的建设性反馈。同样，管理者更关心的是证明他们的决定是正确的，而不是参与有意义的讨论，讨论如何提高员工的绩效。既当教练又当裁判是很困难的。因此，几位研究考评制度的专家建议，各组织应将注重个人改进绩效的评估与分配报酬的薪酬评估区分开来（Latham & Wexley，1993；Romanoff，1989）。

在一些矩阵式组织中，项目经理负责绩效评估，而区域经理负责薪酬评估。在其他情况下，绩效评估是项目收尾过程的一部分，薪酬评估是年度绩效评估的主要目标。其他组织为了避免这种困境，只为项目工作分配小组奖励，并为个人表现提供年度奖励。剩下的讨论是针对旨在提高绩效的评审，因为薪酬评估通常不在项目经理的管辖范围之内。

个人绩效评审

组织采用广泛的方法来评审个人在项目中的绩效。一般来说，评审个人绩效评估的方法集中在个人带到项目和团队中的技术和社会技能。一些组织仅仅依赖于项目经理和项目成员之间的非正式讨论。其他组织要求项目经理提交书面评估，描述和评估个人在项目中的绩效。许多组织使用类似于团队评估调查的评级尺度，项目经理根据在许多相关的绩效维度（例如，团队合作、客户关系）中一定的尺度（例如，从 1 到 5）对个人进行评级。一些组织用行为锚定的描述来增强这些评级方案，描述什么构成了 1 级、2 级等。每一种方法都有其优点和缺点，遗憾的是，在许多组织中，评价系统的设计是为了支持主流业务，而不是独特的项目工作。底线是项目经理必须最佳地使用由他们的组织授权的绩效评估系统。

无论采用何种方法，项目经理都需要与每个团队成员会面，一起讨论他的表现。以下是一些进行个人绩效评估的一般提示。

- 在开始这个过程的时候，一定要让每个人评估他对项目的贡献。第一，这种方法可能产生你不知道的有价值的信息。第二，这种方法可以为评估存在差异的情况提供早期预警。第三，这种方法减少了讨论的评判性质。
- 尽可能避免与其他团队成员进行比较，而是根据既定的标准和期望来评估个人。比较往往会削弱凝聚力，并将注意力从个人需要做什么来提高绩效上转移开来。
- 当你必须批评别人时，把批评的焦点放在具体的行为上，而不是针对个人。具体描述行为如何影响项目。
- 对待所有团队成员要一致和公平。如果通过小道消息，个人觉得他们应该遵守与其他项目成员不同的标准，那么没有什么比这更容易滋生怨恨的了。
- 把评审仅仅看作一个正在进行的过程中的一个点。用它来达成一个关于个人如何提高自己绩效的协议。

经理和下属都可能害怕正式的绩效评估。双方都对讨论的评估性质和潜在的误解与伤害感觉不舒服。如果项目经理做好了自己的工作，这种焦虑就会大大减轻。项目经理应该在整个项目过程中不断向团队成员提供反馈，这样在正式会议之前，每个人都能很好地了解自己的表现，以及经理的感受。如果在项目开始前讨论项目前期工作的期望，并在项目执行期间定期加强，项目后的焦虑就可以避免。

虽然在许多情况下，同样的过程应用于评估团队成员的表现也应用于评估项目经理，但许多组织考虑到项目经理职位对组织的重要性，增加了这个过程。这就是进行 360 度评估变得越来越流行的原因。在项目驱动的组织中，项目办公室通常负责从客户、供应商、团队成员、同事和其他经理那里收集关于特定项目经理的信息。这种方法对于培养更有效的项目经理有巨大的应用前景。

除绩效评审之外，还为项目回顾收集数据，这能够展示可能影响绩效的情况。在这些情况下，绩效评估应该意识并注意到不寻常的情况。

本章小结

项目收尾的目标是完成项目并在未来的项目中提高绩效。实施收尾和评审有三个主要的可交付内容：总结、审计和绩效评估。总结活动包括完成最终的项目可交付成果，关闭账户，为项目人员寻找新的机会，关闭设施租赁合同，并编写最终报告。项目审计评估项目的总体成功程度。回顾是用来确定经验教训和改善未来绩效的。个人和团队评估是评估绩效和寻找改进机会。一个项目只有在所有三个活动都完成之后才能被认为是完成了。组织和项目团队的文化将在这些活动的效率中起主要作用。

关键术语

Lessons Learned 经验教训
Performance Review 绩效评估
Retrospective 回顾
360-Degree Review 360 度评估
Project Closure 项目收尾
Project Evaluation 项目评估
Project Maturity Model 项目成熟度模型

复习题

1．项目收尾评审与第 13 章中讨论的绩效测量控制系统有何不同？

2．你希望在项目审计中找到什么主要信息？

3．为什么很难进行真正独立、客观的评审？

4．请评论下面这句话：“我们现在不能终止这个项目。我们已经花费了项目预算的 50%以上。”

5．为什么组织应该对了解他们在项目成熟度模型中的级别感兴趣？

6．为什么要把绩效评估和薪酬评估分开？你会怎么做呢？

7．回顾方法的拥护者声称，回顾方法有一些与众不同的特点，与过去的经验教训方法相比，这些特点增加了回顾方法的价值。这些特点是什么？每个特点是如何增强项目收尾和评审的？

生活快照讨论题

14.1　“守灵”

1. 莎莉通过为取消的项目举行守灵会得到了什么？

14.2 光滑均匀的 NBA 新球

1. NBA 的文化是如何影响这个项目的？
2. NBA 可以做些什么事情来增加成功的可能性？

14.3 鹰爪行动

1. 假设你要指挥一个类似的任务，根据你对鹰爪行动的了解，你坚持的两件事是什么？

14.4 2015 年度 PMO 大奖：海军联邦信用合作社

1. 海军联邦信用合作社的项目管理系统是如何发展的？

14.5 360 度反馈

1. 你是否曾被 360 度评估或参与其中？它是什么样的？它多有用？
2. 你认为 360 度评估对企业文化有什么影响？

练习题

1. 想想你最近完成的一门课程。对课程进行回顾（课程代表一个项目，课程大纲代表项目计划）。

2. 想象一下你正在对国际空间站项目进行评审。研究新闻报道和通过互联网收集有关项目现状的信息。到目前为止的成功和失败是什么？你对项目的完成有什么预测？为什么？你会对项目的高层管理人员提出什么建议？为什么？

3. 拜访一位项目经理，他在一个实施多项目的组织中工作。问一问经理，什么样的收尾程序是用来完成一个项目的，是否总结了经验教训。

4. 你的组织从最近的一个项目中获得了什么经验教训？有没有做回顾？作为项目的结果，产生了哪些行动计划来改进过程？

附录 14A：项目收尾清单

项目收尾交付清单

提供项目的基本信息，包括以下内容：项目名称，用于标识此项目的正确名称；项目工作名称，用于项目的工作名称或缩写；项目倡议者秘书，项目倡议者机构指定的秘书或发起一个企业项目的秘书；项目倡议者机构，负责项目管理的机构；制表人，编制本文件的人；日期/控制号，清单确定的日期以及分配的变更或配置项控制号。

项目名称：	____________	项目工作名称：	____________
项目倡议者秘书：	____________	项目倡议者机构：	____________
制表人：	____________	日期/控制号：	____________

完成状态和注释栏。在“状态”列中显示：是，表示这项内容已经处理完毕；否，表示该项内容未被处理或未处理完成；不适合（N/A），表示该项内容目不适合本项目。为这

项内容提供注释或描述解决方案放在最后一列中。

	内容项	状态	注解/解决方案
1	所有的产品或服务交付成果是否已被客户接受？		
1.1	是否存在与验收有关的意外或条件？如果是，请在注释中描述		
2	项目是否根据项目绩效计划中建立的每个绩效目标进行了评估？		
3	项目的实际成本是否已被记账汇总并与批准的成本基准进行了比较？		
3.1	所有已批准的成本基准变更是否已被确认，并记录了其对项目的影响？		
4	实际的里程碑完成日期是否与批准的进度计划进行了比较？		
4.1	所有已批准的进度基准变更是否已被确认，并记录其对项目的影响？		
5	所有已批准的项目范围变更是否都已确定，并记录其对绩效、成本和进度基准的影响？		
6	运营管理部门是否正式接受了运营和维护项目交付的产品或服务的责任？		
6.1	与产品或服务的运营和维护有关的文档是否已交付给运营管理部门，并被运营管理部门接受？		
6.2	运营组织的培训和知识转移是否已经完成？		
6.3	运营和维护产品或服务的预计年度成本是否与项目建议书中提供的估算成本不同？如果是这样，请在注释栏中说明并解释差异的原因		
7	项目所使用的资源是否已转移到组织内的其他单位？		
8	项目文档是否按照项目计划的要求存档或处理？		
9	是否根据联邦项目管理指南总结了要吸取的经验教训？		
10	实施后评估的日期是否已经确定？		
10.1	是否已确定负责实施后评估的人员或单位？		

签名：以下人员的签名表明，收尾阶段的关键要素已经完成，项目已经正式结束。

职位/职称	姓　　名	日　　期	联系电话

案例 14.1:《光环英雄 II》

你是项目管理实践班的一员。这门课的主要任务是计划和实施一个筹款项目，该项目将筹集至少 1 500 美元，并提供实践项目管理的机会。你加入了一个由六名学生组成的小组，你们决定组织一个基于流行的《光环英雄》视频游戏的活动。教授告诉你的小组，你们很幸运，因为另一个小组去年做了一个类似的项目。他递给你一份项目后审计的副本。审阅文件并回答以下问题：

1. 你从这份报告中学到的两三个最有价值的经验教训是什么？为什么？
2. 哪些重要的问题/难题在他们的报告中遗漏了，而你希望得到解决？解释为什么这些信息是有用的。
3. 在此基础上，简要讨论项目审计的价值。想象一下如果没有审计会怎么样。

项目《光环英雄》的审计

目标：通过11月16日和17日在Kleinsorge Hall举办《光环英雄》视频游戏锦标赛，为美国军人家庭协会筹集至少1 000美元善款。

运作过程

关于如何管理比赛的详细描述，请参阅比赛信息。

风险管理

通过风险评估，我们能够识别并减轻项目的潜在风险。我们关心的是在不同教室设置游戏比赛的技术困难。比赛前三天，我们在其中一间教室里进行了一次试运行，以解决将控制台连接到教室里的音频/视频设备的机制。这样会使比赛第一天的准备工作容易得多。令人惊讶的是，一些玩家没有在指定的时间出现，我们希望我们有他们的手机号码以便联系。

结果

我们的最终参赛人数是100人，总共有1 000美元的门票销售收入。此外，我们还收到了一些来自私人赞助商的现金捐款，捐赠的彩色传单和免费设备租赁，百事可乐赞助了12箱私酿的威士忌酒，以及一些来自当地企业的小型奖品。所有门票销售和捐赠物品的总价值为3 113.43美元。我们无法找到一个愿意赞助任何大型奖品的企业，因此，我们不得不从现金收入中购买这些奖品。在购买了所有奖品并偿还了X教授100美元的种子资金后，我们最终的净收入为720.00美元。尽管没有达到我们的财务目标，但参与者们很享受这次经历，我们学到了很多关于管理项目的知识。

经验教训

在你没有获得大奖奖品的赞助之前，不要先说出去。我们认为我们可以让当地零售商捐赠大奖（Xbox360），但最终我们不得不自己掏钱。

为了达到目标受众，需要进行多媒体营销活动。我们使用不同的策略来达到我们的目标市场，包括建了一个专门的网站和PayPal注册，捐款网页链接在这个网站上，2 500份彩色传单的设计和分发，还在MySpace页面、Facebook页面和一个商业学院的网站上进行了宣传。我们甚至有来自波特兰市和尤金市的参赛者。

至少在比赛前一天进行一次演练。

花点时间关注团队。我们在课堂上做的团队建设练习，比如“我的团队是一辆车”，有助于我们在人际关系问题变得严重之前解决它们。

我们中的许多人认为大奖是一种威慑，许多潜在玩家选择退出，因为他们觉得自己玩《光环英雄Ⅱ》不够好，无法竞争如此崇高的奖项。回想起来，我们觉得如果使用捐赠的奖品，比如当地电影院的电影票和礼品卡，我们也可以做得同样好。

下一次我们将建立一个失败者的等级，这样玩家就有机会与其他有同等能力的人比赛并赢得奖品。

你需要运气或者人际关系来获得大的赞助，我们两者都没有。然而，令我们惊讶的是，当地企业是多么愿意为该项目捐赠小奖品。

充分利用你的团队人脉。尽管我们进行了广泛的营销活动，但大约一半的参与者是我们的朋友。你们团队的社交网络既提供了机会，也增加了限制。例如，我们在学校的希腊语社团中没有活跃的成员来组织跨社团间的竞赛。

比赛的信息

欢迎来到《光环英雄Ⅱ》锦标赛!

参加本次比赛，表明你已同意以下规则和指导原则。

重要提示!

这次比赛对公众开放，我们鼓励所有技术水平之间的公开竞争。

整个比赛将在暗室的投影屏幕上进行。在比赛期间，欢迎你自备要使用的控制器。

你可以在播放之前在我们的系统上创建自定义配置文件，但由于时间限制和“允许一个人做，就允许所有人做”的问题，我们无法允许任何外部内存加载到系统中。

我们希望你玩得开心，并感谢支持《光环英雄Ⅱ》和美国军人家庭协会。

预订

本次比赛只能通过我们的网站 halo4heroes.110mb.com 在线预订。

比赛名额有限，请抓紧报名。如果你无法在网上注册和购票，请联系我们。如果你已经注册，活动管理人员将在 24 小时内通过你注册时提供的电子邮件地址与你联系。你将会收到一份带有指定比赛时间的门票确认邮件，你需要这份确认邮件才能参加比赛。请保存好这份邮件，因为里面有重要的比赛信息。如果你不能在指定时间内比赛，请立即与我们联系。

到达

尽量提前到!所有参赛选手必须在门票确认书上注明的各自参赛时间前准备好参赛。请于比赛时间至少提前 15 分钟到达进行检录。所有选手需在克莱因索奇大厦（Kleinsorge Hall）大厅前检录。所有迟到的选手将丧失参加比赛的机会。我们不能保证在校园附近都有停车位，所以请你准时到达活动现场。（见附近地图）

比赛顺序

所有的比赛将包括在《光环英雄第 3 季》上进行的三场比赛，四名个人玩家参与其中。游戏风格将是“所有杀戮者免费”，每场比赛有 10 分钟的时间限制，杀死 25 次赢得比赛。所有其他游戏规则和选项将是《光环英雄第 3 季》的默认设置。在所有比赛中累计杀死次数最多的玩家将进入下一轮。其他所有选手都将被淘汰出局。第一轮将于 11 月 16 日（星期五）进行，第二轮和第三轮将于 11 月 17 日（星期六）进行。所有的游戏都将在投影屏幕上播放。为了评判比赛，比赛结束后，赛事管理人员需要记录比分。因此，请耐心等待，直到赛事管理器允许继续下一个游戏。下面是一张比赛地图时间表，你可以开始练习了。

《光环英雄第3季》地图时间表

第1轮	第2轮	第3轮
Last Resort	Guardian	The Pit
High Ground	Epitaph	Narrows
Snowbound	Isolation	Last Resort

如果出现平局，玩家将立即进行一场打破平局的比赛。“所有杀戮者免费”，在五分钟的时间限制下杀死五次，赢得抢七。决定胜负的地图将是“创造物”。

非锦标赛比赛

所有在比赛中没有得到位置的选手仍然可以参加比赛！将为非锦标赛比赛设置一个场地。所有参加非锦标赛比赛的选手需缴纳3美元的费用。

未成年选手

17岁以下的选手必须由家长或监护人陪同。家长或监护人也必须签署一份家长同意授权书，并带着孩子和授权书到活动现场。任何未成年人不得独自参赛。

一般规则

1. 禁止损坏任何硬件设备，否则照价赔偿。
2. 以尊重和支持的态度对待自己。
3. 选手出现不可接受的行为将被取消资格。
4. 所有争议将由活动举办方解决。

观众

如果你已经被淘汰了，并且想留下来观看比赛，我们欢迎。也欢迎参赛者的家人和朋友作为观众参加。我们要求所有的观众支持和尊重所有的参赛者。我们保留将扰乱秩序的观众驱逐出馆内的权利。

奖品和抽奖活动

比赛的获胜者将获得一台Xbox360。其他入围者将获得各种奖品，包括游戏、遥控器和礼券。所有参与者都可以参加将在活动现场举行的抽奖活动。抽奖规则和潜在的奖品将在活动中披露。

退款

这次比赛是为美国军人家庭协会筹集善款。在任何情况下都不退款。任何争议必须等待活动经理的决定。

联系我们

如果你有任何问题或担忧，请联系活动的操作人员或发送电子邮件至halo4heroes@

hotmail.com。如果你需要立即与人通话，请拨打 503-××××-××××。

谢谢你的合作，祝你玩得开心，好运连连！

《光环英雄》比赛组委会

案例 14.2：最大兆赫项目

奥拉夫·甘德森（Olaf Gundersen）是无线电信公司（Wireless Telecom Company）的首席执行官，正处于进退两难的境地。去年，他接受了六位新兴研发明星提出的“最大兆赫”项目。虽然奥拉夫并没有真正理解这个项目在技术上的重要性，但项目的倡议者只需要 60 万美元，所以这似乎是一个不错的冒险项目。现在，该组织要求再提供 80 万美元，并将一个已经拖延了 4 个月的项目再延期 6 个月。然而，该团队对扭转局面充满信心。项目经理和项目团队认为，如果再坚持一段时间，他们将能够克服遇到的障碍，尤其是那些降低功耗、提高速度和使用新技术电池的障碍。其他熟悉该项目的管理人员暗示，功耗问题可能会得到解决，但“电池的问题永远不会得到解决”。奥拉夫认为他被锁定在这个项目中，他的直觉告诉他这个项目永远不会实现，他应该退出。他的人力资源经理约翰（John）建议请一位顾问来终止这个项目。

奥拉夫决定打电话给他的朋友道恩·奥康纳（Dawn O’Connor），她是一家会计软件公司的首席执行官。他问她：“当项目成本急剧上升和截止日期持续后延时，你该怎么办？你如何处理可疑的项目？”她的回答：“让另一个项目经理来看看这个项目吧。问问他，‘如果你明天接手这个项目，在延长时间和追加资金的条件下，你能达到要求的结果吗？’如果答案是否定的，我会把我的高层管理团队召集在一起，让他们把这个可疑的项目与我们项目组合中的其他项目进行比较。”奥拉夫觉得这是个好建议。

遗憾的是，“最大兆赫”项目并不是一个孤立的例子。在过去的五年里，有三个项目从未完成。“我们似乎在这些项目中投入了更多的资金，尽管我们非常清楚这些项目正在走向‘死亡’。这些项目的成本很高。这些资源本可以更好地用于其他项目。”奥拉夫想知道，“我们有没有从错误中吸取教训？我们如何开发一个能够尽早发现错误项目的过程？更重要的是，我们如何让项目经理和团队轻松地离开错误的项目而不感到尴尬？”奥拉夫当然不想失去“最大兆赫”项目中的六位明亮的新星了。

奥拉夫正在考虑，他的不断发展的电信公司应该如何确定什么项目应该提前终止，如何允许优秀的管理者犯错误而不让他们在公众面前难堪，以及如何让他们都能从错误中学习。

给奥拉夫一个未来的行动计划来解决这个问题。计划是具体的，要提供与无线电信公司相关的例子。

第 15 章

敏捷项目管理

Agile Project Management

本章学习目标

通过学习本章内容，你应该能够：

15-1 认识传统项目管理与敏捷项目管理各自使用的条件。

15-2 理解迭代、增量开发对创造新产品的价值。

15-3 确定核心的敏捷原则。

15-4 理解 Scrum 的基本方法。

15-5 理解极限编程的基本方法。

15-6 知道如何创建和使用看板。

15-7 认识敏捷项目管理的局限性。

本章概览

15.1 传统项目管理方法与敏捷方法的比较

15.2 敏捷项目管理的基本内容

15.3 敏捷项目管理在行动：Scrum

15.4 极限编程与看板管理

15.5 敏捷项目管理在大项目中的应用

15.6 限制和担忧

15.7 混合管理模型

本章小结

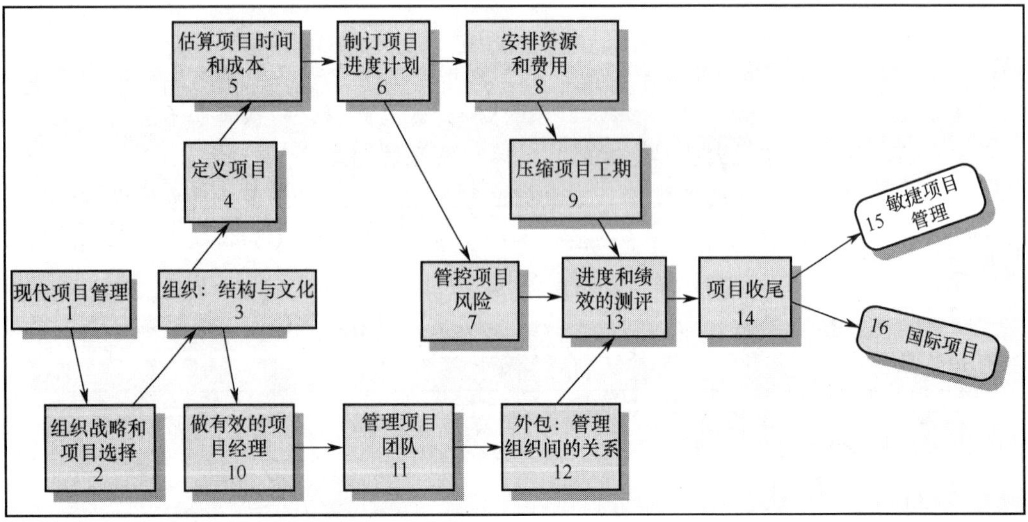

我们现在对这个项目的了解比将来任何时候都要少。

——Chet Hendrickson

随着项目管理进入新千年，许多专业人士认识到“一尺量天下”的项目管理方法不能满足他们的需要。对于那些在软件和产品开发项目中工作的人来说尤其如此，在这些项目中，最终产品没有很好地定义，且会随着时间的推移而发展。因为此类项目展开过程中，更多的信息在不断产生且需要跟进学习，这种项目环境就需要灵活性和管理变更的能力，需要应用敏捷项目管理（Agile Project Management，Agile PM）。敏捷项目管理不是试图预先计划整个项目，而是依靠迭代、增量开发周期来完成项目。

Ken Schwaber 用建房子的比喻来解释迭代、增量开发（Iterative，Incremental Development，IID）和传统项目管理之间的区别。在传统的方法中，在整幢房子建好之前，购房者不能搬进房子。而在迭代的方法中，将是一个房间一个房间地建造房屋。首先为最重要的房间（如厨房）建造管道、电气和基础设施，然后在建造最重要的房间过程中扩展到每个房间。每完成一个房间，建筑商和购房者就会评估进度并做出调整。在某种情况下，购房者会意识到，他们不需要开始设计时认为必须有的额外空间。在另一种情况下，他们又会添加开始设计时没有意识到的功能需求。最终，房子将在不断满足客户愿望的过程中建成。

敏捷项目管理对于需要发现需求和测试新技术的探索性项目来说是理想的。它着重于项目团队和客户代表之间的积极协作，将项目分解成小的、功能性的部分，以适应不断变化的需求。虽然迭代开发原理已经存在一段时间了，但是敏捷方法在项目管理专业领域中扎根只是最近的事情。

本章讨论了敏捷项目管理的核心原理，并与传统项目管理方法进行了比较。一种叫作 Scrum 的特殊敏捷方法被用来描述这些核心原理在现实中的应用。接下来将讨论敏捷的另外两种形式：极限编程和看板。虽然敏捷在小型团队中最有效，但本章还研究了在大型项目中应用敏捷所面临的挑战。接下来讨论了使用敏捷方法的限制和担忧。本章最后讨论了同时使用传统方法和敏捷方法的混合管理。

15.1 传统项目管理方法与敏捷方法的比较

> 15-1：认识传统项目管理与敏捷项目管理各自使用的条件。

当软件产品在 20 世纪 80 年代突然出现在商业舞台上时，传统的计划驱动管理方法被应用到它们的开发中，产生了人们通常所说的软件开发的“瀑布方法”。瀑布方法的特点是一系列逻辑阶段，在这些阶段中，进度从一个阶段流到下一个阶段，直到项目完成（见图 15.1）。关键的假设是可以预先定义基本需求，这样就可以设计、架构、测试和发布软件。软件项目以线性的、计划驱动的方式完成，就像其他项目一样。

人们很快发现软件项目不同于其他项目，结果也证明了这一点。例如，斯坦迪什集团（Standish group）在 1995 年的报告中说，每年有 31%的软件项目被取消了，只有 16%的软件项目按时完成并按预算完成（斯坦迪什国际集团，1995）。

由于对糟糕的结果感到沮丧，软件工程师开始尝试使用更灵活的、“敏捷的”方法来管理软件项目。喜欢使用标准模板和瀑布方法的管理人员与视这些方法为工作障碍的项目经理之间关系变得紧张。这种紧张感反映在一个项目经理告诉作者的故事中。她在一家大型跨国高科技公司的 IT 部门工作，这家公司花了五年时间将一套项目管理政策和程序制度化。尽管他们尽了最大的努力，她的软件项目还是不断地推迟，甚至有几个项目被取消了。她的工程师们抱怨说，进度计划不切实际，需求变动不定，无法按照计划执行。出于绝望，她开始秘密地在软件项目中使用敏捷方法。她的团队不仅开始满足了进度要求，有时还超过了项目进度计划。当高层管理人员因她不遵守程序而质问她时，她用自己最近的成功为自己的擅作主张辩护。最终，最高管理层对她的成功没有异议，她被允许扩大自己的权力。

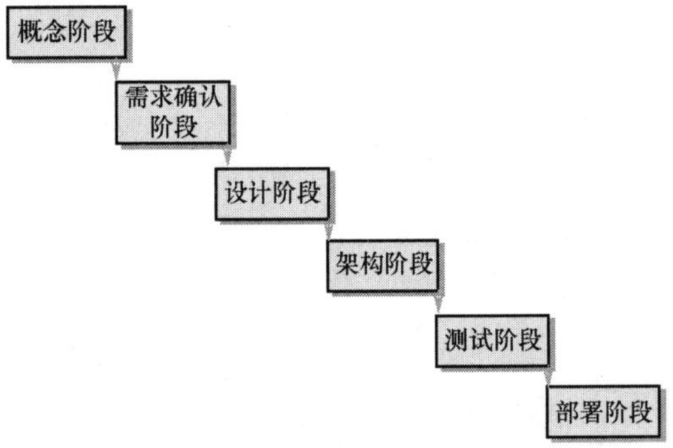

图 15.1　软件开发中的瀑布方法

软件行业爆发了一场草根革命。一些关键的变革倡导者组成了敏捷联盟，并在 2001 年发布了敏捷宣言。宣言肯定了一套完全不同的价值观，而不是由管理层用到他们所从事的项目中的价值观：

- 个体和互动高于流程和工具。
- 可工作的软件高于详尽的文档。
- 客户合作高于合同谈判。
- 响应变化高于遵循计划。

在这四种价值观的基础上，又制定了 12 条指导原则：

（1）我们的最高优先级是通过早期和持续交付有价值的软件来满足客户。

（2）欢迎需求的变化，即使在开发的后期。

（3）频繁地交付可工作的软件，从几周到几个月，最好是更短的时间跨度。

（4）在整个项目生命周期中，业务人员和开发人员必须每天一起工作。

（5）围绕着积极主动的人构建项目。给他们需要的环境和支持，相信他们能完成工作。

（6）向开发团队传递信息以及在开发团队内部传递信息的最有效方法是面对面的交谈。

（7）可运行的软件是进度的主要度量标准。

（8）敏捷过程促进可持续开发。

（9）对技术卓越和良好设计的持续关注可以增强敏捷性。

（10）简化（最大化未完成工作量的艺术）是必不可少的。

（11）最好的架构、需求和设计来自自组织团队。

（12）每隔一段时间，团队就会反省如何变得更有效，然后相应地调整自己的行为。

该宣言是项目管理的社会–技术方法的证明。注意有多少价值观和原则与从事这项工作的人有关。它们是对瀑布方法所要求的软件开发中过度控制的、注意技术的方法的应对，那种方法既不符合程序员的需求，也不符合工作的现实。此外，宣言反映了一种“心

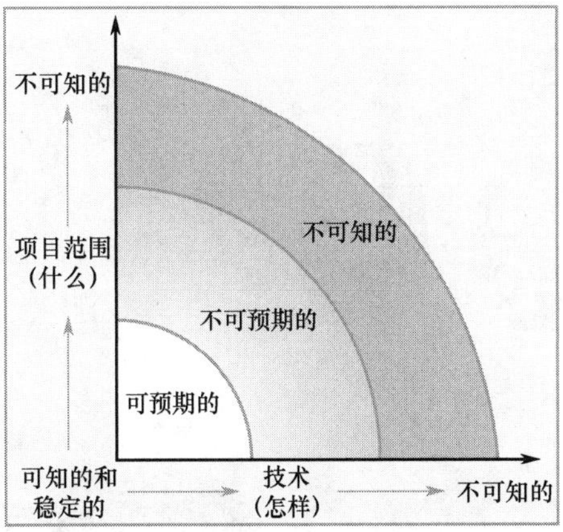

图 15.2　项目不确定性

态”，而不是一套精心设计的工具或程序。这种心态反映了一种重视协作和信任、拥抱变化和重视客户满意的文化。

为了将敏捷项目管理置于适当的环境中，让我们重新审视第 1 章中介绍过的项目不确定性（见图 15.2）。关键是，人们开发的传统项目管理方法是应用在可预测的区域内的，这些区域的范围已经相当确定，技术也已经为人所知。敏捷管理方法生活在不可预测的区域，它代表了传统的、计划驱动的方法的根本转变。传统方法采用更实验性和适应性的方式来管理项目。项目是发展的，而不是被执行的。发现了解决方案，却没有实施。表 15.1 显示了传统项目管理和敏捷项目管理之间的区别。

表 15.1　传统项目管理和敏捷项目管理之间的区别

传统项目管理	敏捷项目管理
提前设计	持续设计
固定的范围	变动的范围
交付成果	满足特性和需求
尽早冻结设计	尽晚冻结设计
不确定性低	不确定性高
避免变更	欢迎变更
客户互动低	客户互动高
照章办事的项目团队	自组织的项目团队

15.2 敏捷项目管理的基本内容

15-2：理解迭代、增量开发对创造新产品的价值。

从根本上说，敏捷项目管理利用了滚动式的项目规划和项目计划的方法。也就是说，最终的项目设计并不是非常详细的，而是随着时间的推移通过一系列增量迭代不断开发的。迭代是短时间框架（“时间限定区”），通常持续一到四周。每次迭代的目标是开发一个可行的产品，满足一个或多个所需的产品特性，并向客户和其他关键利益相关者进行演示。在每次迭代的末尾，利益相关者和客户审查进度，并重新评估优先级，以确保与客户需求和公司目标保持一致。对审查和评估的情况进行调整之后，一个不同的迭代周期又开始了。每个新的迭代都包含了前一个迭代的工作，并向演进中的产品添加了新的功能（见图 15.3），以生成下一个产品，它是上一迭代产品的扩展版。请参见生活快照 15.1，了解实际应用中的迭代开发示例。

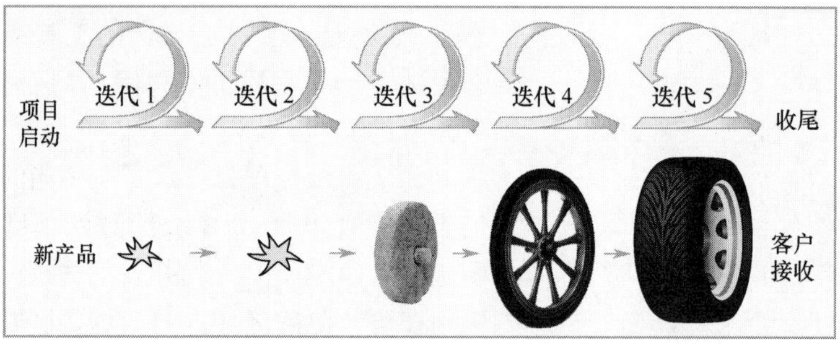

图 15.3　迭代、增量产品开发图

生活快照 15.1：IDEO：设计大师

IDEO 总部位于加州帕罗奥多，是世界上首屈一指的设计公司之一。它负责广泛的产品创新，包括第一个苹果鼠标、Head 的气流网球拍、Zyliss 沙拉旋转器和诺基亚 N-Gage 智能手机。

IDEO 的客户包括百事可乐、3M、罗技、耐克和 HBO。IDEO 获得的商业周刊/IDSA 工业设计优秀奖比其他任何公司都多。IDEO 的产品设计方法很大程度上依赖迭代开发过程，在这个过程中，产品原型被用来探索和进一步完善产品理念。首席执行官蒂姆•布朗（Tim Brown）表示，原型设计的目标 “是了解创意的优缺点，并识别原型可能采取的新方向”。

例如，IDEO 与宝洁公司合作开发了一种新的佳洁士牙膏外管。面临的挑战是如何改进传统的螺旋盖，因为它总是被牙膏粘住。IDEO 的第一个解决方案是一个可打开或关闭的瓶盖。然而，当设计师制作了粗略的原型并观察人们使用它们时，他们很快注意到，用户一直试图拧开瓶盖，即使告知用户如何使用依然如此。设计师得出的结论是，这个动作是一种根深蒂固的习惯，不可能被打破。于是他们想出了一种混合设计：一种有短螺纹线但仍然很容易清洗的拧开的盖子。

专注的原型设计可以逐个解决关键问题。布朗认为，原型仅仅要花费产生有用的反馈和发展一个创意的时间与精力。

例如，IDEO 曾为高端办公家具制造商威腾（Vecta）设计椅子。该项目已经发展到与椅子倾斜的高度调节杠杆变得至关重要的时候，该团队没有制造整把椅子，甚至也没有去改造整个倾斜机制。他们只做了一个小杠杆和它与倾斜机制的接口。这只花了几小时。完成后，原型很快证明了这一原理是可行的。

照片来源：Cultura Creative/Alamy Stock Photo

“不管你有多聪明，你的第一个创意永远都是错误的，”布朗说，“所以创建原型的巨大价值（快速而廉价地创建原型）在于你掌握了这个创意，然后把它做得更好。”

迭代开发过程具有以下优点：

- 对开发中的产品进行持续集成、验证和确认。
- 经常展示进展，以增加最终产品满足客户需求的可能性。
- 及早发现缺陷和问题。

越来越多的证据表明，当涉及研制新产品时，迭代式和进化式开发优于传统的、计划驱动的项目管理（参见研究亮点 15.1）。

研究亮点 15.1：有效的产品开发实践

哈佛商学院的艾伦•麦科马克（Alan MacCormack）和他的同事对 29 个软件项目进行了为期两年的深入研究，寻找“是演化式开发而不是瀑布模型带来了更好的成功”这一问题的答案。瀑布模型是软件行业中用于项目管理的传统方法的名称，其中使用过程分解结构（Process Breakdown Structure，PBS）去开始预先定义所有需求，然后依次启动设计、构建、测试和部署。相反，演化式开发是用来描述一种敏捷方法的术语，在这种方法中，客户测试软件的早期版本，每次演示后再进一步明晰需求并进行细化。

这项研究的结果压倒性地支持迭代的、敏捷的软件开发方法。我们发现，目前与敏捷项目管理相关的几项关键实践在统计上都与最成功的项目相关：

（1）一个迭代的生命周期，尽早向利益相关者发布开发中的产品，供他们审查和反馈。

（2）每天合并新软件，并对设计变化进行快速反馈。

（3）一个灵活的产品架构，既模块化又可扩展。

麦科马克断言，软件项目的不确定性要求短的低到特性级别的“微型项目”。这不仅局限于软件项目，而且适用于任何不确定性高和对客户反馈与改进的需求是成功关键的新产品。

值得注意的是，敏捷项目管理不是一套方法，而是一系列方法，旨在应对不可预测项目的挑战。这里列出了一些比较受欢迎的方法：

- Scrum。
- RUP（Rational Unified Process）。
- 极限编程（Extreme Programming，XP）。
- Crystal Clear。
- 敏捷建模。
- 精益开发。
- 动态系统开发方法（Dynamic Systems Development Method，DSDM）。
- 快速应用程序开发（Rapid Product Development，RPD）。

> 15-3：确定核心的敏捷原则。

虽然这些方法中每一种方法都有独特的元素和应用，但大多数方法都是基于以下敏捷原则：

- **注重客户价值。**采用商务驱动的需求和特性的优先级排序。

- **迭代和增量交付。**通过将项目交付“分块”成小的、功能性的增量，为客户创造持续不断的价值。
- **实验和适应。**尽早测试假设，构建可工作的原型，以征求客户反馈并完善产品需求。
- **自组织。**团队成员自己决定应该做什么，谁来做。
- **服务型领导。**项目经理促进协作而不是指导协作。
- **持续改进。**团队反映变化、在变化中学习并适应变化。工作决定计划。

被称为 Scrum 的敏捷方法将用于说明如何将这些核心原则付诸行动。

15.3 敏捷项目管理在行动：Scrum

15-4：理解 Scrum 的基本方法。

Scrum可以追溯到竹内弘高（Hirotaka Takeuchi）和野中郁次郎（Ikujiro Nonaka）的工作，他们在 1986 年描述了一种开发新产品的全新的整体方法。他们对传统的从需求到设计再到制造的传递方式持批评态度。相反，竹内弘高和野中郁次郎将新产品开发比作橄榄球。Scrum 的比喻已经被扩展和精炼成一个相当规范的框架，在高科技和软件开发项目中获得了成功（参见生活快照 15.2）。

生活快照 15.2：“9・11”后的灵魂搜救

2001 年 9 月 11 日，超过 2 792 人在世贸中心的倒塌中丧生。当救援人员夜以继日地努力寻找遇难者遗体时，一个由密歇根软件工程师组成的小团队开始着手确认他们的身份。

纽约市聘请了密歇根州安娜堡的生物信息学公司的基因编码工程师，通过开发软件来重新发明 DNA 大规模识别技术，该软件可以建立受害者遗体的详细目录并进行 DNA 匹配，让他们与家人团聚。他们必须尽快这样做，且不能有任何错误。专家预测，崩塌的暴力和大火的高温意味着，最多只能确定 25%的遇难者身份。

基因编码工程师团队聘请了独立软件教练威廉・威克（William Wake），与他们的团队（由八名软件工程师组成）一起参与这个项目。威克向团队介绍了敏捷项目管理。在威克的指导下，通过安排频繁的发布、不断的测试调整和来自用户的反馈，在编程团队中创建了一个密集交互和沟通的环境。在编写代码之前、期间和之后都要进行测试，以确保相同的 bug（错误）不会再次出现。

在每周迭代结束时，员工会召开回顾会议。他们在荧光粉色、绿色和黄色便利贴上列出了哪些做得好和哪些需要改进，把整面墙变成了模仿生活的艺术案例。在“做得好”一栏下，有一张便利贴说：“了解如何在包装的测试类上使用调试表单。”在“需要改进”一栏下的方格上只写着：“我累了。”

无论是出于爱国主义还是职业精神，团队每天早上 7 点准时到达，一直工作到午夜。像 Dave Relyea 这样的工程师只是想帮忙。“我们想到了受害者、他们的家人，以及在首席法医办公室夜以继日地工作的人。他们所经历的一切让我们觉得无论怎样努力都不够。”

他们的劳动成果是包含超过 16.4 万行代码的大规模死亡识别系统（M-FISys）。M-FISys 链接了鉴定项目中的所有信息：来自 7 166 名家庭成员的 11 641 个拭子样本；7 681 件个人物品（例如牙刷、发梳）和三种类型 DNA 测试的结果。出现错误匹配的概率不到 358 万分之一。

最后，在 M-FISys 的帮助下，纽约法医能够识别出在世贸中心灾难中死亡的 2 792 人中 1 521 人的身份。

与其他敏捷方法一样，Scrum 从一个高层次的范围定义以及项目的大致时间和成本估算开始，但范围定义和成本估算应该达到使管理层对估算满意的程度。Scrum 的理论是，由于需求随着时间的推移而发展，详细的预先计划将会造成浪费。Scrum 使用产品“特性”作为可交付成果，而不是产品 WBS。特性被定义为向客户交付一些有用功能的产品的一部分。在软件项目中，一个特性可能是银行客户能够更改她的密码。就高科技产品开发项目而言，特性可能是 4G 无线接入。特性根据其感知到的最高价值进行优先排序。项目团队首先处理优先级最高的可行特性。优先级在每次迭代后重新评估。迭代被称为冲刺(Sprint)，并且应该持续不超过四周。每个冲刺的目标都是生成功能齐全的特性。这迫使团队尽早处理艰难的决策，以便创建可行的演示版本。

具体的特性是根据四个不同的阶段创建的：分析、设计、构建和测试（见图 15.4）。每个特性都可以看作一个小型项目。第一阶段是对完成特性所需的功能需求进行分析和审查。团队承诺满足这些功能需求。第二阶段是开发满足功能需求的设计。第三阶段是构建特性，使其具有功能性。第四阶段是测试并记录该特性。在每个“冲刺”的末尾，将演示特性。在这个“冲刺”框架中，Scrum 依赖特定的角色、会议和文档/日志来管理项目。

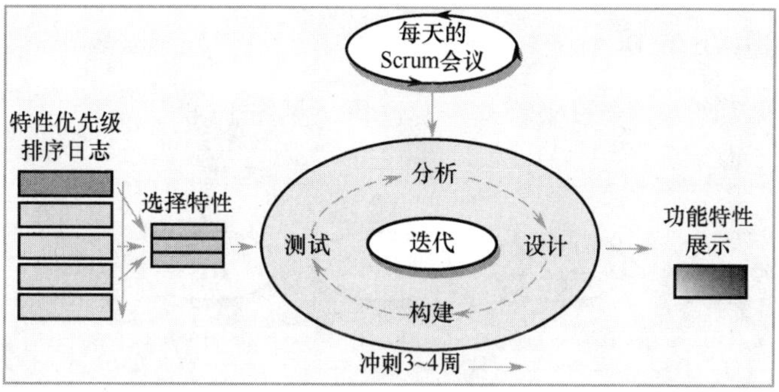

图 15.4　Scrum 开发过程

15.3.1　角色和责任

Scrum 过程有三个关键角色：产品负责人、开发团队和 Scrum Master。

1．产品负责人

产品负责人代表客户/终端用户的利益去行动。对于商业开发项目，产品负责人可能是产品经理。对于内部项目，产品负责人可能是将从软件中受益的业务部门的经理。在其他情况下，产品负责人可能是客户组织的代表。他们负责确保开发团队将他们的努力集中在开发能够实现项目商务目标的产品上。

产品负责人与其他人协商，建立产品需求的初始列表，并在产品待办事项列表中对它们进行优先级排序。负责人经常与开发团队合作，通过故事和最终用户示例来细化特性（例如，当用户单击 F2 键时，出现一个选项下拉窗口）。产品负责人与开发团队协商冲刺目标和待定事项。如果需要，产品负责人可以选择在每个冲刺结束时变更特性和优先级。然而，一旦冲刺开始，就不应该做任何更改。产品负责人是需求问题的最终仲裁者，有权接受或拒绝每个产品增量。产品负责人最终决定这个项目是否完成，他们是产品愿景的守护者，也是项目成本的监督者。

2．开发团队

开发团队负责交付产品。一个团队通常由 5～9 位具有跨职能技能的人组成，没有指定的角色或头衔。根据工作性质的不同，人们承担的责任也不同。团队是一个“自组织团队”，在某种意义上，他们自己决定谁来做工作以及如何完成工作。团队成员应该集中办公，这样就会形成面对面的协作。他们负责实现在冲刺计划和冲刺评审会议上做出的承诺。

3．Scrum Master

Scrum Master 促进 Scrum 过程，排除团队和组织层面的障碍。Scrum Master 不是团队的领导者（团队自我领导！），而是团队和外部干扰之间的缓冲器。他们没有正式的权威。相反，他们还要负责确保 Scrum 过程得到遵守。他们帮助产品负责人制订计划，并努力保持团队活力。Scrum Master 更像教练而不是管理者。这种服务型领导风格授权团队去完成项目。

15.3.2　Scrum 会议

Scrum 使用一系列协调会议来管理开发过程（见图 15.5）。

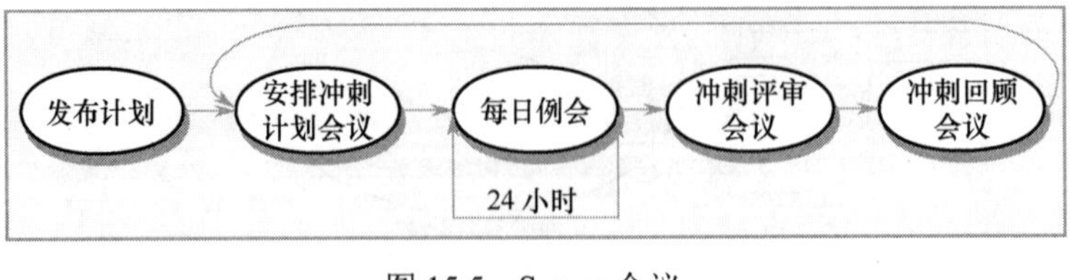

图 15.5　Scrum 会议

1．发布计划

发布计划的目的是为项目建立目标和总体计划。产品负责人与开发团队、Scrum 负责人和其他人一起解决项目如何满足或超过客户期望和投资收益的问题。这次会议的结果包括建立最高优先级的产品待办事项列表、主要风险，以及发布产品将包含的总体特性和功能。会议还会在假设未来没有任何变化的情况下，提出一个可能的交付日期和初步成本估算。然后管理人员就可以在一个又一个冲刺的基础上监视项目进程，并对发布计划进行调整。

2．安排冲刺计划会议

在每个“冲刺”的开始，产品负责人和开发团队会协商团队将在这个“冲刺”中试着开发哪些产品待办事项。产品负责人负责确定哪些特性是最重要的，团队负责确定在“冲刺”中哪些是可能的。如果无法在 4 周内完成某个关键待定功能项，团队将与产品负责人合作，将功能分解成可实现的部分。所有提交的功能项都记录在产品待办事项列表中。团队使用这个待定项来确定要完成的具体工作的优先级，并分配初始职责。这些任务被记录在冲刺待办事项中。一旦会议结束，冲刺的目标就不能改变。

3．每日例会

敏捷项目的核心是每天的会议，通常被称为“Scrum”。每个工作日，在相同的时间和地点，团队成员站成一圈，轮流回答以下关键问题：

（1）自从上一个 Scrum 之后，你做了什么？

（2）从现在到下一个 Scrum，你会做什么？

（3）是什么阻碍了你尽可能高效地完成你的工作？

每天的 Scrum 会议通常持续 15 分钟，在白板旁举行，在此之后，所有的任务和区块都会被记录下来。一旦区块被移走，Scrum 大师就会从记录中删除它们。会议必须准时开始。迟到罚款（例如，1 美元罚款由 Scrum 大师收集并捐赠给慈善机构）是一个流行的规则。

这次会议仅限于上述三个核心问题。成员们站着会制造一种紧迫感。随后，特定成员可能会立即开会解决出现的问题。

Scrum 的价值在于它创建了一种每天都能快速告知团队项目状态的机制。它维持了一种团队认同感，鼓励开放和实时解决问题。让每个人汇报他当天计划做什么会产生对团队的社会承诺，从而建立责任感。

再次注意，团队是自我管理的。Scrum 大师不给团队成员分配日常任务，团队自行决定自己做什么。Scrum 大师的职责是查看 Scrum 是否正确运行。他们不是团队的“大师”，而是过程的“大师”。

4．冲刺评审会议

在每个冲刺的末尾，团队向产品负责人和其他利益相关者展示他们已经构建的实际工作产品的增量。向产品负责人和其他利益相关者征求反馈。产品负责人宣布哪些事项已经“完成”，哪些事项需要进一步工作，并返回到产品待办事项列表中。团队可以利用这个机会建议产品负责人接受或拒绝那些改进和新特性。冲刺评审会议是在产品出现时检查和调整产品，并迭代改进关键需求的机会。这样的改进将是下一次冲刺计划会议的主题。

5．冲刺回顾会议

回顾会议的目的是反思之前的冲刺进行得有多好，并确定可以改进未来冲刺的具体行动。Scrum 大师通常会为这个会议提供指导，然后由团队决定下一个冲刺中他们将如何一起工作并做出哪些改变。回顾会议反映了 Scrum 对持续改进的承诺，以及不仅对改进产品也对团队互动的重视。

参见生活快照 15.3，去了解拳头游戏公司如何将敏捷方法应用于电子游戏开发。

生活快照 15.3：英雄联盟冠军团队

《英雄联盟》是由拳头游戏公司（Riot Games）开发并发行的一款非常受欢迎的多人在线竞技游戏。在《英雄联盟》中，玩家扮演一个看不见的“召唤者”，控制一个拥有独特能力的“冠军”，并与其他受控制的冠军战斗。当这款游戏于 2009 年首次发行时，共有 40 个冠军。现在已经超过 140 个了！

拳头游戏公司的冠军团队为《英雄联盟》创造并更新冠军。工作是一个复杂而富有创造性的过程。每个冠军都必须在情感上吸引玩家，并将自己与现有的冠军名单区分开来。拳头游戏公司采用了敏捷方法去创造新的冠军。

跨职能的合作

冠军团队由 14 种类型的开发者组成（包括设计师、写手、美工、工程师、质量分析师、制作人等）。多学科团队提供了一个全面的视角和一个更紧密、更富有凝聚力的产品。虽然观点的差异可以产生创造性的突破，但它们也可能导致冲突和紧张。冠军团队使用产品愿景和 Scrum 仪式来帮助管理团队。

产品愿景

早期的成果之一是愿景陈述，或拳头游戏公司所称的“梦想”。团队的工作完成后，愿景陈述描述了冠军的未来状态。对于冠军角色“艾文”（Ivern），团队一开始的基本目标是创造一个丛林德鲁伊，他是森林的魔法朋友。随着时间的推移，团队开始在角色中添加树精灵神话的不同方面。

艾文最后的愿景陈述是：艾文是一个半人半自然的无忧无虑、与众不同的森林之神。他周游世界，改造他所处的环境，把他的好性情和独特的世界观传授给他遇到的每一个人。

SCRUM 仪式

（1）每日站立会议。站立会议允许团队交流最新情况并识别障碍。即使很小的调整也会产生连锁效应。例如，如果游戏玩家设计师改变咒语的长度 1 秒甚至 1 毫秒，这个时间就会改变咒语的情绪和清晰度。整个团队越早知道变化的到来，就能越快做出反应并确保其他资产（动画、法术效果、声音）能够满足游戏玩法的需求。

（2）冲刺评审。这是一种评审，团队成员检查计划的工作，并根据冠军愿景陈述和其他产品目标互相提供反馈。

（3）游戏式测试。至少在一次冲刺中，团队成员会在真实的游戏情境中测试冠军，然后进行团队反馈。这些游戏式测试让整个团队更全面地理解作为冠军、与冠军一起合作或与冠军对杀的感觉。例如，在艾文的开发过程中，一名团队成员杀死了艾文近 20 次，获得了团队胜利。虽然表演令人难忘，但这与作为一个仁慈的德鲁伊的产品愿景不符，艾文被剥夺了许多他的力量。

（4）评估审查。这是指团队将冠军视为一个整体，并使用李克特量表（Likert

Scale）对特定的幻想作品和产品范围的接受标准进行评估。通过量化评估，团队可以看到冠军的哪些方面符合拳头游戏公司的标准，哪些方面需要进一步完善。

（5）回顾。尽管该团队在 10 年的时间里创造了 140 个冠军，但每次冲刺都要进行回顾，以改进过程。回顾迫使团队不断询问什么是可行的，什么是不可行的，并做出调整，以不断创造出令人回味的新冠军。

15.3.3　产品和冲刺待办事项

每个项目都有一个产品待办事项列表和一个冲刺待办事项列表。产品负责人控制产品待办事项的安排，团队控制冲刺待办事项的安排。产品待办事项列表是客户在项目完成时所期望的关键特性的优先级列表。产品待办事项列表通常定义每个特性以及对时间、成本和剩余工作的估算。软件项目的部分产品待办事项列表如图 15.6 所示。

	A	B	C	D	E	F	G
1		电话在线诊疗处方软件项目					
2		产品待办事项					
3							
4–5	任务编号	产品名称	优先级	当前状态	预估用时	实际用时	
6							
7	1	客户信息	2	完成	100	90	
8	2	保险信息	1	完成	160	180	
9	3	药物信息	3	开始	80		
10	4	医生信息	5	没开始	40		
11	5	库存状态	4	开始	120		
12							

图 15.6　部分产品待办事项列表

冲刺待办事项是由团队开发和控制的。它表示团队在下一个冲刺期间提交完成的工作量。冲刺待办事项列出了交付功能特性或特性的一部分时必须完成的任务（活动）。冲刺待办事项还可以作为状态文档，列出每个任务的负责人和剩余工作时间，并将任务记录为已完成、正在处理或尚未开始。如图 15.7 所示为冲刺待办事项的部分示例。

	A	B	C	D	E	F	G	H	I
1		电话在线诊疗处方软件项目							
2		冲刺待办事项							
3									
4–5	冲刺描述	责任人	实际用时	剩余用时	定义	进行中的	测试	接受	
6									
7	药品目录	莉兹	16	0	×	×	×	✔	
8	非专利药物	克利高	32	0	×	×	×	✔	
9	品牌	艾伦	24	8	×	×	×		
10									
11									
12	设计药品库存系统	伊莉	40	0	×	×	×	✔	
13	库存可用性编码	克利夫		32					
14	生产订单编码	麦克		32					
15	整合所有库存系统	李	4	16	×				
16									

图 15.7　冲刺待办事项的部分示例

Scrum 不使用任何传统的项目管理工具，比如甘特图或网络图。相反，它依赖每天的 Scrum 和产品负责人的积极参与来管理工作流，通过短的开发周期和严格的测试来降低风险。

15.3.4 冲刺和发布燃尽图

敏捷倾向于经验的和基于价值的度量，而不是预测的度量。Scrum 使用"燃尽"图，它专注于剩余的工作，并用于跟踪项目进程。冲刺燃尽图用于跟踪每天的进程（见图 15.8）。纵轴表示完成冲刺待办事项所需的剩余工作，而横轴表示冲刺完成之前的天数。剩余的工作是通过对冲刺待办事项中记录的未完成任务的时间估算进行汇总来计算的。这些估算每天都在更新。

在图 15.8 中，圆点线显示了初始任务估算所预测的冲刺进展的理想场景，而菱形线显示了实际绩效。在理想情况下，菱形线应该非常接近圆点线。当它在圆点线的上方时，团队工作落后于进度计划，当它在圆点线的下方时，团队工作提前于进度计划。如果实际的剩余线在一段时间内高于理想线，那么这表明需要对项目进行调整。这可能意味着删除了一个任务，分配了额外的资源，或工作延误了。这些都不是令人愉快的事，但因为有了燃尽图，团队可以比冲刺截止日期前更快地做出响应。

发布燃尽图用于监控项目的完成进度（见图 15.9）。这个图显示了整个时间内剩余的工作量。在每个冲刺开始之前，在产品待办事项列表中修改完工估算，并在发布燃尽图中汇总。随着时间的推移，燃尽图成了一种很好的方法，能够直观地看到剩余工作量和团队减少剩余工作量的比率间的关系。此外，剩余工作的趋势线和横向时间轴的交叉点可以用来估算可能的完工日期。产品负责人和团队使用这些信息来"诊断"项目，通过从发布的版本中删除或添加功能来达到特定的完工日期或达到包含更多功能的扩展日期。

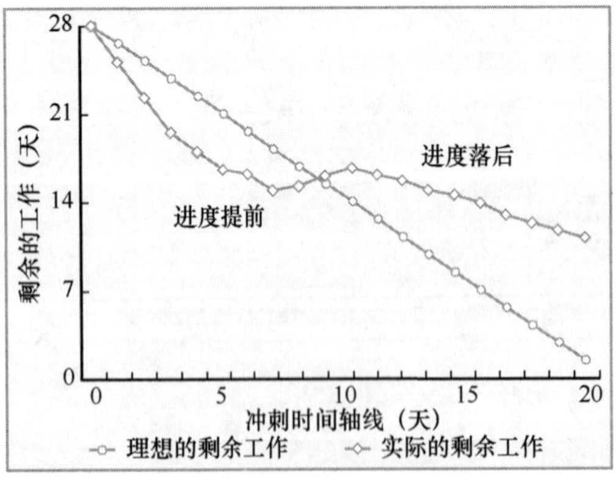

图 15.8 冲刺燃尽图

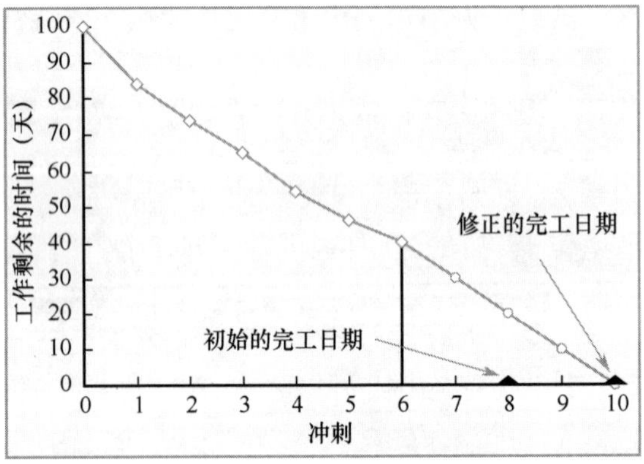

图 15.9 发布燃尽图

在图 15.9 中，为前六个冲刺记录了剩余的工作，并使用趋势线来修改预期的完成日期。注意，在本示例中，预计项目将比计划的晚完成。这是否意味着团队绩效不佳？不，不一定！记住，产品待办事项列表是动态的，在每个冲刺结束时，待办事项列表都会被修改。添加、修改或删除特性，工作估算则增加或减少。在敏捷项目管理中是没有基准的。

15.4 极限编程与看板管理

15.4.1　极限编程

15-5：理解极限编程的基本方法。

极限编程（Extreme Programming，XP）是一种更激进的 Scrum 形式，它组织人们更有效地开发出更高质量的软件。XP 最初是由程序员肯特·贝克（Kent Beck）为克莱斯勒（Chrysler）公司开发的，XP 试图通过拥有多个短的开发周期而不是一个长开发周期来降低需求变化的成本（Beck，1999；Beck & Andres，2004；Beck & Fowler，2000）。XP 认为变更是软件开发项目中一个自然的，甚至是可取的方面，应该为迎接变更做好计划，而不是消除变更。XP 的名字来自这种方法将软件工程过程带到"极限水平"的想法。

XP 的两个指导特性是测试驱动开发和结对编程。XP 方法是，如果少量的测试可以消除一些缺陷，那么大量的测试可以消除更多的缺陷。例如，单元测试检验给定的特性是否按预期工作。验收测试确认程序员理解的需求是否满足了客户的实际需求，而集成测试是要发现不兼容的基础。每天都要进行测试。XP 的另一个独特特性是结对编程。在 XP 中，所有代码都是在编码期间在同一台机器上并排工作的程序员结对协作编写的。一个人是"驱动者角色"，编写代码；另一个人是"导航者角色"，在输入代码时检查每一行代码。这两个程序员经常交换角色。

XP 建立在下面五个价值之上：

（1）**沟通**。目标是为所有开发人员提供一个系统的共享视图，该视图与系统用户持有的视图相匹配。为此，XP 喜欢简单的设计、常见的隐喻、用户和程序员的协作、频繁的口头沟通和反馈。

（2）**简单**。XP 鼓励从最简单的解决方案开始。之后可以添加额外的功能。

（3）**反馈**。快速测试减少了错误，确保工作响应客户需求。

（4）**勇气**。一些实践体现了勇气。勇气的第一个方面是建立一条戒律：总是为今天而不是明天设计和编码。这是为了避免陷入设计的泥潭，并避免需要大量的工作来完成其他内容。勇气的另一种表现是知道什么时候扔掉代码：有勇气删除过时的源代码，无论花了多少精力创建的源代码。

（5）**尊重**。这包括尊重他人和自尊。团队中没有人会感到不被欣赏或被忽视。这确保了大家拥有高层次的动机，并鼓励对团队和项目目标的忠诚。

XP 并非没有批评者。一些人认为 XP 需要用户/客户太多的参与，并且增加了范围蔓延的风险，因为详细的需求没有文档化（Rosenberg & Stephens，2003）。支持者认为，客户参与是人们为了避免不必要的范围蔓延而付出的代价。

15.4.2　看板

15-6：知道如何创建和使用看板。

看板是一种精益管理方法，首先由丰田公司开发。它已经由敏捷实践者用来帮助管理项目工作流。

在其最简单的形式中，看板由一块白板组成，白板分为三个列，分别是计划好的任务、在进行中的任务和已经完成的任务（见图 15.10）。团队识别与他们的项目相关的不同任务、可交付成果或特性。每一个任务都贴在便签纸上或特殊的“看板”卡片上。根据需要给这些卡片进行优先级划分，并在下一列中创建一个队列。团队先处理最优先的事项。一旦一个任务或特性完成了，卡片就会移动到“已经完成”列，然后开始下一个任务。与 Scrum 一样，项目团队每天都会召开一次站立会议，更新看板，决定需要做什么，并讨论进展中的障碍（Barry & Benson，2011）。

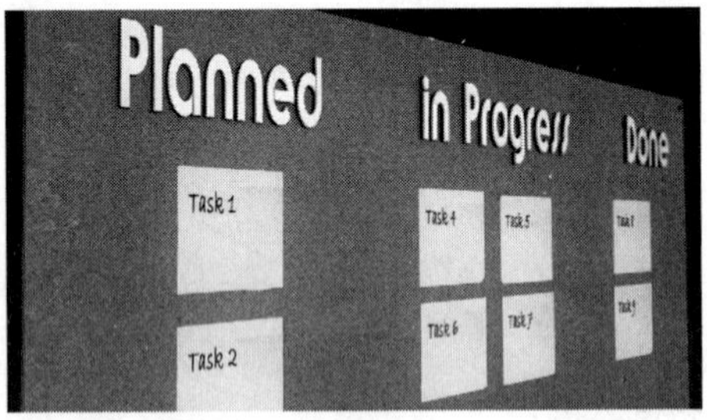

图 15.10　基本的看板示意图（摄影棚示例）

与其他项目管理技术相比，看板似乎有点过于简单。但用户证明了这种低技术含量、高移动方法的力量。看板提供了对工作流、瓶颈、障碍和整体状态的清晰洞察。

看板是基于“拉拽移动系统”的思想。当团队准备好进行更多工作时，一个已完成的看板卡片就会发出信号，这些工作将从下一列表中取出。工作不会从开始就拉到完成。只有当一个任务完成后，才能启动另一个任务。限制是根据项目团队应对正在进行中的任务数量的能力来设定的。例如，任何时候都不能有超过三个任务正在进行。这样防止了多任务处理的低效率，也防止了出现挥之不去的瓶颈。看板的另一个优点是它帮助团队让项目工作流程形象化了，并将他们的注意力集中在最关键的工作上。最后，和 Scrum 一样，重要的是解决问题和开发完成工作的更好方法（Hammarberg& Sundewn，2014）。

根据项目的不同，可以使用更精细的绘图方案。例如，Tarne（2011）描述了一个 IT 超文本文档的帮助信息系统，该系统由六个列组成：已经完成的、正在等待完成的、根本原因分析、开发修复、测试和部署。更复杂的看板工具也可以在网络上找到。

看板不像大多数敏捷方法那样具有规定性，因此破坏性较小。组织可以相对容易地开始应用看板方法，并在认为合适的情况下朝着全面实施的方向推行。

15.5 敏捷项目管理在大项目中的应用

Scrum 和大多数其他敏捷方法都非常适合那些可以由 5～9 人的小团队完成的截然不同的项目。但敏捷方法也可以用于多个团队同时开发不同特性的大型项目。在实践中，这种情况被称为按比例“扩展”。扩展的主要挑战是集成：确保创建的不同特性相互协调。

对于集成的挑战，没有简单的解决方案。需要有重要的预先计划来管理将要开发的不同特性间的相互依赖关系。这被称为“分阶段进行”，通常是第一次开发迭代的主题。这里建立了协调工作和确保兼容性的协议和角色。这是通过建立一个清晰的产品愿景来支持的，这样权衡决策在本地团队层级上是一致的。

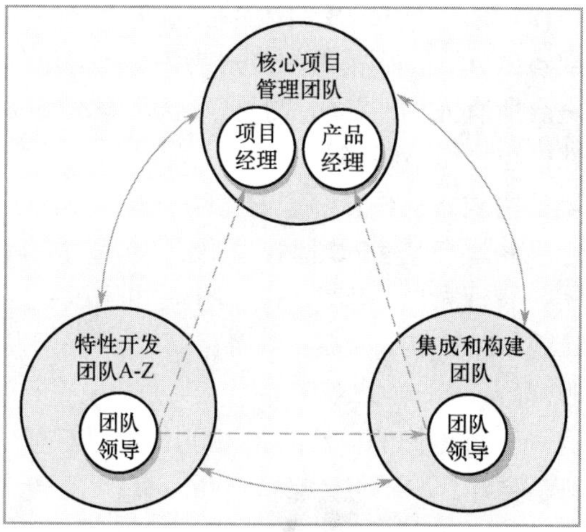

图 15.11 中心式项目管理结构

敏捷的支持者们建议创建一个中心式项目管理结构（见图 15.11），使用重叠的角色和职责来管理大型项目。这种中心式项目管理结构存在多个特性开发团队。一个是独立的集成和构建团队，由每个特性团队的兼职成员组成。这个团队通过测试和为特性团队建立需求来处理棘手的集成问题。为了协调多团队结构，需创建一个核心项目管理团队，该团队由一名更高级别的项目经理、一名产品经理（代表客户的利益）和来自特性开发团队的领导（项目经理）组成。核心项目管理团队协调并促进项目决策的制定。团队成员引导而不是指挥其他团队。团队可以是真实的、虚拟的，或者是组合的。整个系统需要一种协作精神才能工作。

瑞典从事航空和防务的萨博公司（Saab Aktiebolag，Saab AB）成功地将敏捷应用到大型鹰狮（Gripen）喷气式飞机项目中。Saab AB 部署了 100 多个敏捷团队，跨越软件、硬件和机身等技术领域，一起来开发鹰狮喷气式飞机。Saab AB 通过每天的站立例会进行协调。早上 7:30，每个一线的敏捷团队开会，标出团队无法解决的障碍，并安排当天的工作。7:45，这些障碍升级到团队上一级领导团队中，在那里，领导者努力解决问题或进一步升级问题。这种方法继续下去，到 8:45，执行行动团队已经有了一个需要解决的关键问题列表，以保持进度按计划进行。Saab AB 航空分公司也是这样来协调事情的，其由三周的冲刺、一个项目总体计划以及组织中传统上不同职能部分的协同工作所组成。例如，把试飞员安排在开发团队中。结果是戏剧性的。鹰狮喷气式飞机被认为是世界上成本效益最高的军用飞机（Rigby，Sutherland，&Noble，2018）。

15.6 限制和担忧

> 15-7：认识敏捷项目管理的局限性。

最近对 3 900 多名从事软件/IT、金融和专业服务的受访者进行的一项调查，提供了对敏捷当前状态的洞察。94%的人报告他们的公司使用敏捷方法，但是只有 53%的人报告他们的敏捷项目是成功的。失败的最大原因是：①缺乏敏捷方法的经验；②公司文化与敏捷核心价值观不一致；③缺乏管理层的支持；④遵循传统瀑布过程的外部压力（Schur，2015）。

一个人不可能一夜之间就把敏捷项目管理引入一个组织中。敏捷项目管理不是一个简单的方法。使用者不仅需要学习新技术，还需要重大的心态转变。采用敏捷方法的倾向会随时间而发展。大多数公司报告了敏捷项目管理的逐步引入。他们开始的时候会有几个试点项目，成功后又有几个，等等。在这里，项目管理办公室可以通过为新的敏捷团队提供培训和指导而发挥关键作用。

许多敏捷原则，包括自组织团队和紧密协作，都与企业文化不相容。例如，自组织团队的原则认为，在这个团队中，成员决定谁应该做什么，而不考虑级别或头衔，但这与指挥和控制结构相矛盾。同样，紧密协作并不适合所有人。一位敏捷经理承认，她不得不解雇了几名顶级工程师，因为他们独行其是的性格与协作不相容。

敏捷项目管理不能满足高层管理者对控制的需求。记住新房子的比喻。买家得到了他们想要的东西，但不知道要花多少钱。他们也不知道要花多长时间，甚至不知道完成后会是什么样子。不管“依情况而定”是多么现实，管理人员和客户都习惯于使用比敏捷提供的确定性更高的方法来工作。为了应对财务问题，许多组织建立了“天花板”，即在开发特定产品或服务时不能超过的最大预算或最长时间。

在瀑布过程是主导方法的组织中，将会有一种要遵循的自然的张力和压力。这里，敏捷怀疑论者警告说，不断扩展的需求会导致范围蔓延。冲刺将会导致产品所有者/客户无休无止的一系列请求。他们担心敏捷团队会过于偏爱客户，过多地确定客户想要的东西，而不是从商务角度看应该是什么。

调查结果中没有提到的另一个挑战是敏捷项目管理需要积极的客户参与。参与有多种形式。指定一个内部人员作为产品负责人来代表最终用户的利益相对容易；招揽外部客户的积极参与可能是问题。尽管有一致的证据表明，客户参与提高了项目的成功，但并不是所有的客户都希望积极参与，大多数客户都很忙。另一些人认为他们雇用了项目团队，这样他们就不必参与其中。确保客户的合作，请他们投入必要的时间来支持敏捷项目管理，通常不是一件容易的事。

尽管存在挑战，软件和新产品开发项目中重复的成功和改进已经促使传统项目管理专业人士接受了敏捷项目管理。2017 年，项目管理协会与敏捷联盟联合发布了《敏捷实践指南》。

15.7 混合管理模型

有时组织同时使用传统和敏捷方法来完成项目。这在项目管理领域被称为混合管理模型。例如，敏捷项目管理首先用于解决关键范围问题和定义需求。

一旦特性或需求已知，那么传统的项目管理就被用来完成项目。或者，在某些项目中，需求是已知的，但在技术方面存在不确定性。如果是这样，增量试验将被尽早用来解决技术问题，允许有正式的实施计划。有时传统的项目管理被用于敏捷项目的末端。例如，Scrum 可以用于开发全公司范围的数据库系统，但传统的项目管理用于管理 1 000 多个用户的培训。最近一项针对各行各业 6 000 多名项目专业人员的调查显示，23%的项目采用混合方法（PMI，2018）。

通常在项目中，大部分工作都是常规的和可预测的，但是对于具体的可交付成果或任务存在不确定性。例如，一家建筑公司获得了在一所大学建造新设施的合同。该公司过去曾成功完成过类似的项目，但这次公司使用了一种它们不熟悉的新屋顶材料。在按照计划建造新建筑的同时，承包商在地面上进行了小规模的安装实验，以确定最佳的安装方法，并在有足够时间解决问题的情况下尽早发现问题（PMI/敏捷联盟，2017）。

尽管一些公司已经成功地将敏捷项目管理应用到大型项目中，但其他公司则在艰难地应对规模挑战。这导致许多公司在大型项目中使用混合管理模型，它结合了瀑布和敏捷方法。例如，时代公司的子公司 IPC Media 使用迭代瀑布方法，在这种方法中，大型项目被分解为由不同团队并行执行的子项目。短时冲刺和额外的检查点用于完成每个阶段。从本质上说，每个阶段都是一个敏捷项目。

最后，经常会发现团队在计划驱动的项目中使用敏捷技术。例如，在许多组织中，每天召开站立会议来协调工作已经变得司空见惯。团队还使用较短的迭代和回顾来获得关键客户的反馈。传统团队使用看板方法来可视化工作并识别项目进度计划中的瓶颈。预计这一趋势将继续下去。

本章小结

敏捷项目管理的出现是为了应对管理范围定义不清且高度不确定性项目的挑战。敏捷依赖迭代、增量开发过程，在这个过程中，项目的范围会随着时间的推移而发展。开发团队在每个开发周期结束时创建特性驱动的工作产品。积极的客户参与被用来指导这个过程。以下是敏捷方法的一些关键优势：

- 工作被分成越来越小的块，更容易计划和控制。
- 增加了客户和设计师之间的协作，从而实现了可靠的变更控制。
- 方法要求特性在完成后进行测试并发挥功能。

敏捷项目管理仍在发展中。虽然本章的大部分注意力都集中在软件开发上，但敏捷项目管理正成功地应用于各种不可预测的项目。将继续开发和应用新的方式和方法，以满足项目的具体需要。请继续关注。

关键术语

Agile Project Management 敏捷项目管理
Extreme Programming 极限编程
Hybrid Model 混合管理模型
Self-organizing Team 自组织团队
Sprint Backlog 冲刺待办事项
Sprint Burndown Chart 冲刺燃尽图
Waterfall Method 瀑布方法
Kanban 看板
Product Backlog 产品待办事项
Product Owner 产品负责人
Release Burndown Chart 发布燃尽图

复习题

1．为什么传统的项目管理方法在项目范围和技术不清楚的情况下效果不佳？
2．什么是迭代、增量开发？为什么它对开发新产品有用？
3．敏捷项目管理的优势是什么？敏捷项目管理的劣势是什么？
4．传统项目经理和Scrum专家之间有什么相似和不同之处？
5．自组织团队和传统项目团队有什么不同？
6．看板是如何工作的？
7．为什么在大型项目中应用敏捷项目管理很困难？

生活快照讨论题

15.1 IDEO：设计大师
1．快速原型的优点是什么？
2．你能想到一个能从原型设计中受益的个人项目吗？如何受益？为什么？
15.2 “9·11”后的灵魂搜救
1．为什么在每周迭代结束时举行回顾是有用的？
15.3 英雄联盟冠军团队
1．为什么不使用瀑布方法来开发新的冠军呢？
2．创立产品愿景和使用Scrum惯例如何帮助团队管理紧张关系和冲突？

练习题

1．分成小组，找出至少两个真实项目的例子：
a．范围和技术是众所周知的。
b．范围众所周知，但技术不太为人所知。
c．范围不为人所知，但技术为人所知。
d．范围和技术都不为人所知。

2．分成小组讨论以下问题：你认为组织、群体、个人和项目的哪些因素会促进Scrum等敏捷项目管理方法的成功应用？为什么？

3．按照图15.5所示的步骤，用你目前正在进行的项目来举行一次Scrum会议。指定一名成员担任Scrum专家，召开不超过15分钟的站立会议，并评估这类会议的价值。

4．访问网站agilealliance.org，查看敏捷101和时间轴的子部分。对于敏捷是如何发展并获得项目管理共同体的认可的，他们说了什么吗？

5．以下是实践中的四个小案例。分成小组，完成两项任务：①分析案例；②为IT部门提供5条建议。

A 项目

你刚刚从另一个项目经理那里接手了一个项目，并且刚刚与你的商业发起人开了一次不太顺利的会议。在会议上，发起人告诉你，她对项目到目前为止的表现是多么不满意，她准备完全终止这个项目。截止日期不断推迟，申请还未完成，而发起人觉得她无法与任何人取得联系，也没人给她项目状态和进展的最新情况。

从与项目团队的对话中，你了解到需求还没有最终确定，在能够继续处理应用程序的几个关键部分之前，团队正在等待输入。尽管如此，他们已经能够在其他领域向前推进，并为他们所做的工作感到自豪。然而，他们还没有机会向发起人展示这些成就。

更复杂的是，你的老板明确表示这个项目必须按时完成，因为他的其他项目在等待资源。

你想怎么做？你的决策对项目的成本、进度和绩效有什么影响？

B 项目

你的项目团队已经完成了需求收集和方案设计的开发。你的团队分为两个主要团队：第一团队由项目经理、业务分析人员和管理人员组成，位于美国；第二团队由位于印度的开发和质量分析团队组成。

WBS 是根据印度团队的估算开发的。开发团队同意每天向你提供关于 WBS 进展的更新，以确保满足项目里程碑的要求。

然而，当开发团队接近第一个里程碑时，很明显他们落后了，即使他们的每日更新表明他们在轨道上。此外，团队采用了不同于项目开始时商定的设计方法。

开发团队缺乏有意义的更新以及不同的设计轨道，这会导致整个计划过时，从而危及整个项目。你的团队现在面临无法交付项目的风险。

你想怎么做？你的决策对项目的成本、进度和绩效有什么影响？

C 项目

你刚刚接任了一个大型项目的项目经理，该项目在多个轨道上展开工作，计划在三个月内开始运行。在第一次与项目发起人和关键利益相关者的会议上，你发现商业需求不完整，在某些情况下没有启动，项目范围对满足即将到来的上线是不现实的，整体项目团队由于缺乏对优先事项的沟通和理解而感到困惑。

你想怎么做？你的决策对项目的成本、进度和绩效有什么影响？

D 项目

你刚刚被指派从一个即将离职的项目经理那里接管一个新项目。该项目是一个高度可见的项目，它使用的开发方法对你和你的公司来说都是新的。在与即将离职的项目经理的过渡会议上，他向你保证开发已经完成，你所要做的就是引导项目通过验收测试和发布。因此，一些项目团队成员按照计划离开了项目。

验收测试并不像计划那样顺利。应用程序有比预期更多的缺陷，并且一些核心功能不能被测试。项目团队成员不知道他们需要继续往什么方向前进，商业发起人已经问过你，她什么时候可以测试不属于最初范围的应用程序功能。此外，你的项目的最后期限正在迅速逼近，而项目间的依赖关系使你不太可能推迟发布日期。

你想怎么做？你的决策对项目的成本、进度和绩效有什么影响？

案例 15.1：Scrum 在 P2P 公司中的应用

A 部分

肯德拉·华（Kendra Hua）在 P2P（Point 2 Point）大型货运公司的 IT 部门做了 6 年的软件工程师。她喜欢她的工作和同事。虽然她做了一些维护工作，但主要是做项目，通常是全职的。她的工作涉及范围广泛的项目，包括系统升级、库存控制、GPS 跟踪、账单和客户数据库。这些项目通常能够满足项目需求，但总是延误。在 IT 部门内，常见做法是用打赌来猜测完成日期。经验法则是，将最初的进度计划时间乘以 1.5，然后从那时起开始猜测。

管理层决定通过改变 P2P 公司完成 IT 项目的方式来扭转局面。IT 部门开始使用敏捷项目管理，更确切地说是 Scrum，来完成他们的项目，而不是使用所有需求都预先定义好的传统瀑布方法。

肯德拉刚刚被分配到 Big Foot 项目，该项目涉及开发一个监控 P2P 公司碳排放量的系统。为了准备这个项目，肯德拉和她的整个软件工程师团队将参加一个为期两天的 Scrum 研讨会。

每个人都得到了一本关于 Scrum 的书来为研讨会做准备。起初，肯德拉被术语淹没了：Scrum 大师、冲刺、产品经理、冲刺日志等。她质疑橄榄球的比喻，因为她对这项运动唯一的了解就是她的一个大学同学在比赛结束后醉醺醺地回到宿舍，浑身是血。为什么项目经理被称为万能的主（她对大师的误会）？这对她来说似乎是一种侮辱。不过，她从一个在另一家公司使用 Scrum 的朋友那里听到了一些关于 Scrum 的好东西。她的这位朋友声称 Scrum 给了程序员更多的自由来完成他们的工作，并且以更快的速度工作。因此，她怀着开放的心态参加了为期两天的研讨会。研讨会由一位精通软件开发领域的培训师主持。与会者包括她的其他 5 名团队成员，以及普雷姆·古普塔（Prem Gupta）——一位经验丰富的项目经理，他将担任 Scrum 大师的角色，以及艾萨克·史密斯（Isaac Smith），他将担任代表客户利益的产品经理。一开始，每个人都向普雷姆鞠躬，像罪人一样祈祷着“主啊、主啊、万能的主啊……”，这让普雷姆很难堪，主持人很快纠正了他们，说他不是他们的万能的主，而是 Scrum 过程的大师。主持人继续强调，他们将作为一个自组织团队工作。肯德拉并不确定这意味着什么，但她觉得这与团队自我管理有关，而不是与普雷姆有关。研讨会涵盖了所有基本的 Scrum 工具、概念和角色。每个人都可以通过完成一个模拟项目来练习这个过程，该项目包括创建一种新的棋盘游戏。肯德拉喜欢 Scrum 站立会议的想法，因为她在 P2P 公司的大多数会议都花了太长时间。她也喜欢拥有产品经理，他是产品功能和工作何时完成的最终决策者。每个人都嘲笑主持人用来描述产品经理的“只有一个脖子可以拧”的类比。总体来说，她认为 Scrum 过程是有前途的，她对在 Big Foot 项目中尝试它感到兴奋。Big Foot 项目预计将在五个冲刺后完成，每个冲刺持续四周。

第一次冲刺

第一次冲刺计划会议基本上是照章办事。产品负责人艾萨克做了他的功课，带着软件需要提供的全部特性列表来参加会议。这是一个健康的讨论会，艾萨克修改了列表，加入了一些团队认为必要的特性。下午的会议上，艾萨克根据团队的反馈，对产品待办事项列表中的特性进行了排序。会议的最后内容是让团队决定在四个星期的冲刺中他们将要致力于构建哪些高优先级的特性。普雷姆友好地提醒了团队，他们需要构建一个完整的功能特性。这个提醒降低了团队的热情，最终在第一次冲刺的待办事项中分配了一组既有挑战但又可行的特性。

最初的几个每日 Scrum 会议有点尴尬，因为成员们都小心翼翼地避免踩到对方的“脚趾”。首先发现的障碍之一是对自组织团队如何工作没有共同的理解。普雷姆一直强调，由团队决定谁做什么，什么时候做。然后有一天早上，大家突然明白了，成员们走上前来，告诉大家他们各自需要完成的工作。从那以后，每天的 Scrum 就有了自己的生命，只有当有成员每迟到一分钟就要做五个俯卧撑时才会被打断。工作的节奏加快了，随着任务和最终功能特性的快速完成，大家都表现出了共同的热情。肯德拉与其他软件工程师并肩工作，解决问题，并分享他们的经验。有时候，艾萨克会被叫到项目办公室回答关于具体特性的问题，并向他们展示正在进行的工作。

到第一次冲刺回顾会议时，团队能够向艾萨克演示除一个特性外的所有指定的特性，甚至还有三个不在最初目标列表上的特性。团队不仅从艾萨克那里得到了一些有用的反馈，还从他带来的几个最终用户那里得到了一些有用的反馈。其中 80%的特性是由艾萨克宣布完成的，而其他人只需要稍作修改。每个人都同意下一次冲刺评审将会更加成功。

冲刺回顾会议令人耳目一新，成员们坦率地讨论了好的和坏的方面。每个人都同意团队需要进一步完善文档方面的工作。关于公平性以及在整个团队中传播有趣工作和艰难工作的问题也浮出水面。每个人都专注于对项目最好的东西，而不仅仅是自己，这让肯德拉印象深刻。

第二次冲刺

第二次冲刺会议进展顺利。在第一次冲刺评审会议之后需要返工的特性位于待办事项列表的顶部。艾萨克对优先级做了适当调整，并添加了几个在冲刺评审会议中发现的新特性。会议召开时，团队相信他们能够完成他们承诺的工作。

在接下来的一个星期里，项目工作进展很快。肯德拉对要完成她在每日例会上的承诺感到有压力。与此同时，她在汇报已完成的工作时感到非常满意。整个团队似乎都充满了活力。然而有一天，由于一个棘手的集成问题，一切都陷入了停顿。团队在接下来的三天，试图解决这个问题，直到下一个 Scrum，普雷姆走上前说：“我认为你们应该这样做。”然后他接着概述了解决这一问题的具体方法，甚至将具体任务分配给每个团队成员。在接下来的两天里，普雷姆在团队成员之间来回走动，协调他们的工作并解决问题。虽然团队内部有些抱怨，但他的解决方案起了作用，肯德拉很感激项目能回到正轨。

从那以后，普雷姆在每天的 Scrum 会议中扮演了更加积极的角色，通常对当天的工作议程拥有最终决定权。在成员们等待普雷姆先发言时，会议的气氛有所不同。在这段时间里，艾萨克不在项目办公室，因为他正在访问将要使用新软件的网站。尽管如此，各种特性正在完成，肯德拉对进展感到满意。然后有一天，艾萨克出现在早上的 Scrum 会议上。他刚回来，有新的信息要向项目组通报。他重写了产品日志，添加了几个新的高优先级特性，并删除了团队一直在开发的一些特性。他希望团队能够调整他们的工作方向，并在冲刺结束时完成新特性。

团队被震惊了，因为他们被教导的一个原则就是不能在一个冲刺的中途改变路线。普雷姆尽力向艾萨克解释这一点，但艾萨克坚持要按他说的做。他不停地说，必须做出这些变更，否则，冲刺输出的大部分内容都是在浪费时间。他反复强调团队需要灵活变通。“毕竟，这不正是敏捷方法的全部意义吗？”会议陷入了僵局，直到普雷姆提出妥协方案。团队同意进行新的工作，但冲刺需要延长两周。大家都同意了，肯德拉又回去工作了。

直到第二次冲刺结束，普雷姆继续指导项目工作。在冲刺评审会议上，五个新特性中的四个已经完成，同时也完成了大部分原始特性。然而，特性演示进行得并不顺利。艾萨克和一些在场的最终用户对几个已完成的特性的用户友好性持批评态度。肯德拉和其他团队成员为他们的工作辩护说：“为什么你不告诉我们你想要它那样表现？”普雷姆尽了最大的努力来控制会议，但是当一个重要的特性不能工作时，团队没有什么可说的。最后，只有一半的特性被认为已经完成了。

肯德拉灰心丧气地走出冲刺评审会场。明天早上是冲刺回顾会议。她脑子里有很多东西，但不确定在会上该说什么或该怎么说。

1. Scrum 的效果如何？
2. Big Foot 项目面临的问题是什么？
3. 假设你是肯德拉，你想在回顾会上说些什么？你会怎么说？
4. 需要做哪些改进或改变？

B 部分

普雷姆在回顾会议的开幕式上说，他接到了老板的电话，她对进度不满意。普雷姆说他和他的团队在压力下回到了正轨。在第二次冲刺中，待办事项列表中的事没有几件进展顺利，当讨论改进的时候，却出现了尴尬的沉默。肯德拉开口了，她说她已经回顾了 Scrum 手册。她继续说道，她认为 Scrum 背后的理念是团队要努力解决他们自己的问题，而普雷姆的角色并不是任务的主人。其他几个团队成员低声表示同意。普雷姆开始为自己辩护，他说，如果他不干预的话，团队要花几天时间才能解决这个问题。

另一位成员说，他认为让艾萨克变更冲刺承诺是一个错误。普雷姆原则上同意这是正确的，但他说，有时你必须变通规则才能做正确的事。他告诫团队说，你们必须练习变得更敏捷。回顾会议结束时几乎没有提出让项目回归正轨的具体建议，普雷姆认为，为了回到正轨，他必须更多地参与项目执行。

随后的第三次冲刺会议更多的是一种形式。艾萨克用修改过的优先级更新了产品待办事项列表，普雷姆为团队签署了他们将承诺的内容。团队和艾萨克之间很少有互动，除了寻求对具体特性的性能需求的澄清。

团队在普雷姆的领导下进行日常 Scrum。有时 Scrum 会超过正常的 15 分钟，因为普雷姆会回顾进度并详细描述当天需要做什么。艾萨克偶尔会出现，改变优先级，回顾工作，回答问题。肯德拉在她的任务上努力工作，经常因为工作出色而受到普雷姆的表扬。

一天晚上，当团队成员聚在一起喝啤酒吃寿司时，其中一名成员拿出一张电子表格，问谁想第一个下注他们的项目什么时候能够完成。

经过几次冲刺后，艾萨克终于在最后一个特性上签字，并宣布项目完成。一个集体的“雅虎”从团队中诞生了。会议结束后，肯德拉四处向她的每个队友索要赌金，因为她曾预测这个项目将比计划多花 12 周时间，她赢了。

1. 你如何评价 P2P 在引入 Scrum 方面所做的努力？
2. 当组织采用像 Scrum 这样的敏捷方法时，会面临哪些挑战？
3. P2P 可以做些什么来提高成功？

案例 15.2：格雷厄姆·纳什

肯·巴特利（Ken butrey）在浏览约翰·巴巴塔（John Barbata）发来的一封电子邮件时挠了挠头。肯是贾斯珀·琼斯（Jasper Jones，JJ）项目的团队领导。他和其他 13 名开发者负责创造贾斯珀·琼斯，这是一个出现在热门电子游戏 *Hidden Galaxy* 下一个版本中的新角色。*Hidden Galaxy* 是 NYAS 游戏公司的旗舰游戏。这个团队是跨职能的，包括设计师、美工、作家、工程师、质量分析师和制作人。在过去的三年中，NYAS 游戏公司将敏捷方法应用到它们的项目中，认为这是它们持续成功的关键之一。

在大多数情况下，肯对团队和项目进展都很满意。有一个很大的例外：平面设计师格雷厄姆·纳什（Graham Nash）。事实上，他正在阅读的电子邮件是对格雷厄姆的另一种抱怨。

这是两周内格雷厄姆第二次没有报告他对 JJ 的移动能力所做的变更。这真的会把事情搞砸。昨天我大部分时间都在调整声音以适应变更。

遗憾的是，这不是唯一的抱怨。艺术家凯丽·法瑞斯（Callie Faries）刚离开肯的小隔间，也有类似的抱怨。

格雷厄姆在 NYAS 游戏公司是出了名的优秀设计师。他创造了广受欢迎的 Thongor 角色。事实上，肯对格雷厄姆的同行熊锡恩（Xien Xong）感到惊讶，是熊锡恩让格雷厄姆参与 JJ 项目的。

肯承认，有时格雷厄姆的工作非常出色，他的职业道德无可非议。但这也是问题的一部分。他太专注于自己的工作，以至于忘记了团队的其他成员。这个问题在冲刺评审中不断被提出。格雷厄姆会同意，但很少与团队其他成员进行眼神交流。格雷厄姆是一个极端内向的人。除非有人问他问题，否则他很少说话。你已经跟他说过要对团队其他成员的需求做出更积极的回应。你还养成了在每天的站立会议上问他具体问题的习惯。

1. 肯在处理格雷厄姆·纳什的情况时有什么选择？
2. 你会建议肯做什么？为什么？

第 16 章

国际项目
International Projects

本章学习目标

通过学习本章内容，你应该能够：

16-1 描述在不同国家影响项目管理的环境因素。

16-2 确定国外项目选址通常要考虑的因素。

16-3 了解组织如何选择为国际项目工作的人。

本章概览

16.1 环境因素

16.2 项目选址

16.3 国际项目的人员筛选和培训

本章小结

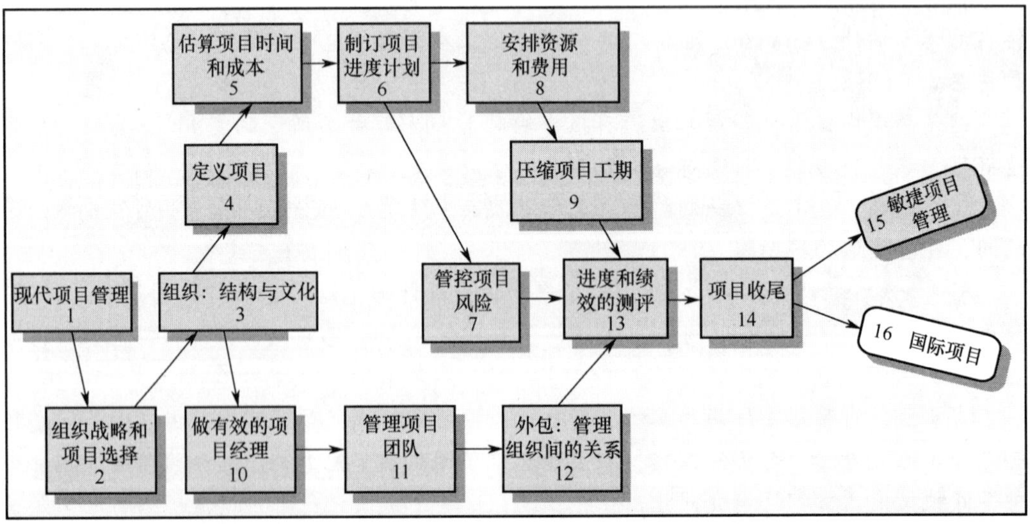

生活在国外的主要好处是，它能让我们在别人看我们的时候对照自己，并意识到别人的观点比我们的更准确。进步始于对自己真相的把握，无论真相多么令人不快。

——拉塞尔·艾考夫（Russel Ackoff），宾夕法尼亚大学沃顿商学院

由于技术的发展，我们生活在一个“扁平的世界”，越来越多的项目具有了国际元素。这些国际元素多种多样，可能是被派往津巴布韦，担任为期 9 个月的一座桥梁建设项目的主承包商；也可能是在大西洋上来回飞行，与德国工程师组建一家合资企业；或者是依靠一家韩国电脑供应商的业务扩张项目；或者是依靠视频聊天工具与一家印度电脑供应商合作的软件项目。本章主要针对的是亲赴国外管理项目的国际项目经理。本章还为项目工作需要与来自世界各地的外国同行直接或虚拟互动的专业人士提供了有用的信息。

对于分配到海外任务上的项目经理来说，并没有普遍接受的框架或路线图。这些项目经理通常会面临一系列的问题。例如，离开家、朋友，有时是家人的困难；个人风险问题；错过其他就业机会的问题；外语、文化和法律等方面的问题；其他不利条件等。当然，也有积极的一面。例如，可增加收入；承担更多职责；是一次就业机会；兼备出国旅行；结交新的朋友等。国际项目经理如何适应和处理在东道国遇到的挑战，往往决定一个项目的成败。

本章主要讨论围绕国际项目管理的四个主要问题。第一，简要强调影响项目选择和实施的主要环境因素。第二，提供了一个组织如何决定在哪里进行全球扩张的示例。第三，解决了在陌生的外国文化中工作的挑战。第四，讨论了企业如何为国际项目选择和培训专业人员。虽然不是很全面，但本章针对困扰国外工作的项目经理的主要问题和挑战，提供了一个理解的视角。其中许多信息对那些与外国同行远距离工作的人也很有用。

16.1 环境因素

16-1：描述在不同国家影响项目管理的环境因素。

国际项目经理面临的主要挑战是，在国内行得通的方法在国外可能行不通。项目管理人员常常把本国认为是优秀的实践强加给东道国国民，而不怀疑这些做法对新环境的适用性。尽管国内项目和国际项目之间有相似之处，但良好的管理方式会因国家和文化的不同而变化。正是这些差异变化，会将一个国际项目变成一场噩梦。如果将来担任国际项目的经理们能够很好地意识到东道国的环境与自己国内环境的差异，那么全球项目的风险和障碍就可以减少或避免。东道国环境中有几个基本因素可能会改变项目的实施方式：法律和政治因素、安全因素、地理因素、经济因素、基础设施因素和文化因素（见图 16.1）。

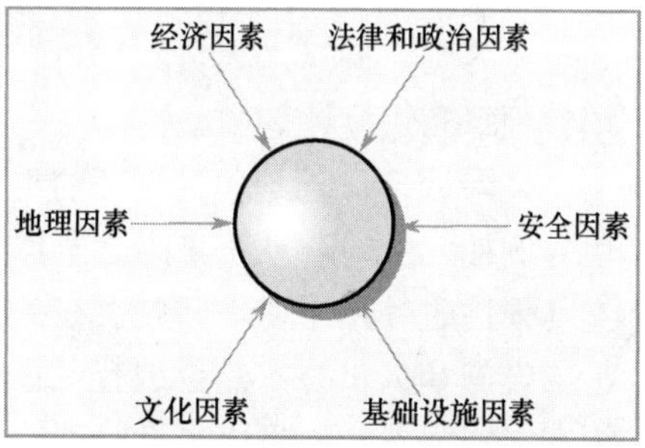

图 16.1 影响国际项目的环境因素

16.1.1 法律和政治因素

外派项目经理应在东道国的法律法规范围内开展工作。政治的稳定性和地方法律对

项目的实施有很大影响。这些法律通常有利于保护当地工人、供应商和环境。例如，政府机构会对项目施加多少控制？联邦和州的官僚机构对可能导致项目延误的法规和审批政策持什么态度？人们能期望政府干预或支持多少？比如有些政府根据个人利益武断地解释法规。

需要确定和遵守国家和地方法律施加的约束。当地的生态法律有限制吗？电脑芯片工厂生产新产品是否需要将有毒废料送到境外处理？污染标准是什么？劳工法将如何影响使用本土工人来完成项目？鉴于各国影响商业的法律差异很大，合格的法律援助至关重要。

政府腐败是国际商务的一部分。《彭博商业周刊》报道，某国政府官员滥用权力的威胁事件（有时与该国企业勾结），是某国在巴西的外国投资中占不到 1/5 的主要原因（Cahill，2010）。

政治的稳定性是决定在外国实施项目的另一个关键因素。在项目进行期间，执政党发生变化的可能性有多大？税收政策和政府条例是稳定的还是会随着政治变化而变化？法律是如何制定的？过去的公平记录是怎样的？在政治领域，工会是如何被对待的？存在劳资纠纷吗？存在政变的风险吗？这些，都需要制订应急计划以应对紧急情况。

16.1.2 安全因素

国际恐怖主义泛滥是当今世界的现实。国际 SOS 援助公司的首席运营官蒂姆·丹尼尔（Tim Daniel）报告说，“9·11”事件后，他公司的客户数量翻了一番。SOS 是一家安全公司，专门从事从世界各地的危险情况中疏散侨民。该公司的客户包括普华永道（Pricewaterhouse Coopers）、北电网络（Nortel Networks Corp）和花旗集团（Citigroup）（参见 Scown，1993）。

犯罪是另一个安全因素。某国黑手党势力的不断壮大使得许多外国公司不愿在该国开展业务。海盗是索马里海岸和印度洋其他地区的威胁。在世界许多地方，绑架专业人员也是一种威胁。

国家安全涉及一个国家的军队和警察部队预防和应对袭击的能力。在许多国家，美国公司不得不自己加强国家的安全系统。例如，雇佣保镖是一种普遍做法。

与恐怖主义相关的另一个成本是跨境贸易是否便利。加强的安全措施造成了边境拥堵，导致在各国之间运送人员、材料和设备的时间延长与成本增加。这些限制因素需要考虑到项目预算和进度计划中。

风险管理一直是项目管理的重要组成部分。它在管理海外项目方面扮演着更重要的角色。例如，Strohl 系统集团是全球灾难恢复计划软件和服务的领导者，他们在评估恐怖主义易损性时使用了以下问题：在危害和易损性分析中，是否包括了可能的恐怖主义袭击目标（设施和人员）？是否进行过执法、消防、医疗和应急管理都参与其中的反恐演习？组织在与威胁要实施恐怖主义行动的人谈判时应该采取什么政策？

在危险的世界中管理项目是一项艰巨的任务。安全防范措施是主要的成本考虑因素，不仅在货币方面，而且包括派往国外人员的心理健康。有效的风险管理至关重要。

16.1.3 地理因素

在项目人员实际到达外国目的地之前，经常被低估的一个因素是该国的地理位置。想象一下，当你从一架现代化的飞机上下来，遇到印度尼西亚雅加达华氏 105 度的高温和 90% 的湿度，或是遇到芬兰科科拉地区 3 英尺厚的新雪和零下 22 度的低温，会是什么感觉？无论是风、雨、炎热、丛林还是沙漠，不止一位项目经理断言，最大的挑战是克服这种“地理因素”。大自然是不可忽视的。项目的计划和执行必须考虑到该国的地理状况对项目的影响。例如，格陵兰岛海岸的打捞行动只能在一年中的一个月进行，因为该水域在一年的其余时间都被冻结了。东南亚的建筑项目必须适应季风季节，因为这个季节的降雨量可能高达每月 1 270 毫米。地理因素不仅影响户外项目，它也会对“室内”项目产生间接影响。例如，一位信息系统专家报告说，由于睡眠不足，他在瑞典北部的一个项目中的绩效下降了。他把问题归因于这个地区在夏季的几个月里白天长达 20 小时。最后，极端天气条件会对设备提出特别的要求。在大风和沙尘的冲击下，设备会出现故障，项目可能陷入停顿。在极端条件下工作通常需要特殊的设备，这增加了项目的成本和复杂性。在国外开始一个项目之前，项目规划者和管理者需要仔细研究该国独特的地理特征。他们需要将诸如气候、季节、海拔和自然地理障碍等因素考虑到项目计划和进度计划中。参见生活快照 16.1，这是一个计划不周的示例。

生活快照 16.1:《现代启示录》的拍摄

1976 年 2 月，弗朗西斯·福特·科波拉（Francis Ford Coppola）带着他的好莱坞电影摄制组前往菲律宾拍摄《现代启示录》。这部电影改编自约瑟夫·康拉德（Joseph Conrad）的《黑暗的心》，以越南冲突为背景。之所以选择菲律宾，是因为那里的地形与越南相似，政府愿意为这部电影出租自己的直升机部队。当时，美国军方不愿意合作拍摄一部关于越南的电影。另一个优势是廉价的劳动力。科波拉能够以每天 1~3 美元的价格雇用 300 多名工人来搭建复杂的拍摄场景，包括一座令人印象深刻的柬埔寨寺庙。《现代启示录》原定拍摄时间为 16 周，预算为 1 200 万~1 400 万美元。

几个月前，因《星球大战》而出名的乔治·卢卡斯（George Lucas）警告科波拉不要在菲律宾拍摄这部电影。他说：“带着五个人去菲律宾三周，搜寻一些菲律宾军队的镜头是一回事，但如果你带着一部好莱坞大片去那里拍摄，你待的时间越长，被卷入沼泽的危险就越大。”他的话果然是有先见之明的。

政府军和叛军之间正在进行内战。由于菲律宾军方命令他们的直升机飞行员离开拍摄现场，飞到山区与叛军作战，拍摄被多次中断。

1976 年 5 月，一场台风袭击了菲律宾群岛，摧毁了大部分的电影布景。电影摄制组被迫停止拍摄，只好返回美国休整两个月。

男主角由马丁·辛（Martin Sheen）饰演，他在拍摄的压力和当地热浪的侵蚀下患上了严重的心脏病，不得不返回美国。科波拉只好仓促地拍摄了那些不需要辛的场景，但最终整个拍摄工作陷入了停顿，一直等到辛 9 周后回归。

更糟糕的是，演员马龙·白兰度（Marlon Brando）显得过于肥胖，这与他饰演的流氓绿色贝雷帽（Green Beret）完全不符。科波拉承认白兰度太胖了，无法按原剧本的情节来演。在巨大的压力下，科波拉艰难地为他的电影奋斗着。

整个拍摄项目对科波拉来说是一次痛苦的经历，他曾凭借之前的《教父》影片获得奥斯卡奖。“有些时候，我觉得自己都快死了，真的是无法摆脱我的问题。我会在凌晨 4 点带着一身冷汗上床睡觉。”

经过 200 多天的拍摄，电影于 1977 年 5 月杀青。最终花费了约 3 000 万美元。

1979 年 8 月上映时，对《现代启示录》的评价褒贬不一，但最终还是获得了评论界的一致好评。美国电影协会将这部电影列为有史以来最伟大电影的第 30 位。该片在全球的票房收入超过了 8 200 万美元。

16.1.4 经济因素

国外和地区的基本经济因素影响着场址的选择和项目的成功。一个国家的国内生产总值（The Gross Domestic Product，GDP）表明了这个国家的发展水平。经济衰退可能意味着资金来源减少。东道国保护主义战略的变化，如进口配额和关税，可以迅速改变项目的可行性。国际收支平衡、税收、劳动法、安全法规和市场规模等其他因素也会影响项目的选择和运营。

东道国的劳动者技能、教育水平和劳动力供应状况可以决定项目地址的选择。项目地址选择究竟是由低工资水平驱动还是由技术熟练人才的可用性驱动，要做具体分析。例如，人们可以用美国一名计算机程序员的价格在乌克兰雇用三名计算机程序员。相反，许多高科技公司愿意忍受在瑞士和德国建立联合项目的额外费用，以利用它们的工程技术实力。

财务风险是许多国际项目的一个重大风险。让我们首先看看汇率波动对项目成功的潜在影响。例如，一家美国承包商同意为一家德国客户定制产品。该产品将在美国生产。承包商估计该项目将耗资 92.5 万美元，为了获得良好的利润，该项目定价为 100 万美元。为了适应德国买家，价格被兑换成欧元。假设在合同签订时，汇率为 1.15 美元兑 1 欧元，合同中规定的价格为 869 566 欧元。

10 个月后，项目如期完成，工作成本估计为 92.5 万美元，客户支付商定价格 869 566 欧元。然而，汇率发生了变化，现在是 1.05 美元兑 1 欧元。在这种情况下，支付金额等于 869 566 欧元×1.05=913 044 美元。承包商非但没有获得丰厚的利润，反而遭受了 11 956（913 044−925 000）美元的损失！

公司可以通过一些相关的方式保护自己免受不利的汇率波动的影响。第一，它们可以通过让各方同意在未来某一特定日期最终敲定交易并付款来对冲这种风险。金融人士称之为远期汇兑或远期履约。第二，它们可以在合同中根据汇率规定一定的条件，以保证它们的利润率。第三，许多在客户国家开展业务的跨国公司避免使用汇率兑换，而只使用当地货币来管理在该国的业务。金融家将其称为自然对冲（Moffet，Stonehill，& Eiteman，2012）。

通胀是另一个重大风险。美国经济最大的优势之一是其相对较低的通货膨胀率（1990—2012 年低于 3%）。其他国家，尤其是欠发达国家，就没有这种稳定性。快速的通货膨胀随时可能发生，并对项目成本和利润产生深远的影响。假设一家欧洲承包商成功中标，为东非的坦桑尼亚政府建造一座桥梁。工程将于 2010 年开始，预计于 2011 年年底完工。2010 年，坦桑尼亚的通货膨胀率低于 6%，过去 10 年的平均通货膨胀率为 6.7%。承包商使用其认为保守的 9%的通货膨胀率估算项目成本为 180 万先令（坦桑尼亚货币）。为了赢得投标并享受稳定的利润，商定的价格是 200 万先令。

2011 年年初，坦桑尼亚只有零星的降雨，加上油价上涨，导致通货膨胀率跃升至 20%以上！突然之间，项目某些部分的成本急剧上升，承包商不但没有获得可观的利润，反而几乎无法实现收支平衡。公司可以通过将成本与坚挺的货币（如美元、英镑或欧元）挂钩和/或与客户谈判成本加成合同来抵御通货膨胀。

易货贸易是一种补偿形式，一些国家和组织仍在使用。例如，在非洲的一个项目是用山羊皮支付的，山羊皮最终卖给了一家意大利手套制造商。里海沿岸的一个项目是用石油支付的。有些公司专门从事工程承包商的易货交易。这些中间商向承包商出售易货货物（如石油、钻石、小麦）来收取佣金。然而，处理大宗商品也是一种有风险的事业。

16.1.5　基础设施因素

基础设施是指一个国家或地区为项目提供所需服务的能力。项目需要的基础设施包括通信、交通、电力、技术和教育系统。停电在世界上很多地方都很常见。例如，印度蓬勃发展的经济在 2012 年夏天陷入停滞，超过 6.7 亿人忍受了超过两天的停电。如果可靠的电力不足，则需要考虑其他替代方案。例如，建筑公司经常把重型柴油发电机作为项目的备用电源。如今，跨国的软件项目很常见。然而，它们依赖于可靠的电信网络。如果一个项目依赖于高比例的供应商、良好的道路和其他运输方式（如空运和海港），那么良好的基础设施是必不可少的。

一个没有考虑东道国的需求和基础设施的项目示例是，一家美国公司获得了在某个非洲国家建造医院的合同。当地的非洲官员想要兼顾当地传统的“低技术含量”的医疗设施。因为当地有亲属陪伴病人的习俗，所以医院也必须为亲属提供空间。电力供应不可靠，受过良好教育的医生是否愿意在远离城市的地方工作也值得怀疑。因此，当地人想要一家提供基本医疗服务、技术含量最低的医院。另外，建造医院的建筑公司对医院有一个先入为主的概念，期望自己不会被指责建造了一家二流设施的医院。最后，公司建造了一座即使在美国任何一座城市都能屹立不倒的现代化医院。医院建好了。然而，即使过了几年，它也没有被使用，因为电力不足，空调不能使用，医生拒绝住在农村地区（Adler & Gunderson，2007）。

各组织必须考虑他们派往海外人员家属的需要。外籍人士家庭的设施和生活条件是否会给他们带来不必要的困难？孩子们可以上学吗？外籍家庭的福利和舒适度在留住优秀的项目经理和促进他们的最佳绩效方面起着重要作用。

16.1.6　文化因素

派驻海外的项目经理必须尊重东道国的习俗、价值观、哲学和社会标准。全球管理人员都认识到，如果不顾及东道国的习俗和社会文化方面，项目很少会成功。太多的国际项目的审计报告和总结报告反映了与文化差异有关的挑战与问题。

对大多数项目经理来说，管理国际项目的最大区别是在一个不同于自己原本处理事情方式的民族文化中工作。例如，大多数发达国家使用相同的项目管理技术（CPM、风险分析、权衡分析）。然而，在东道国如何完成项目工作可能有很大的不同。例如，在法国用挖土机挖沟，而在埃塞俄比亚用 20 名工人挖沟。

英语是工作语言，还是项目经理需要流利的外语？是否有足够的合格翻译服务？由于语言差异导致的沟通问题，在执行简单任务时也经常成为主要问题。虽然翻译可以提供巨大的帮助，但他们的使用并不能完全解决交流问题，因为在翻译过程中会丢失一些东西。例如，在生活快照 16.2 中强调的，巴西人和美国人在解释和期望上的差异造成了灾难性的后果。

生活快照 16.2：电影《怀疑之河》

1912 年，前总统西奥多·罗斯福（Theodore Roosevelt）以第三党候选人的身份在大选中惨败，之后，他将自己的目标放在了一场宏大的冒险上，踏上了一条未被地图标出、湍急的亚马逊河支流的第一段下坡路程，这条支流被戏称为“怀疑之河”（River of Doubt）。罗斯福与巴西最著名的探险家坎迪多·马里亚诺·达席尔瓦·朗登（Candido Mariano da Silva Rondon）一起完成了一项可以载入伟大探险史册的壮举。

一路上，罗斯福和他的战友们面临着一系列难以置信的困难，他们的独木舟和补给被激流冲垮，还得忍受着饥饿、印第安人的袭击、疾病、溺水，甚至是队伍中的谋杀。坎迪斯·米勒德在她的非虚构惊悚小说《怀疑之河》中生动地再现了这些非凡的事件。虽然她详细描述的是这趟不幸的旅程，但也揭示了国际项目管理的深刻见解，因为小说描述了美国团队和巴西团队间的合作。虽然双方最终都赢得了对方的尊重和赞赏，但他们之间的摩擦从一开始就在发酵。

令人震惊的是，美国人在旅途中需要的补给和行李的数量。巴西海军准将隆登（Rondon）警告说，前总统和他的团队需要大量的行李，为此，他征调了 110 头骡子和 17 头驮牛，用于探险队穿越巴西高原到大河的陆路旅行。当然，他觉得这些对如此一次旅行来说是多余的。

巴西人被从罗斯福的梵迪克号（Vandycks）船上卸下的行李数量惊呆了。箱子堆得像山一样，里面有枪和弹药、椅子和桌子、帐篷和帆布床，还有用来收集和保存标本、勘测河流和做饭的设备。一位精疲力竭的装卸工人宣布：“除了钢琴什么都不缺！”这番话引得在场的人哄堂大笑。

隆登没有冒尴尬的风险告诉罗斯福他们不准备带这么多行李，而是赶紧去找更多的动物。额外的牛和骡子被安置了下来，但它们远没有被驯服。牛驮着补给品猛地一跳，甩掉了包袱。由于高乔人（gauchos，南美牛仔）试图尽快“驯服”这些动物，远征被推迟了。

在最终出发穿越广袤高原的几天内，罗斯福和他的队员们开始经历这次远征的严酷现实的折磨。在穿过布满骡子和牛（这些牛和骡子在之前的探险中要么饿死，要么被吃掉）骨头的墓地后，他们被未打开的货箱惊呆了，货箱上清楚地写着“罗斯福南美远征”。那些驮着东西的动物，仍然在他们前面的高原上疲惫地行进着，但它们已经开始甩掉它们背负的沉重货物！

当军官们缓缓驶过这些箱子时，他们想知道这些箱子留下了什么，在接下来的几个月里会变得多么珍贵。他们不知道这些恐惧是多么真实。

探险六周后，罗斯福的腿部严重感染，有时会让他神志不清，每天都需要队医的照顾。最终探险队缩短了行程。罗斯福摇摇晃晃地走出了丛林，他体重轻了 50 多磅，在余生中，他将反复遭受丛林热的折磨。

宗教因素会影响项目吗？例如，一位来自斯堪的纳维亚的项目经理负责在中东国家建造海水淡化厂，他的妻子就受到了宗教因素的影响。她被限制在外籍工人家庭的生活区。后来，她离开了这个国家回到了自己的家乡。她的丈夫三个月后要求调回家乡。原项目经理的离职使项目推迟了三个月。

项目经理不仅要适应东道国的文化，而且通常海外项目还需要与来自不同国家的人合作。例如，在菲律宾的一个轻轨项目中，一家美国公司被雇来监督为该项目提供资金的当地房地产公司的利益。美国项目经理必须与提供铁路设备的捷克代表、负责修建铁路的日本工程师、提供额外融资的澳大利亚银行家、提供主要建筑师的印度公司以及菲律宾本地人合作。

在所有因素中，对项目经理来说，在多元文化环境中工作通常是最大的挑战。这将在本章后面详细讨论。

16.2 项目选址

16-2：确定国外项目选址通常要考虑的因素。

当项目经理研究影响选址的因素时，他会发现所有这些因素的内在因素都是高级管理人员和董事愿意接受一个成功国际项目的潜在回报的风险水平。项目经理消化、澄清和理解导致选择特定项目因素的一种方法是使用与第 7 章中发现的类似的风险矩阵。

图 16.2 显示了在新加坡、印度或爱尔兰建造激光打印机工厂的项目选址评估矩阵。在这个示例中，政治的稳定性、工人的技能和劳动力供应、文化兼容性、基础设施、政府支持和产品的市场优势是主要的评估因素。每个项目备选场地都与每个因素进行了比较。图 16.3 描述了基础设施评估因素的进一步细分。在本示例中，交通、受过教育的劳动力、公共设施、电信和供应商被认为是评估每个备选场地基础设施的重要因素。图 16.3 给出的分数用于给评估矩阵（见图 16.2）的基础设施因子赋值。在这个项目中，选择了爱尔兰。显然，新加坡和爱尔兰在基础设施和其他几个因素方面非常接近。但是，利用爱尔兰进入欧洲经济共同体的主要评估因素（产品的市场优势）改变了决定。

评分图例
5=优等
3=可接受
1=劣等

	政治稳定性	劳动力技能和劳动力供应状况	文化的兼容性	基础设施	政府的支持	产品的市场优势
新加坡	5	4	4	4	4	3
印度	3	4	3	3	3	3
爱尔兰	5	4	5	5	5	5

图 16.2　项目选址评估矩阵

评分图例
5=优等
3=可接受
1=劣等

	交通设施	受过良好教育的劳动力	公共设施	电信	供应商
新加坡	5	4	5	5	4
印度	3	4	4	4	2
爱尔兰	5	4	5	5	5

图 16.3　基础设施评估矩阵分解图

考虑了宏观经济因素，公司对全球项目的战略姿态，以及选择项目的主要影响因素，现在重要的是，项目经理必须迅速思考可能导致项目成败的异国文化因素。

16.3 国际项目的人员筛选和培训

> 16-3：了解组织如何选择为国际项目工作的人。

当专业人士被选为海外项目的人选，但他们又不能胜任时，总成本可能是惊人的。不仅项目遭遇严重挫折，公司在该地区的声誉也会受到损害。这就是许多公司制定了正式的人员筛选程序，以确保为国际项目精心挑选人员的原因。组织会通过一些标准来确定一个人是否适合在海外工作。他们可能寻找不同文化环境下的工作经验、以前的海外旅行、良好的身心健康、对东道国语言的熟悉程度，甚至是最近的移民背景或遗产。候选者及其家庭成员通常会接受训练有素的心理学家的面试，由他们评估候选人适应新文化的能力和在新文化环境中的工作效率。

虽然越来越重视对外派人员进行筛选，但选择的首要原因是，所分配的人员是应对项目技术挑战的最佳人选（Mendenhall，Dunbar，& Oddou，1987）。因为选拔时优先注重了技术知识而不是跨文化的敏感性或经验，因此，培训对于填补文化差距并为个人在外国工作做好准备至关重要。

培训根据个人、公司、项目性质和工作地文化的不同而有很大的不同。派驻国外的项目专业人员应该对以下领域有最低限度的了解：

- 宗教。
- 着装规范。
- 教育体系。
- 节日：国家和宗教节日。
- 每日饮食模式。
- 家庭生活。
- 商务礼节。
- 社交礼仪。
- 机会均等。

美国保险商实验室公司（Underwriter Laboratories，Inc.）开发的短期培训计划就是一个例子，目的是为项目培训前往日本与客户合作的员工。这个培训计划是围绕一系列的小型课程设计的，涵盖了从如何介绍自己到正确解读日本社会和商业行为的各种主题。为期两天的课程包括讲座、案例研究、角色扮演、语言练习以及文化术语的简短测试；最后是 90 分钟的问答时间。课程结束后，学员对如何与日本人沟通有了基本的了解。更重要的是，他们知道自己所缺乏的信息类型，以及如何进行更多的学习，以成为有效的跨文化交流使者。

其他培训项目则更为广泛。例如，和平工作队志愿者在他们服务的国家接受两到四个月的密集训练项目。培训内容包括该国的历史和传统课程、强化的语言教学、跨文化培训以及与当地家庭住在一起。许多公司将培训外包给专门从事海外和跨文化培训的公司。图 16.4 试图将培训的时间长短和类型与成功完成项目所需的文化语言的流利程度联系起来。重点介绍了三种不同的学习方法（Mendenhall et al.，1987）。

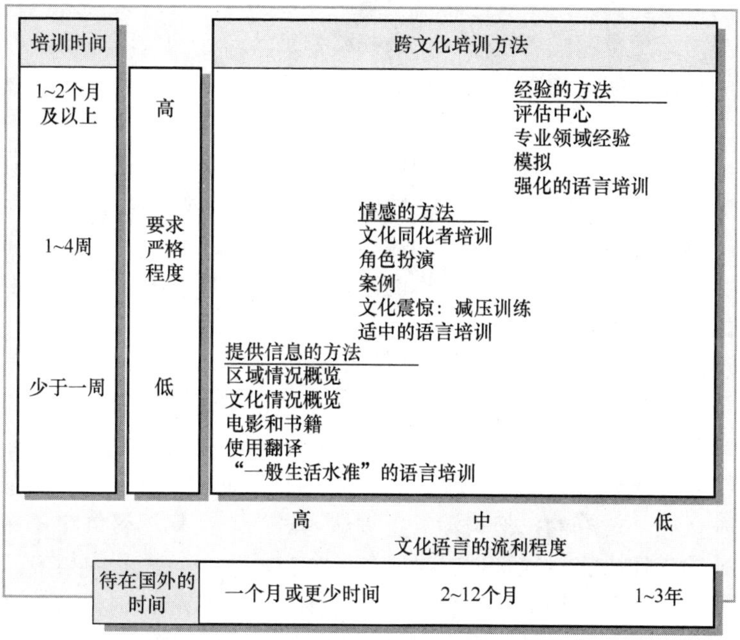

图 16.4 培训的时间长短和类型与成功完成项目所需的文化语言的流利程度之间的关系

（1）提供信息的方法。从讲座式的导向中学习信息或技能。

（2）情感的方法。通过信息/技能的掌握，提高受训者的情感反应，从而产生文化洞察力。

（3）经验的方法。情感方法技术的变体，为受训者提供真实的模拟或场景。

根据这一框架，培训的长度和水平取决于成功所需的文化语言的熟练程度。一般来说，在国外工作的时间越长，培训的强度就越高。逗留时间的长短不应是唯一的考虑因素。执行短期、紧张的项目可能需要高级的文化语言熟练程度，因此需要强化的语言培训。此外，地理位置也很重要。在澳大利亚工作的美国人可能比在巴基斯坦工作的美国人需要更少的语言培训。

虽然英语正在迅速成为世界上许多地方的国际商务语言，但你不应该低估会说东道国语言的价值。至少你应该能用东道国语言进行简单的问候。大多数外国人认为这是尊重的表现，即使你说得不怎么样，他们也会感激你的努力。

在许多情况下，翻译被用来促进交流。虽然很费时间，但这是与非英语人员交流的唯一方式。在选择翻译时要谨慎，不要想当然地认为他们是称职的。例如，本书作者之一在一位波兰翻译的帮助下与一些波兰经理举行了一次会议。会议结束后，在当地一所大学教英语的翻译问作者“玩得开心吗”（had good time）。作者回答说：“我觉得一切都很顺利。”翻译重复了她的问题。作者感到困惑不解，再次确认作者觉得一切都很顺利。重复了几次之后，翻译抓住了作者的手腕，指着作者的手表，再次问作者是否“玩得开心”（had good time）。会议翻译的准确性引起了作者的质疑！

本章小结

国际项目的数量在持续地增长，将需要越来越多的项目管理人员来执行国际项目。可以通过培训加强国际项目的准备工作。作为一般背景，潜在的国际项目经理可以从基本的国际商务课程中受益，使他们深入认识全球经济的变化力量和文化差异。强烈建议大家学习一门外语。

针对东道国的进一步培训是非常有用的项目前期工作。培训的长度和类型通常取决于项目经理的任务期限。然而，自学、在职培训和实地体验是国际项目经理最好的老师。

准备一个特定的国际项目需要认真地做好项目的前期工作。研究公司选择项目及其地点的动机可以获得重要的信息。哪些基本的政治、地理、经济和基础设施因素是主要考虑因素？它们将如何影响项目的实施？

最后，了解东道国的文化差异并准备解决方法对管理项目大有帮助，对东道国形成积极的第一印象也大有益处。国际项目具有鲜明的个性，不是所有的人都一样，国家和文化内部以及国家之间的差异是众多而复杂的。项目经理需要接受这些差异，并把它们当作现实来对待（或者准备承担由此导致的后果）。在国内行得通的东西在国外可能行不通。在地球村，美国人被认为是友好的，但美国人也被认为对当地文化和习俗的差异认识不够，在使用除英语以外的其他语言时很笨拙。尽管外国项目的大多数注意力集中在技术工作和项目成本上，但项目毕竟要在该国的社会习俗、工作习惯、政府控制和宗教信仰的环境中进行。在大多数文化中，真诚和灵活定有回报。

复习题

1. 环境因素如何影响项目的实施?
2. 当地中介机构在帮助外来者完成项目中扮演了什么角色?

生活快照讨论题

16.1《现代启示录》的拍摄

1. 更有效的风险管理是否能防止项目遇到的问题?
2. 你认为《现代启示录》的拍摄是否成功?

练习题

在国外项目中,安全是一个主要的考虑因素。选择一个你认为工作危险的国家,并查看美国国务院为该国提供的旅游建议。在那个国家工作安全吗?

案例 16.1:美国运通在匈牙利

迈克尔·托马斯(Michael Thomas)喊道:"萨莎,淘淘,我们得走了!司机一直在等我们。"托马斯的两个女儿在为那天午餐谁能吃到最后一个橘子而争吵。维多利亚(淘淘)占了上风,她抓起橘子,跑出门外,奔向等候他们的奔驰车。当他们驱车前往匈牙利布达佩斯时,后座上的战斗仍在继续。托马斯终于转过身来,抓起橘子,宣布他要把它当午餐吃。在他们前往布达佩斯美国国际学校的路上,后座一片死寂。

把孩子们送到学校后,司机再把托马斯送到了布达佩斯 Belvéros 地区的办公室。托马斯为美国运通石油公司工作,4 个月前被派往布达佩斯,在匈牙利中部开展业务。他的工作是通过收购现有加油站、新建加油站或与现有加油站所有者谈判特许经营安排,在该地区建立 10~14 家加油站。托马斯欣然接受了这个项目。他意识到,他在美国运通的职业生涯在美国不会有什么前途,如果他要实现自己的抱负,那就得去"狂野的东方"。此外,托马斯的母亲是匈牙利人,他会说匈牙利语。直到他到达布达佩斯并意识到自己夸大了自己的能力之前,至少他认为自己可以做到。

当他进入美国运通只翻新了一部分的办公室时,他注意到只有三名员工在场。没有人知道米克罗斯(Miklos)在哪里,玛吉特(Margit)说她今天不会来上班,因为她必须待在家里照顾生病的母亲。托马斯问贝娜(Béla)为什么工人没有来完成办公室的翻新工作。贝娜告诉他,在得到城市历史学家的批准之前,工程必须暂停。布达佩斯急于保护自己的历史遗产,要求所有的建筑翻修都必须得到城市历史学家的批准。当托马斯问贝娜需要多长时间时,贝娜回答说:"谁知道呢,也许几天,几周,甚至几个月。"托马斯自言自语地咕哝了一声"太好了",然后就把注意力转向早晨的事务。按计划,他将面试未来可能担任加油站的经理和员工。

对费伦茨·埃克尔(Ferenc Erkel)的面试是他那天上午进行的许多面试中的典型。埃克尔今年42岁，衣着整洁，是一名失业的专业人士，英语水平一般。他拥有国际经济学硕士学位，在国立外贸研究院工作了12年。自从两年前失业以来，他一直在开出租车。当被问及他在研究所的工作时，埃克尔腼腆地笑了笑，说他在推纸，大部分时间都在和同事打牌。

到目前为止，托马斯已经雇用了16名员工。4人在上班3天内辞职，6人在试用期后因旷工、不履行职责或缺乏积极性而被解雇。托马斯想，照这样下去，光是雇用员工就得花一年多的时间。

托马斯暂时中断了面试，浏览了《布达佩斯商业日报》（*Budapest Business Journal*），这是一份报道匈牙利商业新闻的英文报纸。有两篇报道引起了他的注意。其中一篇报道是关于乌克兰黑手党在匈牙利日益增长的威胁，报道详细描述了他们在布达佩斯的勒索活动。第二篇报道是通货膨胀已经上升到32%。还有一篇报道让托马斯感到不安，因为当时只有1/5的匈牙利家庭拥有汽车。美国运通在匈牙利的战略依赖首次购车者的激增。

托马斯收拾好东西，吃了几片阿司匹林，治疗他正在发作的头痛。他走过几个街区，来到基斯皮帕（Kispipa）餐厅，在那里与匈牙利商人柯达伊（Zoltán Kodaly）共进晚餐。他曾在美国领事馆为美国和匈牙利商人举办的招待会上与柯达伊短暂会面。据报道，柯达伊拥有三家托马斯感兴趣的加油站。

托马斯喝着瓶装水等了25分钟。柯达伊和一名年龄不超过19岁的年轻女子一起出现。结果，柯达伊带着他的大学生女儿安妮娅（Annia）来当翻译。托马斯一开始试着说匈牙利语，柯达伊坚持让安妮娅翻译。

在点了餐厅的特色菜“szekelygulas”后，托马斯立即开始工作。他告诉柯达伊，美国运通愿意向他提出两份报价。他们想以每个加油站15万美元的价格购买他的两家加油站，或者他们可以签订一份特许经营协议。托马斯说，美国运通对位于Klinikak附近的第三个加油站不感兴趣，因为对它进行设备更新要花很多钱。安妮娅翻译，据托马斯所知，她做得相当不错。起初，柯达伊没有回应，只是和安妮娅边聊边和经过的人寒暄。托马斯变得沮丧起来，重申了他的提议。最后柯达伊问他特许经营是什么意思，托马斯试图以当地的麦当劳为例来说明它是如何运作的。他提到，柯达伊仍将拥有这些加油站，但他必须支付特许经营权费，与美国运通分享利润，并遵守美国运通的程序和做法。作为交换，美国运通将提供石油和资金来翻新这些加油站，以达到美国运通的标准。

晚餐快结束时，柯达伊问在加油站工作的人会怎么处理。托马斯断言，根据他的计算，这些加油站的人员过剩了70%，要想盈利，至少要解雇15名工人。柯达伊听了这句话后默不作声，然后他把话题转到足球上，问托马斯美国女孩是否真的玩“足球”。托马斯说，他的两个女儿都在美国青年足球协会踢足球，希望能到匈牙利踢球。柯达伊说，匈牙利的女孩不踢足球，但安妮娅是一名出色的排球运动员。托马斯催促柯达伊对他的提议做出回应，但柯达伊站了起来，感谢托马斯提供的这顿晚餐。他说他会考虑他的提议，然后再和他联系。

托马斯离开了基斯皮帕餐厅，心里想着是否还能再见到柯达伊。他回到自己的办公室，收到了一封来自蒂博尔（Tibor）的紧急信息。蒂博尔负责对托马斯为美国运通公司购买的第一个加油站进行翻新改造。新的储油罐还没有从维也纳运来，施工队一整天都无所事事。打了几通电话后，他发现储油罐被海关扣留在边境。这让他很恼火，因为地方官员向他保证一切都已安排妥当。他要求秘书尽快安排一次与匈牙利贸易办事处的会面。

一天结束时，他查看了来自美国的电子邮件。总部发来消息询问项目的进展情况。原计划到这时，他希望他的办公室已经配备了工作人员，运转起来，至少有三个加油站得到保障。可到目前为止，他只有 1/3 的员工，他的办公室一团糟，只有一个加油站正在翻修。托马斯决定等到明天再回复邮件。

回家之前，托马斯在英国酒吧停了一下，这是布达佩斯的外籍人士最喜欢去的地方。在那里，他遇到了简 · 克罗夫特（Jan Krovert），他在一家荷兰公司工作，这家公司正在布达佩斯郊区建造一家大型折扣零售店。托马斯和克罗夫特经常在酒吧里谈论"异乡的陌生人"。托马斯谈到了那些面试，以及他如何从他们的眼睛里看到他们没有想要成功的动力或主动性。克罗夫特回应说，匈牙利失业率高，但缺乏有积极性的工人。克罗夫特透露，他不再招聘任何 30 岁以上的人，并声称他们在国有企业工作多年后，心中的激情已经熄灭。

1. 在这个案例中，托马斯面临的问题是什么？
2. 托马斯处理这些问题的能力如何？
3. 你对托马斯管理这个项目有什么建议？

案例 16.2：普吉岛 A 项目

2004 年 12 月 26 日，一场里氏 9.1 级的地震在印度尼西亚沿海引发了一系列毁灭性的海啸。海啸扩散到整个印度洋，造成大量人员死亡，淹没了南亚和东南亚的沿海社区，包括印度尼西亚、斯里兰卡、印度和泰国的部分地区。2004 年的亚洲海啸是现代历史上最致命的灾难之一，有超过 22 万人丧生。

曾在澳大利亚和新几内亚管理过几个建筑项目的尼尔斯 · 洛夫格林（Nils Lofgrin），被他的建筑公司派去修复泰国南部安达曼（Andaman）海岸的一座五星级度假酒店，该酒店在这次海啸中遭到了破坏。遇难者包括 12 名工作人员和 37 名客人。这是尼尔斯在泰国的第一次任务。

尼尔斯从航班上下来后就到了现场。他对损失的估计是，损失并不像人们担心的那么严重。基础设施完好无损，但废墟需要清理，度假村需要翻新。他向总部报告说，如果运气好的话，他应该能在几个月内让度假村开业。他几乎没有意识到他很快就会后悔做出这样的承诺。

当他无法招到工人来清理度假村的垃圾时，问题马上就开始了。缅甸移民工人占该地区劳动力的很大一部分。海啸发生后，由于政府的大力干预，他们越来越担心被逮捕和驱逐出境，因此逃进了山区。尽管如此，还是有足够多的当地人可以做这项工作。但多次招聘劳工的努力均告失败。即使他提供双倍工资，也只能招到少量的泰国人。

1. 你认为尼尔斯为什么不能为他的项目招募泰国工人？

附录 A

部分练习题的答案

第 2 章

练习 2 答案：

$$回收期 = \frac{总投资}{年净收入}$$

$$回收期_{项目\alpha} = \frac{150\ 000美元}{40\ 000美元} = 3.75（年）$$

$$回收期_{项目\beta} = \frac{200\ 000美元}{50\ 000美元} = 4.00（年）$$

回收期越短，项目越好。项目 α 比项目 β 的回收期短，所以，项目 α 更好。

练习 5 答案：

$$项目NPV = I_0 + \sum_{t=1}^{n} F_t / (1+k)^t$$

使用 NPV 公式计算尘暴项目的 NPV：

$$尘暴项目NPV = -500\ 000美元 + \frac{50\ 000美元}{(1+0.20)^1} + \frac{250\ 000美元}{(1+0.20)^2} + \frac{350\ 000美元}{(1+0.20)^3}$$

$$= -500\ 000\ 美元 + 41\ 667\ 美元 + 173\ 611\ 美元 + 202\ 546\ 美元 = -82\ 176\ 美元$$

用 Excel 表生成的尘暴项目现金流

	A	B	C	D	E	F
1	期望收益率		20%			
2						
3	尘暴项目					
4						
5	年	流入/美元	流出/美元	净流入/美元	NPV/美元	
6	0		500 000	−500 000	−500 000	
7	1	50 000		50 000	41 667	=D7/((1+$C$1)A7)
8	2	250 000		250 000	173 611	

续表

	年	流入/美元	流出/美元	净流入/美元	NPV/美元	
9	3	350 000		350 000	202 546	
10	总计				−82 176	
11						
12					−82 176	=D6+NPV($C$1,D7:D9)

预期的内部收益率输入单元格 C1 中，并将在接下来的两个项目的工作表中引用。单元格 E6 到 E10 重复前面公式中的计算，只使用 Excel。单元格 E7、E8 和 E9 执行三次折扣计算。所使用的方程如上所示。

单元格 E12 执行 NPV 计算，如课本所示。Excel 给出的答案是一样的。

使用 NPV 公式计算鱼鹰项目的 NPV：

$$\text{鱼鹰项目NPV} = -250\ 000\text{美元} + \frac{75\ 000\text{美元}}{(1+0.20)^1} + \frac{75\ 000\text{美元}}{(1+0.20)^2} + \frac{75\ 000\text{美元}}{(1+0.20)^3} + \frac{50\ 000\text{美元}}{(1+0.20)^4}$$

$$= -250\ 000\text{ 美元} + 62\ 500\text{ 美元} + 52\ 083\text{ 美元} + 43\ 403\text{ 美元} + 24\ 113\text{ 美元}$$

$$= -67\ 901\text{ 美元}$$

用 Excel 表生成的鱼鹰项目现金流

	A	B	C	D	E	F
15	鱼鹰项目					
16						
17	年	流入/美元	流出/美元	净流入/美元	NPV/美元	
18	0		250 000	−250 000	−250 000	
19	1	75 000		75 000	62 500	=D19/((1+$C$1)A19)
20	2	75 000		75 000	52 083	
21	3	75 000		75 000	43 403	
22	4	50 000		50 000	24 113	
23					−67 901	
24	总计					
25					−67 901	=D18+NPV($C$1,D19:D22)

使用 NPV 公式计算航海者项目的 NPV：

$$\text{航海者项目NPV} = -75\ 000\text{美元} + \frac{15\ 000\text{美元}}{(1+0.20)^1} + \frac{25\ 000\text{美元}}{(1+0.20)^2} + \frac{50\ 000\text{美元}}{(1+0.20)^3} + \frac{50\ 000\text{美元}}{(1+0.20)^4} + \frac{150\ 000\text{美元}}{(1+0.20)^5}$$

$$= -75\ 000\text{ 美元} + 12\ 500\text{ 美元} + 17\ 361\text{ 美元} + 28\ 935\text{ 美元} + 24\ 113\text{ 美元} + 60\ 282\text{ 美元}$$

$$= 68\ 191\text{ 美元}$$

用 Excel 表生成的航海者项目现金流

	A	B	C	D	E	F
28	航海者项目					
29						
30	年	流入/美元	流出/美元	净流入/美元	NPV/美元	
31	0		75 000	−75 000	−75 000	
32	1	15 000		15 000	12 500	=D32/((C1+$C$1)A32)
33	2	25 000		25 000	17 361	
34	3	50 000		50 000	28 935	
35	4	50 000		50 000	24 113	
36	5	150 000		150 000	60 282	
37					68 191	
38						
39	总计				68 191	=D31+NPV($C$1,D32:D36)

SIMSOX 应该考虑的唯一项目是航海者。其他两个项目都不能满足 SIMSOX 对其项目所期望的高回报率。

第 6 章

练习题“C.绘制 AON 网络图”练习 1 答案：

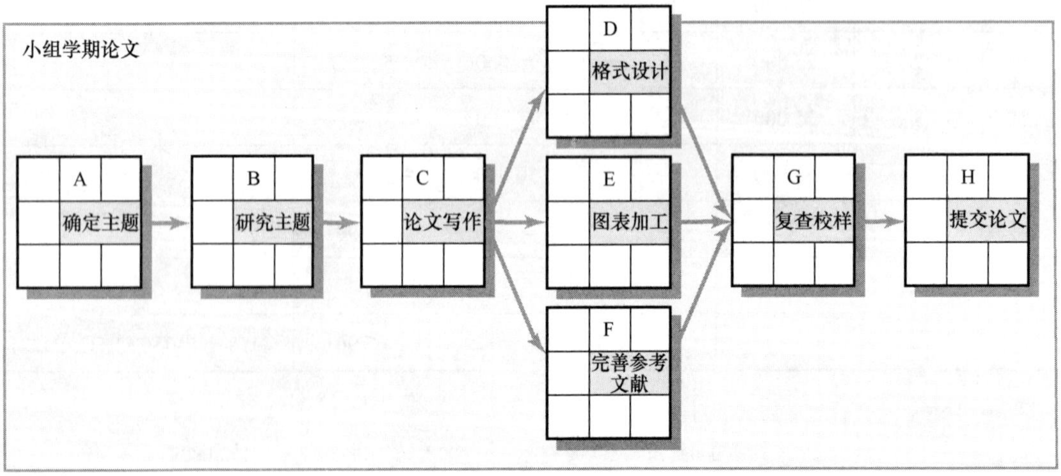

活动 C 是发散活动，活动 G 是汇聚活动。

练习题“D.AON 网络图的时间计算”练习 6 答案：

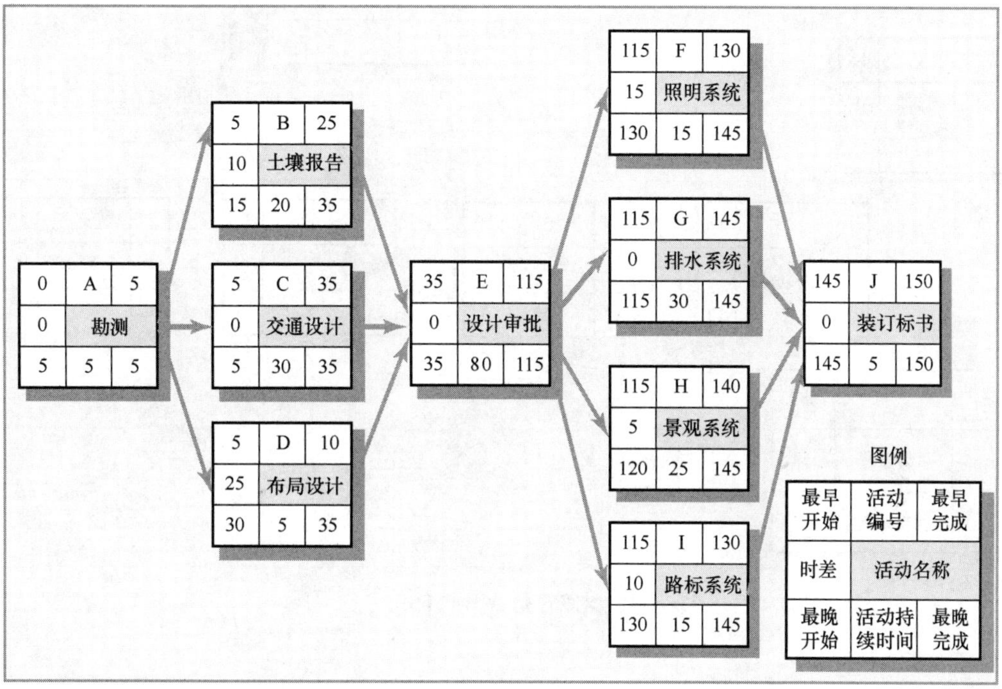

最早开始、最晚开始、最早完成、最晚完成和时差都显示在网络图中，计算的完工工期是 150 天。关键路径是 A-C-E-G-J。

练习题“D.AON 网络图的时间计算”练习 8 答案：

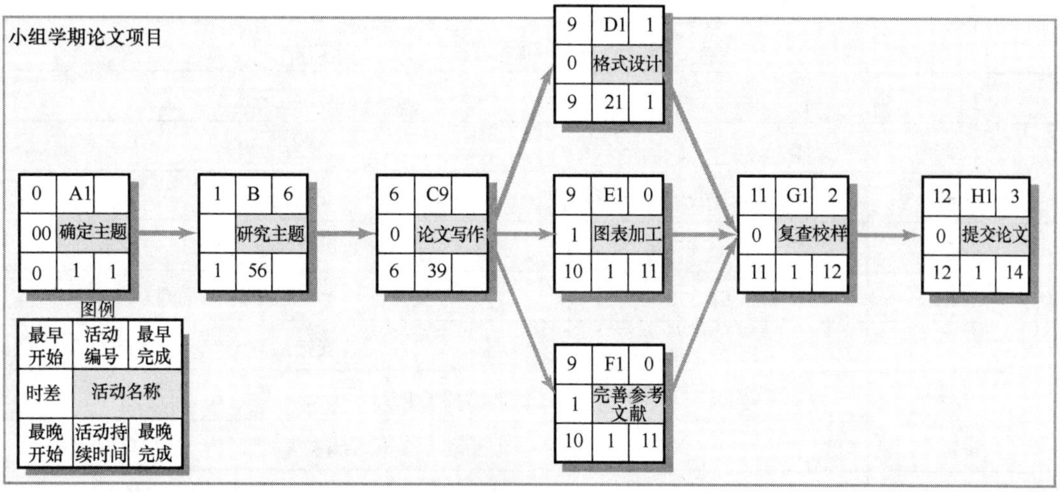

最早开始、最晚开始、最早完成、最晚完成和时差都显示在网络图中。

练习题“H.时距搭接计算练习题”练习 3 答案：

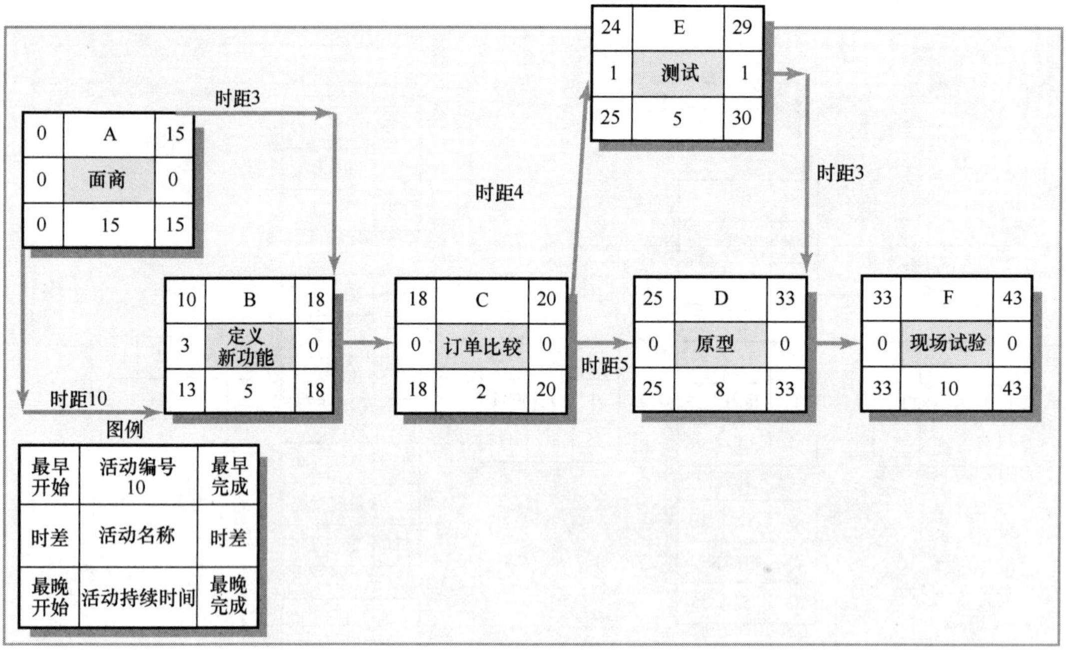

关键路径是 A-B-C-D-F。

第 8 章

练习 7 答案：

用试探法进行资源计划的过程记录

时　段	活　动	变　更
0–1	B	安排活动 B（运用最小时差第一规则）
	A	安排活动 A
1–2	—	没有变更
2–3	—	没有变更
3–4	—	没有变更
4–5	C	把活动 C 的最早开始后推到 5，时差减少到 1
5–6	D	安排活动 D（最小时差规则）
	C	安排活动 C
	E	把活动 E 的最早开始后推到 6，时差减少到 1
6–7	E	把活动 E 的最早开始后推到 7，时差减少到 0
7–8	E	把活动 E 的最早开始后推到 8，时差减少到–1
	F	把活动 F 的最早开始后推到 11，时差减少到–1
8–9	E	把活动 E 的最早开始后推到 9，时差减少到–2

续表

时　　段	活　　动	变　　更
	F	把活动 F 的最早开始后推到 12，时差减少到-2
9-10	E	安排活动 E
10-11	—	没有变更
11-12	—	没有变更
12-13	F	安排活动 F

练习 10 答案：

你不应该花时间计划如何使用奖金（15 之前完成的资金），进度计划需要 16 天。

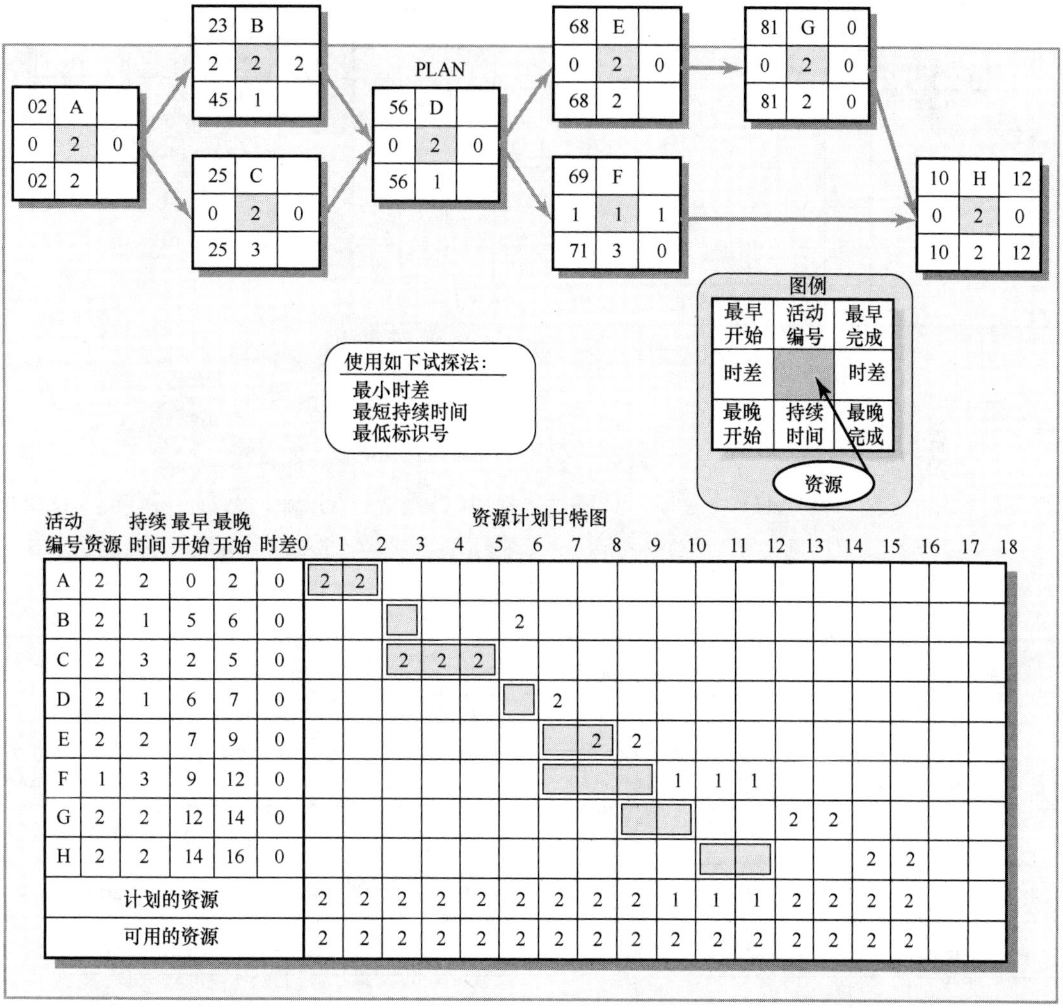

练习 13 答案：

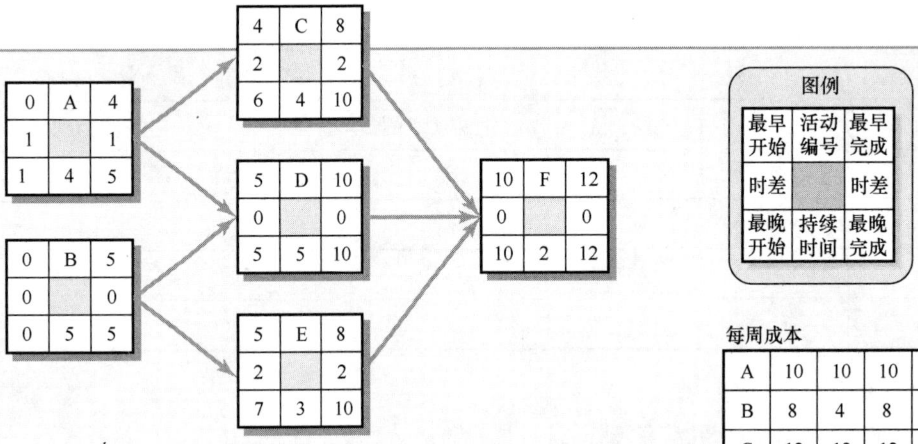

每周成本

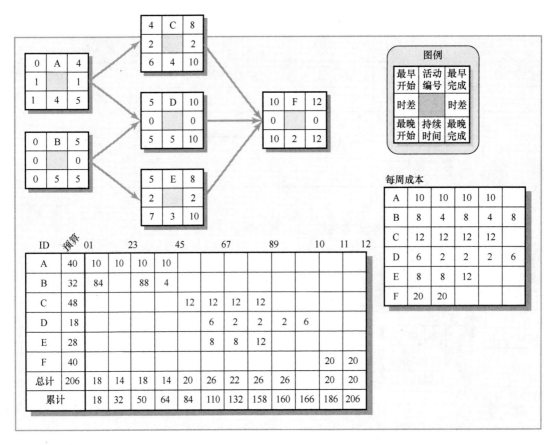

A	10	10	10	10	
B	8	4	8	4	8
C	12	12	12	12	
D	6	2	2	2	6
E	8	8	12		
F	20	20			

ID	预算	01		23		45		67		89		10	11 12
A	40	10	10	10	10								
B	32	84		88	4								
C	48					12	12	12	12				
D	18						6	2	2	2	6		
E	28						8	8	12				
F	40											20	20
总计	206	18	14	18	14	20	26	22	26	26		20	20
累计		18	32	50	64	84	110	132	158	160	166	186	206

第 9 章

练习 2 答案：

根据以下信息，使用最低成本法每次移动压缩一个时间单位。一直压缩下去，直到你到达网络图的赶工点。对于每次移动，确定哪些活动被破坏，以及调整后的总成本。注意：选择 B 而不是 C 和 E（成本相等），因为通常更聪明的赶工措施是，赶前不赶后，赶少不赶多。

活动名称	赶工成本（斜率）	最大赶工时间/天	正常时间/天	正常成本/美元
A	0		2	150
B	100	1	3	100
C	50	2	4	200
D	40	1	4	200
E	50	1	3	200
F	0		1	150

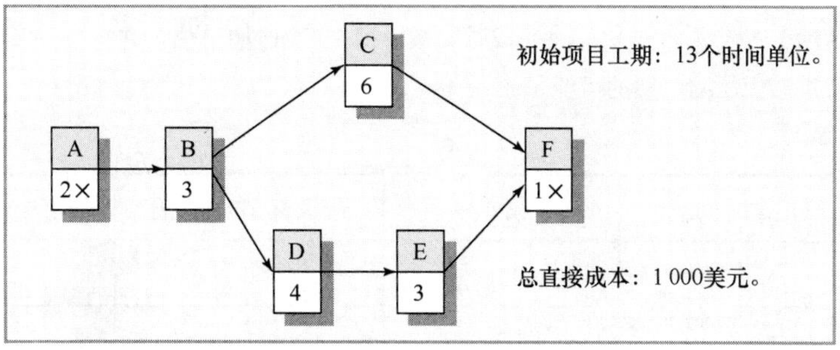

项目持续时间从 13 个时间单位减少到 10 个时间单位，直接总成本从 1 000 美元增加到 1 240 美元，如下所示：

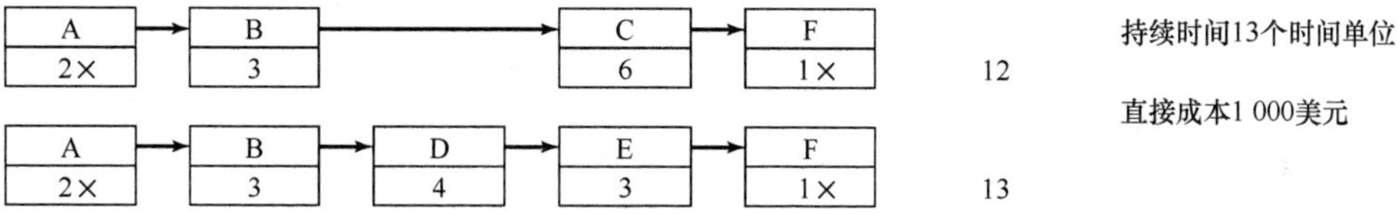

项目有两条路径，一条是 A-B-C-F，要花 12 个时间单位；另一条是 A-B-D-E-F，要花 13 个时间单位。所以项目工期是 13 个时间单位，总直接成本是 1 000 美元。

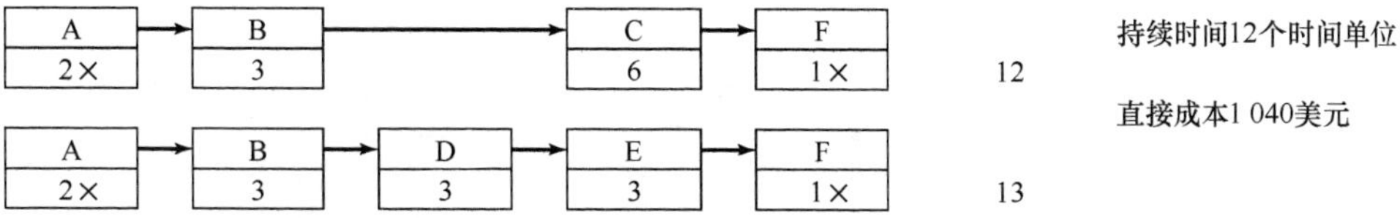

要减少持续时间最便宜的活动是 D，每时间单位的成本是 40 美元。这使得两条路径都变成了关键路径。这意味着进一步减少持续时间需要两个路径上的活动都减少相同的时间，或者找到由两条路径共享的活动并减少该活动的持续时间。此时，总直接成本已经从 1 000 美元上升到 1 040 美元。

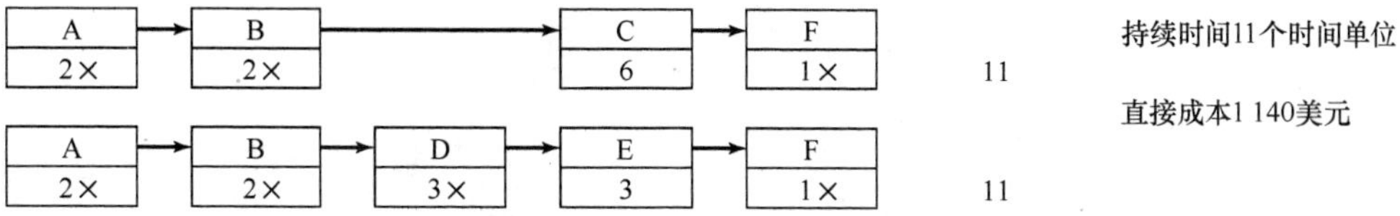

活动 B 在这两条路径上都有，可以用 100 美元的成本减少一个时间单位（第一条路径上的活动 C 和第二条路径上的活动 E 的总赶工成本也是 100 美元。我们首先选择活动 B，因为通常更聪明的赶工措施是，赶前不赶后，赶少不赶多，从而将完成时间减少到 11 个时间单位，总直接成本增加到 1 140 美元。

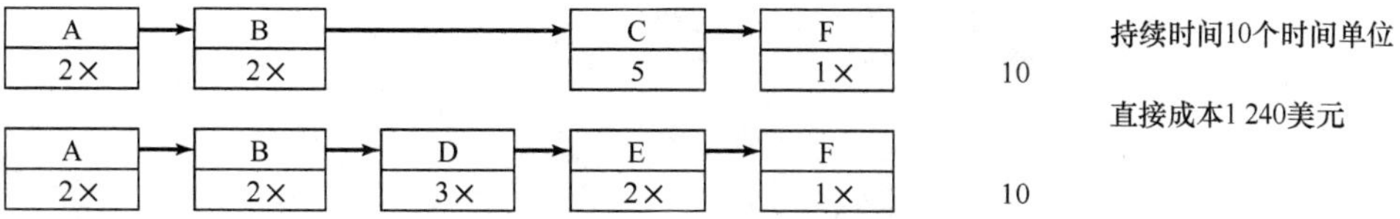

最后，我们可以在第一条路径上以 50 美元的代价减少活动 C 一个时间单位，在第二条路径上以 50

美元的代价减少活动 E 一个时间单位，将完成时间减少到 10 个时间单位，并将总直接成本提高到 1 240 美元。现在，没有进一步压缩工期的可能了。

练习 8 的答案：

活动名称	正常时间/周	正常成本/美元	最大赶工时间/周	赶工成本（斜率）/美元
A	3	150	0	0
B	4	200	1	100
C	3	250	1	60
D	4	200	1	40
E	2	250	0	0
F	3	200	2	30
G	2	250	1	20
H	4	300	2	60
I	2	200	1	200

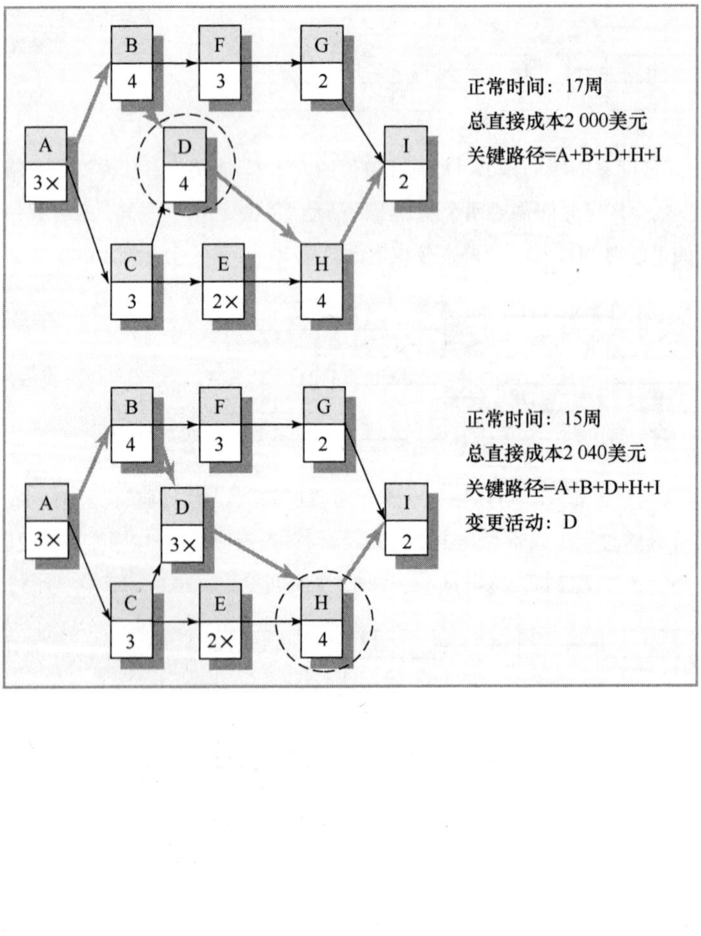

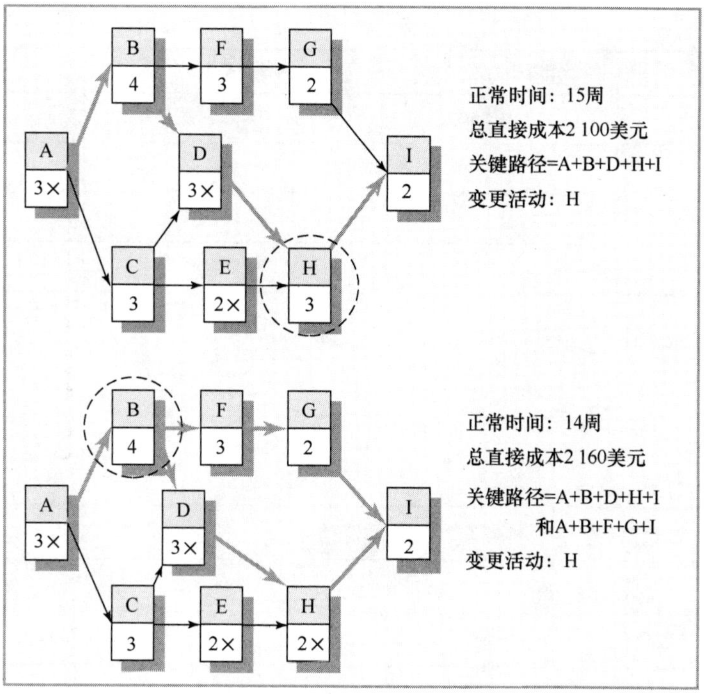

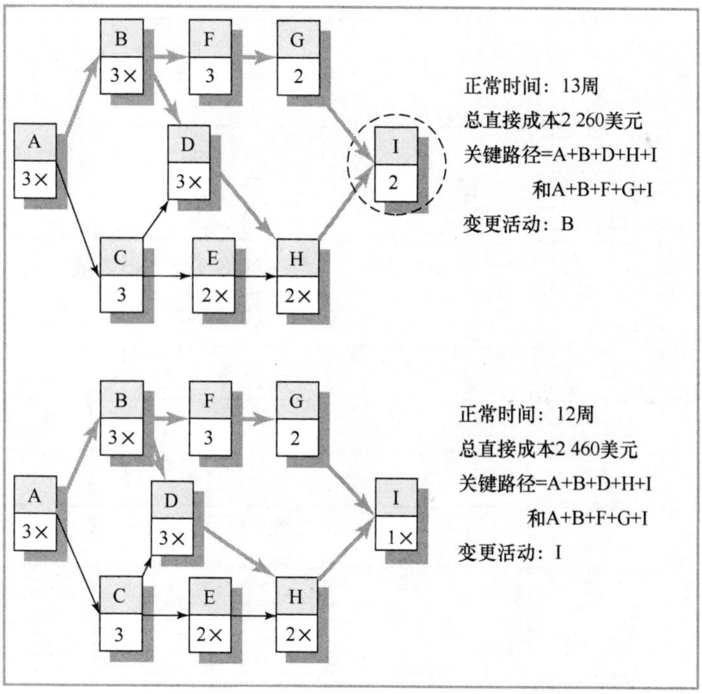

持续时间/周	直接成本/美元	间接成本/美元	总成本/美元
17	2 000	1 500	3 500
16	2 040	1 450	3 490

续表

持续时间/周	直接成本/美元	间接成本/美元	总成本/美元
15	2 100	1 400	3 500
14	2 160	1 350	3 560
13	2 260	1 300	3 660
12	2 460	1 250	3 860

最优的时间：成本计划是花 3 490 美元在 16 周完成。

第 13 章

练习 8 答案：

状态报告：时段 1 结束时　　单位：千美元

任务名称	完成百分比	挣得值	实际值	计划值	成本偏差	进度偏差
A	25%	25	50	50	−25	−25
累计总数		25	50	50	−25	−25

状态报告：时段 2 结束时　　单位：千美元

任务名称	完成百分比	挣得值	实际值	计划值	成本偏差	进度偏差
A	50%	50	100	100	−50	−50
累计总数		50	100	100	−50	−50

状态报告：时段 3 结束时　　单位：千美元

任务名称	完成百分比	挣得值	实际值	计划值	成本偏差	进度偏差
A	100%	100	200	100	−100	0
B	0%	0	0	100	0	−100
C	0%	0	0	150	0	−150
累计总数		100	200	350	−100	−250

状态报告：时段 4 结束时　　单位：千美元

任务名称	完成百分比	挣得值	实际值	计划值	成本偏差	进度偏差
A	100%	100	200	100	−100	0
B	60%	150	100	150	50	0
C	50%	225	200	300	25	−75
累计总数		475	500	550	−25	−75

状态报告：时段 5 结束时　　单位：千美元

任务名称	完成百分比	挣得值	实际值	计划值	成本偏差	进度偏差
A	100%	100	200	100	−100	0
B	100%	250	200	250	50	0
C	100%	450	400	450	50	0
累计总数		800	800	800	0	0

状态报告：时段 6 结束时　　单位：千美元

任务名称	完成百分比	挣得值	实际值	计划值	成本偏差	进度偏差
A	100%	100	200	100	−100	0
B	100%	250	200	250	50	0
C	100%	450	400	450	50	0
D	75%	150	100	100	50	50
累计总数		950	900	900	50	50

状态报告：时段 7 结束时　　单位：千美元

任务名称	完成百分比	挣得值	实际值	计划值	成本偏差	进度偏差
A	100%	100	200	100	−100	0
B	100%	250	200	250	50	0
C	100%	450	400	450	50	0
D	100%	200	150	200	50	0
E	20%	60	100	0	−40	60
F	5%	15	50	0	−35	15
累计总数		1 075	1 100	1 000	−25	75

状态报告：时段 8 结束时　　单位：千美元

任务名称	完成百分比	挣得值	实际值	计划值	成本偏差	进度偏差
A	100%	100	200	100	−100	0
B	100%	250	200	250	50	0
C	100%	450	400	450	50	0
D	100%	200	150	200	50	0
E	100%	300	350	200	−50	100
F	10%	30	100	100	−70	−70
累计总数		1 330	1 400	1 300	−70	30

绩效指标汇总　　单位：千美元

时段	挣得值	实际值	计划值	进度绩效	费用绩效	预算成本完成百分比指标
1	25	50	50	0.50	0.50	2%
2	50	100	100	0.50	0.50	3%

续表

时段	挣得值	实际值	计划值	进度绩效	费用绩效	预算成本完成百分比指标
3	100	200	350	0.29	0.50	5%
4	475	500	550	0.86	0.95	24%
5	800	800	800	1.00	1.00	40%
6	950	900	900	1.06	1.06	48%
7	1 075	1 100	1 000	1.08	0.98	54%
8	1 330	1 400	1 300	1.02	0.95	67%

$$EAC_f = \frac{BAC - EV}{EV/AC} + AC = \frac{2\ 000 - 1\ 300}{1\ 300/1\ 400} + 1\ 400 = 2\ 105$$

（美元）

$VAC_f = BAC - EAC_f = 2\ 000 - 2\ 105 = -105$（美元）

该项目已完成 2/3，预计完工时将比预算多出 105 000 美元。

附录 B

应用计算机软件完成项目管理课程作业

在进行练习时，必须权衡利弊，以丰富学习经验。学生们最初遇到的主要问题之一是数据和细节超载。超载降低了识别项目问题和数据问题以及比较替代方案的能力。虽然练习中选择的项目是真实的，但已多次删减了细节，以便集中应用项目管理原则并了解它们的内在联系。此外，还做了其他简化的假设，以便学生和教师可以跟踪问题并讨论结果。这些假设偏离了现实，但它们保持了对练习目标的关注，并减少了学生对复杂软件的过高期望。通过这些练习，学生们可以增加细节去管理实际的项目。

练习一： POM+项目*

大可乐公司一直担心专门的果汁饮料正在侵蚀他们的可乐市场。首席执行官要求："如果你不能打败他们，就加入他们。"葡萄汁在广告闪电战大力宣传其抗毒素的好处后成为第一个成功的产品。最近，市场竞争正在挤压葡萄汁的市场份额和利润。经过几个月的市场调查和焦点小组的研究，已经发现了三种潜在的高利润饮料：蔓越莓、蓝莓和石榴。这几种产品都含有抗毒素。最后决定生产具有更多保健作用的石榴饮料。其原因是石榴汁中含有 71%的抗毒素（最高），而蓝莓汁中只含有 33%，蔓越莓汁中仅含有 20%（德州技术大学技术研究所），从市场潜力看很有吸引力，应该比其他潜在的果汁产品有更高的利润。石榴汁的另一个吸引力是它在中东和亚洲是很常见的水果（产量大）。

POM+项目的优先级矩阵为：

	时　间	范　围	成　本
限制			×
提高		×	
接受	×		

项目经理康纳·盖奇（Connor Gage）组建了他的项目团队，团队成员提出了以下工作分解结构：

1.0 POM +项目

1.1 研发产品开发

1.1.1 需求调查

1.1.2 设置产品规格

1.1.3 保质期测试报告

---

* 该练习选自美国德州技术大学罗尔斯商学院博士生 Cliff Gray、Erik Larson 和 Pinyarat Sirisomboonsuk 的工作。

1.1.4 营养分析报告

1.2 水果供应商选择与管理

1.3 初始生产

1.3.1 设备维护

1.3.2 产品试产

1.3.3 质量检测

1.3.4 质量度量

1.3.5 质量培训

1.4 分销

1.4.1 市场测试

1.4.2 包装设计

1.3 选择经销商

1.5 法律事务

1.5.1 完成国家食品安全认证

1.5.2 注册商标

1.6 准备产品发布会

第 1 部分

1．使用可用的软件开发 WBS 大纲（保存文件）。

2．使用此文件和下面提供的信息创建项目进度计划。

3．要考虑的假日是：1 月 1 日，马丁·路德·金纪念日（1 月的第三个星期一），阵亡将士纪念日（5 月的最后一个星期一），7 月 4 日，劳动节（9 月的第一个星期一），感恩节（11 月的第四个星期四），12 月 25 日和 26 日。

4．如果假日是在星期六，那么星期五将补休一天，如果假日是在星期日，那么星期一将补休一天。

5．项目团队从星期一到星期五每天工作 8 小时。

6．该项目将于 2012 年 1 月 3 日开始。

7．根据这个进度计划，提交一份备忘录，回答以下问题：

a．这个项目预计什么时候完成？需要多少个工作日？

b．哪条路径是关键路径？

c．哪个活动有最多的总时差？

d．这个网络图有多敏感？

e．确定两个合理的里程碑，并解释你的选择。

包括以下（一页）的打印输出：

- 一张甘特图。
- 一张突显了关键路径的网络图。
- 一份报告了每个活动的最早开始、最晚开始、最早完成、最晚完成和时差的进度计划表。

提示：将时间刻度改为月和周。估算的项目工期为 135 天。

记住：为将来的练习保存文件！

以下信息是从 WBS 中得到的。请注意，活动编号是输入完整 WBS 后出现在软件中的数字。

活动编号	活动名称	持续时间	紧前活动
3	需求调查	20	无
4	设置产品规格	15	3
5	保质期测试报告	10	4
6	营养分析报告	5	4
7	水果供应商选择与管理	20	5，6
9	设备维护	30	4
10	产品试产	15	7，9
11	质量检测	20	10
12	质量度量	5	11
13	质量培训	15	12
15	市场测试	30	5，6
16	包装设计	15	15
17	选择经销商	25	5，6
19	完成国家食品安全认证	15	7，15
20	注册商标	5	7，15
21	准备产品发布会	15	13，16，17，19FS+25 天，20FS+15 天

FS = 完成到开始的搭接关系。

第 2 部分

记住那句老话："在资源投入之前，项目计划还不是一个进度计划。"这部分练习说明了这句有时很微妙但又很重要的老话。

使用第 1 部分中的文档材料，输入资源及其成本（如果你还没有这样做的话）。所有信息资料如表 B.1 和 B.2 所示。

表 B.1　资源分配表

活　　动	资　　源
需求调查	市场部（500%）
设置产品规格	研发部（400%），市场部　（200%）
保质期测试报告	研发部（300%）
营养分析报告	研发部（300%）
水果供应商选择与管理	采购部（100%）
设备维护	工程部（1 000%），生产部　（2 000%）
产品试产	生产部（1 500%），采购部（100%），工程部（1 000%）
质量检测	质保部（300%），生产部　（500%）
质量度量	质保部（300%），生产部　（100%）

续表

活　　动	资　　源
质量培训	质保部（300%），生产部 （1 500%）
市场测试	市场部（500%）
包装设计	设计部（300%），市场部 （100%）
选择经销商	市场部（500%）
完成国家食品安全认证	法务部（300%）
注册商标	法务部（300%）
准备产品发布会	质保部（300%），采购部（200%），生产部 （1，500%）， 市场部（500%），工程部 （500%），研发部 （100%）

表 B.2　资源可用性和工资率表

资　　源	部　　门	可用人数/人	工　　资
市场部职工	市场部	5	80 美元/小时
研发人员	研发部	5	80 美元/小时
工程人员	工程部	10	100 美元/小时
采购人员	采购部	2	60 美元/小时
质量工程师	质保部	3	80 美元/小时
设计师	设计部	3	60 美元/小时
法务人员	法务部	3	120 美元/小时
生产人员	生产部	20	60 美元/小时

准备一份备忘录，解决以下问题：

1. 看看哪些资源被过度分配了？

2. 假设项目时间受限，通过在时差内均衡资源，试着解决资源过度分配问题。应该怎么做？

3. 在时差内均衡资源对网络图的灵敏度影响是什么？

在时差内均衡后绘制一个带有进度计划的甘特图。

4. 假设项目是资源受限的，通过在时差外平移活动来解决资源过度分配问题。应该怎么做？

包括一张在时差外均衡后绘制的带有进度计划的甘特图。

注：不允许分拆活动。

注：不允许资源部分分配（如 50 %），所有资源必须是百分之百整体分配。

第 3 部分

最高管理层已经接受了在第 2 部分末尾创建的在 7 月 19 日完成项目的计划。准备一份简短的备忘录，解决以下问题：

1. 这个项目要花多少钱？最昂贵的活动是什么？

2. 在项目的生命周期中成本是如何分配的，现金流量说明书告诉了你什么？

包括项目的每月现金流量。

一旦你确信有了最终的进度计划，就将该文件作为基准保存。

提示：保存备份文件，以防没有基准！

第 4 部分 A

假设今天是 2012 年 3 月 31 日，表 B.3 包含了到目前为止项目的跟踪信息。将这些信息输入你保存的基准文件中，并为“POM+项目”的前三个月准备一份状态报告。

表 B.3　2012 年 3 月 31 日的项目状态报告

活动名称	实际开始日期	实际完成日期	实际持续时间	剩余时间
需求调查	2012 年 1 月 3 日	2012 年 2 月 2 日	22	0
设置产品规格	2012 年 2 月 3 日	2012 年 2 月 28 日	18	0
保质期测试报告	2012 年 2 月 29 日	2012 年 3 月 13 日	10	0
营养分析报告	2012 年 3 月 14 日	2012 年 3 月 19 日	4	0
设备维护	2012 年 2 月 29 日		23	12

你的状况报告还应涉及以下问题：

1. 项目在成本和进度方面进展如何？
2. 哪些活动进展顺利？哪些活动进行得不顺利？
3. PCIB 和 PCIC 表示到目前为止项目已经完成了多少？
4. 预计完工时的成本（EAC_f）是多少？什么是预期的 EAC_f？
5. 及时报告并解释项目在这个时点的 TCPI。
6. 估算的完工日期是何时？
7. 就其优先级而言，项目做得如何？

试着以一种值得高层管理人员考虑的形式呈现上述信息，包括一份挣值表和一张跟踪甘特图。

注：在“项目信息”框中插入“2012 年 3 月 31 日”作为状态报告日期。

第 4 部分 B

假设今天是 2012 年 5 月 31 日，表 B.4 包含了到目前为止项目的跟踪信息。将这些信息输入你保存的基准文件中，并为“POM +项目”准备状态报告。

表 B.4　2012 年 5 月 31 日的项目状态报告

活动名称	实际开始日期	实际完成日期	实际持续时间	剩余时间
需求调查	2012 年 1 月 3 日	2012 年 2 月 2 日	22	0
设置产品规格	2012 年 2 月 3 日	2012 年 2 月 28 日	18	0
保质期测试报告	2012 年 2 月 29 日	2012 年 3 月 13 日	10	0
营养分析报告	2012 年 3 月 14 日	2012 年 3 月 19 日	4	0

续表

活动名称	实际开始日期	实际完成日期	实际持续时间	剩余时间
水果供应商选择与管理	2012 年 4 月 3 日	2012 年 4 月 30 日	20	0
设备维护	2012 年 2 月 29 日	2012 年 4 月 11 日	23	0
产品试产	2012 年 4 月 17 日	2012 年 5 月 4 日	14	0
质量检测	2012 年 5 月 7 日	2012 年 5 月 31 日	18	0
市场测试	2012 年 4 月 4 日	2012 年 5 月 9 日	26	0
包装设计	2012 年 5 月 10 日	2012 年 5 月 25 日	12	0
选择经销商	2012 年 5 月 28 日		4	1
完成国家食品安全认证	2012 年 5 月 11 日	2012 年 5 月 31 日	14	0

你的状态报告应解决以下问题：

1. 项目在成本和进度方面进展如何？
2. 哪些活动进展顺利？哪些活动进行得不顺利？
3. PCIB 和 PCIC 表示到目前为止项目已经完成了多少？
4. 预计完工时的成本（EAC_f）是多少？什么是预期的 EAC_f？
5. 及时报告并解释项目在这个时点的 TCPI。
6. 估算的完工日期是何时？
7. 就其优先级而言，项目做得如何？

试着以一种值得高层管理人员考虑的形式呈现上述信息，包括一份挣值表和一张跟踪甘特图。

注：在"项目信息"框中插入"2012 年 5 月 31 日"作为状态报告日期。

练习二：红色祖玛项目

ARC 公司专业开发和销售各种高质量的摩托车。销售代表报告说，摩托车的需求在不断增长。ARC 公司的总裁罗宾•莱恩（Robin Lane）对这种可能性感到兴奋，并预测有一天各种剃须刀型摩托车会出现在 X-Game 的活动中。ARC 是一家小公司，使用强大的矩阵来优化有限的人力资源。

"红色祖玛"项目的优先级矩阵如下：

	时间	范围	成本
限制			×
提高		×	
接受	×		

第 1 部分

你是一个项目小组的成员，负责开发代号为"红色祖玛"的新型剃须刀型摩托车。表 B.5 包含了创建项目进度计划所必需的信息。本案例的假设如下：

1．该项目将于 2015 年 1 月 2 日开始。

2．要考虑的假日是：1 月 1 日，马丁・路德・金纪念日（1 月的第三个星期一），阵亡将士纪念日（5 月的最后一个星期一），7 月 4 日，劳动节（9 月的第一个星期一），感恩节（11 月的第四个星期四），12 月 25 和 26 日。

3．如果假日是在星期六，那么星期五将补休一天；如果假日是在星期日，那么星期一将补休一天。

4．项目团队从星期一到星期五每天工作 8 小时。

表 B.5　红色祖玛：项目进度计划

任务编号	任务名称	持续时间	紧前任务
1	红色祖玛项目	260 天	
2	1.1 市场分析	25 天	无
3	1.2 产品设计	30 天	2
4	1.3 研究制造流程	20 天	2
5	1.4 产品设计评选	10 天	3、4
6	1.5 详细市场计划	15	5
7	1.6 设计制造流程	30 天	5
8	1.7 详细产品设计	45 天	5
9	1.8 制造原型样机	25 天	8
10	1.9 实验室测试原型	10 天	9
11	1.10 现场测试原型	15 天	9
12	1.11 最终产品设计定型	20 天	7、10、11
13	1.12 最终制造流程定型	10	12
14	1.13 订购零配件	7 天	12
15	1.14 订购生产设备	14 天	13
16	1.15 安装生产设备	35 天	14FS+20 天、15FS+30 天
17	1.16 投产庆典	1 天	6、16

注：FS 表示完成到开始的搭接关系。

为这个项目创建一个网络进度计划，准备一份备忘录来回答下面的问题：

1．这个项目预计什么时候完成？需要多少个工作日？

2．哪条路径是项目关键路径？

3．哪个活动有最多的总时差？

4．这个网络图有多敏感？

5．确定两个合理的里程碑，并解释你的选择。

包括以下（一页）的打印输出：

- 一张甘特图。
- 一张突显关键路径的网络图。

- 一份报告了每个活动的最早开始、最晚开始、最早完成、最晚完成和时差的进度计划表。

第2部分

下面的人员是全职分配到红色祖玛项目的团队成员：

- 4名营销专家。
- 4名设计工程师。
- 4名开发工程师。
- 4名工业工程师。
- 4名测试车手。
- 2名采购代理。

利用第1部分的文档信息和包含在表B.6和表B.7中的信息来为项目的进度计划分配资源。

表B.6 红色祖玛项目资源表

任务名称	工　　资	可用资源数
营销专家	每年80 000美元	4
设计工程师	每年125 000美元	4
开发工程师	每年110 000美元	4
工业工程师	每年100 000美元	4
采购代理	每年75 000美元	2
测试车手	每小时70美元	4

注：MS Project以百分比来考虑资源，一个全职员工为100%。

表B.7 红色祖玛项目资源分配表

任务名称	资源类型
红色祖玛项目	
市场分析	营销专家（400%）
产品设计	营销专家、设计工程师（400%）、开发工程师（200%）、工业工程师、采购代理
研究制造流程	开发工程师（400%）、工业工程师（200%）
产品设计评选	营销专家（200%）、设计工程师（300%）、开发工程师（200%）、工业工程师（200%）、采购代理（25%）
详细市场计划	营销专家（400%）
设计制造流程	设计工程师、开发工程师（200%）、工业工程师（300%）
详细产品设计	营销专家（200%）、设计工程师（400%）、开发工程师（200%）、工业工程师（200%）、采购代理（25%）
制造原型样机	设计工程师（200%）、开发工程师（200%）、工业工程师（400%）
实验室测试原型	设计工程师（200%）、开发工程师（200%）、测试车手

续表

任务名称	资源类型
现场试验原型	营销专家、设计工程师（200%）、开发工程师、工业工程师、测试车手（300%）
最终产品设计定型	营销专家（200%）、设计工程师（300%）、开发工程师（300%）、工业工程师（200%）、采购代理（25%）
最终制造流程定型	工业工程师（300%）、设计工程师、采购代理（25%）
订购零配件	采购代理
订购生产设备	采购代理
安装生产设备	设计工程师、开发工程师（300%）、工业工程师（400%）
投产庆典	营销专家（400%）、设计工程师（400%）、开发工程师（400%）、工业工程师（400%）、采购代理（400%）

注：没有括号的资源分配为 100%。

第 2 部分 A

准备一份备忘录，解决以下问题：

1. 看看哪些资源被过度分配了？
2. 假设项目时间受限，通过在时差内均衡资源，试着解决资源过度分配问题。应该怎么做？
3. 在时差内均衡资源对网络图的灵敏度影响是什么？

包括一个在时差内均衡后绘制的带有进度计划的甘特图。

4. 假设项目是资源受限的，没有其他人员可用。根据给定的资源，项目工期多长？

（提示：在回答这个问题之前，撤销 A 部分所实施的资源均衡。）

注：不允许活动拆分。

5. 新的项目工期与第 1 部分生成的估算完成日期相比如何？这个比较告诉你资源对进度的影响是什么？

包括一张带有进度计划表的甘特图，其中要显示描述资源受限计划的自由时差和总时差。

第 2 部分 B

高层管理人员对资源受限的进度计划并不满意。公司总裁罗宾·莱恩已经向零售商承诺，ARC 公司将在 2016 年 1 月 22 日拉斯维加斯的主要贸易展期间开始生产，这意味着该项目需要在 2016 年 1 月 17 日之前完成。她已授权在每个月的第一个有空的星期六工作，以帮助这个项目更快地完成。她意识到这样做也仅仅能将项目工期缩短 12~13 天。

在与工程师交谈后，每个人都同意，他们不必等到产品详细设计 100%完成后才开始制造原型样机。大家一致认为，原型样机的制造可以在详细产品设计开始 30 天后就开始。同样，最终制造流程可以在最终产品设计开始 15 天后就开始。

产品开发总监杜威·马丁（Dewey Martin）也愿意为该项目增加人员。他愿意为项目提供开发工程师、设计工程师和/或工业工程师及营销专家。由于 ARC 公司人员严重短缺，他允许使用外部人员，以帮助在最后期限前完成项目。你的目标是制订一个以最少外部资源使用满足最后期限的进度计划。

准备一份备忘录，解决以下问题：

1. 在计划和预算中引入“开始—开始”搭接关系后会产生什么影响？

2. 如果有外部人员可用，你会选择哪一类人员来帮助在 2016 年 1 月 17 日截止日期之前完成项目？解释你的选择以及不选择其他选项的原因。

3. 这些变更如何影响网络图和关键路径的灵敏度？

包括一张带进度计划表的甘特图，其中要显示新进度计划的自由时差和总时差。

注意：不用将新人员分配到特定的任务，只需简单地将他们添加到资源表。所有新人员均为全职（100%）。

> 乍一看，这似乎是一项非常复杂、困难的作业，但如果你输入的信息正确，只需简单地点击几下，计算机就能生成答案。

第 3 部分

最高管理层已经接受了在第 2 部分末尾创建的项目计划。准备一份简短的备忘录，解决以下问题：

1. 这个项目要花多少钱？最昂贵的活动是什么？

2. 在项目的生命周期中成本是如何分配的，现金流量说明书告诉了你什么？

包括项目的每月现金流量。

一旦你确信有了最终的进度计划，就将该文件作为基准保存。

提示：保存备份文件，以防没有基准！

第 4 部分

第 4 部分 A

今天的日期是 2015 年 7 月 8 日，是原型样机完成的里程碑日期。你要为高层管理层准备一份状况报告。表 B.8 汇总了红色祖玛项目的进展情况。

表 B.8 红色祖玛项目信息更新

任务编号	任务名称	活动开始时间	活动完成时间	完成百分比	实际持续时间/天	剩余时间/天
1	红色祖玛项目	2015 年 1 月 15 日，星期五	未完成	46%	125.85 天	146.4 天
2	1.1 市场分析	2015 年 1 月 15 日，星期五	2015 年 2 月 12 日，星期二	100%	25	0
3	1.2 产品设计	2015 年 2 月 13 日，星期五	2015 年 4 月 1 日，星期三	100%	35	0
4	1.3 研究制造流程	2015 年 2 月 1 日，星期五	2015 年 3 月 16 日，星期五	100%	16	0
5	1.4 产品设计评选	2015 年 4 月 2 日，星期二	2015 年 4 月 17 日，星期五	100%	13	0
6	1.5 详细市场计划	未开始	未完成	0%	0	15

续表

任务编号	任务名称	活动开始时间	活动完成时间	完成百分比	实际持续时间/天	剩余时间/天
7	1.6 设计制造流程	未开始	未完成	0%	0	30
8	1.7 详细产品设计	2015年4月20日，星期一	2015年6月24日，星期三	100%	49	0
9	1.8 制造原型样机	2015年6月10日，星期三	未完成	0%	0	14
10	1.9 实验室测试原型	未开始	未完成	0%	0	10
11	1.10 现场测试原型	未开始	未完成	0%	0	15
12	1.11 最终产品设计定型	未开始	未完成	0%	0	20
13	1.12 最终制造流程定型	未开始	未完成	0%	0	10
14	1.13 订购零配件	未开始	未完成	0%	0	7
15	1.14 订购生产设备	未开始	未完成	0%	0	14
16	1.15 安装生产设备	未开始	未完成	0%	0	35
17	1.16 投产庆典	未开始	未完成	0%	0	1

向罗宾·莱恩提交一份专业状态报告，解决以下问题：

1. 项目在成本和进度方面进展如何？
2. 哪些活动进展顺利？哪些活动进行得不顺利？
3. PCIB 表示到目前为止这个项目完成了多少？
4. 预计完工时的成本（EAC_f）是多少？
5. 预计何时完成？
6. 项目按照优先级（参见第 1 部分）排序进展如何？在你的报告中报告并解释相关的挣值指标。

在你的备忘录中包括一张跟踪甘特图和一个挣值表。

第 4 部分 B

你已经告诉罗宾·莱恩，根据你现在所知道的情况，你需要对一些剩余活动的估算进行修订。最终产品设计定型预计比计划多花 3 天时间。最终制造流程定型预计比计划少 2 天，而安装生产设备预计只需要 30 天。你也报告了详细的市场计划将在年底前完成。罗宾·莱恩坚持要在 2016 年 1 月 17 日之前完成这个项目，以便为拉斯维加斯的展览做好准备。如果有必要，她愿意从管理储备金中拿出 5 万美元来加快运输。25 000 美元将减少 5 天的零部件运输和/或 25 000 美元将减少 5 天的制造部件运输（提示：调整搭接关系）。给罗宾·莱恩准备一份备忘录，回答以下问题：

1. 最终产品设计和生产设备安装的修订预算对项目进度和成本有什么影响？

2. 你建议批准 5 万美元的开支吗？解释一下。

3. 如果还有其他建议，你会提出什么建议，以使项目能够在罗宾•莱恩的期限内完成？证明你的建议。包括一张跟踪甘特图，图中包含带有偏差的进度计划，这个计划描述了你最终的建议和修订的时间表。

提示：调整“生产设备安装”和“最终产品设计”后，在时差外进行资源均衡，以消除任何资源过度分配的问题。

练习三：传送带项目

第 1 部分

项目描述

这种新型的计算机控制传送带可以在小于 1 毫米的范围内移动和定位传送带上的物品。该项目将以较低的成本为未来的安装业务提供一种新的系统，并用于替换现场的设备。计算机控制传送带有潜力成为工厂系统安装中 30%的关键部件，新系统也更容易根据未来的技术进行更新。传送带项目（Conveyor Belt Project，CBP）的项目优先级矩阵为：

	时间	范围	成本
限制			×
提高		×	
接受	×		

表 B.9 已经开发出来的信息，供你在完成项目练习时使用。

表 B.9 传送带项目：WBS

传送带项目	
硬件	硬件规格 硬件设计 硬件文档 原型样机 订购电路板 组装生产准备模具
运行系统	内核规格 驱动器 硬盘驱动器 串行输入/输出驱动器 内存管理 运行系统文档 网络接口

续表

传送带项目	
实用工具	实用工具规格 日常实用工具 复杂实用工具 实用工具文档 外壳生产
系统集成	架构决策 第一阶段集成 系统硬/软件测试 项目文档 验收测试集成

分配任务：使用可用的软件开发 WBS 大纲。

问题：这些信息（WBS）允许你去定义项目的任何里程碑吗？为什么或为什么不？它们是什么？

记住：保存你的文件，以备将来练习之用！

第 2 部分

使用第 1 部分中的文件材料和下面提供的信息来完成这个练习（见表 B.10）。

1．每个工作包将代表一个活动。

2．该项目将于 2010 年 1 月 4 日开始。

3．要考虑的假日是：1 月 1 日，马丁 • 路德 • 金纪念日（1 月的第三个星期一），阵亡将士纪念日（5 月的最后一个星期一），7 月 4 日，劳动节（9 月的第一个星期一），感恩节（11 月的第四个星期四），12 月 25 和 26 日。

4．如果假日是在星期六，那么星期五将补休一天，如果假日是在星期日，那么星期一将补休一天。

5．项目团队从星期一到星期五每天工作 8 小时。

警告：经验告诉学生要经常为每个练习做单独的备份文件。软件永远不会像用户期望的那样友好！

为传送带项目绘制一张网络进度计划图，并准备一份备忘录，解决以下问题：

1．这个项目预计什么时候完成？这个项目要花多长时间？

2．项目的关键路径是哪些？

3．哪项活动有最大的时差？

4．这个网络图有多敏感？

5．确定两个合理的里程碑，并解释你的选择。

6．比较网络图形式与甘特图形式显示进度计划的优缺点。

表 B.10 传送带项目：进度计划

活动名称	活动描述	资源需求	持续时间/天	紧前活动
1	架构决策	设计部	25	—
2	硬件规格	开发部、设计部	50	1

续表

活动名称	活动描述	资源需求	持续时间/天	紧前活动
3	内核规格	设计部	20	1
4	实用工具规格	开发部、设计部	15	1
5	硬件设计	设计部、开发部	70	2
6	磁盘驱动器	组装车间、开发部	100	3
7	内存管理	开发部	90	3
8	操作系统文件	设计部、档案室	25	3
9	日常实用工具	开发部	60	4
10	复杂实用工具	开发部	80	4
11	实用工具文档	档案室、设计部	20	4
12	硬件文档	档案室、设计部	30	5
13	第一阶段集成	组装车间、开发部	50	6、7、8、9、10、11、12
14	原型样机	组装车间、开发部	80	13
15	串行输入/输出驱动器	开发部	130	13
16	系统硬/软件测试	组装车间	25	14、15
17	订单电路板	采购部	5	16
18	网络接口	开发部	90	16
19	外壳生产	开发部	60	16
20	项目文档	档案室、开发部	50	16
21	组装生产准备模具	组装车间、开发部	30	17F-S 搭接 50 天
22	综合验收测试	组装车间、开发部	60	18、19、20、21

注：F-S 表示完成到开始的搭接关系。

包括下面的打印输出：

- 一张甘特图。
- 一张突显关键路径的网络图。
- 一张报告每个活动的最早开始、最晚开始、最早完成、最晚完成和时差的进度计划表。

提示：这个项目应该在 530 天内完成。

记住：为你的下一个练习保存文档！

第 3 部分

记住那句老话："在资源投入之前，项目计划还不是一个进度计划。"这个练习说明了这种微妙但又非常重要的区别。

第 3 部分 A

使用第 2 部分中产生的文档信息，输入资源及其成本（如果你还没有这样做的话）。所有信息资料如表 B.10 和表 B.11。

表 B.11　组织资源

资源名称	团　　队	工　　资
设计	研发团队（2）	100 美元/小时
开发	研发团队（2）	70 美元/小时
文档	研发团队（1）	60 美元/小时
组装/测试	研发团队（1）	70 美元/小时
采购	采购团队（1）	40 美元/小时

准备一份备忘录，解决以下问题：

1．看看哪些资源被过度分配了？

2．假设项目时间受限，通过在时差内均衡资源，试着解决资源过度分配问题。应该怎么做？

3．在时差内均衡资源对网络图的灵敏度影响是什么？

包括绘制一个在时差内均衡后带有进度计划表的甘特图。

4．假设项目是资源受限的，通过在时差外平移活动来解决资源过度分配问题。应该怎么做？管理上的含义是什么？

5．在这个时间点上有什么可用的选项？

包括绘制一个在时差外均衡后带有进度计划表的甘特图。

注：活动不允许拆分。

注：不允许资源部分分配（如 50 %），所有资源必须是百分之百整体分配。

第 3 部分 B

当你向高层管理人员展示资源受限的网络图时，他们感到很震惊。经过一番解释和协商，他们与你做出如下妥协：

- 项目必须不迟于 2012 年 2 月 2 日（530 天）完成。
- 你可以另外组建两个开发团队。
- 如果还不够，你可以从外部聘请其他开发团队。尽量少雇用外部团队，因为他们的人员工资每小时比内部开发团队多 50 美元。

内部开发

在 530 天内添加所需的开发单位（团队）。如果你需要两个以上的内部开发团队，那么就尽量少雇用外部团队。尽可能地选择最便宜的团队！尽可能少地变更活动。建议你保留需要公司内部几个组织单位合作的工作包。你来决定怎么做最好。

提示：在添加新资源之前撤销资源均衡。

一旦你获得了一个满足时间和资源约束的进度计划表，请准备一份备忘录，解决以下问题：

1．你做了什么变更？为什么？

2．这个项目要花多长时间？

3．这些变更如何影响网络图的灵敏度？

包括一张带有进度计划表的甘特图，能够显示新的进度安排。

第 4 部分

根据第 3 部分创建的文档信息，准备一份备忘录，准备回答下面的问题：

1. 项目的成本是多少？

2. 在项目的生命周期中成本是如何分配的，现金流量说明书告诉了你什么？

包括项目的每月现金流量和成本表。

一旦你确信有了最终的进度计划，就将该文件作为基准保存。

提示：保存备份文件，以防没有基准！

第 5 部分

根据这里提供的信息，为项目前四个季度的每个季度编写状态报告。这需要将资源计划保存为基准，并在程序中插入适当的状态报告日期。假设在状态报告当天没有工作被完成。

你的状态报告应该包括含有每个活动和整个项目的 PV、EV、AC、BAC、EAC、SV、CV 和 CPI 的表格。你的状况报告还应回答以下问题：

1. 项目在成本和进度方面进展如何？

2. 哪些活动进展顺利？哪些活动进行得不顺利？

3. PCIB 和 PCIC 表示到目前为止项目已经完成了多少？

4. 预计完工时的成本（EAC_f）是多少？什么是预期的 EAC_f？

5. 及时报告并解释项目在这个时点的 TCPI。

6. 估算的完工日期是何时？

7. 就其优先级而言，项目做得如何？

试着以一种值得高层管理人员考虑的形式呈现上述信息。

包括一张带有每个报告的跟踪甘特图。

第一季度报告，2010 年 4 月 1 日

表 B.12 汇总了迄今为止所完成活动的信息资料。请确保在每个季度报告后保存你的文件，并使用它来构建下一个报告!

表 B.12　2010 年 4 月 1 日第一季度的信息汇总表

活动名称	开始日期	完成日期	实际持续时间	剩余持续时间
硬件规格	2010 年 2 月 9 日		37	8
内核规格	2010 年 2 月 8 日	2010 年 3 月 12 日	25	0
硬盘驱动器	2010 年 3 月 15 日		13	87
内存管理	2010 年 3 月 15 日		13	77
运行系统文档	2010 年 3 月 15 日		13	7
实用工具规格	2010 年 3 月 8 日	2010 年 3 月 29 日	16	0
复杂实用工具	2010 年 3 月 30 日		2	85
架构决策	2010 年 1 月 4 日	2010 年 2 月 5 日	25	0

第二季度报告，2010 年 7 月 1 日（见表 B.13）

表 B.13　2010 年 7 月 1 日汇总了自第一季度报告以来所完成活动的信息资料

活动名称	开始日期	完成日期	实际持续时间	剩余持续时间
硬件规格	2010 年 2 月 9 日	2010 年 4 月 12 日	45	0
硬件设计	2010 年 4 月 13 日		56	11
内核规格	2010 年 2 月 8 日	2010 年 3 月 12 日	25	0
硬盘驱动器	2010 年 3 月 15 日		77	33
内存管理	2010 年 3 月 15 日		77	19
运行系统文档	2010 年 3 月 15 日	2010 年 4 月 16 日	25	0
实用工具规格	2010 年 3 月 8 日	2010 年 3 月 29 日	16	0
日常实用工具*	2010 年 4 月 26 日		47	18
复杂实用工具	2010 年 3 月 30 日		66	25
实用工具文档	2010 年 5 月 3 日	2010 年 6 月 2 日	22	0
架构决策	2010 年 1 月 4 日	2010 年 2 月 5 日	25	0

* 外部开发团队的项目经理被雇用来执行日常实用工具这项活动，他报告说，由于对其他客户的承诺，他们能够在 2010 年 4 月 26 日开始这项活动。

第三季度报告，2010 年 10 月 1 日（见表 B.14）

表 B.14　汇总了自第二季度报告以来所完成活动的信息资料

活动名称	开始日期	完成日期	实际持续时间	剩余持续时间
硬件规格	2010 年 2 月 9 日	2010 年 4 月 12 日	45	0
硬件设计	2010 年 4 月 13 日	2010 年 7 月 16 日	56	0
硬件文档	2010 年 7 月 19 日	2010 年 8 月 24 日	27	0
内核规格	2010 年 2 月 8 日	2010 年 3 月 12 日	25	0
硬盘驱动器	2010 年 3 月 15 日	2010 年 8 月 17 日	110	0
内在管理	2010 年 3 月 15 日	2010 年 7 月 30 日	98	0
运行系统文档	2010 年 3 月 15 日	2010 年 4 月 16 日	25	0
实用工具规格	2010 年 3 月 8 日	2010 年 3 月 29 日	16	0
日常实用工具	2010 年 4 月 26 日	2010 年 7 月 27 日	65	0
复杂实用工具	2010 年 3 月 30 日	2010 年 8 月 11 日	95	0
实用工具文档	2010 年 5 月 3 日	2010 年 6 月 2 日	22	0
架构决策	2010 年 1 月 4 日	2010 年 2 月 5 日	25	0
第一阶段集成	2010 年 8 月 25 日		26	24

第四季度报告，2011 年 1 月 1 日（见表 B.15）

表 B.15　汇总了自第三季度报告以来所完成活动的信息资料

活动名称	开始日期	完成日期	实际持续时间	剩余持续时间
硬件规格	2010 年 2 月 9 日	2010 年 4 月 12 日	45	0
硬件设计	2010 年 4 月 13 日	2010 年 7 月 16 日	56	0
硬件文档	2010 年 7 月 19 日	2010 年 8 月 24 日	27	0
原型样机	2010 年 11 月 10 日		34	44
内核规格	2010 年 2 月 8 日	2010 年 3 月 12 日	25	0
硬盘驱动器	2010 年 3 月 15 日	2010 年 8 月 17 日	110	0
串行输入/输出驱动器	2010 年 11 月 11 日		34	119
内存管理	2010 年 3 月 15 日	2010 年 7 月 30 日	98	0
运行系统文档	2010 年 3 月 15 日	2010 年 4 月 16 日	25	0
实用工具规格	2010 年 3 月 8 日	2010 年 3 月 29 日	16	0
日常实用工具	2010 年 4 月 26 日	2010 年 7 月 27 日	65	0
复杂实用工具	2010 年 3 月 30 日	2010 年 8 月 11 日	95	0
实用工具文档	2010 年 5 月 3 日	2010 年 6 月 2 日	22	0
架构决策	2010 年 1 月 4 日	2010 年 2 月 5 日	25	0
第一阶段集成	2010 年 8 月 25 日	2010 年 11 月 10 日	55	0

第 6 部分

在第四季度报告结束时，你已经收到了修订的剩余活动的估算：

- 原型样机将在 2011 年 3 月 8 日完成。
- 串行 I / O 驱动器将在 2011 年 6 月 30 日完成。
- 系统硬件/软件测试将于 2011 年 7 月 1 日开始，将需要 25 天。
- 订购电路板将从 2011 年 8 月 8 日开始，将需要 5 天。
- 组装生产准备模具于 2011 年 10 月 14 日开始，将需要 18 天。
- 项目文档预计将于 2011 年 8 月 8 日开始编制，共需要 55 天。
- 网络接口预计在 2011 年 8 月 8 日开始，将需要 99 天。
- 外壳生产预计将于 2011 年 8 月 8 日开始，将需要 55 天。
- 综合验收测试预计将于 2011 年 12 月 29 日开始，将需要 54 天。

准备一份备忘录，解决以下问题：

1．项目新的 EAC 是多少？根据这些修订后的估算，项目工期是多长时间？

2．考虑到项目的优先级，最高管理层对这些预测会满意吗？

3．你有什么建议吗？

在备忘录中包括一份修订后的进度计划、一张跟踪甘特图和一个成本表。